沭阳年鉴

SHUYANG NIANJIAN

2024

沭阳年鉴编纂委员会　编

方志出版社
Publishing House of Local Records

图书在版编目（CIP）数据

沭阳年鉴. 2024 / 沭阳年鉴编纂委员会编. -- 北京：方志出版社, 2024. 10. -- ISBN 978-7-5144-6364-4

Ⅰ. Z525.34

中国国家版本馆CIP数据核字第2024KM9151号

责任编辑：陈菁
责任校对：张玉霞
责任印制：梅中英
出 版 者：方志出版社
地　　址：北京市朝阳区潘家园东里 9 号（国家方志馆4层）
邮　　编：100021
网　　址：http://www.zgfzcb.cn
发　　行：方志出版社图书营销中心（010–67110500）
印　　刷：南京顺和印刷有限责任公司
开　　本：889毫米 × 1194毫米　1/16
印　　张：26.75
字　　数：967千字
版　　次：2024年10月第1版
印　　次：2024年10月第1次印刷
定　　价：390.00元

沭阳年鉴编纂委员会

主　　任

王　瑞

副 主 任

王昭文　　蔡同金

委　　员

姜亚伟　　孙晓全　　闻　武　　钱银钧　　陈志胜

《沭阳年鉴（2024）》编辑部

主　　编

陈志胜

副 主 编

荣铁利　　张　晴　　张　炎

编　　辑

郑长银　　张　远　　王丽娟　　陈晓敏　　张鹏程　　江苏杨　　王新亚

沭阳名片

- 中国县域经济百强县
- 全国县域经济品牌化发展百强县
- 全国综合实力百强县
- 全国绿色发展百强县
- 中国科技创新百强县
- 中国创新百强县
- 全国新型城镇化质量百强县
- 全国县域经济与县域基本竞争力百强县
- 全国县域经济综合竞争力百强县
- 全国工业百强县
- 全国制造业百强县
- 中国营商环境百强县
- 全国“两山”发展百强县
- 全国县域经济与县域综合发展百强县
- 中国县域电商竞争力百强县
- 全国县域高质量发展百强县
- 中国数字乡村百强县
- 全国农产品电商百强县
- 全国农产品数字化百强县
- 全国农产品生产贡献力百强县
- 全国县域经济基本竞争力百强县
- 中国投资竞争力百强县
- 全国县级财政管理绩效综合评价百强县
- 全国县级市经济 100 强
- 全国县域发展潜力百强县
- 全国最大县城
- 全国第二大人口大县
- 全国文明城市提名城市
- 国家卫生县城
- 全国县城新型城镇化建设示范县
- 全国义务教育发展基本均衡县
- 全国超级产粮大县
- 首批中国花木之乡
- 全国休闲农业与乡村旅游示范县
- 全国淘宝集聚地
- 首批全国电子商务进农村综合示范县
- 全国最大农产品淘宝村集群
- 中国板材之乡
- 中国最佳生态康养旅游名县
- 中国最具投资潜力特色魅力示范县
- 全国县域数字农业农村发展先进县
- 全国“互联网 +”农产品出村进城工程试点县
- 中国书法之乡
- 中国淮海戏之乡
- 中国楹联文化县

年度荣誉

- 全国县域节水型社会达标县
- “15 分钟医保服务圈”省级示范县
- 江苏省现代服务业高质量发展集聚示范区
- 江苏省 2020—2022 年度金融生态优秀县
- 江苏省法治政府建设示范县
- 司法局被授予“全国组织宣传人民调解工作先进集体”称号
- 全国乡村特色产业产值超十亿元镇：颜集镇（花卉苗木）、新河镇（花卉苗木）、庙头镇（花卉苗木）
- 全国乡村特色产业产值超亿元村：庙头镇聚贤村（花卉）
- 首批国家农业产业强镇：新河镇
- 全国乡村治理示范村：沭阳县青伊湖镇后乡村
- 中国纺织服装名城
- 全国第七批率先基本实现主要农作物生产全程机械化示范县
- “幸福家园”村社互助工程首批全国联动区域慈善协同示范县创建单位
- 县级财政管理绩效综合评价在全国 1847 个县中位列 44 名
- 全省优化营商环境深化商事制度改革真抓实干成效明显地方
- 江苏省知识产权建设示范县
- 江苏省法治政府建设示范县
- 第三批全国村级“文明乡风建设”典型案例：陇集镇墩前社区
- 江苏宋和宋智能科技有限公司电子提花机入选“第七批国家级制造业单项冠军产品名单”
- 沭阳县包覆纱入选“重点培育纺织服装百家品牌名单”

数说沭阳 2023

年末户籍总人口

196.63 万人

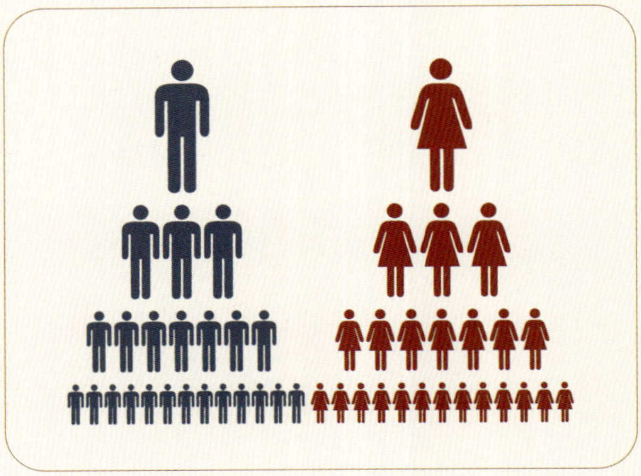

地区生产总值（GDP）

1411.67 亿元

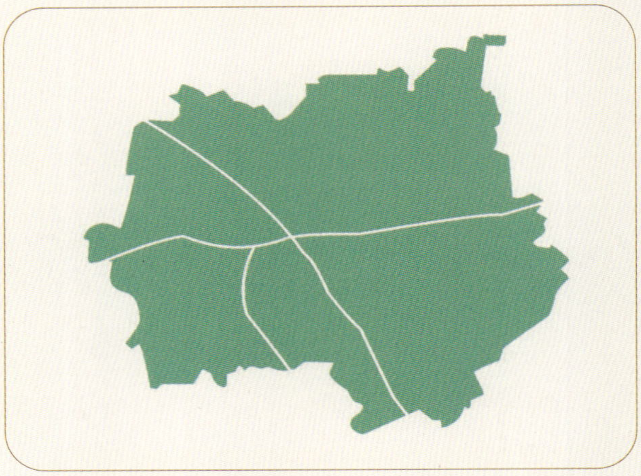

年末规模以上工业企业

988 家

三次产业结构调整为

8.8 ：43.8 ：47.4

实现一般公共预算收入

67.1 亿元

居民人均可支配收入

32208 元

城区规划面积

126.36 平方千米

城市建成区面积

78 平方千米

工业强县

打造“苏北工业强县”

2023年，沭阳县高举“工业强县、产业兴县”大旗，深入开展工业突破年活动，加快建设“苏北工业强县”。2023年末，全县共有规模以上工业企业988家，规模以上工业增加值比上年增长15.7%。实现规模以上工业总产值1396.85亿元，增长15.5%；实现工业用电量59.66亿千瓦时，增长18.7%，占全社会用电量的68.4%，工业用电量位居全市县（区）第一、苏北县（区）第一。

2023年2月14日下午，沭阳县召开2023年度重大项目建设“春季会战”动员大会　孙小远／摄

2023年3月30日上午，2023沭阳县“首季开门红”项目集中签约仪式召开
孙小远／摄

2023年4月11日下午，沭阳县召开全县工业经济高质量发展大会　　孙小远／摄

2023年4月17日下午，沭阳县召开全县作风建设暨优化营商环境大会　　孙小远／摄

2023年5月14日，在沭阳经济技术开发区的江苏通强股份有限公司车间，工人在操作智能生产设备生产新能源汽车金属零部件

丁华明／摄

2023年5月17日，沭阳经济技术开发区的江苏沪江线业有限公司车间，纺织女工在操控机器生产出口缝纫线

丁华明／摄

2023年5月22日，沭阳县召开2023年首届沭商大会 孙小远／摄

2023年7月18日，沭阳县钱集镇工业集中区的宿迁市奥鑫精密科技有限公司生产车间，工人操控智能化设备生产电机线圈 丁华明／摄

2023年8月16日，沭阳县悦来镇的沭阳华新玻璃科技股份有限公司生产车间内，工人在加工玻璃工艺系列产品

丁华明／摄

2023年9月17日，沭阳县钱集镇的沭阳恒星体育用品有限公司生产车间，工人在生产足球内胆　丁华明／摄

2023年9月27日，沭阳县举办“‘沭’融万方　花开向‘阳’”——2023沭阳金秋经贸招商洽谈会　孙小远／摄

2023年11月10日，江苏桐昆恒阳化纤有限公司全智能生产车间　　*卢新全／摄*

2023年11月10日，江苏桐昆恒阳化纤有限公司无人智能织布车间　　*卢新全／摄*

2023年12月，沭阳县章集街道浩杰塑料制品厂生产车间场景　　*汤以方／摄*

教育强县

打造“苏北教育强县”

2023年，沭阳县教育系统坚持“全力建设苏北教育强县，打造人民满意教育”定位，深入推进名校、名师、名学科“三名”工程，加快推动学前教育普惠健康发展、义务教育优质均衡发展、高中教育多样特色发展、职业教育提质培优发展。2023年高考成绩再攀新高，参加高考学生9104人，本科达线6072人，本科达线率66.70%；一本达线3071人，一本达线率33.73%。考取清华大学、北京大学16人（占全市60%），考取华东五校56人，其中南京大学45人，连续12年位居全市第一、苏北领先、全省第一方阵。

2023年9月8日，中共沭阳县委书记、沭阳经济技术开发区党工委书记彭伟（左一）赴学校开展教师节慰问活动

孙小远／摄

2023年3月，江苏省教育考试院高考命题调研活动座谈会在江苏省沭阳高级中学召开

江苏省沭阳高级中学／供图

2023年3月，江苏省沭阳高级中学与云南省双柏县第一中学举行战略合作签约仪式

江苏省沭阳高级中学／供图

2023年3月，沭阳县政协副主席、江苏省沭阳高级中学校长张峰（站位左六）应邀参加北京大学基础学科拔尖创新人才选拔与培养座谈会

江苏省沭阳高级中学／供图

2023年6月7日，高考第一天第一门考试结束，冲出江苏省沭阳高级中学考场的第一名考生

卢新全／摄

2023年6月30日，沭阳县教育系统召开“七一”表彰大会 县教育局／供图

2023年7月，沭阳县脑瘫女孩孙月（左）因高考超出一本线32分登上热搜，并被央视网、人民网等多家媒体报道　　沭阳如东中学／供图

2023年8月9日，“第15个全民健身日”，沭阳县第一实验小学举办师生拔河比赛活动　　汤以方／摄

2023年9月，江苏省沭阳如东中学校长周桂官（第二排中）荣膺江苏"时代楷模"称号

沭阳如东中学／供图

2023年9月10日，沭阳如东中学隆重举行庆祝第39个教师节暨第十届"周桂官教育奖励基金"颁奖大会

沭阳如东中学／供图

2023年11月17日，沭阳县举办"职引未来—2023年宿迁经贸高职毕业生专场招聘会"　宿迁经贸高职／供图

2023年12月6日，沭阳县教育局举办中小学校长第二期“能力提升”专题培训活动

县教育局／供图

2023年12月17日，沭阳如东中学举行趣味运动会

沭阳如东中学／供图

2023年度，清华大学、北京大学、复旦大学、中国人民大学等多所高校向沭阳如东中学发喜报

沭阳如东中学／供图

最美县城

打造“苏北最美县城”

2023年，沭阳县持续加快副中心城市建设步伐，全力打造“苏北最美县城”。年末，城市道路面积1315.67万平方米，建成区绿化覆盖面积3432.44公顷，公园绿地面积678.42公顷，城市绿化覆盖率44.01%。年内，新增城区绿地面积13.84万平方米，建成民生园林9个、主题公园2个、口袋公园3个，成功入选省生态园林城市。

2023年3月5日，沭阳县非遗传承人在城市广场为市民表演工鼓锣　丁华明／摄

2023年7月，工人在台州路上进行城市绿化美化管理

汤以方／摄

2023年7月9日，沭阳县城区西北部新建成的快速路　　丁华明／摄

2023年8月5日晚，在虞姬生态园举办“礼赞新时代 幸福舞起来”2023年沭阳县广场舞大赛

丁华明／摄

2023年8月9日晚，在沭阳县城北公园公共运动场上，市民在进行健身活动　　丁华明／摄

2023年9月，沭阳南部新城区夜景

2023年8月14日，沭阳县在青少年广场举办“2023年沭阳县流行音乐歌唱大赛”　　丁华明／摄

卢新全／摄

2023年9月6日，沭阳县新建成的沭阳工人文化宫

汤以方／摄

2023年9月22日，连宿高速公路沭阳至宿豫段正式建成通车

汤以方／摄

2023年10月12日，沭阳县信安花园老旧小区改造工程施工现场

汤以方／摄

2023年9月，沭阳主城区夜景

卢新全／摄

2023年11月，沭阳县城区俯瞰　　丁华明／摄

2023年12月5日，沭阳县南部城区法治公园生态美景

2023年11月18日，市民在沭阳县南部城区智慧体育公园游玩　　汤以方／摄

丁华明／摄

最美乡村

打造“苏北最美乡村”

2023年，沭阳县紧扣“产业兴旺、生态宜居、乡风文明、治理有效、生活富裕”乡村振兴战略20字方针，锚定建设苏北最美乡村的目标，以“两区三带”规划统领乡村振兴，以“一群四链”产业提升发展能级，以“个十百千”工程改善人居环境，坚持规划引领、示范带动，重点突破、精准发力。全县粮食总播种面积为278.18万亩，总产量为129.57万吨，粮食生产呈现单产、面积、总产和效益四增趋势，种植面积和总产量连续6年位居全省第一，实现“二十连丰”，连续16年获评“全国超级产粮大县”。“中国花谷”建设能级显著提升，花木电商发展到“多人矩阵直播”的4.0时代。在全省学习运用“千万工程”经验、加快建设新时代鱼米之乡推进会上，沭阳是唯一被表扬的县区。在省委农村工作会议上，县委书记彭伟受邀作了题为《兴产业 促就业 富家业 打造“花漾沭阳·创业天堂”金名片》的交流发言。

2023年1月9日，沭阳县耿圩镇润成兰花盆景产业园里，顾客在选购蝴蝶兰　　丁华明／摄

2023年2月3日，沭阳县扎下镇艺森园盆景直播基地，花木电商主播通过矩阵直播拍卖的形式在网络直播间销售盆景　　丁华明／摄

2023年3月19日，沭阳县新河镇堰头村花木电商快递网点，村民进行分拣装袋　　丁华明／摄

2023年3月21日，沭阳县召开2023年度全县一季度乡村振兴重点项目现场观摩推进会　孙小远／摄

2023年4月1日，市民在沭阳县新沂河畔的油菜花花海游玩　丁华明／摄

2023年4月27日，沭阳县陇集镇墩前村的村民在对红叶石楠苗进行移盆管理　　丁华明／摄

2023年5月15日，沭阳县钱集镇万庄村新村干在村现代农业产业园为黄皮吊蔓西瓜装上成熟时间识别卡，以便分时段采摘　　丁华明／摄

2023年6月12日，沭阳县青伊湖镇江苏欢腾农业有限公司员工在栽插选育高产优质水稻品种

丁华明／摄

2023年6月8日晚，沭阳县华东花木大世界灯火辉煌

2023年6月24日，沭阳县耿圩镇管桥村荷花园里游客在观赏打卡　　丁华明／摄

丁华明／摄

2023年7月25日，潼阳镇后屯村辣椒大棚　*汤以方／摄*

2023年7月29日，沭阳县青伊湖镇小元村

2023年8月1日，沭阳县庙头镇聚贤村

2023年8月19日，沭阳县胡集镇胡西新型社区　　丁华明／摄

汤以方／摄

卢新全／摄

编辑说明

一、《沭阳年鉴》是系统记述沭阳自然、政治、经济、文化、社会等方面情况的年度资料性文献。首卷出版于2000年。

二、《沭阳年鉴（2024）》以马克思列宁主义、毛泽东思想、邓小平理论、“三个代表”重要思想、科学发展观、习近平新时代中国特色社会主义思想为指导，坚持辩证唯物主义和历史唯物主义立场、观点和方法，主要记载2023年度全县的经济社会发展情况，为保证内容资料的完整性，根据记述的需要，部分内容适当上溯或下延。

三、《沭阳年鉴（2024）》依据行政区域经济社会发展特点，参照有关行业分类标准，对所收录的年度资料进行编排。全书共设图片专题、专记、县情概览、大事记、中国共产党沭阳县委员会、沭阳县人民代表大会、沭阳县人民政府、政协沭阳县委员会、中共沭阳县纪律检查委员会 沭阳县监察委员会、群众团体、法治、军事、花木产业、经济管理、数字经济、园区经济、农业、工业 建筑业、商贸服务业、金融业、旅游业、房地产业、交通、城市建设、乡村振兴、生态环境、科学技术、教育、文化、卫生、体育、收入与分配、社会事务、公共安全、乡镇（街道）、人物 荣誉、媒体看沭阳、附录、索引39个部分。全书结构分为类目、分目、条目等层次，以不同字体、字号标识，条目标题统一用黑体加【 】标出。

四、《沭阳年鉴（2024）》数字用法、标点符号、计量单位分别执行国家标准《出版物上数字用法》（GB/T 15835—2011）、《标点符号用法》（GB/T 15834—2011）、《国际单位制及其应用》（GB 3100—1993）和《有关量、单位和符号的一般原则》（GB 3101—1993）。

五、《沭阳年鉴（2024）》文稿由全县各单位、各部门提供，并经主要负责人审核签发，年鉴编辑部负责编辑修改，最后由年鉴编委会审核。本年鉴文稿中的主要数据以县统计部门提供的为准，县委工作报告和政府工作报告中的数据均保持原貌。部分数据合计数或相对数由于四舍五入等因素而产生的计算误差，均未做机械调整。为完整反映相关领域的发展情况，沭阳年鉴编纂委员会采编和补充了部分内容。

六、《沭阳年鉴（2024）》刊用的稿件，其撰稿人姓名在条目下用圆括号标注，如果分目中的所有条目由同一个人撰写的，撰稿人姓名放在最后一个条目后。书中图片有作者的，标注作者姓名；无法提供作者姓名的，则标注提供的单位名称。所收录图片未标注拍摄时间的均为2023年拍摄。

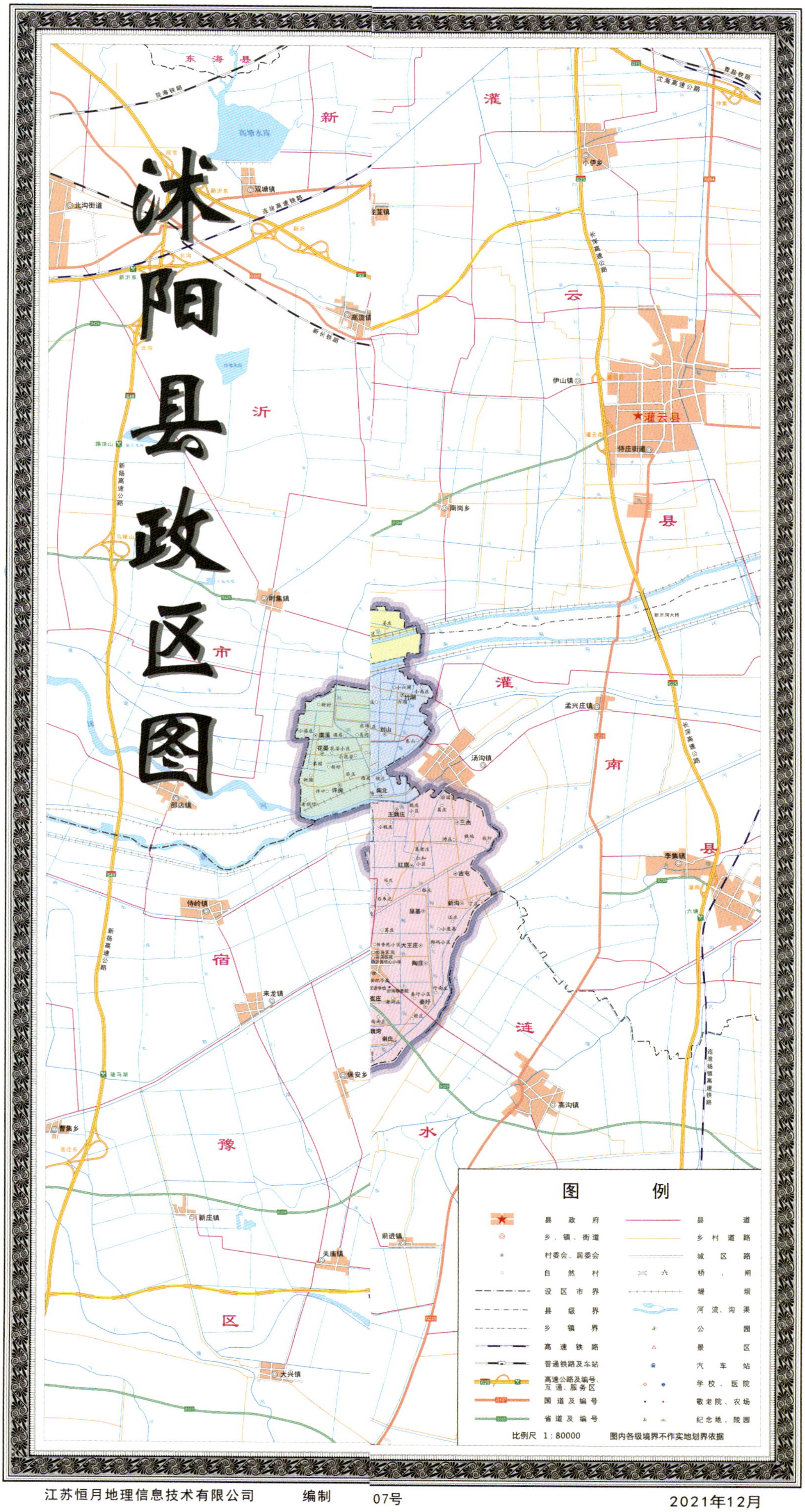

江苏恒月地理信息技术有限公司 编制 07号 2021年12月

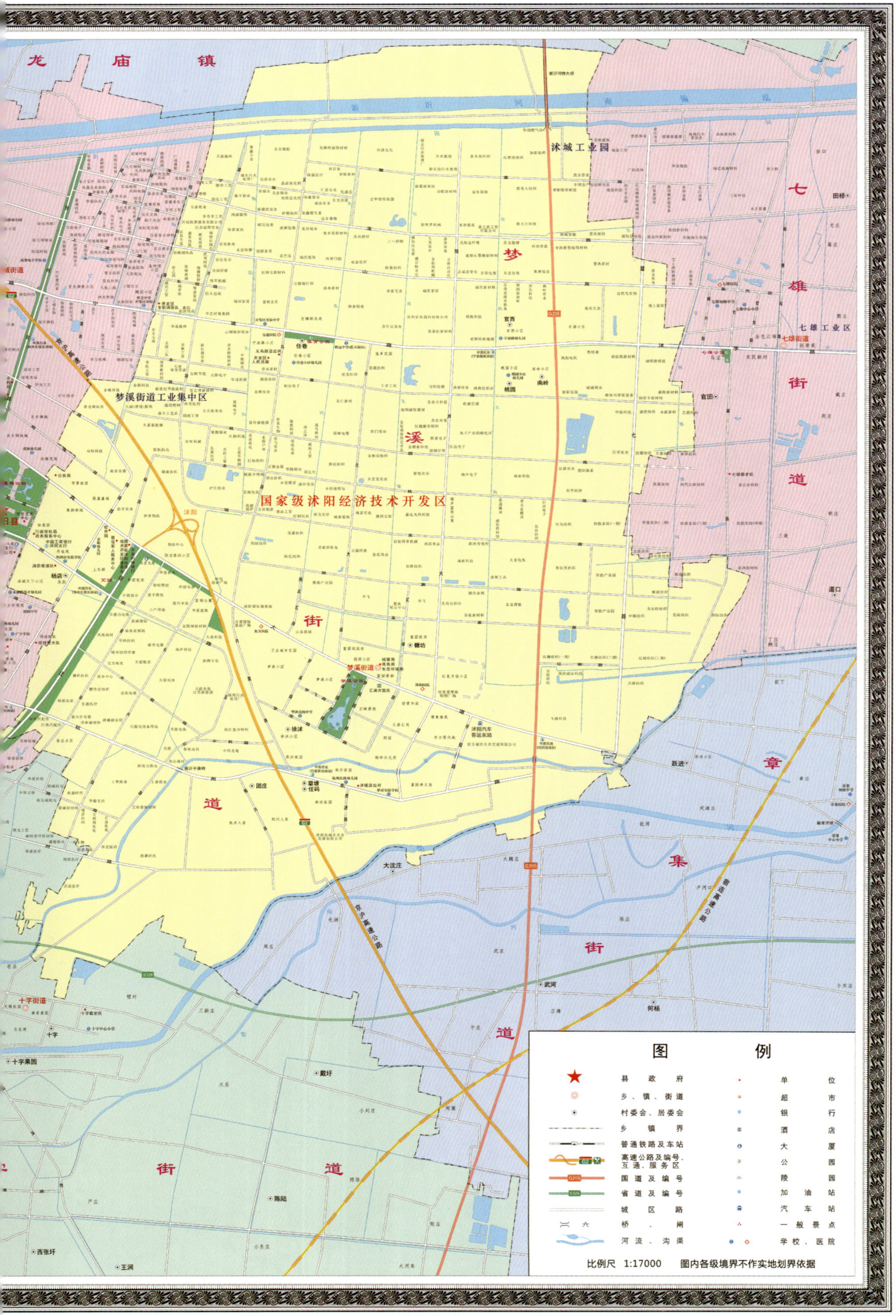

审图号:宿N（2021）06号　　2021年12月

目　录

专　记

县情概览

大事记

中国共产党沭阳县委员会

沭阳县人民代表大会

沭阳县人民政府

政协沭阳县委员会

中共沭阳县纪律检查委员会 沭阳县监察委员会

群众团体

法　治

军　事

花木产业

经济管理

数字经济

园区经济

农　　业

工业　建筑业

商贸服务业

金 融 业

旅游业

房地产业

交　通

城市建设

乡村振兴

生态环境

科学技术

教　　育

文　化

卫　　生

体　　育

收入与分配

社会事务

公共安全

乡镇（街道）

人物　荣誉

媒体看沭阳

附　录

索　引

扩大县域有效投资　持续激发内需活力

中共沭阳县委书记、沭阳经济技术开发区党工委书记　彭　伟

中共二十大后首次召开的中央经济工作会议，提出“大力提振市场信心，把实施扩大内需战略同深化供给侧结构性改革有机结合起来”，将“着力扩大国内需求”作为今年经济工作的一项重要任务。江苏省委提出以“六个走在前”推动经济运行率先整体好转，并将“在扩大内需上走在前”摆在首位。沭阳全面贯彻落实中央和省委决策部署，突出扩投资、促消费两大工作主线，以投资的确定性对冲外部环境的不确定性，以消费的上行增量对冲需求萎缩的下行变量，持续激活内需源头活水，源源不断释放蓬勃朝气，助推经济热力回升，迎来“春暖花开”。

注入源头活水，让投资热起来

我们坚持以政府投资带动投资变量做大做强，以有效投资稳住经济发展基本盘，把政策红利转化为经济活力。

聚焦招大引强，全力抓招商增动能。将招商引资作为“一号工程”，新春第一会即召开“全县招商引资暨重特大项目攻坚动员大会”向全县18个招商协助组出征授旗，加快突破一批体量大、质态优、带动强的重特大项目，力争全年招引亿元以上项目200个以上、10亿元级项目50个以上、50亿元级项目8个以上、百亿级项目2个。深入实施“沭商回归”计划，以乡音、乡情、乡缘为纽带，加强与行业协会、异地商会等沟通合作，高规格举办“沭商大会”系列主题活动，推动优质资本项目、技术等在花乡落地，持续掀起沭商返乡投资兴业热潮。

聚焦提速增效，全力上项目强支撑。开展重大项目建设“春季会战”，坚持“单月看工业、双月看城建、季度看农业”月度观摩推进机制，围绕项目建设全生命周期跟踪服务，盯着项目看、围着项目转、扭着项目干，集中时间集中精力抓好项目建设，加快推进80个列省列市重大产业项目建设，实现投资量、实物量、工作量“三量齐增”，以重大项目的“撑杆跳”推动工业经济“强筋壮骨”，确保全年完成固定资产投资500亿元以上，其中工业投资突破350亿元，充分发挥投资对经济增长的拉动作用。

聚焦保质保量，全力补短板夯基础。抢抓“持续推进重点领域补短板投资”政策机遇，积极推进73个重点基础设施项目，着力发挥政府投资撬动作用和对重大项目的牵引作用，引导支持社会资本参与基础设施建设，加快补齐基建短板弱项、挖掘新的市场需求，以基建提速促进经济结构优化。用活用足中央“金融16条”政策，从供需两端双向发力，积极做好土地经营文章，加快已摘牌地块开发建设进度，以更大力度精准支持刚性和改善性住房需求，推动房地产行业良性循环和健康发展。

激发市场活力，让消费旺起来

把恢复和扩大消费摆在优先位置，统筹抓好提升消费能力、改善消费条件、创新消费场景各项工作，打造消费者喜闻乐见的新业态新场景，加快培育消费新增长点。

增强消费能力“富口袋”。高举工业强县大旗，大力实施千亿产业突破、优势产业升级、先导产业壮大“三大行动”，稳步提升产业发展能级，扎实开展“乐业沭阳”“春风行动”等线上线下招聘活动，拓宽稳定就业渠道、提供更多就业岗位，加快创办沭阳第一技工学校，积极开展多层次、多形式的职业技能培训，实现更加充分更高质量就业。放大全国花木类技术工人行业标准制定地的优势和话语权，积极选树一批“盆景技师”“沭阳花匠”和“沭阳大工匠”，高标准办好第十届花木节、国际盆景大赛等活动，持续做大做强“美丽经济”，依托40个返乡创业园，大力发展平台经济、共享经济、直播经济，建设一批电商供应链基地，支持更多群众走上创业之路，加快“打工经济”向“创业经济”转变，全面打响“花漾沭阳·创业天堂”品牌。

改善消费条件“给机会”。加强政府引导，建立柔性执法制度，鼓励支持“后备箱集市”马路市场有序发展，实现八点上班高峰期前“人走摊净、摊走地净、还路于民”，在丰富消费场景的同时，支持劳动者多渠道灵活就业、增收致富。抢抓春节契机，聚焦年货、年味、年礼，积极举办“沭阳年货大集”，积极开展送岗位、逛花卉、寻美味、迎春联等主题活动，吸引消费者200万人次，拉动消费近2亿元。结合中秋、国庆、“双11”等重要节点，广泛举办以“金秋约惠·嗨购沭阳”为主题的系列消费促进活动，围绕零售消费、餐饮消费、汽车消费、网络消费、会展消费、融合消费等六大板块举办“促销大集”聚商气集人气，推动全县消费市场加速回暖。

创新消费场景“树品牌”。注重流量挖掘和品牌塑造，大力发展“商圈经济”“假日经济”，重点推进县域商业体系建设“一刻钟”便民生活圈试点、高品质特色商业街培育，推动中央商场、万达广场等商圈提档升级，打造优势互补、特色凸显的消费地标，提高商圈消费“热度”，持续放大城区商业集聚优势。加快建设南湖印象等特色夜市街区，搭建“夜游、夜赏、夜购、夜品、夜娱”等主题场景，升腾“城市烟火气”，印染最浓“幸福味”，放大“沭阳八点半·繁华花乡夜”夜经济品牌效应。

打造最优环境，让信心强起来

良好的发展环境是扩大内需的重要保障。必须致力于打造公平诚信的市场环境和社会环境，坚守发展底线、提优营商服务，真正让“干部敢为、地方敢闯、企业敢干、群众敢首创”，为开好局起好步营造安全稳定的发展环境。

提升营商环境牵引力。积极践行“无事不扰、有困必帮”服务理念，把“用户思维”“客户体验”贯穿服务全过程，变“政府端菜”为“企业点菜”，深化“放管服”改革，打造“一件事一次办”升级版，真正为经营主体“松绑减负”。落实“政策发力适度靠前”要求，针对发展需要和经营主体需求，适时推出一批增量政策，打出一系列稳企业、稳岗位、稳产能的“组合拳”，稳定经营主体预期、坚定企业发展信心。坚持安商稳商“不掉线”，构建“亲”“清”新型政商关系，优化“政策最优、成本最低、办事最快、服务最好”的“四最”营商环境，持续擦亮“全国营商环境百强县”金字招牌。

增强干部队伍战斗力。开年即组织召开全县三级干部大会，动员全县广大党员干部以“比状态拼干劲、比实绩拼位次、比贡献拼占比、比担当拼服务、比效能拼作风”“五比五拼”状态和行动，全面落实“四敢”精神，坚持守土有责、守土负责、守土尽责，扑下身子当好“施工队长”，做到脑中有“全景图”、手中有“撒手锏”，心中有严于律己、严负其责、严管所辖的自觉，切实增强“走在前、挑大梁、多作贡献”的政治责任感。积极破除思维定式、准确把握发展大势，深入基层调研、扑到一线作战，把中央和省市决策部署落实到一项项具体工作中。

强化安全稳定支撑力。持续保障和改善民生，健全和完善社会保障体系，大力发展“七有”领域民生建设，持续提升居民消费信心。始终把安全发展主动权抓在手上，持续开展“横向到边、纵向到底”的拉网式安全生产大检查、大整治，实现高质量发展和高水平安全良性互动。推广党建统领基层社会治理经验，用好信访“421”工作机制，打造矛盾纠纷源头治理特色品牌，聚力营造安全和谐的发展环境。

（载于2023年第5期《群众》杂志）

强信心　谋突破　在高质量发展中扛起沭阳担当

中共沭阳县委副书记、县长　王　瑞

2022年，我最难忘的是全县上下一路抗击疫情，一路承压前行，一路追赶奋进。沭阳16项列统主要指标全部实现正增长11项全市占比超过上年度，工业用电量跃居苏北第一，地区生产总值有望在2020年突破千亿级基础上实现苏北“三连冠”，一般公共预算收入继续领跑苏北20个县（市），新增高质量发展、科技创新等7个“全国百强县”荣誉，乡村振兴、制造业创新转型等6项工作获得省政府大督查表彰激励。

2023年，我们的发展关键词是“信心”。我觉得信心比黄金更重要。信长星书记在讲话中提到，全力支持和鼓励干部敢为、地方敢闯、企业敢干、群众敢首创，让我们倍感振奋、倍添动力。结合沭阳实际，要做好经济工作，我认为主要落在“三个信心”上：

一是提振市场信心，持续推动既有各项惠企政策直达快享，制定实施一批助企纾困增量政策，全面激发全社会干事创业活力。

二是增强消费信心，把恢复和扩大消费摆在优先位置，精心组织系列促消费活动，持续办好“沭阳消费”四季系列主题活动

三是坚持领跑信心，主动扛起大县担当、致力多做贡献，确保经济总量全国有进位，传统优势指标继续保持全省领先，主要经济指标苏北全面领先、全市占比不断提升。

今年是全面贯彻中共二十大精神、奋进中国式现代化新征程的开局之年。省政府工作报告提出，要全力推动经济运行率先整体好转，展现江苏走在前、挑大梁、多做贡献的政治担当。沭阳将按照省政府工作报告的部署要求，切实找准自身定位，主动扛起沭阳担当，以新发展理念引领高质量发展以“四化同步”助推现代化建设，扎实推进中国式现代化沭阳新实践开好局起好步。今年我们将重点在四个方面寻求突破：

一是在先进制造业发展上求突破。大力实施“123”产业集群培育三年行动计划，全力推动招大引强、转型提档、数字赋能和环境优化，确保全年招商引资总额突破千亿大关，“3+3+X”主导产业产值迈上千亿台阶，全力争取高端纺织产业尽早成长为苏北首个县级千亿级产业集群。

二是在扩大内需上求突破。积极打造区域性消费中心、高质量电商产业名城、现代服务业高质量发展集聚示范区，加快推进政府投资、社会投资、房地产投资落地见效，力争社会消费品零售总额突破400亿元、固定资产投资突破500亿元。

三是在打造区域副中心城市上求突破。全力争创全国文明城市、省级生态园林城市，一体推进“教育强县”“健康沭阳”“幸福沭阳”等建设，加快形成“徐淮连宿城市群重要支点”“陆海联运通道重要节点”，着力打造区域性的宜居宜业城市、民生幸福高地、交通枢纽节点。

四是在全面推进乡村振兴上求突破。持续做大做强花木产业特色，巩固“全国超级产粮大县”地位，加快推进花木等“一群四链”建设，深入实施“个十百千”工程，重点打造“八乡八景”，持续巩固拓展脱贫攻坚成果，加快建设农业强、农村美、农民富的新时代鱼米之乡。

（2023年1月17日发表于我苏网之“我苏论政”栏目）

沭阳打造“四大高地”建设区域副中心城市

茆同凤　祖智慧　杜建军

近年来，江苏省宿迁市沭阳县抓住省委和市委赋予“区域副中心城市”发展定位、被省国土空间规划纳入Ⅱ型大城市培育县份契机，全力打造经济发展、生态宜居、公共服务、创新创业“四大高地”。2022年，沭阳县新增县域高质量发展、科技创新等8个全国百强县称号，制造业创新转型、金融领域改革等6项工作获省政府督查激励，地区生产总值达1308.45亿元，全国百强县排名晋升至第28位，一般公共预算收入、工业增值税、工业用电量居苏北首位。

建设经济发展高地　增强竞争力

加快推进省制造业高质量发展示范区建设。通过产业培育、核心技术攻关、引培重大项目等方式强链补链，全力推动绿色家居、机电装备、高端纺织等主导产业向智能化、绿色化、高端化迭代升级。目前，全县累计获批省星级上云企业360家、通过两化融合管理体系贯标企业53家，为全市最多。

加快推进智能化改造、数字化转型。积极发展数字经济，推动“机器换人”“企业上云”，天能电池、科泽新材料获批省工业互联网标杆工厂，宋和宋智能获评全国单项冠军产品、为全市唯一，新增国家级专精特新“小巨人”企业2家，省级企业技术中心10家，数量均为全市最多。

大力开展“沭商回归”计划。以商会、乡情、亲情招引沭阳籍企业家返乡创业创新，促进资金、项目、人才回归投资创业。依托4个异地商会成立“沭阳商会联盟”，发挥1个国家级、8个省级“四好”商会作用，大力实施“凤还巢”工程，成功招引51名“沭商”返乡创业、投资100余亿元。

建设生态宜居高地　提高承载力

全力开展“乐享园林”品牌建设。围绕建设苏北最美县城，持续推进“增花、增绿、增彩、增园”，投入3.5亿元实施城区26处彩化、景观提升，新建2个城区公园、9个口袋公园，新增公共绿地面积约50万平方米，实现了让市民“推窗见绿、出门游园、移步换景”。

建立健全生态产品价值实现机制。探索生态供需精准对接、可持续经营开发，落实“两手发力”要求，建成全省首个25亩大型活动碳中和林，开展全省首例跨县区水权交易，有效解决西南岗缺水片区14万亩农田用水问题，水资源集约节约利用水平进一步提高。

全力打造乡村公共空间治理2.0版。深入推进“个十百千”工程，围绕“五朵金花、十颗明珠、百村示范、千庄整治”，大力推广全域整治、数字乡村、五美庭院模式，新增美丽宜居乡村59个，创成省级特色田园乡村4个、省级旅游重点村1个。

建设公共服务高地　提升虹吸力

打响苏北教育强县品牌。深入推进名校、名师、名学科“三名”工程建设，教育品牌影响力不断扩大；创成省优质幼儿园96所、省四星级高中4所，沭阳高级中学创成北京大学首批“博雅人才共育基地”，拥有全国教育行业第一家A股上市企业。

加快融入“半小时交通圈”。加快推进宿连高速、宿连航道等重大交通项目建设，区域交通大动脉加速成型；新建配套路网23条，快速路二期加快实施，交通“毛细血管”更加畅通，县、乡、村三级联动现代物流体系不断优化，获评省级城乡公交一体化达标县、省农村物流达标县等。

深化医疗保障制度改革。加快省级“15分钟医保服务圈”示范县建设，在全市率先探索“便民化、规范化、智能化”集成体系，将九类27项高频服务事项全部下延至乡镇（街道）办理；创成2个省级、28个市级示范点，即时办理事项平均办理时长不超过10分钟，申办材料压缩32.5%，办理时限和办事流程缩减59.8%。

建设创新创业高地　释放创造力

构建创新创业体系。整合软件产业园和高层次人才创新创业产业园资源，积极创建省级高新区，新增8个乡镇返乡入乡创业园区（基地），沭阳国际花木城获批省级创业示范基地；大力实施“沭才回归”计划，高水平举办第四届高层次人才创新创业大赛，吸引12名高层次创新人才带项目落户沭阳发展。

优化创新创业生态。打造政策最优、成本最低、办事最快、服务最好“四最”营商环境，强化政策服务和要素保障，建立“技能银行”量身定制“培训菜单”，举办职业技能竞赛19场，新增技能人才8000余人，新增3个省级乡土人才大师工作室；精准对接资金需求，发放富民创业担保贷款7025万元、“苏岗贷”5479万元，小额扶贫贷款工作连续13年位居全省县级第一。

打造创新创业平台。搭建众创、众包、众筹、众扶“四众”平台，在政策引领、主体培育、载体建设、产学研合作等方面不断完善创新创业激励、评价保障等机制，组织71家企业申报市级高新技术企业培育库、130家企业申报国家高新技术企业，开展校地、校企对接，签订合作协议155项。

（载于2023年3月24日《中国改革报》3版）

厚植沃土吸引项目近悦远来

沭阳全力打造苏北工业强县

朱文军　徐明泽　吕述谡　相　哲

今年一季度，沭阳县工业经济主要指标实现“开门红”——工业销售收入、工业增值税、工业用电量增速全市第一，总量继续保持苏北领先。去年沭阳县工业用电量、工业增值税、工业销售收入分别位居苏北第一、第一、第二位，连续8年入选“全国工业百强县”。在工业经济的有力支撑下，沭阳县去年实现地区生产总值1308.45亿元，连续3年跻身“千亿俱乐部”。

沭阳县委书记、沭阳经开区党工委书记彭伟表示，沭阳县以“四化”同步集成改革示范区建设为抓手，坚持“工业强县、产业兴县”不动摇，强力推动工业经济总量上规模、结构上档次、质态上台阶，集中最强力量、集聚最优资源、集成最好政策营造良好生态，全力打造苏北工业强县。

奏响招商强音，项目近悦远来

今年一季度，沭阳县签约亿元以上项目86个、协议投资总额526.6亿元，其中10亿元以上项目13个、50亿元以上项目3个，超额完成首季任务。将招商引资作为推动工业经济发展的硬核支撑，沭阳县以起步就是冲刺的奋进姿态，迅速拉开系列招商活动大幕。全县紧盯超10亿元项目、“3+3+X”产业体系和16条重点产业链，招商方向更加精准；注重市场化招商，加强异地商会等合作，运用委托招商、以商引商等方法，招商方式更加多元；突出行业龙头、上市企业和高技术、高成长、高附加值项目招引，招商项目更优质；各单位分工协作、各园区靠前服务，招商合力不断增强。

进入4月，沭阳掀起“招商引资半年冲刺竞赛”新热潮。沭阳县副县长、沭阳经开区党工委副书记、管委会副主任徐光良表示，经开区将强化“10亿元项目起步，50亿元项目常态化，重点突破100亿元项目”目标导向，集中优势资源，全力攻坚大项目。

项目近悦远来，客商接连落户，“沭商”也强势回归、成长壮大。去年以来，沭阳实施“沭商回归”计划，依托异地宿迁商会、异地沭阳商会以及沭阳商会联盟等招引项目51个总投资101亿元。近10年来，全县返乡就业创业总人数近30万人。

激发潜力后劲，工业提质增效

宋和宋智能科技有限公司提花机年产销量世界第一，全球市场占有率27.3%；科泽新材料有限公司拥有20多项国内外专利，可循环再生纳米改性技术为国际首创……在沭阳采访，不时可以听到“世界第一”“国际首创”这样的企业介绍。

持续推进“小微企业进规模、规模企业冲亿元、亿元企业上台阶”梯次培育计划。沭阳县重点培育“链主型”企业、单项冠军企业等“五型企业”，形成龙头企业“顶天立地”、中小企业“专精特新”生动局面。去年，全县16条重点产业链实现产值1136.41亿元；创成省知识产权建设示范县，获批省级“三个中心”13家，新增高新技术企业58家、国家级专精特新“小巨人”企业2家、省三星级以上“上云”企业129家。

沭阳县委副书记、县长王瑞说，今年将以智能制造为主攻方向，加快推动新一代信息技术与制造业深度融合，新增科技型企业50家以上，培育市级以上

“专精特新”企业100家以上，实施智能化改造、数字化转型规上企业230家，为打造苏北工业强县提供强劲支撑。

推行“沭事速办”，塑造“四最”环境

总投资约150亿元的桐昆集团沭阳项目正式签约后，仅用4个月时间便开工建设，一年半时间正式投产。把作风建设和营商环境建设作为开新局、谋新篇关键一环，沭阳县用作风优势、环境优势全力构筑跨越赶超的发展优势、竞争优势。

“在沭阳办企业省心省力，帮办服务做到‘全方位、保姆式、零距离’。”宋和宋智能科技有限公司行政经理侯广南感慨道。县政务服务厅以便民利企为出发点，推进“线上+线下”融合发展，设立“一件事”“免证办”“零材料”“零等待”“零证明”服务专区和“一窗通办”“兜底办”等窗口，凡政府部门内部或部门间的流程环节可提供的证照材料，决不让企业群众跑腿，大大提升办事速度。经营主体和办事群众办理环节平均压缩52.3%，申报材料平均减少50.4%，办理时间平均缩减70%以上。

坚持“不叫不到、随叫随到、服务周到，说到做到”的服务理念，沭阳县全力塑造“政策最优、成本最低、办事最快、服务最好”“四最”营商环境，真正让县域成为企业创造的“磁场”、保护的“高地”、转化的“沃土”。去年，沭阳营商环境在全省63个县市测评中进入第一方阵，连续3年入选“全国营商环境百强县”。

（载于2023年6月12日《新华日报》头版）

县情概览

综　述

沭阳县位于江苏省北部，属暖温带季风气候。西汉时，境内始置厚丘县，立阴平、建陵两侯国。北周建德七年（578），定名为沭阳县，因治所位于沭河北岸得名，县名沿用至今。全县辖1个国家级经济技术开发区、6个街道、23个镇、1个乡，共137个居民委员会，343个村民委员会。2023年年末，全县户籍人口196.63万人、常住人口166.01万人，常住人口城镇化率61.62%，较上年提高0.92个百分点。沭阳地势平坦，交通网络四通八达。京沪高速公路在沭阳有四个出口，新长铁路在沭阳设站。国道205线、省道245、324、326、329、344线等干道的通达使得沭阳的交通非常便捷。沭阳东去连云港花果山国际机场67千米，南往淮安机场57千米。2023年，沭阳县花木产业“六个转型”深入推进，销售额突破300亿元，抢抓美丽经济助推富民增收经验做法得到省委、省政府主要领导的高度评价。聚力抓招商、攻项目、强保障，重大项目引培成效受到市委、市政府主要领导多次肯定。发放全国首笔“VEP（特定地域单元生态产品价值）花木生态价值贷”500万元，在全国经验交流会上被肯定推广。中考各高分段人数占据全市“半壁江山”，高考成绩连续12年位居全省第一方阵，16名学生考取清华北大。荣获国家级县域节水型社会达标县、省金融生态优秀县等13项国省荣誉，财政管理、政府督查、养老保险规范执行等工作获省政府督查激励，新入榜综合实力等8个全国百强县。

城市标识

【虞姬故里】 虞姬，生于秦末，沭阳县颜集镇虞溪村人，西楚霸王项羽的夫人。相传虞姬容颜倾城，才艺并重，舞姿美艳。随夫出征8年，辅助项羽率各路义军推翻秦朝。公元前202年，项羽被汉军围困垓下，作《垓下歌》。虞姬怆然拔剑起舞，歌罢自刎，以断项羽眷念之情，激项羽奋战之志，演绎了千古绝唱“霸王别姬”。2000多年来，关于虞姬的佳话在沭阳世代相传，经久不断，境内有虞姬沟、九龙口、霸王桥、虞姬像、虞姬公园等名胜古迹与景点。清代大诗人袁枚在沭阳任知县期间，曾瞻仰过虞姬庙。古稀之年，从南京又一次到沭阳专程凭吊虞姬庙，并作《题虞姬庙》诗：“为欠虞姬一首诗，白头重到古灵祠。三军已散佳人在，六国空亡烈女谁？死竟成神重桑梓，魂犹舞草湿胭脂。座旁合塑乌骓像，好访君王月下骑。”

【花木之乡】 沭阳花木栽培历史悠久，起于明清，素有“虞姬故里、花木之乡”的美誉。2000年6月，沭阳县颜集镇被国家林业局和中国花卉协会命名为首批“中国花木之乡”。颜集镇、新河镇、扎下镇、庙头镇、潼阳镇、耿圩镇等乡镇为花木主产区，全县花木种植面积60万亩，约占全省1/4、全国1/20，各类花木从业人员35万余人。沭阳花木产业已成为宿迁市农业六大百亿级产业之一，成功获批“沭阳地柏”“沭阳月季”“桑墟榆叶梅”等国家地理标志商标（农产品）。已建成华东花木大世界、中国沭阳国际花木城、沭阳花木大世界、周圈盆景市场、新河花木电商示范街、新河花木电商采购基地等10余个大型花木集散市场及中心。

【板材之乡】 沭阳是全国闻名的“板材之乡”、中国胶合板生产“四大基地”之一，全国最大的画材生产基地。全县有各类板材企业近1500家，其中规模以上企业近500家，年产值达500亿元。全县木材加工产品涵盖建筑模板、单板层积材（LVL）顺向材、中高密度板、各类贴面装饰板、家具、实木复合地板、画材、木制工艺品、乐器、木制益智玩具等30多种，其中LVL、建筑模板等总年产量位居全国首位。初步形成了“木质建材、木质家具、木质文创”三大板块。先后获评“国家级出口竹木制品质量安全示范区”“国家级实木厚芯木地板基材生产基地”“江苏省特色产业集群”等。

【书法之乡】 沭阳县历史悠久，文化灿烂，书法人才辈出。书法文化得到了广泛的传承与弘扬，培养造就了一大批功力深厚、风格独特、在省内外乃至全国都有较大影响力的书法家。现任中国书法家协会主席孙晓云就是沭阳籍人。全县有中国书协会员26人、省级会员86人、市级会员228人，书法爱好者3万余人。2013年8月10日，沭阳县正式被命名为“中国书法之乡”。

【淮海戏之乡】 淮海戏是流传于沭阳、泗阳、东海、灌云、海州等地的地方剧种，淮海戏发源于沭阳、鼎盛于沭阳，民间一直以“唱小戏”称呼，1945年才正式命名为“淮海戏”。淮海戏起源于清乾隆、嘉庆年间，出现艺人走村串户“打门头词”的演唱方式。在长期发展过程中，众多的戏班，形成了东北和西南两大流派，东北部艺人以唱功见长，西南部艺人以做功闻名。中华人民共和国成立后，重视地方戏曲发展，淮海戏创造了自己的传统剧目32大本，64单出，是江苏省地方戏的主要剧种之一，已经传唱了250多年。多年来，沭阳县委、县政府在淮海戏保护与传承工作的阵地建设、人才培养、艺术生产和经费投入等方面给予了大力支持，沭阳的淮海戏专业、群众团体和淮海戏爱好者队伍庞大，群众基础深厚。2019年9月，中国戏剧家协会决定授予江苏省沭阳县“中国淮海戏之乡”称号。

自然地理

【位置面积】 沭阳县位于江苏省北部，沂沭泗水下游，属鲁南丘陵与江淮平原过渡带。地理坐标为北纬33° 53′ ~34° 25′，东经118° 30′ ~119° 10′，东西长60千米，南北宽55千米。东与涟水县、灌南县、灌云县毗邻，南与淮阴区、泗阳县相连，西与宿豫区、新沂市接界，北与东海县接壤，是徐、连、淮、宿四市接合部，陆域面积2299平方千米。

【地形地貌】 沭阳县地处沂沭泗水下游，属鲁南丘陵与江淮平原的过渡带，全县地形呈不规则方形，全境西高东低，西部岗地高程10~20米，中部和东部为广阔平原，大部分地面高程4.5~7米，是著名的平原县。县境最低处在东北部西圩乡，高程只有3.4米。韩山海拔66.08米，是县内最高点，东西长约400米，南北宽约250米，由前震旦系变质岩组成。万山低矮，面积较小，也为前震旦系变质岩组成，海拔15.9米，相对高度11.5米。大官庄—阴平垅冈分布在县境西北部茆圩、潼阳两乡西部，呈北北东—南南西向展布，地面高程10~20.4米，地势西高东低，地表物质为上更新统含钙的砂黏土，并夹有碎石，沉积物粒度西部较粗、东部较细，显示出冲洪积扇沉积特点，扇顶在西部新沂市境内。悦来—刘集垅冈分布在县境西南部悦来、颜集、耿圩、陇集、刘集等乡镇，地面高程10~20.6米，地表沉积物为上更新统戚咀组，冲洪积相砂礓黏土，地表受流水侵蚀，呈坡状起伏。县境东北部是冲海积平原，分布在桑墟、青伊湖、高墟、西圩、吴集等乡镇，地面高程3.2~4.5米，全新世初期海水入侵，沉积了数米厚的海相沉积层，上覆近代冲积相砂黏土。黄泛冲洪积平原分布于县境东南部，新沂河以南地区，包括沂涛、钱集、塘沟、胡集、马厂、李恒、章集、七雄、十字、沭城、耿圩等乡镇，地面高程4.5~11米，大部分5~9米，地势南高北低，地表沉积物为黄河南徙期间冲洪积物。沂沭河冲洪积平原分布在新沂河以北，包括扎下、龙庙、官墩、韩山、华冲、贤官、庙头等乡镇，地势北高南低，地面高程4.5~6.5米，地表沉积物为沂沭河冲洪积物。

【土壤条件】 沭阳县耕地土壤条件优良，境内土地肥沃，土壤有效层深度在1米以上，土壤有机质含量平均为2.02%、速效磷平均19.2毫克／千克、速效钾平均165毫克／千克、pH值平均7.8，是绿色农产品的平畴沃野。沂河两岸荡湖淤土1133平方千米，东南沙碱土516平方千米，西南岗土299平方千米，沙河、沭河沿岸壤土220平方千米，西北岭岗土130平方千米。

【气候水文】 沭阳县位于亚热带与暖温带的过渡带，属暖温带季风气候，气候条件优越。主要特点是气候温暖，雨水较多，日照充足，无霜期较长。冬季寒冷干燥、夏季炎热多雨，雨热同季，形成了寒暑变化显著、四季分明的气候特征。沭阳水文以淮河水系为主、沂沭泗水系为辅，供水常年保持Ⅱ类水质。境内河网密布，拥有新沂河、淮沭新河、六塘河、柴南河、柴米河、蔷薇河等进入江苏省骨干河道名录的河流34条，境内自然河流皆由西向东或东北流。中华人民共和国成立后，沭阳县兴修水利，形成纵横交错的平原水网。1949年开凿新沂河，横贯县境东西，西起宿迁市嶂山闸接骆马湖，经颜集入境，流经悦来、新河、耿圩、扎下、沭城、龙庙、七雄、韩山、李恒，从吴集出境，经灌云与灌南两县之间，从灌河口入黄海，全长144千米，县境内长65千米，宽1.3~1.4千米，为沂河重要泄洪河道。1958年开挖的淮沭新河，南至洪泽县二河接洪泽湖，是纵贯县境南北的一条人工河道，建成于1970年。淮沭河在沭城镇西侧与新沂河交汇，自淮阴杨庄至新沂河，全长66千米，县境内长约20千米，采用两泓两堤形式开凿，堤距1.4千米，每年分泄淮河洪水约5亿立方米，也是沭阳县农田灌溉、航运主要河道。沭新河1958年开挖，上接新沂河，由明庄闸控制，下接蔷薇河，至连云港市由临洪口入海，全长70千米，县境内长约30千米，河面宽20~34米，为沭阳、连云港排涝、灌溉河道，且兼有航运功能。地处淮沭新河的沭阳港口是集货运、物流、仓储于一体的综合性港务码头，年吞吐量400万吨。

【自然资源】 根据土地变更调查数据，2023年，沭阳县拥有土地资源总面积229892.70公顷。全县查明的矿产资源主要有4种，分别是磷矿、蓝晶石矿、天然石英石（建筑用砂）、其他黏土（砖瓦用黏土）。磷矿资源储量1991.49万吨，蓝晶石资源储量944.21万吨，天然石英石和其他黏土分布广泛，储量丰富。全县森林覆盖面积64322公顷，全县湿地保有量23574公顷。

历史人文

【历史沿革】 沭阳历史悠久。1987年，考古工作者在沭阳万匹乡万北村发现新石器时代及商代的古文化遗址。随后，马厂遗址、铁架岭遗址的发现都证明五六千年以前的新石器时代，沭阳就有先民生活、繁衍。沭阳在夏商时属《禹贡》中的徐州，周时属青州。春秋末期为鲁国南境，战国时属楚国。秦统一中国后，初属薛郡，后改属郯郡。西汉景帝封卫绾于建陵（今属新沂市），在境内首立侯国。西汉武帝时，始设厚丘县，隶属东海郡。汉成帝封楚孝王子四为阴平侯，阴平始为侯国。东汉除侯国，置阴平、建陵二县。三国魏黄初年间，立东海国，领厚丘、阴平、建陵等11县。西晋武帝裁阴平县，封鲁芝于阴平。阴平由县变为采邑。南朝宋元嘉四年（427）省厚丘，并入襄贲，另置僮县，隶属南下邳郡。刘宋势力在南方，故僮县为侨县。南朝宋大明四年（460），南下邳郡并入南彭城郡，僮县遂属南彭城郡。境内古有潼水，故以僮名县。南朝齐复置厚丘县，后废，设置僮县。南朝梁天监五年（506），废僮县，置僮阳郡。南朝梁普通五年（524），裴邃攻克北魏建陵城，省建陵县。东魏武定七年（549），改僮阳郡为沭阳郡，兼置下城、临渣、服武、怀文四县，复置建陵县。东魏还置临沭郡并县，寻废。南朝陈太建五年（573），命吴明徹、裴忌领兵十万进攻江北，击溃北齐，占领沭阳郡，下城、临渣、服武三县并入怀文县。北周建德七年（578），改怀文县为沭阳县，县名沿用至今。北周废建陵县。隋文帝开皇年间废沭阳郡，县治迁入郡治，隶属海州。隋大业十三年（617），“土人反”，改沭阳为沭州。唐武德初年，复置厚丘县，唐武德八年（625）废除，入沭阳县。唐总章元年（668），沭阳改属泗州。唐咸亨五年（674），改属海州。五代、两宋、元依唐制。明洪武年间，沭阳从海州析出，隶属淮安府。清顺治、康熙两朝沿袭明制，清雍正二年（1724），改属海州。民国2年（1913），属徐海道。民国17年至37年（1928—1948），属东海专员公署、徐海行政公署。抗日战争时期，淮海区党委对境内区划作较大变动。淮沭路以西、沭河以南，与泗阳部分地区合并，设泗沭县抗日民主政府；县西北置潼阳县抗日民主政府；县北与东海铁路南地区合并，建立东海县（铁路南）抗日民主政府；县东和柴米河以北，划归灌云县抗日民主政府。所置县皆隶属淮海区专员公署、行署。1945年8月至1949年5月，沭阳属苏皖第六行政区。1949年5月，撤销东海（铁路南）、潼阳、泗沭县，原辖区划归沭阳，宿迁部分辖区划给沭阳，隶属淮阴行政专员公署。1983年，实行市管县，属淮阴市。1996年8月，沭阳隶属宿迁市。根据中共江苏省委 江苏省人民政府印发《关于开展省直管县体制改革试点工作的意见》的通知（苏发〔2011〕39号），沭阳、泰兴、昆山为江苏省直管县3个试点。沭阳从2012年10月1日开始，按照省直管县体制运行，行政区划不变。

【行政区划】 2021年3月12日，根据《省政府关于同意变更宿迁市宿城区宿豫区和沭阳县部分行政区划的批复》以及《市政府关于变更宿城区宿豫区和沭阳县部分行政区划的通知》精神，沭阳县人民政府对部分行政区划进行变更。截至2023年年底，沭阳县下辖1个国家级开发区（沭阳经济技术开发区）、23个镇（高墟镇、马厂镇、贤官镇、耿圩镇、韩山镇、胡集镇、华冲镇、李恒镇、刘集镇、陇集镇、龙庙镇、庙头镇、青伊湖镇、钱集镇、桑墟镇、塘沟镇、潼阳镇、吴集镇、新河镇、颜集镇、沂涛镇、悦来镇、扎下镇）、

1个乡（西圩乡）、6个街道（梦溪街道、南湖街道、七雄街道、十字街道、沭城街道、章集街道），共137个居民委员会，343个村民委员会，面积2299平方千米，人口197.56万人。

2023年沭阳县行政区划一览表

表1

乡、镇、街道行政区划代码（驻地）	面积（平方千米）	户籍人口（人）	村（居）民委员会	
			数量（个）	标准名称
沭城街道321322001（长庄居委会长庄路）	44	234322	28	居：新桥、西园、河南、古城、南关、健康、圩东、南苑、城南、河东、东园、五里、城北、沂河、建陵、孙巷、城西、东关、长庄、怀文、果园、河西、长安、叶庄、沭河、城东、昭德、府苑
南湖街道321322002（南湖居委会承晖路）	41.68	55683	7	居：中心、前巷、湾河、新南、项荡、刘洪、南湖
梦溪街道321322003（糖坊居委会迎宾大道1106号）	45	54137	10	居：任巷、杨店、糖坊、任码、徐沭、章塘、团庄、桃园、官西、南岭
十字街道321322004（十字居委会康居路）	68.85	56711	17	居：十字、十字果园、龙汪、戴圩、陈陆、王涧、赵解、学宜、蒲荡、孙圩、施圩、周圩、南汤圩、东南、前屯、西张圩、蚕种场
七雄街道321322006（官田居委会三支渠路）	42	34681	9	居：官田、夹滩、道口、徐圩、高树、田桥、七雄、官东、双条河
章集街道321322007（章集居委会沭马路67号）	97.22	72664	10	村：店西、店北、店东、谢圩、卢房、王圩、张王庄、黄仓庄、桃树园、沈庄
			11	居：章集、长兴、老戚庄、跃进、何杨、张刘、葛老、大沈庄、武河、小穆庄、店南
陇集镇321322101（墩前村委会发展大道北侧）	46.79	27707	5	村：墩前、孟玉、李徐、谢桥、丁曹
			2	居：陇集、陇东
胡集镇321322102（胡集居委会新街北首）	68.72	55336	10	村：华光、大徐、新北、新集、德胜、黄庄、梁井、华长、刘河、三新
			6	居：胡集、华集、胡北、胡南、胡东、胡西
马厂镇321322105（厂南居委会沭马路1号）	84.37	69807	19	村：赵大庄、大单庄、大司庄、民主、双圩、古南、马棚、金墩、东场、炳来、葛园、葛荡、青春、王竹园、杨桥、丁大庄、老胡庄、老王圩、大口桥
			5	居：马厂、厂南、厂北、厂东、厂西
沂涛镇321322106（太平居委会虞姬神大道1号）	94.34	73441	20	村：沈集、东王庙、魏湾、崔庄、二圩、常荡、王团庄、谢庄、秦圩、新沟、古屯、三杰、王魏庄、大王庄、兴陶、陶庄、赵涧、屋基、金葛楼、红旗
			1	居：太平
庙头镇321322107（庙头居委会长江路2号）	59.5	49933	10	村：何桥、吕庄、探驾、长探、牛墩、聚贤、古龙、东柳、后圩、赶埠
			3	居：庙头、冷庄、后窑
华冲镇321322109（华冲居委会府前路1号）	54.94	50616	10	村：丁庄、官沟、柳口、杨柳、仲林、站墩、东园、汤庄、经堂、伍滩
			2	居：华冲、大尖

续表1

乡、镇、街道行政区划代码（驻地）	面积（平方千米）	户籍人口（人）	村（居）民委员会	
			数量（个）	标准名称
悦来镇321322111（悦来居委会沭悦路188号）	88.51	47648	11	村：大方、沟涯、华新、肖湖、橡佟、薛方、郭湖、叶上庄、双蔡、叶新庄、枣林
			1	居：悦来
刘集镇321322112（刘集居委会刘南河南路9号）	72	42033	11	村：大兴、郇河、槐树、西周集、涧西、桥南、育民、南岗庄、张大沟、老小圩、南长庄
			1	居：刘集
扎下镇321322115（分水居委会府前路66号）	55.49	61782	11	村：明庄、卢巷、周沟、沈魏、银山、顺河、朱家庄、仲大庄、胡道口、冯徐、丁庙
			2	居：沙巷、分水
颜集镇321322116（方圩村委会潼悦线12号）	68.22	59974	13	村：堰下、沙湾、贯勤、方圩、大庄、丁圩、花晏、虞溪、虞北、司程圩、许房、周项、梁庄
			1	居：颜集
潼阳镇321322117（阴平居委会潼悦路1号）	99.63	53100	13	村：山羊、草村、大宅、后屯、扎埠、窑庄、周庄、马岭、吴滩、潼北、潼西、潼南、朝阳
			2	居：阴平、潼东
龙庙镇321322118（龙庙居委会324省道南侧）	48.67	54124	11	村：仲湾、朱庄、庄塘、聂湾、兴义、前岔、赵庄、葛巷、沙堰、红河、花厅
			2	居：龙庙、联合
新河镇321322124（新槐居委会花都大街1号）	49.54	45884	9	村：周圈、堰头、沙河、大营、维新、解桥、巴房、双荡、春生
			1	居：新槐
吴集镇321322126（东埠村委会发展大道1号）	72.9	46314	10	村：东埠、史跳、大竹园、塔桥、陈许、吴西、魏牌坊、兴杨、航河、范赵
			1	居：吴集
青伊湖镇321322128（滥洪居委会人民路58号）	71.19	52759	11	村：戚庄、荣吴、后乡、马场、王场、北槽坊、湖湾、姚沟、高庄、蔷薇、赵集
			1	居：滥洪
				青伊湖农场包括5个分场：蔷薇分场、汪荡分场、垤庄分场、李场分场、下坊分场
钱集镇321322129（钱集居委会府前路1号）	88.54	57812	15	村：永兴、大南、万庄、西营、新桥、槽坊、漆圩、效佐、陈圩、东营、徐码、石桥、水庄、引河、老严荡
			2	居：钱集、张圩
塘沟镇321322130（塘沟居委会富强路2号）	101.73	71664	18	村：条河园、王华、雷达、塘东、塘北、塘西、东渡、胡塘桥、碾盘、卢圩、塘南、老街、胡庄、谢河、史洼、华帮、周楼、合兴
			2	居：塘沟、周集
韩山镇321322131（韩山居委会324省道2号）	121.62	78819	20	村：范圩、刘徐、宋庄、沂兴、顺河集、赵口、石平、桔园、大吕庄、尚庄、姜洼、花圩、尤庙、所房、南庄、郁圩、丰收、先锋、友谊、戴山
			3	居：韩山、韩西、官墩

续表1

乡、镇、街道行政区划代码（驻地）	面积（平方千米）	户籍人口（人）	村（居）民委员会	
			数量（个）	标准名称
桑墟镇321322132（桑墟居委会西湖路300号）	125.29	100034	20	村：二兴、元兴、刘厅、舒窑、刘寨、新顺河、友谊河、蔷薇河、条河、北大兴、平墩、张湾、和睦、茆圩、大官庄、李圩、厚邱、寇塘、杨兴、桥新
			4	居：桑墟、老庄、大河西、青坊
李恒镇321322133（李恒居委会府前路2号）	122.64	83683	22	村：柴北、柴南、孙洪、江圩、西河、徐庙、曙红、竹湖、刘山、平北、大黄、三黄、范场、张坦、马屯、郝圩、顾洼、大李、藕池、两柴、双窑、汤南
			2	居：李恒、汤涧
高墟镇321322134（高墟居委会建设路10号）	124.68	82367	20	村：邱谷、马沟、刁夏、三荡、穆庄、古泊、古莲、纲要、龙河、河北、新湖、新钱、孙于、李场、杨湾、木墩、陆口、杨跳、莲河、司杨
			2	居：高墟、湖东
耿圩镇321322135（耿圩居委会沭悦路22号）	109.37	68872	18	村：郭圩、汪圩、梁荡、闸西、淮西、周庙、孙庄、管桥、沂南、王庙、岗庄、乔王、尚庙、宋宅、吴园、涧东、张胡圩、周王
			2	居：耿圩、丁集
贤官镇321322136（赵集居委会秦安大道1号）	84.99	92573	16	村：马湖、乔口、万刘、驻丘、禅武、淀湖、官宜、贤北、银杏、下湾、汤圩、丁蒋、大房、杨庄、蔡庄、三圩
			6	居：贤官、蒋园、赵集、马庄、沙河寺、万匹
西圩乡321322205（西圩居委会西圩街8号）	47.05	31815	10	村：中陈、曹口、汉沟、后车、前庄、三才、范湾、邱庄、郝庄、前车
			1	居：西圩

说明：1.桑墟镇原桑北居民委员会更名为大河西居民委员会，桑南村民委员会更名为北大兴村民委员会；
2.数据依据《省政府关于同意变更宿迁市宿城区宿豫区和沭阳县部分行政区划的批复》；
3.根据江苏省民政厅《关于确定部分乡镇街道行政区划代码的通知》，确定章集街道、钱集镇、塘沟镇、韩山镇、桑墟镇、李恒镇、高墟镇、耿圩镇、贤官镇行政区划代码

【人口方言】 2023年年末，全县年末总户数50.71万户，户籍总人口196.63万人。其中，男性102.98万人，女性93.65万人，男女性别比为109.96。户籍人口中，0~17岁人口46.9万人，占23.85%；18~59岁人口112.17万人，占57.05%；60岁及以上人口37.56万人，占19.1%。全年出生人口1.1万人，出生率5.69‰；死亡人口1.3万人，死亡率6.74‰。年末常住人口166.01万人，其中城镇常住人口102.3万人；常住人口城镇化率61.62%，较上年提高0.92个百分点。

沭阳方言属北方方言中的江淮次方言。方言区位于北方话与江淮话分界线的南部边缘，是过渡地带。受南北两方的影响，县内各地语音、语调及一些方言词语有所差异，具有鲜明的地方特点。县西部陇集、悦来、颜集一带狭长地区与宿迁毗邻，受其影响，掺杂着北方话语音，俗称“侉子”；钱集、塘沟、沂涛靠近涟水、淮阴，受淮涟方言影响，俗称“貊子”；县东北青伊湖、高墟、西圩、吴集与东海、灌云接壤，历史上属海州辖区，受其影响较深，习惯上称为“海灌腔”。最能代表沭阳方言的是沭城镇方言，与之方言相同或相近地区，西起扎下、庙头，北至贤官、龙庙、华冲、韩山，南到胡集、塘沟，东达章集、马厂、沂涛、李恒，西南到耿圩，这一地区位于沭阳腹地，土地、人口占其大半。沭阳方言中保留了一部分古入声字读法。语音调类有5个：阴平、阳平、上声、去声、入声。沭阳方言词汇丰富，语法特征与普通话大体一致，个别语法保留地方特色。随着改革开放和社会的不断发展，地区间交往日益频繁，沭阳人对外交往也开始讲普通话，尤其是

学生中讲普通话渐成风气。沭阳方言中的谚语和歇后语也很有地方特色，时常出现在生活中的谚语有“先下牛毛（雨）没大雨，后下牛毛不晴天”，“处暑萝卜白露菜”，“一个馒头蒸熟吃（对独生子女不能娇生惯养）”，“刁子看一眼，愣子看顶晚（刁子：机灵人）”，“一泡鸡屎涴缸酱（涴wò：弄脏、弄污）”，“看自己是朵花，看旁人豆腐渣”，“看二层不怕局大（不怕事情闹大）”，“十层单不如一层棉（单衣多，不如一件棉衣御寒）”，等等。

【地方文化】 传统节庆民俗文化。沭阳人最重视的传统节庆是春节，除了春节、元宵节、端午节、中秋节、重阳节等中国人的传统节日外，沭阳人还保留自己的特色节日和民俗，如农历二月初二，俗称“二月二”，有多种习俗和文化。一是“打仓囤”，此为“留龙”习俗；二是带出嫁的女儿回家吃“馒头”（馒上塑有龙形），此属“送龙”“贺龙升天”习俗，故有“二月二龙抬头，家家带闺吃馒头”之说；三是给耕牛喂一顿以粮为主的食料，因为二月二是牛（含驴、马）的节日，传说天上神牛为助民耕作，于二月初二下界，为纪念和感谢神牛，专门于此日让牛吃顿好的，故有“打一千骂一万，二月二吃顿饭”的谣谚。农历五月初五端午节，境内的风俗是孩子们要用艾叶等煮水洗澡，穿新衣服，在手腕、脚腕或脖颈处系上花绒线。农历六月初六，民间有“晒龙衣”的习俗。各家各户翻晒衣被，消除雨季带来的潮湿和霉气。县内还有此日早上吃炒面的习俗，传说与敬龙有关，也有戏称“吃炒面腰不疼”的说法。农历七月初七，县内民众称“七月七银河织女相会”，是天上的牛郎与织女在银河相会的日子。传说花喜鹊会在六月初六这一天从千家万户的屋顶上衔走孩子们戴过的花绒线（六月初六这天要把孩子们戴的花绒线铰下扔到屋顶），到天上的银河为牛郎和织女搭起一座相会的桥（也叫鹊桥）。县民们有在是日夜晚仰望天空（看牛郎星与织女星相会）的习俗。农历七月十五为中元节，沭阳民间称“鬼节”“烧纸节”，即各家用饺子做祭品，上坟焚纸化箔，磕头祭祖。农历十月初一，俗称“十月朝（zhāo）”，境内民众用色纸做成衣服状和冥币到坟前焚烧祭奠，谓之“十月朝送寒衣”。冬至，境内民众称“过冬”，历来很受重视，有“冬大如年”之说。该节为两天，即冬晚（即冬至前一天）和正冬。节日备佳肴好酒，阖家欢聚。冬晚有供品祭祀祖先，正冬则有蒸馒头的习俗，故有“正冬不蒸，扬场没风”之谚。农历十二月二十三或二十四为传统祭灶节。相传此日为灶王爷上天述职之日。这一天晚上，各家各户都要“送灶”，做法是：将灶王爷像贴在灶龛里或墙上，画像两旁还有一副对联“上天言好事，下界保平安”。各家还烙糖馅饼、肉馅饼吃，说是灶王爷吃了饼，想说坏话也无法开口。沭阳各家祭灶的时间不一，有“官三民四王八五”说法，即官宦人家二十三，普通百姓二十四，从事“下贱”行业的二十五，但实际上，并无人在二十五祭灶。

文化古迹遗址。7000年前，沭阳先人在此繁衍生息。根据考古发现，境内有万北遗址、马厂遗址、铁架岭遗址、大墩遗址、马墩遗址、小宅子遗址、项树墩遗址、举人圩遗址、大营圩遗址等历史遗存。万北遗址位于贤官镇万北村，面积2万平方米，文化层深度约4.5米，为新石器时期遗址；马厂遗址位于耿圩镇西南2千米处的马厂，外形呈馒头状，面积约3万平方米，文化层深度1.5~3米，中心部位高出地表约3米，地表遗物多为大汶口文化晚期陶片，有部分西周陶片；铁架岭遗址位于潼阳镇东南2.5千米处，外形为东西向的土高岭，面积4万平方米，文化层较单薄，均在2米以下，发现一处相当于龙山文化晚期的墓地和一处汉代墓葬；大墩遗址位于颜集镇虞溪村北1.5千米，墩子高出地表2米左右，为新石器时代、西周、汉代文化遗址；马墩遗址位于桑墟镇厚邱村，外形呈馒头状，面积约1万平方米，中心部位高出地表2.5米，出土文物为西周文化遗存；小宅子遗址位于耿圩镇小宅子北300米，地形为东西向的高阜地，高出地表2~3米，面积为100万平方米，遗址上有大量汉代陶片及砖瓦碎井，曾出土过多座汉画像石墓；项树墩遗址位于颜集镇北约4千米处的项宅村，面积2.5万平方米，高出地表约4米，地表出土文物除少量新石器时代遗物外，其他皆为汉代遗物；举人圩遗址位于新河镇东3千米处的举人圩，面积2万平方米，高出地表1.5米，文化层2米左右，属于唐代村落遗址；大营圩遗址属于古代土城遗址，四周残垣仍在，夯筑痕迹明显，方圆8万平方米，据传该遗址是太平天国黑旗军所筑。县境内还有厚丘、阴平、怀文等古城遗址，以及黑鸦墩战国墓、宝墩古墓群、长墩古墓、东埠古墓等。县内的革命遗址和纪念设施有潼阳县政府旧址、淮海抗日根据地陈列馆、沭宿海抗日中学纪念塔、淮海中学纪念碑亭、一一六烈士亭、新河烈士纪念碑亭、口头庄六八纪念碑、沭阳县革命烈士陵园、七英雄烈士陵园、吴苓生革命烈士陵园、潼阳革命烈士陵园、桑墟条河革命烈士陵园、青伊湖革命烈士陵园等。

非物质文化遗产。沭阳境内的“淮海戏”“工鼓锣”“虞姬传说”“苏北琴书”“僮子戏”“颜集朝牌制作技艺”“庙头千张制作技艺”“钱集老鹅烹制技艺”8个项目先后被列入江苏省非物质文化遗产保护名录，其中“淮海戏”“工鼓锣”2个项目被列入江苏省首批非物质文化遗产保护名录。淮海戏是江苏地方戏的主要剧种之一，发源于沭阳，流行于苏北地区，至今已有260多年的历史。2019年，沭阳县被中国戏剧家协会授予“中国淮海戏之乡”称号。在长期的艺术实践中，淮海戏形成了自己独特的风格，既有北方剧种的粗犷豪放，又有南方剧种的温柔婉约。淮海戏的表演富有浓郁的乡土气息，形成非常特色化的表演程式，如鸡刨塘、狗套头、猪掉腰等。淮海戏传统剧目有“32大本、64单出”之称，传统剧目以大、小、花、骂、关、记来分类，如《骂灯》《雁门关》《大葵花》《大隔帘》《小赶脚》《钥匙记》等。工鼓锣又名“公鼓锣”，是起源于沭阳的一种说唱曲艺形式，分为四大门派。它表演方便、形式独特、唱腔优美，深受当地群众的喜爱。工鼓锣乐器为一鼓一锣，锣鼓分开场锣、唱腔锣、收场锣；唱腔与道白采用沭阳方言，将京剧、淮海戏、地方小调等曲调融入其中；唱法分浮调和老工调；唱词讲究押韵，有赞、垛、韵、清四种句式。虞姬传说中的虞姬是沭阳县颜集镇虞溪村人，随项羽转战南北。项羽兵困垓下时，虞姬毅然拔剑自刎，剪断了项羽的牵挂，留下了“霸王别姬”的千古绝唱。虞姬传说具有很高的文学价值，对研究秦汉时期的风土民情、战争状况、人际关系提供了可靠资料。苏北琴书（沭阳琴书），俗称“打扬琴”或“打蛮琴”，是以沭阳方言说唱的一种传统曲艺形式。苏北琴书源自明末清初的民间小调，光绪年间传入沭阳，形成“南、北”两个门派。苏北琴书的书目极其丰富，长篇传统书目有100多部。沭阳童子戏起源于唐朝，由古老的汉族祭祀的傩戏舞蹈演变，以“开坛驱鬼”的形式流传到民间，现已发展为具有鲜明地方色彩的传统戏剧。自在沭阳诞生以来，一直发展于沭阳，鼎盛于沭阳。童子戏的演出形式，分开坛、献猪、请王、安坐、出关、拉马、申文、发表、踩8字、送圣10个关目（即烧猪）。颜集朝牌以面粉为原料，具有大、薄、香、脆等特点，曾被列为贡品。因其形状与大臣们上朝时用的“笏”相似，易名“朝牌”。庙头千张历史悠久，口感极佳，以薄、柔、韧、香著称，每500克8~10张，富有弹性，拉长后可回缩，揭一张放到报纸上，甚至可以隔页见字。钱集老鹅，也称盐水鹅，属手工加工作坊工艺，选用两年生以上老鹅，经过人工宰杀、腌制后，配以中草药等辅料经草锅清煮而成。其色纯、肉香、不腻，是一道传统而独特的地方风味菜肴。

传统特色美食。沭阳传统美食选料新鲜、制作精细，口味咸甜浓淡适中，偏淮扬菜的风格特点。沭阳传统美食中有庙头千张、钱集老鹅、钱集空心挂面、钱集芋粉卷、沭阳扣肉、颜集朝牌6种美食的制作技艺被列为市级非物质文化遗产，他们和乔氏熏烧、马厂三宝、吴集粉丝等成了沭阳人念念不忘的家乡味道。20世纪80年代以前，沭阳宴席标准为八大碗，所谓八大碗即为八冷八热。八大碗中酥鸡当头菜，俗称酥鸡头，海参当头菜，俗称海参头。除烧菜外，还有软熘长鱼、爆炒腰花等炒菜菜品，既适用于民间，又是各种宴席的佳肴。改革开放后，沭阳的饮食文化与全国各地扩大交流，在保留地方特色的基础上，兼收各地特色名菜，极大地满足人们的饮食需求。

【少数民族】 2023年，全县共有40个少数民族群。其中，纳入户籍管理的有回族、苗族、彝族、布依族、土家族、壮族、满族、傈僳族、白族、蒙古族、侗族、哈尼族、瑶族、傣族、水族、穿青人、佤族、黎族、朝鲜族、拉祜族、藏族、畲族、仡佬族、怒族、土族、布朗族、景颇族、达斡尔族、仫佬族、纳西族、锡伯族、俄罗斯族、维吾尔族、哈萨克族、撒拉族、毛南族、阿昌族、普米族、塔吉克族、德昂族等，人口约3800人。全县有少数民族村1个，即马厂镇赵大庄村；少数民族组2个，即龙庙镇赵庄村河东组和章集街道章集居委会河口组。

【宗教信仰】 县内信教群众主要信仰佛教、伊斯兰教、基督教三类宗教。2023年，沭阳县有依法批准的宗教活动场所188处，宗教教职人员113人，拥有信教群众约3.58万人。其中，佛教场所3处，伊斯兰教场所1处，基督教场所184处。

【历史名人】 沭阳县历史悠久，从考古已经发掘的古遗址和古墓葬可以看出，从新石器时代到西周、战国、汉、唐等重要历史时期沭阳境内都留下了人类活动的遗迹。秦末沭阳人虞姬，文武兼备，随夫项羽征战南北，留下霸王别姬的千古绝唱。东晋末赵伦之起兵协助刘裕建立宋，官至领军将军。明清两代，沭阳文人辈出。胡琏，明末清初沭阳人，胡琏、胡效才、胡应嘉祖孙三代皆进士及第，其他子孙也名重一时，胡琏外甥、《西游记》作者吴承恩称胡家为“长淮名门第一”。胡简敬，清顺治年间进士，沭阳新河乡人，清康熙十年（1671）冬，回乡奔丧，居丧期间，在沭阳知县张奇抱的力邀下重修《沭阳县志》，该志凡29类、13万字。吴甸华，沭阳人。清乾隆四十五年（1780）庚子科进士及第，在黟县任知县时，筹银8000余两，建碧阳书院，立条规，严课徒，使教育事业兴旺。刘清韵（1842—1915），女，出生于灌云盐商之家，多才多艺，能诗文，擅丹青，精于书法、戏曲，18岁嫁沭阳钱集钱德奎（字梅坡），定居马厂。她一生创作大量诗词，有《小蓬莱仙馆诗抄》和《瓣香阁》。李映庚（1845—1916），沭城马巷人，光绪十五年（1889）己丑科第53名进士，初任卢龙、迁安知县，勤于政务，为民兴利除害，颇有政声；为新军创作的《军乐稿》，充满反帝爱国激情。沭阳县是革命老区，在新民主主义革命时期和社会主义革命及建设时期，有4320多名烈士为国捐躯。吴苓生（1900—1931），一名丽实，字松仙，颜集镇人。曾任哈尔滨特委、北满地委书记，后兼任东北三省特派员、《哈尔滨日报》总编辑、山东省委书记。因叛徒出卖，1931年4月5日，吴苓生在济南慷慨就义，年仅31岁。胡寿彭（1904—1930），字坚如，新河镇人。1929年，加入中国共产党，曾担任城西区委书记。1930年7月初，县委指派胡寿彭发动新河暴动，后党组织又调胡寿彭参加筹备沭阳“八一”暴动，不幸在田间被枪误击牺牲，年仅26岁。李耀晶（1904—1933），汤涧镇前李庄人，曾任中共浦东区委书记、江苏省委执委。1932年年底，李耀晶去江苏省委开会，途遇叛徒告密被捕，被关押在苏州监狱，虽然遭严刑拷打，李耀晶只字未吐党的机密，翌年牺牲狱中，年仅29岁。张腾龙（1898—1934），青伊湖镇口头庄人。1932年，张腾龙赴江西苏区，在苏区担任红军团长，第四次反“围剿”中不幸牺牲，时年36岁。李嘉林（1907—1941），沭城人。先后在上海反帝大同盟、左联、争自由运动大同盟团体从事革命活动，并担任盟法南区党团书记。后赴皖南新四军军部做政治工作。1941年夏，李嘉林积劳成疾不幸逝世，终年34岁。吕继元（1913—1941），吴集镇塔桥村人。1940年年初，吕继元抗大毕业，到皖东北抗日前线，担任泗五灵凤县委宣传部部长。1941年春节，在与敌伪的交战中，壮烈牺牲。还有地下交通员方寿法、革命烈士吕德恂、“刘胡兰式女英雄”王华、华东一级人民英雄鲁锐、“一级战斗英雄”刘金佐、口头庄十二烈士、仲湾七英雄等。

经济社会发展

【古代及近代经济】 沭阳历史上以农业生产为主，农业以种植业和牧业为主，林、渔业为辅，按照产值的高低依次排列为种植业、牧业、林业、渔业。种植业又以种植小麦、大麦、玉米、大豆、旱稻、山芋、高粱、绿豆等粮食作物为主，辅以种植的经济作物有棉花、油菜、花生等。明清时期，境内以传统的手工作坊为主，其中“唯酿酒造油称大宗”。民国时期，沭阳工业生产能力低下，经济结构单一，生产方式落后，经济发展速度缓慢。经济结构上，长期是私有制的小农和手工业经济。

【现代经济】 1949年10月中华人民共和国成立后，沭阳经济恢复发展。1950年春，新沂河竣工，结束客水为害历史，内涝虽未根除，但农业生产稳步增长；20世纪50年代初，国家对私营手工业进行改造，县级工业也逐渐兴起。从1953年起，在全县范围内建立互助组、农业社，至1956年，共建农业社35277个。1956年，全县产粮达15681.5万千克，比1949年产量13291万千克增长18%。1958年，盲目搞“大跃进”和人民公社化运动，生产关系越出生产力承受范围，导致经济发展缓慢。1960年，人年均口粮84千克，人均纯收入20元左右。1959—1962年，因营养不良而浮肿的人较多。1962年，实行“三级所有，队为基础”政策，并借田给农民，允许开垦拾边田，开放集市贸易，鼓励副业生产，农工商各业恢复活力，出现转机。1966年，全县粮食总产22146万千克，农民生活水平略高于1956年，物价也逐步回落。中共十一届三中全会以后，工作着重点转移到经济上来，1982年年初，全县农村推行家庭联产承包责任制，当年粮食产量高达64712.5万千克，农民丰衣足食，多年的梦想变为现实。至1987年，粮棉油产量持续增长，粮食总产8.7亿千克，是1980年的两倍，每年增长0.5亿千克。1987年，农民人均收入359.37元，人均占有粮649.6千克，人均住房9.92平方米，达到温饱型生活水平。同时，乡镇企业、多种经营一并兴起，全县从农村转移出10多万个富余劳力，发展二、三产业，创造了巨大的社会财富，增进了经济效益。农村改革成功，促进城市经济改革。在工业、商业部门推行生产责任制，工业、商业发展较快。1985年，工业已形成县办、乡镇办、村办、户办等多层次格局，拥有机械、电子、化学、煤炭、印刷、纺织、食品、酿酒、建材等30多个门类4291家企业，其中个体企业3919家，职工6.9万人，工业总产值2.63亿元。乡镇企业总产值1.07亿元，在工业中的比重已达40%，使全县经济结构发生深刻的变化。粮油、服装、长毛绒玩具、宝石工艺品、脱水蒜片、桐木板材、升降器、法兰盘、水晶熔块、畜产品10类54个品种，出口25个国家和地区。全县商业网点1.1万多个，从业人员13.65万余人，贸易市场120多个，其中县城兴建车站、建陵两个小商品市，玻璃钢大棚，全封闭，规模宏大；个体商贩6000余户。市场繁荣，购销两旺，商品年零售额5亿元左右。1978年以后，沭阳财政收入年年增加，1980年为1075万元，1985年为1650万元，1987年为2104万元，1995年为10011万元，年增长10%以上。1996年宿迁设区市成立后，沭阳县由原淮阴市划归宿迁市管辖，国民经济进入新的发展阶段。全县地区生产总值由1995年的30.02亿元上升到2023年的1411.67亿元，全县完成一般公共预算收入由1995年的10011万元上升到2023年的67.1亿元。

【2023年全县经济发展情况】 2023年，全县全年实现地区生产总值1411.67亿元，比上年增长8.3%，经济总量连续四年位列苏北20个县（市）第一位。分产业看，第一产业增加值123.55亿元，增长5.5%；第二产业增加值618.96亿元，增长10.1%；第三产业增加值669.16亿元，增长7.3%；三次产业结构调整为8.8∶43.8∶47.4，分别对GDP增长贡献率分别为6.6%、50.9%、42.5%。全年完成财政总收入149.43亿元，增长3.6%。其中税务部门135.44亿元；财政部门13.98亿元。完成一般公共预算收入67.1亿元，增长10.5%；其中税收收入50.76亿元，税收收入占一般公共预算收入比重75.7%。全年完成财政总支出193.75亿元，增长4.1%。其中，一般公共财政预算支出142.85亿元，增长8.1%。全年实现农林牧渔业总产值211.82亿元，较上年增长5.5%；其中农业产值166.42亿元，林业产值6.1亿元，牧业产值24.4亿元，渔业产值6.28亿元，农林牧渔服务业产值8.63亿元。至年末，具有规模以上工业企业988家，规模以上工业增加值比上年增长15.7%。实现规模以上工业总产值1396.85亿元，增长15.5%；实现工业用电量59.66亿千瓦时，增长18.7%，占全社会用电量的68.4%。全年实现社会消费品零售总额386.55亿元，同比增长8.5%。其中，限额以上单位社会消费品零售总额58.99亿元，同比增长23.2%。年末公路总里程3843.55千米。公路客运量72.66万人，增长19.2%；公路货运量10591.88万吨，增长16%。全体居民人均可支配收入32208元，增长6.1%。全体居民人均生活消费支出21054元，增长8.9%。

编　辑：郑长银

1月

1日，县委书记、沭阳经开区党工委书记彭伟检查安全生产和疫情防控工作，并看望慰问节日期间坚守岗位的一线工作人员。

2日，县委书记、沭阳经开区党工委书记彭伟现场调度重点城建项目建设工作。

是日，县委副书记、县长王瑞以“四不两直”方式深入医院、儿童福利中心、火车站、商超、农贸市场、工业企业，检查节日期间疫情防控、安全生产及市场保供工作，并慰问坚守岗位的干部职工。

3—4日，召开中国人民政治协商会议沭阳县第十三届委员会第二次会议。

4—5日，召开沭阳县十八届人大二次会议。

10日，县委副书记、县长王瑞现场检查安全生产及农村疫情防控工作。县领导范以环、徐光良以及相关单位负责人参加活动。

11日，县委书记、沭阳经开区党工委书记彭伟主持召开2022年度党委（党组）书记抓基层党建工作述职评议考核会。市委组织部副部长、市委非公有制企业和社会组织工委书记、市委党建办主任胡赣江出席会议并作点评。

是日，县委副书记、县长王瑞主持召开全县安全生产工作会议。

12日，江苏省总工会党组成员、副主席王树华到沭阳县走访慰问困难群体和新就业群体。

14日，沭阳县举办“非凡十年 高歌前行”第三届楹联书法作品展。

15日，沭阳2023新春年货大集暨沭阳县网上年货节在县体育中心开幕。

16日，县委书记、沭阳经开区党工委书记彭伟开展春节走访慰问活动，走访慰问优抚对象、困难老党员、省劳模、人武官兵。

17日，市委常委、市委秘书长卞建军到沭阳如东中学慰问高层次人才代表周桂官。县委书记、沭阳经开区党工委书记彭伟，县委常委、宣传部部长姜若鸣及市、县有关单位负责人参加活动。

是日，沭阳县举行第七届“沭阳好人”暨2022年度“沭阳最美人物”“沭阳县新时代好少年”颁奖仪式。

18日，沭阳县“万企兴万村”实验项目授牌仪式在西圩乡前车村党群服务中心举行。县委常委、统战部部长寇建东参加活动。

20日，县委副书记、县长王瑞开展春节走访慰问活动，走访慰问优抚对象、离任“三大员”、生活困难老党员、全国公安系统抗疫先进个人、消防指战员。

21日，县委书记、沭阳经开区党工委书记彭伟春节走访慰问城区一线在岗人员。

24日，县委副书记、县长王瑞来到万达广场“乐业沭阳·春风送岗”招聘会现场调研企业招工工作。

25日，县委副书记、县长王瑞走访沭阳经开区部分不停产企业，调研企业生产经营、安全管理等情况，看望慰问春节期间坚守岗位的一线职工，现场协调解决遇到的困难和问题。

26日，县委副书记、县长王瑞到耿圩镇、悦来镇，调研农村疫情防控以及经济社会发展情况。

29日，市委副书记、市长陈忠伟带队到沭阳观摩重大项目建设情况。县委书记、沭阳经开区党工委书记彭伟，县委副书记、县长王瑞参加活动。

30日，2023年一季度全市重大产业项目启动建设，沭阳县36个重大产业项目在分会场同步集中开工，总投资312亿元。县委书记、沭阳经开区党工委书记彭伟，王瑞、丁晓平、张莉萍等县级领导班子成员及相关单位负责人参加集中开工仪式。集中开工的36个重大产业项目，涵盖了高端纺织、智能装备、新材料、新能源等前沿产业和基建、民生领域。其中，总投资超50亿元项目1个，超10亿元项目11个。

31日，全县招商引资暨重特大项目攻坚动员大会召开。县委书记、沭阳经开区党工委书记彭伟出席会议并讲话。县委副书记、县长王瑞主持会议，并为全县18个专业招商协作组出征授旗。

2月

2日，县委副书记、县长王瑞带队赴邳州考察学习服务业发展方面先进经验。

3日，沭阳县“心佑工程”患儿先天性心脏病筛查工作启动。县委副书记、省委驻沭阳帮促工作队队长朱熹，县委副书记、副县长徐殿春出席启动仪式。

8日，桐昆集团江苏桐昆恒阳化纤有限公司首套聚纺装置正式投产。市委常委、市委秘书长卞建军，县委书记、沭阳经开区党工委书记彭伟与桐昆集团副总裁沈建松共同出席投产仪式。

10日，“‘沭阳小大姐’新时代文明婚恋倡导实践活动暨寻找‘最美丈母娘’”主题宣传活动在沭阳县新时代文明实践中心开展。县委常委、宣传部部长姜若鸣参加启动仪式并致辞。

11日，中国共产党沭阳县十三届纪律检查委员会第三次全体会议召开，回顾总结全县2022年纪检监察工作，研究部署2023年工作任务。县委书记、沭阳经开区党工委书记彭伟出席会议并讲话。

是日，沭阳召开深入打好污染防治攻坚战指挥部第一次会议暨“首季争优”动员会，全面落实省、市有关会议精神，回顾总结上年治污攻坚成效，研究部署2023年重点工作任务。县委副书记、县长王瑞出席会议并讲话。

14日，沭阳召开2023年度县安委会第一次全体（扩大）会议，回顾总结上年安全生产工作，分析研判当前形势，研究部署2023年重点任务。

15日，县委常委会召开2022年度民主生活会。县委书记、沭阳经开区党工委书记彭伟主持会议并作总结讲话。市委第一督导组组长、市纪委副书记、市监委副主任程阊捷和市纪委监委、市委组织部有关人员到会指导。

16日，全县高质量发展综合考核总结表彰大会在县文化艺术中心召开。县委书记、沭阳经开区党工委书记彭伟出席会议并讲话。县委副书记、县长王瑞主持会议。

是日，沭阳召开县委农村工作会议，总结2022年工作成绩，研究部署2023年“三农”工作。县委书记、沭阳经开区党工委书记彭伟出席会议并讲话。

17日，由江苏省书法院主办的“喜庆二十大”书法作品展第一站在沭阳县美术馆开幕，县委常委、宣传部部长姜若鸣出席开幕式并致辞。

20日，沭阳召开花木种苗领域专项整治工作推进暨“2023雷霆行动”动员会议。县委书记、经开区党工委书记彭伟出席会议并讲话。

22日，沭阳举行第五届家庭文化节颁奖典礼。县委副书记、县长王瑞，县委副书记、副县长徐殿春，副县长原宪萍出席仪式，并分别为获得沭阳“最美家庭”“平安家庭”示范户、“五美庭院”标兵户、“最美婆婆（丈母娘）”“最美媳妇”荣誉称号的代表颁奖。

23日，沭阳召开全县妇女儿童工作会议暨创建国家级“两纲”（《中国妇女发展纲要》《中国儿童发展纲要》）示范县工作推进会。副县长、县妇儿工委主任原宪萍出席会议并讲话。

28日，县委副书记、县长王瑞以“四不两直”方式，深入大型商超、居民小区、餐饮场所、企业学校，检查安全生产工作。

是日，沭阳县召开《沭阳县扶贫志》编纂工作动员部署会。副县长范以环出席会议并讲话。

3月

1日，云南省双柏县党政代表团到沭阳考察座谈会暨缔结友好城市框架协议签订仪式在沭阳举行。双柏县委书记金鸿，双柏县委副书记、县长杨梦婷等双柏县党政代表团全体成员，县委书记、沭阳经开区党工委书记彭伟，县委副书记、县长王瑞等县领导及相关单位负责人参加会议。

3日，宿迁西楚资本论坛——沭阳县企业上市实务培训班成功举办，邀请中国社会科学院产业经济学博士，复旦大学—深圳证券交易所综合研究所证券博士后、金融学教授、平安证券股份有限公司投资银行总部执行总经理陆满平作企业上市实务专题授课。县委副书记、县长王瑞，副县长原宪萍以及市县相关单位负责人，200余家规模以上企业和拟挂牌上市后备企业负责人到场聆听了讲座。

6日，淮安市人大常委会副主任赵权带领调研组到沭阳县专题调研县域经济发展情况。市、县领导冯如意、丁晓平、朱少建、胡捷及市、县相关单位负责人陪同调研。

7日，沭阳县纪念“三八”国际劳动妇女节113周年表彰大会暨家庭教育知识讲座在县行政中心西辅楼会议室举行。县领导丁晓平、徐殿春、徐静、原宪萍、王雪梅出席会议并为获得“三八”红旗集体、巾帼文明岗、“五美庭院”示范村、“三八”红旗手、第六批次“五美庭院”标兵户、全国“巾帼文明岗”称号的获奖代表进行颁奖。

9日，省人社厅副厅长顾潮带队到沭阳县调研技能人才培养工作。县委副书记、副县长徐殿春及市、县相关单位负责人陪同调研。

14日，2023年第一期“全县领导干部大讲堂”在县行政中心西辅楼会议室开讲。彭伟、王瑞、张莉萍等县党政领导班子成员参加活动。

17日，江苏省人社厅“康康公益班”揭牌暨助学金发放仪式在沭阳县梦溪中学举行。县委副书记、副县长徐殿春，省人社厅、省妇儿基金会相关负责人参加活动。

是日，沭阳县庙头法庭挂牌成立“服务乡村振兴实践基地”。江苏省高级人民法院副院长李玉生为基地揭牌并讲话。

21日，县委书记、沭阳经开区党工委书记彭伟率队现场观摩一季度乡村振兴重点项目，系统检验乡村振兴工作取得的成效，并召开推进会。

23日，沭阳县召开老科技工作者协会第四次会员代表大会。副县长原宪萍以及市老科协负责人出席会议。

29日，中国广电5G网络服务沭阳地区全网运营仪式在沭阳县文化馆淮海戏苑举行。县委常委、宣传部部长姜若鸣，副县长范以环以及相关单位人员参加活动。

是日，安徽省政协副主席郑宏到沭阳考察新型工业化、城镇化工作并召开座谈会。省政协社会法制和民族宗教委员会主任赵长林，市政协副主席、党组副书记裴承前，王瑞、张莉萍及相关单位负责人参加活动。

30日，2023沭阳县“首季开门红”项目集中签约仪式在县行政中心东辅楼会议室举行。县委书记、经开区党工委书记彭伟出席活动并致辞。县委副书记、县长王瑞主持签约仪式。

是日，市政协副主席、党组副书记裴承前带队来沭阳县开展“大数据+农业”对口协商活动。

31日，省委宣传部政策法规研究室调研组到沭阳县调研宣传思想文化工作。

是日，县委书记、沭阳经开区党工委书记彭伟带队赴洋河新区就“打造白酒产业集群、推进白酒产业高质量发展”工作进行考察学习。县领导王瑞、丁晓平、张莉萍、胡捷及相关单位负责人参加活动。

4月

4日，省科协党组成员、副主席李千目带队到沭阳县检查验收省级科普示范县创建工作。副县长原宪萍陪同。

6日，省委农办副主任杨天水带队到沭阳县专题调研在推进农业现代化上走在前工作。

10日，省工信厅副厅长徐军在沭阳主持召开制造强省建设专题调研座谈会。市工信局党组书记、局长李民富，县委副书记、县长王瑞等市、县领导参加会议。

11日，全县工业经济高质量发展大会召开，县委书记、沭阳经开区党工委书记彭伟出席会议并讲话。丁晓平、朱熹、徐殿春、胡捷、张岩、徐光良等县领导及相关单位负责人，部分重点企业负责人，受表彰的先进集体和先进个人代表等参加会议。

12日，沭阳召开2023年重大产业项目、民生实事项目及重点基础设施项目建设工作推进会。县委副书记、县长王瑞出席会议并讲话。

14日，县委书记、沭阳经开区党工委书记彭伟到贤官镇调研经济社会发展情况及省经济发达镇培育工作。

15日，县委书记、沭阳经开区党工委书记彭伟主持召开全县招商引资工作领导小组会议。王瑞、张莉萍等县级领导班子成员及相关单位负责人参加会议。

17日，沭阳召开全县作风建设暨优化营商环境大会，贯彻落实省、市作风建设暨优化营商环境大会精神，研究部署进一步强化干部作风、优化营商环境的思路举措。县委书记、沭阳经开区党工委书记彭伟出席会议并讲话。

18日，市人大常委会副主任赵丽丽率调研组到沭阳调研医疗卫生服务体系建设工作。

19日，“创新谋发展，创业赢未来”2023沭阳（苏州）投资环境说明会在苏州市举办。县委副书记、县长王瑞出席活动并致辞。

20日，县委书记、沭阳经开区党工委书记彭伟主持召开全县纺织服装产业高质量发展座谈会。县领导胡捷、徐光良及相关单位负责人，部分纺织服装产业企业代表参加活动。

21日，沭阳召开庆祝“五一”国际劳动节暨表彰大会，表彰全县各行各业、各条战线涌现出的劳动模范和先进集体。

23日，“沭水流长 阅动花乡”沭阳县第十一届读书节启动暨全民阅读重点志愿服务队（项目）集中授旗（牌）仪式举行。县委常委、宣传部部长姜若鸣出席仪式。

24日，河北省永清县委副书记、县长黄运然带领考察团到沭阳考察电商产业发展工作。

26日，副市长仲小兵带队，深入沭阳县开展安全生产检查工作。王瑞、徐光良、原宪萍及相关单位负责人陪同检查。

是日，2023海峡两岸（宿迁）乡村振兴融合发展活动周在沭阳开幕。省台办副主任封志成出席开幕式并宣布活动周开幕。

30日，县委副书记、县长王瑞现场调研农旅重点项目建设和假日旅游消费工作。

5月

4日，县委书记、沭阳经开区党工委书记、县新时代文明实践中心主任彭伟主持召开新时代文明实践所所长述职会，推动全县新时代文明实践工作再上新台阶。

是日，沭阳县举办纪念五四运动104周年主题团日活动暨第二届青年书法篆刻展开幕式。

13日，沭阳举办“领导干部大讲堂”，邀请市工业和信息化局党组书记、局长李民富作专题讲座。县委书记、沭阳经开区党工委书记彭伟主持讲座。

16日，市委党校2023年春季学期主体班第四期“宿新锐”年轻干部培训班在沭阳举行。县委书记、沭阳经开区党工委书记彭伟出席会议并作题为《二次创业实干勇争先 奋力奔跑开启现代化》的专题授课。市委党校副校长宋周主持会议。

18日，县委书记、沭阳经开区党工委书记彭伟带队到浪潮集团招商考察，与浪潮集团执行总裁肖雪、副总裁张剑等就到沭阳投资事宜进行交流，并达成共识。

19日，沭阳县举办首届乡土人才作品展销节暨“聚才强链·梦圆花乡”应届高校毕业生招聘会。

是日，沭阳召开2023年重大产业项目、民生实事项目及重点基础设施项目建设工作推进会。县委副书记、县长王瑞出席会议并讲话。

22日，沭阳举行2023年首届沭商大会观摩活动，并举办2023年首届沭商大会。省工商联党组成员、副主席郭东升，市政协副主席、工商联主席李瑞华，县委书记、沭阳经开区党工委书记彭伟出席活动并讲话。上海市沭阳商会筹备处负责人、上海殿宁化学品有限公司董事长邵春生，亚昱科技（江苏）有限公司董事长刘瀚臣等200多名沭商代表、相关商会代表、沭阳乡贤代表参加活动。

23日，第一批宿迁市“金鼎”文艺名家工作室授牌暨“金鼎”文艺名家带徒传承活动在沭阳举行。市委宣传部常务副部长王君文，县委常委、宣传部部长姜若鸣及市、县相关单位负责人参加活动。

是日，沭阳召开全县防汛抗旱工作会议，部署安排全县防汛抗旱工作。县委副书记、县长王瑞出席会议并讲话。

是日，市政协主席、党组书记冯岩到沭阳县开展“三联三促”活动。市政协党组成员、秘书长唐元凯，县委书记、沭阳经开区党工委书记彭伟，县委常委、统战部部长寇建东参加活动。

24日，沭阳召开全县工业项目现场观摩推进会，县委书记、沭阳经开区党工委书记彭伟出席会议并讲话。

25日，省妇联党组书记、主席朱劲松一行到沭阳县调研妇联工作。

26日，宿迁日报社党委书记、社长、总编辑徐海涛带队到沭阳县开展新闻采风活动。

29日，县委副书记、县长王瑞现场检查防汛抗旱及夏收夏种准备工作，副县长张岩及相关单位负责人参加活动。

30日，县委书记、沭阳经开区党工委书记彭伟现场调研颜集镇“头雁竞飞”重点关注村集体经济发展工作。

31日，县委书记、沭阳经开区党工委书记彭伟来到城区部分小学和幼儿园开展“六一”走访慰问活动。

6月

1日，沭阳县“未成年人保护宣传月”活动暨青少年法治关爱体验基地升级启动仪式在万达广场1楼中庭举行。市检察院副检察长刘兆东，副县长原宪萍，县检察院检察长张海涛出席启动仪式。

2日，中国儿童少年基金会副秘书长王海静一行到沭阳县开展爱心捐赠活动。省妇女儿童福利基金会副理事长兼秘书长顾敏，市妇联党组书记、主席刘娟，县委副书记、副县长徐殿春，副县长原宪萍等参加活动。

5日，沭阳经济技术开发区与龙南经济技术开发区两个国家级经开区正式签署合作共建协议。龙南经开区党工委副书记，龙南市委副书记、市长彭江闽，县委书记、沭阳经开区党工委书记彭伟参加签署会议。

是日，沭阳第一技工学校揭牌仪式在江苏省沭阳中等专业学校举行。省人社厅党组成员、副厅长顾潮，省人社厅技能教研中心副主任蒋金元，市人社局四级调研员唐厚晨，王瑞、徐殿春、胡捷等县领导参加仪式。

7日，省粮食和物资储备局党组书记、局长胡建军带队到沭阳县调研粮食工作。市政协副主席、市发展改革委主任、市粮食和物资储备局局长王守兵，县委副书记、县长王瑞及相关单位负责人参加活动。

9日，沭阳政法融媒体中心揭牌暨融媒云平台上线启动仪式举行。李东阳、张海涛参加活动。

是日，省体育局局长陈少军一行到沭阳调研城乡体育事业发展情况。

是日，2023·沭阳首届中国绣球花展暨全国绣球花产学研合作创新学术研讨会在华东花木大世界盛大开幕。省农业农村厅二级巡视员俞卫东，省林业局林木种苗管理站站长徐惠强，省农科院副院长沈建新等省、市有关部门领导，中国风景园林学会花卉盆景赏石分会常务副理事长王恒亮，绣球花产业国家创新联盟秘书长高凯等行业嘉宾参加活动。县委副书记、县长王瑞出席开幕式并致辞。

15日，市人大常委会副主任张卫东带队到沭阳县视察医保惠民工程进展情况。

16日，沭阳县召开2023年重大产业项目、民生实事项目及重点基础设施项目建设工作推进会，县委副书记、县长王瑞出席会议并讲话。

是日，国家自然资源督察南京局专员、分党组成员李恩才带队赴沭阳县吴集镇兴杨村开展结对共建活动。王瑞、段全猛等县领导及相关单位负责人参加活动。

是日，省委常委、统战部部长惠建林一行到沭阳调研民营经济高质量发展和宗教工作。市委书记陈忠伟，省委统战部副部长、省民宗委主任马连美，市委常委、组织部部长高飞，县委书记、沭阳经开区党工委书记彭伟，县委常委、统战部部长寇建东，副县长、经开区党工委副书记、管委会副主任徐光良等参加调研。

19日，市委副书记、代市长刘浩带领市工信局、市农业农村局等部门相关负责人到沭阳县调研经济社会发展情况。

20日，沭阳召开全县重大工业项目暨中小企业银企对接会。

21日，沭阳召开全县第五次全国经济普查工作动员会，全面安排部署全县第五次经济普查工作任务。县委副书记、县长王瑞出席会议并讲话。

25日，沭阳召开全县经济形势分析会，全面落实中央和省、市关于经济工作的决策部署，分析全县当前经济运行情况，研究安排下一阶段重点工作。县委副书记、县长王瑞出席会议并讲话。

27日，全省农村户厕改造工作现场推进会暨农村改厕"提质年"部署会在沭阳召开。省农业农村厅副厅长、省委农办副主任、省乡村振兴局局长朱国兵出席会议并讲话。

28日，市人大常委会副主任、党组副书记曹秀明到梦溪街道、沭城街道慰问老党员、困难党员、模范党员。

是日，泗洪县委副书记、县长耿晓云带领党政代表团到沭阳县考察学习乡村振兴工作。

29日，省委第四巡视组巡视沭阳县工作动员会召开。省委第四巡视组组长唐小英作了动员讲话，对做好巡视工作提出要求。市委书记陈忠伟就沭阳县委接受巡视监督、配合和支持巡视工作提出要求。县委书记、沭阳经开区党工委书记彭伟主持会议并作表态发言。

30日，市政协主席、党组书记冯岩到沭阳县走访慰问中华人民共和国成立前老党员、生活困难党员，为他们送去党的关怀和节日的祝福。

是日，县委书记、沭阳经开区党工委书记彭伟走访慰问生活困难党员、先进模范党员、光荣在党50年党员。

7月

5日，宿城区委副书记、区长顾宇一行到沭阳县考察学习乡村振兴工作。

6日，省政府副秘书长、办公厅主任谢润盛带领调研队到沭阳调研涟沭接合部片区整体帮促工作并慰问省委驻沭阳帮促工作队全体成员。

13日，市人大常委会主任、党组书记王益带队到沭阳县专题视察五级人大代表协同履职平台建设情况。

是日，县委书记、沭阳经开区党工委书记彭伟在高墟镇主持召开新沂河防汛调度工作视频会议，分析研判当前新沂河防汛形势，对下一步新沂河防汛工作作出严密部署，确保新沂河安全度汛。

14日，县委书记、沭阳经开区党工委书记彭伟到高墟镇、西圩乡，现场指导乡镇防汛排涝工作。

是日，县委副书记、县长王瑞现场检查防汛及排洪清障工作。

15日，县委副书记、县长王瑞实地调研推进城区易淹易涝片区治理工作，全力保障人民群众生命财产安全。

17日，彭伟、王瑞、丁晓平等县级领导班子成员及各乡镇（街道）负责人利用两天时间，深入乡镇、经开区现场观摩推进37个重大项目建设，筑牢高质量发展"压舱石"。

18日，市政协副主席、党组副书记裴承前带队到沭阳开展现代农业产业园建设专题调研活动。

19日，省人大常委会副主任、省总工会主席魏国强，省人大常委会副秘书长、机关党委书记朱有华一行到沭阳县调研乡村特色产业和农村电商发展情况。

26日，县委书记、沭阳经开区党工委书记彭伟到县人武部开展"八一"慰问活动，为官兵们送去慰问金以及节日祝福。

是日，县委副书记、县长王瑞现场推进重大产业项目、民生实事项目及重点基础设施项目建设工作。

是日，淮安市委书记、市人大常委会党组书记史志军，市委副书记、代市长顾坤率淮安市党政代表团到沭阳考察县域经济发展工作情况。

29日，金善宝农业现代化发展

研究院领导带领调研组到沭阳开展“在推进农业现代化上走在前”专题调研。

8月

1日，中国共产党沭阳县第十三届委员会第五次全体会议召开。县委书记、沭阳经开区党工委书记彭伟代表县委常委会作报告。

3日，涟沭接合部片区整体帮促暨沭阳县“五方挂钩”工作协调小组会议在沭阳召开。副省长徐缨出席会议并讲话。

4日，县委副书记、县长王瑞到花木片区乡镇调研花木企业培育和入规纳统工作。县领导胡捷，花木企业家代表及相关部门、乡镇负责人参加活动。

11日，中国疾控中心性病控制中心副主任陈祥生带队到沭阳调研生殖道衣原体感染综合防治试点项目进展工作。

13日，沭阳县书法人才培养“涌浪计划”一期结业学员书法作品展开幕式在县美术馆举办。中国书协理事、楷书委员会秘书长、江苏省书协副主席、江苏省书法院院长李啸，县委常委、宣传部部长姜若鸣等参加活动。

18日，沭阳召开2023年“爱心济困 善行沭阳”网络募捐活动动员会。副县长原宪萍、县慈善总会会长刘瑞春出席活动。

29日，沭阳召开第五次全国经济普查工作推进会，深入学习贯彻国务院和省、市相关会议精神，听取全县第五次全国经济普查工作进展情况，部署下阶段重点工作任务。县委副书记、县长王瑞出席会议并讲话。

30日，2023年“爱心济困 善行沭阳”现场募捐活动在县行政中心举行。彭伟、王瑞、丁晓平等县级领导班子成员参加了募捐活动。

是日，县委书记、沭阳经开区党工委书记彭伟主持召开宿连航道沭阳港岸线规划建设会办会。县委副书记、县长王瑞，县委常委、副县长段全猛参加会议。

9月

3日，县委书记、沭阳经开区党工委书记彭伟主持召开第一、第三专业招商协作组会议。县人大常委会主任丁晓平参加会议。

5日，沭阳召开全县严格土地管理工作推进会，对全县严格土地管理工作进行再安排、再部署、再推进。县委副书记、县长王瑞出席会议并讲话。

7日，县委书记、沭阳经开区党工委书记彭伟主持召开全县第五次全国经济普查工作调度会。

8日，县委书记、沭阳经开区党工委书记彭伟，走进农村部分学校，慰问辛勤耕耘在教学一线的教师代表。

11日，县委副书记、县长王瑞到部分乡镇现场调研推进严格土地管理工作。县委常委、副县长段全猛，副县长胡捷及有关单位负责人参加活动。

13日，省委省级机关工委组织7家省级机关文明单位到沭阳开展“城乡结对、文明共建”活动。省委省级机关工委副书记徐前兵以及县委常委、组织部部长王昭文等参加活动。

15日，2023年沭阳县曲艺节目展演活动在县新时代文明实践中心举行。

16日，县委副书记、县长王瑞现场调研外资外贸和跨境电商重点企业发展工作。

19日，沭阳县处级领导干部学习贯彻习近平新时代中国特色社会主义思想主题教育读书班开班。县委书记、沭阳经开区党工委书记彭伟出席开班仪式并作开班讲话。

21日，第三届吴印咸摄影艺术双年展暨全国“乡村振兴”主题摄影大展开幕式在沭阳美术馆举行。中国摄协副主席郑更生，中国摄协副主席、河北省摄协主席杨越峦等嘉宾出席开幕式。县委常委、宣传部部长姜若鸣参加开幕式并致辞。

24日，2023全国融媒体中国花谷行采风活动在沭阳县启动。中国晚报摄影学会会长司马小萌，宿迁日报社党委书记、社长、总编辑徐海涛，县委常委、宣传部部长姜若鸣以及全国38家融媒体代表参加启动仪式。

26日，“沭阳交通”杯2023宿迁市新能源汽车维修行业职业技能创新大赛在沭阳县举行。县委常委、副县长段全猛以及相关单位负责人参加活动。

27日，第十届沭阳花木节开幕。国家林业和草原局林场种苗司二级巡视员赵兵、中国就业培训技术指导中心党委副书记葛恒双、中国经济信息社副总裁杨苜、江苏省林业局局长王国臣等国家相关部委、省直相关部门负责人，国际盆景协会中国区委员会主席、中国风景园林学会花卉盆景赏石分会理事长陈昌，中国盆景艺术家协会常务副会长徐昊，江苏省苗木商会会长周志英等行业嘉宾，副市长武倩，彭伟、王瑞、丁晓平等县级领导班子全体成员，客商代表、各地行业协会代表等出席开幕式。

是日，沭阳举行2023金秋经贸招商洽谈会。彭伟、王瑞、丁晓平等县领导班子成员参加洽谈会。洽谈会共签约项目43个、协议总投资330亿元，项目涵盖了先进制造业、高效农业、现代服务业等多个领域。

28日，2023年中国宿迁绿色

产业洽谈会重大产业项目集中开工仪式举行，沭阳23个重大产业项目在分会场同步集中开工，计划总投资315.5亿元。彭伟、王瑞、丁晓平等县级领导班子成员及相关单位负责人、客商代表等参加集中开工仪式。

29日，2023年国际盆景大会年度主展览盆景作品颁奖暨主展览开馆启动仪式在沭阳县举行。县委常委、宣传部部长姜若鸣，国际盆景协会主席弗兰克·米哈里克，国际盆景协会中国区主席陈昌等领导与嘉宾出席仪式并致辞。

30日，中国第十个烈士纪念日，沭阳县在县烈士陵园举行向烈士纪念碑敬献花篮仪式。彭伟、王瑞、丁晓平等县级领导班子成员参加活动。

10月

2日，沭阳县在虞姬生态园举办"美满中秋·欢乐国庆"特色文艺展演暨抖音作品大赛颁奖仪式。县委常委、宣传部部长姜若鸣出席活动。

5日，县委副书记、县长王瑞现场推进重大产业项目、民生实事项目及重点基础设施项目建设工作。

6日，县委书记、沭阳经开区党工委书记彭伟调研重点骨干企业发展运行情况。

9日，市政协主席、党组书记冯岩到沭阳开展"三联三促"走访调研活动。

10日，沭阳县召开"决战四季度、夺取全年胜"动员大会。县委书记、沭阳经开区党工委书记彭伟出席会议并讲话。

12日，省委第四巡视组向沭阳县反馈巡视情况。省委第四巡视组组长唐小英代表省委巡视组，分别向沭阳县委书记、沭阳经开区党工委书记彭伟和县委领导班子反馈了巡视情况，对抓好巡视整改工作提出要求。市委书记陈忠伟就沭阳县委履行主体责任、抓好整改工作提出要求。彭伟主持会议并作表态发言。

是日，沭阳召开《沭阳县扶贫志》编纂工作推进暨试写稿点评会。省地方志办公室党组成员、副主任陈华，市方志办主任李军，县委常委、宣传部部长姜若鸣以及评审专家参加会议。

17日，县委副书记、县长王瑞现场调研重大产业项目建设运行情况。

20日，县委副书记、县长王瑞采取"四不两直"方式，深入乡镇镇区、城市小区、主次干道、农贸市场等处，现场检查指导文明城市创建工作。

21日，2023年宿迁市"我们的节日·重阳"主题活动启动仪式暨沭阳县第六届家庭文化节颁奖典礼在县新时代文明实践中心举行。

26日，副市长、苏宿工业园区党工委书记、管委会主任李朝阳，市政协副主席、市发改委主任王守兵，带队到沭阳调研苏州宿迁南北共建公共服务补短板项目。

27日，沭阳召开全县严格土地管理工作推进会，持续深入抓好严格土地管理工作落实。县委副书记、县长王瑞出席会议并讲话。

30日，副县长原宪萍看望慰问杭州第4届亚残运会冠军。在杭州第4届亚残运会上，沭阳籍运动员胡道亮、仲赛春代表中国队在轮椅击剑项目中共取得了3金2铜的好成绩。

31日，市委党校第5期"宿新锐"年轻干部培训班在沭阳举行。县委书记、沭阳经开区党工委书记彭伟出席活动并作题为《推进"四化"同步打造支点城市 全力打造更具沭阳特色的集成改革示范区》的专题授课。

11月

1日，沭阳县举办2023宿迁（北京）"大数据+"产业链投资环境说明会。会议由宿迁市政协副主席、党组副书记、"大数据+"产业链副链长裴承前主持。

2日，县委副书记、县长王瑞主持召开第五次全国经济普查和2024年度城乡居民医保征缴工作推进会。

3日，2023沭阳（上海）招商恳谈会在上海市召开。县委副书记、县长王瑞出席会议并致辞。

13日，沭阳县举行2023年第四季度重大产业项目集中开工仪式，23个重大产业项目集中开工，计划总投资131.3亿元。县委常委、县政府党组副书记王明新，投资客商代表及相关单位分管负责人参加活动。

16日，在南京组织召开"沭阳县'天地图'一体化建设"项目验收会上，经质询和讨论，省级验收组专家认为该项目达到了预期目标，一致同意项目通过验收。

17日，沭阳县举行"学习身边榜样"先进事迹报告会，动员和激励全县广大党员干部，学习周桂官、李健岚、李敏等身边榜样，对标先进，实干争先，推动第二批主题教育走深走实。彭伟、王瑞、丁晓平等县级领导班子成员参加会议。

18日，"沭阳县第三届淮海戏艺术展演月暨第四届淮海戏大家唱"活动在县淮海戏苑开幕。此次活动以"荷韵飘香 情满沭阳"为主题，为广大戏曲爱好者带来淮海戏的饕餮盛宴。

20日，沭阳县召开招商引资突击月活动动员大会。县委书记、沭阳经开区党工委书记彭伟出席会议并讲话。

是日，江苏省民政厅、住建厅、地方志编纂委员会办公室等6部门联合公布2023年省级地名文化遗产名单，沭阳县城内大街作为路、街、巷（里、弄、坊）地名成功入选。

21日，县委副书记、县长王瑞现场推进重大产业项目、民生实事项目及重点基础设施项目建设工作。

22日，宿迁市突发环境事件综合应急演练暨淮沭河突发水污染事件应急处置方案验证性演练在沭阳县举行。省环境应急与事故调查中心副主任毛朔焱，副县长张岩及市、县相关单位负责人参加活动。

30日，山东省枣庄市人大常委会党组副书记、副主任朱国伟带领考察团到沭阳县考察花木交易市场。

是日，在江苏省农业农村厅公布的推介江苏省"新农人"典型名单中，江苏新艺园林工程有限公司董事长胡道中被推介为江苏省"新农人"典型，是全市唯一获此殊荣的农民代表。

12月

1日，沭阳县召开关工委成立30周年纪念会议。市关工委主任陶美霞，县委书记、沭阳经开区党工委书记彭伟出席会议并讲话。县委常委、宣传部部长姜若鸣主持会议。

3日，淮海戏电影《皮秀英四告》沭阳首映式在万达影城举行，吸引众多淮海戏迷前来观看。

8日，沭阳召开全县乡村振兴暨基层组织建设观摩推进会。彭伟、朱熹、王昭文、姜若鸣、张岩等县领导参加活动。

12日，由县委宣传部、县文广旅局、县文联、县融媒体中心联合主办的第三届淮海戏艺术展演月活动在淮海戏苑闭幕。县委常委、宣传部部长姜若鸣参加活动并颁奖。

15日，县委书记、沭阳经开区党工委书记、县委统一战线工作领导小组组长彭伟主持召开县委统一战线工作领导小组（扩大）会议，县委常委、统战部部长朱静波及县委统一战线工作领导小组成员单位，各乡镇（街道）负责人参加会议。

18—19日，宿迁市老科技工作者协会四届四次理事会议在沭阳县召开。市老科协会长陈学平、副县长原宪萍参加会议。

20日，沭阳举行2023"招商引资突击月"项目集中签约仪式。彭伟、王瑞、丁晓平、寇建东等参加仪式。

26—27日，沭阳县举行全县重大项目观摩活动，现场检阅全县重大项目建设情况。彭伟、王瑞、丁晓平、寇建东等县级领导班子成员及各单位负责人参加观摩活动。

27日，沭阳2023"吃在沭阳·尝来花乡"冬季美食文化节在沭阳大酒店启动。

29日，沭阳县2024年新年音乐会在县新时代文明实践中心举行。

30日，县委副书记、县长王瑞带队检查"双节"期间安全生产和市场保供工作。

编　辑：张　远

中国共产党沭阳县委员会

综　　述

【党的建设】 2023年，中共沭阳县委持之以恒强化党建统领，全面打牢基层基础，不断夯实战斗堡垒。紧扣“抓巩固、促提升、出成效”工作思路，认真贯彻落实省、市基层党建要求，多措并举，全力推进，基层党组织战斗力、凝聚力全面增强。持续发挥党建统领作用。分领域、分系统现场推进党支部“标准+示范”建设工作，开展基层党建全领域观摩8次，召开农村、教育、卫健、国企、公安等重点领域及系统基层党建工作推进会12次，及时解决基层党建问题。强化党建统领助推产业链发展，在全市率先成立3个乡镇“两新”组织（新经济组织和新社会组织）综合服务中心，发挥党建优势，“链”接产业发展动能，全县16条产业链产值突破千亿元大关，实现规模以上工业增加值316亿元、工业用电量59.66亿千瓦时、工业增值税32.67亿元，总量均居苏北第一。全域提升基层党建。在巩固全县基层党建“强基固本年”工作成果的基础上，持续实施基层党建“提档提质年”十大专项行动，通过现场“挑刺”的方式推动解决问题1200余个，推动全领域基层党建全面进步、全面过硬。对104个基层党建“书记项目”，实行“月问效、季调度、年评比”，以“小切口”项目化推动“第一责任人”责任落细落实。在全市率先制定软弱涣散村（社区）党组织整顿15条验收标准，精准发力实现全县24个软弱涣散村（社区）党组织全面提升，村集体经济收入实现16.3%的平均增幅。有效激发党建活力。以“六最”（最美共产党员、最有担当作为好支书、最出彩新村干、最具堡垒作用党支部、最具人气党群服务中心、最佳主题党日）为抓手，分层分类培育身边典型，中共二十大代表李敏、沭阳如东中学校长周桂官入选全市“学习身边榜样”。深入开展“沭‘新’锋”提升行动，引导863名新就业群体参与“骑先锋”行动，《飘扬的旗帜 为民的情怀》荣获全国邮政快递业微视频征集大赛三等奖，全市唯一。大力开展“头雁竞飞”振兴村集体经济行动，村社共建、网络直播成为富民增收新路径，带动涉农村居集体经营性收入平均增长40.1%，16人获评全省“百名示范”“千名领先”村（社区）书记。压紧压实管党治党主体责任。强化顶层设计，县委常委会先后13次研究全面从严治党、党风廉政建设等工作事项，明确把严的基调、严的措施、严的氛围长期坚持下去。进一步压紧压实监督责任，制定出台《廉政风险点排查防控工作实施方案》，督促各级党委（党组）全面排查廉政风险点，推动规范履职。严肃督责问责，严格落实中央关于加强对“一把手”和领导班子监督的意见，修改完善《沭阳县全面从严治党“两个责任”清单》，督促各级党委（党组）书记将“两个责任”（党委的主体责任、纪委的监督责任）融入日常、抓在经常，加强对“两个责任”落实情况开展常态化督查，以问责“倒逼”责任落实。对履责不力的5个党组织、12名“一把手”进行问责，党纪政务处分相关责任人35人，推动全面从严治党不断走向深入。扎实抓好巡视整改，严格落实省委巡视整改主体责任，第一时间召开县委常委会，传达学习《关于巡视沭阳县的反馈意见》，全面认领省委巡视组反馈的5个方面40个问题，成立县委主要负责人担任组长的整改工作领导小组和8个整改专项小组，细化分解、明确制定232项整改任务，逐一明确整改路线图和落实时间表，实行销号制度，确保不漏项、不漏人、不落进度，同时针对性制定完善制度文件49个，着力从“治病表”向“治病根”转变，实现以巡促改、以巡促建、以巡促治。

【发展成就】2023年，沭阳县实现地区生产总值1411.67亿元，比上年增长8.3%，经济总量连续四年位列苏北20个县（市）第一位。全年完成财政总收入149.43亿元，增长3.6%。完成一般公共财政预算收入67.1亿元，增长10.5%，连续3年苏北第一。16项列统指标中，农村居民人均可支配收入等7项增速全市领先、进出口总额等8项全市占比实现新提升。规模以上工业增加值、规模工业企业数等6项工业经济指标位居苏北第一。花木产业"六个转型"（苗木向鲜花、种植向园艺、绿色向彩色、地栽向盆栽、线下向线上、卖产品向卖风景）深入推进，销售额突破300亿元，抢抓美丽经济助推富民增收经验做法得到省委书记信长星、省长许昆林的高度评价，在全省大会上被省委沈莹副书记要求全省学习借鉴。聚力抓招商、攻项目、强保障，重大项目引培成效受到市委书记陈忠伟、市长刘浩多次肯定。发放全国首笔"VEP"花木生态价值贷，在全国经验交流会上被肯定推广。新增城镇就业9000人，扶持返乡就业创业1.7万人。中考各高分段人数占据全市"半壁江山"，高考成绩连续12年位居全省第一方阵，16名学生考取清华北大。荣获国家级县域节水型社会达标县、省金融生态优秀县等13项国省荣誉称号，财政管理、政府督查、养老保险规范执行等工作获省政府督查激励，新入榜综合实力等8个全国百强县。

【改革创新】2023年，中共沭阳县委始终向改革要动力、向创新要活力，着力蓄积发展动能。改革开放不断深化。30个改革创新项目获省级以上推广，新增国家级创新试点项目5个、省级36个。入选省首批"绿色金融创新改革试验区"。贤官等3个小城市完成赋权改革。组织62家企业参加境内外展会，福庆木业等3家企业被确定为省内外贸一体化试点企业，全县实现外贸进出口16.6亿美元。南北共建由产业合作向科教文卫等各领域深化拓展，"昆沭共建案例"获省推广。科技创新稳步推进。全社会研发投入占GDP比重预计提升至1.95%。新认定高新技术企业48家，新引进高层次人才84名。新增有效发明专利260项，完成高科技成果转化69项，技术合同成交额超21亿元。新获批省级"三个中心"（工程技术研究中心、企业技术中心、工程研究中心）11家，苏讯新材料建成全市唯一国家级博士后科研工作站，宋和宋智能科技获评国家知识产权优势企业和市长质量奖，沭阳县获批国家知识产权强县建设试点县。

【主题教育】2023年，中共沭阳县委持之以恒深化主题教育，突出实干实效，全力筑牢思想根基。紧紧围绕"学思想、强党性、重实践、建新功"总要求，扛牢政治责任，精心谋划部署，以强化理论学习指导发展实践、以深化调查研究解决发展难题、以细化检视整改破除发展障碍，不断推动主题教育走深走实、见行见效。坚持把"学思想"摆在首位，在"学深悟透、知行合一"上下功夫、见实效。注重以学为先，区分类型施策，依托县委常委会、县委理论学习中心组学习会等带头领学，严格落实县处级领导班子"第一议题"制度，举办县处级领导干部主题教育读书班，认真研读学习材料，深刻理解习近平总书记赋予江苏"四个走在前"（在发展新质生产力上走在前，在打造高能级平台上走在前，在引育高层次人才上走在前，在吸引高质量外资上走在前）"四个新"（在科技创新上取得新突破、在产业升级上取得新进展、在城乡建设上展现新面貌、在人民生活上实现新提升）重大任务，并进行集中研讨交流，推动主题教育走深走实走心。坚持学以致用、知行合一，将理论学习与推进当前重点工作结合起来，大兴调查研究之风，深入一线摸实情、查实因、找实策、解难题。立足小切口、解决大问题，县处级领导干部根据职责分工确定课题，解决发展所需、改革所急、基层所盼问题228个。坚持查实情、出实招、求实效，县处级领导班子围绕"实现苏北全面领先，当好全市高质量发展排头兵"目标定位，分别选定花木产业发展、安全生产等10个正反面典型案例，深入现场"同题共答"，以"解剖麻雀"的态度深入研究，从中总结经验、吸取教训。花木产业优势进一步放大、影响力不断提升，新华·沭阳花木电商指数方案通过国家级评审，并发布了初步成果，省委书记信长星用"没想到"高度评价了沭阳花木产业发展成效，在"全省学习运用'千万工程'经验 加快推进新时代鱼米之乡推进会"上，省委副书记、组织部部长沈莹表扬沭阳花木产业做得好，"以花兴农、以花富农"相关经验做法值得各地学习借鉴。坚持把检视问题贯穿全过程，认真检视反思，真刀真枪解决问题，结合工作实际，把问题短板找准找实，形成县级领导问题清单50个，已整改完成47个，其他问题正在有力有序推进整改。将问题清单制定范围由县处级领导干部延伸至乡科级干部，共排查梳理形成问题664个，按计划推进整改，421个已整改完成。结合省委巡视反馈问题整改工作，工程建设等领域专项整治立案调查9人，查处"四风"（形式主义、官僚主义、享乐主义和奢靡之风）问题8起，通报曝光典型案例4起。

【队伍建设】2023年，中共沭阳县委持之以恒狠抓素质建设，着力锻造全面过硬、善作善成干部队伍。坚持党管干部原则，认真落实新时代好干部标准，做到岗位与能力相适、激励与实绩匹配，健全完善干部选育管用机制，着力打造一支忠诚干净担当的干部队伍。明确用人导向选出好干部。坚决贯彻新时代党的组织路线，把好任用标准和选拔条件，牢固树立选人用人导向，把项目招引的主战场、抢险救灾的第一线、服务群众的最前沿作为发现和选拔干部的“主阵地”，不断优化干部队伍结构，全年提拔和晋升的176名干部中，长期坚守在基层一线或近两年年度考核获得“优秀”等次的干部共计147名，占比达80.68%。组织73名优秀年轻干部到上级部门、发达地区或工作专班挂职锻炼、跟班学习。全方位培育出好干部。深入开展年轻干部政治能力建设“三基两好”行动（一年筑基、两年固基、三年强基，争做“新思想的好学生、新时代的好干部”），一批年轻干部到基层一线蹲苗壮骨、在岗位实践中解决“本领恐慌”。开设领导干部大讲堂，让担任过乡镇正职的县级领导、县直单位一把手登台开讲，以讲促学促提升、以讲促干促发展。深入实施干部交流工程，组织41名县管干部跨部门、跨系统交流或调整，实现“人得其位、事得其人”，锻造了一批能担重任、可堪大用的“沭水栋才”。进一步用好年轻干部成长纪实档案，综合运用现场抽查、走访评议等方式深入了解年轻干部综合表现情况，160名优秀年轻干部被纳入重点培养后备库。健全监督体系管出好干部。建立干部监督信息化管理平台，对全县机关事业单位干部集中“大体检”，为干部从严管理提供及时有效的数据支撑。持续发挥“三单微提醒”监督机制效力，突出科级干部这一关键人群，聚焦年轻干部这一后备力量，着眼村（社区）干部这一神经末梢，编印《预警提醒单》《关爱提醒单》《促学提醒单》，参学逾8000人次。制定出台干部在社会组织兼职、因私出国（境）管理监督工作的规范性文件，深入推进干部违规在企业兼（任）职自查自纠活动，常态开展新提拔科级干部考纪考法、“好家风 好人生”家风课堂等活动，立体化、一体化从严管理干部。

【作风建设】 2023年，中共沭阳县委持之以恒推进作风建设，营造风清气正发展环境、干事创业良好氛围。纠治“四风”顽疾。坚持严的主基调，锲而不舍落实中央八项规定及其实施细则精神，驰而不息纠“四风”、树新风，涵养风清气正的良好政治生态。县委常委会带头学习习近平总书记关于作风建设的最新重要论述，结合沭阳实际作出工作部署，紧盯关键节点、重点领域开展专项整治，查处违反中央八项规定精神问题73件，给予党纪政务处分79人。聚焦各类“四风”问题，精准运用监督执纪“四种形态”（批评教育、责令检查、诫勉谈话的成为常态，党纪轻处分的成为大多数，党纪重处分的成为少数，追究刑事责任的成为极少数），对苗头性、倾向性问题，坚持早发现、早提醒、早纠正，做到防微杜渐、防患于未然。完善作风建设长效机制，出台《关于实行遵守外出公务活动纪律承诺制度的通知》《关于进一步落实“三重一大”事项决策制度的实施意见》等制度规定，推进作风建设常态化、制度化、长效化。化解民生难题。强化基层监督，持续优化派出监察员办公室工作运行机制，推进镇（街道）纪（工）委规范化建设，充分发挥群众主体作用，基层监督实效有力提升。拓宽民意反映渠道，充分发挥“12345”政务服务热线、“2+N”营商环境监测点、小微权力“监督一点通”、县行政服务中心“云踏勘”平台等载体作用，实现小数据带来大决策、小切口解决大问题。深化民生领域专项整治，持续加大对低保扶贫、残疾人权益保障等问题检查力度，及时查处群众身边“微腐败”，真正做到群众反对什么、痛恨什么，就坚决防范和纠正什么，让群众在全面从严治党中有更多获得感。推进营商环境建设。聚焦上级决策部署和县委中心工作，统筹审计、巡察、纪检“三件套”监督贯通融合，在重大项目推进、生态环保、信访等方面全程监督、跟进监督，有力推动全县各项政策措施落地见效、经济持续回升向好。组织召开全县作风建设暨优化营商环境大会，全力推进“四最”（物流成本最低、要素成本最低、服务环境最优、办事效率最高）营商环境建设，全年查处破坏营商环境问题47起，追责问责63人，以监督“硬约束”助力优化营商“软环境”，以制度刚性倒逼责任落实。常态化开展企业“家家到、户户访”活动，及时解决资金、用工等诉求。全年组织银企对接活动10场，签订贷款协议14.5亿元。推行信用承诺替代投标保证金，释放企业流动资金超2亿元。贤官镇探索“隔墙配套”供需活动，协助园区50家企业达成供需合作18亿元。

重要会议

【全县高质量发展综合考核总结表彰大会】 2月16日下午，全县高质量发展综合考核总结表彰大会在县文化艺术中心召开，总结经验、表彰先进、部署工作，鼓舞和激励全县广大干群擂响奋进催征的金鼓、奏响跨越赶超的强音，弘扬“四敢”（让干部敢为、地方敢闯、企业敢干、群众敢首创）精神、践行“五比五拼”（比状态拼干劲、比实绩拼位次、比贡献拼占比、比担当拼服务、比效能拼作风），全力以赴打好中国式县域现代化建设第一仗。县委书记、沭阳经开区党工委书记彭伟出席会议并讲话，县委副书记、县长王瑞主持会议，县人大常委会主任丁晓平，县委副书记、政协主席张莉萍等县级领导班子成员及相关单位负责人参加会议。会议通报了2022年度全县高质量发

2月16日下午，沭阳县召开全县高质量发展综合考核总结表彰大会
孙小远　摄

展综合考核情况并为获奖单位颁奖。经开区、贤官镇、沭城街道、青伊湖镇、教育局、工信局、发改局负责人作了会议发言。

【省委第四巡视组巡视沭阳县工作动员会】 根据省委关于巡视工作的统一部署，6月29日，省委第四巡视组巡视沭阳县工作动员会召开。省委第四巡视组组长唐小英作了动员讲话，对做好巡视工作提出要求。市委书记陈忠伟就沭阳县委接受巡视监督、配合和支持巡视工作提出要求。县委书记、沭阳经开区党工委书记彭伟主持会议并作表态发言。省委第四巡视组副组长彭忠及有关负责人，市委常委、市纪委书记、市监委主任王巨兵，沭阳县委和人大常委会、政府、政协党组领导班子成员，县法院院长、检察院检察长出席会议；沭阳县领导班子中除出席人员以外的其他负责人，县纪委监委领导班子成员，县委组织部副部长，县委巡察办主任、巡察组组长，县级机关部门、各乡镇（街道、园区）党政主要负责人，近三年退休的县级领导班子成员等列席会议。

6月29日，省委第四巡视组巡视沭阳县工作动员会议召开
沭阳县人民政府网　供图

【县委十三届五次全会】 8月1日，中国共产党沭阳县第十三届委员会第五次全体会议召开。全会以习近平新时代中国特色社会主义思想为指导，深入学习贯彻中共二十大精神以及习近平总书记对江苏工作的重要讲话重要指示精神，认真落实省委十四届四次全会、市委六届六次全会部署要求，回顾总结2023年以来工作，研究部署下一阶段任务，动员全县上下锐意进取、奋勇争先，鼓足干事创业精气神、构筑增量带动新优势，为“强富美高”新沭阳现代化建设赋能添彩。全会由县委常委会主持。县委书记、沭阳经开区党工委书记彭伟代表县委常委会作报告，县委副书记、县长王瑞，县人大常委会主任丁晓平等县领导参加会议。全会提出了做好下半年工作的总体要求：全县上下要始终坚持以习近平新时代中国特色社会主义思想为指导，全面贯彻中共二十大精神和习近平总书记对江苏工作重要讲话精神，认真落实省委、市委全会部署，坚持稳中求进工作总基调，围绕“挑大梁、担重任”工作要求，锚定“苏北全面领先”奋进目标，突出“扩投资、促消费”两大工作主线，鼓足干事创业精气神，构筑增量带动新优势，以规模增量来稳基础、以有效增量来保全年、以优质增量来争先进，全力推动经济发展提速增效，为“强富美高”新沭阳现代化建设赋能添彩。全会审议通过《中国共产党沭阳县第十三届委员会第五次全体会议决议》。会上，沭阳经开区、十字街道、桑墟镇、吴集镇、沭阳生态环境局、县工信局、县财政局作了发言。

【县委常委会会议】 1月10日下午，县委书记、沭阳经开区党工委书记彭伟主持召开十三届县委常委会第五十六次会议。会议传达学习了习近平总书记在中央政治局民主生

1月10日下午，沭阳县召开十三届县委常委会第五十六次会议
沭阳县人民政府网 供图

活会上的重要讲话精神、市两会精神，听取了全县疫情防控、安全生产等工作开展情况及全县困难群体等特殊群体排查情况的汇报，审议通过了相关文件，并就做好春节期间各项重点工作进行了安排部署。县委副书记、县长王瑞，县人大常委会主任丁晓平，县委副书记、县政协主席张莉萍等县级领导班子成员及相关单位负责人参加会议。

1月13日下午，县委书记、沭阳经开区党工委书记彭伟主持召开十三届县委常委会第五十七次会议。会议传达学习习近平总书记二〇二三年新年贺词、习近平总书记在二十届中央纪委二次全会上的重要讲话精神、省委书记信长星在宿迁走访慰问和工作调研要求，以及全省安全生产视频会议精神。会议还研究了其他事项。王瑞、丁晓平、张莉萍等县级领导班子成员以及相关单位负责人参加会议。

1月20日，县委书记、沭阳经开区党工委书记彭伟主持召开十三届县委常委会第五十八次会议。会议传达学习省两会精神，研究审议相关事项。王瑞、丁晓平、张莉萍等县级领导班子成员以及相关单位负责人参加会议。

2月3日下午，县委书记、沭阳经开区党工委书记彭伟主持召开十三届县委常委会第五十九次会议。会议专题听取县人大常委会、县政府、县政协、县法院、县检察院等5个党组和县纪委监委2022年度工作报告。王瑞、丁晓平、张莉萍等县领导参加会议。

2月15日下午，县委常委会召开2022年度民主生活会。会议紧扣全面贯彻习近平新时代中国特色社会主义思想，深刻领悟“两个确立”的决定性意义，增强“四个意识”、坚定“四个自信”、做到“两个维护”，团结带领党员干部群众以奋发有为的精神贯彻落实中共二十大作出的重大决策部署这一主题，对照习近平总书记关于严肃党内政治生活重要指示批示精神，对照党章党规党纪，结合班子和个人实际进行深刻对照检查，严肃认真开展批评与自我批评，为建设苏北工业强县、教育强县、最美县城、最美乡村提供坚强政治保证。县委书记、沭阳经开区党工委书记彭伟主持会议并作总结讲话。市委第一督导组组长、市纪委副书记、市监委副主任程闾捷和市纪委监委、市委组织部有关领导到会指导。王瑞、张莉萍等县委常委出席会议。县人大常委会主任丁晓平列席会议。

3月6日，县委书记、沭阳经开区党工委书记彭伟主持召开十三届县委常委会第六十一次会议。会议要求全县上下要始终坚持“稳中求进”工作总基调不变，突出扩投资、促消费两大工作主线，坚定不移抓好投资拉动、项目带动、创业推动、环境驱动，全力以赴拼经济、守底线，以项目建设之“进”支撑经济发展之“稳”。王瑞等县领导参加会议。会上，县党政领导依次汇报了月度工作。

3月10日上午，县委书记、沭阳经开区党工委书记彭伟主持召开十三届县委常委会第六十二次会议。会议传达学习了中共二十届二中全会精神、习近平总书记在中央党校建校90周年庆祝大会暨2023年春季学期开学典礼上的重要讲话精神，听取了全县安全生产工作情况的汇报，审议通过《中共沭阳县委常委会2023年工作要点》《关于加强和改进新时代沭阳县政协工作的若干措施》等文件。王瑞、丁晓平、张莉萍等县级领导班子成员及相关单位负责人参加会议。

3月23日，县委书记、沭阳经开区党工委书记彭伟主持召开十三届县委常委会第六十三次会议。会议传达学习习近平总书记对深入开展学雷锋活动的重要指示和关于加强领导班子建设的重要论述，听取相关工作汇报，研究审议相关事项。王瑞、张莉萍等县级领导班子成员及相关单位负责人参加会议。

4月7日下午，县委书记、沭阳经开区党工委书记彭伟主持召开十三届县委常委会第六十四次会议。会议强调，二季度是全年工作承上启下的关键阶段，做好4月工作，既要紧盯全年“扩投资、促消费”两条工作主线不放松，也要紧扣“苏北全面领先”奋进追求，大干二季度、冲刺“双过半”、跑赢“上半场”，为顺利完成全年目标任务奠定基础。会上，县党政领导交流了3月重点工作完成情况及4月工作计划。王瑞、丁晓平、张莉萍等县级领导班子成员及相关单位负责人参加会议。

4月15日上午，县委书记、沭阳经开区党工委书记彭伟主持召开十三届县委常委会第六十五次会议。会议传达学习《习近平总书记在中共中央政治局第四次集体学习时的重要讲话精神》，听取并审议通过《关于在全县各级党组织和广大党员干部中大兴调查研究的实施方案》等文件。王瑞、张莉萍等县级领导班子成员及相关单位负责人参加会议。

5月4日，县委书记、沭阳经开区党工委书记彭伟主持召开十三届县委常委会第六十六次会议。会议要求全县上下要以更坚定的信心、更昂扬的作风，咬定目标、鼓足干劲，锐意进取、攻坚克难，全力推动沭阳高质量发展不断迈上新台阶。会上，县党政领导依次交流了月度工作。王瑞、丁晓平等县级领导班子成员及相关单位负责人参加会议。

5月12日，县委书记、沭阳经开区党工委书记彭伟主持召开十三届县委常委会第六十八次会议。会议传达学习二十届中央财经委员会第一次会议精神、习近平总书记关于北京长峰医院重大火灾事故的重要批示精神以及《中央纪委国家监委关于青海省6名领导干部严重违反中央八项规定精神问题的通报》。会议还听取相关工作汇报，研究审议相关事项。王瑞、丁晓平等县级领导班子成员及相关单位负责人参加会议。

5月27日，县委书记、沭阳经开区党工委书记彭伟主持召开十三届县委常委会第六十九次会议。会议传达学习习近平总书记在河北雄安新区考察时的重要讲话精神，听取相关工作汇报，研究审议相关事项。王瑞、丁晓平等县级领导班子成员及相关单位负责人参加会议。

6月10日，县委书记、沭阳经开区党工委书记彭伟主持召开十三届县委常委会第七十一次会议。会议传达学习省委书记信长星在宿迁调研时的讲话精神。会上，县党政领导依次汇报了月度工作情况。丁晓平等县级领导班子成员及相关单位负责人参加会议。

7月11日，县委书记、沭阳经开区党工委书记彭伟主持召开十三届县委常委会第七十四次会议。会议传达学习习近平总书记在江苏考察时的重要讲话重要指示精神、在文化传承发展座谈会上的重要讲话精神，学习习近平总书记对党的建设和组织工作作出重要指示及对防汛救灾工作作出重要指示精神。会议解读了《2023年度全省推进乡村振兴战略实绩考核实施方案》。王瑞、丁晓平等县级领导班子成员及相关单位负责人参加会议。

8月7日，县委书记、沭阳经开区党工委书记彭伟主持召开十三届县委常委会第七十五次会议。会议要求贯彻落实市委赋予沭阳“挑大梁、担重任”的政治使命，落实市委“经济运行要稳健、社会大局要稳定”的工作要求，紧紧围绕全年目标任务，抢抓调度、攻坚克难、大干快上，努力为全市高质量发展作出更大贡献。会上，县党政领导班子成员分别围绕自身工作作了交流发言。王瑞等县级领导班子成员及相关单位负责人参加会议。

8月15日下午，县委书记、沭阳经开区党工委书记彭伟主持召开十三届县委常委会第七十六次会议。会议专题研究全县大气污染防治工作，全面分析研判大气污染防治工作中存在的突出问题，听取了全县大气污染防治工作开展情况，讨论通过《沭阳县大气污染防治“百日攻坚”行动方案》。王瑞等县领导及相关单位负责人参加会议。

8月26日上午，县委书记、沭阳经开区党工委书记彭伟主持召开十三届县委常委会第七十八次会议。会议学习贯彻习近平总书记在党外人士座谈会上、在四川考察时、在“八一”前夕视察西部战区空军时的重要讲话精神和习近平总书记对防汛救灾工作作出的重要指示精神，传达学习市六届人大三次会议精神、全省组织工作会议精神，审议有关文件，研究部署相关工作。王瑞、丁晓平等县级领导班子成员参加会议。

9月4日，县委书记、沭阳经开区党工委书记彭伟主持召开十三届县委常委会第八十次会议暨县委深化改革委员会第五次会议。会议传达学习习近平总书记在首个全国生态日之际作出的重要指示，对四川凉山州金阳县山洪灾害作出的重要指示，在听取新疆维吾尔自治区党委和政府、新疆生产建设兵团工作汇报时的重要讲话。会议审议了《关于改革完善体制机制 加强我县战略和应急物资储备安全管理的实施意见》《沭阳县落实推进科研诚信体系建设和加强科技伦理治理的实施方案》《关于加快推动农民持续增收的实施方案》等文件。王瑞、丁晓平等县级领导班子成员及相关单位负责人参加会议。

10月7日，县委书记、沭阳经开区党工委书记彭伟主持召开十三届县委常委会第八十三次会议。会议要求紧盯经济指标、高质量考核指标的短板弱项，强化问题导向、目标导向，用目标倒推任务，精准调度、大干快上、以月保季，全力以赴做好各项工作。会上，各分管县领导交流了月度工作情况。王瑞、丁晓平等县级领导班子成员及相关单位负责人参加会议。

10月21日，县委书记、沭阳经开区党工委书记彭伟主持召开十三届县委常委会第八十六次会议。会议传达学习习近平法治思想《全面依法治国 建设法治中国》，传达学习习近平总书记在中共中央政治局第八次集体学习时、在庆祝中华人民共和国成立74周年招待会上、在出席第三届“一带一路”国际合作高峰论坛开幕式时的重要讲话精神和对妇女儿童工作、对宣传思想文化工作作出的重要指示精神。会议还传达学习了《深化农村改革实施方案》、全省党委和政府秘书长办公室（厅）主任会议精神，听取了全县污染防治工作开展情况汇报、《沭阳县“3+3”产业集群培育三年行动计划》起草说明汇报。王瑞、丁晓平等县级领导班子成员参加会议。

11月7日，县委书记、沭阳经开区党工委书记彭伟主持召开十三届县委常委会第八十八次会议。会议学习习近平总书记在同中华全国总工会新一届领导班子成员集体谈话时的重要讲话精神，在中共中央政治局第九次集体学习时的重要讲话精神，在中央金融工作会议上的重要讲话精神，以及省委常委会会议精神，全省推进新型工业化会议精神；听取了省委第四巡视组巡视整改工作开展情况汇报、冬季安全生产工作开展情况汇报、全县生态环保工作开展情况汇报；部署11月具体工作。王瑞、丁晓平、寇建东等县级领导班子成员及相关单位负责人参加会议。

11月14日，县委书记、沭阳经开区党工委书记彭伟主持召开十三届县委常委会第八十九次会议。会议传达学习市委书记陈忠伟调研沭阳时的讲话精神，听取相关工作汇报。丁晓平等县级领导班子成员参加会议。

11月28日，县委书记、县人武部党委第一书记、沭阳经开区党工委书记彭伟主持召开县委常委议军会议。会议传达学习《征兵工作条例》和《关于进一步贯彻落实〈中华人民共和国军事设施保护法〉若干问题的通知》文件精神，听取2023年度国防动员和后备力量建设工作报告。会议期间，部分乡镇（街道）主要负责人开展党管武装工作述职。王瑞等县委班子成员出席会议，丁晓平、寇建东、原宪萍等县领导，县人武部党委成员及县委办、国动办，乡镇（街道）党（工）委主要负责人列席会议。

11月28日，县委书记、沭阳经开区党工委书记彭伟主持召开十三届县委常委会第九十次会议。会议传达学习习近平总书记对山西吕梁市永聚煤矿办公楼火灾事故作出重要指示、在亚太经合组织第三十次领导人非正式会议上的重要讲话、在金砖国家领导人巴以问题特别视频峰会上发表的重要讲话精神；传达全省宣传思想文化工作会议精神；听取县委关于省委第四巡视组巡视沭阳反馈意见相关整改方案起草情况工作汇报，研究部署相关工作。王瑞、丁晓平等县级领导班子成员参加会议。

12月2日上午，县委书记、沭阳经开区党工委书记彭伟主持召开十三届县委常委会第九十一次会议。会议传达学习习近平总书记在中共中央政治局第十次集体学习时的重要讲话精神，省委书记信长星在全省巡视巡察工作会议上的讲话精神；传达学习了《关于进一步严肃规范精准慎重问责的指导意见》；通报2023年前三季度宿迁市对沭阳县高质量发展综合考核指标完成情况，各相关县领导就分管部门所承担的市考指标目前完成情况进行了工作交流。王瑞、丁晓平、寇建东等县级领导班子成员参加会议。

【专题会议】 1月31日，沭阳县召开全县招商引资暨重特大项目攻坚动员大会。县委书记、沭阳经开区党工委书记彭伟出席会议并讲话。会议要求，全县上下要进一步统一思想、凝聚共识、鼓足干劲，推动招商引资再升温、再提速、再突破，为实现“首季开门红”、打造苏北工业强县注入新动能。县委副书记、县长王瑞主持会议，并为全县18个专业招商协作组出征授旗。丁晓平、张莉萍等县级领导班子全体成员以及相关单位负责人参加会议。

2月16日下午，沭阳召开县委农村工作会议。会议深入学习贯彻习近平总书记关于“三农”工作系列重要论述，全面落实中央和省委、市委农村工作会议部署要求，总结2022年工作成绩，研究部署

1月31日，沭阳县召开全县招商引资暨重特大项目攻坚动员大会

沭阳县人民政府网 供图

2月16日下午，沭阳召开县委农村工作会议　沭阳县人民政府网　供图

2023年“三农”工作，进一步组织和动员全县上下统一思想，凝聚共识，加快打造苏北最美乡村，促进乡村振兴提速提优，奋力描绘新时代鱼米之乡“沭阳篇章”。县委书记、沭阳经开区党工委书记彭伟出席会议并讲话。县委副书记、县长王瑞主持会议。会上，县委副书记、县政协主席张莉萍总结2022年农业农村工作，并安排部署2023年工作。副县长张岩宣读了省、市乡村振兴工作先进集体、先进个人名单和县乡村振兴工作先进个人名单。现代农业产业园、青伊湖镇、华冲镇、扎下镇、陇集镇、桑墟镇负责人作了会议发言。

4月11日，全县工业经济高质量发展大会召开，深入贯彻落实中央和省、市相关会议精神，全面总结回顾2022年全县工业经济运行情况，安排部署2023年全县工业经济高质量发展工作任务，组织和动员全县上下牢固树立“大抓工业、抓大工业”的鲜明导向，进一步聚焦工业、突出工业，务实苦干、奋发进取，把“工业强县”旗帜举得更高，把“产业强县”战鼓擂得更响，奋力书写“苏北工业强县”新篇章，为中国式现代化沭阳新实践提供坚强保障。县委书记、沭阳经开区党工委书记彭伟出席会议并讲话。县人大常委会主任丁晓平，县领导朱熹、徐殿春、石敬峰、胡捷、张岩、徐光良及相关单位负责人，部分重点企业负责人，受表彰的先进集体和先进个人代表等参加会议。

4月17日下午，沭阳召开全县作风建设暨优化营商环境大会，贯彻落实省、市作风建设暨优化营商环境大会精神，研究部署进一步强化干部作风、优化营商环境的思路举措，动员全县上下上紧作风“发条”、拧紧环境“螺丝”，始终保持“进”的追求，强化“快”的意识，转作风、优环境，打造核心竞争力和高质量发展新标识，用作风优势、环境优势全力构筑跨越赶超的发展优势、竞争优势。县委书记、沭阳经开区党工委书记彭伟出席会议并讲话。县委常委、常务副县长石敬峰总结2022年“营商环境提升年”活动开展情况并部署2023年重点工作。相关单位作交流发言。丁晓平、张莉萍等县级领导班子成员及相关单位负责人参加会议。

11月20日，沭阳县召开招商引资突击月活动动员大会。会议深入贯彻落实市委陈忠伟书记到沭阳调研讲话要求，组织和动员全县上下把项目引建作为“不断积蓄新发展动能，为全市经济稳健增长挑大梁担重任”的关键一招，通过源源不断的增量项目为全县经济社会高质量发展注入强劲动能，为全年收好官、明年开好局奠定坚实基础。县委书记、沭阳经开区党工委书记彭伟出席会议并讲话。县委副书记、县长王瑞主持会议。县人大常委会主任丁晓平等县级领导班子成员及相关单位负责人参加会议。

（顾　光　周大扬　王　琪　卢继续　闫世前等）

4月17日下午，沭阳召开全县作风建设暨优化营商环境大会
沭阳县人民政府网　供图

组织工作

【基层党建】 2023年，中共沭阳县委组织部抓好党支部全域提升，全年开展基层党建全领域观摩8次，召开农村、教育、卫健、国企、公安等重点领域及系统基层党建工作推进会12次，推动解决1200余个基层党建问题。开展“一支部一特色”党建品牌创建活动，全县176个党支部成功创建特色党建品牌，占比达11%，形成“红色卢巷”“先锋双荡”“兰心向党”等23个具有影响力的党建品牌。抓好软弱涣散村（社区）党组织整顿。在全市率先制定软弱涣散村（社区）党组织整顿验收标准，明确3项关键验收环节、15条验收标准。全县1个重点整顿乡镇和24个软弱涣散村（社区）党组织全部整顿到位。新建“两新”组织党组织63个，培育吾悦广场商圈党建联盟、网约车司机之家、艺森园“红色直播间”、温州商会等阵地“红磁场”。在年均工业开票超70亿元、规模以上工业企业超50家的青伊湖镇、贤官镇、桑墟镇相继成立全市前3家乡镇“两新”组织综合服务中心，以优质服务不断推动党建工作再上新台阶。抓好基层党建阵地功能提升。县、乡两级投入资金7000余万元，对126个村（社区）党群服务中心进行新（扩）建或提档升级，开展党建阵地问题大排查大整改、党员活动室“下楼”、党群服务中心广场“亮化”三大专项行动，基层党建阵地“有事你来办，没事你来玩”的“红磁场”效应进一步彰显。

【基层党员队伍】 2023年，县委组织部实施村（社区）党组织书记“鸿雁争锋”工程。优选40名村（社区）书记建库管理，定制“固定+特色”培养举措，组织调研座谈、研讨交流等特色活动7期，是全市唯一组织开展跨市赴苏州昆山跟班锻炼的县（区）。入库人员中已有1人获评全省“百名示范”村（社区）书记，5人入选“千名领先”村（社区）书记，3人被表彰为市劳动模范、市杰出青年。建强村（社区）干部队伍。同步推进在职、挂职、后备村（社区）干部“三支队伍”建设，推动全县村（社区）党组织书记和村（社区）干部大专及以上学历（含大专在读）占比均超90%，位于全市前列。健全“返乡兴村新村干”包组入户、能力培训、述职评议等培养环节，储备后备村（社区）干部1440名，后备村（社区）书记480名。常态化抓好流动党员教育管理。先后在常州、江阴、太仓等地建立流动党员党支部，并常态化开展流动党员主题党日，同时向流入地党组织发函350余份，函商将1500余名流动党员就近纳入党组织管理，实现流入地和流出地“双向共管”。深化“1+N”连心结对机制，推动党员村干部与挂钩流动党员沟通联系，依托微信群开展“线上送学”近3000次，利用“五一”、国庆等节假日进行“线下补学”，组织开展“学理论、看变化、议发展”座谈会，为家乡“建言献策”400余条。实施新就业群体“沭‘新’锋”提升工程。围绕新就业群体政治引领、关心关爱、作用发挥等方面提质提优，全年开展“昆沭缘”网络主播交流、“庆端午·迎‘七一’”慰问、子女周末课堂等特色党建活动58期，2023年共发展新就业群体党员26名，选树“先锋指数达人”73名，引导863名新就业群体参与“骑先锋”行动，致力打造“小哥不闯红灯的城市”，竞相展现“沭‘新’锋”形象。

【市、县两级基层党建“书记项目”】 2023年，市委“书记项目”方面，“头雁竞飞”激活村集体经济“一池春水”。围绕提高总量、提升质量，实施村集体经济“双量”提升行动。对被纳入重点关注的41个村，落实县级领导联村帮促制度，推动县直单位全覆盖挂村帮扶、强村支援弱村，带动集体经济平均增长17.9%。制定“235”村集体经济“小巨人”培育目标，积极探索“支部+电商+直播”助农新模式，搭建“红色公益直播间”，创新构建“矩阵直播”，助力乡村振兴。在全市率先对村集体经济工作实绩突出村有功人员兑现奖励，村集体经济发展突飞猛进，435个涉农村（社区）村均集体经营性收入同比增长18.8%，村均收益占比70%。青伊湖欢腾农业选育的麦茬杂交水稻“沭优1号”亩产达1101.6千克，创全省单产历史最高纪录，新河镇被认定为首批国家农业产业强镇。县委“书记项目”方面，“数字党建”厚培基层治理“一片沃土”。以省数字乡村试点县建设为抓手，在农村、城市、机关等11个领域排定52个“数字党建”试点项目，形成“1个平台、2个终端、N个场景”的信息化管理模式，构建“人人参与、人人共享”的信息化治理格局。2023年建成“红色小元”“和美府苑”等10个特色品牌，相关做法被《新华日报》等媒体推介。

【领导干部政治素质考察】 2023年，县委组织部深入贯彻习近平总书记“选拔任用干部，首先要看干部政治上清醒不清醒、坚定不坚定”重要指示精神，把政治素质考察作为干部选拔任用的先决条件和常规动作，考察访谈必问、民主测评必测、征求意见必听、考察材料必写，重点了解干部在“政治忠诚、政治定力、政治担当、政治能力、政治自律”等方面的具体表现及事例，对政治上不合格的干部一票否决。积极探索加强干部政治素质考察的程序设计，持续深化落实《沭阳县乡科级领导班子和党员领导干部政治体检重点科目“双18条”》，构建形成月报告、季研判、年考核的序时常规“体检”，与干部选拔任用考察等按需专项体检相结合的模式，强化政治引领，推动干部树立和践行正确政绩观。

【年轻干部培养】 2023年，县委组织部以发现储备、跟踪培养为目的，深入实施年轻干部培养“三基两好”行动，持续举办能力提升、素质拓展等“三基两好”主题活动8期。紧密承接“宿新锐”培养计划，将巡视巡察、招商引资等急难险重岗位作为“试炼场”，先后选派73名干部到上级部门或发达地区挂职锻炼、跟班学习，开阔眼界、增长才干。落实县管领导班子分工调整报备审核制度，推动年轻干部独立分管产业发展、乡村振兴、基层治理等重点工作，压担子，促成长。破除论资排辈观念，及时提拔使用历练成熟、潜力较大的优秀年轻干部。全年新提拔“85后”正科职、“90后”副科职干部16名，其中“90后”正科职1名、“95后”副科职3名。

【干部教育培训】 2023年，县委组织部认真贯彻落实《干部教育培训工作条例》相关要求，扎实开展全县干部教育培训工作，创新实施干部教育培训质量提升“162”工程（即围绕培养高素质干部队伍这“一”目标，开展党的建设、经济发展、城市建设、乡村振兴、公共服务、社会治理“六”大主题培训，持续推动全县干部政治能力和专业化能力“双”提升），科学编制全县干部教育培训班次计划，全年累计举办全县学习贯彻习近平新时代中国特色社会主义思想和中共二十大精神培训班等干部教育培训班次110期，培训干部2.73万名，相关经验做法被《新华日报》、共产党员网等宣传推广。

（张文怡）

人才工作

【概况】 2023年，沭阳县深入贯彻人才强县战略，基于工作特色品牌，突破人才结构短板，聚焦服务生态优化，大力推进人才引领服务发展“五联五强”行动，推动产才融合提升、人才效能增强、人才结构改善，区域创新力、人才承载力显著增强。

【人才工作品牌】 2023年，县委组织部擦亮“沭才有您·奔跑向阳”工作品牌。举办第二届宿迁人才发展大会沭阳分会场暨“近悦远来 智汇沭阳”活动，配套花乡人才嘉年华、企业“揭榜挂帅”等分项活动，打造校地企交流对接平台。全年举办“校园宿迁日”沭阳专场、高层次人才创新创业大赛等“双招双引”（招商引资、招才引智）活动30场次，促成校地企合作120项，推动产业链、人才链、创新链融合发展。

【产业人才引培】 2023年，县委组织部推进“四联四促”精准引培产业人才。选派98名服务专员，对全县1020家重点企业“一对一”联系，提供全方位服务。深入实施企业研发机构高质量提升计划，获批国家级专精特新“小巨人”企业1家、国家级博士后科研工作站1家、省级工程技术研究中心2个、省级企业技术中心9个，新增省星级上云企业141个。引进大专以上学历毕业生6308人，签约人才科技项目129个，获批工业和信息化部“启明计划”2人，省“双创计划”（高层次创新创业人才引进计划）5人，省“科技副总”12人。

【乡土人才培育】 2023年，县委组织部厚植乡土人才沃土助力乡村振兴。扎实推进乡土人才“三带两助”（带领技艺传承、带强产业发展、带动群众致富，助力脱贫攻坚、助推乡村振兴）行动，全年开展各类培训活动68场，覆盖乡土人才1.2万余人次。创新以赛代评、以培代评模式，230人取得职称，707人取得职业技能等级证书。举办首届电商职业技能（直播）大赛、乡土人才作品展销节，孵化跨境电商企业15家。建立乡土人才“1+N”联系帮带机制，全年评选县“领军型”乡土人才42人，“中坚型”乡土人才48人，“基础型”乡土人才1.2万人。

【民生人才】 2023年，县委组织部精准发力补齐民生人才短板。大力推进“沭才回归”计划，回引沭阳籍在外民生人才103人。创新民生人才“校园直聘”模式，全年引进师范类毕业生585人，卫生人才508人。全年培养高级职称教师223人、医生151人，3人获评省教学名师。

【人才生态环境】 2023年，县委组织部优化服务营造良好人才生态环境。扎实推进人才工作“书记项目”，高标准建设人才综合服务中心，并在板材产业带核心乡镇贤官镇建成全市首个乡镇人才综合服务中心，营造“家”的氛围。创新开展人才县情研学活动，组织人才零距离、沉浸式体验沭阳蓬勃发展风貌，增强人才归属感、认同感。

（张文怡）

宣传工作

【概况】 2023年，沭阳县宣传思想工作紧紧围绕市委、市政府关于宣传思想文化工作的决策部署，坚决扛起“举旗帜、聚民心、育新人、兴文化、展形象”职责使命，强化基层导向、群众导向，聚焦“两论两文”重点任务，把牢正确方向，狠抓措施落实，有力推动理论武装走深走实、新闻舆论阵地逐步壮大、文化文艺事业繁荣发展、文明城市创建提质增效、乡风文明建设深入人心、诚信电商品牌越擦越亮、重大典型选树不断突破。在11月22日召开的全省宣传思想文化工作会议上，沭阳县委宣传部成功获评“江苏省宣传思想工作先进集体”，进一步彰显了“沭阳宣传”的品牌力、影响力。

【理论武装】 2023年，县委宣传部发挥好党委（党组）理论学习中心组学习示范带动作用，组织开展县委理论学习中心组学习35期，其中研讨式学习10期，县委理论学习中心组成员广泛开展调研，形成调研成果26篇，县委理论学习中心组获评2023年度全市党委（党组）理论学习中心组示范点。精塑“知沭达理”宣讲品牌，建强“知沭达理·一库八团”“云上花乡”“木材创客”等110余支特色宣讲队伍，举办理论宣讲骨干培训班3期，培育“百姓名嘴”320名，摄制推发“知沭达理”云课堂21期，开展新思想新理论等各类学习宣传宣讲活动1.3万余场次，相关做法被《人民日报》《新华日报》等媒体宣传报道。切实加强实践调研。新华日报社联合省委党校江苏党建研究院到沭阳开展“乡风文明看沭阳”调研活动，发掘推进移风易俗的典型做法，总结建设乡风文明的基本经验，《让乡风文明之花竞相绽放》调研文章被《新华日报》“智观”栏目整版采用。加强与中国矿业大学马克思主义学院结对共建，围绕“宜居宜业和美乡村建设的‘沭阳之路’”课题开展调研，为提高乡村治理能力，助力乡村振兴提供支持。组织开展“春联送‘理’进万家 党员冬训聚能量”、观看“喜庆二十大”书法作品展、“文艺送理”进基层、“冬训进书屋 阅读送好‘理’”、冬训宣讲等活动2300余场次，受众达20万人次，推出冬训主讲人视频50余部，1200余篇冬训宣传稿件被各级媒体采用。

【意识形态】 2023年，县委宣传部紧扣意识形态工作责任制落实，进一步巩固和发展积极健康、向上向好的主流态势，牢牢掌握意识形态工作领导权、主动权。将落实意识形态工作责任制列入《党建工作要点》，持续加强意识形态工作培训，全年培训12班次、2000余人。制定《全县宣传思想文化工作要点》，印发《党委（党组）意识形态工作责任制问责实施细则》，实现制度化、项目化落实意识形态工作责任制。常态化开展督导检查，形成反馈问题清单，相继开展2次督导和1次“回头看”专项检查，县委巡察意识形态专项检查18家单位。落实月度风险隐患排查、季度监管例会、分析研判联席会议“三位一体”工作机制，及时联席会商、协同处置风险隐患。全年共排查化解各类风险隐患50余个，有效保障全县意识形态领域绝对安全。加强出版发行领域管理，组织开展“扫黄打非”图书市场专项整治“2023猎鼠行动”，查缴非法出版物30万册，持续净化全县出版物发行市场经营环境。

【新闻宣传】 2023年，沭阳县围绕“中国花谷”、工业强县、“沭商回归”、“沭才回归”、乡风文明建设等重点方面，加强主题宣传策划，累计在省级以上媒体刊发稿件2600余篇，其中《人民日报》上稿27篇［《人民日报》（海外版）9篇］、《新闻联播》播发6篇、《江苏新时空》播发35篇。《抢抓“美丽经济”打造“中国花谷”》被新华社刊文推介，获省委书记信长星批示肯定。组织开展“全媒体中国花谷行”活动，沭阳县第十届花木节当天，来自全国17个省份近50家媒体齐聚沭阳，聚焦花乡盛宴集中报道，全网浏览量超3000万次。

【文化文艺】 2023年，县委宣传部成功举办了第三届吴印咸摄影艺术双年展暨全国“乡村振兴”主题摄影展、谱写新篇章——江苏省书法院“喜庆二十大”书法作品展、江苏省山水画展。沭阳县被中国摄影家协会授予“中国摄影创作基地”荣誉称号。沭阳县乡音淮海剧团、沭阳县东园社区玖玖艺术团、沭阳县曹氏童子戏剧团入选2023年度江苏省优秀群众文化团队；沭阳和谐淮海剧团入选江苏省第三批群众文化“百千万”工程优秀群文团队。沭阳县选送的京歌《秀美苏北一座城》、淮海戏《皮秀英四告》选段《认夫》在第七届江苏省戏曲票友大赛中获得“十佳网络人气票友”奖和“最佳票友”称号。与连云港艺术学校合作，培养戏剧和曲艺演员10位，均已入编。

【精神文明建设】 2023年，县委宣传部以“全国文明城市”创建为抓手，坚持以人民为中心，广泛践行社会主义核心价值观，统筹推动文明培育、文明实践、文明创建，推进城乡精神文明建设融合发展，深入开展“基础设施提升”“居民小区‘十到位’（包括业主委员会成立到位、居民公约落实到位、停车标线施划到位、空中缆线整治到位、文明楼道创建到位、卫生死角清理到位、违章建筑管控到位、公益氛围营造到位）达标”等专项行动，全面提升城市形象和管理水平，不断增强人民群众的获得感与幸福感。以群众满意为最高标准，围绕文明城市创建测评重点，对全县239个居民小区、11个农贸市场等46类实地考察点位，采取专项督查、月度观摩、调片互查等多种形式，持续提升实地考察点位创建水平。深化典型示范引领，每月开展“沭阳好人”“沭阳最美人物”等典型评选，积极向上推报典型，3人获评“江苏好人”，4人获评“宿迁好人”，6人获评“宿迁最美人物”，沭阳如东中学周桂官校长获评江苏“时代楷模”，系全市唯一。持续实施移风易俗行动，常态开展“白事简办”“小事不办”专项行动，围绕“拒绝‘升学宴’引领新风尚”主题，举办“万人签名承诺”等特色活动，相关经验做法获新华社《要情动态》《江苏宣传工作动态》《江苏省精神文明建设简报》刊载，获省委常委、宣传部部长张爱军批示肯定。持续培育壮大红色故事宣讲队伍，2人获评省级红色故事宣讲比赛金牌讲解员，选手成功入选第四届全国红色故事讲解员大赛，实现国赛零的突破。深入推进花木种苗领域专项整治“雷霆”行动，查办违法案件131起，采取强制措施17人，发放6亿余张“诚信标签”，网民满意度达95%以上，进一步打响“买好花信沭阳”诚信品牌。

【“扫黄打非”工作】 2023年，县委宣传部深入推进“扫黄打非”工作。优化行刑衔接机制。出台《关于加强知识产权保护行政执法与刑事司法衔接工作实施意见》，建立线索移送、案件磋商、信息共享与宣传配合、企业合规联合协作“四项机制”。印发《关于构建版权保护司法与行政衔接机制 促进沭阳图书市场健康发展的意见》《知识产权司法与行政一体化保护机制工作方案》，全面落实最严格的知识产权司法保护。组织开展重点图书企业发展工作座谈会、图书类知识产权保护座谈会、馆配图书企业高质量发展研讨会、知识产权巡回法庭进市场等活动，进一步扩大知识产权司法与行政一体化保护影响力。深化“扫黄打非”进基层。制定细化乡镇（街道）“扫黄打非”工作责任清单，对全县近8000家图书经营户进行实地核验、摸清底数。加大专项整治力度。全面开展图书市场专项整治“2023雷霆行动”，以打开路、以案破题，办结出版物类行政处罚案件38件，查扣非法出版物约30万册。办结审理6起涉图书侵权盗版刑事案件，张某军等6名嫌疑人分别判处有期徒刑5年6个月至1年不等，并处罚金共计人民币1847万元。

【电影管理】 2023年，沭阳县有正常经营城市影院7家、乡镇影院1家，另2家乡镇影院（钱集镇、耿圩镇）因小区整体建设未完工，还未能真正投入运营。8个影院提供的影厅座位数为7475个，2023年票房收入5562.9万元。组织拍摄电影《花乡姑娘》，电影根据中共二十大代表、沭阳县新河镇双荡村党支部副书记李敏的真实故事改编而成。

（沈嘉宁　祁薛文　史良涧　李　明　相　哲　张思寒　司书阳　李　艳）

统战工作

【概况】 2023年，中共沭阳县委统一战线工作部（简称县委统战部）以《中国共产党统一战线工作条例》为新时代统一战线工作的基本遵循，创新工作思路、夯实工作基础、拓宽工作领域，全力推动统战工作再上新台阶。持续打造“沭商回归”项目，全年累计签约沭商回归项目61个，协议投资242.36亿元。5月，顺利召开首届沭商大会，得到县主要领导的高度评价。沭城街道东园社区侨务工作获得省委统战部通报表扬和“三区”侨务工作经费支持，沭阳经济技术开发区“侨胞之家”被中国侨联评为2021—2022年度全国侨联系统“侨胞之家”典型选树单位，沭阳县民宗局荣获“全省民族宗教系统先进单位”称号。

【民主党派履职】 2023年，县委统战部引导并督促各民主党派履职协商。做好政党协商工作，研究制定《中共沭阳县委2023年度政党协商计划》，切实加强同各民主党派的政治协商。先后组织召开重大人事任免政党协商会议、全县党风廉政建设和反腐败工作情况党外通报会、“持续优化营商环境”政党协商座谈会等，主动向各民主党派通报相关工作情况，听取各民主党派对全县经济社会发展的意见和建议。支持各民主党派开展活动，组织各民主党派开展纪念中共中央“五一口号”发布75周年主题活动，支持各民主党派、新的社会阶层人士深入开展“凝心铸魂强根基、团结奋进新征程”主题教育，全年共开展各类会议活动23场，进行实地调研5次。

【党外代表人士工作】 2023年，县委统战部扩大“花乡新智”新联会（新的社会阶层人士联谊会）特色名片，指导新联会先后开展“暖冬行动 让爱传递”主题慰问活动、“公益‘新’连‘心’志愿服务进社区”活动、“‘新’系学子 助梦未来”图书捐赠活动、“‘粽’情花乡·‘新’心相连端午节主题活动等12场。指导县新联会召开2023年工作务虚会，承办全市新联会理事会议。围绕擦亮“花乡新智”品牌目标，指导新联会开展中共二十大精神在线学习、“会员企业行”等系列主题活动，志愿服务2000余人次，进一步团结凝聚广大新的社会阶层人士力量，以实际行动助力全县经济社会发展。宿迁市新联会换届，沭阳县入选宿迁市新联会13名会员，其中2人为理事。加强党外知识分子队伍建设。根据省委、市委统战部工作部署和要求，全县完成68名无党派人士认定工作，增强了党外知识分子的人才队伍建设。市知联会（党外知识分子联谊会）换届，沭阳县入选6名会员，其中1人为理事。先后指导沭阳县知联会开展“学雷锋”法治宣传进社区活动、开展“凝心铸魂强根基、团结奋进新征程”主题教育暨《觅渡》观影活动，通过开展各类活动，进一步激发全县党外知识分子工作的内生动力，推动党外知识分子工作提质增效。

【非公经济领域统战工作】 2023年，县委统战部持续做好非公经济领域统战工作，推动经济健康发展。推动民营企业发展。组织推荐天能股份江苏沭阳公司等15家企业获评2023宿迁民营企业百强，提高沭阳民营企业知名度。开展“民营企业服务月”活动，走访调研60余次，收集并解决各类问题100余个，承接涉企纠纷诉调41起案件，调解成功6件。2023年3月，沭阳县成功入选江苏省首批民营经济高质量发展示范县（市、区）培育名单。汇聚民企公益力量。组织各民营企业家积极参与“众善众举 圆梦助学”慈善捐助活动，共筹集爱心捐款17万余元。举办“百强民企联百村 企村联建促振兴”工作推进会暨集中签约仪式，20家民营企业与20个村居分别签订企村联建框架协议。青年企业家联合会积极响应“万企兴万村”行动号召，开展“走进刘集 点亮乡村”公益活动，向刘集镇捐赠了200余盏路灯。开展村企共建活动，福庆家居累计投入近10万元，精准帮扶西圩乡前车村，完成前车村党群服务中心提档升级改造，帮助提高村集体收入近20万元。深入开展沭商回归工程。建立“133”异地商会建设工作机制，扩大异地沭阳商会组织网络，举办沭阳（南通）投资环境暨沭商回归创业推介会，成功举办首届“沭商大会”，通过异地商会邀请了260余名异地沭商回家乡、看变化、话未来，现场签约。召开异地沭阳商会座谈会，与外地沭商深入交流，鼓励符合条件的地区积极成立沭商商会。2023年以来，累计签约沭商回归项目66个，协议投资253.06亿元。

【侨务工作】 2023年，县委统战部充分发挥牵头抓总作用，与侨联、公安、外事等部门加强联动，形成齐抓共管工作格局，延伸对侨统战工作触角。2023年以来，组织侨界人士开展传统节日等各类主题活动，如为侨眷开展健康免费体检、端午节主题活动、“中德文化交流盛宴”活动。健全完善县、乡、村三级侨务组织网络，持续开展侨务进“三区”（社区、园区、校区）活动，打通联系服务侨胞侨眷“最后一千米”。6月，在沭城街道东园社区开展“侨之家”揭牌、县“‘医’心为侨”志愿服务队授旗暨“侨务进三区”活动，推动侨务进“三区”示范点建设，将社区打造成为联系海外侨胞、开展为侨服务的主阵地。6月，在沭城街道东园社区“侨之家”举办“浓浓端午情 粽香暖侨心”侨界端午节文体活动，开展包粽子和掼蛋比赛，并向侨眷们赠送粽子，让侨界人士感受到节日的温馨和侨界大家庭浓浓的关爱。8月，邀请侨眷代表、县修远中学校办主任张卫东在沭城街道东园社区“侨之家”为社区侨眷、青少年学生及家长作题为《纪念伟大长征 传承民族精神》的专题讲座。发挥中医院“中医惠侨基地”和铭和医院“侨界医疗队”医疗专家优势，实行双轮驱动，深入“三区”（社区、园区、校区）开展“中医惠侨 花乡有爱”中医药文化体验和“侨界医疗队下基层”志愿服务活动13场次，服务侨界群众1400余人。借助侨界力量积极开展对外宣传，在“华人之窗”微信公众号上稿5篇，沭阳高质量发展稿件在海外华文媒体《欧洲华人报》刊登。

【港澳事务】 2023年，县委统战部推荐沭阳县港企负责人、香港同胞韩园担任市港人港企联谊会会长，并参加省委统战部“奋进在江苏——港澳台企业家沙龙”活动，引导企业家坚定发展信心，为维护香港长期繁荣稳定和中华民族伟大复兴贡献力量。9月，承办宿迁市港人港企“迎中秋 庆国庆”联谊活动，与会人员参观了苏台花卉示范园、艺森园盆景基地、睿阳精工、苏

2023年8月，沭阳县“‘医’心为侨”志愿服务队走进东园社区
县委统战部 供图

讯新材料等经济社会发展亮点，随后进行交流座谈并与香港宿迁同乡联谊会进行视频交流，互送祝福。

【对台事务】 2023年，中共沭阳县委台办围绕凝聚共识、凝聚力量、凝聚情感，不断拓展对台工作范围，推动各项工作再上新台阶。全年共召开11次台商月度座谈，与在沭阳台商、台胞进行交流，及时处理台商反映的问题，切实解决台湾同胞的实际困难。积极组织开展活动，4月25—27日，举办“2023海峡两岸（宿迁）乡村融合发展活动周”，邀请以台中市总工业会会长陈德明为代表的港澳台企负责人、相关学者和台青等近百名人员到沭阳参加活动，并完成了4项签约，取得了良好效果。5月10日，接待台湾新党原主席郁慕明到韩山镇郁圩村参加寻根问祖交流活动，并书写一幅字画“台青心家园”，有力推动了相互交流。6月16日，组织在沭台商和台属代表30多人参加了“端午粽飘香、共话两岸情”主题交流会。8月4日，组织在沭阳部分台企参加市台办举办的“台企 税清爽”为主题的台商大讲台，组织参加市优化台企业营商环境主题对口协商活动等。

（沈学良）

巡察工作

【概况】 2023年度，县委巡察机构坚决贯彻巡视工作方针和中央、省委、市委、县委有关巡视巡察工作新部署新要求，以做好“两个维护”为根本任务，以服务全县工作大局为重要使命，坚持政治定位，深化政治监督，巡察工作水平和监督质效稳步提升，较好完成年度各项工作任务。

【省委巡视保障】 根据省委统一部署，省委第四巡视组于2023年6月29日至8月31日对沭阳开展巡视工作。巡视组进驻前，在认真整理完善2017年省委巡视沭阳和2021年省委涉粮问题专项巡视整改台账基础上，赴新沂、泗洪等地考察学习。巡视开始后，全程配合做好省委巡视动员进驻、材料把关、调研访谈、沟通协调、服务保障等工作，并按巡视组要求对全县85所公办义务教育学校食堂安全开展联动巡察，配合巡视组开展三类重点场所消防安全工作检查等工作，有力保障巡视工作顺利开展，受到巡视组高度认可。

【县委巡察情况】 2023年，县委巡察办先后对城管局、科技局、应急管理局、县委党校等13家县直单位和潼阳镇、沂涛镇、十字街道、南湖街道等14个乡镇（街道）以及相关乡镇（街道）所辖的186个村（社区）开展常规巡察，对农业农村局、公安局2家单位开展市、县对口联动巡察，共发现突出问题511个，移交问题线索140条，形成“小切口”专题报告7篇，巡察中立案4人，留置3人，巡察质效、巡察震慑稳步提升。

【巡视巡察整改】 扎实推进省委巡视整改。第一时间协助县委成立省委巡视整改工作领导小组，并将巡视反馈的5个方面、40个问题分解为77个具体整改事项，逐一明确牵头县领导、牵头单位和参与单位，先后形成整改落实分工方案和反馈意见整改工作方案，并强化周推进、月汇报，整改工作有力有序推进。切实加强县委巡察整改。巡察工作领导小组成员常态参加被巡察单位巡察反馈会，传达上级巡视巡察特别是县委书记专题会精神，并通过集中召开整改业务培训会、向被巡察单位提供巡察整改责任“担当包”等方式，持续压紧压实巡视巡察整改主体责任。同时，会同县纪委监委机关、组织部对教育局、交通运输局等11家被巡察单位整改情况开展序时专项督查，向20个（家）乡镇（街道）、县直单位下发县委书记专题会点题事项交办单，对整改迟缓的及时下发整改提醒单。

【巡察机制创新】 进一步健全完善纪巡审三类监督贯通协同机制，实现信息、资源、力量、手段和监督成果共享共用，提升综合监督质效。在巡审协作上，对巡前未审单位，对接审计部门按需抽调审计专业人员，在相关巡察组统一领导下全程参与、边巡边审，助力发现高质量问题。全面强化纪巡融合监督，在派员参与巡察、巡中跟进核查、巡后问题线索多方会商研判、整改日常监督和专项督查等方面全流程、全方位联动配合，并不断推动巡察机构和纪委案管室、信访室及相关监督检查室等部门深度合作，强化问题线索巡中研判、巡中移交和巡中立案，强化巡察震慑。探索巡察战法“一轮一复盘”制度，扎实推进巡察方式方法研究和战法库建设，2023年，4个巡视战法被市委巡察办作为首期战法库进行汇编推广，入选数量居全市三县两区第一。县委巡察机制创新或经验做法形成的信息宣传被《中国纪检监察报》《新华日报》等省级及以上媒体刊载42篇，处于全市前列。

【巡察队伍建设】 2023年，县委巡察办积极通过派员参加省委巡视和市委巡察“以干代训”、“请进来”授课、“走出去”考察学习、高质量开展封闭式驻前培训等多种方式，强化学习交流和实践锤炼，提升巡察理论水平和业务技能。1名副组长参加两轮省委巡视，2名副组长和1名巡察干部参与市委巡察，组织专兼职干部集中培训2次，邀请4名市委巡察机构领导和业务骨干到沭阳授课，开展组组研讨17场，巡察干部综合能力显著提升，切实以巡察干部的专业化推动巡察监督的高质效。

（司翔宇）

编制工作

【概况】 2023年，县委编委会研究审议各类机构编制专题事项共计13个大项，涉及应急管理、国防动员等领域改革事项2项，机构设立事项4项，机构编制调整事项5项，向上级机构编制部门请示事项1项，以及向县委编委会报告事项1大项2小项。新设立沭阳第三高级中学、县物业管理服务中心、县国防动员保障服务中心3家事业单位。

【编制使用核准】 2023年，县委编办执行编制使用核准制度，优先保障教育、卫生等民生领域用编需求。对教育、医疗卫生领域校园招聘、机关事业单位遴选、事业单位公开招聘以及机关事业单位和公办学校工作人员县内流动、县外调入等事项，按程序批复用编计划，作为机关事业单位用编依据。2023年，共计批复组织、人社、卫健等部门申请的各类用编计划31批次，共使用行政、事业编制801个。

【权力清单调整】 2023年，县委编办在县级层面常态开展县级部门权力清单动态调整，对县直部门权力事项调整16项。根据省、市、县同步编制要求，将退役军人事务局、体育局、医疗保障局3个部门纳为试点编制部门，启动部门全口径权责清单试点编制工作。在乡镇层面，探索编制贤官镇权责清单。以创建省级经济发达镇为契机，试点编制贤官镇镇域权责清单，共计196条。依据《中华人民共和国监察法》《中华人民共和国公职人员政务处分法》《事业单位工作人员处分规定》等梳理350多项法律责任条款，优化镇域履责体系。严守在编人员管理红线，根据人员出入编、流动、任职等情况，按时上报实名制工作月报。全年配合组织、人社部门办理公开招聘、退役士兵安置、高层次人才引进、县外调入等入编事项1125人，办理退休、辞职等出编事项817人。根据组织、人社部门流转的介绍信、县内流动呈报表等文书材料，调整相关人员编制，做到实名制系统的高效准确运行。

【编制检查考核】 2023年，县委编办加强与纪检监察、组织、人社等部门的沟通协调，配合相关部门开展市委提级巡察、县委巡察和县委组织部选人用人专项检查。全年共对县委党校、沂涛镇等19家单位开展专项检查，督促相关单位按权力清单要求整改到位，严守机构编制纪律“红线”。同时，将“三定”规定执行情况纳入每年县级机关单位服务高质量发展综合考核，制定《“三定”规定考核细则》，明确检查内容，细化方法步骤，强化机构编制监督检查刚性约束。省委编办明确贤官镇为省经济发达镇培育对象后，县委编办对照考核指标开展培育工作，落实协调责任，多次召开专题推进会，通报2022年考核情况并解读2023年考核指标，编制《沭阳县贤官镇省级经济发达镇2023年度培育工作方案》，压实各部门责任。助力贤官镇顺利通过省委编办2022年度考核评估。

【事业单位监管】 2023年，县委编办提前摸排梳理事业单位法人登记情况，凡涉及设立、变更、注销、到期换证等登记事项的，主动与事业单位及举办单位联系，提前明确办理事项、操作步骤和规定时限，变被动受理为主动服务。全年共办件163件，设立登记9件，变更登记89件，注销登记14件，补领11件，到期换证40件，加强对事业单位的日常管理，促进事业单位依法规范履职。对涉及各类机构事项调整、负责人变动的，及时跟进，主动服务，执行“一次性告知”“马上办、一次办”等制度。2023年共计办理初领3件，换领20件，撤销1件。印发《关于做好2022年度事业单位法人年度报告公示工作的通知》，明确全县事业单位法人年度报告公示范围、内容、流程及相关要求，年度报告公示相关事项实行一次性告知、一次性办结，相关材料全部网上提交、网上审核，全面落实“一次不跑”工作要求。全年报送年度报告549件，公示率达100%。印发《关于开展2022年度事业单位信用等级评价的通知》，会同财政、人社、法院等10家监管部门对事业单位运行有效、职能履行、持续发展等指标进行量化评分，评价结果划分为A、B、C、D4个等次，评价结果在相关网站向社会公示，并纳入县级机关“三定”规定职能履行情况考核。印发《关于深入开展教育类事业单位公益性评估工作的通知》，以“宿迁市事业单位大数据监管系统”为依托，全年开展教育类事业公益评估26家，推动教育类事业单位公益事业发展，提升公益服务水平。根据《沭阳县事业单位法人公示信息双随机抽查实施细则（试行）》相关规定，每年按照事业单位总数1%~3%的比例抽取事业单位作为抽查对象，采取实地核查、书面核查方式，发放抽查清单和《抽查通知书》，对事业单位是否按照规定办理登记等情况进行核查，摸清事业单位依法履职和规范运行情况，确保登记信息、年度报告的合法性和真实性，加强事业单位事中事后监管。根据机关事业单位设立、更名、撤销等情况，动态做好中文域名的注册、变更、注销、缴费等管理工作，确保其中文域名的唯一性、可识别性和权威性。对党政机关和事业单位的网上名称进行制度化、规范化管理，确保党政机关和事业单位网站“名实相符、名称规范、安全运行、健康发展”。

（吕永久）

机关党建

【概况】2023年，县委县级机关工委获评宿迁市2022年度机关党建目标管理工作先进单位，荣获县理论武装先进集体、城市管理工作先进集体、书香机关等荣誉称号。9月，省委省级机关工委副书记徐前兵带领7家省级机关文明单位人员到沭阳开展“城乡结对、文明共建”活动，召开观摩推进会，协同推进乡村振兴重点帮促村经济社会高质量发展。10月，《关于创新实施县级机关党建文化“‘七组一库’红色工作法”的调研报告》荣获市第十届哲学社会科学优秀成果奖（两年一届），受到市政府通报表扬。截至2023年年底，机关工委直属党组织43个（5个机关党委、9个总支、29个支部），党组织总数155个，党员3000余名。

【政治建设】强化政治责任担当。落实党建工作责任制，抓基层党建述职评议，组织工委直属44个党组织书记述职，强化党建职责意识。组织工委党支部结对1家软弱涣散社区党组织，开展“携手结对联建 助力提质增效”主题党日活动。落实党（工）委书记联系党支部工作责任，通过上党课、谈心谈话、指导主题党日活动开展等方式推动联系点党支部工作提升。严肃党内政治生活。强化政治纪律和政治规矩，落实主题党日制度，开展“三讲三学”活动12期，党员围绕招商引资、党建业务、社会治理、法治建设、消防安全、公文写作等授课24次。加强对党忠诚教育。把党章和党规党纪作为对党忠诚教育的必修课，组织党员学习党章、《中国共产党党员教育管理工作条例》等，推进建设带头讲政治、听党话、跟党走的机关党员干部队伍。推进主题教育。对照新调整的机关党组织班子成员和党务工作人员培训不及时问题，举办专题培训班，提升党务干部能力。加强青年干部思想政治教育，成立县级机关“青年学习社”和24个机关青年理论学习小组，相关做法被江苏机关党建网、《宿迁日报》等推介宣传。

【理论武装】推进宣传思想教育。召开工委学习会12次，对检察院、民政局、司法局等单位党委（党组）理论学习中心组学习会开展巡学旁听5次。推进机关党建文化建设。发挥机关党建文化理论宣讲团人才作用，组织开展宣讲2次。机关工委牵头创作主旋律歌曲《红色苹果园》《向着太阳走跟着旗帜走》荣登“学习强国”学习平台，《红色苹果园》等3首歌曲获评市文艺精品扶持奖励项目。推进全民阅读进机关。推进全民阅读和全域共建书香机关，组织县级机关党建文化“七组一库”人才开展“全民阅读春风行动”进机关读书分享活动。赴长江锦绣小区开展全民阅读推广活动，向小区党支部赠送《中国共产党章程》《中共二十大报告辅导读本》《中华人民共和国民法典》等书籍，向小区居民发放《关于“阅动花乡·每天阅读1小时”全民阅读倡议书》，助力小区全民阅读工作开展。召开县级机关“书香机关”建设推进会，组织2022年度沭阳县“书香机关”单位人员交流进展情况，扎实推进县级机关全民阅读工作。开展“马克思主义·青年说”进机关活动，通过专题讲座的形式宣讲中共二十大报告精神，搭建载体营造机关青年干部阅读氛围。有关做法被江苏机关党建网、幸福江苏、《宿迁日报》等媒体推介。

【组织建设】围绕基层党建“提档提质年”工作要求，坚持大抓基层鲜明导向，督导机关党组织落实“三会一课”等制度，调阅《党支部工作手册》200多本，推动整改问题1000多条。指导40个党组织换届，11个党组织补选委员，27个党组织补选书记、副书记。强化品牌培育，聚焦党建与业务深度融合、相互促进，聚焦“标准+示范”，评出20个机关“党支部工作法”“党小组故事”获奖成果。围绕“一支部一特色”，组织申报68个党建品牌，工委直属的1个党支部获评第三批市级“示范党支部”。持续优

2023年6月27日，中共沭阳县委县级机关工委举行县级机关“贯彻二十大·奋进新征程”主题宣讲会暨新党员迎“七一”思想汇报演讲赛。图为县级机关新发展党员和党务工作者在赛前进行入党宣誓

县委县级机关工委　供图

化队伍，推动发展党员质量提优，组织培训发展对象和入党积极分子181人次，发展党员47名。跟踪培养预备党员，举办县级机关“贯彻二十大·奋进新征程”主题宣讲会暨新党员迎“七一”思想汇报演讲赛，46人参加思想汇报演讲赛。加强党员教育培训，举办“支书课堂”培训138人、“三讲三学”活动24期，组织并对党务干部进行小班化培训。组织48名县级机关党员到县烈士陵园开展“缅怀革命先烈 重温入党誓词”主题活动，瞻仰烈士墓碑、参观革命烈士事迹陈列馆，促其坚定理想信念、践行初心使命。落实关爱制度，组织发放“党内关爱”资金，评定五、四、三星级党支部13个、33个、73个，评出五、四、三星级党员118名、289名、760名。抓好书记项目，稳步推进“邻里红先锋”行动和“双报到、双服务”活动，结合“便民服务日”将每季度首月5日定为“小区结对共建日”，策划开展“弘扬雷锋精神·构建文明小区”“群众点单 党员接单”等主题活动，推动6600多名机关在职党员报到服务进小区，开展便民服务活动1000多次。

【作风建设】 推进党风廉政建设责任制落实。年度召开2次以上专题会议研究全面从严治党和党风廉政建设工作。加强党风廉政教育，组织开展县级机关作风建设主题青年阅读分享会暨公职人员诚信承诺守信宣誓仪式，教育引导县级机关党员坚定扛起“走在前、挑大梁、多作贡献”的重大责任和“敢为、敢闯、敢干、敢首创”的使命担当。组织开展“好家风 好人生”家风课堂活动，观看习近平总书记家庭的家风故事视频《勿让如果照见现实》，并围绕“要树立什么样的家风？怎样加强对党员干部的家庭监督？”进行交流发言，引导工委干部注重家庭、注重家教，树立好家风。组织参加第六届“百万党员学宪法学党章考法律活动”，不断强化纪律规矩意识。推进服务实践。聚焦服务发展、服务民生，到结对共建社区开展主题活动5次，向困难群众赠送花生油16桶，向小区党支部赠送电子血压计2个、血氧仪2个。举办“拒绝‘升学宴’、引领新风尚”文明新风活动，向大学生赠送《习近平七年知青岁月》书籍，宣讲周桂官等先进党员事迹，讲好“开学第一课”，帮助树立正确价值观、人生观。提升机关效能，推进县窗口服务规范和机关庭院环境管理水平提升，做好全国文明城市创建志愿服务和招商引资及帮办服务工作。接受纪检监督，主动邀请县纪委监委派驻第五纪检监察组人员参加工委委务会研究党内关爱经费使用、“支书课堂”培训、发展党员等“三重一大”事项。

【自身建设】 2023年，县委县级机关工委着力加强自身建设，推动支部工作提档提质。实施“在飞扬的党旗下‘七个一’支部工作法”。建好一个活动阵地。规范制度版面，展示集体荣誉，开展支部活动，营造红色氛围，同时结合书香机关建设添置党建书柜并充实书籍200多本。落实一项结对制度。组织在职党员与退休同志结对，通过举行“光荣退休”仪式、登门送学、节日慰问等措施送去组织关爱。联建一个小区支部。以实施“邻里红先锋”行动为契机，组织支部党员到结对联建的1个小区党支部开展主题党日、志愿服务等活动多次。联建一个机关支部。与县级机关单位县妇联党支部开展联建活动，通过开展政策宣讲、调查研究、工作指导、协调解决问题等措施，提升联建党支部工作水平。推出一批党建作品。支部党员创作《向着太阳走 跟着旗帜走》等党建歌曲在“学习强国”学习平台发布并获省、市、县奖项。参加一项业务培训。支委会班子成员、支部党员积极参加“支书课堂”等培训，参加“三讲三学”活动，提升支部党员业务能力。记实一本支部手册。将规范记实《党支部工作手册》作为体现支部工作的重要手段，展示党支部丰富多彩的工作内容。

（栗兴民）

老干部工作

【概况】 2023年，县委组织部始终以“银发生辉”工程为抓手，积极发挥老干部政治优势、威望优势、经验优势，促进老干部银发生辉、发挥余热，做到退休不褪色，离位有作为。

【待遇保障】 2023年，县委组织根据《关于进一步加强和改进离退休干部工作的实施意见》文件精神，落实离退休老干部各项待遇保障。各涉老单位按照财政供养关系保障离退休干部党组织工作经费，每年给予离退休干部党组织工作经费不低于3000元。县财政给予离退休干部党组织书记每月300元的工作补贴。离退休干部党支部收缴的党费全额返还给离退休干部党支部，填补离退休干部党支部学习、活动经费。

【老干部党支部建设】 2023年，县委老干部工作领导小组落实市委组织部党支部“标准+示范”、市委老干部局“六好”离退休干部党支部建设要求，聚焦三“点”，巩固基层党组织建设成果。县级层面举办2期党组织书记培训班，破解“难点”；修订《离退休干部党支部“标准+示范”建设“五个一”清单》文件内容，划清“重点”；对20名优秀离退休干部党支部书记、10名“最美老干部”和10名“最美老干部志愿者”进行表彰，选树“亮点”。县卫健局离退休干部党支部书记在

"江苏老干部"微信公众号"老支书论坛"专栏首期作交流，府苑社区老干部"非遗剪纸"工作室等典型事迹被市委老干部局宣传。12月，县老干部活动中心创成全省示范性老干部活动中心。

【老干部作用发挥】 2023年，县委组织部构建助力发展新模式，按"一支一特色"组建"交规宣讲队""蒲公英市容服务队"等51支志愿服务队，开展各类活动200多场次，受众3.5万余人。推进"银发先锋进小区"，引导全县1100余名离退休干部到所居住小区报到，设立"老党员工作室"16个，开展防诈宣传、健康义诊、书法创作等志愿服务活动110余场，为小区活动开展提供建议1500余条，解决矛盾480余个。以县老干部活动中心为主阵地，在美术馆、文化馆设立2个分中心，在城区建设15个离退休老干部活动阵地，14个县直、11个乡镇离退休干部党支部、13个老年社团，共700余名老干部入驻共享阵地。

【老干部教育】 2023年，县委组织部坚持把引导老干部学习贯彻习近平新时代中国特色社会主义思想和中共二十大精神作为首要政治任务，举办全县离退休干部党支部书记培训班，组织集中开展各类学习210余次，覆盖近万名离退休干部党员。聚焦习近平总书记重要讲话及省、市重要会议精神，为老干部编发学习材料，开展老干部座谈会21场，组织离退休干部参加全国、全省网上专题报告会9场次。

（张文怡）

党校工作

【概况】 2023年，中共沭阳县委党校坚持以学习宣传贯彻中共二十大精神为主线，以贯彻落实习近平总书记在中央党校建校90周年庆祝大会暨2023年春季学期开学典礼上的重要讲话精神为抓手，深入开展学习贯彻习近平新时代中国特色社会主义思想主题教育，扎实做好县委第五巡察组巡察反馈问题整改，深耕干部培训、思想引领、理论建设、决策咨询主业主课，完成了各项工作任务，推动党校事业迈上新台阶。

【干部教育培训】 依照《2023年度全县干部教育培训班次计划》，优化教学内容，完善教学布局，强化主课安排，创新培训方式，充分发挥党校干部培训主阵地作用。精心组织各类培训，科学构建理论学习、党性锤炼、业务政策和履职能力四大板块，推行"线上+线下"的融合培训，举办春秋季主体班、学习贯彻习近平新时代中国特色社会主义思想和中共二十大精神培训班等各类班次28期，共培训1.3万人次，实现了对乡科级领导干部、中青年干部、村（社区）书记、新录用公务员等重点群体的培训全覆盖。承办的重点班次"县处级领导干部主题教育读书班"被中央电视台《新闻联播》关注报道。通过积极争取将智慧大厦纳入统一管理，对校园各类设施设备进行提档升级，学校办学环境和保障能力显著提升。

【理论宣讲】 擦亮"求实"宣讲轻骑队品牌，创建全县首批"理论名师"工作室2个，围绕中共二十大精神、党史学习教育等开展专题授课90余场次，参加听课人数达8700余人次。"建设具有强大凝聚力和引领力的社会主义意识形态"课件获评中共宿迁市党校系统第四届优秀课程，2篇宣讲稿在全县优秀宣讲稿评选中获奖，在主流媒体发表信息稿件33篇、发表网评文章5篇。录制14节微课程，其中3个微视频被中共江苏省委宣传部"理论之光"推送，3个微视频被"学习强国"学习平台推送，1个微视频被中共江苏省委宣传部专项表彰。

【科研咨政】 创新理论研究，在校内推动科研课题项目化研究，将校级课题立项作为申报省、市课题的前置阶段。全年共立项省级课题1项、市级课题8项，结项课题13项，其中重点结项课题2项。在市级以上刊物发表理论文章17篇，其中1篇在《群众》杂志发表，2篇论文分别获全省党校系统优秀科研成果奖二、三等奖。促进决策咨询，围绕

2023年10月23日，中共沭阳县委党校2023年秋季学期主体班开班仪式

中共沭阳县委党校　供图

基层党建与社会治理、数字化营商环境、花木产业直播电商等课题，开展实地调研20余次，撰写3篇高质量决策咨询报告，其中1篇被县委改革办《改革创新简报》采用，1篇决策咨询报告被市委研究室评为“十大优秀调研报告提名奖”。完善管理制度，制定《2023年度科研任务分解实施方案》等，推动青年教师结合自身特长优势、学科专业和兴趣爱好努力成为研究领域的“小专家”，并将科研成果与年度考核、评先表彰、职级晋升等挂钩，建立教师正向发展的激励机制。

【师资建设】 实施“名师、名课、名作”培养工程，以教科研为先导，营造“人人争当名师、个个都是专才”的良好氛围。常态推进“青蓝工程”，发挥骨干教师示范引领和传帮带作用，以老带新、以新促老，帮助10名青年教师实现“站上讲台、站稳讲台、站好讲台”的快速成长。搭建创新载体，开展“教学大练兵”“科研沙龙”“教师座谈会”“精品课学习会”等系列活动，建设一支政治强、业务精、作风好的高素质教师队伍。提升教师综合素质，举办3期教研能力提升班，推动教师在省内党课名师、县内业务骨干等专家的精彩授课中“寻根补学”。按照“择优、培优”原则，共选派11名青年教师参加上级党校、高等院校组织的教研培训，选派9名青年教师到县内重点部门跟班学习，帮助引导8名年轻教师走上党校主体班讲台、3名教师被聘为全市“向阳花”宣讲团成员、1名教师被聘为“学习强国”宿迁学习平台学习委员。

【教学改革】 实行教学课程改革，推动教学研究提质增效。把“四化”同步集成改革纳入主体班培训内容，组织学员围绕廉政教育、乡村振兴、经济发展等重点专题，开展“上一堂专题课”“去一次现场教学基地”“开一场专题研讨会”系列活动30余场。面向全体教学人员开展14个新教学课题招标，促进更多优秀课程进课堂。推动“用学术讲政治”教学改革，建立健全以习近平新时代中国特色社会主义思想课程为中心，以马克思主义基本理论、毛泽东思想、中国特色社会主义理论体系和党性教育课程为主，以能力提升和知识拓展课程为辅的课程体系，确保主业地位不动摇、主课内容不减量。在习近平新时代中国特色社会主义思想教学中，形成了“总论、原著导读、分论、各领域重要论述”为主体的内容体系。广泛开展专题研讨、学员微讲坛、实训课堂、红色电影赏析、主题会演等第二课堂，以丰富的题材、灵活的形式、深入的互动，推动干部教育培训在培训模式、学习效果等方面更加完善。依托“学习强国”“花乡先锋”等线上学习平台打造“云”课堂，全年录制、上线各类微党课20余节，满足党员干部个性化、差异化的培训需求。

（赵　展）

沭阳县关心下一代工作委员会

【概况】 2023年，县委关工委落实“党建带关建”，关工委组织建设不断加强。县委主要领导兼任县委关工委名誉主任，县委常委会专题听取关工委工作汇报，研究提请事项，帮助解决实际问题。县委办印发全县关心下一代工作要点和《关于建立县关工委成员单位联席会议制度的通知》，21个县关工委成员单位协同配合，携手为“党建带关建”凝聚工作合力。12月1日，沭阳县召开纪念县关工委成立30周年会议，回顾历程、总结经验、表扬先进、谋划未来。市关工委主任陶美霞和县委书记彭伟亲自到会并讲话，县文明办和县关工委联合表彰50个关心下一代工作先进集体和95名先进个人。

【开展红色教育】 2023年，县委关工委先后组织开展“老少心向党、奋斗新征程”、第二届“秀强杯”中小学生作文大赛等主题教育活动。全县各级关工委充分利用纪念日、节假日等，组织开展青少年党史国史教育活动，组织青少年学生到烈士陵园、淮海区大礼堂、吴印咸故居、马厂造陈列馆、淮海戏苑、法治教育体验基地等参观学习。联合县教育局，组织好江苏少年网每年开展的主题征稿教育活动，在“我是强国小主人”网络征稿活动中，全县投稿90440份，获全省县（市、区）第一名，县教育局、县关工委获得优秀组织奖。

【社会治理创新】 2023年，全县各级关工委坚持把做好预防和减少未成年人违法犯罪工作列为关爱青少年的重点工作，深入开展“关爱明天，普法先行”“结对关爱引领人生”活动，参与开展创建未成年人“零犯罪、零受害”村（社区）活动。全县200多名“五老”（老党员、老干部、老劳模、老教师、老退伍军人）网吧义务监督员，配合县文广旅局开展对网吧、游戏厅的监督活动。

【“五老”关爱工程】 2023年，县委关工委实施“五老”关爱工程，助力青年农民和职工创新创业。联合县农业农村局在27个乡镇成立青年农民创业关爱工作站。建立青年农民创业示范基地39个，命名青年农民创业之星28名，全县23名农业老专家获“最美五老”称号。有5家企业关工委被市关工委授予“宿迁市民企关工委示范基地”称号。

（耿志国）

编　辑：郑长银

沭阳县人民代表大会

综　述

2023年，沭阳县人民代表大会及其常务委员会坚持党的领导，抓住服务中心主线，围绕人民民主，聚焦法治建设，持续站稳“四个机关”定位，深学笃行习近平新时代中国特色社会主义思想，团结各级人大代表紧跟县委决策，紧扣全县大局，紧贴群众期盼，依法履职，求真务实，充分发挥职能作用，为推动沭阳高质量发展和民主法治建设作出了积极贡献。一年来，共召开人大常委会8次、主任会议12次，听取和审议专项工作报告38项，作出相关决议、决定、审议意见26项，组织常委会组成人员和人大代表开展调研、视察、执法检查40次，专题询问1次，推动县十八届人大二次会议确定的各项任务落到实处。

重要会议

【县十八届人大二次会议】 2023年1月3—5日，沭阳县第十八届人民代表大会第二次会议召开，主会场设在县文化艺术中心。1月4日上午8时30分会议开幕。大会应到县第十八届人民代表大会代表423名，实到340名，符合法定人数。彭伟、王瑞、丁晓平、张莉萍、朱熹、徐殿春、孙其泉、季如干、朱少建、徐静在主席台前排就座。出席县政协十三届二次会议的全体委员；在沭的省人大代表；县监委副主任、县人民法院副院长和县人民检察院副检察长；县委、县政府有关部门、直属单位，人民团体负责人；省、市驻沭单位负责人等列席会议。县人大常委会主任丁晓平主持开幕式。

县委副书记、县长王瑞代表县人民政府向大会作政府工作报告。报告共分“2022年政府工作回顾”“2023年政府主要目标”“2023年政府重点任务”“全面加强政府自身建设”4个部分。大会还书面听取了县2022年国民经济和社会发展执行情况与2023年国民经济和社会发展计划（草案）的报告；书面听取了县2022年财政预算执行情况和2023年财政预算（草案）的报告；书面听取了2022年县政府民生实事项目完成情况报告；书面听取了县人大代表票决2023年县政府民生实事项目结果的报告。

2023年1月3—5日，沭阳县第十八届人民代表大会第二次会议召开

县人大办　供图

1月5日，沭阳县第十八届人民代表大会第二次会议在全体代表和与会人的共同努力下，顺利通过各项议程，圆满完成预定任务，在县文化艺术中心胜利闭幕。彭伟、王瑞、丁晓平、朱熹、徐殿春、孙其泉、季如干、朱少建、徐静在主席台前排就座。县第十八届人民代表大会全体代表出席会议。县人大常委会主任丁晓平主持闭幕式。县委书记、沭阳经开区党工委书记彭伟在闭幕式上发表讲话。会议通过了《沭阳县第十八届人民代表大会第二次会议关于沭阳县人民政府工作报告的决议》《沭阳县第十八届人民代表大会第二次会议关于沭阳县2022年财政预算执行情况和2023年财政预算草案报告的决议》《沭阳县第十八届人民代表大会第二次会议关于沭阳县2022年国民经济和社会发展计划执行情况与2023年国民经济和社会发展计划（草案）的报告的决议》《沭阳县第十八届人民代表大会第二次会议关于沭阳县人大常委会工作报告的决议》《沭阳县第十八届人民代表大会第二次会议关于沭阳县人民法院工作报告的决议》《沭阳县第十八届人民代表大会第二次会议关于沭阳县人民检察院工作报告的决议》《关于积极扩大有效投资推动经济起跑提速的议案的决议》《关于精准施策促进消费回补推动经济加速增长的议案的决议》。

【人大常委会会议】 2023年，沭阳县人民代表大会常务委员会共召开8次会议。

2月27日下午，召开县第十八届人大常委会第九次会议。会议传达学习省十四届人大一次会议精神，讨论通过沭阳县人大常委会工作要点（草案）、沭阳县人大常委会专项监督工作规程（草案），听取县人民政府关于2022年法治政府建设情况的工作报告。进行人事任免，新任职人员向宪法宣誓。

4月20日下午，召开县第十八届人大常委会第十次会议。会议传达学习十四届全国人大一次会议精神，听取和审议县人民政府关于国有资产管理工作情况的报告、涉农资金使用工作情况的报告、文化惠民工作情况的报告，听取县人民政府关于城市生活垃圾分类管理工作情况的报告、律师队伍管理工作情况的报告、气象服务“三农”工作情况的报告。进行人事任免，新任职人员向宪法宣誓。

5月11日下午，召开县第十八届人大常委会第十一次会议，进行人事任免，新任职人员向宪法宣誓。

7月10日下午，召开县第十八届人大常委会第十二次会议。会议听取和审议县人民政府沭阳县国土空间总体规划、关于《中华人民共和国安全生产法》贯彻实施工作情况报告，听取县人民政府关于林业生态建设工作情况报告、公安干警队伍和执法管理工作及禁赌工作情况报告、城区雨污分流改造及乡镇污水处理厂运行工作情况报告。

8月5日下午，召开县第十八届人大常委会第十三次会议，进行人事任免，新任职人员向宪法宣誓。

10月10日下午，召开县第十八届人大常委会第十四次会议。会议听取和审议县人民政府关于沭阳县2022年度县本级财政决算草案的报告、沭阳县2023年上半年国民经济和社会发展计划执行情况及财政预算执行情况报告、关于沭阳县2023年县本级财政预算调整方案（草案）、沭阳县2022年度县本级财政预算执行和其他财政收支的审计工作报告，听取县人民政府关于全县企业自主创新能力建设情况工作报告、社会救助情况工作报告、老旧小区改造情况工作报告、文明城市创建公益设施提升工程建设情况工作报告。专题询问议案建议办理工作。进行人事任免，新任职人员向宪法宣誓。

11月14日下午，召开县第十八届人大常委会第十五次会议。会议通过沭阳县人大常委会关于召开沭阳县第十八届人民代表大会第三次会议的决定（草案），听取和审议县人民政府关于医疗卫生服务体系建设情况工作报告，听取县人民政府关于高标准农田建设工作报告，听取县人民法院关于民商事案件办理及提高案件执行社会满意度情况工作报告。进行人事任免，新任职人员向宪法宣誓。

12月29日下午，召开县第十八届人大常委会第十六次会议。会议听取和审议2023年财政预算调整情况报告（草案），听取2023年财政预算执行和2024年财政预算初步安排报告、沭阳县2023年国民经济和社会发展计划执行情况与2024年国民经济和社会发展计划（草案）的报告、《沭阳县国民经济和社会发展第十四个五年规划和二〇三五年远景目标纲要》实施情况中期评估报告，听取县人大常委会关于乡镇环境报告制度大巡查开展工作情况的报告，听取县人民政府关于大气质量提升工程建设和土壤污染防治工作情况的报告、农村生态河道建设工作情况的报告、“八五”普法开展工作情况的报告，听取县人民检察院关于检察院执法队伍及监督工作情况的报告，听取和审议县人民政府关于根治欠薪工作情况的报告，听取2022年下半年和2023年上半年部分审议意见落实情况的工作报告。进行人事任免，新任职人员向宪法宣誓。

人大监督

【经济领域监督】 围绕经济运行监督，提升发展质效。县人大常委会先后4次组织人大代表调研沭阳县“十四五”规划的实施、3次视察“四化”同步集成改革等26个重点项目，密切关注全县宏观经济运行，加强计划执行情况的监督，强化政府重大项目投资全过程监督，推动重大项目顺利实施。针对关于积极扩大有效投资推动经济起跑提速的1号议案，开展专项审议，听取专题汇报，持续为经济发展注入源头活水，促进经济高质量发展。围绕财政审计监督，夯实发展基础。关注公共财政建设，提出打好惠企利民“政策拳”、用好金融服务“工具箱”、奏响财税服务“协奏曲”，推动惠企政策更加有力、帮办服务更加主动、要素保障更加精准。强化审计查出问题整改监督，督促强化为民理财意识，提升财政资金管理使用绩效。聚焦国有资产管理、涉农资金使用，不断健全资产配置、使用、处置制度，提升资产管理水平。围绕服务企业监督，增强发展后劲。县人大常委会持续高标准开展营商环境监督工作，调研全县营商环境建设工作，邀请20名企业家代表参加座谈会，通过明察暗访，对相关部门存在问题督促整改。专项视察企业自主创新能力建设，针对资金投入不足、研发机构不强、专利质量不高等问题，提出相应对策，政府积极兑现解困政策，打造了一批具有较强竞争力的龙头骨干企业。围绕生态环境监督，扮靓发展颜值。听取环境状况和环境保护目标完成情况的工作报告，全力推动县域生态环境高质量发展。加强对大气和土壤污染防治的依法监督，重点在推动源头治理上打好“执法检查、随机暗访、上下联动”组合拳，督导乡镇（街道）环境报告制度大巡查工作，提出针对性的意见建议，助推环境不断改善，全力建设和谐共生、美美与共新沭阳。

【民生事业监督】 推动城乡建设。审议沭阳县国土空间总体规划（2021—2035年）的议案，促进县政府高度重视、统筹谋划、精心组织、有序推进，促进城乡融合发展。听取城区老旧小区更新改造工作情况报告，督促有关部门加强老旧小区管理工作，不断提高居民满意度。调研文明城市创建公益设施提升工程建设，提出扮靓城市颜值，丰富设施种类、厚植文明底色，涵养文明新风等建议，推动文明城市创建工作出彩出效。助力乡村振兴。视察林业生态建设工作，提出做好生态管护、加强协同发展、做优产业质态的意见，县政府积极落实，不断擦亮沭阳县林业生态“金字招牌”。视察气象服务“三农”工作，提出拓展服务产品、放大科技作用、提高保障能力等建议，推动气象工作有效服务“三农”。调研高标准农田建设工作，提出科学合理布局、强化统筹共建、健全管护机制，确保沭阳县高标准农田“建得成、管得好、长受益”。回应社会关切。视察政府民生实事项目，推动民生问题优先解决、民生工程加快实施、惠民政策全面落实。调研社会救助体系建设工作，积极推动社会救助体系发展。监督文化惠民政策贯彻落实，推动惠民政策落地见效。积极回应民声，围绕医疗卫生服务体系建设、根治欠薪综合治理、生活垃圾分类管理、城区雨污分流改造及乡镇污水处理厂运行等工作开展一系列的视察活动，推动解决一批事关群众切实利益的痛点、难点问题。

【民主法治监督】 着力增强宪法意识。邀请县级领导参加“宪法宣传周”启动仪式，集中开展宪法学习宣传教育系列活动，大力普及宪法知识，弘扬宪法精神，营造浓厚的法治氛围。听取法治政府建设情况的工作报告，扎实推进依法行政、规范执法，推动依法行政制度体系不断完善。听取“八五”普法工作开展情况报告，督促相关部门加强宣传力度，提升普法工作水平，为建设法治沭阳提供强有力的法治保障。不断完善任职监督。完善人事任免程序，对未经县委组织部门考察的“两院”提名人员进行任前资格审查，全年共任命员额“两官”人员16名，深化员额“两官”述职测评，督促提升司法质效和公信力。严格落实宪法宣誓制度，完善县人大常委会实施宪法宣誓办法。制定评议任命人员述职报告制度，切实提高被任命人员的法律意识、公仆意识、为民意识，增强了依法行政能力，提升了整体工作水平。持续助力依法治理。执法检查《中华人民共和国安全生产法》贯彻实施情况，促进执法单位和执法人员公正执法。视察县公安局禁赌和干警队伍建设工作，促使禁赌工作规范化，提高了执法干警的业务能力。调研县法院民商事案件及执行办理工作，建议法院不断创新工作机制，推动案件质效好转，提升了案件执行社会满意度。审议县检察院监督工作，助力检察院不断提高自身建设。大力推动法治建设。创新“四单连号”监督形式。通过“出单、点单、派单、评单”新型方式，不断拓宽代表对“两院”的监督渠道，增强了工作的互动性、监督的时效性和司法的公正性。按照“有件必备、有备必审、有错必纠”的要求，认真开展规范性文件备案审查。积极做好涉法涉诉信访事项的处理，全年共接待群众来电来信来访112件，走访接待群众86批次，督促了一批重要信访案件的有效解决，促进了社会和谐。

代表工作

【主题活动】 主题活动效果日益显著。聚力改革创新，深入推进“四化同步、改革有我”主题活动，紧紧围绕“我献策”“我行动”“我监督”3个重点方面，充分发挥人大代表的主观能动性，组织代表立足岗位、深入基层、倾听民声、率先垂范、主动实践，全县2000多名各级人大代表满怀激情，投身于“四化同步”主题活动中，参与接待人民群众1万余人次，搜集意见建议2000多条，提供高质量献策建议600多件，在“四化同步”改革实践中贡献了人大智慧和力量。代表工作特色愈加鲜明。坚持“双联”机制，走访代表、选民，听取社情民意。强化代表联系群众的载体平台，在县、乡两级履职平台全覆盖的基础上，拓宽建设人大代表协同履职活动室，建立6个“宿话说”民情民意收集点，构建以3种载体渠道，明确3个处理方式，第一时间沟通反馈，一对一跟踪监督为抓手的“3311”机制，努力把代表联系载体建成广泛收集社情民意的“前哨站”。探索建立一个构架，畅通两个渠道，发挥三个作用，做好四项工作为主体的代表“1234”工作法。建立一个构架，即成立领导小组，形成了“人大代表+企业代表+法律专业人士+信息员”的联系网络。畅通两个渠道，即线上渠道，通过“宿话说”App设立的“扫码建言”以及向社会发布公告等形式征集立法建议；线下渠道，通过走访调研、定期召开座谈会，在学校、医院、市场等人口流动较为密集地方设置“立法建议收集箱”收集建议。发挥三个作用，即立法机关与群众的“连心桥”作用，促进高质量立法的“建言站”作用，助力法治社会建设的“直通车”作用。做好四项工作，即服务立法工作，做到“一键直达”；宣传普法工作，做到“一沉到底”；检查执法工作，做到“一目了然”；推进守法工作，做到“一以贯之”。“线下实体+线上联络”同步布局，“定点接待群众+定向体验流程+定期监督评议”，丰富了联系群众方式，形成了监督闭环。

【代表履职能力提升】 2023年，县委组织部分人大代表参加履职能力建设专题培训班，邀请市人大常委会领导对代表履职机制、专项监督机制、有关人大会议精神和政策进行讲解，提升了人大代表能力素质和履职水平。全年共组织300余名代表参加调研、视察、执法检查活动，不断畅通代表知情知政、督政建言渠道，促进了代表更好发挥作用，代表履职责任感、荣誉感不断增强，主人翁意识更加强烈。

【代表议案和建议办理】 2023年，代表议案和建议办理质效稳步提升。专题询问县十八届人大二次会议议案、建议办理工作，开展满意度测评，坚持重点建议清单式管理、组合式督办、立体式考核，通过“面对面”交办、“常态化”督办、“销号式”管理、“背靠背”评价，确保县十八届人大二次会议上的125件代表建议，均在规定时限内办复，一批代表建议得到较好落实，代表建议办理整体质效稳步提升，办理的效率和代表的满意度显著提高，实现办好一件、带动一片的良好效果。

（朱 彤）

沭阳县十八届人大二次会议代表议案建议汇总表

表2

序号	名　　称	提交代表	建议承办单位
1	关于积极扩大有效投资推动经济起跑提速的议案	徐　旭等	经开区、工信局、金融办
2	关于精准施策促进消费回补推动经济加速增长的议案	孙助权等	商务局、城管局
3	关于在南部新城区建设二幢总部经济大楼的议案	赵玉环等	资规局、住建局、南湖街道
4	关于保障学生阳光运动一小时的议案	仲达明等	教育局（体育局）
5	关于胡集镇205国道改造的议案	王　震等	交通运输局
6	关于全力支持道口经济产业园的议案	王　震等	经开区、资规局、住建局
7	关于增加钱集建设用地的议案	周红桃等	资规局、钱集镇
8	关于加快对钱集镇生态物流园规划建设的议案	周红桃等	发改局、交通运输局、钱集镇
9	关于加快对钱集镇钱张线提档升级规划建设的议案	沈　威等	交通运输局、钱集镇
10	关于为乡村中小学校配备校医提高乡村教师待遇的议案	沈　威等	教育局、人社局
11	关于指导帮促片区乡镇做好规划增加土地指标的议案	傅伟春等	资规局

续表2

序号	名　　称	提交代表	建议承办单位
12	关于加大对潼阳镇道口工业用地指标进行扶持的议案	胡华东等	资规局
13	关于更大力度推进小城市建设的议案	丁晓波等	资规局、住建局、财政局
14	关于房屋维修资金使用手续烦琐、使用难的议案	孙颖军等	住建局
15	关于对庙贤路进行提档升级和改造的议案	李鹏飞等	交通运输局
16	关于对新沭灌路（西潼线）进行拓宽改造的议案	张　一等	交通运输局
17	关于将万北遗址打造为国家级遗址公园进行立项的议案	郑春阳等	文旅局、资规局、发改局
18	关于进一步推进宿迁生态板材产业园发展的议案	孙　强等	工信局、资规局、交通运输局
19	关于疫情之下关爱一线医务人员身心健康的议案	傅　坚等	卫健局、人社局、财政局
20	关于打造花区全域旅游的议案	姜少飞等	文旅局、资规局
21	关于进一步加强对小城市建设财政土地政策扶持的议案	胡连喜等	住建局、资规局、财政局
22	关于加强乡镇工业集中区土地指标供给的议案	宋良情等	资规局
23	关于建设沭阳律师大厦，营造良好法治环境的议案	孙其生等	司法局、资规局
24	关于后疫情时代，如何加强对老年群体关爱的议案	孙其生等	卫健局、民政局、司法局
25	关于在扎下选址建设一所十二年制学校的议案	孙助权等	资规局、教育局
26	关于台州路北延工程的议案	高继敢等	交通运输局
27	关于建设扎下道口经济产业园的议案	吴浩等	工信局、资规局、交通运输局
28	关于修建鸭下河公园弘扬红色文化的议案	吴　克等	文旅局、住建局、资规局
29	关于加大对高标准农田建设管护投入的议案	薛　波等	农业局、财政局
30	关于加大对西圩乡道路基础设施建设投入的议案	薛　波等	交通运输局
31	关于将庙贤路建设工程列入县政府民生实事项目的议案	高　静等	交通运输局
32	关于农村集体经营性建设用地入市试点的议案	蒋复刚等	资规局
33	关于西潼线（华冲段）拓宽改造的议案	邵东升等	交通运输局
34	关于建设村（社区）养老服务中心的议案	邵东升等	民政局、资规局、住建局
35	关于进一步普及慢性病定点药店的议案	邵东升等	医保局、市监局
36	关于龙青线道路亮化工程的议案	邵东升等	交通运输局
37	关于深入开展花木种苗领域专项整治的议案	陆雷雷等	资规局、财政局、市监局
38	关于修建颜集镇颜潘路的议案	陆雷雷等	交通运输局
39	关于沭阳县刘集镇返乡创业就业园区扶持建设的议案	宋听松等	商务局、住建局、交通运输局
40	关于加强中小学教师心理咨询师资队伍建设，保护中小学生安全健康成长的议案	秦理正等	教育局、卫健局
41	关于进一步提高农村地区道路交通安全治理水平的议案	戚杨军等	公安局、财政局

续表2

序号	名　　称	提交代表	建议承办单位
42	关于青高线青伊湖镇高庄段道路提档升级的议案	陈　芳等	交通运输局
43	关于以农房改善升级版助推乡村振兴战略实施的议案	陈　芳等	住建局、资规局、财政局
44	关于龙青线道路提档升级的议案	陈　芳等	交通运输局
45	关于加快推进农村人居环境整治工作的议案	魏　婷等	农业局、财政局
46	关于加快启动悦陇路、悦颜路道路提档升级的议案	魏　婷等	交通运输局
47	关于推动直播电商产业高质量发展的建议的议案	魏　婷等	商务局
48	关于优化公民办学校布局全力建设苏北教育强县的议案	李兰超等	教育局
49	关于进一步推进沭阳县乡村振兴的议案	刘　平等	农业局
50	关于加快267省道（沭阳段）工程建设前期建设的议案	陈　群等	交通运输局
51	关于加强农村青少年法治教育的议案	邱桂前等	教育局、司法局
52	关于改善农村九年制寄宿学校办学条件的议案	邱桂前等	教育局、财政局
53	关于加快推进农村留守老年人关爱服务网格的议案	陈　群等	民政局
54	关于以县域为单元推进古泊善后河综合整治的议案	胡义浩等	水利局、财政局、资规局
55	关于加快推进全县木材产业智能化发展的议案	胡义浩等	工信局、财政局、商务局
56	关于进一步打造中国白酒名镇的议案	徐　飞等	工信局、商务局、沂涛镇
57	关于整治城区商业中心周边机动车乱停乱放的议案	赵　苏等	公安局、交通运输局
58	关于沭阳县潼阳镇潼阳段205国道补装护栏的议案	王乐乐等	交通运输局
59	关于解决新河镇和潼阳镇村与村之间道路畅通的议案	郑　勇等	交通运输局
60	关于沭阳县潼阳中心小学教师周转楼上规委会的建议	袁志刚等	资规局、住建局、教育局
61	关于沭阳县双减政策贯彻落实的建议	刘　平等	教育局
62	关于进一步优化营商环境的建议	陆晓静等	金融办
63	关于打造沭阳精品教育的建议	武旭霞等	教育局
64	关于加强高标准农田建设的建议	王　建等	农业局
65	关于加强乡村医生队伍建设的建议	贺克梅等	卫健局
66	关于加大对企业扶持力度的建议	王苏阳等	工信局、商务局、发改局
67	关于切实保障疫情防控放开后医疗设施的建议	纪丹丹等	卫健局、发改局
68	关于加强农村留守儿童关爱服务的建议	王　建等	民政局、教育局
69	关于红绿灯显示读秒数字的建议	石海波等	公安局（主办）、交通运输局
70	关于每年定期核调教师编制、实行动态管理的建议	徐桂娟等	教育局、人社局
71	关于提高基层社区工作人员工资待遇的建议	潘　杰等	县委组织部、财政局
72	关于断头路联通的建议	林　文等	交通运输局

续表2

序号	名　称	提交代表	建议承办单位
73	关于解决虞姬路与扎新路间道路连通的建议	陈　陆等	交通运输局
74	关于对新河镇桂花大街道路实施改造的建议	李　军等	交通运输局
75	关于升级新潼阳路巴房段的建议	姜少飞等	交通运输局
76	关于翻建、扩建新河镇花都大街的建议	夏　春等	交通运输局
77	关于建议适当放宽企业入驻工业区的限制的建议	胡连喜等	经开区、工信局
78	关于加大对农村道路修补力度的建议	丁建波等	交通运输局
79	关于加大对农村水利设施的修补力度的建议	章　朴等	水利局、农业局
80	关于将高墟港口交于地方管理的建议	张苏军等	财政局
81	关于提高农村新村干部相关待遇的建议	程银娣等	县委组织部、财政局
82	关于加强集装箱房屋管控的建议	刘永林等	住建局、城管局
83	关于重视农村电商中出现的法律问题的建议	孙其生等	市监局、商务局、农业局
84	关于加强基层法治宣传和投入的建议	孙其生等	司法局
85	关于加大对西圩乡道路改造投入的建议	李学文等	交通运输局
86	关于将西圩乡村庄内土路纳入奖补道路盘子的建议	李　利等	农业局、交通运输局
87	关于盘活乡镇村居建设用地的建议	仲　研等	资规局、发改局
88	关于尽快将庙头镇纳入道口经济乡镇的建议	韩小磊等	工信局
89	关于建议沭阳县庙头镇公铁水联运中心的建议	王　菁等	交通运输局、水利局
90	关于大力提升村居卫生机构服务能力的建议	李　锐等	卫健局
91	关于加强企业负责人管理水平的建议	刘　川等	工信局、商务局
92	关于加强全民急救知识的建议	李倩倩等	卫健局
93	关于强化生活垃圾分类治理，推动绿色生活方式的建议	侍晓勇等	城管局
94	关于整合健康体检渠道，建立全市健康体检平台的建议	周凌燕等	卫健局
95	关于加强食品抽检，守护舌尖上的安全的建议	孙学娟等	市监局、农业局
96	关于加快特色农业产业龙头企业的招引和培育的建议	刘　松等	农业局
97	关于加快推进全县木材产业智能化发展的建议	陈　浩等	工信局、商务局
98	关于规范小区停车位建设的建议	王新年等	资规局、住建局
99	关于推动互动型养老组织发展的建议	王新年等	民政局
100	关于推动老旧小区加装电梯的建议	王新年等	住建局、资规局、市监局
101	关于对沭马路两侧进行限高的建议	吕子竟等	交通运输局
102	关于合并东小店敬老院和章集敬老院的建议	段军易等	民政局

续表2

序号	名　　称	提交代表	建议承办单位
103	关于加强抽检农产品农药残留，保障食品安全的建议	刘　倩等	农业局
104	关于加强对七雄产业布局和发展进行指导，扶持的建议	仲其清等	经开区、发改局
105	关于加大整治经费保障，提升人居环境整治效果的建议	王士阳等	农业局、城管局
106	关于沭城天下南门通行不畅的建议	黄以富等	资规局、住建局、交通运输局
107	关于小产权房小区的管理问题的建议	仲　勇等	城管局、教育局、供电公司
108	关于优化章集街道工业集中区交通的建议	孙晓全等	交通运输局
109	关于农村道路升级改造的建议	王　碧等	交通运输局
110	关于加快花木产业发展的建议	王　碧等	资规局
111	关于提升农村义务教育的建议	王　碧等	教育局
112	关于改善乡村医疗条件的建议	王　碧等	卫健局
113	关于做好疫情防控后半篇文章的建议	霍中成等	卫健局
114	关于进一步完善沭阳城北公园活动器材设施建设的建议	秦理正等	住建局
115	关于加快推进义务教师师资力量均衡配的建议	李加军等	教育局
116	关于解决制造业招工难，留工难问题的建议	陈祖萍等	人社局
117	关于规范市场化用蒸汽的建议	卢新荣等	经开区、住建局
118	关于加快苏州西路西沿，台州北路北沿等交通重点工程建设力度的建议	孙小霞等	交通运输局
119	关于开辟村干部晋升晋级渠道，提高薪资报酬的建议	章彦艳等	县委组织部
120	关于持续加大对村级集体经济扶持力度的建议	张　超等	财政局、县委组织部
121	关于实施农村厕所革命的建议	鲍俊杰等	城管局
122	关于从严打击赌博行为的建议	张施勇等	公安局
123	关于提交县道李庄线沂涛境内道路改造拓宽的建议	谢　娟等	交通运输局
124	关于培育沂涛食品加工园区打造省级食品产业园的建议	张　巍等	商务局、工信局、市监局
125	关于推进乡村全面振兴，打造新时代鱼米之乡的建议	项　阳等	农业农村局、交通运输局、住建局

编　辑：张　炎

综　述

【经济运行】 2023年，沭阳县人民政府锚定高质量发展主线，高位统筹、精准调度，全力推动经济运行率先整体好转。全面落实"国家28条""省42条""市30条"等稳经济一揽子政策，出台《关于加快培育壮大市场主体推动先进制造业高质量发展实施意见》，多措并举为企业减负纾困，全年累计减税降费、退税缓费16.6亿元，兑现奖补资金2.2亿元，支持小微企业融资64.8亿元，入选全省首批民营经济高质量发展示范县培育名单。新增限额以上（规模以上）服务业企业289家，比上年度多118家，其中限上批零住餐企业243家，全市最多。新增规模工业企业175家，累计达1114家，苏北县级率先突破千家。新增注册企业1.1万家、个体工商户2.5万户。连续开展"首季开门红""奋战上半年""冲刺100天""决胜四季度"招商竞赛，成功举办首届沭商大会，全年签约亿元项目241个，其中超10亿元项目45个，超50亿元项目7个。建立重大项目全生命周期管理和月度推进机制，实现固定资产投资450亿元，工业投资突破300亿元。80个列省列市重大产业项目完成年度投资的120%，江苏常沭新材料科技有限公司等58个项目提前竣工投产，10亿元以上项目开工、竣工数量全市最多，"四新"（新技术、新材料、新工艺、新设备设施）项目考核全市领先。

【工业经济】 2023年，沭阳县制定产业集群培育三年行动计划，全县实现工业开票1580亿元、增长21.5%，绿色家居、高端纺织、机电装备三大主导产业开票达到1024亿元。年末规模以上工业企业988家，规模以上工业增加值比上年增长15.7%。实现规模以上工业总产值396.85亿元，增长15.5%；实现工业用电量59.66亿千瓦时，增长18.72%，占全社会用电量的68.35%。纺织纤维新材料获评省级中小企业特色产业集群。新增开票超亿元工业企业35家，桐昆恒阳化纤实现产值58亿元，天能集团入选省民营制造企业百强，鑫亿鼎石英获批国家级专精特新"小巨人"企业，累计达6家。新增省星级"上云"企业141家，伍佳纺织获批省五星级"上云"企业，虞美人纺织创成工信部5G工厂。园区工业开票首超千亿元，达1055亿元，其中沭阳经济技术开发区实现工业开票820.27亿元、苏北县级园区第一，在全国排名提升13位。桑墟镇、贤官镇工业开票销售双双超过130亿元，李恒镇、青伊湖镇、刘集镇工业开票销售均超60亿元，全县工业经济从"双引擎"驱动加速向"多动力"支撑转变。

【城市建设】 2023年，沭阳县城市更新扎实推进，城市更宜居。全国首批获批县级国土空间总体规划，创成省生态园林城市，入选省首批城市管理示范县创建名单。年末城市道路面积1315.67万平方米，建成区绿化覆盖面积3432.44公顷，公园绿地面积678.42公顷，城市绿化覆盖率44.01%。年内新增城区绿地面积13.84万平方米，建成民生园林9个、主题公园2个、口袋公园3个。建成棚改安置房2628套、保障性租赁房810套，10个历史遗留问题小区顺利办证，2个"保交楼"项目成功交付。清华路等4条道路"一路一景"实现了"三季有花、四季常青"向"月月有花、季季有景"转变。城市立体绿化工程、文华路北延、智慧体育公园、创智南路、淮河大道南延工程（二标）、城区部分道路绿化提升改造工程6项工程顺利完工，19条道路路灯实现智能升级。74个重点基础设施项目有序推进，京沪高速沭阳段扩建、宿连高速一期等8项重点交通工程建成通车。快速路二期工程、苏州西路跨淮沭新河大桥及引线工程、京沪高速胡集连接线工程等18项工程等正在施工，快速路二期工程（西南区域部分）、园西路、溪月路南延等21项工程正在办理开工前期各项手续。淮沭新高铁预可研通过专家审查，苏州路跨淮沭新河大桥、胡集高速连接线即将建成通车。实施生命安防工程489千米，更新城市公交140辆，创成省城乡公交一体化达标县。全年对7个乡镇18.3千米管网供水管网进行改造，对城区4个居民小区供水管网进行改造和90处城区易涝积水点治理，新建12座二次增压设施。实施庙头水厂四期扩建工程，新增供水规模6万吨/天。实施城区下穿泵站维修改造工程，缓解城区下穿隧道内涝风险；实施城区河道流域性整治工程，对王洼大沟、台州路、徐沭河等片区内排水户进行雨污分流改造；实施城区雨污水管网设施维护管理，累计排查雨污水管网480余千米，疏通雨污水管网370余千米，清掏雨污水检查井6950余口。

【乡村振兴】 2023年，沭阳县统筹新型城镇化建设，镇村面貌有效改善，乡村振兴全面推进。全年实现农林牧渔业总产值211.82亿元，较上年增长5.5%。其中，农业产值166.42亿元，林业产值6.1亿元，牧业产值24.4亿元，渔业产值6.28亿元，农林牧渔服务业产值8.63亿元。粮食播种面积278.18万亩，增长0.12%；粮食总产量129.57万吨，增长0.56%。深入实施“五朵金花、十颗明珠、百村示范、千庄整治”“个十百千”工程，提档升级农村公路115千米，改善农民住房条件5760户。完成户厕改造3.5万户，受到省乡村振兴局来信表扬。新建村级污水处理设施30件（台）、管网39.5千米，整治农村黑臭水体45条，建成农村生态河道564千米，创成省级幸福河湖3条。争取中央专项彩票公益金4000万元，落实帮促资金8095万元，143个乡村振兴项目有序实施。陇集镇、刘集镇获评省级生态文明建设示范镇，西圩乡、胡集镇上榜江苏“味稻小镇”，青伊湖镇等一镇六村入选省乡村振兴示范创建名单。庙头水厂四期、城南污水处理厂扩建、岔流新开河整治等工程进展顺利，110千伏青伊湖变、新沭城变建成投用。

【社会民生】 2023年，沭阳县坚持人民至上、民生优先，社会民生事业繁荣发展。南湖高中等4所学校建成投用，新增学位9300个，新增正高级教师11人，累计达28人，新招聘教师686人，沭阳第一技工学校挂牌成立。县疾控中心荣获国家级表现突出先进集体称号，县妇幼保健院绩效考核位列全省第二，韩山人民医院通过“江苏省社区医院”验收，苏（州）沭（阳）携手共建区域儿童医疗中心，新增国家、省卫生乡镇和健康乡镇10个，创成省15分钟医保服务圈示范县。全年举办各类文化惠民活动650场，送戏下乡达150场，书法美术展览活动10期，体育赛事20场次，惠及群众达50万余人次。沭阳健儿朱江、胡道亮、仲赛春在亚运会、亚残运会上斩获3金3铜。第三届吴印咸摄影艺术双年展暨全国“乡村振兴”主题摄影展隆重举行，新增省“最美公共文化空间”2个、省级非遗项目3个，城内大街入选省级地名文化遗产。县图书馆新馆开馆并获评国家一级图书馆，新工人文化宫建成开放。沭阳如东中学周桂官校长在全市唯一获评江苏“时代楷模”，新增“江苏好人”3人。民生保障日益完善，出台稳岗留工六条政策，发放稳岗补贴1519.74万元，惠及企业2616家。全民参保“幸福行动”深入实施，新增社保缴费2.8万人、医疗保险参保2.4万人。创新构建“分层分类”社会救助体系，发放救助金5.8亿元，惠及13万名困难群众。县养老服务发展中心建成投用，未成年人保护责任体系持续深化落实。扎实推进安全生产“两个年”活动，持续开展系列排查整治行动，创新制定商城市场安全标准化管理导则，6个商城市场安全整治、22家瓶装液化气企业整合高标准完成，县安全文化体验馆建成开放，安全生产事故起数和死亡人数连续四年双下降。“平安沭阳”“法治沭阳”深入推进，公众安全感和群众满意度位居全省前列。“移风易俗”经验做法获得省委常委、宣传部部长张爱军批示肯定，青伊湖镇后乡村获评全国乡村治理示范村。

【生态建设】 2023年，沭阳县生态环境稳步提升，沭阳经济技术开发区区域规划环评获生态环境部批准、尾水导流生态湿地公园建成开放，城区自流活水工程扩围升级。圩东河等7个片区雨污分流工程顺利完成，13个国省考断面优Ⅲ水体比例达100%，刷新最高水平。完成大气污染防治项目797个，空气质量持续改善。新增垃圾分类小区50个。新增市级以上绿色工厂12家，沭阳亚森同汇实业有限公司入选全国民营企业绿色低碳发展案例。$PM_{2.5}$平均浓度38.7微克/立方米，优良天数比例75.1%。农村生活污水治理率42.06%，一般工业固体废物综合利用率达90%以上，工业危险废物处置率达100%。投入2.58亿元，实施城南污水处理厂扩建工程，新增生活污水处理能力6万吨/天；投资3.4亿元，实施雨污分流工程，对73个居民小区截污纳管；投资6.3亿元，开展9个片区河道“流域性”整治；投入2.3亿元，实施城市生活污水处理厂尾水湿地项目。

重要会议

【十八届县政府第二次全体（扩大）会议暨廉政工作会议】 2月18日上午，县委副书记、县长王瑞主持召开十八届县政府第二次全体（扩大）会议暨廉政工作会议。会议全面贯彻习近平新时代中国特色社会主义思想和中共二十大精神，按照中央和省委、市委、县委最新工作要求，组织和动员全县政府系统迅速统一思想，立即行动起来，从严从细从紧抓好各项工作落实，确保完成全年目标任务，以实际行动树好为民、实干、清廉的政府形象。会上，各分管县领导围绕全年目标任务，就分管范围工作进行安排部署；县委常委、县纪委书记、县监委主任王明新就抓好党风廉政建设提出了明确要求。与会人员还观看了廉政警示教育片《破防》，签订了政府系统廉政承诺书。县政府领导班子成员出席会议。

【县长办公会议】 2月1日，县委副书记、县长王瑞主持召开2023年第一次县长办公会议。会议传达学习了习近平总书记在2023年春节团拜会和中国共产党第二十届中央纪律检查委员会第二次全体会议上的重要讲话精神；近期国务院常务会议、省委常委会会议、省政府常务会议、省政府经济运行调度会议精神和江苏省《关于推动经济运行率先整体好转若干政策措施》文件要求。听取了近期县政府相关重要会议筹备情况。县城管局、应急管理局、生态环境局、纪委监委等相关部门负责人参加会议。

5月9日，县委副书记、县长王瑞主持召开2023年第十二次县长办公会。会议传达学习了习近平总书记近期重要讲话精神以及市委相关会议精神，对近期重点工作作了安排部署。会上，各县领导依次进行了会议交流。

【县政府常务会议】 2月23日下午，县委副书记、县长王瑞主持召开县政府十八届十八次常务会议。会议认真学习习近平总书记在中央政治局常委会会议、中央政治局会议上和中央政治局第三次集体学习时的重要讲话精神，传达学习习近平总书记对内蒙古阿拉善左旗一露天煤矿坍塌事故作出的重要指示精神和李克强总理批示精神，专题学习《中共中央 国务院关于做好2023年全面推进乡村振兴重点工作的意见》《中共江苏省委 江苏省人民政府关于做好二〇二三年全面推进乡村振兴重点工作的实施意见》精神，并对社会稳定等工作进行安排部署。会议还审议了《关于深化医疗保障制度改革的实施方案》《沭阳县"无废城市"建设工作方案》等文件。

3月28日，县委副书记、县长王瑞主持召开县政府十八届十九次常务会议。会议传达学习习近平总书记在全国两会期间的重要讲话和全国两会精神，新一届国务院第一次常务会议和第一次全体会议精神，以及中共中央《关于在全党大兴调查研究的工作方案》精神；专题研究安全生产、食品安全"两个责任"落实、生态环境保护等工作；审议《贯彻落实省市推动经济运行率先整体好转若干政策措施任务分工方案》。会议还专题学习了《江苏省招标投标条例》，审议了《关于建立重大民生政策统筹协调机制的实施方案》《沭阳县2023年大气、水、土壤、工业固体废物污染防治工作方案》《沭阳县贯彻落实第二轮中央生态环境保护督察报告整改实施方案》等文件。

4月11日上午，县委副书记、县长王瑞主持召开县政府十八届二十次常务会议。会议传达学习国务院第一次廉政工作会议精神，学习贯彻《江苏省消防安全条例》，专题研究2023年度土地增减挂钩工作，审议《沭阳县2023年全面推进乡村振兴重点工作实施方案》等文件。会议还审议《沭阳县深化农村公路管理养护体制改革实施方案》《2023年沭阳县民生实事项目任务分解表》等文件，通报和研究了有关事项。

4月23日，县委副书记、县长王瑞主持召开县政府十八届二十一次常务会议。会议传达学习习近平总书记在广东考察时的重要讲话精神和国务院常务会议精神，专题研究安全生产、社会稳定、未成年人保护等工作，解读《全县道路交通安全深化提升专项治理工作方案》，审议《2023年经开区、各乡镇（街道）和县消防安全委员会成员单位消防工作任务清单》《沭阳县"五心"营商环境任务清单（2023年版）》《沭阳县"十四五"规划纲要实施情况中期评估工作方案》等文件，相关单位进行了表态发言。

5月11日，县委副书记、县长王瑞主持召开县政府十八届二十二次常务会议。会议传达学习了习近平总书记在二十届中央全面深化改革委员会第一次会议上的重要讲话精神和关于北京长峰医院重大火灾事故的重要批示精神，以及5月5日国务院常务会议精神，专题研究乡镇污水处理水平提升工作。会议还审议《沭阳县"十四五"促进养老托育服务健康发展实施方案》《沭阳县"一老一小"存量资源统筹利用工作"一事一议"协调机制》等文件，通报和研究了有关事项。

6月5日，县委副书记、县长王瑞主持召开县政府十八届二十三次常务会议。会议传达学习关于统计工作的通报，专题研究"三夏"生产及夏粮收购有关工作，审议《沭阳县数字人民币试点工作方案》《沭阳县青年发展型县域建设省级试点实施方案》等文件。会议还研究了义务教育阶段民办中小学校收费标准调整工作，审议《沭阳县地震应急预案》《沭阳县城区排水防涝应急预案》《沭阳县生态空间管控区域监督管理实施细则》等文件。

7月3日下午，县委副书记、县长王瑞主持召开县政府十八届二十四次常务会议。会议传达学习习近平总书记对宁夏银川市兴庆区富洋烧烤店燃气爆炸事故作出的重要指示精神、国务院常务会议精神以及省委书记信长星在省委常委会赴省应急管理厅开展响水“3·21”特别重大爆炸事故案例解剖式调研暨警示教育时的讲话精神，专题研究安全生产、社会稳定工作，审议《沭阳县政府系统2023年党风廉政建设工作要点》《沭阳县省级城市管理示范县创建实施方案》《关于进一步加强沭阳县国有企业借出资金与对外担保管理工作的意见》等文件。

7月28日，县委副书记、县长王瑞主持召开县政府十八届二十五次常务会议。会议传达学习习近平总书记在中央财经委员会第二次会议和全国生态环境保护大会上的重要讲话精神，专题研究生态环保、防汛防台等工作，审议《沭阳县“十四五”时期“无废城市”建设实施方案》等文件，会议还研究了其他相关工作。

9月2日下午，县委副书记、县长王瑞主持召开县政府十八届二十七次常务会议。会议传达学习习近平总书记在中央政治局常委会会议上，听取新疆维吾尔自治区党委和政府、新疆生产建设兵团工作汇报时的重要讲话精神，对四川凉山州金阳县山洪灾害重要指示精神，以及国务院第二次全体会议精神，集中学习《江苏省医疗保障条例》，专题研究安全生产、秋季开学、双拥等工作。会议还审议了《沭阳县数字政府建设实施方案》《关于促进中医药传承创新发展的实施方案》《沭阳县2022年县本级财政决算草案及2023年上半年预算执行情况的报告》等文件，研究了其他相关事项。

9月23日，县委副书记、县长王瑞主持召开县政府十八届二十八次常务会议。会议传达学习习近平总书记在主持召开新时代推动东北全面振兴座谈会和考察黑龙江省时的重要讲话精神，专题研究全县重大事故隐患专项排查整治行动及部署安排国庆、中秋期间安全生产工作，审议《沭阳县“3+3”产业集群培育三年行动计划》《关于进一步推进气象事业高质量发展的实施意见》《关于公布行政规范性文件清理结果的通知》等文件。

10月25日，县委副书记、县长王瑞主持召开县政府十八届二十九次常务会议。会议传达学习习近平总书记在主持召开进一步推动长江经济带高质量发展座谈会和江西考察时的重要讲话精神、全国新型工业化推进大会和全省新型工业化推进会议精神、省委常委会会议精神以及全省党委和政府秘书长办公室（厅）主任会议精神，专题研究食品安全、生态环保等工作。会议还专题学习《江苏省政府投资工程集中建设管理办法》，审议《贯彻落实省市促进经济持续回升向好若干政策措施工作方案》《关于明确〈江苏省城市市容和环境卫生管理条例〉沭阳县实施范围的通告》等文件。

11月29日上午，县委副书记、县长王瑞主持召开县政府十八届三十次常务会议。会议传达学习中央金融工作会议、中央政治局会议、国务院常务会会议和全省建筑业高质量发展大会精神，专题学习《省政府关于促进全省建筑业高质量发展的意见》，听取关于耕地保护和粮食安全责任制考核情况的汇报，研究社会稳定等工作。会议还审议《〈沭阳县国民经济和社会发展第十四个五年规划和二〇三五年远景目标纲要〉实施情况中期评估报告》文件，通报了有关事项。

【县政府党组会议】 按照中央统一部署和省委、市委、县委要求，2月17日下午，县政府党组召开2022年度民主生活会。县政府党组书记、县长王瑞主持会议并作总结讲话。会议紧扣全面贯彻习近平新时代中国特色社会主义思想，贯彻落实中共二十大作出的重大决策部署主题，紧密联系思想和工作实际，深入进行对照检查、党性分析，严肃认真开展批评和自我批评，切实加强和改进工作，凝心聚力推动中国式现代化沭阳新实践。会上通报了县政府党组党史学习教育专题民主生活会整改措施落实情况。王瑞代表县政府党组作对照检查，并带头作个人对照检查。其他党组成员逐一进行个人对照检查，严肃认真开展批评与自我批评。

9月19日，县政府党组召开会议，传达学习中央和省委主题教育第一批总结暨第二批部署会议、市委主题教育动员会议及县委主题教育领导小组第一次会议精神，审议县政府党组关于主题教育的实施方案和工作安排，研究部署县政府党组主题教育工作。县委副书记、县长、县政府党组书记王瑞主持会议。全体在沭县政府党组成员参加会议，县政府非党领导干部及县政府办有关负责人列席会议。会议原则通过了县政府党组关于深入开展学习贯彻习近平新时代中国特色社会主义思想主题教育的实施方案和工作安排。

【专题会议】 2月14日，沭阳召开2023年度县安委会第一次全体（扩大）会议。会议深入学习中共二十大精神和习近平总书记关于安全生产的重要论述，全面落实国家和省、市最新会议精神，回顾总结2022年安全生产工作，分析研判当前形势，研究部署2023年重点任务。县委副书记、县长王瑞出席会议并讲话。会上传达了相关会议精神，通报了2022年度全县安全生产工作开展情况，部署了2023年安全生产重点工作，开展了2022年度安全生产工作述职，递交了2023年度履行安全生产责任承诺书，相关部门、乡镇负责人作了会议发言。县政府领导班子成员，县安委会各成员单位、各乡镇（街道）负责人，以及县安全生产各督导组组长参加会议。

5月23日，沭阳县召开全县防汛抗旱工作会议。会议深入贯彻落实习近平总书记重要指示精神和全国、全省、全市防汛抗旱工作电视电话会议精神，进一步分析形势、明确任务、压实责任，部署安排2023年全县防汛抗旱工作。县委副书记、县长王瑞出席会议并讲话。会议首先进行了沭阳防汛抗洪应急处置桌面推演活动，按照《沭阳县防汛抗旱应急预案》要求，以汛期上游大流量行洪为背景，围绕新沂河防汛抗洪抢险、淮沭河子埝漫溢抢险、岔流河堤防滑坡抢险、城区突发性强降雨抢险4个模拟场景进行了推演，复盘防汛抗洪应对处置过程。会上，副县长张岩传达了上级会议精神，并安排部署了2023年防汛抗旱工作；县气象局、应急管理局、住建局负责人分别通报了汛期天气趋势预测情况、防汛抗旱应急救援工作开展情况、中心城市排水防涝工作开展情况。部分单位作了会议发言。县领导段全猛、冯中恒、刘程、蔡同金，以及县防指各成员单位、各乡镇（街道）负责人参加会议。

5月28日，沭阳县政府召开廉政工作会议。会议坚持以习近平新时代中国特色社会主义思想为指导，深入贯彻习近平总书记在二十届中央纪委二次全会上的重要讲话精神，全面落实国务院第一次廉政工作会议和省、市政府廉政工作会议部署，深入推进政府系统党风廉政建设，为全面推进中国式现代化沭阳新实践开好局、起好步提供坚强保障。县委副书记、县长王瑞出席会议并讲话，县政府领导班子成员、相关单位负责人和各乡镇（街道）政府主要负责人参加会议。

8月16日，沭阳召开全县大气污染防治“百日攻坚”动员会议，县委副书记、县长王瑞出席会议并讲话。会上，副县长张岩传达了省生态环境厅领导调研座谈会、全市大气污染防治“百日攻坚”调度会以及县委常委会等有关精神，部署安排了大气污染防治“百日攻坚”行动相关工作；相关行业牵头部门负责人进行了工作述职，部分单位负责人作了表态发言。

（顾　光　周大扬　闫世前　苗学词等）

民生实事

【概况】 2023年，沭阳县高度重视民生实事项目的实施，连续三年将其作为1号文件发布，并按照“统筹协调、分线运行”的原则，建立健全县政府牵头抓总、各相关单位具体负责的工作机制。县政府主要领导多次召开专题会议部署推进，分管领导多次现场会办、交办、督办，全力推进民生实事项目有序实施。同时，为顺利推进民生实事项目，县政府在资金、土地等要素及获得电力等方面，优先予以保障。对列入民生实事的项目，在项目审批方面开通“绿色通道”，确保每个项目都能快审批、快建设、早达效。对民生实事项目实行“周报告、月通报”制度，先后印发《督查通报》10期、《项目周报》7期，针对工作中发现的突出问题，及时进行调度、会办。严格执行重点工程管理制度，把质量管理、安全管理贯穿于工程建设的全过程，将民生实事项目建设一批经得起检验的精品工程、老百姓认可的民心工程。全年共实施10类50项民生实事项目，截至2023年年底，所有项目均达序时进度，其中竣工达效项目42项，占比84%，其余8项有序推进。

【医疗卫生体系完善】 创建4个甲级卫生室，完成新生儿疾病筛查7130人，为全县4.5万名妇女开展宫颈癌和乳腺癌筛查，为全县15.32万名老年人开展免费健康体检。

【教育惠民】 第四实验小学、智慧路初中、南湖高级中学、建陵高级中学沂北校区相继交付使用，顺利完成昆沭名校长和名师工作室项目，完成全县高考、中考标准化建设，招聘在编教师500名，创建省（市）级优质幼儿园5所。

【水资源安全保障】 岔流新开河综合治理工程主体完工，新建农村生态河道330千米，完成农业水价综合改革维修养护工程。

【居住环境提升】 改造易涝易淹积水点15处，建设苏州东路、杭州路等3个口袋公园，满足市民“推窗见绿、出门进园、街角遇绿”的美好愿景。完成新增50个居民小区垃圾四分类和“撤桶并站”达标创建工作及街景改造提升工程。

【交通出行优化】 改造桥梁7座，完成2023年农村公路危桥改造工程；智能化升级改造城区老旧路灯，全面提升城市治理的智能化水平。

【法律服务】 办理法律援助和法律帮助案件4703件，推动法律顾问到村居开展8次法律服务活动，累计完成11544件矛盾纠纷化解工作，为群众解难题、办实事。

【信访积案化解】 江苏省、宿迁市交办的59件信访积案，已全部化解。

【公共文体服务】 开展文化惠民系列活动425场，完成12家智慧广电乡镇建设；建成并投入使用智慧体育公园，满足市民健身休憩、亲近自然的生活需求。

【社会保障】 累计发放临时救助金1096.07万元，发放困难退役军人临时救助、慰问108余万元，代缴特殊困难群体养老保险费269.1万元，为全县41813名持证残疾人购买意外伤害保险；推动“数字化”欠薪综合治理，化解国家平台欠薪线索1389件，有效保障农民工工资权益；开展“暖心成长”系列关爱未成年人主题活动32场，护航未成年人健康成长。

【富民增收】 完成塘沟镇富民强村项目建设，持续推进乡村振兴；创建市级创业示范基地1个、县级返乡创业园30个；建成并投入使用省级零工市场，保障农民工、新就业等重点群体灵活就业；发放富民创业担保贷款1.8亿元、扶持创业3715人。

（张　鹏）

政务服务

【概况】 2023年，沭阳县行政审批局以提高服务效能、提升群众满意度为目标，落实“一件事”“不见面审批”等改革措施。先后推出“政务中台”“远程踏勘”等举措，提升服务企业服务群众水平。

【“一件事”改革】 2023年，沭阳县在江苏政务服务网一件事平台上线126个“一件事”模块，落地业务场景56个，集成系统生成案例39000余个。以“一窗受理、集成服务”为目标，在30个乡镇（街道）设立“一件事”综合窗口，并选派综合能力强的工作人员负责“一件事”咨询、收件和出件，对本辖区的“一件事”服务事项直接受理，对跨辖区的“一件事”服务事项代收代办，形成县乡联办机制。建立县残联、民政局、医保局、人社局等部门多事联办、一体服务的扶残助困“一件事”服务协同联办机制，开发省内首个扶残助困“一件事”办件系统，在县政务服务中心、30个乡镇（街道）便民服务中心设立办事窗口，群众可就近选择服务窗口进行办理，也可通过480个村（社区）便民服务站代办帮办。在江苏政务服务网、“一件事”自助机上开通线上办理渠道，实现PC端、手机端、自助服务终端“三端”可办。

【小城市赋权改革工作】 2023年，沭阳县行政审批局开展小城市赋权改革工作，推动103项行政权力事项赋权至贤官、马厂、高墟3个小城市便民服务中心集中办理。3个小城市已办理赋权事项6000次，有效节约群众路上跑动时间。

【“超级管理员”专窗】 2023年，沭阳县行政审批局在政务大厅设置“超级管理员专窗”，可调取企业、群众身份证、户口本、营业执照等92项电子证照，并在办理相关事项中予以运用，实现部分事项申请材料“零提交”，避免企业群众“往返跑”。

【打造15分钟政务服务圈】 2023年，沭阳县行政审批局充分发挥农商行网点多、覆盖面广等优势，通过“政银合作”的形式，在全县48个农商行网点添置自助设备，实现245项事项“就近办”“自助办”。

【基层政务服务体系建设】 2023年，沭阳县行政审批局业务指导30个乡镇（街道）便民服务中心和480个村（社区）便民服务站规范化建设。组织召开全县基层政务服务全科窗口人员培训会，培训人员200余人。

【县级政务中台总门户建设】 2023年，沭阳县行政审批局将业务、数据、技术中台的业务服务、数据产品、技术组件统一集成，面向数字政府应用层提供统一支撑，提供中台能力和数据综合调度、运营监测和开放订阅等功能，并与省政务中台、市“宿迁速办”中心实现数据共享互通。

【政务大厅一体化管理】 2023年，沭阳县行政审批局通过建设政务大厅一体化管理平台，对1个县级服务大厅、30个乡镇（街道）服务大厅和480个村（社区）服务大厅的基础设施、人员考勤、窗口效能、服务评价、安全监控、大厅流量、预约取号等进行全量统计分析和报表管理，对异常情况线上实时调度，全面提高县乡政务服务大厅的管理水平。

【公共资源交易】 2023年，沭阳县共完成公共资源交易项目659个，总投资额44.92亿元，实现交易额32.64亿元，工程和采购类节约资金12.33亿元，产权类增收资金556万元，不见面交易率100%。其中，建设工程交易项目266个，投资总额40.08亿元，交易总额28.26亿元，节约资金11.82亿元，节约率29.5%；政府采购项目296个，投资总额4.63亿元，实际交易额4.12亿元，节约资金0.51亿元，节约率

11%；产权交易项目97宗，标底价2089万元，成交价2645万元，增收资金556万元，增收率26.6%。

【规范代理机构和评标专家行为】 2023年，沭阳县公共资源交易中心规范代理机构服务行为，组织代理机构业务培训2次，组织能力水平测试8批次，累计参评357人次。双随机检查及招标备案过程中发现不良行为32次，累计对21家机构扣8.1分处罚。对评标专家履职过程中存在违法行为坚持“零容忍”，共开展标后评估4次，发现问题5条，纠正5条，通报评标专家不良行为8次。创新建立“首违不罚”制度，累计对29名首次、轻微且没有造成危害后果的，违反评标信用承诺行为的评标专家不予处罚，进一步营造“亲清”评标专家管理模式。

【落实招标人负责制】 2023年，沭阳县工程招标投标活动依法由招标人负责，招标人的法定代表人对招标全过程和结果的合法性负责，招标人自主决定发起招标，自主选择工程建设项目招标代理机构、资格审查方式。要求招标人严格执行国家、省招投标有关法律法规和规章制度，依法依规开展招标文件编制、组织开评标、委派招标人代表及业主评委等招投标活动，不在招标文件编制中设置任何形式的歧视性条款，不为特定投标人“量体裁衣”，不在评标活动中引导诱导评委。

【丰富投标履约担保形式】 2023年，沭阳县公共资源交易中心采用信用代替投标保证金，现金、保险、保函等多元化保证金缴纳方式，提升投标企业获得感。全年共完成投标履约担保、免收保证金项目193个，释放企业流动资金3.77亿元。

（赵　阳）

【“12345”热线】 2023年，沭阳县“12345”热线共承办市“12345”热线交办工单86288件，共承办省“12345”热线交办工单7667件；县“12345”热线接听群众有效来电187898件，其中坐席直接答复办结31836件，日均话务量563件。热线中心升级改造了“12345”热线话务和登记系统，实现统一服务入口、统一座席集中、统一数据归集、统一闭环管理、统一质效考核的“五统一”，推动归并热线服务模式转变，提升数据汇聚水平。热线中心针对省、市、县工单进行分级处理，成立对应工作小组，将责任包保到人，工作小组严格按照工作分工压实责任。对每个工单的答复内容，严格按照省、市热线中心要求，外求形式，内抓质量，深挖群众诉求，要求承办单位务必做到解释清楚、沟通到位、解决彻底，推动群众反映的问题得到妥善处理。热线中心针对应急事件处理、城市管理等领域，开展分析研判工作，形成分析研判报告43期，其中县领导批示处理31期，跨部门、跨业务报告11期，跨应用报告6期，预测预警分析研判报告6期，工单处理分析研判报告15期。通过深入分析研究，有效解决慢作为、不作为等问题，提高“12345”热线服务质量，推动群众反映问题快办理、早落实。

（王敏洁）

人事管理

【人事考试】 2023年，沭阳县人力资源和社会保障局（以下简称沭阳县人社局）组织13批次工作专班赴南京师范大学、江苏师范大学等省内外30余所高校开展校园招聘考试，成功招聘585人。全年完成2批次的事业单位公开招聘考试工作，共招聘54人。完成国有企业公开招聘考试工作，共招聘8人。

【人员聘用】 2023年，沭阳县人社局为公开招聘近700名聘用人员与用人单位签订事业单位聘用合同书，为合同到期需续签的事业单位人员，由单位出具相关证明在聘用合同书上作出鉴证。全年共为76名符合条件的事业单位人员办理解聘手续。

【职称资格评定】 2023年，沭阳县专技人员（含乡土人才）通过各级职称资格评定3581人，成功举办“2023互联网+花木盆景”省级高

2023年7月，沭阳县举办2023年沭阳县首届乡土人才作品展销节暨“聚才强链 梦圆花乡”应届高校毕业生招聘会　　沭阳县人社局　供图

研班，成功开展4家产业链重点企业职称自主评价试点。全年获批省级乡土人才大师示范工作室1家、省级乡土人才大师工作室2家、市级乡土人才大师工作室5家，获评市卓越工程师2人。

【高层次人才管理】 2023年，沭阳县引进进站博士3人，江苏苏讯新材料科技股份有限公司获批为全市唯一一家国家级博士后科研工作站。全县共有博士后载体7家，其中国家级博士后站2家，省级博士后创新实践基地5家。开展“沭才回归”工作，精选紧缺学科，设置需求岗位，组织沭阳籍教师回调工作，已成功引进124人。

【事业单位人事综合管理】 发布《2023年全县事业单位工作人员年度考核工作的通知》，对事业单位工作人员年度考核结果进行审核、汇总、备案。2023年共为224名事业单位人员办理县内流动，69名事业人员办理县外流动；为81名事业人员批复股级副职任免；为429名取得专业技术职称事业单位人员办理设岗兑资手续，为2159名达到职称内部等级年限的人员设置岗位，予以等级晋升。

（廖　军）

编　辑：陈晓敏

政协沭阳县委员会

综　　述

【理论学习】 2023年，沭阳县政协完善县政协党组理论学习中心组、主席会议、常委会会议、全体会议等学习制度，带领机关工作人员和政协委员认真学习中共二十大精神和习近平总书记重要讲话精神以及全国两会精神。全年先后举办集中学习30余次，开展党性教育和爱国主义教育等主题活动3次，教育引导广大政协委员和机关同志不断增强对中国共产党和中国特色社会主义的政治认同、思想认同、理论认同、情感认同，夯实共同思想政治基础。

【民主监督】 推行“一库一员两评议”民主监督制度，选聘93名业务过硬、技能突出的专业人才成为专家库成员和民主监督员，进一步增强民主监督的针对性和权威性，此举荣获全省政协工作优秀创新案例。组织开展“助力民营经济健康发展、高质量发展”深度走访调研活动5次，通过网上询、现场问等方式，监督惠企政策落实情况，累计收集企业家和群众意见建议59条，并反馈相关部门供决策参考。

重要会议

【政协沭阳县第十三届委员会第二次会议】 2023年1月2—4日，政协沭阳县第十三届委员会第二次会议在城区召开。会议回顾总结县政协十三届一次会议以来工作情况，提出2023年工作建议，组织和动员全体政协委员及社会各界人士，在沭阳县委的坚强领导下，全面落实县委十三届四次全会精神，认真履行职能，积极发挥作用，为全面推进中国式现代化沭阳新实践贡献政协智慧、汇聚政协力量、展现政协作为。会议听取了县委书记彭伟的讲话以及县委副书记、县长王瑞所作的政府工作报告，听取了县政协主席张莉萍所作的政协沭阳县第十三届委员会常务委员会工作报告，县政协副主席王雪梅向大会作政协沭阳县第十三届委员会常务委员会提案工作报告；戈玉清、杨延、章玲、朱扬等委员围绕花木产业融合发展、工业经济高质量发展、全力打造“苏北教育强县”、精致城市建设等方面作大会发言。会议听取了县政协副主席、沭阳高级中学党委书记、校长张峰所作的县

2023年1月2—4日，中国人民政治协商会议沭阳县第十三届委员会第二次会议在城区召开　　县政协办　供图

政协十三届二次会议期间提案审查情况的报告，县政协副主席戚昌青宣读了县政府、县政协关于表扬2022年度政治协商工作先进单位、先进个人的通报，会议向受表扬的单位和个人进行了颁奖，通过县政协十三届二次会议决议。闭幕会前，会议通过选举办法、选举监票人名单，进行大会选举，选举县政协十三届委员会秘书长。

【县政协常委会会议】 2023年3月20日，沭阳县政协召开十三届七次常委会会议。县政协党组书记、主席张莉萍出席会议并讲话。副县长范以环，县政协副主席、工商联主席王雪梅，县政协副主席戚昌青、张峰，县政协党组成员、秘书长、办公室主任孙洁参加会议。会议传达学习全国两会精神、《中国人民政治协商会议章程修正案》相关内容，讨论通过《县政协2023年工作要点（草案）》，围绕重大科技创新型产业项目建设情况开展协商议政。参会人员实地视察江苏苏讯新材料科技股份有限公司和江苏桐昆恒阳化纤有限公司等地，并听取沭阳县重大创新型产业项目建设情况的专题通报。以重大创新型产业项目建设为议题，召开专题议政性常委会会议，以高质量的意见建议助推全县重大创新型产业项目建设。

协商议事

【民生专题协商议事】 搭建协商议事平台。依托花木、板材等特色产业优势，建立功能型协商议事室；在老人、儿童较多的社区，建立专项协商议事室；在居民较多的中心镇，建立综合性协商议事室；建成委员工作室19个，常态化联系群众、服务群众。府苑社区创建“一品说事”品牌，通过交流协商，成功化解圣廷苑饭店污染投诉等100余件民情纠纷，“一品说事”成为沭阳县“有事好商量”亮点品牌之一。沭城街道新桥社区协商议事室、碧桂园小区“精网微格”工作站、储晓艳委员工作室和金鹏委员工作室等特色工作阵地，得到了市政协的肯定，并要求其他县区借鉴学习。

【助力乡村振兴】 重点聚焦乡村振兴，在融合发展上彰显“政协担当”。通过发挥智力密集优势、民主监督实效、示范引领作用，为乡村振兴担当先锋模范，助力沭阳打赢、打好乡村振兴“攻坚战”。

建言献策

【视察调研活动】 2023年，围绕苏北工业强县、教育强县、最美县城、最美乡村建设，就“大数据+农业”、新型工业化和城镇化、文明城市创建、“中国花谷”建设、法治化营商环境建设和教育均衡化等专题开展专项视察10次。开展“界别活动月”活动，围绕“激发内需潜能·促进经济持续向好”，组织各界别委员积极建言献策。

【提案工作】 2023年11月，开展“政协提案月”活动，组织委员深入调研，集中时间与精力撰写提案，适时通报进展情况，促使委员写出高质量提案。县政协十三届二次会议以来，经审查立案的380件提案，办结率100%，较往年提前53天办复，委员满意率100%。遴选15件重点提案，由县领导带头领办督办，促进提案办理质效不断提升。以县政府办名义向各承办单位发文督办，明确办理时限和要求，督促各单位将提案办理与业务工作同谋划、同推进、同落实，有效压实了承办单位的主体责任。

2023年11月8日，沭阳县政协召开2023年度沭阳县“政协提案月”活动动员会
县政协办　供图

2023年沭阳县政协委员优秀提案情况一览表

表3

提案号	提案人	提案内容
1	韩华林	关于农旅商一体，点线面结合，倾力描绘“中国花谷”新画卷的建议
2	冯连伟	关于打造工业矩阵，跑出“工业强县”加速度的建议
3	李庭祥	关于创新共同体办学 深化“三名”工程，全力打造苏北教育强县的建议
4	周守贵	关于加快制造业数字化转型，推动工业经济高质量发展的建议
5	池新桥	关于打通区域发展经络，加快全域发展进程的建议
6	丁华明	关于盘点特色美食，打造舌尖品牌，让“沭阳味道”成为靓丽花乡新名片的建议
7	司　东	关于繁荣乡村文化，助力乡村振兴的建议
8	朱　扬	关于精心精细建管，打造精致城市的建议
9	刘　明　韦立瑞	关于加快数字经济建设的建议
10	仲　伟	关于加快我县互联网经济发展的建议
11	宋晓霞	关于全面落实惠企政策，提升实体经济活力的建议
12	鲍壮志	关于实施“制造强县”战略的建议
13	张　洲	关于中等职业教育发展困难的对策建议
14	范青柏	关于加强学校体育教育，增强青少年身体素质的建议
15	赵志龙	关于加快推进高新技术产业发展的建议
16	徐晶晶	关于促进多肉产业科学发展的建议
17	陈　查	关于创新推进乡村数字治理的建议
18	农业农村界	关于乡村振兴中积极推动文化振兴的建议
19	新社会阶层界	关于振兴实体经济，确保我县经济行稳致远发展的建议
20	教育界	关于大力推动我县专精特新企业高质量发展的建议

【社情民意信息工作】 2023年，县政协进一步完善社情民意信息工作机制，建立网络民意收集机制、协商互动机制、问题处理和结果反馈机制，有效畅通社情民意信息渠道。全年共收集上报宿迁市政协65条社情民意信息，其中，全国政协采用2条，省政协采用3条，并将民生热点信息及时转交相关部门办理，在聚民心、汇民智、解民忧等方面发挥了积极作用。

委员工作

【履职能力提升】 2023年，县政协将“规范、规矩、程序、标准”的要求贯穿工作始终，引导政协机关改进作风、提升效能，引导政协委员珍惜荣誉、积极履职，争当参政议政的先进、民主监督的中坚、联系群众的桥梁、遵纪守法的模范，切实维护委员良好形象。建立健全委员服务、管理、考核和表彰机制，激发委员履职尽责的内生动力，努力打造一支政治素质、业务能力双过硬的政协委员队伍。加强与高等院校、红色教育基地等的对接沟通，组织界别委员和机关人员开展履职能力提升专题培训，全面增强委员和机关干部的政治把握能力、调查研究能力、联系群众能力、合作共事能力，推动政协工作全面提质增效。

【平台建设】 2023年，县政协创新联络载体、拓宽活动形式，依托理论研究会、企业家联谊会等平台，加强同党外知识分子、非公有制经济人士、新的社会阶层人士的沟通联系，不断巩固和扩大统一战线，最大限度把各方面力量团结在党的周围。充分发挥政协组织联系广泛、人才荟萃优势，持续扩大招商引资、“沭商回归”和“沭才回归”等活动的影响，广泛开展多渠道、多层次的联络联谊，推动更多项目、人才、资本等资源要素向沭阳集聚，把政协委员的人脉资源转化为发展优势和竞争优势。针对征地拆迁、城市管理、公共服务等工作中的利益诉求、矛盾纠纷，协助县委、县政府多做解惑释疑、理顺情绪、协调关系、化解矛盾的工作，最大限度为发展减少阻力、增添动力。持续深化委员读书活动，依托已建成的“四级”紫藤读书阵地、委员之家和“有事好商量”协商议事室等平台，引导各界别委员学以致用，将所学所思所想转化为推动工作的实践。

【读书活动】 2023年，县政协依托“悦读政协·紫藤书香”委员读书活动，创新开展“悦读阅好”四季读书荟，以新春朗诵读、巾帼展演读、全员分享读和中秋联谊读4次主题活动为抓手，推动广大委员在读书中强本领，在分享中聚共识。同时，依托19个“四级”紫藤读书阵地和13个界别微信读书群，累计开展线下、线上读书活动60余次。“沭阳政协：读书分享活动激发履职热情”被中国江苏网等媒体宣传推介。

（葛雪涵）

编　辑：王丽娟

中共沭阳县纪律检查委员会 沭阳县监察委员会

综　述

【纪检监察成效】 2023年，沭阳县纪检监察机关在市纪委监委和县委的坚强领导下，全面贯彻中共二十大精神，推进主题教育与教育整顿结合融合，始终以严的基调、严的措施、严的氛围强化政治监督、正风肃纪反腐，全县纪检监察工作取得了新进展新成效，为中国式现代化沭阳新实践保驾护航。县纪委监委连续三年荣获全市高质量发展涉纪指标考核第一名，被中国纪检监察杂志社授予2023年度学刊用刊工作“组织奖”，相关工作受到市纪委监委主要领导批示肯定8次，县委、县政府主要领导批示肯定242次，推动各项工作向纵深发展。

【十三届县纪委三次全会】 2023年2月11日上午，中国共产党沭阳县十三届纪律检查委员会第三次全体会议召开，回顾总结全县2022年纪检监察工作，研究部署2023年工作任务。县委书记、沭阳经开区党工委书记彭伟出席会议并讲话。王瑞、丁晓平、张莉萍等县级领导班子成员，县纪委委员、县监委委员，相关单位负责人及特约监察员代表等参加会议。

【机关自身建设】 2023年，县纪委监委把开展主题教育和教育整顿作为重要政治任务。严格执行“第一议题”制度，先后召开14次县纪委常委会监委会、12次理论学习中心组学习研讨会，传达学习贯彻习近平总书记相关重要讲话和重要指示批示精神，特别是总书记关于党的自我革命的重要思想，做到常学常新、常悟常进；开展“班后一课时”自学活动，累计开展500余课时，抓实常态化自主学习。坚持问题导向，不断锤炼党性修养、牢记初心使命，委机关领导班子成员带头检视，并带领条线纪检监察干部深入查摆，形成288份问题清单并全部整改到位。结合工作需要，坚持群众路线，大兴调查研究之风，围绕群众急难愁盼问题，先后形成30余篇调研报告，找准切口，解决问题，推动主题教育、教育整顿走深走实。

监督检查

【“四风”纠治】 持续深化落实中央八项规定精神，坚决整治作风顽疾。坚持“以案看风”“风腐同查”。紧盯春节、中秋等关键节点，向县级领导班子成员、相关单位“一把手”制发廉洁履责提醒函260余份，做实同级监督，督促严格自律、以上率下。持续深化纠治“四风”，共查处73件79人，通报曝光典型案例16起，释放强烈信号。开展党员干部、公职人员酒驾醉驾专项整治，深挖背后“四风”和腐败问题，立案查处11人。针对“猪血豆腐”涉及部门和工作人员不作为、慢作为问题，追责问责2个党组织、9名工作人员。

【政治监督】 2023年，共查处违反政治纪律案件9件，给予党纪政务处分9人。坚持将履行监督第一职责与服务发展第一要务紧密结合，坚决纠正贯彻落实决策部署中的突出问题，清除经济社会发展道路上的“绊脚石”“拦路虎”。围绕“省42条”“市30条”落实情况开展专项监督，督促相关职能部门结合实际细化具体措施，解决近百家企业300多个难题，推动减税降费退税缓费16.6亿元，兑现奖补资金2.2亿元。围绕省委巡视和市委联动巡察反馈意见整改工作，提高站位、抓好统筹，坚持周会办、月调度，督促各责任单位不折不扣抓好整改。截至2023年年底，省委巡视反馈77个问题，已整改完成69个，整改完成率89.6%；市委联动巡察反馈11个问题，已整改完成8个，整改完成率72.7%，远超序时进度。围绕上级关于整治医药领域腐败问题部署要求，配合推进集中整治，立案6人，推动全县医药系统自查自纠问题84个。围绕主体责任落实，对在信访工作、安全生产等方面履责不力的14个党组织进行追责问责，倒逼各党组织扛责上肩。围绕工程建设领域突出问题，开展为期一年的专项整治，对18个政府投资工程开展专项监督，查处突出问题63个，追责问责74人，形成13期专报得到县委、县政府主要领导的批示肯定，推进工程建设领域风清气正。围绕耕地保护加强监督，严查耕地乱象背后的腐败和作风问题，追责问责120人次，倒逼各职能部门加大违法用地的查处和罚款力度，坚决遏制歪风。围绕生态环保领域存在问题，督促推动第二轮中央生态环境保护督察交办的47个信访问题、市攻坚办96件交办件完成整改；实行环保行政处罚以及执行情况周报制度，督促职能部门加大执法力度，以强硬手段持续改善环境质量。围绕燃气安全问题，约谈职能部门负责人，传递压力、夯实责任，督促推动全县22家燃气充装点整合为2家燃气充装站，得到县政府主要领导的批示肯定。围绕花木种苗制假售假问题，主动参与“雷霆行动”，监督推动职能部门查办花木种苗领域违法案件88起，采取刑事强制措施28人，严肃查处履职不力的公职人员2人，助推“花木之乡”品牌成色更足。围绕高标准农田建设过程中存在的弄虚作假、偷工减料等问题开展专项监督，立案6人，倒逼各职能部门进一步明确职责、理顺机制。围绕信访举报持续发力，43件疑难复杂信访举报件全部得到妥善处置化解，其中中央纪委下转25件、省纪委交办5件，群众满意度明显提升。围绕宕欠公款问题，联合相关部门开展专项治理，推动清欠公款1.46亿元，保障资金安全。围绕党风廉政意见回复，实事求是回复201批7966人次，提出暂缓或否定性意见46条。

【政治体检】 2023年，县纪委监委深刻学习把握巡察工作政治性、人民性要求，推进巡察有形有效覆盖。持续巩固政治巡察定位。贯彻“发现问题、形成震慑，推动改革、促进发展”工作方针，先后对13个县直单位和14个乡镇（街道）以及所辖的186个村（社区）开展常规巡察，对农业农村局、公安局开展市县对口联动巡察，共发现突出问题511个，形成“小切口”专题报告7篇，巡察质效稳步提升，得到市委巡察工作领导小组和县委主要领导的充分肯定。充分彰显巡察“利剑”作用。立足常规巡察，有针对性地穿插运用专项、机动和“回头看”等方式，打好“组合拳”，让巡察更有震慑力。2023年巡察移交问题线索140条，推动立案75人，留置3人，其中巡察发现贤官中心小学原校长刘某涉嫌从“阳光直采”平台捞取好处等违纪违法问题线索，后巡纪联动，刘某被采取留置措施，推动该领域系统施治，该案得到了省委巡视组、市纪委监委主要领导的充分肯定。不断深化为民价值取向。始终坚守人民立场，坚持群众生产生活在哪里，巡察就跟进到哪里，推动解决群众反映强烈的急难愁盼问题。2023年巡察发现并推动解决群众关心关注的低保动态管理、农田灌溉、人居环境整治、弱势群体关爱等九大类突出问题。

审查调查

【案件审查】 2023年，县纪委监委紧扣沭阳反腐败斗争存量还未清底、增量还未完全遏制住的阶段性特征，深化实践以办案为引领一体推进“三不腐”（不敢腐、不能腐、不想腐）的有效路径，持续巩固发展反腐败斗争压倒性胜利。突出查处有影响有震慑的案件，全年共立案684人，其中乡科级干部85人，采取留置措施18人，移送司法机关26人，追赃6000余万元，其中协助中央纪委国家监委查处了深圳金融电子结算中心有限公司原党委书记、董事长李某某案件，得到派驻中国人民银行纪检监察组的充分肯定；坚决查处章集街道原一级主任科员葛某某、沭阳经开区规建局原局长周某、县民政局原局长张某某等严重贪腐人员，其中张某某为近年来正科职退休干部被留置第一人，在社会上引起强烈反响。坚持受贿行贿一起查，特别是多头、多次、大额行贿人员，已查处40起行贿案件，让行贿人付出沉重代价。一系列的审查调查工作成效得到了中央纪委国家监委、省纪委监委相关领导的肯定，其中，2023年7月，作为全市唯一代表参加全省乡镇案件质量调研座谈会，并作先进典型发言；9月，在中央纪委国家监委案件监督管理室主任刘美频到江苏调研座谈会上，作为全省唯一县区纪委作交流发言。

【机制创新】 2023年，县纪委监委精准运用“四种形态”，共运用第一种形态批评教育和处理335人次，其中科级以上干部51人、“一把手”12人，突出对“关键少数”的抓早抓小；对2名干部实施容错纠错，做到监督执纪问责有力度有温度。坚持把案件查办与案件剖析、建章立制、堵漏防疏相结合，向24家案发单位制发纪检监察建议，推动建章立制75项。撰写的贤官镇、章集街道贪腐窝案等8篇剖析报告得到市纪委监委主要领导的批示肯定，推动案发单位以案促改。

【警示教育】 2023年，县纪委监委协助县政府召开廉政工作会议，推动勤政廉政入脑入心，开展"好家风好人生"家风课堂活动，共开展112班次，督促弘扬好家风，把好廉洁关。以典型案例为鉴，先后拍摄《破防》《蜕变》《底线》等6部警示教育片，在教育、司法、经开区等领域开展"一案一警示"教育大会，以身边事警醒身边人。

监督执纪

【营商环境建设】 2023年，县纪委监委坚持优化营商环境。发挥营商环境监督中心和作风办职责定位，协助县委召开全县作风建设暨优化营商环境大会，实行营商环境监测点，拓展运用"监督便利贴"，将监督"探头"架到市场主体最前沿，共查处破坏营商环境问题51起67人，其中留置11人，坚决破除一切阻碍发展的行为之弊、作风之诟。根据查办的典型案例，撰写的破坏营商环境案件技战法得到省、市纪委监委充分肯定，并在全省纪检监察系统转发学习。

【聚焦群众急难愁盼问题问责整治】 2023年，县纪委监委系统分析县"12345"热线、信访举报、监督一点通等监督平台数据，注重从"小数据"中发现民生"大问题"，积极推动解决。聚焦住宅小区物业管理开展专项整治，立案查处9人，推动处罚28家物业公司，罚款86.3万元，清退5家物业公司，以问责推动职能部门提升服务水平，让群众安居乐居，相关做法得到市纪委监委主要领导的批示肯定。聚焦全县农房改善项目突出问题，解决过渡安置费214万元，推动安置3549户、办理产权证4355户，让群众乐有所居。聚焦65岁及以上老人体检医院弄虚作假骗取费用问题，立案查处10人，坚决斩断伸向老人的"黑手"。聚焦残疾人补助费用发放过程中优亲厚友、雁过拔毛等问题，追责问责12人，督促职能部门出台困难残疾人家庭无障碍改造等制度规定，堵塞漏洞、源头防治。聚焦乡镇"十必接"管网工程违规拆标、偷工减料等问题，13名公职人员因履职不力被给予党纪政务处分，以"硬"监督保证民生工程"硬"质量。聚焦农民工"讨薪难"问题，推动解决98个欠薪项目，发放工资2900余万元，惠及1100余名农民工，切实维护农民工合法权益。

纪检队伍建设

【专业化建设】 坚持把政治标准放在首位，紧盯纯洁思想、纯洁组织重大任务，惩戒式调离2人，对4名纪检监察干部立案审查，其中留置1人。完成监察官等级首次确定工作，不断增强纪检监察干部职业责任感、荣誉感。连续两年新春第一会都是全县纪检监察机关警示教育大会，组织纪检监察干部接受红色洗礼、旁听案件庭审，深化廉政教育，锤炼坚强党性。开展纪检监察干部家访和"家风课堂"活动，督促加强家风建设。注重在实践中锻炼干部，按照"缺什么补什么、弱什么强什么"原则，开展"我讲我的业务"活动20次、"青年大学习"3期、能力提升专题培训班4期，不断增强业务本领。坚持办案引领培训、培训促进办案，共组织年轻纪检监察干部跟岗锻炼61人次，提升能力、促进成长。深化"室组地"联动监督、联合办案，加强派驻纪检监察组和乡镇（街道）纪（工）委建设，倒逼聚焦监督、办案履职尽责。加大优秀纪检监察干部推荐力度，多层次开展轮岗交流，提拔交流22人，打通系统内、系统外交流渠道，激发队伍活力。

【规范化建设】 2023年，县纪委监委制定出台《涉案款物管理办法》《重点信访举报处置化解10条》等规章制度，从制度机制层面巩固工作成效。高标准建立物证室，细化涉案财物、涉案人员处置工作规程。规范化开展线上拍卖，推动涉案款物阳光高效处置。参加全市纪检监察系统"十佳"系列评选，16篇精品案件、专项监督案例等获评"十佳"，全市最多。开展留置案件安全、"走读式"谈话安全的监督检查，坚决守住办案安全底线。

【信息化建设】 沭阳县加快信息化建设提档升级，在全市率先运用MD5同步录音录像，直接以现场校验单签署取代了过去双光盘刻录签单。开展一体化查询、央地协查、大数据监督建模等业务知识培训11场次，培训纪检监察干部600余人次，推进信息化技术由"可用"向"好用""常用"转变。

（魏良宝）

编　辑：江苏杨

沭阳县总工会

【概况】 2023年，沭阳县总工会担当作为，积极履职，工作取得了可喜的新成效。中国电信沭阳分公司南京西路工会户外劳动者服务站点获评全国最美驿站，全县获得省五一劳动奖章1人、省五一劳动奖状1个、省工人先锋号3个；38人获评宿迁市劳动模范；获得市巾帼标兵6人、巾帼标兵岗6个；评选县五一劳动奖状30个、五一劳动奖章80人；评选县工人先锋号30个；评选县五一巾帼标兵岗20个、五一巾帼标兵40人。

【先锋引领】 2023年，沭阳县总工会强化"四项赋能"、争当"四个先锋"。强化"四项赋能"，即强化学习、活动、创新、宣传赋能。坚持"天天学、周周测、月月评"，全年开展各类活动100多场、各类创新活动30多项。"沭阳职工之家"微信公众号发表原创稿件700多篇，在全国县级工会名列前茅，在全省微信矩阵传播指数影响力县区排行榜上位居全省第十、江北第一。争当"四个先锋"，即争当思想引领、赋能成长、暖心关爱、工会改革先锋。全年开展"双进"活动15场，组织劳动竞赛5项、技能竞赛近50项。建成"劳模文化长廊"，将近700名各级劳模姓名全部镌刻上墙。打造各级职工书屋15家。筹集资金200多万元，慰问各类职工3000多人次。建成"花乡益站""司机之家"等户外劳动者服务阵地，百盟物流园货运物流工会工作获得省人大常委会副主任、省总工会主席魏国强好评，被称赞为"既有主动性，又能创造性，更有实效性"。

【"三大行动"开展】 2023年，沭阳县总工会接力开展"工会组建突击月""工会规范化建设攻坚季""工会工作提升年"三大行动，接续唱好组建、规范、提升"三步曲"，全年发放奖补资金108万元，顺利组建工会1111家，新入会职工5.3万人。《人民日报》《新华日报》等媒体相继报道。省人大常委会副主任、省总工会主席魏国强到宿迁调研时要求将沭阳开展"三大行动"做法，"形成一篇经验介绍材料，在全省发通报，推广沭阳经验"。1月22日，省总工会正式印发沭阳县总工会工作经验文章《唱响"三步曲"打好"连环拳"推动基层工会建起来转起来活起来》，供全省工会系统学习借鉴。2月27日，省总工会在南京召开全省工会组织工作会议暨深化工会改革重点机制建设座谈会，沭阳县总工会被特邀参会并就工会组织工作做经验介绍，系此次会议全省唯一作典型发言单位。

【阵地建设】 2023年，沭阳县总工会建成工人文化宫、职工服务中心"两大阵地"。锚定建成苏北最美"工园"目标，自4月20日开始，启动1.05万平方米的新工人文化宫运营，通过坚持公益性服务性方向，积极探索推进社会化市场化运作，20多个场馆、项目全面对外开放，初步建成职工精神文化家园、教育培训校园、健身休闲乐园和绿色生态公园。同时，在工人文化宫东侧建成面积1440平方米的职工服务中心。围绕聚力打造苏北最佳"服务职工综合体"，把服务职工、服务基层业务集成统一到职工服务中心，推行前台后台统合、下派上挂结合、室内室外整合、线下线上融合"四合"机制，初步形成一条龙、一站式、一体化综合服务平台。

【产业工人队伍建设】 2023年，沭阳县总工会紧紧抓住产业工人队伍建设改革这一重点，召开全县产业

2023年12月，沭阳县新工人文化宫　　县总工会　供图

工人队伍建设改革第五次联席会议，总结经验、部署工作，提出四大类18项具体工作要点，确定10个重点实施项目，推动产业改革工作顺利开展。实施“筑基、育林、拔尖”三项工程，带动产业工人队伍结构不断优化。在全县面上推广“苏讯样本”“福庆模式”“天能方案”，实现产业改革工作由点向面拓展、向纵深推进、向基层延伸，不断完善优化产业改革“沭阳答卷”。

（仲阳阳）

共青团沭阳县委

【青少年思想引领】 2023年，共青团沭阳县委组织全县各级团组织开展中共二十大精神专题学习，同时开展各类理论宣讲，以青年更喜闻乐见的方式组织学习，推动中共二十大精神学习走深走实。持续推进“青年大学习”网上主题团课，加强对青年的理想信念教育，累计覆盖团员青年5万余人。持续开展特色阅读活动“团聚‘悦’读”活动，旨在通过阅读红色书籍和文学经典，加强对青少年的爱国热情，文化素养的培养，每期招募15名团员青年参与学习。全年累计开展活动11期，共有100名青年参加。进一步推进“沭阳青年”微信公众号建设，通过“沭阳青年”公众号引领青年动态，坚持每周至少发布1期原创推文，积极转发青年相关的政策咨询，公众号粉丝数已超过24万人。制作《汇通江淮 才展沭阳》宣传片，紧扣青年发展型城市建设省级试点的工作要求，以“青年让城市更友好，城市让青年更有为”为主题，展现沭阳青年奋发向上、建功立业的风采。

【青春关爱行动】 2023年，团县委开展“暖冬行动”通过组织基层团组织走访的形式，慰问困境青少年，为困境青少年提供多元的关爱服务，关爱覆盖300余人次。开展梦想小屋建设工作，共完成49间梦想小屋相关建设。联合县民政局、教育局开展“快乐‘暑’光”爱心暑托班活动，设置爱心暑托班办点20家，为有需求学生提供课业辅导、安全教育、兴趣培养等。积极开展结对共建工作，与沭城街道学府花苑小区党支部联合组织开展“永远跟党走 浓情过端午”关爱未成年人系列活动，并为社区儿童送上“助学大礼包”。

【青春建功行动】 2023年，团县委深入实施“新农菁英”培育计划，用好青年创业贷款扶持政策，累计申请发放“新农菁英贷”3693万元，并签署“千团万村促振兴 青春建功显担当”战略合作协议。高度重视“青年创新创业人才培训”为民办实事项目，开展3场培训工作，培训创业青年300人，扎实服务青年创新创业需求。印发《沭阳县青年发展型县域建设省级试点实施方案》，实施文化思想领航、创新创业助跑、岗位技能争先、社会治理融入工程，助力城市与青年高质量发展。举办“青春慧沭 筑梦启航”大学生寒暑期返家乡社会实践系列活动，共有55家机关企事业单位为大学生提供了100个见习岗位。组织开展大学生“学子看家乡”，组织50余名花乡学子走进重点企业、文博场馆和乡村振兴项目，了解家乡历史和发展。聚焦青年婚恋交友，持续“青春之约”，积极参加宿迁市首届人才节系列活动，组织“缘聚花乡”青年人才沙龙；打造“我们恋爱吧”青年联谊品牌，组织开展活动5次，超200名青年参与互动。

【基层团组织建设】 2023年，团县委充分发挥青年之家引领凝聚、组织动员联系服务青年的能力，增强青年参与度，全县青年之家云平台共开展活动1238场。推动主题教育全覆盖，在全县2761个团支部中开展“习近平新时代中国特色社会主义思想”“中共二十大战略部署”“习近平总书记五四重要回信精神”3个专题学习，共5万余名团员青年参与学习。积极向县委汇报县域基层改革有关事项，并就“推优入党”、团干部考核等工作做专题汇报。3月21日，县委常委会审议通过《沭阳县共青团基层组织改革实施方案》并印发。积极推进基层团组织工作规范，不断扩大团的工作有效覆盖面，增强基层团组织活力。组织全县团干部培训会，为全县各领域基层团干部进行业务知识培训，培训人数200人次。

【青年志愿服务】 2023年，团县委积极组织青年志愿服务。开展学雷锋纪念日暨爱心献血活动，献血总量超2万毫升。开展“薪火相传 祭清明”主题活动，组织在县烈士陵园开展清明祭扫活动。积极投身第十届花木节志愿服务工作，乡村振兴计划、各志愿者协会与经贸学院共100名志愿者为大会提供周到的志愿服务。积极发挥乡村振兴计划志愿者项目办工作职能，组织各类活动，丰富各志愿者的工作生活。组织开展“志愿服务振乡村，携手同行春风里”春日团建活动，帮助志愿者们了解彼此，交流工作心得。落实乡村振兴计划志愿者招录工作，分别与南通大学、江苏大学、南京工程学院、常熟理工学院、宿迁学院5所高校签署校地定向协议，提供校地岗位22个，多校协同，拓宽大学生参与渠道。并根据团省委统一工作要求，赴南京参与普招面试，共184名大学生报名，招录34人。

（于欣玉）

沭阳县妇联

【概况】 2023年，沭阳县县妇联围绕妇女、儿童和家庭三大工作对象，履行引领、服务、联系三项工作职责，抓好政治引领、妇女发展、维权关爱、家庭建设、规划实施、改革创新等重点工作。

【思想引领】 2023年，沭阳县妇联引领妇女听党话，跟党走。思想引领聚合力。举办学习宣传《习近平走进百姓家》交流分享会，引导广大妇女和家庭深刻感悟领袖为民情怀，凝聚奋进新征程的磅礴力量。持续推动“紫薇花开·沭姐姐——二十大巾帼说”主题活动，建设“示范课堂、特色课堂、流动课堂、云端课堂”4个课堂，开展宣讲活动42期，受众2000余人。实施沭姐姐·巾帼志愿阳光行动，带领全县各巾帼志愿阳光服务队扎实开展关爱帮困、全民阅读、移风易俗、环境保护等主题活动50余次，在志愿服务中弘扬传统文化，弘扬社会正能量。为提升广大群众对妇联组织的了解度，沭阳县妇联坚持“一活动一发布”，全年累计在《中国妇女报》上稿1篇，“学习强国”学习平台上稿3篇，《宿迁日报》上稿1篇，“速新闻”上稿48篇，“爱沭阳”上稿16篇。利用好“花乡女性”微信公众号，截至年底发布推文139篇，丰富了群众的精神文化生活。为第五届江苏女性融媒体创意大赛着力推荐优秀女性主题融媒体作品，其中《有一种爱叫做放手》《早稻插秧》《“敏”而好学，一路生“花”》3件作品经过海选、预赛评审等环节，在2023“她说”江苏女性融媒体创意大赛开设随手拍微视频预赛晋级；《“敏”而好学，一路生“花”》入围2023“她说”江苏女性融媒体创意大赛决赛并获优秀作品奖。联合县政协办举办“悦读阅好”四季读书荟暨巾帼展演读主题活动，在阅读中歌颂女性，在展演中推广阅读。进社区举办春天花会开——《习近平走进百姓家》“4·23”主题亲子悦读活动，倡导家长孩子们一起品读国学、名著等经典书籍，让孩子们感受并喜欢阅读，在书香沐浴中倡导构建书香家庭新风尚。组织全县40余名妇联干部赴宿北大战纪念馆开展建党102周年“传承红色基因 凝聚巾帼力量”迎“七一”党性教育主题活动，激励广大妇女在新征程上勇担使命、踔厉奋发。联合县委人才办、团县委举办宿迁首届人才节系列活动——“缘聚花乡”青年人才沙龙，展现了新时代青年向善友好、担当进取的精神面貌，增强了各位青年人才之间的横纵深度交流，拓宽了领域边界，激荡了爱情涟漪。联合县民政局、文明办在5月20日举办集体颁证仪式，为20对新人颁发结婚证，并邀请了婚姻家庭高级咨询师为新人作“新婚第一课”家庭教育讲座，让新人在庄重神圣的仪式中感悟婚姻家庭的责任与担当，引导新人树立正确的婚姻观、价值观。组织开展“榜样指引人生 阅读照亮未来”大学生进社区话阅读主题志愿活动，宣传阅读理念和阅读价值。组织开展“弘扬优良家风家训 激发爱党爱国情怀”家风经典诵读活动，邀请家长孩子参与户外亲子活动并畅谈家风故事，弘扬社会主义新风尚。开展“推动移风易俗 弘扬文明新风”宣传活动，引导广大群众破除陈规陋习，摒弃不良风气；在中央商场发放宣传单，提醒群众谨防网络诈骗。

【巾帼典型】 2023年，沭阳县妇联举办纪念“三八”国际劳动妇女节113周年表彰大会暨家庭教育知识讲座，通过推荐、自报、评定、征信等环节评选县级“三八”红旗手100名、“三八”红旗集体40个，号召广大妇女群众学习典型，创先争优。以农村妇女“双学双比”和职业女性“巾帼建功”两大平台为引领，积极组织“巾帼文明岗”争创展示活动，表彰县级岗60个，江苏沭阳农村商业银行股份有限公司营业部获全国巾帼文明岗荣誉称号，获评省级巾帼示范家庭农场（种粮大户）1个、省级巾帼新业态助农创新基地1个、美丽家园省级示范点2个、省级家门口创业就业示范点2个、江苏省女大学生创业就业实践基地2个，11个项目荣获“市级示范基地”称号。《“数字”进村拓宽乡村女性创业就业渠道》等3

则案例成功入选省妇联发布《江苏省巾帼直播电商典型案例》，宿迁逆境优存食品有限公司被省残联和省妇联确定江苏省“美丽工坊”示范点。

【巾帼创业】 2023年，沭阳县妇联服务妇女建新功、展风采，注重示范引领，激发妇女创业内生动力。招引的江苏奕之昌新材料有限公司，计划总投资5亿元，注册资金5000万元，规划建筑面积3.5万平方米，被市发改局认定为2023年亿元竣工项目。招引的江苏佳彩画材有限公司，被定为2024年列市重大产业范围项目。在县融媒体中心、“花乡女性”微信公众号等媒体，开设“巾帼风采”专栏，播放优秀创业女性事迹，产生了良好的妇女创业社会引领效应。以“我为群众办实事”为切入点，继续实施“个十百千万”巾帼家政进社区公益品牌项目，2个社区工作站获评省级巾帼家政服务社区示范工作站。加强技能培训，拓宽妇女创业就业渠道。继承办中国妇女发展基金会@她创业计划——女性就业赋能项目后，启动“乡村振兴 巾帼行动”万名女性电商赋能培训计划，活动被“学习强国”学习平台、新华社江苏频道、《消费日报》等多家媒体报道。在沭城、梦溪等地开展宝妈创新创业提升沙龙进社区活动30场次，培训妇女1000余人。通过入户走访、广场沉浸式体验、线上平台发布等方式，开展妇女家门口就业以及诚信创业就业宣讲。联合县人社局、经济技术开发区开展“三八架金桥 春风送岗位 巾帼建功新时代”招聘会，动员50多家企业提供1400多个就业岗位供求职者选择，380余名女性现场与招聘企业签订用工合同。联合县人社局在汇鸿职业技术学校举办沭阳县妇女“乡村振兴 巾帼行动”专项就业创业培训班3期，参训妇女300名，并为考试合格者颁发职业技能培训合格证书。同时利用各类平台开展电商直播、家政服务等实务操作技能培训50余场次，累计培训3000余人次，有效推动妇女“家门口”就业。搭建服务平台，尽心竭力优化营商环境。与沭阳农商银行举行党建共建暨战略合作签约仪式，加强《江苏沭阳农村商业银行“巾帼贷”贷款管理办法（试行）》宣传力度，全年发放巾帼荣誉贷1.26亿元。建立全县巾帼创业项目库，大力开展巾帼示范基地的培育创建，争取省级“以奖代补”扶持资金8万元，组织成立沭阳县女科技工作者联盟，让科技“她力量”在新时期科技创新主战场中发挥更大作用。组织开展沭阳县巾帼科技兴农直通车暨节粮兴粮主题活动，引领广大妇女群众充分发挥家庭角色优势，积极投身兴粮节粮生动实践。举办巾帼创业创新大赛初赛，推荐6个优秀项目参加宿迁市首届人才节——“西楚她慧创 科技向未来”宿迁市巾帼创业创新大赛，县妇联荣获优秀组织奖。牵头召开“潮起花乡·竞绽芳华”沭阳县女企业家协会第一期轮值活动和“筑梦有‘沭’，向‘阳’而行”第二期、第三期轮值会长团活动，为县图书馆捐赠1000册图书专区，组织会员赴扎下镇九年制学校举办“花乡爱心妈妈”之“爱伴共成长·点亮微心愿”结对关爱活动，开展“凝聚巾帼力量 赋能乡村振兴”微景观多肉DIY主题实践活动，加强全县女企业家之间的交流互动，促进了女企业家协会规范运作。搭建区域联动、跨行业互动的平台，12月6—7日，组织县女企业家协会会员赴宜兴市开展考察学习活动，推动各项惠企纾困政策措施落细落实，进一步打造一流营商环境，为广大女企业家积极投身推进中国式现代化沭阳新实践保驾护航。

【家庭文明建设】 2023年，沭阳县妇联强化家庭教育指导。指导乡镇（街道）建设家庭教育指导站，全县共建立家庭家教家风建设指导服务站60个，其中沭阳县金色花未成年人司法社会服务中心和沭阳县南湖小学等3家入选为宿迁市家庭教育指导示范站，沭阳县沭城街道府苑社区妇女儿童之家等18家入选为宿迁市家庭教育指导服务站，宿迁市途睿生态农业科技有限公司入选为宿迁市家庭教育指导社会实践基地。积极贯彻实施宿迁市家庭教育“蒲公英”计划，围绕家庭教育阵地与队伍建设，重点推进家长学校和家庭教育指导站提质增效，用好社区综合服务设施，培育家庭教育人才队伍，整合充实由94名热心家教公益事业、具备专业知识能力的教授讲师、心理咨询师等组成的家庭教育公益讲师团，形成全方位参与、分类别授课的家庭教育讲师体系。广泛吸纳热心家庭教育公益事业人员200余人组建家庭教育志愿者服务队和志愿者联盟，开展家庭教育宣讲活动和指导服务130场次。选树先进家庭典型。组织开展家庭文化节系列活动，不断深化家庭文明创建工作，弘扬社会正能量。“家风故事”征集评选活动中，收到成人组作品254件，少儿组作品707件，经组织专家评审，评出成人组一、二、三等奖32名，少儿组一、二、三等奖80名，优秀指导老师65名，优秀组织奖19个。在寻找“最美家庭”活动中，评选表彰“最美家庭”80户。拓展家庭教育服务。采取混合式学习方式，线上联合县文明办、县教育局、县融媒体中心在FM98.5电台开设“联联老师谈家教”特别专栏，全年开展73期。线下常态化开展亲子活动、家庭教育讲座、阅读提升项目等各类家庭家教家风建设实践活动86场，举办好妈妈公益课堂254场，受益家长儿童数6759人。结合“5·15”国际家庭日，开展沭阳县家庭教育宣传周暨第三个“民法典”宣传月活动，设置家庭教育建设、两癌防治筛查、未成年人法治教育等宣传版面，发放《中华人民共和国家庭教育促进法》《江苏省家庭教育促进条例》等宣传材料，宣传倡导正确的家庭教育理念和普及科学家教知识，推动弘扬家风建设落地生根。结合“11·20”世界儿童日，为儿童友好城市试点——梦溪街道府苑社区幼儿园小朋友庆祝节日，开展阅读经典活动、科普日常生活安全知识，树立安全意识。组织群众集中学习观看家庭教育主题电影《醒来2》宣传片31场。

【组织建设】 2023年，县妇联党支部坚持“党建带妇建”主线，切实推进模范机关建设，获评为2023年度市级机关“示范党支部”，“三聚焦三引领”支部工作法被评为县级支部工作法二等奖。围绕“建立‘她组织’、激发‘她活力’、凝聚‘她力量’”3个方面工作，不断提升“三新”领域妇女的组织覆盖率和工作覆盖率。通过单独组建、行业统建等形式，新建沭阳双马木业有限公司妇联、沭阳君诺玻璃科技有限公司妇联等17家新兴领域妇联组织，扩大妇联组织朋友圈，相关经验做法宣传稿《沭阳积极发挥“联”字优势 提升“三新”领域妇联组织履职新成效》于12月13日被《中国妇女报》刊登。组织妇联机关全体党员赴扎下镇胡道口社区开展春节、中秋节“挂村帮促”集中走访慰问活动，为困难农户送去价值2万余元慰问物资。结合全县“邻里红先锋”工作要求，组织发动机关党员干部“双报到、双服务”，开展“温情七夕节·传承好家风”“感恩新时代 情暖重阳节”等主题党日活动和“我为小区添点绿”植树节活动、“传统文化共传承”亲子剪纸等志愿服务活动，用小服务展现大担当。突出重点任务，提升履职效能。实施2023年度“执”为你·妇联执委领办项目，组织开展“夜市义诊送健康”“口腔健康 全身健康”等妇女儿童主题关爱活动42场次，服务妇女儿童5600余人次。推荐沭阳县金色花未成年人司法社会服务中心等8个女性社会组织为宿迁市“拾穗者”女性社会组织公益联盟成员，延伸妇联组织工作臂膀，凝聚女性社会组织合力。完成第六届全县党员教育作品交流活动优秀女性党员事迹宣传片——《金色花开麦田间》微视频拍摄工作。

（司小艺）

沭阳县工商联

【概 况】 2023年，沭阳县工商联紧紧围绕中心服务大局，团结带领广大民营经济人士踔厉奋发、勇毅前行，圆满完成各项目标任务。年末执委102人，常委23人，企业家副主席12人。常态化开展商（协）会建设指导工作，指导所属47家商（协）会按时按质开展2022年度年检工作，指导沭阳县新河镇花木协会、沭阳县花卉协会、沭阳县扎下镇物流行业协会等15家商会参与“四好”商会评选工作。全年开展理想信念教育活动4次、座谈会（恳谈会）4次、调解培训2次，举办民企服务月系列活动，共走访民营企业、商会160余次。先后被授予全国“五好”县级工商联、全国工商联系统构建民营经济舆论阵地先进单位、省民营企业调查点工作先进单位、宿迁市优秀人民调解组织等称号。

【政治引领】 2023年，沭阳县工商联加强新任工商联常执委轮训工作，强化政治引领，出台《副主席轮值履职评价办法》《副主席轮值制度》《常执委履职评价办法》，推动履职尽责，切实做到发挥示范引领作用。利用县总商会微信公众号开设“中共二十大精神应知应会百题”专栏，以答题形式促进全县民营经济人士理论学习提升。组织企业家参加中共二十大精神和中央经济工作会议精神网络培训班，并撰写学习感悟。组织5名企业家代表参加市工商联传达学习全国两会精神专题会议。组织开展全县商协会“学思想、建新功，高质量发展大讨论”活动。2月，召开县工商联十二届二次执委会议期间，邀请县委党校张文怡老师宣讲中共二十大精神。组织开展工商联机关干部、商会人员和企业家参加张謇企业家学院主办的中共二十大精神云课堂在线学习。

【社会责任履行】 2023年，沭阳县工商联展现时代担当，精心组织民营企业开展送温暖、献爱心、志愿服务等公益慈善活动，引导全县民营企业家心怀“国之大者”，自觉融入新发展格局，主动参与社会治理，践行先富帮助后富，促进共同富裕。春节及中秋节之前，带领企业赴章集街道葛老社区走访慰问低收入家庭，带领企业家到县儿童福利中心慰问集中供养困境儿童。8月底，组织各民营企业家积极参与“众善众举 圆梦助学”慈善捐助活动，共筹集爱心捐款17万余元。9月初，青年企业家联合会积极响应“万企兴万村”行动号召，开展“走进刘集 点亮乡村”公益活动，向刘集镇捐赠了200余盏路灯。持续开展“万企兴万村”“头雁竞飞”“百强民企联百村”村企结对活动，加强企村联建，实现资源整合、优势互补、互利共赢。

【政企沟通】 2023年，沭阳县工商联加强政企沟通，组织营商环境监督员开展规范涉企执法护航

2023年1月18日，县委统战部、县工商联到西圩乡前车村举行沭阳县万企兴万村实验项目授牌仪式　　县工商联　供图

营商环境专项监督，收集有关环保方面问题、用气困难的企业，反馈给相关职能部门，并及时跟进问题解决。2月，联合县法院召开“沭最好”法治营商环境企业家座谈会，与会企业家围绕打造“沭最好”法治化营商环境献计献策，并提出了相关建议与意见。3月，联合县法院开展“亲情直通车 院企恳谈会”，法官就各企业生产经营中遇到的劳动用工、合同纠纷等法律问题进行现场解答；开展商会商事调解实务培训，提升商会调解组织依法履职能力，提高商会调解员及民营企业调解水平。5月，联合县人社局举办“提升劳动法律意识 构建和谐劳动关系”座谈会，全面落实构筑最优营商环境及助力企业纾难解困要求，更好地指导、服务企业构建和谐劳动关系。6月，承办召开第56期“宿商讲坛”，进一步增强企业家法律思维和风险防范意识，促进企业依法合规经营，助力企业矛盾纠纷化解，维护企业合法权益。10月，联合县税务局举办第十五期纳税人涉税事项培训，积极利用工商联微信群、公众号等新媒体宣传惠企政策。

【走访调研】 2023年，沭阳县工商联通过走访民营企业、商会和召开座谈会等多种形式，走访调研150余次，了解企业发展情况，收集企业发展过程中遇到的困难问题。开展民营企业调查点工作，着力破解调查研究工作的困难、困境，为推动民营经济高质量发展做出积极贡献。组织在库70家民营企业调查点开展10余次专项调研活动，撰写调研报告2篇。

【法律服务】 2023年，沭阳县工商联加强县总商会调委会与县法院诉调对接，积极帮助企业化解经济纠纷。自调委会成立以来，共承接案件289起，调解成功52起，总涉案金额为1.1亿余元，为企业挽回经济损失3067万余元。

【商会建设】 2023年，沭阳县工商联加强商会规范化建设，根据县委、县政府招商引资、招才引智、沭商回归、沭才回归等工作需要，加大组建异地沭阳商会力度，壮大沭阳商会联盟组织，把异地沭阳商会打造成驻外联络站。截至2023年年底，已完成北京、上海、无锡、南通、常州、徐州、杭州、深圳等地区组建沭阳商会的调研摸底、酝酿准备工作，其中，沭阳县驻无锡商会已经登记成立，南通、上海、常州3个地区沭阳商会正在推进手续办理。推进商会党建阵地规范化建设，指导所属34家商会功能型党组织进一步规范决策程序，充分发挥党组织在商会中把方向、议大事、促落实的作用。印发沭阳县总商会党委2023年党建工作要点，指导所属商会开展党建工作，更好地以高质量商会党建服务民营经济高质量发展。引导各商（协）会开展“学思想、建新功，高质量发展大讨论”活动，指导并参加温州商会举办“学思想、建新功，高质量发展大讨论”系列活动。进一步完善商（协）会党员信息库，全面掌握县、乡两级商会党组织底数和党建工作人员情况。加强企业家队伍建设，教育引导商会负责人和企业家重视支持企业党建工作，促进企业文化与企业党建深度融合，不断增强企业文化软实力。福庆家居、苏讯新材料、百盟园区管理服务有限公司3家企业被评为2022年度县“书香企业”。组织参加省市工商联举办的各类培训班，不断提升企业家队伍素质。

【商会选介】 南京市沭阳商会。于2014年3月16日在南京市大明路33号大名府隆重成立。首任会长由沭阳籍知名企业家翟亚军担任，柴宇球、路加模、卢立银3位将军出任荣誉会长，李啸、吴永明、吴晓平3位知名人士为名誉会长。首届商会以“打造南京沭商之家、构建服务平台”为己任，开篇布局、建章立制、凝聚沭商，为商会的长久发展奠定了基础。2017年3月，由企业家吴维超先生接任第二届会长。2020年9月，在第三届换届选举中翟亚军再次当选会长。三届理事会凝心聚力、与时俱进、创新创优，开启了南京市沭阳商会全面融入宁、沭两地经济社会发展，发挥桥梁、纽带作用的新篇章。截至2023年年底，商会会员总数共有316个，成立监事会、党支部，设有律师、医师、教师、青年、慈善4个“专委会”。商会年均走访会员企业90余次，组织开展各类活动30余场，受众人数达1500余人次。10年累计协调解决会员企业生产、经营、生活难题200余件（次）。促成技术升级、项目合作30余项。为宁沭两地特困生捐资助学以及贫困家庭募集资金100多万元。捐赠防疫物资15万件，累计组织志愿者服务人数300余人（次）。南京市沭阳商会先后获得南京市“四好示范商会”、江苏省“四好商会”、江苏省“社团组织先进集体”、共青团江苏省委“希望工程杰出贡献奖”、南京市AAAA级社会组织、沭阳县工商联“捐资助学先进集体”、首任“沭商联盟”轮值主席、“沭商回归和返乡创业（南京）联络站”等荣誉。

苏州市沭阳商会。商会注册于2019年12月3日，成立大会于2020年10月29日召开，由一批在苏州的沭阳籍优秀企业家发起成立，会长为苏州富世康家企业管理有限公司董事长周成勇，商会致力于搭建沭阳与苏州两地经济文化沟通交流、信息共享、资源互助和合作的桥梁。截至2023年年底，商会共有会员企业150余家，涉及工程建筑、园林绿化、医疗器械、健康服务、餐饮酒店、国际贸易、智能制造、自动化、国际、国内运输等行业领域。苏州市沭阳商会贯彻落实新发展理念，引导两地民营企业积极参与对口合作，助力乡村振兴。积极参与抗疫救灾、家乡捐资助学等社会公益事业。商会年均走访会员企业90余次，组织开展各类活动20余场，先后获评苏州市民政局“AAAA级社会组织”、苏州市“四好”商会等。

（高　岩）

沭阳县科学技术协会

【概况】 2023年，沭阳县科学技术协会（以下简称沭阳县科协）积极服务创新驱动发展战略，推动地方科技进步和经济发展；广泛开展群众性科普活动和青少年科技教育活动，推广先进技术，提高全民科学素质。在科学普及宣传、省级科普示范县创建、科学改革创新、推动科普活动品牌化、推动科普教育基地建设、服务科技人才等方面取得了较好成绩。

【科学普及宣传】 2023年，沭阳县科协共开展送科技下乡、科普进校园、科普进社区、科普进企业等活动50多场次，积极开展全国科技活动周暨江苏省第35届科普宣传周、全国科技工作者日、全国科普日等活动。高质量完成科普周活动。县科协联合县委宣传部、县科技局举办2023年沭阳县“全国科技活动周”启动仪式，公布科技周活动计划，并现场向广大市民普及科学知识。积极承办各种青少年科技创新大赛，通过各类科技竞赛的举办，强化全县青少年学生爱国、爱党的信念，激发青少年探索科技世界的兴趣。邀请专家赴全县中小学校开展“院士专家进校园”科普讲座20余场次，受益师生3万余人次。组织沭阳如东中学、华冲中学、正德中学、深圳路小学、东关小学等学校师生到宿迁途睿农业科技有限公司科普基地开展科普实践活动，让学生们在劳动实践中体会科学带来的乐趣。开展流动科技馆进校园活动。利用流动科技馆巡展器材，分别在深圳路实验小学、南关小学、第二实验小学、人民路中学、刘集小学、赵集小学等学校开展流动科技馆进校园活动，给孩子们送去一场丰盛的科普大餐，激发孩子们追求科学的精神。开展科普进社区活动。开展第八届“中国航天日”沭阳县航天科普进社区活动，激发社区孩子们探索太空的热情，点燃他们的“航天梦”。在“世界读书日”之际，开展“童心‘悦’读 科普圆梦”活动，向塘坊社区孩子赠送科普书籍、教授孩子阅读技巧、传播科技科普知识。到府苑社区开展防震减灾科普进社区活动，增强居民安全防范意识和自救互救能力。开展科普进乡村活动。组织开展“科普助力乡村振兴”实用技术培训走进陇集镇活动，科普志愿者、国家级科普惠农带头人刘强为西瓜种植户开设“西瓜栽培中的疑难问题及解决方法”技术培训讲座，帮助农户解决种植过程中的技术难题，助力乡村振兴。

【科普示范县创建】 2023年5月，沭阳县荣获2022—2025年度“江苏省科普示范县”称号。自启动江苏省科普示范县创建工作以来，县科协以提高全民科学素质服务高质量发展为目标，以践行社会主义核心价值观、弘扬科学精神为主线，不断优化科普工作体制机制，积极推动科学普及与科技创新协同发展，全面推进科普示范县创建各项工作。健全机制体制。成立由县政府主要领导任组长的沭阳县创建江苏省科普示范县工作领导小组，出台《沭阳县创建江苏省科普示范县工作实施方案》，召开沭阳县创建江苏省科普示范县工作动员会，全力推动科普示范县各项创建工作扎实有序开展。建立健全全民科学素质提升长效工作机制，成立由县政府分管领导任组长的全民科学素质工作领导小组，办公室设在县科协，办公室主任由县科协主要负责人担任，人员变动及时调整。完善科普设施。不断加强科普场馆、科普教育基地建设，全县拥有县级以上科普教育基地31个，科普大屏410块，建有企业创新工作室、STEM教育工作室、乡村振兴科学工作室等多种类型科普基地。积极开展科普活动。大力实施青少年科学素质提升行动、农民科学素质提升行动、城镇居民科学素质提升行动、公职人员科学素质提升行动以及媒体矩阵全民科学素质提升行动，不断扩大和提升科普传播覆盖面和影响力。不断壮大科普队伍。积极完善科普组织网络、培育科普人才队伍，截至2023年年底，全县已注册科普中国平台科普信息员18986人，传播量78065次。已注册科技志愿者6239人，科技志愿服务队120支，开展各类科普活动252场次。

【科学改革创新】 2023年，沭阳县科协认真贯彻落实省委、省政府南北挂钩有关政策精神和省科协对南北共建有关要求，深化苏宿两地科协合作交流，积极谋划，有序推进省科协南北共建项目建设，取得较好成效。项目实施以来，苏宿两地科协、企业科协、市县学会、园区、高校、科研院所、龙头企业等多方组织积极参与，深化协同创新，放大融合效应，突出提升产品质量，研发新产品等，开展产学研协同创新。实施产学研合作项目，与浙江天能电池（江苏）有限公司、江苏博亚照明电器有限公司、江苏欧亚照明有限公司、江苏学文新能源有限公司等多家产业企业和市级学会形成协同工作机制，组织技术力量，提升产品质量和新产品研发。通过共建项目，给地方社会和经济带来很多效益，带动新能源产业效益8000多万元，新增就业岗位70多个。已通过2023年省科协系统南北共建项目验收。

【科普活动品牌建设】 2023年，沭阳县科协创新开拓科普教育形式，形成可复制可推广、有示范作用的典型经验和模式，树立有一定影响力的科普品牌。科普宣传矩阵化。传统媒体和新媒体全方位融合形成融媒矩阵，在广播电台、电视台、“爱沭阳”App、“沭阳发布”微信公众号等媒体平台开设科普专栏，充分运用新媒体宣传，建立“沭阳科普”微信公众号、抖音号，扩大和提升科普传播覆盖面和影响力。科普工作品牌化。打响擦亮“科普先锋走基层”“科技筑梦”青少年科普志愿服务项目、“科普导航”融媒矩阵宣传等工作品牌，提升沭阳县科普活动的社会影响力。其中“科技筑梦”青少年科技志愿服务项目获2023年宿迁市“优秀志愿服务项目”称号。

【科普教育基地建设】 2023年，沭阳县科协充分发挥科普阵地作用，将培养科普教育基地建设作为科普工作的重要载体。沭阳途睿·多肉多浆植物科普示范基地、吴印咸摄影艺术文化园成功入选2023年度江苏省科普教育基地，刘集中心小学连续三年获全国科创筑梦“最具特色工作室”称号。拓展“校企合作”，实现学校与科普基地双向互动，请进来、走出去，研学与体验互补。沭阳途睿农业科技有限公司的科普基地与沭阳如东高级中学、东关小学等10余家中小学合作，累计组织2.7万人次学生在基地开展科普实践活动。

【服务科技创新人才】 2023年，沭阳县科协面向“专精特新”企业创新人才，推荐参加“科技创新达人”评选活动，沭阳苏林机械制造有限公司杨可平入选省科协“科技创新达人”名录。成功推荐江苏天佑新材料科技有限公司总经理叶敏为中科协民营科技领军企业高层次专家。沭阳新星西瓜技术服务中心刘强的西瓜田里“长”出的惠农土专家事迹入选中国农学会、中国农村专业技术协会公布的百项高素质农民科普工作事迹。组织开展“最美科技者”选树活动，并积极向上推荐，其中1人获“宿迁市最美科技工作者”称号。

（李　昕）

沭阳县文学艺术界联合会

【概况】 2023年，沭阳县文联对文学艺术家协会加强服务管理，出台文件，对协会年度工作进行量化管理、绩效考核，并评先评优，在推荐上级慰问、资金扶持方面给予优先。开展文艺精品创作，霍云长篇小说《落纸云烟》荣获市第四届金鼎文学艺术奖，池墨诗歌《最美好的遇见（组诗）》获江苏交控“诗文送通达”活动“十佳作品”奖。司兴国荣获市戏剧小品大赛优秀编剧称号；青年作家胡南获第七届国际诗酒文化大会入围奖。共创作出3部大型淮海戏《红杜鹃》《剑胆琴心》《桃红柳翠》，协助创作的电影《右手姑娘》、大型纪录电影《光影史诗》即将在全国院线和央视播出。组织开展“吴印咸诞辰120周年暨吴印咸摄影双年展”，组织和指导各协会主办或参与每年重大节庆活动、花木节开幕式暖场演出等大型文化活动、第四届江苏省山水画展等活动。

【文艺活动】 2023年，沭阳县文联积极组织指导、鼓励协会开展各项文艺活动，共举办2023年沭阳县元宵节文艺晚会、“嗨皮兔YEAR”沭阳2023新春年货大集开幕式文艺演出、“花乡乐之音”2023年沭阳县少儿声乐、钢琴大赛、“沭水欢歌”2023年沭阳县流行音乐歌唱大赛、广场舞大赛、花木节开幕式暖场演出等大型文化活动30余场。10月30日，县美术家协会、书法家协会协助举办“第四届江苏省山水画展”在沭阳美术馆隆重开幕，中国美协副主席、省美协主席周京新到场点评作品。鼓励各协会会员积极参与“云相约·‘艺’周乐”系列活动，切实推进文化惠民工程。

【文艺人才培养】 2023年，县文联通过鼓励文艺人才参加国家级、省级、市级、县级展览活动及各种比赛进行文艺人才培养。全年国家级会员新增21人，省级会员新增18人，市级会员新增46人。其中，音乐舞蹈家协会主席薛建成入选中国音乐家协会会员；县作家协会会员祝志坚、池墨两位作家加入中国作家协会。持续开展丰富的培训活动。3月，县淮海戏研究会与县老年大学共同举办淮海戏培训班，培训30余人次。县美术家协会组织部分会员参加江苏省文联副主席、省美协副主席徐惠泉宿迁讲学，并同县美术馆一起，承办了北京画院研究员仇春霞公益讲学。11月，推荐作家协会潘艳、王长武等5人参加市委宣传部、市文联举办的第十届文艺家读书班培训。县书法家协会积极组织开展“涌浪班”，协会会员张海刘、陈雨等人参加宿迁市青年书法家协会“90”“00”书法新锐培训班；冒辉参加中国书协培训中心李守银培训班。2023年各协会共组织培训活动80余场，参加培训会员约1000人。

【文艺创作】 2023年，沭阳县文联始终坚持正确的创作导向，把繁荣文艺创作放在首位，推出了一批思想性、艺术性、观赏性相统一的精品佳作。由县文联支持、帮助世纪通影视公司拍摄的电影《右手姑娘》制作完成，已报国家电影局审批。江苏吴门雅集公司拍摄的4集纪录电影《光影史诗》已完成创作，正在等待中央电视台上映档期。由淮海戏协会会员组织创作大型淮海戏3部，即由胡晓琴淮海艺术团创作的《剑胆琴心》，由七雄石榴花艺术团创作的《红杜鹃》，均已开展多次演出，由县文联会县文广旅局共同创作的作品《桃红柳翠》，已巡演33场，并已与省文投集团签订协议，联合打磨提升作品质量，为冲刺省“五个一”重点项目做好准备。作家协会会员相继出版了10余本个人文学专著，协会副主席孙仲出版长篇纪实文学《教育世庄》，县诗歌学会会长袁沭淮出版个人第3本诗集《一杯茶，慢慢地饮》，作家江翰出版长篇小说《那年榴花红似火》，作家司奋出版诗集《火的性格》，作家张阿克创作出版个人新诗集《十年诗》，作家仲利民出版两本互为姐妹篇的短小说情感读本《爱情的玫瑰》《却把青梅嗅》，作家祝志坚出版诗歌集《仰望黎明》。

【文艺志愿服务】 2023年，沭阳县文联所属文艺社会团体成立12支文艺家志愿服务队，常态开展新时代文明实践志愿服务活动。积极组织各协会开展文艺下乡、惠民演出、阅读推广、送春联等丰富的文艺志愿服务。县曲艺家协会组织“非遗进万家”演出20余场，参加县内外大庙会演出近百次，并积极参与市县演出和沭阳县“云相约”琴鼓乡村行，非遗惠百姓演出，受到各界一致好评。县苏北琴书协会在周集、塘沟等乡镇举办“琴鼓乡村行”文化展演活动共计500余场次。县美术家协会组织会员走进乡镇（街道）、社区、企业开展送春联进万家活动，现场送写春联5000副。县书法家协会组织协会会员赴红柳纺织、嘉年华艺术馆、火车站、国缘酒业等开展公益送春联活动。7月，县朗诵协会会长司玲举办线上公益诵读班活动，20余人参加，受到群众广泛好评。推动文艺志愿者与乡镇（街道）新时代文明实践所、站结对，定期开展志愿服务活动。加强文艺志愿服务的管理，做好表彰工作，加强示范引领，树立文艺志愿服务活动榜样。

（叶梦晗）

沭阳县归国华侨侨眷联合会

【概况】 2023年，沭阳县归国华侨侨眷联合会（以下简称沭阳县侨联），以联谊交友为重点，以沟通感情为纽带，用乡情亲情真情换友情，搭建为侨服务平台，切实在推进中国式现代化沭阳新实践中彰显侨界优势。沭阳经济技术开发区“侨胞之家”被中国侨联评为2021—2022年度全国侨联系统“侨胞之家”典型选树单位。

【基层侨联工作】 2023年，沭阳县侨联充分发挥基层侨联“大数据+网格化+铁脚板”工作优势，发动社区网格员开展侨情调查，动态更新侨情数据库，全年新增华侨华人47人、留学生20人。利用春节、端午节、中秋节等中华传统节日开展走访慰问和座谈、义诊、送春联、包粽子、文艺会演等主题活动，架“侨”梁、暖“侨”心、聚“侨”力，提升侨界人士的归属感和自豪感。

【联络联谊】 2023年，沭阳县侨联积极开展与侨界人士联络联谊活动。3月和8月，组织留学人员参加市侨联第八期、第九期“海外学子看家乡”活动，让其感受家乡高质量发展的强劲脉搏，激发学子们回报家乡的热情。4月，组织侨界人士参观县总体国家安全教育展馆和“中国共产党在沭阳”展馆，引导侨界人士树立国家安全意识，自觉做国家安全的坚定捍卫者。5月，邀请沭阳籍海外代表人士和侨资企业家参加首届“沭商大会”，引导海外代表人士回乡创业，激励在

2023年3月，沭阳县侨联组织留学人员参加宿迁市侨联第八期“宿迁籍海外学子看家乡”活动　　县侨联　供图

沭侨资企业家牵线搭桥，让更多的人才和优质项目落户沭阳。5月，发动侨界代表人士为推进中国式现代化江苏新实践贡献侨界智慧，县侨联主席、江苏波波猴科技发展有限公司董事长周禹冰《关于加快推进绿色食品数字商务示范园区建设的建议》提议案素材获得省侨联2023年度两会提议案优秀奖。9月，组织县侨联班子成员、乡镇（街道）统战委员、社区支部书记赴苏州（姑苏区、常熟市），泰州单毓华单声爱国主义事迹陈列馆、单声珍藏文物馆考察学习侨务工作、开展思想教育活动，学习借鉴先进地区侨务工作经验做法，激发侨界人士爱国主义情怀。10月，组织侨眷参加市“看家乡·联侨心·度重阳”暖侨敬老活动，温暖和关怀侨界老人，激发侨界人士爱国爱家情怀。10月，组织沭阳县南湖小学和沭阳县第二实验小学学生参加2023“亲情中华·讲苏故事”海内外华人青少年网络才艺大赛，获得组织奖铜奖1个，参赛作品荣获金奖2个、银奖3个、铜奖6个。

【法律服务】 2023年5月，沭阳县侨联发动乡镇（街道）开展“侨法宣传月”活动，通过悬挂横幅、发放宣传资料、邀请法官和律师现场讲解侨法知识等形式，积极营造知侨爱侨护侨的浓厚氛围。7月，邀请侨界退休法官和天帆律师事务所律师为锦辉佳园小区居民开展法律服务。

【侨界帮扶】 2023年，沭阳县侨联发挥“台侨之家”服务作用，持续开展健康医疗、银企对接、法律服务进园区等活动20余次，为全县侨资企业和侨胞侨眷提供服务450人次，解决用工、信贷等问题12个，营造良好营商环境。引导侨资企业积极参加乡村振兴、九九公益、助学圆梦等公益事业，全年侨资企业共捐款捐物14.2万元。

（齐　强）

沭阳县残疾人联合会

【概况】 2023年，沭阳县残疾人联合会（以下简称县残联）以推动全县残疾人事业高质量发展为主题，以促进残疾人全面发展和共同富裕为主线，开拓创新、务实苦干，改革创新以及就业、康复、托养、体育等多项工作均取得显著成绩。扶残助困“一件事”改革工作，获得2023年度“全省残联系统创新创优示范项目”。西圩乡李敬娣创办的“宿迁逆境优存食品有限公司”被认定为全省“美丽工坊”示范点。梦溪街道任码社区残疾人之家、龙庙镇龙庙社区残疾人之家荣获全省文艺“残疾人之家”称号。年度重点工作绩效评价在全市位列第一，在全县高质量发展综合考核中跻身全县第二等次第三名。

【康复工作】 2023年，县残联通过筛查有康复需求残疾儿童，为855名0~6岁智力、听力言语、视力、肢体残疾、孤独症儿童以及244名7~14岁肢体残疾、孤独症儿童建档立卡纳入康复救助范围，并转介到各定点机构进行康复训练治疗。有1738名精神病患者得到服药救助。为1209名残疾人发放1464件轮椅、助行器等辅助器具。联合省辅具中心专家，为43名残疾人免费安装假肢和矫形器。为17户重度困难残疾人家庭进行无障碍改造。

【精准帮扶】 2023年，县残联组织党员干部以及助残志愿者先后13次赴帮扶村、联建社区开展涉残政策宣传、走访慰问等志愿服务。为沂涛镇兴陶村村居进行无障碍环境改造，建设1个“残疾人之家”，为23名残疾人提供日间照料服务。中秋、春节期间，为困难残疾人家庭捐食用油、米面，以及电饭煲、洗衣机等慰问品、慰问金。

【照护服务】 加强对残疾人之家、托养机构的规范化管理。全年在43个“残疾人之家”为950名残疾人提供日间照料服务，为1050名残疾人提供居家托养服务，依托脑科医院托养重度精神残疾人120名。

【社会保障】 2023年，县残联为41813名持证残疾人购买意外伤害保险。为193名在读残疾学生发放教育补贴22.8万元。为37名年度考入中专及以上残疾学生发放教育奖励6.6万元。

【劳动就业】 2023年，县残联联合人社局开展“乐业沭阳”春风行动，通过走访就业困难残疾人家庭和残疾人用工企业，先后举办4场专场招聘会，帮助85名残疾人实现就业。全年完成354名残疾人技能培训任务，积极配合税务部门加强保障金的宣传和征管工作，对55家用人单位进行年审，实现安置残疾人就业436名。

【文体宣传】 强化残疾人运动员选拔和培养，全县有13名运动员在省体训中心正常训练。胡道亮、仲赛春在杭州亚残会以及在意大利、中国香港等轮椅击剑锦标赛上，共夺得8金、4银、4铜，其中在杭州亚残会上夺得3金、2铜。通过发放宣传单、张贴海报、电子屏、微信群等媒介扎实开展惠残政策、预防网络诈骗宣传工作。在“学习强国”学习平台和省、市残联网站以及报刊等媒体上稿130多篇。

【组织维权】 通过制定《沭阳县乡镇（街道）残疾人专职委员考核办法》，不断加强对残疾人专职委员的管理，全年先后组织召开4次会议对专职委员进行政治和业务培训，提高干部队伍理论和服务水平。组织各专门协会以及各类爱心志愿者开展免费体检、走访慰问等活动10次。妥善处理来信、来电、来访以及“12345”政府热线交办事项120次。

【状况调查】 2023年，县残联按照上级残联的统一要求，组织各乡镇（街道）残联、村（社区）残协专职委员从6月开始，对持证残疾人基本状况进行调查，于10月上旬，共完成44059名残疾人基本服务状况调查工作。

【改革创新】 2023年，全省扶残助困“一件事”改革在沭阳试点。作为全省唯一试点县，县残疾人工作委员会成立领导小组和工作专班，县残联积极主动与行政审批局、民政局、人社局、医保局等部门密切配合，通过制定实施方案，开发扶残助困“一件事”联办系统，将残疾人证新办、困难残疾人生活补贴资格认定、重度残疾人护理补贴资格认定、城乡居民基本养老保险代缴、城乡居民基本医疗保险个人缴费资助等7项事务一次性集成办理，其创新做法被吸收运用进省系统，为全省项目推广积累了更多基层经验。10月28日，在全省扶残助困“一件事”业务培训会上作了典型经验介绍。11月16日，宿迁市扶残助困“一件事”改革推进现场会在沭阳召开，县残联相关改革路径、创新举措在全市推广。沭阳县扶残助困“一件事”改革工作，获2023年度“全省残联系统创新创优示范项目”称号。

（章杰全）

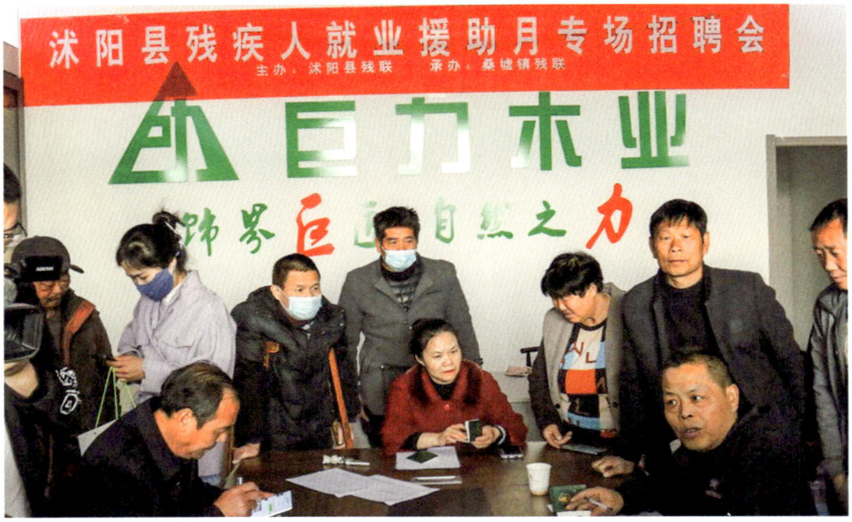

2023年3月，沭阳县残疾人就业援助月专场招聘会

沭阳县残联　供图

沭阳县红十字会

【概况】 2023年，沭阳县红十字会大力弘扬“人道、博爱、奉献”的红十字精神，坚持人道惠民、落实依法治会，秉承人道主义宗旨，全体干部职工主动作为，锐意进取、真抓实干，各项救助事业取得良好成效。

【应急救护培训】 2023年，沭阳县红十字会采取科学编排年度工作计划，细化应急救护知识培训工作推进方案，扎实开展应急救护培训工作。重点为学校教师、企业职工、社区居民等群体培训，不断提升为民服务工作水平和社会公众的自救互救能力。走进社区开展应急救护培训，居民群众纷纷踊跃参与，现场气氛浓厚热烈，活动得到大家一致好评。强化企业培训力度，保障职工生命安全。走进企业结合工种制定个性化课件，为江苏虞美人纺织品有限公司、江苏红磨坊纺织品有限公司等企业提供上门培训服务，提高了企业员工自救互救能力；走进中小学开展救护知识普及讲座，不断增强教师及学生的应急救护能力，最大限度地减少校园内因意外

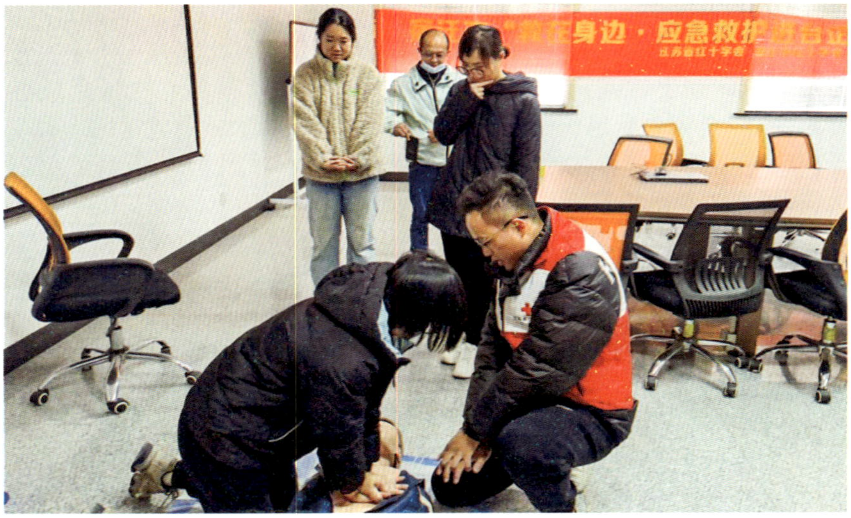

2023年12月，沭阳县红十字会救护师资在尚弘羽绒（沭阳）有限公司开展应急救护培训　　县红十字会　供图

伤害和突发事件造成的伤亡。2023年完成普及性救护培训26834人、初级救护员培训6132人，分别完成序时进度的134%和122%。

【人道救助】 2023年，沭阳县红十字会以“博爱送万家”等活动为载体，积极募集人道救助资金，加大对白血病等重病患儿的救助，为他们提供更多、更及时的人道主义救助。全年对80余户特困家庭和重病患者进行了救助，发放救助资金16万元。“博爱助学圆梦启航”活动选定全县贫困学生160人，发放助学金32万元。为全县12名白血病和先天性心脏病儿童争取小天使基金42万元。为孤寡老人、留守儿童、患病老党员等困难群体送去关心关爱，共发放2000余桶食用油、1400余床棉被等31万元物资，受益人数6639人。

【造血干细胞样本采集】 2023年，沭阳县红十字会严格按照“优先保证质量，稳步提升数量”的要求，提升捐献样本采集工作水平。以“3·5”学雷锋纪念日等节点宣传为契机，在全县范围开展造血干细胞及无偿献血宣传活动，吸引更多的人关注造血干细胞爱心捐献。全年采集造血干细胞样本志愿者入库166例。

【器官捐献工作】 2023年，沭阳县红十字会注重人体器官捐献方面宣传，开展健康知识讲座、义诊咨询，普及人体器官、角膜、遗体捐献方面知识，不断提高社会知晓率。全面细化和规范登记工作，积极协调捐献者家属和器官接受单位之间的关系，使器官捐献工作能够顺利进行。促进公民自愿报名积极性，培育和弘扬社会主义核心价值观，自愿登记人数稳步增加。

（单永卫）

编　辑：王丽娟

法　治

综　述

2023年，全县政法系统深入推进平安沭阳、法治沭阳、善治沭阳建设。有序开展各行业、各领域平安建设专项行动，牵头开展平安建设联创工作，用条块平安助力全县大平安。强化社会治安防控。共挂牌4个重点地区（突出问题）问题均得到有效整改，其中，沂涛镇八类案件同比下降84%；全县电诈案件同比、环比分别下降34.6%、45.7%。强化常态化扫黑除恶斗争。全年自查十类涉恶案件49起，刑拘94人，排查2021年以来十类警情109起，发检察建议书14份、监察建议书7份、公安提醒函10份。制定出台《全县政法队伍建设工作重点任务分解表》，部署安排全年队伍建设重点工作任务。全力打造"指尖上的政法机关"，提升政法宣传工作传播力影响力，6月，成功建成全省首家县级政法融媒体中心。探索建立以"法润花香"抖音号为龙头，融合10多个新媒体平台，形成横向联动、全维呼应的大政法宣传格局。截至2023年年底，县委政法委联合县公安局、法院、司法局、网信办、教育局已录制"全民反诈"、"网格零距离"、巡逻防控、"民法典法治讲座"、"法育未来之'看西游 学法律'"、"小法官夏令营"等多个栏目作品，单个作品平均传播阅读量在1万以上。"法润花香"抖音账号发布视频127部，视频播放量超600万人次，点赞量39.4万，粉丝数量近2.7万人，账号发布视频播放量指数高于78%的政法类新媒体账号。强化网军建设，组织开展沭阳融媒云系统宣传员注册工作，将全体政法干警、各乡镇（街道）政法条线纳入平台。全县政法网军数量已达3738人，约占全市政法"网军"数量60%。

政法委及综治

【网格化管理】 2023年，县委政法委规范网格管理，强化机制建设。推动"网格+党建""网格+警格""网格+部门"的有效融合，组建以党员网格员为主体的"红色代办"队伍，实现人员信息互通共享、矛盾隐患快查快处，切实筑牢维护社会平安稳定"微阵地"。强化网格宣传。开展网格知晓率提升系列宣传活动，累计印发网格员宣传海报3万张，要求网格员在网格内居民小区、主要道路出入口等醒目位置张贴，实现网格公示牌"两个全覆盖"（居民小区出入口、小区单元楼栋口全覆盖；村、社区主要路口全覆盖），网格化标语、"12340"电话调查宣传牌、网格工作宣传栏实现重点场所、繁华地段随处可见。开展网格十大工程（网格队伍建设工程，人员素质提升工程，阵地建设提档工程，基地信息完善工程，网格三代一查工程，宣传阵地建设工程，情动网格创新工程，事件联动处置工程，情动网格创新工程，事件联动处置工程，先进典型培育工程，考核奖惩配套工程）专项行动，高标准打造平安建设宣传栏1381余个，实现高标准宣传栏家家有，网格海报宣传全覆盖。开展二维码门牌信息采集专项行动，推进网格员大走访行动与县公安局二维码门牌实有人口信息采集工作相结合，形成"警网齐联动，护航保平安"工作局面。通过网格员采集人口信息，派出所审核数据真实性，倒逼网格员在大走访行动中"进门入户、每户必到"。坚持线上、线下同步发力，增强网格出镜率，提升网格工作知晓率、满意率。线上利用沭阳县委政法委官方抖音号"法润花香"开展全县寻找网格员活动和微视频大赛活动，动员群众参与活动，展播参赛短视频36部，累计播放达400万人次，评论、转发、点赞累计20余万次。线下开展网格员大走访行动，与沭阳县公安局开展的二维码门牌实有人口信息采集工作相结合，全年每户走访2次以上，累计采集门牌信息70余万户，核实登记常住人口信息170余万条。

【治安综合整治】 2023年，县委政法委围绕统筹社会治理、维护社会安全稳定总目标，积极开展20项系列平安联创活动，督促各牵头单位抓好本行业的安全工作。开展为期3年的重点犯罪治理工作，重点治理涉未成年人违法犯罪、电信网络诈骗犯罪、“醉驾型”危险驾驶犯罪三类多发高发犯罪。行动开展以来，酒醉驾重点违法案件同比下降39.5%。搭建严重不良行为未成年人员聚集预警“风铃”模型，对涉未犯罪做到警情快处置、视频快堵控、人员快抓捕、办案快流转，未成年人打架斗殴案件同比下降49%。全县电诈案件同比下降11.4%，案件高发多发态势得到遏制。全面落实严重精神障碍患者监护人“以奖代补”政策，引导和鼓励严重精神障碍患者监护人依法落实监护责任，做到应补尽补。全年共发放奖补资金937.23万元，购买监护人责任险39.79万元，实现监护人责任险全覆盖，全县所有严重精神障碍患者在管在控，个人极端有影响案事件“零”发生。

【法学会工作】 2023年，县委政法委发展个人会员432人、团体会员5家，组建20人为沭阳县法学会法学法律人才库。推荐2名法学会员成为市级首席法律咨询专家库成员。2项课题被宿迁市法学会研究立项，1项课题获得江苏省法学会犯罪学研究会2022年年会优秀论文三等奖。推进普法进校园，向全县所有初中及小学（包括民办中小学）捐赠《图说民法典》系列图书3270册。建立县级法律咨询专家库，聘任首席法律咨询专家27人。全县线上、线下开展普法宣传培训1680场次，解答法律咨询2100人次，化解矛盾纠纷9920起。

【涉法涉诉信访】 2023年，县委政法委整合信访接待中心、涉法涉诉联合接访中心、矛盾纠纷调处中心等资源，成立社会治理服务中心，县公安局、检察院、法院信访职能部门依托沭阳县社会治理服务中心，探索新的调解方式，针对不同人、不同事，运用情理与法理的交融，采取乡情友情调解法，把矛盾化解在初、在小，提高涉法涉诉信访一次性化解率，全年共办理来访、来信、转交办信访件93起。4月下旬，开展信访件化解“百日会战”行动，以“案结、事了、人稳”为标准，推动化解涉法涉诉信访件27起。9月，开展涉法涉诉信访领域专项攻坚整治行动，以信访增量和存量“双下降”为目标，抓好“化解、防控、退出、考核”4个环节工作，推进专项攻坚整治行动，共化解涉法涉诉信访件44起。

2023年10月26日，沭阳县法学会走进南洋学校举办“《民法典》书籍捐赠仪式”　范　伟　摄

【执法监督】 2023年，县委政法委开展案件评查，针对有代表性的重点案件，按照评查程序，调阅相关案件卷宗材料，组织执法监督员研究相关案件情况，找出问题症结，提出整改方案。通过案件评查，化解了一批久诉不息的涉法涉诉信访件。全年共评查案件数112起。

【司法救助】 2023年，县委政法委开展司法救助工作，加大司法救助力度，帮助一批案件被害人摆脱生活困境。全年共开展司法救助77起、使用资金259万余元。

【政法融媒体中心】 2023年6月，全省首家县级政法融媒体中心建成投入使用，该中心位于沭阳县社会治理服务中心二楼，组建4人融媒工作团队，由县委政法委独立运营。中心设有主题直播区、人物访谈区和案例普法区，配有灯光、摄像机、直播机、提词器等专业采编设备。该中心通过开展政法“微视频大赛”，发布参赛作品32部，总播放量493.1万次，点赞量突破30万次，最高视频点赞量12.6万次。该中心运行管理的“法润花香”抖音平台，发布原创短视频186个，开展直播普法、专项行动10场次，总视频播放量达928.6万次。

（孙晔然）

法治政府

【行政复议】 2023年，沭阳县人民

2023年6月9日，沭阳举行县政法融媒体中心揭牌暨云平台上线启动仪式
范　伟　摄

政府共受理行政复议申请563起，较上年同期增加245起，其中涉及县级政府部门551起，涉及乡、镇人民政府12起。受理案件516起，审结行政复议案件447起，不予受理47起，直接纠错案件10起，自愿撤回终止案件261起。开展行政复议质量提升年活动，充分利用"复调对接""复议听证"等机制，实质性化解行政争议，实质化解率达59.54%。行政复议工作获省司法厅领导批示肯定。

【行政应诉】 2023年，法院一审审结涉及沭阳县行政案件178起，行政机关一审败诉案件8起，县直执法机关败诉7起，行政案件一审败诉率为4.49%。全县行政案件开庭审理112起，行政机关负责人出庭112起，行政机关负责人出庭率100%。

【法治建设】 2023年，沭阳县司法局扎实开展交通安全和执法领域突出问题专项整治活动。高效推进乡镇（街道）法治建设，推动全县乡镇（街道）法治建设议事协调机构实现全覆盖。强化合法性审查，成立由"司法所长+法律顾问+公职律师"组建的合法性审核工作队伍，乡镇司法所开展合法性审查工作200余件，有效助力政府各项决策部署在法治轨道上健康运行。

【行政规范性文件管理】 2023年，沭阳县司法局组织开展县政府规范性文件清理工作。根据省、市人民政府的统一安排部署，经县人民政府同意，牵头组织各责任单位对县人民政府现行有效的53件规范性文件开展清理工作。按规定程序制定出台规范性文件和重大行政决策。前置合法性审查关口，督促指导县城管局制定《关于明确〈江苏省城市市容和环境卫生管理条例〉沭阳县实施范围的通告》和《沭阳县城区生活垃圾处理费管理办法》2件县人民政府规范性文件。

【政府法律顾问工作】 2023年，沭阳县司法局为贯彻落实《沭阳县推行法律顾问制度和公职律师公司律师制度实施方案》精神，充分发挥县人民政府法律顾问在推进法治政府建设、重大行政决策制定和行政规范性文件法制审核等方面的重要作用，经县人民政府同意，组织开展了第三届县人民政府法律顾问的选聘工作。经组织报名、资格审查、论文评审、择优评定和人选公示等环节，聘任6名社会律师和6名公职律师为县人民政府第三届法律顾问。

（赵桂珍）

公　　安

【概况】 2023年，沭阳县公安机关认真贯彻落实县委、县政府部署要求，全力以赴护稳定、统筹推进抓重点、凝心聚力守底线、真抓实干提效能，高质量完成全年各项目标任务。县公安局获评"全国公安基层技术革新奖"，治安大队获评"全省公安机关打击长江非法采砂犯罪专项行动成绩突出集体"，科技通信保障科荣立"集体三等功"，133个集体和个人受到县级以上表彰奖励，涌现出了"全国公安机关成绩突出个人"李亚汉、"全省公安机关系统安保维稳工作成绩突出个人"王义、"全省'扫黄打非'先进个人"徐鹏程、"全省公安机关执法监督管理优秀能手"胡凌峰、江苏省公安厅特等功表彰吕文杰等先进典型。全年被国家、部省级媒体采用稿件330篇，自媒体平台浏览量超1000万人次。

【治安维护】 2023年，全县公安机关坚持实干为先，全力防范突出风险。全体民辅警严格执行高等级勤务101天，圆满完成全国两会、杭州亚运会等重要节点安保任务，沭阳花木节等县内131场大型活动全部安全顺利举办，全县社会大局持续平稳。紧盯房产领域、公共安全、个人极端、校园安全、金融投资等突出风险领域，深挖内幕性、行动性情报线索，对重点风险隐患及时"吹哨"预警。

【打击犯罪】 2023年，全县公安机关坚持打防并举，不断夯实平安根基。现行命案连续18年全破，刑事案件破案数、破案率、抓获数全市第一，全年破案数和抓获犯罪嫌疑人数上升，发案数下降趋势明显。破获“8·08”特大非法经营案被央视聚焦报道，主侦危害候鸟案获公安部发贺电表扬。严厉打击电信诈骗、“黄赌毒”等重点领域违法犯罪，电诈重点人员劝返率87.8%，涉案非法出租、出借、出售、购买的电话卡、银行卡“两卡”打击率80%，均位居全市第一。抓获娼赌违法犯罪人数同比上升11.6%，娼赌警情同比下降23.6%。深入开展花木种苗领域专项整治“雷霆行动”，破获案件9起，刑事拘留17人，移送起诉15人，涉花木种苗领域警情案件得到有效遏制，得到县政府主要领导批示肯定。

【便民服务】 2023年，全县公安机关坚持民生导向，持续护航经济发展。持续优化升级公安综合服务能力，不断延伸公安综合服务范围，创新“1+2+N”（建设1个政务服务中心，构建2个线上、线下矩阵，推进N项数字集成改革）公安政务服务体系，被市委《改革创新简报》《主题教育简报》采用推介，工作成果被《人民日报》《人民公安报》等报道推广。开展“千警助企、护航发展”活动，对全县974家规模以上企业明确警企联络员，向8家重点企业派驻警务专员，高标准建设4个“警企工作室”。按月组织“沭警助企帮办日”活动，全年解决难题1200余个，消除安全隐患3300余处，调处矛盾纠纷1800余起。纵深推进“夏季整治”“冬季攻坚”等行动，落实安全监管措施，排查整改交通隐患1200余处，交通事故数和死亡人数降幅明显，沭阳县刘集镇槐树村交通劝导站作为全国农村道路交通安全管理现场会观摩点，工作做法得到参会领导充分肯定。

【队伍建设】 2023年，县公安局坚持从严治警，倾力打造公安铁军。纵深推进“队伍建设攻坚年”活动，深化党性教育、廉政教育，建设向善向好、风清气正的警营生态，全年开展“365沭警向阳讲坛”以及各项比赛评展活动20余场次。

（荣阳 陆鑫）

检　察

【概况】 2023年，沭阳县人民检察院作为3家基层院之一，承接全省职务犯罪专人专岗试点。在全市率先开展的刑事诉讼监督“三集中”（集中受理、评估、查办）机制，获全市推广。创新运用数字检察，大数据法律监督模型获评全省二等奖。全院12件案例入选中华人民共和国最高人民检察院、江苏省人民检察院典型案例，获省级以上集体表彰16项，市级以上个人荣誉65人次，特色亮点工作被中央电视台、《新华日报》等省级以上媒体宣传报道307次。2022年、2023年沭阳县人民检察院连续两年获评全省“五好”基层院。

【刑事检察】 2023年，沭阳县人民检察院批逮412人，起诉1668人，同比分别上升127.62%、29.72%。严厉惩治故意杀人、绑架、抢劫、强奸等严重暴力犯罪，起诉79人，同比上升46.3%。依法批准逮捕2名20世纪90年代的故意杀人案件犯罪嫌疑人。从严打击电信网络诈骗犯罪，依法惩处非法开办贩卖电话卡、银行卡犯罪，起诉电信诈骗、帮助信息网络犯罪活动、掩饰、隐瞒犯罪所得三类犯罪391人。维护社会治安，起诉寻衅滋事、聚众斗殴等妨害社会管理秩序犯罪539人。办理危害食药安全犯罪案件9起19人。提起食药领域公益诉讼案件5起。净化社会环境，严厉打击“黄赌毒”，起诉151人，同比上升17.05%。批准逮捕宿迁首批依托咪酯列管后贩卖“上头电子烟”案犯罪嫌疑人8人。推进扫黑除恶斗争，提出检察建议促进有关部门堵漏建制、加强管理。参与反腐败斗争，起诉监委移送的职务犯罪案件26人。妥善办理最高人民检察院指定管辖的深圳金融电子结算中心有限公司原党委书记、董事长李某某涉嫌受贿案。同时，适应犯罪治理新形势，深入推进认罪认罚、繁简分流，做到当宽则宽。邀请50余名人大代表、人民监督员、群众代表参与轻微犯罪案件不起诉公开听证，并发表意见。

【营商环境建设】 2023年，沭阳县人民检察院依法打击破坏市场经济秩序、危害企业生产经营、侵犯企业合法权益等犯罪，起诉131人。对一起虚增消防合同价款套取高新技术企业资金的职务侵占案件，依法起诉2人，帮助企业全额挽回损失。聚焦企业创新保护，联合职能部门出台加强知识产权保护的意见。推进涉案企业合规改革，联合县工商联等14家单位签订实施意见，成立第三方监督评估机制管理委员会，评估认定2家涉案企业合规整改有效，依法作不起诉处理。向40余家涉案企业制发法律风险提示函，帮助企业健全管理制度，消除法律盲区。

【未成年人保护】 2023年，沭阳县人民检察院打击侵害未成年人犯罪，起诉58人。对一起性侵未成年人犯罪，筛查电子数据37万条，增加5名被害人、13起犯罪事实，建议量刑有期徒刑19年，获法院采纳。完善罪错未成年人分级干预工作机制，帮教矫治81名不捕不诉、10名临界违法的涉案未成年人，开展家庭教育辅导300

余人次。未成年人再犯率3.3%，比近5年全国示范地区低2.6%。截至2023年年末，共有325名未成年人复学、170名未成年人就业、175人考入大中专院校。维护未成年人身心健康，立案办理全国首例知识产权领域涉未成年人合法权益行政公益诉讼案。针对某宾馆未履行身份信息登记、强制报告以及安全保障义务，在全市首例支持起诉，被告宾馆被判承担侵权赔偿12万余元。升级法治教育体验基地，打造青少年法治教育“网红打卡”地，新增VR体验、闯关等游戏，会同教育部门组织19所学校、近1500名学生参观学习。获评省级网络文明素养实践教育基地。在2023年全省检察工作会议上，作为独家基层院交流未成年人检察工作经验。入选第一批省检察官学院教育培训未成年人检察类别教学实践基地，全市唯一。“金色花”未成年人检察文化品牌入选全省首届十佳。

【检察监督】　2023年，沭阳县人民检察院始终牢记法律监督的宪法定位，贯彻落实《中共中央关于加强新时代检察机关法律监督工作的意见》，努力把监督往前推进一步，往深做实一分，切实维护社会公平正义。做优刑事检察监督。加强侦查和刑事审判活动监督，提升监督质效，侦查活动监督率、刑事抗诉率等量化考核指标均超过全省通报值。创新运用声纹比对技术，通过自行补充侦查，查清一起境外诈骗犯罪获利180万元的事实，将被告人法定刑从三年以下升格至十年以上，并追捕1人，获法院一审判决支持。做实做好民事、行政检察监督，推动案结事了、实现政通人和。强化民事生效裁判监督，聚焦人民群众普遍关心的劳动争议、合同纠纷等热点问题开展专项监督。办理的马某与某置业公司商品房销售合同纠纷再审检察建议案，入选全省典型案例。支持59名工人起诉讨薪，帮助追回劳动报酬及赔偿金共计300余万元。办理时间跨度长达20年的罗某某申请监督撤销婚姻登记案，获评全省典型。以此个案为契机，会签机制文件，促进县域婚姻登记领域诉源治理。做精公益诉讼检察监督。贯彻省院“六长出题”工作部署，围绕党委、政府关注，代表委员关心领域办理公益诉讼案件52起。运用《宿迁市农村公路条例》，答好跨界桥梁安全隐患“试题”，督促有关部门整治修复，入选全省公益诉讼典型案例。

2023年4月19日，沭阳县检察院组织人员参观金色花法治基地

沭阳县检察院　供图

【检察建议】　2023年，沭阳县人民检察院共制发检察建议118件，被采纳100件，采纳率达98.04%。抓住办案中发现的动物检疫、物业侵犯个人隐私等行业制度不健全、监管缺位等突出问题，发出社会治理检察建议11件。办理公安部挂牌督办的涉“六省”18人倒卖文物案，助推省公检法出台会议纪要规范文物类案件办理。针对办案中发现的寄递行业邮寄违禁文物问题，督促职能部门落实“七号检察建议”，推动寄递行业开展禁寄、限寄物品宣传，夯实寄递企业安全主体责任，促进行业治理效能升级。围绕“妇女权益保护”问题，联合县法院、县公安局建立侵害妇女权益行为警情强制检索报告机制，帮助妇女远离家庭暴力困扰。围绕“残障人士权益保护”问题，向职能部门制发检察建议，让残障人士切身感受司法温情。

【和谐社会建设】　2023年，沭阳县人民检察院积极融入共建、共治、共享的社会治理格局，守护美丽环境，助力“苏北最美县城”建设。依法打击破坏生态环境和资源保护犯罪，起诉案件3起5人。严厉打击危害农业生产犯罪，护航乡村振兴。办理销售假农资案件5起6人。助力花木产业振兴，起诉涉花木种苗领域诈骗犯罪12人，全部依法从严起诉，建议不适用缓刑。保护绿色“米袋子”“菜篮子”，紧盯“舌尖安全”。针对畜禽养殖领域证书申领审核制度不严密问题，督促相关行政机关依法履职，推动规范检疫程序、严肃工作纪律。关注育儿需求，调查发现多家商场母婴室无法正常使用，建议主管部门履行监管职责，推动全县商场、交通客运服务场所的母婴室全部整改并投入使用。聚焦“头顶安全”，个别小区的太阳能热水器存在高空坠物安全隐患，根据地方住宅物业管理条例，建议行政机关依法履行监管职责。邀请志愿者“阅卷”，全程参与现场调查、“回头看”等办案活动，将办案效果向社会“晒卷”。

【队伍建设】 2023年，沭阳县人民检察院始终坚持以党的政治建设统领党的建设各项工作。开展学习贯彻习近平新时代中国特色社会主义思想主题教育，以党的创新理论武装头脑、凝聚力量。从严治检，抓好党风廉政建设。深化检察权运行监督，出台实施办法，构建“事前预防、事中嵌入、事后追责”的监督格局。采用律师代理检察案件动态分析监测，对同一律师代理同一检察官办理案件情况进行公示，并接受监督。贯彻落实防止干预司法“三个规定”（《领导干部干预司法活动、插手具体案件处理的记录、通报和责任追究规定》《司法机关内部人员过问案件的记录和责任追究规定》以及《关于进一步规范司法人员与当事人、律师、特殊关系人、中介组织接触交往行为的若干规定》），全年检察人员记录报告重大事项76件，严防人情案、关系案、金钱案。举办覆盖全院的家风课堂，检察人员连同家属一起接受廉政教育。能力强检，推进高素质专业化队伍建设。建立人才评价使用激励机制，成立“优青计划”成长训练营，系统性强化青年检察人才培养，涌现出以“全国检察机关为民办实事实践活动表现优秀个人”“全省优秀公诉人”“全省检察机关刑事审判监督优秀办案团队”为代表的一批先进集体和个人。

（高丹红）

法　院

【概况】 2023年，沭阳县人民法院新收各类案件31128起，审执结29504起。案件质量考核指标全省第7位、长期案件清洁率指标全省第一。民事案件万人起诉率连续4年保持全市最优。严格落实全面从严治党、从严治院主体责任，获评全省法院首批“五好五强”领导班子荣誉称号。全院11个集体、20名个人获得市级以上表彰，其中2名干警获最高院表彰，4名干警获省法院表彰。

【刑事审判】 2023年，沭阳县人民法院审结各类刑事案件1152起，判处罪犯1525人。保持对严重危害社会治安犯罪的高压态势，审结强奸、抢劫、故意伤害等严重暴力犯罪案件127起146人，其中52人被判处三年以上有期徒刑。守护人民群众“舌尖上的安全”，依法严惩涉食品安全犯罪5起5人。依法惩治涉“两卡”（指非法出租、出借、出售，购买的电话卡、银行卡，导致“实名不实人”）等电信网络诈骗犯罪，审结相关案件26起53人，全链条打击上下游关联犯罪，审结掩饰、隐瞒犯罪所得以及帮助信息网络犯罪活动罪等案件132起224人，不断净化网络空间。参与“2023雷霆行动”，依法严惩“三苗”领域犯罪，审结相关案件13起21人，均公开宣判，增强震慑力。加大对腐败犯罪的惩治力度，审结贪污、受贿等职务犯罪案件17起17人，一体推进不敢腐、不能腐、不想腐。

【未成年人权益保护】 2023年，沭阳县人民法院审结侵犯未成年人权益犯罪案件62起，抚养权等涉未成年人权益保护案件479起。创新在离婚案件中融入家庭教育制度，通过组织离婚双方观看家庭教育视频、签订承诺书等，督促履行对子女的家庭教育义务。发布《家庭教育令》17份，促进“依法带娃”落到实处。做精“法育未来”系列宣传栏目，发布“法育未来”宣传教育视频49期，阅读量达90余万人次。成功举办5期“小法官夏令营”活动，280余名未成年学生参与。县法院被宿迁市未成年人保护领导小组确立为未成年人关爱保护基地，相关经验做法先后被《人民法院报》、“学习强国”等媒体平台宣传报道。

【重大风险防范化解】 2023年，沭阳县人民法院移送涉“套路贷”虚假诉讼、诈骗等犯罪线索15条，判处虚假诉讼、诈骗等犯罪119起163人，维护金融安全稳定，获评“全省法院金融审判工作先进集体”。全力以赴“保交楼、稳民生”，稳妥处理涉“问题楼盘”“问题商业综合体”等问题，大力适用“示范诉讼+集中调解+行政调解”的审判机制，实现“判决一个，解决一片”的良好效果。依靠党委、政府一体化解，推动解决6个小区2760名业主交房、办证及违约金问题。密切关注重点工程、基础建设等领域人身、财产风险隐患，发送司法建议8条，堵塞社会管理漏洞。

【民事审判】 2023年，沭阳县人民法院审结涉就业、医疗、教育、社会保障等民事案件1965起，有力提升人民群众司法获得感。强化消费者权益保障，审结相关案件199起，促进经营者依法诚信经营，营造健康和谐消费环境，两篇案例获评“全市法院消费者权益保护典型案例”。强化劳动者权益保护，审结劳动争议、追索劳动报酬等案件288起，帮助追回工资、报酬549.02万元。规范新兴业态下企业劳动用工，对试图转嫁法律风险，将外卖小哥包装成“个体工商户”的行为说“不”。妥善审理婚姻、赡养、继承等案件3587起，维护家庭关系和谐稳定。与县民政局共同出台《关于加强离婚冷静期程序衔接的实施意见》，做好诉前调解与登记离婚冷静期程序的衔接，推动3086起离婚纠纷在诉前妥善化解。倡导构建健康文明、简约适度的婚俗新风貌，审结婚约彩礼纠纷案件107起，一篇案例获评“江苏法院家事纠纷典型案例”。加强老年人权益保障，就养老服务机构不规范问题，积极向相关单位发送司法建议，推动养老服务机构规范化运行，相关案例获评“全省法院弘扬中华优秀传统文化典型案例”。

2023年7月14日，沭阳县人民法院邀请企业家代表参观企业信用建设体验馆 仲 勉 摄

【商事审判】 2023年，沭阳县人民法院审结合同、保险、公司等商事案件1583起，涉案诉讼标的额4.63亿元，有力规范市场秩序。树牢能动司法理念，制定《关于服务保障“3+3”产业集群培育的实施意见》，护航全县重大产业发展。完善企业信用保护机制，加强企业信用保护工作。梳理全县979家工业规模以上企业名单，发各部门嵌入式备查；在开发区法庭建成“企业信用建设体验馆”，邀请企业代表开展线下体验活动120余人次。充分发挥破产审判的“清道夫”作用，审结破产案件74起，化解不良债权3.37亿元，释放土地7.22万平方米、房产6.78万平方米，盘活各类市场资源价值2046万元。健全“立审执”转破产直通机制，受理“执转破”案件42起，宣告71家企业破产还债，强制清算“僵尸企业”138家，促进企业优胜劣汰。

【知识产权保护】 2023年，沭阳县人民法院审结知识产权案件670起，其中审结省“扫黄打非”办挂牌督办的张某侵犯著作权罪一案，涉案金额达1800余万元，判处被告人有期徒刑五年六个月，有力震慑侵害图书版权的违法犯罪行为。以“三级社会治理服务中心”建设为契机，推动知识产权团队整体入驻，并强化与行政机关的协调联动，实现知识产权联动保护大格局。

【基层法治建设】 2023年，沭阳县人民法院积极助推基层社会治理，以“三级社会治理服务中心”建设为依托，推动打造社会治理服务中心沭阳模式，实现矛盾纠纷“一站式受理、一揽子调处、全链条解决”，诉前成功化解各类纠纷10205起，经验做法被省法院推介。服务保障乡村振兴，深入推进“一法庭一品牌”建设。充分发挥人民法庭服务保障乡村振兴的“前沿阵地”作用，积极参与镇村矛盾纠纷化解560余起，开展巡回审判、法治宣讲等活动40余场，有力推动了乡村法治文明建设。庙头法庭聚焦辖区

2023年3月17日，江苏省高级人民法院副院长李玉生（左一）与宿迁市中级人民法院院长衡阳（左二）共同为全省法院服务乡村振兴（庙头法庭）实践基地揭牌 周 永 摄

花木电商特色产业，打造“约里看花”特色品牌，被省法院挂牌设立为“服务乡村振兴实践基地”，并被评为“全省优秀人民法庭”。

【执行工作】 2023年，沭阳县人民法院受理执行实施案件11597起，执结10505起，执行到位金额7.63亿元。加大财产处置力度，网络拍卖各类财产918起，成交率82.52%，成交额2.79亿元，为当事人节约佣金3000余万元。全面升级小额执行工作经验，增加和解后单独管理和督促履行环节，确保和解的实效性。全年通过和解督促履行方式，促使430起达成和解的案件全部履行完毕，410余名被执行人正依据和解协议约定，及时足额给付执行案款。强化执行威慑，开展“沭法利剑”等涉民生、涉企业专项执行行动110余场次，传唤、拘留拒不履行义务的被执行人955人次。组织38名被执行人现场旁听拒执犯罪案件，零距离接受警示教育。县法院被确定为全省法院执行工作联系点，相关工作被中央电视台专题片《执行一线纪实》专题报道。

【司法创新】 2023年，沭阳县人民法院聚焦影响沭阳特色图书产业健康发展的问题，坚持能动司法，与行政单位协调联动，创新开展“司法+行政”全链条保护图书版权工作。提请县委政法委出台《关于促进图书市场健康发展的意见》，搭建联动平台，推动形成“司法审判、行政处罚、多元调解”于一体的版权保护机制，相关经验做法在全省法院推介。持续推进审判体系和审判能力现代化，出台《关于进一步加强诉前调解、诉前鉴定工作的相关规定》，把监管触角向前伸、向后移，真正实现“诉前、诉中、判后”全流程监管，改革工作获评全省法院“多元解纷与诉讼服务体系建设”优秀创新成果奖。

【队伍建设】 2023年，沭阳县人民法院扎实开展“主题教育”，制定《主题教育实施方案》，深刻领悟习近平新时代中国特色社会主义思想的科学内涵和实践要求。组织干警积极参与省委政法委、省法学会组织的“习近平法治思想学习成果征文”活动，1篇论文获征文二等奖，系全市唯一获奖论文。强化对干警的党风廉政教育，开展“三个规定”(《领导干部干预司法活动、插手具体案件处理的记录、通报和责任追究规定》《司法机关内部人员过问案件的记录和责任追究规定》《关于进一步规范司法人员与当事人、律师、特殊关系人、中介组织接触交往行为的若干规定》)零报告集中约谈会议，督促全院干警如实、规范填报。全年全院干警共记录报告“三个规定”相关信息774条。打造成立“沭法青苑”青年理论学习小组，以“沭法讲堂”等系列学习活动为平台，全面锻炼提升干警综合能力，培养复合型人才。与南京鼓楼法院开展全方位战略合作，选派9名干警至该院和省、市法院学习交流，推动干警综合能力素质不断提升。全院1篇论文获评全国法院学术讨论会三等奖，7篇论文在省级专项学术讨论会获奖，2篇案例入选《中国法院2023年度案例》，3篇案例获评全省法院典型案例。

（葛国敬）

司法行政

【概况】 2023年，沭阳县司法局立足职能业务，务实进取，不断创新举措，各项工作任务均得到了有效推进和落实。沭阳县司法局入选省戒毒局“一体两翼”（以强制隔离戒毒为主体，以戒毒康复和指导社区戒毒社区康复为两翼）试点单位，全省后续照管现场会在沭阳成功召开，先后荣获全县“提案承办先进单位”“优化营商环境先进单位”等称号。沭城街道人民调解委员会调解员程建军被司法部授予“全国模范人民调解员”称号。行政复议体制改革工作质效获省司法厅领导批示肯定，1起案件卷宗入选省司法厅优秀行政复议案卷，1起案例被评为“全市政法机关2023年度优化法治化营商环境十大典型案例”。

【行政执法监督】 2023年，沭阳县司法局出台《沭阳县乡镇（街道）行政执法监督标准化建设试点方案》，在30个乡镇（街道）司法所设立行政执法监督室，负责对所在乡镇（街道）的行政执法活动进行日常监督，推动行政执法监督职能进一步向乡镇（街道）“下沉”延伸，打通基层法治建设“最后一千米”。推行落实证明事项告知承诺制，方便群众办事，助力优化营商环境，全年共计办理证明事项告知承诺制案件数量2939起，减少证明数量31478起，办件缩短60余个工作日。

【普法宣传】 2023年，沭阳县司法局举办各类普法宣传主题活动15余场，开展普法进校园25场、普法进企业活动18场、普法进村居活动13场，联合各成员单位开展普法活动27场次，组织各乡镇司法所开展普法宣传活动约200场次。创新“直播式”普法方式，开展民法典直播普法5期，线上观看人数达10万余人；制作《“剧”说民法典》普法短剧，通过剧情演绎、以案说法等形式拍摄短视频，替代传统“教条式”说理，受到群众好评。

【法律援助】 2023年，沭阳县司法局共受理案件4816起，其中法律援助案件2381起，法律帮助案件2435起。为低保户、残疾人等社会救助对象提供“申请即办+上门服务”38人次，法律援助覆盖率万人比13.8，超序时进度完成目标。

（赵桂珍）

仲　裁

【概况】 2023年，沭阳县人社局规范劳动争议仲裁调解，共受理劳动争议案件2664件，为劳动者追索工资、经济补偿、工伤待遇等3894.5万元。劳动人事争议仲裁案件结案率100%，调解成功率88.35%。联合县法院召开沭阳县劳动人事争议仲裁与诉讼裁审衔接工作座谈会，建立定期开展疑难案件讨论、信息共享机制，统一裁审尺度和标准，通过工作业务培训、微信群等方式，探讨典型案例，提升办案效能，合力化解矛盾纠纷。

【“四位一体”大调解活动】 2023年，沭阳县人社局开展集人民调解、司法调解、行政调解、仲裁调解四方力量（“四位一体”）共同参与的劳动人事争议大调解活动6次，邀请律师、法律工作者、工会工作人员等作为调解员，累计对600余件争议案件进行调解，成功调解各类劳动争议103件，达成调解意向78件。

【金牌调解组织打造】 2023年，沭阳县人社局开展“金牌劳动人事争议调解组织”培育选树活动，健全基层调解组织制度，提高调解服务水平，提升调解处理效能，发挥基层调解组织争议预防预警作用，将劳动争议及时就近化解。江苏福庆家居有限公司、沭阳县劳动人事争议联合调处中心获评市级金牌调解组织。

（廖　军）

编　辑：王丽娟

人民武装

【概况】 2023年，沭阳县人民武装部（以下简称县人武部）深入贯彻习近平强军思想，学习宣传贯彻中共二十大精神，扎实开展习近平新时代中国特色社会主义思想主题教育活动，贯彻落实上级工作总要求，认真落实党委中心组学习制度，着力举旗铸魂、练兵备战、聚焦打赢、改进作风、安全发展，各项工作扎实有力落实，全力推进县人武部全面建设高质量发展。

【政治教育】 2023年，县人武部坚持政治引领，维护核心、听党指挥、坚定自觉。切实抓好思想政治教育，深入学习贯彻中共二十大精神，突出学好习近平新时代中国特色社会主义思想和习近平强军思想，进一步凝聚干部职工、专武干部和广大民兵奋斗新时代、奋进新征程的意志力量，增强“四个意识”、坚定“四个自信”、做到“两个维护”，确保部队纯洁巩固，集中统一。不断加强民兵思想政治工作。落实组织生活制度，发挥战斗堡垒作用。调整充实民兵干部骨干，广泛开展“争创民兵工作先进单位、争当民兵工作先进个人”活动，组织发动民兵在经济社会发展中站排头、当标兵、做模范。运用微信群、公众号等媒体，采取跟踪教育、属地教育、动态教育等方法，打造民兵随时随地接受教育的网络课堂。持续推进全民国防教育，结合征兵宣传、民兵政治教育等工作常态化开展全民国防教育，邀请优秀现役军人典型代表与“双合格”青年进行面对面交流，营造入伍光荣的社会氛围，指导各乡镇（街道）依托教育阵地开展全民国防教育，群众国防意识进一步增强。

【党的建设】 2023年，县人武部认真贯彻落实全面从严治党的政治要求，扎实抓好党委班子和党员干部队伍建设。盯住廉洁征兵、物资采购、工程建设等重点领域，坚定不移推动作风建设常治长效。学习贯彻全面从严治党新思想新要求，带头强化“四个意识”，严守政治纪律和政治规矩。坚持正风肃纪，党风廉政建设持续加强。坚决贯彻习近平总书记依法治军、从严治军的决策指示，以持续正风肃纪为主线，始终保持永远在路上的韧劲定力，推动单位风气建设持续向好。从严正风肃纪，及时传达学习文件法规，对照上级下发的各类问题清单，翻箱倒柜排查纠错，高标准抓好本级问题整改，确保反馈问题全部清零。对检查出的问题及时予以整改，营造风清气正良好环境。

【党管武装】 县人武部始终用习近平总书记系列重要讲话精神统领武装工作，协调全县各级党委、政府和职能部门严格落实党管武装制度，持续推进党管武装工作健康发展。会同县委组织部会商建立专武干部人才储备库运行机制，修订《沭阳县专武干部人才储备库建设方案（试行）》，建立工作规则，通过会商、考察选定一批优秀基层干部入库，进一步规范了专武部长选拔任用程序，专武干部队伍得到进一步优化调整，激发了专武干部干事创业的热情。

【民兵工作】 2023年，县人武部组织完成全县基干民兵的编建任务，党员、退伍军人和新质力量比例均达到规定要求。5月，组织全县基干民兵整组集中点验，通过“现场点验、查看库室、电话询问、问题反馈”，实际检验全县国防后备力量建设成效，受到上级领导表扬。9

月，县民兵应急连接受省军区民兵整组点验考核。坚持练兵备战，着眼有效履行新时代民兵使命任务，坚持战训一致、以战领训、以训促战，着力提升民兵实战化训练水平，履行使命任务能力全面提升。严格落实党委议战议训制度，对上级组织的集训、本级民兵军事训练等进行专题研究部署，立起备战打仗鲜明导向。每季度分析基层建设形势，积极推进基层人武部制度落实和软硬件建设，研究专武干部履职考评体系。完善战备方案，紧贴使命任务，深入开展作战问题研究，联合县人防办组织开展联演联训。防汛抗洪期间，组织民兵参加渗漏险情排查、巡防巡堤等工作。坚持依法施训，以提高民兵队伍执行多样化军事任务和支援保障能力为目标，按照练兵备战要求，着力打牢民兵队伍执行任务的基础。

【国防动员】 2023年，沭阳县及时调整县国防动员委员会（以下简称县国动委）机构，健全国动委组织机构和各专业办公室人员构成，细化明确职责分工，加强国动委工作落实。认真研究县级人民武装动员主要内容、方法程序、具体步骤和特点要求等问题。制定国防动员潜力统计调查工作实施方案，按照行业条块对口明确责任任务，组织县国动委成员单位联络员学习研究政策。按照规模适度、布局合理、结构科学、可靠管用的要求，科学编组布局，优化资源配置，打造全县精干高效的后备力量队伍。

【征兵工作】 2023年，县人武部坚持严把标准，兵役征集质量稳步提升。征兵期间，按照上级要求，指导基层武装部征兵期间组织应征青年及家长集体座谈，讲清廉洁征兵的政策规定，促进全县群众对于阳光征兵、廉洁征兵的强烈认同感，努力营造全社会廉洁征兵氛围。严格规范落实体格检查、政治考核、走访调查、役前教育、公开公示、审批定兵等环节，确保征兵工作公开、公平、公正，圆满完成上级赋予的征兵任务，征兵过程中未发现一个廉洁征兵问题。

【安全管理】 2023年，县人武部坚持依法治军，安全管理质效不断提升。坚持稳中求进工作总基调，按照“政治要稳、管理要稳、作风要稳、心态要稳”要求，深入抓好党规党纪学习，常态组织经常性安全教育、法纪教育和警示教育，干部职工法治意识和纪律观念进一步强化。落实《军队安全管理条例》和安全保密规章制度，定期组织保密检查，有效防止各类失泄密事件的发生。扎实开展百日安全活动，坚决防范事故案件和问题，始终保持高度安全稳定。

（赵　阳）

武　警

【概况】 2023年，沭阳县武警中队（以下简称县武警中队）按照“铸魂育人强队伍、依法施训提能力、精细施管固根基、发挥特色创品牌、全面发展当标兵”的工作思路，抓经常、打基础、当先锋，圆满完成各项任务，基础建设和硬件设施得到全面完善，部队内部安全稳定，新时代执勤安保规范化建设推进有力，官兵士气高涨，以实际行动践行了“驻守一方，平安一方”的铮铮誓言。受到总队、支队首长多次表扬。

【思想政治教育】 2023年，县武警中队扎实做好思想政治工作，培养新时代革命军人。积极开展“学雷锋”活动，组织官兵到附近孤寡老人家中开展帮扶活动，用行动践行、传承着雷锋精神，受到驻地群众的称赞。清明节，组织官兵前往沭阳烈士陵园祭扫，通过敬献花圈、集体默哀、瞻仰烈士纪念碑、重温入党誓词等形式，回顾革命峥嵘岁月，缅怀革命先烈崇高精神，表达对革命先烈的无限哀思。

【武装执勤】 2023年，县武警中队完成沭阳县看守所33起武装押解任务。协同沭阳县公安局担负重点时段重点区域城区武装巡逻任务67次，确保驻地安全稳定，为沭阳县经济发展保驾护航。

【支援地方抢险】 2023年，县武警中队竭尽全力支援地方抢险。参与处置沭阳县新沂河决堤事件，圆满完成任务。

【人才培养】 2023年，县武警中队秉着“育人为本”的思想观念，全面强化人才培养建设，铸魂育人强根基。全年共有3人入党、10人入团，达到全员是党团员集体。在立功受奖上，以奖促进，突出优秀人才培育，把成绩优异、工作务实的同志展现出来，全年有1人荣立个人三等功、9人荣获“四有”优秀个人、12人获嘉奖。

（王永凯）

双拥工作

【概况】 2023年，沭阳县通过制度建设、军地协作共建等措施，全力做好双拥工作，全县拥军优属、拥政爱民氛围浓厚。

【制度保障】 2023年，沭阳县组织召开全县双拥工作会议，对双拥创建工作提出具体要求，建立双拥联络员制度，对点位建设、氛围营造、台账资料收集整理等具体工作进行细化分解。全年组织开展“翰墨书香进军营”、为新兵赠送箱包、心理咨询师进军营等多项拥军活动。打造南湖中学、万达广场、中央商场等35个双拥创建示范点和39个社会化拥军优抚示范点，双拥工作重视程度和双拥活动开展质量持续提升，双拥工作机制进一步完善。

【拥军优属】 2023年，沭阳县全面落实优抚补助自然增长机制，为1.5万余名优抚对象发放抚恤补助金，审批新增60周岁老兵500余人，对兵龄认定不准确的60周岁以上老兵重新核定兵龄，优抚对象年度确认实现全覆盖，确保待遇足额、准确发放。组织200余名重点优抚对象参加医疗巡诊，200余人参加短期疗养，为优抚对象和新入伍义务兵父母发放免费体检单，开展困难退役军人和优抚对象帮扶救助，为立功受奖现役军人送喜报上门，发放现役军人家庭优待金、奖励金、立功奖励金、入伍专项慰问金等，拥军、崇军氛围更加浓厚。

【拥政爱民】 2023年，县人武部积极援助地方建设，投入10万元为胡集镇华长村集中居住小区安装单头路灯60盏，修建430平方米健身广场和隔围栏。

（王东兴）

【双拥共建】 2023年，县人武部坚持军地协作，发挥县委、县政府对武装工作高度重视的优势，落实常态议军、党政述职、绩效考评等党管武装制度，党管武装效力进一步增强。深入开展乡村振兴等工作，协调对接胡集镇华长村调研帮扶项目，申请10万元专项经费用于改善居住环境。联合县退役军人事务局开展送立功喜报、挂光荣牌匾等活动，提升军人军属荣誉感，军政军民团结的良好局面持续巩固发展。协调妥善安置军转干部2人，安置随军家属就业2人和符合安置条件的退役军人，安排21名军人子女就读优质学校。

（赵　阳）

编　辑：郑长银

花木产业

综　述

【历史溯源】 沭阳花木栽培始于唐代、盛于明清，自古就享有“花乡”美誉，小说《镜花缘》中有“沭阳石榴甲天下”的记载。新河镇周圈村胡家花园中的“卧牛望月”刺柏树桩盆景培育于明正德三年（1508），至今已有500多年历史，是沭阳花木栽培历史活的见证。该园的“二龙戏珠”有200多年历史，至今仍虬枝劲节、枝繁叶茂；周圈、山荡古栗林树龄均在百年以上。

【产业规划】 从20世纪90年代起，花木产业一直是历届沭阳县委、县政府支持的首要对象，在产业规划、基础设施建设、项目投放、主体培育、用地保障等方面长期倾斜。沭阳县先后成立沭阳县花木开发示范区管委会、江苏省沭阳现代农业园区管委会、沭阳县花木研究所等单位机构，服务全县花木产业发展；聘请南京农业大学等专家编制花木产业发展规划与战略策划方案，明确沭阳花木产业发展方向与定位，分阶段提出实施方案，全方位引领沭阳花木产业发展。促进花木产业融合发展，推行精品化生产，提高花木质量档次；推动花木加工业发展，深入挖掘花卉食用与药用价值，开发木槿花化妆品、风味食品，玫瑰花茶与提炼精油等高附加值产品，培育壮大企业生产加工干花配件、花木盆器、园艺工具资材、温室钢架、花木基质肥料等花木配套产品，促进花木提档升级；充分发挥沭阳县深厚的历史文化底蕴和独特的花木旅游资源禀赋，以花为媒，深化花旅融合，不断延伸花木产业链，实现花木产区变景区。全县先后组织实施245省道变压器配套工程、新潼路、扎新颜循环道路、扎新路改扩建工程等一系列基础设施建设项目，相继出台《沭阳县花木产业“十三五”发展规划》《关于扶持农村电商发展的意见》《沭阳县现代农业项目建设奖励办法》等文件，重点奖励花木电商、规模园艺、新品种新业态新模式等项目，引导产业发展方向，带动就业，促进创业，构架产业链的转型升级，加快花木产业新旧动能转换，实现沭阳花木产业从以扩面为主的1.0时代、以四个转型提档升级为主的2.0时代，发展到六个转型提质增效为主的3.0时代。

【发展规模】 2023年，全县花木种植面积60万亩，约占全省1/4、全国1/20，各类花木从业人员35万余人，约3万名专业花木经纪人。2023年，全县实现花木销售300亿元。

花木培育

【概况】 沭阳花木产业依托沭阳国家现代农业产业园，建设“沭阳花谷”，打造生产要素集聚区、三产融合示范区、乡村振兴引领区。种植花木3000余个品种，其中主要有榉树、广玉兰、栾树、高杆女贞、海棠、樱花、月季、黄杨等，形成了以树桩盆景、干花、多肉、月季为主的地方特色产业。2023年，单体种植面积超1000亩、3000亩的花木企业（大户）分别为27家、6家，新优品种产值占45%，已建成耿圩多肉基地、兰花基地、陇集俄勒冈彩叶苗木基地、刘集北美海棠基地、红方花木红叶石楠容器苗基地、扎下景观造型树基地、新河月季花基地、章集小盆景基地、庙头草本花基地等一批特色鲜明的花木基地，以及华东花木大世界、国际花木城、周圈盆景市场、新河花木电商示范街、新河花木电商采购基地等10余个大型花木集散市场及中心。

【草坪种植】 2023年，全县种植草坪面积1.6万亩，主要种植区域为钱集镇（张圩片区）、塘沟镇（周集片区）、贤官镇（万匹片区）、胡集镇、龙庙镇等，主要品种为早熟禾、高羊茅、狗牙根、结缕草、黑麦草、剪股颖等，年产值1.9亿元。

【草本花卉培育】 沭阳草本花基地主要集中于庙头镇探架村，全村有连栋大棚5万平方米，主要生产三色堇、彩叶草、矮牵牛、一串红、羽衣甘蓝等20多个品种。2023年，实现产值近1000万元。

【木本花卉培育】 沭阳木本花卉主要品种为月季、海棠、樱花、紫薇、梅花、榆叶梅等，面积9万亩，主要种植区域为刘集镇、新河镇、庙头镇、扎下镇、颜集镇、桑墟镇、龙庙镇等。2023年，实现产值9亿元。其中月季基地8500亩，主要集中区为新河镇、扎下镇、龙庙镇、耿圩镇等月季栽培基地。新河镇月季花基地是一个集月季花科研、培育、观赏、销售于一体的核心区，面积5000多亩，繁育藤本、树状、灌木等各类月季560多种，每亩地每年可以实现纯收入2万元。依托强大的沭阳花木电商，实现产销两旺，年销售额超5亿元，促进了花木产业的提档升级。海棠基地种植集中区为刘集镇、章集街道、马厂镇、潼阳镇等，面积4000亩。刘集镇为核心区，面积2000亩，江苏金海棠农业科技有限公司海棠种植基地1600亩，栽植红巴伦、白兰地、马凯米克、粉红伦格、斯普伦格及香雪海等高档海棠苗木70多个品种100多万株，形成了精品海棠展示区、培育区等板块，是目前华东地区最大的海棠良种繁育示范基地之一。

【高秆行道树培育】 沭阳高秆行道树主要品种为栾树、法桐、白蜡、国槐、榉树、大叶女贞、垂柳、红栎等，面积22万亩，主要种植区域为新河镇、扎下镇、颜集镇、庙头镇、潼阳镇等老花区及刘集镇、耿圩镇、陇集镇、龙庙镇、贤官镇、十字街道等新花区。2023年，实现产值29亿元。

【鲜切花培育】 沭阳鲜切花种植区域主要集中于章集街道大沈庄村，占地300亩，建成连栋温室大棚6万平方米，引进国内外菊花品种60余种，年产菊花鲜切花2000万枝。2023年，实现产值3000万多元。

【多肉植物培育】 沭阳多肉种植主要集中于耿圩镇，面积3200亩，其中苏台花木产业示范园于2014年建设，占地1067亩，建设有连栋控温温室40栋20万平方米，并设立O2O电商体验中心供人们参观学习。耿圩多肉产业园于2015年10月建设，占地500亩，园内基础设施齐全，入驻35个多肉生产销售企业大户。耿圩村多肉基地面积1600亩，有近200个多肉生产销售企业大户正在建设。年生产多肉2亿株，产值近2亿元。

【盆花及盆景产业】 2023年，沭阳县拥有各类盆景120万盆，其中独具沭阳特色的刺柏盆景、盆栽嫁接桂花30万盆，“沭派”盆景已经成为沭阳花木特色品种之一，在全国范围内具有一定的知名度。盆景产业已形成“公司+基地+农户”“支部+协会+农户”“能人大户带农户”“千家万户”4种盆景发展模式，拥有专业制作人员1万余人，拥有经行业认定的国家、省级盆景大师6人，拥有经过系统培训的专业技术人才5000余人。与沭阳花木节同期举办“中国精品盆景（沭阳）邀请展”“中国盆景制作比赛”等花木盆景展会。2014年举办第六届中国盆景学术研讨会，2020年成功举办国家行业二类竞赛、“第一届全国盆景职业技能竞赛”、“第十届全国盆景展”、“第二届中国盆景艺术大师作品展”，都是第一次在县级城市举办大型“国字号”活动。2023年9月底举办“2023年国际盆景大会年度主展览”，共展出各类精品盆景作品1360件，包括国际盆景作品图片60幅、中国盆景艺术大师作品200盆及全国各省（市、区）精选的盆景佳作1100盆，展品数量和质量均居历届展会之首。

大型花木基地

【耿圩镇多肉（花卉）产业园】 产业园于2015年10月建设，占地500亩，园内基础设施齐全。2021年11月，该产业园入选《全国农村创业园区（基地）目录（2021）》。2023年，该园已入驻的35家多肉生产销售企业，年生产多肉200多个品种1亿株。依托花木电商直播，年销售额5亿元。

【耿圩镇兰花基地】 该基地由沭阳县耿圩镇润成兰花盆景产业园兴建，位于324省道与绿雅大道交会处，是集兰花科研、种苗生产、种植示范、产品加工、兰文化教育及产业扶贫于一体的示范园区，项目投资2.6亿元，占地318亩，建设高标准玻璃温室大棚8万平方米，主要生产蝴蝶兰、文心兰、大花惠兰等，年产兰花500万盆，年产值1亿元，带动周边农户200余人就业。

【苏台（沭阳）花木产业示范园】 该产业园由途睿生态农业科技有限公司建设运营。产业园一期投资1.3亿元，建成办公用房1200平方米，精品园艺植物展厅3200平方米，连栋控温温室40栋20万平方米，年产各类多肉植物近1亿株，是全国最大的设施多肉生产基地。园区二期投资近4000万元，占地300亩，集青少年科普教育、农业科技观光、农事特色体验、多肉主题游览、多肉产品延伸于一体。公司主要采取“基地+农户+网店”三位一体的种养加工销售模式，产品销售主要以线上电商（直播）与线下批发为主。

【俄勒冈彩叶苗木基地】 该基地位于陇集镇324省道旁，面积3100余亩，专业从事高端进口容器苗栽培和繁育，培育槭树、栲树、椴树、榉树、山楂、枫香、海棠、豆梨、栎树、白蜡等彩叶、彩果及稀有品种100万余株。基地与南京林业大学合作研究青钱柳种质资源库分库项目，与北京林业大学合作研究落叶栎育种课题和大规格容器苗培育项目。该项目推动了沭阳花木产业由绿色向彩色、地栽向盆栽的转型升级，可吸纳200余名当地居民就业。

【艺森园盆景造型基地】 该基地位于扎下镇，由江苏新艺园林工程有限公司投资兴建，建成温室大棚面积3万余平方米，花木直播间3个，接待培训中心900平方米，育苗床2000平方米，观光道路1.5万平方米。基地年培植各类中小型盆景2万余株，盆景素材苗20万株，吸引周边100余名电商、网红、直播达人前来直播销售，人均年增收5万元左右。通过带领技艺传承、带强产业发展、带动群众致富，艺森园已成为集苗木种植、花木造型、盆景制作、现场展示、电商直播于一体的综合基地。

【红方花木基地】 基地位于沭阳县刘集镇南长庄村，由沭阳国际花木城与浙江客商2019年共同投资建设，流转土地2400多亩，采用容器苗栽植红叶石楠、金森女贞、杜鹃、红花继木、茶梅等彩色苗木1200万株，带动周边群众180余人长期稳定就业。

花木品牌

【沭阳女贞】 沭阳栽培金叶女贞已有60余年历史，1955年由颜集镇花晏村最先开始小规模种植，因市场需求和经济效益良好，面积迅速扩大。已形成以花晏村为中心的沭阳女贞产业核心区，面积146.67公顷，并形成了沭阳女贞球、沭阳女贞柱、沭阳女贞盆景等系列产品，辐射带动颜集、新河、扎下等花卉苗木产区。沭阳女贞属落叶灌木，株高1~2米，冠幅1.5~2米。叶片呈椭圆形或卵状椭圆形，长2~5厘米，叶色金黄，尤其在春秋两季色泽更加璀璨亮丽。总状花序，小花白色，果椭圆形，紫黑色，花期为5—7月，果期为10—11月。沭阳女贞适应性强，对土壤要求不严格，性喜光，稍耐阴，耐寒能力较强，不耐高温高湿，抗病力强。

【沭阳冬青】 沭阳冬青属常绿灌木或小乔木，树皮灰色或淡灰色，有纵沟，小枝淡绿色，无毛。叶薄革质，狭长椭圆形或披针形，顶端渐尖，基部楔形，边缘有浅圆锯齿，干后呈红褐色，有光泽。花瓣紫红色或淡紫色，向外反卷。果实椭圆形或近球形，成熟时深红色。种子及树皮可供药用，为强壮剂；叶有清热解毒作用，可治气管炎和烧烫伤；树皮可提取栲胶。沭阳冬青木材坚韧，供细工原料，用于制玩具、雕刻品、工具柄、刷背和木梳等。

【沭阳石榴】 沭阳绝大部分是沙质土壤，气候温润，特别适宜沭阳石榴生长，家家户户都会在院子里栽种石榴。石榴花因花期长、红艳似火，被誉为沭阳县花。沭阳石榴果硕大扁圆，籽粒饱满，汁液鲜甜。沭阳石榴属落叶乔木或灌木，单叶，通常对生或簇生。花顶生或近顶生，单生或几朵簇生或组成聚伞花序，近钟形，花瓣5~9瓣，多皱褶，覆瓦状排列。浆果球形，顶端有宿存花萼裂片，果皮厚；种子多数，浆果近球形，果熟期9—10月。外种皮肉质半透明，多汁；内种皮革质。性味甘、酸涩、温，具有杀虫、收敛、涩肠、止痢等功效。石榴果实营养丰富，维生素C含量比苹果、梨要高出1～2倍。在清代小说家李汝珍所著的《镜花缘》一书中就有“沭阳石榴甲天下”的记载。沭阳石榴因多籽，民间常寓其多福。相传女皇武则天对石榴一直偏爱有加。武周时期，沭阳隶属于东海郡。一天，武则天思念镇守东海郡的侄儿武八思，下令近臣狄仁杰精选子石榴、花石榴200棵，专程送到沭阳赏赐八思，愿他怀中报子，后继有人，于是石榴就在沭阳落户，世代相传。沭阳民间男女结婚时，新房顶篷、嫁妆的脸盆饭碗，都要用红纸剪一个开裂见籽的大石榴贴上，表示榴开见子，子孙满堂。近年来沭阳石榴盆景大发展，年产销量达5万盆，优雅古朴的特质是庭院布局不可缺少的风景。

【沭阳黄杨】 黄杨属常绿灌木或小乔木，是沭阳的地产特色树种，在新河、颜集、庙头、潼阳、扎下等乡镇广泛栽植。树干灰白光洁，枝条密生，叶革质，椭圆形，叶色青翠光亮，树姿优美，耐旱、耐寒，适应性强，在园林绿化中广泛应用。黄杨耐修剪、生长慢、寿命长，是制作盆景的优良树材。沭阳盆景艺人制作的黄杨盆景树姿优美，四季常青，尤其春季嫩叶初发，满树嫩绿，十分悦目。

【沭阳刺柏】 刺柏是沭阳地产乡

土树种，培育历史悠久，在新河、颜集、庙头、扎下、潼阳等乡镇广泛栽植。20世纪80年代，沭阳刺柏和沭阳黄杨是沭阳县颇具特色的花木之一。沭阳刺柏属于常绿小乔木，树皮褐色，枝条斜展或直展，树冠塔形或圆柱形，树形优美，叶片苍翠，冬夏常青，红棕色或橙褐色的球果经久不落。沭阳刺柏耐寒耐旱抗逆性强，在土地贫瘠干旱的地方均可生长，具有净化空气、改善城市小气候和降低噪声等多种功能，在城乡绿化中广泛应用。沭阳刺柏是制作盆景的好素材，沭阳盆景艺人就地取材，制作的刺柏盆景树姿优美，树干苍劲，针叶细密油绿，极具艺术美感。

【沭阳榉树】 榉树属榆科榉属的落叶乔木树种，是沭阳的特色树种，全县种植面积1333.33公顷，在耿圩、新河、颜集、庙头、潼阳、扎下等乡镇广泛栽植，其中耿圩镇三叶园林榉树种植466.67公顷。沭阳榉树树姿端庄，高大雄伟，枝叶繁盛，秋叶变成褐红色，是优良的秋色叶树种，可作庭荫树、行道树、风景林等。其生长慢，寿命长，材质优良，阳性树种，深根性，抗风力强，耐烟尘及有害气体。榉树，因“榉”和“举”谐音，而古代科考有举人、举子之名，相传，以前有一秀才人家，秀才屡试屡挫，妻子恐其沉沦，与其约赌，在家门口石头上种榉树，有志者事竟成。果不其然，榉树竟和石头长在了一起，秀才最终也中举归来。因“硬石种榉”与“应试中举”谐音，故木石奇缘又含着祥瑞之征兆。

【沭阳紫薇】 沭阳紫薇属千屈菜科，俗称“痒痒树”，又名满堂红、百日红，是一种优良的园林观赏花木。宋代诗人杨万里诗赞颂：“似痴如醉丽还佳，露压风欺分外斜。谁道花无红百日，紫薇长放半年花。”20世纪70年代初，沭阳的花农初见紫薇，陶醉其秀雅姿态、美丽花色，遂引种并种植。沭阳紫薇种植面积达660多公顷，远销全国各地。紫薇树姿优美，树干光滑洁净，树皮平滑，灰色或灰褐色，枝干多扭曲，小枝纤细。花期6—9月，花色艳丽，开花时正当夏秋少花季节，花期长，故有“百日红”之称，又有“盛夏绿遮眼，此花红满堂”的赞语。叶互生或有时对生，纸质，椭圆形、阔矩圆形或倒卵形。果期9—12月，果实幼时绿色至黄色，成熟时或干燥时呈紫黑色，室背开裂，种子有翅，长约8毫米。沭阳紫薇是观花、观干、观根的盆景良材，根、皮、叶、花皆可入药。

【沭阳栾树】 栾树属无患子科、栾树属落叶乔木，在沭阳新河、颜集、庙头、潼阳、扎下、耿圩等乡镇广泛栽植。沭阳栾树树形高大，枝冠整齐，枝叶繁茂秀丽，季相明显，春季嫩叶红色，夏季黄花满枝，入秋蒴果似盏盏灯笼，果皮红色，绚丽悦目。花期6—8月，果期9—10月。适应性强，耐寒耐旱耐瘠薄，耐盐渍性土，对粉尘、二氧化硫、臭氧等有较强的抗性。沭阳栾树是理想的行道、庭荫等景观绿化树种，也可用作防护林、水土保持及荒山绿化、工业污染区绿化树种。

花木销售

【电商销售】 沭阳县是全国闻名的花木电商大县，花木电商销售额占全国1/3，淘宝、京东、抖音60%花木类卖家来自沭阳，集聚各类活跃网店5万余家。2023年，全县花木电商销售额120亿元。全县有40余家快递物流企业为花木电商服务，建立了10余个集“基地+电商+物流”为一体的花木电商产业集群，构建了“农民+手机+产业基地”的联农富农模式，网络达人成为“新农人”，手机成为“新农具”，直播成为“新农事”，数据成为“新农资”。全县建成2个省级电子商务示范基地、4个省级农村电子商务示范镇、10个省级农村电子商务示范村，拥有16个淘宝镇、104个淘宝村，培育省级电子商务示范企业2家、市级示范企业35家。“沭阳电商”“沭派盆景工匠”入选省级劳务品牌，获评农业农村部“农产品数字化百强县”荣誉称号。

【经纪人销售】 沭阳共有花木从业人员35万人，专业花木经纪人3万人活跃在全国各地，信息渠道广，联系众多花木企业基地与园林公司，初步实现沭阳花木买卖全国。

【沭阳国际花木城】 沭阳国际花木城由福建客商于2012年投资兴建，总投资2.5亿元，占地1000亩。市场规划合理，基础设施配套齐全，管理体系正规，总体功能格局设为“七区一厅两馆”，即大苗区、小苗区、盆景区、景观区、资材区、电商区、物流区，综合大厅及花卉园艺展览馆、苗木盆景展览馆。已入驻来自福建、浙江、河南、山东、湖北、安徽等地的企业、商户1500多家。沭阳国际花木城已成为集花木展销、信息发布、电子商务、现代物流、旅游观光五位一体的大型花木综合交易市场，2023年实现场内销售近50亿元。举办了7届“中国·沭阳花木节”，同期举办精品盆景展，带动了全县及周边的花木产业发展。

【沭阳华东花木大世界】 正在建设中的华东花木大世界为沭阳县列省农业农村重大项目，沭阳打造中国花谷的重点项目，也是中国·沭阳花木节主会场，占地1500亩，已建成种植培育中心、交易中心、资材奇石中心、花鸟宠物中心、特色美食中心5个特色馆，占地229亩，总建筑面积5.3万平方米。

花木节庆

【概况】 为推进沭阳花木产业提档升级，提高沭阳花木知名度与影响力，打响花乡沭阳品牌，从2002年起，沭阳已举办十届沭阳花木节。其中2002年举办第一届，2005年举办第二届，2015—2021年举办第三至第九届，2023年举办第十届花木节。沭阳花木节每年于9月底举办，内容丰富多彩，有苗木交易博览会、网上花木节、地方特色文艺演出等20余项特色活动，延期至国庆节假期，成为全县性的重大节庆活动。花木节获评新时代·中国最具特色文体旅游节庆、江苏省乡村节庆品牌，已成为江苏省最大的花木行业盛会。同期举办“中国精品盆景（沭阳）邀请展”“中国盆景制作比赛”等“国字号”的花木盆景展会。2020年成功举办国家行业二类竞赛“第一届全国盆景职业技能竞赛”“第十届全国盆景展”“第二届中国盆景艺术大师作品展”等大型“国字号”活动。

【第十届中国沭阳花木节】 第十届中国沭阳花木节全面、全域展示沭阳经济发展成果和沭阳花木发展成绩，于2023年9月27日至10月6日在沭阳华东花木大世界成功举办，共接待国内外游客56万人次，各类展商1000余家，实现销售额10.2亿元。主会场在东花木大世界，设5个展馆，场馆总面积5.4万平方米，活动主要包括开幕式、2023年国际盆景大会年度主展览、2023首届江苏林草种苗新特优品种技术展、花木电商直播等活动。同步开展园艺资材、工具奇石、紫砂工艺、精品盆景拍卖、特色美食等市场化展销活动。8个分会场为扎下镇国际花木城苗木资材展、耿圩镇蝴蝶谷兰花展、耿圩镇苏台园区多肉植物展、颜集镇堰下村庭院美居展、新河镇周圈村盆景月季展、庙头镇聚贤村美村花艺展、梦溪公园菊花主题展、南湖公园花木科普展。还举行了“江苏省中国科学院植物研究所沭阳产学研合作基地”“苏州农业职业技术学院沭阳产学研合作基地”“江苏省林业科学研究院沭阳产学研合作基地”“江苏省抖音花卉产业带”揭牌仪式，发布盆景工国家职业技能标准、沭阳花木电商指数，推广沭阳特色美食，举办南京雨花石交响管乐团专场音乐会、《右手姑娘》剧组“迎中秋庆国庆”综艺晚会、淮海戏专场文艺演出、非遗文艺演出等文艺活动。

2023首届江苏林草种苗新特优品种技术展是省级花木产业活动，首次在沭阳县举办，共设立耐水湿盐碱树种、乡土树种、观赏树种、经济林品种、草品种五大板块，布置花卉苗木、电商经济、林下经济、木本油料等主题标准展位57个，邀请上海、浙江、安徽、江西4个省区种苗花卉经营单位参展，情景化展示了长三角以及江西地区林草种苗新优品种技术200余项。

“2023年国际盆景大会年度主展览”为沭阳县首次举办国际性展览，共展出各类精品盆景作品1360件，包括国际盆景作品图片60幅、中国盆景艺术大师作品200盆及全国各省（市、区）精选的盆景佳作1100盆，展品数量和质量均居历届展会之首。

2023金秋经贸招商洽谈会共签约项目43个、协议总投资330亿元，项目涵盖先进制造业、高效农业、现代服务业等多个领域，不仅投资体量大、科技含量高，而且带动能力强、市场前景好，推进沭阳县产业转型升级、做大做强、强链补链延链。

（马喜娟　　李　曼）

花木种苗市场监管

【概况】 2023年，沭阳县始终坚持高位调度、高位推进花木种苗领域专项整治工作。2021年、2022年、2023年分别开展了“春雷”“猎鼠”“雷霆”专项行动，持续巩固整治成效，有力推动花木产业健康发展。第十届沭阳花木节期间，全国17个省市38家媒体聚焦“中国花谷”，矩阵式宣传报道推介“沭阳花木”，全网浏览量超3000万次以上。

【机制保障】 沭阳县针对花木种苗电商主体数量大、分布散的特点，相关部门从经营源头和市场流通两个关键环节入手，完善法治体系，健全长效管理机制。摸清经营底数。线上搜网店、查网页，线下摸主体、建台账、签订承诺书，对花木种苗经营户“逐一过堂”，全面掌握全县花木电商底数，实行统一管理。截至2023年年底，3年累计为花木电商免费办理“营业执照”1.5万余份、“林木种子生产经营许可证”1.3万余份，建立4.06万条电商主体信息台账。建立诚信经营村规民约。从遵守法律法规、合法持证经营、张贴诚信标贴、禁止虚假宣传、服从行业监管、做好售后保障、加强业务学习、维护交易秩序、严格失信惩戒、严格遵守约定10个方面，明确规定网络电商诚信经营行为，全县104个花木电商经营村（社区）均已建立诚信经营村规民约，促进花木电商依法守规经营。健全行业自律监管机制。专门成立全县网络电商互助联合会，将诚信体系建设作为重要内容写入章程，加强行业自律，构建团结互助、竞争有序的良性发展机制。会员单位通过日常交流、召开行业峰会等交流活动，实现互助共赢效应。全年已开展行业交流活动20余次。创新消费者监督投诉模式。创新推出“诚信标签”，标签上标注县相关职能部门的监督电话及投诉平台二维码，要求每一件花木种苗快递必须张贴，系统后台设在县委网信办，网民通过扫描标签二维码可随时随地投诉举报，进一步完善问题“投诉—受理—处置—反馈”全流程闭环机制。截至2023年年底，3年共累计发放6.1亿余张“诚信标签”，网民满意度达95%以上。

【宣传教育】 强化德治滋养，打好联动监管“组合拳”。加强德治教育，从思想根源破除不诚信经营现象，让广大花木电商树牢诚信经营理念。加强诚信典型选树。坚持政府引导，注重市场引领，定期组织开展“花木诚信电商”“花木诚信企业”“十佳诚信电商”“电商诚信经营户”“诚信花木供货商”等诚信典型评选，并在平台推荐、优先采购、经营扶持等方面予以支持倾斜，帮助诚信电商、诚信企业做大做强。截至2023年年底，3年累计评选表彰县级“花木诚信电商”100户、“花木诚信企业”50家。加强从业素养培育。专门设立沭阳县网络直播行业党委，开设“红色直播间”，截至2023年年底，3年共组织政策直播培训30余期，惠及群众达2000余人，开展花木电商专业知识培训、覆盖5万余人次，有效提升了全县花木种苗从业者的专业知识和经营素养，为诚信经营夯实基础。强化法治教育。健全镇村常态巡查机制，设立村（社区）花木种苗专干，常态对快递物流点、电商经营场所进行检查抽查，针对存在问题，现场予以教育纠正。充分运用普法教育、电商培训、村民会议、村民广播等形式，广泛开展《中华人民共和国种子法》《中华人民共和国电子商务法》等相关法律法规知识学习宣传，通过以案说法、警示教育，全面增强花木电商守法经营意识。

【失信行为惩戒】 研究制定《沭阳县失信企业黑名单曝光实施细则》《“三苗”领域失信联合惩戒实施办法》，将失信行为严重、造成较大社会危害的企业或自然人列入“黑名单”，定期公开曝光，采取限制获取政府财政性资金补贴、限制评优评先、限制享受绿色通道等联动惩戒措施。截至2023年年底，3年累计惩戒花木种苗领域失信案件94起，其中，限制融资授信79起、取消授信金额544.8万元，限制办理种子许可7起，取消入党积极分子资格1起，取消花木诚信电商表彰7起，有效构建“一处失信、处处受限”的信用监督、警示和惩戒体系。

【专项整治】 沭阳县坚持以打开路、以案破题，先后开展“春雷”“猎鼠”“雷霆”专项整治行动。截至2023年年底，3年累计查办花木种苗领域各类违法案件405起，罚没款1721.47万元，移送公安部门28起，采取刑事强制措施68人，全网发布案件通报，累计阅读量超500万+，真正起到查处一起、震慑一片的工作效果。

（丁绪宽）

古树名木

【概况】 2023年，沭阳县共有散生古树292株，分布于17个乡镇（街道）。沭阳散生古树主要树种为板栗、银杏等，以新河分布较多，其次城区分布也较多。古树群6个（颜集镇4个、新河镇2个），古树群主要树种为板栗。全县共有林业部门挂牌保护的古树名木（古树群）1309株，最为有名的为袁枚手植藤、“卧牛望月”刺柏盆景等。

【古栗林】 主要位于新河、颜集两个乡镇，多栽植于清代后期。周圈古栗林位于新河镇周圈村境内，是苏北地区保存最为完好的古代bearer栗林，占地30多公顷，最古老的栗树260多年树龄，百年以上的栗树435株。新河双荡村古栗林位于新河镇双荡村，占地约9公顷，现存百年以上古栗树1680余株，苍劲古朴，宛若蛟虬，所产板栗颗粒饱满、色泽油亮。新河镇周圈村、山荡村的古栗林已被打造成风光秀丽的公

2023年5月，新河周圈村古栗林　　县资规局　供图

2023年10月，新河双荡村古栗林　县资规局　供图

2023年6月，紫藤花园小区院内袁枚手植藤　县资规局　供图

2023年4月，“卧牛望月”刺柏盆景　县资规局　供图

园。颜集镇古栗林主要分布在花晏村、许房村和堰下村，其中花晏村的古栗林约有5.3公顷，许房村共有板栗树约千株，堰下村古栗林占地约4公顷，有古栗树100多株，最大树龄的板栗栽种于明末清初时期。

【袁枚手植藤】 袁枚手植藤，又叫“袁公藤”，位于沭城紫藤花园小区（原县政府）院内，是清代大诗人袁枚在沭阳任知县时亲手所植，至今已近300年，为三级古树，树高4.2米，胸围约130厘米，枝叶茂盛，紫花如烟，攀若蛟虬，为市级保护文物。清诗人吴少槎吟《紫藤》诗曰：“随园仙吏剧风流，舄作双凫旧时游。吏解钞书官荷锸，古藤蔓作两蛟虬。”

【“卧牛望月”刺柏盆景】 刺柏属柏科刺柏属，该盆景位于新河镇周圈村胡家花园内，沭阳花木之魂、胡家花园镇园之宝。树高1.2米，胸围25厘米，树龄520多年，为一级古树。

【“二龙戏珠”铺地柏盆景】 铺地柏属柏科圆柏属，该盆景位于周圈村胡家花园内，有近200年的历史，为二级古树。二龙约2米长，仅由一根树桩修剪而成，形态栩栩如生。

【皂荚树】 皂荚树属云实科皂荚属，位于沭城的沭阳宾馆院内。树高约20米，胸围54厘米，已有190多年历史，为三级古树，树干挺拔，枝繁叶茂，郁郁葱葱。据传此皂荚树是清道光年间沭阳大地主程震泰从山西买来栽植。到民国年间，程家破败，这棵皂荚树得到社会各界的保护。现列入县级保护文物，属宿迁市范围内的珍贵树木。

【鲍庄三棵树】 鲍庄三棵树是指位

2023年4月，“二龙戏珠”铺地柏盆景　　县资规局　供图

2023年6月，沭阳宾馆院内皂荚树　　县资规局　供图

2023年6月，鲍庄三棵树——银杏　　县资规局　供图

于贤官镇蒋园居委会鲍庄的银杏、木瓜、松树三株古树。据载，这3棵树已有440多年的树龄，是南朝宋著名诗人鲍照的后人逃荒在这里所植。大约在明万历十五年（1587），鲍氏老祖来的时候，一根扁担一头挑着白果、木瓜、松树3棵小苗，另一头是3个孩子。来到鲍庄后，见这里靠近大沙河，水好土肥，便栽下3棵树，孩子长大以后一家一株。风霜雨雪，几百年来，这3棵树已像苍老的巨人，仍然耸立在沙河岸边。木瓜树高约10米，两支树干，每干1尺多粗。较粗一根的侧干底部有一个洞，洞里经常有小鸟生蛋繁殖。木瓜每年要结果约20千克。另一棵是檀香松树，几百年生长茂旺，曾几经雷击使它半身枯朽，另半身却不断遭到折枝。因为当地人在逢年过节、红白喜事时，都要斫下松枝，用以扎松门，祭祀供奉，松树枝锯下做檀香木烧。天长日久，老松树的生命终结。至今，干枯的松树仍然挺立在鲍庄村头。生长最旺盛的是银杏，屹立在沙河西岸河堤上，树高约30米，胸围约4米，树冠覆盖面积近700平方米，每年结果约500千克。

【钱集古银杏树】　钱集古银杏树位于钱集镇大南村，树高约23米，胸围约4米，树龄约280年，为三级古树。

2023年6月，鲍庄三棵树——木瓜　　县资规局　供图

2023年沭阳县古树名木一览表（群生）

表4

序号	乡镇（街道）	村（社区）	主要树种	株数	平均树龄（年）
1	新河镇	周圈村	板栗	265	130
2	新河镇	山荡村	板栗	543	150
3	颜集镇	堰下村	板栗	27	120
4	颜集镇	许口村	板栗	82	130
5	颜集镇	花晏村	板栗	67	120
6	颜集镇	花晏村	板栗	40	120

2023年沭阳县古树名木一览表（散生）

表5

古树编号	乡镇（街道）	村（社区）	★树种	树龄（年）	古树等级
32132200001	新河镇	周圈村	刺柏	520	一级
32132200002	新河镇	周圈村	刺柏	180	三级
32132200003	新河镇	周圈村	刺柏	180	三级
32132200004	新河镇	周圈村	铺地柏	190	三级
32132200005	新河镇	周圈村	刺柏	180	三级
32132200006	新河镇	周圈村	铺地柏	190	三级
32132200007	新河镇	周圈村	铺地柏	190	三级
32132200008	新河镇	周圈村	铺地柏	190	三级
32132200009	新河镇	周圈村	铺地柏	190	三级
32132200010	新河镇	周圈村	铺地柏	190	三级
32132200011	新河镇	周圈村	铺地柏	190	三级
32132200012	新河镇	周圈村	铺地柏	190	三级
32132200013	新河镇	周圈村	麻栎	110	三级
32132200014	新河镇	周圈村	板栗	140	三级
32132200015	新河镇	周圈村	板栗	140	三级
32132200016	新河镇	周圈村	板栗	140	三级
32132200017	新河镇	周圈村	板栗	140	三级
32132200018	新河镇	周圈村	银杏	140	三级
32132200019	新河镇	周圈村	银杏	140	三级
32132200020	新河镇	周圈村	板栗	140	三级
32132200021	新河镇	周圈村	板栗	140	三级
32132200022	新河镇	周圈村	银杏	140	三级
32132200023	新河镇	周圈村	银杏	140	三级
32132200024	新河镇	周圈村	银杏	120	三级
32132200025	新河镇	周圈村	板栗	140	三级
32132200026	新河镇	周圈村	银杏	130	三级
32132200027	新河镇	周圈村	板栗	140	三级
32132200028	新河镇	周圈村	银杏	140	三级

续表5

古树编号	乡镇（街道）	村（社区）	★树种	树龄（年）	古树等级
32132200029	新河镇	周圈村	银杏	140	三级
32132200030	新河镇	周圈村	银杏	140	三级
32132200031	新河镇	周圈村	银杏	140	三级
32132200032	新河镇	周圈村	银杏	120	三级
32132200033	新河镇	周圈村	银杏	130	三级
32132200034	新河镇	周圈村	板栗	140	三级
32132200035	新河镇	周圈村	银杏	140	三级
32132200036	新河镇	周圈村	银杏	150	三级
32132200037	新河镇	周圈村	银杏	140	三级
32132200038	新河镇	周圈村	银杏	120	三级
32132200039	新河镇	周圈村	银杏	140	三级
32132200040	新河镇	周圈村	银杏	120	三级
32132200041	新河镇	周圈村	银杏	110	三级
32132200042	新河镇	周圈村	板栗	140	三级
32132200043	新河镇	周圈村	银杏	120	三级
32132200044	新河镇	周圈村	银杏	150	三级
32132200045	新河镇	周圈村	银杏	120	三级
32132200046	新河镇	周圈村	银杏	120	三级
32132200047	新河镇	周圈村	银杏	120	三级
32132200048	新河镇	周圈村	银杏	120	三级
32132200049	新河镇	周圈村	银杏	120	三级
32132200050	新河镇	周圈村	银杏	120	三级
32132200051	新河镇	周圈村	银杏	140	三级
32132200052	新河镇	周圈村	银杏	120	三级
32132200053	新河镇	周圈村	银杏	120	三级
32132200054	新河镇	周圈村	银杏	120	三级
32132200055	新河镇	周圈村	银杏	120	三级
32132200056	新河镇	周圈村	银杏	120	三级
32132200057	新河镇	周圈村	银杏	120	三级
32132200058	新河镇	周圈村	板栗	140	三级
32132200059	新河镇	周圈村	银杏	120	三级
32132200060	新河镇	周圈村	银杏	140	三级
32132200061	新河镇	周圈村	银杏	120	三级
32132200062	新河镇	周圈村	柿	120	三级
32132200063	新河镇	周圈村	板栗	140	三级
32132200064	新河镇	周圈村	板栗	140	三级
32132200065	新河镇	周圈村	板栗	140	三级
32132200066	新河镇	周圈村	板栗	140	三级

续表5

古树编号	乡镇（街道）	村（社区）	★树种	树龄（年）	古树等级
32132200067	新河镇	周圈村	板栗	140	三级
32132200068	新河镇	周圈村	银杏	120	三级
32132200069	新河镇	周圈村	银杏	120	三级
32132200070	新河镇	周圈村	银杏	120	三级
32132200071	新河镇	周圈村	板栗	140	三级
32132200072	新河镇	周圈村	银杏	120	三级
32132200073	新河镇	周圈村	银杏	120	三级
32132200074	新河镇	周圈村	银杏	120	三级
32132200075	新河镇	周圈村	银杏	120	三级
32132200076	新河镇	周圈村	侧柏	160	三级
32132200077	新河镇	周圈村	银杏	150	三级
32132200078	新河镇	周圈村	银杏	130	三级
32132200079	新河镇	周圈村	银杏	120	三级
32132200080	新河镇	周圈村	板栗	140	三级
32132200081	新河镇	周圈村	银杏	140	三级
32132200082	新河镇	周圈村	板栗	140	三级
32132200083	新河镇	周圈村	板栗	140	三级
32132200084	新河镇	周圈村	板栗	140	三级
32132200085	新河镇	周圈村	板栗	140	三级
32132200086	新河镇	周圈村	板栗	140	三级
32132200087	新河镇	周圈村	板栗	140	三级
32132200088	新河镇	周圈村	板栗	140	三级
32132200089	新河镇	周圈村	板栗	140	三级
32132200090	新河镇	周圈村	板栗	140	三级
32132200091	新河镇	周圈村	板栗	140	三级
32132200092	新河镇	周圈村	柿	120	三级
32132200093	新河镇	周圈村	板栗	140	三级
32132200094	新河镇	周圈村	银杏	120	三级
32132200095	新河镇	周圈村	银杏	120	三级
32132200096	新河镇	周圈村	银杏	120	三级
32132200097	新河镇	周圈村	银杏	120	三级
32132200098	新河镇	周圈村	板栗	110	三级
32132200099	新河镇	周圈村	板栗	140	三级
32132200100	新河镇	周圈村	板栗	110	三级
32132200101	新河镇	周圈村	板栗	110	三级
32132200102	新河镇	周圈村	板栗	110	三级
32132200103	新河镇	周圈村	板栗	110	三级
32132200104	新河镇	周圈村	板栗	110	三级

续表5

古树编号	乡镇（街道）	村（社区）	★树种	树龄（年）	古树等级
32132200105	新河镇	周圈村	板栗	120	三级
32132200106	新河镇	周圈村	板栗	140	三级
32132200107	新河镇	周圈村	板栗	140	三级
32132200108	新河镇	周圈村	板栗	140	三级
32132200109	新河镇	周圈村	板栗	140	三级
32132200110	新河镇	周圈村	板栗	120	三级
32132200111	新河镇	周圈村	板栗	120	三级
32132200112	新河镇	周圈村	板栗	120	三级
32132200113	新河镇	周圈村	板栗	120	三级
32132200114	新河镇	周圈村	板栗	120	三级
32132200115	新河镇	周圈村	柿	130	三级
32132200116	新河镇	周圈村	板栗	140	三级
32132200117	新河镇	周圈村	板栗	140	三级
32132200118	新河镇	周圈村	板栗	120	三级
32132200119	新河镇	周圈村	柿	130	三级
32132200120	新河镇	周圈村	板栗	120	三级
32132200121	新河镇	周圈村	银杏	140	三级
32132200122	新河镇	周圈村	银杏	130	三级
32132200123	新河镇	周圈村	板栗	120	三级
32132200124	新河镇	周圈村	板栗	120	三级
32132200125	新河镇	周圈村	板栗	120	三级
32132200126	新河镇	周圈村	板栗	120	三级
32132200127	新河镇	周圈村	银杏	120	三级
32132200128	新河镇	周圈村	板栗	120	三级
32132200129	新河镇	周圈村	板栗	120	三级
32132200130	新河镇	周圈村	板栗	120	三级
32132200131	新河镇	周圈村	板栗	120	三级
32132200132	新河镇	周圈村	板栗	120	三级
32132200133	新河镇	周圈村	板栗	120	三级
32132200134	新河镇	周圈村	板栗	140	三级
32132200135	新河镇	周圈村	板栗	120	三级
32132200136	新河镇	周圈村	板栗	120	三级
32132200137	新河镇	周圈村	板栗	120	三级
32132200138	新河镇	周圈村	板栗	120	三级
32132200139	新河镇	周圈村	板栗	140	三级
32132200140	新河镇	周圈村	板栗	120	三级
32132200141	新河镇	周圈村	板栗	120	三级
32132200142	新河镇	周圈村	板栗	120	三级

续表5

古树编号	乡镇（街道）	村（社区）	★树种	树龄（年）	古树等级
32132200143	新河镇	周圈村	板栗	140	三级
32132200144	新河镇	周圈村	板栗	120	三级
32132200145	新河镇	周圈村	板栗	120	三级
32132200146	新河镇	周圈村	板栗	140	三级
32132200147	新河镇	周圈村	板栗	120	三级
32132200148	新河镇	周圈村	板栗	120	三级
32132200149	新河镇	周圈村	板栗	140	三级
32132200150	新河镇	周圈村	板栗	120	三级
32132200151	新河镇	周圈村	板栗	140	三级
32132200152	新河镇	周圈村	板栗	120	三级
32132200153	新河镇	周圈村	板栗	120	三级
32132200154	新河镇	周圈村	板栗	120	三级
32132200155	新河镇	周圈村	板栗	120	三级
32132200156	新河镇	周圈村	板栗	120	三级
32132200157	新河镇	周圈村	板栗	120	三级
32132200158	新河镇	周圈村	银杏	120	三级
32132200159	新河镇	周圈村	板栗	120	三级
32132200160	新河镇	周圈村	板栗	140	三级
32132200161	新河镇	周圈村	板栗	120	三级
32132200162	新河镇	周圈村	板栗	140	三级
32132200163	新河镇	周圈村	板栗	140	三级
32132200164	新河镇	周圈村	板栗	120	三级
32132200165	新河镇	周圈村	板栗	140	三级
32132200166	新河镇	周圈村	板栗	120	三级
32132200167	新河镇	周圈村	板栗	120	三级
32132200168	新河镇	周圈村	板栗	140	三级
32132200169	新河镇	周圈村	板栗	120	三级
32132200170	新河镇	周圈村	板栗	120	三级
32132200171	新河镇	周圈村	板栗	120	三级
32132200172	新河镇	周圈村	板栗	120	三级
32132200173	新河镇	周圈村	板栗	140	三级
32132200174	新河镇	周圈村	板栗	140	三级
32132200175	新河镇	周圈村	板栗	120	三级
32132200176	新河镇	周圈村	板栗	140	三级
32132200177	新河镇	周圈村	板栗	120	三级
32132200178	新河镇	周圈村	板栗	120	三级
32132200179	新河镇	周圈村	板栗	120	三级
32132200180	新河镇	周圈村	板栗	120	三级

续表5

古树编号	乡镇（街道）	村（社区）	★树种	树龄（年）	古树等级
32132200181	新河镇	周圈村	板栗	120	三级
32132200182	新河镇	周圈村	板栗	140	三级
32132200183	新河镇	周圈村	板栗	120	三级
32132200184	新河镇	周圈村	板栗	120	三级
32132200185	新河镇	周圈村	板栗	140	三级
32132200186	新河镇	周圈村	板栗	140	三级
32132200187	新河镇	周圈村	板栗	120	三级
32132200188	新河镇	周圈村	板栗	140	三级
32132200189	新河镇	周圈村	板栗	120	三级
32132200190	新河镇	周圈村	板栗	120	三级
32132200191	新河镇	周圈村	板栗	140	三级
32132200192	新河镇	周圈村	板栗	120	三级
32132200193	新河镇	周圈村	板栗	120	三级
32132200194	新河镇	周圈村	板栗	140	三级
32132200195	新河镇	周圈村	板栗	140	三级
32132200196	新河镇	周圈村	板栗	140	三级
32132200197	新河镇	周圈村	板栗	120	三级
32132200198	新河镇	周圈村	板栗	140	三级
32132200199	新河镇	周圈村	板栗	140	三级
32132200200	新河镇	周圈村	板栗	140	三级
32132200201	新河镇	周圈村	板栗	120	三级
32132200202	新河镇	周圈村	板栗	140	三级
32132200203	新河镇	周圈村	板栗	120	三级
32132200204	新河镇	周圈村	板栗	120	三级
32132200205	新河镇	周圈村	板栗	120	三级
32132200206	新河镇	周圈村	板栗	120	三级
32132200207	新河镇	周圈村	板栗	140	三级
32132200208	新河镇	周圈村	板栗	140	三级
32132200209	新河镇	周圈村	板栗	140	三级
32132200210	新河镇	周圈村	板栗	140	三级
32132200211	新河镇	周圈村	板栗	140	三级
32132200212	新河镇	周圈村	板栗	140	三级
32132200213	新河镇	周圈村	板栗	140	三级
32132200214	新河镇	周圈村	板栗	140	三级
32132200215	新河镇	周圈村	板栗	140	三级
32132200216	新河镇	周圈村	板栗	120	三级
32132200217	新河镇	周圈村	板栗	140	三级
32132200218	新河镇	周圈村	板栗	120	三级

续表5

古树编号	乡镇（街道）	村（社区）	★树种	树龄（年）	古树等级
32132200219	新河镇	周圈村	板栗	120	三级
32132200220	新河镇	周圈村	板栗	140	三级
32132200221	新河镇	周圈村	板栗	140	三级
32132200222	新河镇	周圈村	板栗	140	三级
32132200223	新河镇	周圈村	板栗	140	三级
32132200224	新河镇	周圈村	银杏	140	三级
32132200225	新河镇	周圈村	银杏	140	三级
32132200226	新河镇	周圈村	板栗	140	三级
32132200227	新河镇	周圈村	板栗	120	三级
32132200228	新河镇	周圈村	板栗	140	三级
32132200229	新河镇	周圈村	板栗	140	三级
32132200230	新河镇	周圈村	板栗	120	三级
32132200231	新河镇	周圈村	板栗	120	三级
32132200232	新河镇	双荡村	板栗	140	三级
32132200233	新河镇	双荡村	板栗	120	三级
32132200234	颜集镇	方圩村	木瓜	160	三级
32132200235	西圩乡	范湾村	桑树	130	三级
32132200236	西圩乡	范湾村	桑树	130	三级
32132200237	西圩乡	范湾村	丝棉木	110	三级
32132200238	吴集镇	范赵村	柿	170	三级
32132200239	吴集镇	大竹园村	棠梨	110	三级
32132200240	贤官镇	蒋园村	银杏	440	二级
32132200241	贤官镇	蒋园村	木瓜	440	二级
32132200242	扎下镇	分水居委会	银杏	100	三级
32132200243	韩山镇	南庄村	梨	280	三级
32132200244	韩山镇	南庄村	梨	280	三级
32132200245	韩山镇	友谊村	柿	170	三级
32132200246	韩山镇	尤庙村	桑树	100	三级
32132200247	钱集镇	大南村	银杏	270	三级
32132200248	沂涛镇	沈集村	银杏	140	三级
32132200249	章集街道	店北村	丝棉木	110	三级
32132200250	刘集镇	郇河村	棠梨	120	三级
32132200251	刘集镇	郇河村	棠梨	120	三级
32132200252	刘集镇	郇河村	桑树	110	三级
32132200253	刘集镇	郇河村	桑树	110	三级
32132200254	刘集镇	槐树村	麻栎	120	三级
32132200255	悦来镇	枣林村	侧柏	100	三级
32132200256	李恒镇	柴南村	榔榆	130	三级

续表5

古树编号	乡镇（街道）	村（社区）	★树种	树龄（年）	古树等级
32132200257	李恒镇	柴南村	桑树	120	三级
32132200258	李恒镇	徐庙村	银杏	110	三级
32132200259	李恒镇	郝圩村	柿	260	三级
32132200260	李恒镇	郝圩村	柿	120	三级
32132200261	李恒镇	张坦村	银杏	110	三级
32132200262	李恒镇	三黄村	榆树	280	三级
32132200263	李恒镇	三黄村	银杏	110	三级
32132200264	十字街道	周圩居委会	梨	190	三级
32132200265	十字街道	周圩居委会	梨	190	三级
32132200266	十字街道	周圩居委会	梨	190	三级
32132200267	十字街道	周圩居委会	梨	190	三级
32132200268	七雄街道	道口居委会	柿	210	三级
32132200269	七雄街道	道口居委会	桑树	120	三级
32132200270	七雄街道	田桥居委会	柿	110	三级
32132200271	沭城街道	建陵居委会	紫藤	280	三级
32132200272	沭城街道	建陵居委会	紫藤	280	三级
32132200273	沭城街道	建陵居委会	国槐	220	三级
32132200274	沭城街道	建陵居委会	银杏	440	二级
32132200275	沭城街道	城北居委会	凌霄	150	三级
32132200276	沭城街道	建陵居委会	梓树	100	三级
32132200278	沭城街道	城北居委会	木香	130	三级
32132200279	沭城街道	城北居委会	木香	130	三级
32132200280	沭城街道	怀文居委会	皂荚	190	三级
32132200281	沭城街道	怀文居委会	梓树	160	三级
32132200282	沭城街道	南关居委会	瓜子黄杨	370	二级
32132200283	沭城街道	南关居委会	瓜子黄杨	370	二级
32132200284	沭城街道	河东居委会	银杏	110	三级
32132200286	钱集镇	水庄村	桑树	110	三级
32132200287	钱集镇	水庄村	桑树	110	三级
32132200288	钱集镇	水庄村	桑树	110	三级
32132200289	钱集镇	水庄村	桑树	110	三级
32132200290	钱集镇	永兴村	榆树	120	三级
32132200291	韩山镇	韩山居委会	桑树	120	三级
32132200292	胡集镇	三新村	榆树	100	三级
32132200293	十字街道	孙圩居委会	桑树	100	三级
32132200294	十字街道	南汤圩居委会	桑树	120	三级

（梁哨峰）

编　辑：江苏杨

经济管理

宏观经济调控

【概况】 2023年，沭阳县发展和改革局紧紧围绕县委、县政府中心工作，充分发挥经济综合部门职能作用，以“发展”为第一要务，积极担当、主动作为、多措并举，扎实推进发展改革各项工作，推动全县经济稳中向好发展。争项目工作亮点纷呈。共2个项目纳入全省重大项目投资计划（全市最多），80个项目纳入全市重大项目投资计划（全市最多），25个项目纳入全市现代服务业重点项目建设投资提速计划。江苏滕盛纺织科技集团有限公司正式获批江苏省第五批产教融合型试点企业。申报增发国债投资计划项目8个，共申报资金需求6.073亿元。其中，沭阳县高标准农田建设项目成功获批国债资金2400万元，沂北灌区续建配套与现代化改造2024年度项目、台州路片区水环境综合整治工程、应急拯救能力提升工程3个项目已初步通过省发改部门审核，争取资金1.56亿元。政策争取工作特色突出。沭阳县政务诚信考核连续3年位列全省县（市、区）类第一等次（2021—2023年），“加强基层政务公开”“推进纠纷前端治理打造‘无讼村居’”2项创新举措获全省推广，“信易贷”平台解决中小微企业融资需求3368笔，金额203.3亿元，融资金额稳居全市第一。沭阳县6家单位成功入选省级现代服务业高质量发展“331”工程（省高质量发展集聚示范区、领军企业、两业融合标杆典型），数量全市第一；成功入选江苏省首批民营经济高质量发展示范县培育名单，宿迁唯一；“云踏勘”等优化营商环境创新做法被《全国优化营商环境简报》推介、《新华日报》报道。抓生态发展工作领异标新。依托县花木产业特色优势，以江苏震泰园林、沭阳县艺森园盆景造型基地为VEP核算试点地域，完成全省首例花木园林类特定地域单元生态产品价值（VEP）核算工作，全面量化和评估花木产业对经济发展和生态环境的贡献。推动沭阳农商行向沭阳县艺森园花木基地发放全国首笔“VEP花木生态价值贷”500万元，创新金融支持花木产业价值实现的新路径、新模式，全面打通生态价值转化与绿色金融创新渠道，有效破解生态产品“难度量、难抵押、难交易、难变现”等问题，为全市、全省乃至全国提供可复制可推广的生态产品金融保障新样板。

【资金争取】 2023年，沭阳县共获批各类上级资金14.67亿元，涉及项目34个。其中，获批地方政府专项债项目14个，债券发行额度12.83亿元（发行数量、金额全市最多）；获批国债项目2个，获批资金1.44亿元；获批中央预算内投资项目3个、资金2529万元，其中江苏阿代尔新材料科技有限公司再生纺织品生产销售项目获取污染治理和节能减碳专项2023年中央预算资金1400万元（宿迁唯一）；获批南北共建社会领域补短板项目15个，资金1545万元。

【国民经济和社会发展计划制定】 《关于沭阳县2022年国民经济和社会发展计划执行情况与2023年国民经济和社会发展计划（草案）的报告》已经沭阳县十八届人大二次会议审议通过，沭阳县2023年地区生产总值县人民代表大会目标设置为增长7%。面对错综复杂的经济形势，沭阳县国民经济顶住了来自国外的风险挑战和国内多重因素交织叠加带来的下行压力，总体上持续恢复向好，地区生产总值整体呈现上升趋势，全年完成地区生产总值1411.67亿元，同比增长8.3%，总量继续保持苏北二十县（市）第一，增速位列全市第一，超额完成增长目标。科学制定2024年主要指标预期目标，形成《沭阳县2023年国民经济和社会发展计划执行情况与2024年国民经济和社会发展计划（草案）》并通过县人民政府常务会议、县委常委会会议、县人民代表大会审议。

【重大产业项目建设推进】 2023年，沭阳县聚焦重大产业项目建设，建立健全“一项目一专班”工作机制，开通重大产业项目审批绿色通道，超前配置要素资源，实现80个列市重大产业项目一季度前均达开工条件。建立健全“日调度、周督查、月通报+点评”的比赛机制，创新采用无人机同角度航拍图对比实物工作量进展，对项目进行“红黄绿”灯三色预警，强化项目督查推进、跟踪问效，推动新界泵业、弘瑞力丰船用新材料2个列省重大产业项目全年完成投资18.3亿元，占年度计划的122%，超额完成年度投资任务。80个列市重大产业项目完成投资521.5亿元，占年度计划的101.3%，投资完成率、高质量考核持续保持全市“双第一”。

【民生实事项目推进】 2023年，沭阳县共实施10类50项民生实事项目，截至2023年年底，所有项目均达序时进度，其中竣工达效项目42项，占比84%，其余8项有序推进。

【启动2024年项目编排】 沭阳县坚持量力而为、尽力而行，聚焦幼有所育、学有所教、劳有所得、病有所医、老有所养、住有所居、弱有所扶七大重点领域，编排了七大类63项2024年民生实事项目。其中，提高保教保育质量3项，优化教育资源配置5项，有效促进就业创业15项，完善医疗健康服务8项，优化养老服务水平2项，提升城乡功能品质18项，关爱重点帮扶人群12项。

【营商环境优化】 沭阳县始终坚持把优化营商环境作为提升区域软实力和竞争力的关键一招，坚持以“五心”营商环境建设为引领，以“四最”营商环境为目标，紧扣企业全生命周期服务体系、紧盯市场主体感受，聚力补短攻坚，不断完善体制机制，强化改革创新，优化服务效能。开发并上线“沭企通”便民惠企政策平台，实现各类政策主动精准推送，“云踏勘”等优化营商环境创新做法被《全国优化营商环境简报》推介，纳税信用预警获省级部门明文认可，扶残助困“一件事”改革获批省级试点，获批“省级绿色金融试验区”，“无讼村居”、诉前鉴定等工作获省级部门认可，全力打造“沭最好”营商环境新高地。在2023年度江苏省营商环境考核中，沭阳县在全省除主城区以外的63个县（市、区）中排名第8位，比2022年上升6个位次，实现历史性新突破。

【“四化”同步集成改革建设】 沭阳县围绕“四化”同步集成改革示范区工作要点，针对涉及沭阳的16项改革任务，如构建“沭最好”营商环境新模式、推进省级民营经济高质量发展示范城市建设等项目，高度重视，统筹部署，按月汇总改革创新事项，调度任务清单进展情况，梳理排查工作推进过程中的堵点难点，对项目推进过程中存在的问题及时会办解决，助推四化同步集成改革建设。

【生态产品价值试点】 2023年，沭阳县紧紧围绕省、市部署和生态产品价值实现机制方案要求，扎实做好生态产品价值实现机制试点工作，努力探索具有沭阳特色的“两山”（绿水青山就是金山银山）之路。编制《沭阳县生态产品价值实现的典型项目支撑》《沭阳县生态产品价值实现的路径设计》《沭阳县生态产品价值实现的典型案例设计》等报告，构建具有沭阳特色的生态产品价值实现路径和典型案例。梳理形成“VEP花木生态价值贷”名录库，完成全省首例花木园林类特定地域单元生态产品价值（VEP）核算工作，推动沭阳农商行向沭阳县艺森园花木基地发放全国首笔“VEP花木生态价值贷”500万元，打通生态价值转化与绿色金融创新渠道，在全国经验交流会上被肯定推广，为全市、全省乃至全国提供可复制可推广的生态产品金融保障新样板。

【战略性新兴产业监测培育】 2023年，沭阳县围绕产业体系及重点产业链培育为重点，加大培育战略性新兴产业，全力抓好电子元器件、先进金属材料等重点产业链培育，绘制招商图谱，以“点”引“线”带“面”壮大新兴产业规模，推动战略性新兴产业发展。全年全县战略性新兴产业企业实现产值481.46亿元，占工业总产值比重34.5%，在库战略性新兴产业企业达248家，比上年新增40余家。

【能源规划编制】 编制沭阳县“十四五”能源规划，明确全县能源行业发展指导思想和主要路径，合理布局热源点，科学编排资源综合利用和能源领域重大项目，提高能源利用效率，为加快推进全县能源结构转型升级，构建清洁低碳安全高效的能源体系提供政策支持。结合实际，全县规划“十四五”期间重点建设光伏发电项目，到2025年年底，全县可再生能源装机计划达42.4万千瓦，其中光伏发电37万千瓦，生物质发电5.4万千瓦。

【光伏开发利用】 沭阳县支持屋顶

分布式光伏项目发展，重点鼓励在工业园区、公共建筑等可利用屋顶面积充裕、电网接入条件较好、电力负荷较大区域，积极发展“自用为主、余电上网”的分布式光伏发电。2023年，全县共备案分布式光伏项目容量36.58万千瓦，新增光伏项目装机容量19.18万千瓦，项目快速推进，质效同步，跑出了沭阳“速度”。

【长三角一体化发展】 基础设施建设方面，沭阳县牢牢把握交通先行战略，积极发挥宿连航道、连宿高速等河海陆12条联运通道作用，加快宿连高速、宿连航道、京沪高速扩容改建等重点项目建设。从水路接入连云港到霍尔果斯海陆联运通道，借助京杭大运河对接京津冀、长三角，全域全面对接和融入长三角一体化建设。2023年，京沪高速扩建完成并全面通车，京沪高速在沭阳设有4个出入口，向南可对接长三角城市群，向北可对接京津冀地区。淮沭新高铁正式列入国家《长三角多层次轨道交通体系规划》，淮沭新铁路取得实质性进展，沭阳加速迈向“高铁时代。产业融入方面，沭阳县加大产业融入长三角力度，推进全县长三角一体化工作。积极组织参加长三角各项活动，天能资源循环项目成功列入《长三角一体化发展规划“十四五”实施方案重大项目库》。江苏华沭巧能智能装备有限公司的“机器人及数控智能产品制造”作为拟签约项目上报长三角城市经济协调会第二十二次全体会议。

【南北挂钩合作共建】 2023年，昆山、沭阳两地在加强经济领域合作的同时，围绕六大重点领域不断探索推进合作共建。教育领域。选定华冲高级中学、高墟初级中学、湖东中心小学3所学校参与结对共建，其中华冲高级中学是沭阳县农村唯一一所高中，高墟初级中学、湖东中心小学位于沭阳县市级小城市高墟镇。全年双方共开展线上共建交流活动63次，线下共建交流活动4次，共涉及1820余人次。卫生健康领域。昆山市第一人民医院、苏州大学附属儿童医院分别派遣消化科专家、儿科专家共10余名到马厂人民医院、沭阳医院驻场开展工作。苏州大学附属儿童医院接收沭阳医院小儿普外科、小儿骨科、影像科等首批10名医护人员进修，进一步提升沭阳县医疗卫生服务能力。科技创新领域。积极推动产学研合作项目实施，推动科泽新材料股份有限公司联合苏州大学，共同推进“先进光学级聚酯的研发及产业化”项目，已完成了实验平台搭建、全流程工艺开发、工艺包设计和核心专利申请等。11月24日，昆山、沭阳两地科技部门完成昆山·沭阳科创飞地签约仪式，有效开辟了昆山、沭阳两地科创需求和创新要素资源高效对接新渠道，推动了两地产业链创新链双向融合。人力资源与社会保障领域。沭阳县加强与昆山劳务合作，围绕两地产业发展需求，搭建就业创业服务保障平台，共享劳动力资源。全年共实现两地劳动力转移就业500余人；先后组织沭阳10余家龙头企业、医院、学校赴昆山开展“产业人才进校园”人才招聘活动，提供岗位100余个，达成就业意向10余人。

【南北挂钩“补短板”项目推进】 沭阳县2022年获批南北挂钩补短板资金共1526万元，共建设13个项目，已全部建成投入使用。2023年，沭阳县获批南北挂钩补短板资金1545万元，建设项目15个，其中教育领域项目6个、文旅领域项目2个、卫健领域项目7个。教育方面，2023年获批公共服务补短板资金680万元，涉及昆山沭阳“心守护”心理健康教育示范点、昆山沭阳“智慧校园”提升计划二期、昆山沭阳“素养提升计划”等6个项目。华冲高级中学、高墟初级中学、湖东中心小学的项目已经基本完成。昆山沭阳“心守护”心理健康教育示范点建设选址已确定，昆山沭阳“智慧校园”提升计划（2期）已完成调研及实施方案制定，两个项目已于12月4日发布采购公告。昆山沭阳“素养提升计划”教干领导力培养项目已组织50名小学校长赴北京清华大学开展为期5天的集中研修。教育领域全年已累计使用补短板资金约340万元。卫健方面，2023年获批公共服务补短板资金775万元，涉及基层服务能力提升、运营管理水平提升、苏（州）宿（迁）共建特色科室创建等7个项目。韩山人民医院基层服务能力提升项目已通过市级四级中医馆验收，并按五级中医馆评审标准积极准备；马厂人民医院运营能力提升项目已成立领导小组和工作推进机制；苏（州）宿（迁）共建特色科室创建项目已完成建设，并通过市级消化科特色科室验收。卫健领域全年已累计使用补短板资金250万元。文旅方面，2023年获批公共服务补短板资金90万元，涉及“昆沭缘·戏相逢”精品剧目共创、“苏宿惠民”公共文化空间建设2个项目。大型淮海戏《桃红柳翠》由江苏紫金文创产业发展有限公司中标打造；另外反映南北共建内容的小型淮海戏已完成初稿，正在打磨剧本。“苏宿惠民”公共文化空间建设项目40万元补短板资金已分配至相关乡镇。

（张　鹏）

自然资源管理

【概况】 2023年，沭阳县自然资源和规划工作紧紧围绕市局和县委、县政府工作部署，全力保障地方经济社会发展，推动自然资源和规划工作提质增效，取得明显成效。高质量完成《沭阳县国土空间总体规划（2021—2035年）》，成为全国首批获批的县级国土空间总体规划。完成“天地图·沭阳”省、市、县一体化建设试点工作，为全省天地图县节点全覆盖，以及现有节点转型升级积累了经验。“世界地球日”主题宣传获得省自然资源厅表彰，全省首个《碳中和林固碳监测报告》通过专家评审。不动产登记营商环境考核排名位居全省县（区）第5，“三年进五”实现历史新高。

【国土调查】 完成2022年度国土变更调查及2023年日常变更调查工作，成果通过省自然资源厅和国家自然资源部检查，有力支撑了土地报批、临时用地审批、设施农用地备案等自然资源相关管理工作。完成三河省级湿地公园等6个县级自然资源登记单元划定，及内外业调查。配合做好沭河省级自然资源和柴塘干渠、刘柴河市级自然资源统一确权登记。完成农村集体土地所有权确权登记成果更新汇交，接受全县农村土地承包经营权登记数据及登记档案，数据总量达305GB。完成城镇开发边界内60平方千米城市级“实景三维”数据建设，为全县公共安全、城市精细化管理提供基础数据模型。

【城市用地保障】 2023年，县自然资源和规划局以要素保障沭阳工业突破、项目攻坚、营商环境提升。全年组卷报批土地43个批次、112个项目，共1.05万亩，报批面积全市第一，完成供地9811亩，有力保障全县基础设施、民生实事、重大产业项目落地。

【永久基本农田划定】 2023年，沭阳县永久基本农田划定任务164.21万亩，实际划定永久基本农田164.21万亩。

【耕地平衡】 2023年，沭阳县编制完成年度耕地进出平衡总体方案及调整方案，全县转出耕地441.52亩，解决2022年耕地保护督察“非粮化”问题，及部分违法用地补办设施农用地手续整改问题。

【土地增减挂钩】 2023年，沭阳县积极稳妥推进增减挂钩复垦项目实施，经验收确认新增农用地面积9576.6亩。全年增减挂钩工作签约5125户，复垦土地344亩。

【违法违规项目拆除整改】 制定“137、1315”工作机制，保证了内业分析、分发和核查工作及时有效，实现新增问题现行即改。建立县、乡、村三级土地执法监察网络，同时协调公安、法院等部门建立联合办案机制，破解执法监察“发现难，制止难，查处难”等问题。

【低效用地盘活】 2023年，沭阳县紧紧围绕宿迁市“十四五”时期低效用地再开发任务2860亩，通过进一步优化土地资源配置，调整土地利用结构，对全县工业企业低效土地及厂房进行充分利用，有序安排年度低效用地再开发项目，已完成1587亩低效用地再开发。

【行政审批服务】 2023年，沭阳县做好存量房转移登记和不动产登记便利度等各项工作，优化营商环境。组建上门服务先锋队，为群众提供便捷服务，做好不动产登记作风效能“双提升”。全年办理房产登记业务约18.07万件，其中一手房1.8万件，二手房1.3万件，抵押登记4.1万件，查封登记0.47万件，信息查询10.4万件。办理“房地一体”农村不动产登记13.8万宗，颁证12.8万本，已移交档案4.9万宗。办理26个“农房改善项目”不动产权登记3591宗，并全部颁证。

【地质灾害防治】 2023年，沭阳县针对夏季极端天气、冬季低温雨雪冰雾天气，转发各类预警信息82条。汛期期间，开展地灾巡查26次，发现问题全部整改到位。

（梁哨峰）

国有资产监督管理

【国企改革】 2023年，沭阳县国资办积极开展“僵尸企业、亏损子企业”问题治理，推动全县公司制改革扫尾工作，全年召开党组织前置研究会议共计93次。推动县属国企华东花木大世界、新材料产业园、马厂机械产业园一期等全县重大产业项目、重大基础设施项目和民生实事项目建设。调整县属国企包括营业收入、重大项目建设、资产负债率等14项考核指标，实行“一企一策”考核。推动县属国企建立“第一议题”制度，全年召开130余次理论学习中心组学习活动。组织国资系统干部职工教育培训，开展国资大讲堂5期。

【涉粮巡视问题整改】 对整改问题实行“一案一档、问题销号”管理，对纳入整改的事项，完成一项销号一项。对涉粮问题“回头望”，修订县级储备粮资金管理、借款担保、县属国有企业资产收购等7项管理制度。开展财务基础工作专项检查，规范县属国企津补贴发放。

【经营性债务风险防范】 制定县属融资平台公司投融资管理等文件，规范国有企业投融资行为，把关项目尽责调查、可行性论证、“三重一大”决策、资金来源说明、收益平衡报告、融资需求申请6个融资必备要素，严堵违法违规举债融资“后门”，形成制度化、规范化闭环监督管理机制。截至2023年年底，全县经营性债务总量处在全省最低区间，并成为全市唯一融资平台公司整合撤并及市场化转型试点地区。

【国有企业资产管理】 2023年，沭阳县国资办积极提升国有企业资产信息化管理水平，将符合条件的县属国企纳入资产云平台，实现事中“资产登记”、事后“资产处置”实时监管，提升国有企业资产管理处置规范化、程序化、标准化管理水平。全县县属国企资产总额517.31亿元，流动资产170.07亿元，固定资产24.1亿元。

【国有资产家底清查】 组织国有资产管理方面专项检查，通过开展县乡国有资产清查、县直行政事业单位和县属国企房产类资产清查、机关办公用房清理统计、全县国有资产核查等检查，对发现的问题进行督促整改，提升全县行政事业单位和县属国企国有资产管理水平。

【国有资产处置】 县国资办年初制订资产处置计划，以拍卖、出租、调剂等方式，盘活利用国有存量资产，并按计划组织推进。全年共实现资产拍卖、出租收入4200余万元，调剂资产价值222.85万元，调剂办公用房面积800平方米。

【资产集中统一监管】 2023年，沭阳县国资办对县级行政事业单位出资设立的企业，结合企业现状，采取注销、整合纳入县属国企经营管理、县国资办委托管理等方式监管。全年共清理118家僵尸企业，股权划转至县国资办或县属国企的企业8家。

（杨　洋）

财　政

【概况】 2023年，沭阳县财政局实施积极的财政政策，统筹应对各领域风险挑战，推进财政改革创新，提升财政管理效能，做好“收、支、管、监”4篇文章。财政工作绩效创历史新高，位列财政部对全国1852个县（市）县级财政管理绩效综合评价第八名；财政管理工作连续4年荣获省政府大督查激励表彰，财政重点工作连续5年位居全省财政重点工作绩效考核第一等次第一方阵，连续5年位居全市财政考核三县两区第一名。全县实现一般公共预算收入67.1亿元，同比增长10.5%，总量连续3年位居苏北县（市）第一，在全省40县（市）排名居第15位。全年发行新增债券12.86亿元，支持棚户区改造等14个重点工程项目建设，切实满足发展性资金需求。

【政策支持】 2023年，沭阳县财政局新增减税降费及退税缓费16.25亿元。投入各类产业扶持资金2.2亿元，支持国家、省“专精特新小巨人”企业、国家制造业单项冠军产品等10余类项目，扶持重点企业超500家次。发挥“资金池”担保作用，支持10余家合作银行向200余家企业发放政策性贷款超10亿元。

【资金使用】 2023年，沭阳县财政局出台《关于厉行勤俭节约严格落实“过紧日子”要求的十条措施的通知》，明确10条财务管理规定，严禁无预算、超预算支出，严禁违规新建楼堂馆所等行为，“三公两费”（因公出国境费、公务用车购置及运行费、公务接待费、会议费、培训费）等一般性支出规模持续压降。全年政府投资项目预算审减率3.15%，政府采购资金节约率16.96%，一般公共预算民生投入达121亿元。

【财政管理】 2023年，沭阳县财政局修订《沭阳县财政局内部控制制度》。项目绩效目标覆盖率、部门绩效目标编制率、资金绩效监控率均达100%，首次采用第三方评估机制，对县级储备粮补贴等7个重点项目开展绩效评价。采取债务穿透式监测，化解存量债务，连续2年获省债务化解工作奖励，政府债务风险连续5年处于绿色等级。

【财政监督】 2023年，沭阳县财政局构建信息互联互通、在线同步监管的财政大监督体系，防范财经领域风险。建立财政监督人才库，23人取得财政监督执法证。定期开展财政、财务、资产三大检查，核查和整改结果纳入部门预算、转移支付和专项资金分配的考虑范围。

【改革创新】 2023年，沭阳县财政局构建“一体两翼三到位”财政财务资产管理机制，荣获省优秀财政科研课题一等奖。打造沭阳法治财政标准化管理品牌，荣获“全省法治财政标准化管理2022年度优秀单位”称号。构建经营性债务管理工作法，对经营性债务风险实现联防联控，被省政府办公厅简报推广，荣获全省财政系统优秀调研成果三等奖，沭阳县因此成为全市唯一融资平台公司整合撤并及市场化转型试点地区。沭阳县入选全省生猪“保险+期货”试点县，全市唯一。

（杨　洋）

税　务

【概况】 2023年，沭阳县税务系统认真贯彻市局党委和县委、县政府决策部署，以党建引领抓好党务、以深化改革干好税务、以实干担当带好队伍。全年共组织税费收入180.76亿元，同比增长36.79%，其中税收收入97.34亿元，同比增长14.42%。完成税收一般公共预算收入50.76亿元，同比增长9.39%。县税务局以条管部门排名第一的成绩荣获2023年度全县高质量发展综合考核第一等次，被评为“高质量发展综合考核先进单位”，同时被表彰为“2023年度优化营商环境工作先进单位”。

2023年沭阳县入库税收2000万元以上企业情况一览表

表6

序号	企业名称	入库税额（万元）
1	辽宁吉和源再生资源有限公司沭阳分公司	34312
2	江苏建宇铜业有限公司	26065
3	江苏沭阳农村商业银行股份有限公司	19560
4	浙江天能电池（江苏）有限公司	16872
5	江苏敬业富山钢铁贸易有限公司	16283
6	浙江天能电池江苏新能源有限公司	14850
7	江苏志灏铜业有限公司	14810
8	沭阳润业科技有限公司	12794
9	国网江苏省电力有限公司沭阳县供电分公司	12329
10	沭阳创百再生资源回收有限公司	9533
11	沭阳明航置业有限公司	9182
12	江苏天能资源循环科技有限公司	8298
13	沭阳瑞泰科技有限公司	8159
14	江苏德生泰再生资源科技有限公司	7251
15	江苏机器时代文化创意有限公司	7223
16	宿迁利铜再生资源有限公司	6842
17	天能集团江苏科技有限公司	6528
18	宿迁市烟草公司沭阳分公司	6106
19	沭阳万金置业有限公司	5874
20	沭阳县中医院股份有限公司	5793
21	江苏塘润金属材料有限公司	5385
22	江苏苏讯新材料科技股份有限公司	5234
23	宿迁华夏基业建筑工程有限公司	5096
24	江苏福跃科技有限公司	4870
25	沭阳金恒再生资源回收有限公司	4856
26	江苏兴尚供应链有限公司	4840
27	江苏海吉亚医疗器械有限公司	4823
28	沭阳华腾铜业有限公司	4603
29	百鸣（北京）信息技术有限公司沭阳分公司	4545

续表6

序号	企业名称	入库税额（万元）
30	江苏三石宏盛集团建设有限公司	4211
31	中国人民财产保险股份有限公司江苏省分公司	4059
32	江苏宿迁沭发建设控股集团有限公司	4052
33	江苏省纸联再生资源有限公司沭阳分公司	3885
34	江苏万顺置业有限公司	3597
35	江苏友富薄板科技有限公司	3573
36	江苏中物联再生资源有限公司沭阳分公司	3566
37	新界泵业（江苏）有限公司	3377
38	沭阳碧桂园房地产开发有限公司	3365
39	江苏筑广之星建设集团有限公司	3357
40	天能集团江苏特种电源有限公司	3213
41	江苏聚腾铜业有限公司	3212
42	瑞声精密电子沭阳有限公司	3139
43	沭阳东龙金属科技有限公司	3114
44	江苏伟康洁婧医疗器械股份有限公司	3077
45	宿迁铭兰石英科技有限公司	3022
46	沭阳明才置业有限公司	3000
47	江苏新动力沭北热电有限公司	2912
48	江苏新东旭纺织科技有限公司	2755
49	沭阳明航建筑工程有限公司	2748
50	江苏沭阳东吴村镇银行股份有限公司	2716
51	沭阳格锐斯铜业有限公司	2558
52	沭阳天宇房地产开发有限公司	2540
53	江苏泽之泰铜业有限公司	2501
54	江苏凯盛纸业有限公司	2487
55	江苏振公供应链管理有限公司	2427
56	沭阳星龙房地产开发有限公司	2392
57	元道通信股份有限公司宿迁分公司	2380
58	中国工商银行股份有限公司沭阳支行	2305
59	江苏沙钢润鑫环保科技有限公司	2184
60	江苏红磨坊纺织品有限公司	2156
61	沭阳碧城房地产开发有限公司	2070
62	江苏传智播客教育科技股份有限公司	2049

【优惠政策落实】 着力推进“人找政策”变为“政策找人”，为纳税人缴费人精准画像，分渠道、分环节、分人员开展税费政策差异化推送22万余户（人）次，助力纳税人缴费人应享尽享、应享快享。全年新增减税降费及退税缓税16.25亿元，其中办理增值税留抵退税10.12亿元，进一步提振了全县市场主体的发展信心。

【办税改革】 推进办税缴费便利化服务改革，初步完成税费服务运营中心建设。强化以数治税，制定《税费监管运营中心建设方案》，健全完善与财政局、住建局、工信局等15家核心涉税部门的联动协作，加大共享数据利用深度。全力推动数电发票试点推广工作，加强整体统筹、问题处置、风险防控，探索优化服务策略、服务方式，工作成效受到市税务局主要领导肯定。稳步推进社保费征收模式改革，组建改革专家团队，保障征管系统平稳切换，高效运行。

【风险管控】 2023年，沭阳县税务系统聚焦重点行业涉税风险整治，坚持精准施策，强化废旧回收行业风险监管，全县再生资源行业性、领域性、系统性涉税风险得到有效遏制。加强苗木行业风险监管试点，加强内外协同，全年累计采集土地信息31543条，取消农业生产者标签1642户，认定风险纳税人154户，试点成效受到市税务局充分肯定。强化实体化团队建设，风险应对团队全年完成风险应对415户次，实现应对成效5.23亿元，其中直接入库2.12亿元。

【税收营商环境优化】 积极打造“花乡税云”服务品牌，累计开展云直播、云辅导15场次，直播“现场”答疑解惑532人次。大力推行非接触式办税服务，“江苏税务”手机App企业覆盖面、办理量、综合用户活跃度等指标均居全市首位，97.7%的税费事项实现线上办理。连续10年开展“便民办税春风行动”，严格兑现5批次109条服务举措。组织开展退税减税降费红利账单推送，全年累计向1.7万家企业推送退税减税降费红利数据，让纳税人缴费人有更多实实在在的获得感。

（徐春晓）

金融监管服务

【概况】 2023年，沭阳县金融办落实地方金融监管工作要求，定期对辖内地方金融从业机构开展现场检查，全年对地方金融从业机构现场检查4次，对检查中发现的问题及时下发整改通知书，责令限期整改。两家担保公司省年度监管评级均上升一个等次。组织处非成员单位开展常态化风险排查和处非宣传活动。全年共开展防范非法集资宣传教育工作14次，发放宣传单约4.8万份，宣传品约1.4万份，宣传氛围浓厚。全年共开展金融风险排查10次，发现和有效处置风险3条，及时扫除风险隐患，为全县营造了良好的金融环境。

【服务实体经济】 全年开展十场“银企互联‘贷’动新发展”银企对接系列活动，线上、线下融资需求征集，组织金融机构先后赴青伊湖镇、贤官镇、桑墟镇、刘集镇等乡镇开展专场银企洽谈会，现场办理个人授信、企业授信。组织银行机构对列市重大产业项目进行逐一走访，主动靠前提供金融服务，全年为列市重大产业项目发放贷款46.99亿元。鼓励银行机构发放中长期贷款、信用贷款支持制造业企业绿色发展、转型升级，全年新增中长期贷款35.46亿元，新增企业信用贷款14.09亿元。积极引导银行机构落实“六保”“六稳”政策要求，全年为企业和个体工商户累计办理贷款延期（展期）业务267笔、6.44亿元；办理无还本续贷业务1474笔、20.19亿元。1—12月，全县累计发放企业贷款加权平均利率为4.08%，同比下降46个BP。落实好首套房贷款利率动态调整机制，全县首套房执行3.7%省内最低利率。大力发展绿色金融，建立首批绿色金融重点支持项目库，全年为入库企业发放绿色贷款约

2023年4月11日，县税务局在沭阳大酒店举办“花乡税云·码上知”服务品牌推介会
张贝丝　摄

15亿元。截至2023年12月末，全县银行机构绿色贷款余额61.98亿元，比年初增加23.4亿元，增幅达60.65%。在全国率先创新“VEP生态价值贷”绿色信贷产品，沭阳农商行以VEP价值作为质押向新艺园林发放“VEP生态价值贷”500万元。出台《沭阳县数字人民币试点工作方案》《沭阳县绿色金融改革试验区试点工作方案》，开展数字人民币和绿色金融改革试点。完成蓝天国际商贸城商圈和企业缴税应用场景建设，沭阳县卫计系统率先在全市政府机关使用数字人民币发放工资，贤官镇成为全市首家用数字人民币发放工资的乡镇。加大对绿色家居、高端纺织、机电装备三大主导产业的信贷投放，制造业贷款增量稳居全市首位。截至2023年年底，全县制造业本外币贷款余额157.24亿元，比年初增加33.52亿元，增量分别是泗阳的1.98倍、泗洪2.55倍，增量占全市新增制造业贷款的29.81%，分别比泗阳高14.72%、泗洪高18.13%。

【上市企业培育】 2023年，沭阳县金融办高度重视企业挂牌上市工作，不断完善上市奖补政策，积极鼓励和推动企业上市。充分发挥上市领导小组统筹作用，多次为拟上市后备企业开通“绿色通道”，多次为企业会办解决上市难题。邀请北交所、上交所、深交所及省市监管部门到沭阳开展专题培训、业务辅导、在线问诊等系列活动，邀请平安证券陆满平教授为县相关部门、乡镇（街道）及企业开展企业上市专题培训，组织企业参加“宿迁西楚资本论坛”等活动，全县500余人次参与多场次上市培训。联合工信局、经开区多次对全县企业开展全面摸排，筛选出符合盈利能力较强、科技含量较高、成长性较好、有上市意愿的企业纳入上市后备库，后备库企业共有16家。后备梯队上市能力不断增强，苏讯新材料、华新玻璃已报江苏省证监局辅导备案，均计划2024年报会。

【经理国库】 坚守资金安全和系统运行安全“两条底线”，严格执行国库会计核算制度，确保国库资金安全和业务系统运行安全。2023年共办理预算收入119.87万笔、金额211.82亿元，办理预算支出16.49万笔、金额226.98亿元。加强国库信息化建设，积极推广国库集中支付电子化，进一步便利预算资金拨付，推动退税政策红利直达市场主体，构建“财税库”协作机制，开通退税绿色通道，确保退税资金高效直达市场主体。2023年，共处理个人所得税汇算清缴退税5.85万笔、金额2951.33万元，办理个人所得税代扣代缴手续费退库1604笔、金额581.34万元。

【支付结算监管】 持续优化农村支付服务环境，督促建设单位按季对服务点开展巡检，按月对系统中“风险预警”模块相关风险信息进行排查，筑牢风险防线。强化农村普惠金融服务点管理，通过督促建设单位通过促活、回访等措施，对连续6个月无交易的服务点进行停用并撤销，进一步优化农村服务点布局，全年辖内共撤销121家农村普惠金融服务点。

【货币发行监管】 利用元旦、春节等重要时间节点组织开展“易新为民”换新兑零暨数字人民币知识等集中宣传活动，增强群众爱护人民币的意识。严格落实“收支两条线”管理和现金管理制度，督促各金融机构做好现金备付和清分工作，确保流通中的现金质量得到进一步提高，满足人民群众对现金的高质量需求。积极开展残损币兑换工作，加班加点为群众现场兑换火烧币、霉变币，全年共鉴定残损币1301张，鉴定可兑换102520元。此外，加大对拒收现金、非法使用人民币图样、假币违法犯罪行为等查处力度，严格按照拒收现金相关规定，对辖内拒收现金的行为进行处理，年内共处理拒收现金投诉13起。联合市监局对批发市场的丧葬用品销售店开展一次专项检查，对当事人开展批评教育，进一步维护人民币“国家名”的形象，打造良好现金使用环境。

【外汇管理】 有效推动外汇业务办理便利化服务，通过积极开展创建“外汇政策业务宣传站”工作，邀请中国人民银行宿迁市分行现场指导相关的建站工作。积极配合中国人民银行宿迁市分行做好拟依托财政风险补偿资金池免保证金开展外汇套保业务，起草相关可行性报告、管理办法和实施意见，为辖内外汇企业争取更方便的服务和更灵活的政策红利。

（李依未　荣小伟）

审　计

【概况】 2023年，沭阳县审计局依法全面履行审计监督职责，全力服务地方经济社会高质量发展，取得了较好成绩，业务工作获得国家、省、市业务主管部门的表彰。在国家、省、市优秀审计项目评比中，选送的5个项目获奖，其中曹珊珊主审的“全县2019—2021年污水处理及管网建设情况专项审计调查”项目，获全国审计机关优秀审计项目（非民生类）县（区）审计机关一等奖，实现宿迁建市以来署优项目零的突破，罗鑫主审的“沭阳县基本药物制度政策执行及公办医院运营情况专项审计调查”项目，获全省审计机关优秀大数据审计项目。常态化推进“经济体检”，全年共完成财政预算执行审计、领导干部经济责任审计、工程决算审计以及有关专项审计等各类审计项目18个，出具审计报告26份，向县委、县政府上报审计直报信息38篇，查处违规违纪金额510.75万元，纠正管理不规范金额2.44亿元；提出审计建议38条，出具移送处理书36份，促进有关单位出台相关制度21份，切实维护财政资金安全，促进政策落地见效，规范干部履职行为，维护法律权威。

【专项审计】 沭阳县审计局坚持审计项目跟着党委、政府的中心工作走，突出重点难点，精准有效监督，切实为高质量发展保驾护航。根据上级审计机关统一安排，先后组成3个审计组，分别到常州新北区组织实施税收和非税收入征管审计，到宿豫区组织实施公共卫生及新冠疫情防控资金管理使用情况专项审计调查、政府投资基金专项审计调查等项目。组织实施政府投资工程项目管理情况专项审计调查，先后完成3000万元以上政府投资工程结算审计项目19个，并揭示了建设程序履行不规范、偷工减料、多计工程量等有关问题47个，督促马厂镇新城家园工程等多个项目整改，或部分工段重建。组织实施财政"同级审"、部门预算执行审计、沭城街道2022年度财政决算审计及龙庙镇2022年度财政决算审计4个项目。完成财政局、科技局、住建局、龙庙镇等7个单位主要领导经济责任审计项目，出具审计报告7份。

【改革创新】 沭阳县审计局始终坚持创新思路、细化举措，不断提升工作成效。加强现场管理，规范审理流程，结合省厅《审计现场管理办法》，细化出台审计业务流程，有效指导项目现场实施，对年度培优及重大审计项目、实施方案编制、问题线索移送、直报信息编发等实行全程跟踪审理，确保审计质量。加强建章立制，严格会议审定，出台《项目分级质量控制办法》《执法过错责任追究办法》，进一步强化审计责任，防范审计风险，对于所有审计项目的有关重要事项，一律通过召开业务会议集体研究决定，全程把控项目质量。在全市率先开展内部审计试点工作，指导5家试点乡镇（街道）制订2023年度内部审计项目计划，并将村级干部经济责任审计项目融入其中，推动同步正式成立党（工）委审计办，从源头上强化村（社区）干部监督。

【监督协同】 沭阳县审计局坚持与纪检监督、巡察监督、干部监管、政府督查等有关方面协同配合，全年共向县纪委监委移送案件线索36份，有28人被查处。联合县委巡察办印发《关于进一步深化巡审协作配合的意见》，共向巡察机构提供协作材料20余份。每月定期向县委组织部报送有关干部监督信息，助力干部监督更加精准、高效。及时向有关主管部门反馈所在领域存在的共性问题，督促严格监管、纠正偏差，完善体制机制、实现长效管理。

（曹珊珊）

统　计

【概况】 2023年，沭阳县统计局紧紧围绕全县经济社会发展主要目标任务及重点工作，坚持创新统计、科学统计，不断提高统计数据质量，充分发挥了统计的信息、咨询、监督三大功能的积极作用，为推动全县经济社会高质量发展做好统计工作。经统计，沭阳县全年实现地区生产总值1411.67亿元，同比增长8.3%，经济总量连续四年位列苏北20个县（市）第一。

【统计监测】 2023年，沭阳县统计局强化月度、季度经济运行情况监测预警，每月数据反馈后向县委、县政府上报综合性分析及"白皮书"数据收集、报送工作。加强与相关部门沟通衔接，将新开工的项目逐一核实，对已纳统的做好追踪服务，对未纳统的加强跟踪监测，建立档案做好纳统准备，及时搜集项目变动信息，确保应统尽统，不重不漏。全年撰写信息180篇，提交统计分析报告90余篇，其中"四上"企业入库、"五经普"（第五次全国经济普查）工作汇报等近10篇（次）分析材料获得县委、县政府领导批示。完成"公民科学素质调查""人口抽样调查""人口追踪调查"等5项社情民意调查。协助监测综合质效、新型工业化、城镇化、农业现代化、信息化5个板块，包含地区生产总值、规模以上工业增加值、重点产业链培育、常住人口城镇化率、城镇居民收入、农业产业链综合产值增速、信息化发展指数等重点指标。监测以来，全县"四化"同步集成改革进程不断进步，可监测的37项指标中，从2025年示范区暨区域副中心城市建设进程来看，全县建设进程实现度已达到78.7%，近半指标目标2025年目标实现度达90%及以上，仅4项指标实现度暂时低于序时进度。

【"五经普"工作】 2023年6月，沭阳县"五经普"工作启动以来，各项工作有序开展、稳步推进。36个职能部门、34个乡镇（街道）园区迅速响应，以"36+34+N"的普查合力做好各阶段各节点的调度督促。全县共排查正常登记单位6.91万家、个体户16.13万家，较"四经普"分别增加3.92万家、5.62万家；单位、个体户查到率分别为81.9%、79.5%，较"四经普"分别提高了19.3%、31.2%。个体户从业人员43.35万人，较"四经普"增加17.48万人。数字经济、文化产业占比等主要指标均高于全市平均水平。

【依法统计】 2023年，沭阳县统计局始终旗帜鲜明防治统计造假，坚持不懈推进统计法治建设，提升统计治理能力。坚持数据核查从严到底。通过“自查+抽查”“专业+法治”“现场指导+后期回访”三结合，做到源头数据应统尽统、颗粒归仓，全面、真实、准确反映全县经济发展成果。自查自纠见实效。按照国家、省统计局统一部署，3—4月，组织对2022年度及2023年一季度统计数据开展自查自纠，同时对相关统计违法案件进行系统梳理排查。共排查梳理1858家联网直报单位，累计发现“不如实报送当期统计数据”问题70个，全部整改落实。重点核查出成果。5—12月，全县统计系统对工业总产值、固定资产投资、商品销售额等重点统计指标进行专项核查，全县累计核查888家联网直报单位，发现数据问题158个，已整改落实155个，需逐步整改3个，统计造假专项治理工作取得初步成效。抽查检查强数据。5—9月，县统计局完成省局两批次共计40家企业双随机执法任务，对存在轻微统计指标数据误差的8家企业责令改正。9月下旬，省局能源处对沭阳经济技术开发区5家规模以上企业用能大户2023年1—8月能源数据开展核查，5家企业能源品种和折标系数全部符合规定。10月23—24日，国家统计局委托省统计局工业处对沭阳县22家规模以上工业企业9月产值数据开展实地核查，上述企业当月产值差错率仅-0.4%，累计差错率仅-0.5%。从全年历次检查来看，全县专项治理行动、统计基层基础建设、普法宣传等工作得到进一步推进，统计数据质量明显提高。

【百强县创建】 2023年，沭阳县统计局积极搜集相关材料、搜集整理宣介资料及有关图片，做好日常监测评价过程跟踪，在2023年中郡研究所全国县域经济基本竞争力百强县中，沭阳县域经济基本竞争力位列全国第41，较上年提升1位，沭阳已连续12年获得入榜“全国县域经济基本竞争力百强”行列。在《2023年赛迪中国县域经济百强》中，沭阳县域综合实力位列全国第62位，与上年度持平。在壹城经济咨询中心（壹城智库）发布的《2023县域高质量发展百强》中，沭阳县域综合实力位列全国第55位，较上年提升1位。

（王　璐）

统计调查

【依法治统】 2023年，国家统计局沭阳调查队严格贯彻落实国家统计局、江苏调查总队部署要求，持之以恒深化巩固防治统计造假。认真学习有关统计法律法规，实施“法治宣传亮点工程”，坚持逢会必提、访企必宣、入户必讲，对4家企业开展“执法+普法”活动。开展“传统媒体+”学法，累计发放普法手册500余份，会议普法覆盖人数约350人。拓展“社交媒体+”普法，制作发布《这些〈统计法〉知识点您知道吗？》公众号文章，扩大社交媒体宣传覆盖面。延展“新兴媒体+”宣法，制作《守护账本里的小秘密》等普法微动漫，增强法治宣传教育的引导性、趣味性。

【统计服务】 开展统计服务百日竞赛活动，着力增强调查服务意识，努力为党政领导决策提供“快、精、准、深”的第一手调查信息，服务经济社会高质量发展。全年共撰写工作信息70篇，江苏调查总队采用55篇，国家统计局采用9篇；撰写经济信息38篇，江苏调查总队采用22篇；撰写统计分析21篇，江苏调查总队采用17篇，国家统计局采用6篇，继续保持县队领先水平。其中，县领导批示2篇，领导批示实现新突破。与县统计局联合编印沭阳统计年鉴，按时报送月度经济指标快报。紧扣全县中心工作，配合高质量发展、乡村振兴相关指标监测工作，及时上报相关指标情况，为县委、县政府决策提供参考。

【城乡住户调查】 充分学习周边地区先进经验，细化“住户之家”创建方案，建立相关制度，大力推动“住户之家”创建，提升源头数据质量。通过调查，2023年，沭阳全体居民人均可支配收入为32208.3元，同比增长6.1%。其中城镇居民人均可支配收入为38191元，同比增长5.4%；农村居民人均可支配收入为24946元，同比增长7.0%。全体居民人均生活消费21054元，同比增长8.9%。

【农业农村调查】 做好农作物产量调查、农作物面积遥感调查、农业实割实测，夯实农业调查基层基础工作。通过调查，2023年，全县粮食总面积18.55万公顷，总产129.57万吨，单产6986千克/公顷。其中，夏粮播种面积9.4万公顷，总产54.94万吨，单产5847千克/公顷；秋粮播种面积9.15万公顷，总产74.63万吨，单产8157千克/公顷。做好畜禽监测调查，高质量推动新老样本衔接工作，加强摸底数据审核，从结构、规律、趋势等多角度、多层面进行分析评估，确保名录库信息指标完整、数据准确，夯实新一轮畜禽监测调查工作基础。截至2023年年末，全县生猪存栏量44.47万头，全年累计出栏72.23万头。做好农产品价格和中间消耗调查、农产品集贸市场价格调查工作，注重价格波动异常的查询核实，准确把握全县各类主要农产品价格走势。

【劳动力调查】 认真做好调查样本扩样工作，扎实开展业务培训，严格落实陪访制度，开展针对性陪访，实施调查全流程控制，加强数据质量检查，提高调查对象配合度，提高调查效率。

【企业调查】 加强对企业调查员的培训和指导工作，强化企业实地走访调研，深化数据分析解读，不断提高统计服务能力，持续做好采购经理、电商、工价、小微企业等企业调查工作。

（张　伟）

价格管理

【价格调控】 2023年，沭阳县发展和改革局积极开展价格调控，控制居民消费价格总水平涨幅。印发《2023年沭阳县价格调控目标责任制实施方案》，明确价格总水平预期调控目标，落实主体责任，确保全县居民消费价格运行在合理区间，实现居民消费价格总水平年度涨幅控制在3%以内。

【临时补贴发放】 2023年，沭阳县发展和改革局及时发放困难群体价格临时补贴。1月，城镇低收入居民基本生活消费价格指数（CPI）月同比涨幅超过3%，根据宿迁市发展改革委统一测算的发放标准，牵头发放价格临时补贴488.1万元，惠及9.4万困难群众。

【殡葬服务和收费管理】 2023年，沭阳县发展和改革局会同县民政局完成沭阳县天府园殡葬服务有限公司经营性公墓墓穴及服务项目、沭阳万福殡葬服务有限公司殡仪延伸服务项目、沭阳县追思园殡葬服务有限公司公益性公墓延伸服务项目等收费备案，进一步规范殡葬服务收费管理。

【民生商品调控目录清单】 2023年，沭阳县发展和改革局动态调整经营服务性收费目录。根据国家、省、市相关文件精神，结合全县政府定价收费项目情况，动态调整公布《沭阳县政府定价管理的经营服务性收费目录清单》，进一步规范全县经营服务性收费，提高收费透明度。

（张　鹏）

市场监督管理

【概况】 2023年，沭阳县市监局立足市场监管职能，统筹发展与安全、效率与公平、活力与秩序，不断探索创新监管方式，为构建新发展格局贡献市监力量。全年共新设立市场主体35125户，其中个体工商户24272户、企业10827家、合作社26户，同比分别增长12.14%、11.19%、8.33%。成功举办2023年沭城四月十二物资交流大会，吸引消费者60万人次，贸易金额约2700万元。特种设备“双率”（报检率、定检率）已连续14个月保持100%，在全市三县六区排名中稳居第一。

【助企惠民】 2023年，县市监局助企惠民持续开展。开通登记服务免费邮箱，通过电话、微信预约，约定日期和时间段，最大限度减少服务对象滞留时间。坚持创新引领、改革破难，推行服务升级，全力推动商事登记“跑零次”办事、“不见面”审批。针对清算义务人未及时履行清算义务的企业，大胆创新，与法院联动，推行公益清算，已帮助130余户经营异常市场主体解决退出难问题，进一步提升了市场主体质量。信用修复市场主体32904户，修复行政处罚9条。持续推行包容执法，实行柔性执法案件32起，对市场主体违法行为不罚和减罚金额累计161万元。严格落实行政处罚双告知制度，在向当事人送达行政处罚决定书时，同时送达《企业信用修复告知书》，帮助被处罚单位开展整改。充分发挥专利商标质押融资为企业质押发放贷款质押融资66项，融资额7.3094亿元。特检院宿迁分院在沭阳地区已经对医院、餐饮住宿业共计60个单位78台特种设备的报检费用进行了应免尽免、应减尽减，共减免23690.5元。

【营商环境建设】 2023年，县市监局持续优化企业开办流程，所有案例均在3小时一个环节完成，所有案例全流程零费用办结。做好个体私营企业发展，全县新设立企业11062家、个体工商户24835户，积极引导企业简易注销，共办理注销登记4577户，其中简易注销2221户；与法院联动推行公益清算，帮助100户经营异常市场主体解决退出难问题。与泗阳县市监局联合，开展探索个体工商户跨区迁移“一次办”改革试点，建立健全个体工商户有序流动长效机制。出台《企业住所（经营场所）标准化登记改革工作实施方案》，建设“住所在线核验”系统，减少登记虚假地址。深入推进“双随机、一公开”监管，双随机部门覆盖率和联合双随机部门覆盖率均达100%，检查任务完成率达100%，执法信息公开率达100%。企业诚信度工作按时序推进，企业年报率为98.6%。

【知识产权管理】 2023年，全县专利授权1582件。其中，有效发明专利授权325件，有效发明专利量

1127件；全年万人发明专利拥有量6.79件，增长35.3%。新发展商标4321件。县市监局坚持“以特色促发展、以服务促发展、以保护促发展”，全方位优化知识产权发展环境。将知识产权工作与特色产业、优势企业深入融合。现全县规模以上工业企业数量806家，其中拥有专利授权企业和注册商标企业分别占100%、93%；高新技术企业58家，其中拥有专利授权企业和拥有注册商标企业分别占100%、92%。建立知识产权托管体系，组织全县40家重点企业与国内多家代理机构开展产学研合作，助推企业提档升级。设立宿迁市知识产权维权援助沭阳分中心，制定《知识产权维权援助工作规范》，累计受理各类知识产权维权援助咨询1000余次。建立沭阳县知识产权诉前调解中心，印发《关于加强知识产权保护行政执法与刑事司法衔接工作的实施意见（试行）》的通知，与法院、版权局、公安局、检察院等部门形成知识产权信息共享机制、共建保护机制、联合执法机制。与县法院建立知识产权纠纷诉调对接工作机制备忘录，参与国家知识产权强县建设试点县和国家级专利侵权纠纷行政裁决规范化建设试点工作。大力推进知识产权计划项目实施，指导督促江苏泓远检测科技有限公司等22家企业参与2023年度贯彻标准备案，完成沭阳华新玻璃科技股份有限公司等6家企业贯彻标准绩效评价。重点开展知识产权优势企业培育，精心选择重点培育64家企业作为知识产权优势企业，继天能（江苏）有限公司成为全市首个国家级知识产权示范企业之后，2023年，江苏宋和宋智能科技有限公司荣获“国家知识产权优势企业”称号。

【质量工作】 2023年，县市监局培育3家企业申报“江苏精品”认证，7家企业申报“江苏省质量信用AA级以上企业”，8家企业申报“市长质量奖”，8家企业申报“宿迁精品”认证。其中，3家企业获评“江苏精品”认证，4家企业获评“江苏省质量信用AA级企业”，1家企业获“市长质量奖”，1家企业获“宿迁市质量管理优秀奖”，1家企业获“宿迁精品”认证，质量品牌培育创历史新高。

【市场监管】 2023年，县市监局切实履行部门职责，发挥市场监管执法震慑作用，突出食品药品、特种设备和产品质量领域“四个安全”和花木种苗、价格收费、市场秩序等重点领域，深入开展综合整治、执法检查，全年累计查办一般程序违法案件820起，涉嫌犯罪移送公安机关案件10起。全面启动江苏省市场监管综合管理系统，自3月起该系统已全面启用。大力开展公平竞争审查，有效构建公平竞争秩序。全年共组织对全县现行有效的53件规范性文件进行清理评估，拟确认为继续有效13件，应予修改14件，决定废止26件。

【标准计量工作】 2023年，县市监局以民生计量为监管重点，以“每月一重点计量器具”监管为抓手，深入开展学校食堂、阳光平台企业台秤，夏秋粮收购用计量器具，液化气站充装用计量器具，超市、集贸市场等场所电子秤，眼镜配制用计量器具等民生计量的监督检查，通过检查促进企业主体加强强检计量器具管理。指导江苏新腾宇流体设备制造有限公司承担的无轴封永磁传动离心泵制造市级标准化试点与沭阳县铭和养老中心通过考核验收。

【花木种苗整治】 2023年，县市监局在全县花木种苗等领域深入开展专项整治“2023雷霆行动”，继续坚持以案开路，统筹线上监测与线下执法并重，始终保持对花木种苗等重点领域违法行为的高压打击态势。累计在线监测网站网店12089家，出动执法人员3457人次，检查花木种苗经营户1930户，查办花木种苗等领域违法案件44起，其中向公安机关移送涉嫌违法犯罪案件1件；向淘宝、抖音等电商平台寄送《涉嫌违法线索协查函》13份，协助县资规局核查违法主体信息4条。依法办理营业执照6271份，列入经营异常名录82户，注销营业执照122份。与县公安局、资规局、农业农村局等部门开展联合执法3次，向公安机关移送涉嫌犯罪案件线索1件，协助县资规局、农业农村局、公安局等部门核查违法主体经营信息15条。

【广告服务与监管】 2023年，县市监局依托全国互联网广告监测平台、移动互联网广告监测中心试用版、互联网广告监测系统、户外广告监测平台、江苏省智慧广告监测系统对户外广告、传统媒体广告、互联网广告等进行监测，共发现违法广告线索226条，均已处置完毕。

【消费者权益保护】 2023年，县市监局共接收省、市、县交办的“宿迁一体化协同办公系统”投诉举报件14799件，全国12315平台投诉举报件27922件，信件1708件，接处来人来电约5000人次，共计49429件次。全部按市场监督管理部门相关程序以及“12345”政府热线工作要求，及时交办处理并办结。

（陈敏洋　涂　媛）

信用体系建设

【概况】 2023年，沭阳县全面贯彻落实国家和省、市关于社会信用体系建设工作总体部署，围绕“制度建设、数据归集、产品使用、联合奖惩、诚信宣传、创新服务”6个关键环节，采取“实事求是，遵循规律、循序渐进”的工作方法，以信用信息的归集为基础，以信用信息的应用为支撑，把信用制度建设贯穿其中，推动各项工作有序开展，政务诚信测评继续保持第一等次。

【政务诚信建设】 2023年，沭阳县发展和改革局开展公务人员诚信教育、培训、宣誓等活动30场次，组织乡镇街道签订政务服务等承诺书330份，村（居）委会签订承诺书480份。加强干部信用监督管理，在干部考察、评优评先等领域，年核查信用4700份。2023年度沭阳县政务诚信测评继续保持第一等次，沭阳县税务局“税直达”纳税信用评价动态提醒机制获得国家税务总局江苏省税务局推广。

【商务诚信建设】 开展“3·15”国际消费者权益日诚信宣传活动，弘扬诚信文化。发布沭阳县2023年度守信激励清单，包括“信易贷、信易批、信易修、信易视、信用+税务、信用+创业”6个“信易+”应用场景、42项守信激励措施，守信激励对象可享受减免费用、简化程序、绿色通道、容缺受理、融资信贷支持、消费优惠等惠民措施。加强花木种苗领域诚信建设，评选出2023年度沭阳县“花木诚信电商”20户、“花木诚信企业”10家。

【社会诚信建设】 印发《沭阳县农村信用体系建设试点工作实施方案》，大力推进农村信用体系建设，开展诚信宣传进社区等活动10场次。青伊湖、潼阳、颜集、章集等乡镇（街道）建立“信用积分超市”，开展“文明行为换积分，家庭积分换礼品”活动，激发群众自我管理的内生动力。开展“沭阳好人”评选12次，15人获评诚信典型。李敬娣获评2023年度第三季度“宿迁好人”（诚实守信类）。

【行业信用监管】 2023年，沭阳县发展和改革局在79个事项中全面推行证明事项告知承诺制。沭阳县公共资源交易中心积极开展信用承诺替代投标保证金落实工作，应用标段53个，惠及投标单位1279家，累计释放企业流动资金约2.04亿元。全年共计在税务、环保、粮食、交通等17个领域开展信用等级评价，归集信用评价信息11万条。根据评价结果，开展分级分类监管。例如沭阳县市场监督管理局在特种设备监管领域，创新建立“通用+专业”信用风险分级管理模式，将全县特种设备使用单位共划分为A级（一般风险）2474户、B级（中风险）9户、C级（较高风险）21户、D级（高风险）56户。对A级企业，检查抽取比例控制在3%~5%；对B级企业，检查抽取比例控制在10%~20%；对C级企业，检查抽取比例控制在20%~30%；对D级企业，实行严格监管，检查抽取比例控制在50%以上。开展花木种苗、图书市场、拒不执行判决等领域专项违法失信整治行动，不断营造诚实守信的社会环境。

【信用修复】 2023年，沭阳县发展和改革局出台《沭阳县2023年信用修复工作实施方案》，创新“两书同达”“精准提醒”“协同修复”等机制，引导企业加强自身信用管理，鼓励失信主体主动纠正违法失信行为、消除不良影响，重塑良好信用。组织23家企业人员参加全省企业信用修复培训班。全年共协助企业完成信用修复564条，总量全市第一。

（张　鹏）

编　辑：陈晓敏

数字经济

综　述

【数字产业发展】 2023年，沭阳县聚焦"数字产业化、产业数字化、数字化治理和新型基础设施"四大类方向编排数字经济重点项目，围绕数字工厂、数字乡村、花木电商等方面谋划打造了一批有亮点、有影响的可复制的N个场景应用，动态更新数字经济核心企业库。举办全县加快数字经济发展培训班，邀请市委党校讲师就"大力发展数字经济，推动产业数字化"进行授课并进行实地观摩，推动全县数字经济产业高质量发展。全年数字经济核心产业增加值增量为9.7亿元，增速为16.3%，位居全市前列。

【政策体系建设】 2023年，沭阳县深入贯彻国家和省、市关于深入推进数字经济发展的战略部署，按照出台的《沭阳县关于加快数字经济发展的实施意见》《关于成立沭阳县数字经济工作领导小组的通知》等文件，沭阳县发展和改革局积极牵头加强对全县数字经济工作的组织领导和统筹调配和推进落实。并抢抓发展新机遇，培育壮大发展新动能，构筑发展新优势，加快建设数字沭阳，形成具有较强核心竞争力的数字经济生态体系。

（张　鹏）

数字基础设施建设

【信息基础设施建设】 2023年，沭阳县全面推进5G网络建设，实现全县5G网络覆盖。加快推进材料产业园、电子信息科技产业园等区域深度覆盖5G网络，支撑工业和信息化融合发展。推进校园、医院、文化场所、公共体育场馆、电梯、地下室等重点民生实事项目的5G网络覆盖。电信公司全年完成城域网上行链路扩容310G，城域网出口带宽达1.3T。完成134个4G基站调配建设，实现4G网络深度覆盖。完成230个5G基站建设，实现5G网络深度覆盖。

【融合基础设施打造】 2023年，沭阳县发展和改革局会同县城管局、交通局、民政局等相关单位打造"智慧停车""数字交通""智慧养老"等市政公用融合基础设施项目，积极利用新一代信息技术，建设数字底座，开展传统公共基础设施数字化改造，持续增强全县基础设施安全韧性能力，支撑城市基础设施更新和产业转型升级，带动城市生产方式和组织形态重塑，逐步形成网络化、智能化、服务化、协同化的数字城市公共基础融合设施体系。

（张　鹏）

产业数字化转型

【概况】 2023年，沭阳县认真贯彻落实省市制造业智能化改造和数字化转型三年行动计划，加快推动新一代信息技术与制造业深度融合，全面推进全县制造业"智改数转网联"，以智能制造为主攻方向，以工业互联网创新应用为着力点，推动企业生产方式向数字化、网络化、智能化转变。

【推动"企业上云"】 2023年，沭阳县工信局将"企业上云"作为推进工业企业数字化转型的基础性工作，依托云服务商根据不同行业不同企业提供个性化解决方案。推动全县大中型企业将信息基础架构和应用系统向云端迁移，开展基于云计算、工业互联网的深度创新应用。推动小微企业使用成熟的云存储、云管理等应用服务，降低信息系统构建成本，快速形成数字化管理和网络化协同能力，降低数字化改造成本。全年共获批省星级“上云”企业141家，其中虞美人纺织、伍佳纺织创成五星级“上云”企业。

【两化融合管理体系贯标】 2023年，沭阳县工信局鼓励企业通过贯标优化业务流程，调整组织结构，推动和实现数据、技术、业务流程、组织结构四要素的互动创新和持续优化，促进企业转型升级，实现可持续发展。在贯标过程中，督促服务机构认真落实本质贯标目标，引导企业开展两化融合自评估、自诊断、自对标，找到契合企业发展的贯标路线图。全年共有15家企业启动贯标，其中11家企业通过评定。

【推进工业互联网应用】 2023年，沭阳县工信局引导重点企业应用工业互联网，整合产品设计、生产工艺、设备运行、运营管理等数据资源，推动企业开展标识解析和5G+工业互联网融合应用，引导企业利用5G技术改造生产现场网络和系统，鼓励企业向智能、绿色制造方向发展。邀请服务机构，对沭阳县龙头骨干企业对标省工业互联网平台和标杆工厂要素条件开展诊断，提出工业互联网改造提升的措施建议。虞美人纺织获批江苏省工业互联网标杆工厂和国家级5G工厂，实现沭阳县5G工厂零的突破。

【工业信息安全】 2023年，沭阳县工信局深入贯彻落实省、市关于工业信息领域安全工作的相关指示要求，不断提高全县工业企业信息安全责任意识和防护能力，扎实开展工业信息安全防护星级企业培育工作。通过指导企业完善信息安全责任制，加强工业信息安全风险评估、信息共享、应急处置等制度落实，积极培育工业信息安全防护企业，全年组织7家企业创建工业信息安全防护星级企业，科泽新材等3家企业通过线上评估。

【免费诊断服务】 2023年，沭阳县工信局在全县优选268家重点企业，围绕智能制造、工业互联网、数字化改造等细分方向，进行“智改数转”免费诊断服务。通过专业机构的服务，帮助企业梳理智能化改造和数字化转型存在的不足和问题，提出“一企一策”个性化系统解决方案和顶层规划方案。

【交流培训】 2023年，沭阳县工信局积极贯彻落实省市制造业智能化改造和数字化转型三年行动计划，主动对接省内外优秀服务机构，先后邀请赛迪、徐工信息、信通院等服务机构到沭阳县重点企业交流合作、开展辅导。积极开展专题培训，先后举办“智改数转”工作推进暨案例培训会等活动，培训企业家100余人次，通过搭建服务机构与企业交流的平台，引导广大企业更新理念、主动转型。

（浦爱军）

【农业数字化转型】 2023年，沭阳县大力开展农业农村大数据建设，实施智慧农业升级赋能行动，加快农业生产数字化转型，逐步完善数字农业建设体系，提升农业产业效率、产业价值和农业生产数字化水平。探索和推广信息化建设应用场景，推动传统农业向数字农业转型，以信息化驱动农业农村现代化建设，赋能提升农业农村现代化，数字农业农村发展水平达72.7%。做好“面”的普及。全年建设9个农业物联网示范应用基地，其中畜禽养殖1个，水产养殖2个，大田种植1个，农产品加工2个，设施园艺3个。同时，提升“点”的应用，建设了1个稻麦智慧农场和1个盆景工匠孵化中心数字化项目，做到“有面有点”，示范推广和降本增效双提升。以沭阳国家现代农业产业园区大数据中心为基础，增加建设农产品质量安全智慧监管中心。12月，沭阳牧原农牧有限公司获评“第三批省农业生产全程机械化智能化示范基地”。

（陈月阳）

数字产业

【概况】 2023年，沭阳县深入贯彻落实国家和省、市发展数字经济的决策部署，在牵头市领导和县委、县政府的正确领导下，全力实施产业链培育行动计划，推动“大数据+”产业链保持高速增长，产业质态稳步提升，产业链培育工作取得积极成效。

【“大数据+”产业链培育】 2023年，沭阳县工信局聚焦产业链企业培育、项目招引等重点工作，排定年度“大数据+”产业链培育计划，按月细化推进。在上年度产业链入库企业基础上进行摸排梳理，“大数据+”产业链企业由3家增补到6家。10月在北京举办“大数据+”产业链投资环境说明会，进一步加强“大数据+”产业链招商信息搜集。全年“大数据+”产业链产值达11.58亿元，较上年同期增长4.76%。

【帮办服务】 2023年，沭阳县工信局持续推进帮办服务，安排专人对接服务“大数据+产业链”企业，常态化跟踪企业发展情况，通过“面对面”交流、“零距离”考察，全面了解企业运营情况，认真听取企业发展规划，对企业提出问题及时与相关部门沟通协调，有效解决企业招工难、留人难等一系列急难愁盼问题，助力企业高质量发展。

【智改数转成效】2023年，沭阳县工信局深入推进大数据融合应用，认真贯彻落实省、市制造业智能化改造和数字化转型三年行动计划，聚焦全县制造业产业体系和17条重点产业链，大力推广工业软件、智能硬件及装备、平台、网络、安全等信息技术应用。以智能制造为主攻方向，以工业互联网创新应用为着力点，加快推动新一代信息技术与制造业深度融合，全面推进全县制造业智能化改造和数字化转型。全年新增1家省级工业互联网标杆工厂、2家智能制造示范工厂，新创建省星级"上云"企业141家，其中五星级"上云"企业2家。

（浦爱军）

数字政府建设

【公共数据共享开放】2023年，沭阳县行政审批局建设县级政务中台总门户，将业务、数据、技术中台的业务服务、数据产品、技术组件统一集成，面向数字政府应用层提供统一支撑，提供中台能力和数据综合调度、运营监测和开放订阅等功能，并与省政务中台、市"宿迁速办"中心实现数据共享互通。教育、医疗、交通运输等重点领域加剧数据资源汇聚，按需推进各领域主题数据库、专题数据库建设。

【智慧政务综合应用】2023年，沭阳县在江苏政务服务网一件事平台上线126个"一件事"模块，落地业务场景56个，集成系统生成案例3.9万余个。建立县残联、民政局、医保局、人社局等部门多事联办、一体服务的扶残助困"一件事"服务协同联办机制，开发省内首个扶残助困"一件事"办件系统，在县政务服务中心、30个乡镇（街道）便民服务中心设立办事窗口，群众可就近选择服务窗口进行办理，也可通过480个村（社区）便民服务站代办帮办。在江苏政务服务网、"一件事"自助机上开通线上办理渠道，实现PC端、手机端、自助服务终端"三端"可办。

（赵　阳）

【智慧城市管理】2023年，沭阳县创新建立"四个一"工作机制（"一委一办一中心一平台"，即县城管委、城管委办公室、数管中心和运管服平台），推进城市管理智能化、信息化建设，做到问题快速流转、过程高位督办、数据永久留存。将数字城管融入城市运行管理服务监管平台，纳入统一布局，进一步缩短问题的发现、派遣、查处时间，推动城市管理由"人工"到"数字"，从"数字"向"智能化"的转变。"沭阳微城管"微信小程序2023年6月上线试运行，运行以来受理各类问题45340件，已处置34141件，交通运输局、城乡水务、民政局等15家单位处置率达100%，事件量较多的公安局、住建局和城管局处置率达97%以上，占事件50%的沭城街道处置率也达到了87.16%，推动了大量问题的解决。全面提升服务水平，坚持疏堵结合，免费设置果蔬便民点32处、124个摊位，"花乡摊点自选云超市"App全面运营，同步设置城区早晚摊点21处、284个，有效缓解流动摊点占道经营问题，释放了城市道路空间。城管委办公室根据平台数据，加大督办交办力度，对问题及时进行了交办，共下发交办单1136件，完成1085件，解决实际问题1021处。同时对城区机关单位庭院每月开展检查，各项工作情况纳入通报范围，全年下发工作通报14期，兑现季度考核资金奖补219万元。

（郭冬冬）

通信服务

【中国电信股份有限公司沭阳分公司】2023年，中国电信股份有限公司沭阳分公司（以下简称"中国电信沭阳分公司"）完成业务收入3.92亿，同比增幅9.82%，完成基础业务收入3.17亿，同比增幅2.51%。全年投入2164万元（含主设备）用于优化和补盲全县5G信号弱区域；投入1323万元用于升级改造全县光网设备和线路，使全县具备3000M以上接入能力。城域网上行链路扩容310G，城域网出口带宽达1.3T。完成134个4G基站调配建设，实现4G网络深度覆盖。完成230个5G基站建设，实现5G网络深度覆盖。

数字乡村建设。中国电信沭阳分公司坚持党建引领，架起村民团结连心桥，织密安全生产防护网，遵循集团公司"信息化赋能乡村振兴"的思路，推动信息化与乡村治理深度融合，重点打造一批"数字乡村"建设标准村和示范村，共同推进乡村振兴建设。中国电信沭阳分公司与沂涛镇人民政府共同打造数字乡村系统，村居管理精细化。政府工作人员通过一面大屏和一台电脑，便可轻松了解居民房屋租赁等情况。智慧社区系统的"党建引领"栏目下设"一委两站五岗""党员队伍"等子栏目，可实现"让干部少跑腿，让数据多跑路"，切实提升社区干部精准服务群众的能力。智慧社区系统还具备卫星地图功能，村居干部通过大屏可以直观了解村居所有情况并开展工作。针对耿圩镇淮西村乡村管理人手不足、日常巡视存在盲区等问题，中国电信沭阳分公司以"数字乡村"智慧平台建设为切入点，为淮西村打造"智慧大屏+视频监控+语音播报"管理平台，并在淮西村各路口、独居老人家中、池塘边等区域安装监控摄像头，实现乡村管理可视化。依托管理平台的异常告警、安全提示、实时喊话等功能，村组干部可对淮西村全域进行24小时不间断监控巡视。按照“政府主导+乡村主建+群众主体”模式，打造具有地方特色的基层综合治理监控网。把“区域入侵”“垃圾分类”等常见的AI监测场景融入乡村治理中，推动乡村治理数字化、智能化，年可节约人工成本6万元。

（周文静）

【中国移动通信集团江苏有限公司沭阳分公司】 2023年，中国移动通信集团江苏有限公司沭阳分公司（以下简称中国移动沭阳分公司）积极主动融入全县经济社会发展大局，向上争取资金10600万元，不断加快5G网络、光纤宽带、公共互联网等通信基础设施建设。全年新建和扩建4G基站共123个，实现4G网络城乡覆盖率99.9%；建设5G基站168个，实现5G网络城乡覆盖率达99.5%。完成新建小区16个、补点2026个，累计完成22976户家庭宽带用户覆盖；实现城区、乡镇标准化小区100%覆盖，乡镇、自然村覆盖率达到99.59%，为用户提供了基本的网络接入保障，率先实现网络接入的“三千兆”（5G千兆、宽带千兆、WI-FI千兆）。

市场运营。2023年，中国移动沭阳分公司年营业收入达11亿元，全年通信用户数总量超105万户，宽带用户数超30万户。获全省2023年度规模较大区县分公司荣誉称号，苏中、苏北仅此一家。

服务地方发展。中国移动沭阳分公司针对党政机关等场所及重大活动现场开展重点网络保障服务，加大信息基础建设，提升家庭宽带覆盖范围和质量。全年共计扩容住宅小区152个，投入通信保障人员68人次，在活动区域开展24小时服务保障，顺利完成各项保障任务。信息化助推各行各业，成立信息化项目专班，积极参与为民办实事工程，先后承建沭阳县第一人民医院信息化系统采购安装项目、乡村视频监控更换升级项目、昆沭智慧校园、沭阳艺森园盆景工匠孵化中心数字化提升等项目。创新开发“蓝天卫士”数字党建方案，高效助力多家基层政府解决秸秆禁烧、治安监控、环境监测等难题；参与为民办实事工程，先后承建全县村组医保专线建设等项目。

（丁小丽）

【中国联合网络通信集团有限公司沭阳分公司】 2023年，中国联合网络通信集团有限公司沭阳分公司（以下简称沭阳联通公司）继续加大对网络的投资，做好提速降费工作，加快信息化发展，信息智能化转型建设、社会公益活动、乡村振兴等方面开展工作，助力政校商企业信息化建设。

网络建设。2023年，沭阳联通公司响应国家5G建设同时对4G网络同步做好优化建设工作，全年5G基站建设达660个，4G建设L900站点580站，年底前站点已全部完成开通。无线网面积覆盖率由前期的80%提升至99%，基本实现了全程全网的连续覆盖局面。有线宽带方面，沭阳新增宽带接入52个小区（宽带资源已覆盖364个小区），投资280万元，覆盖用户数9万户，建设端口数2785个，端口利用率42.3%。改造60个小区，投资110万元，改造建设端口1187个。FTTH家庭用户带宽实现了100Mbps的速率接入。

信息智能化转型建设。全年沭阳联通公司投资300多万元用于沭阳政商企客户、行业信息化建设。建设沭阳公安四级网、干线、350等业务，宾馆酒店宽带电视无线网一体化接入，商场WI-FI、公共场所WI-FI等企事业单位的信息化智能化业务，企业上云65家，智改数转企业方案洽谈94家。

助力乡村振兴工作。2023年，沭阳联通公司持续结队塘沟镇塘西村，联通作为国家的主力军与排头兵，已对上争取资金近千万元，对塘西村的乡村通信网络做全面提升。全年共计建设桑墟镇、钱集镇槽坊村、耿圩镇张胡圩村、耿圩镇乔王村等数字乡村及9个重点村组数字党建工作，达到国家队的建设要求。

（乙克宁）

【江苏省广电有线信息网络股份有限公司沭阳分公司】 2023年，江苏省广电有线信息网络股份有限公司沭阳分公司（以下简称江苏有线沭阳分公司）始终坚持“用户为本，服务为魂”的服务理念，向社会各界和广大用户提供广播电视传输、宽带网络、广电5G移动通讯网络等服务以及电视端、网络端的产品服务，使公司成为品质卓越、备受信赖的全业务网络运营商。

智慧广电乡村工程建设。精心投入，着力提升智慧广电乡村工程建设质量，以精品意识大力推进12个智慧广电乡村工程建设，带动了智慧广电乡村工程的“建、管、用、融”全面发展，如期通过了市局初验，并以96.8分的全市第一高分通过了省局终验，社会效益与经济效益持续显现。

数字党建、数字社区建设。受“数字堰下”项目的启发，着力把数字化、智能化建设的触角向各个领域延伸。经过反复争取、协调，与县委组织部合作开展“数字党建”工程建设。7月，成功举办了沭阳“数字党建”工程首批集中上线启动仪式。承建红色小元指挥中心，突出“一村一品”“红色根脉”的地域特色，打造了电视端和手机端系统平台，设施齐全，内容丰富，党建功能突出，受到省、市、县各级领导的高度评价。项目信息（红色小元、数字党建、智慧养老）被各级领导“频繁转发”。

广电5G发展。2023年，江苏有线沭阳分公司量质并重，固移协同，塑造广电5G靓丽名片。坚持宣传推广广电5G。3月，成功举办了中国广电5G网络服务沭阳地区全网运营仪式，为5G发展掀起新一轮的品牌宣传。坚持5G集团化发展。率先与沭阳县农商行签订党建共建合作协议，以党建带经营，为农商行员工开卡642张。与县残联签订协议，打造了具有沭阳特色“残联一件事审批”项目。

安全生产。围绕播出安全，认真开展前端机房信号源和供配电演练，加强省市干线、设备的巡查力度，线路故障抢通率、修复率均比以往有大幅提升，圆满完成全国两会、大运会、亚运会、“一带一路”高峰论坛等重要时段安全播出保障任务。围绕网络安全，对邮件系统、办公系统、云平台、LED电子显示屏等弱口令进行细致排查，对账户管理、密码策略等环节流程进行全链条补强优化。围绕施工安全，坚持抓早抓小抓检查，及时将检查照片发到工作群内，每周实地检查施工现场，确保施工安全无事故。

（侍　远）

编　辑：郑长银

综　述

2023年，沭阳县经济技术开发区年末承载各类项目1030个，其中亿元以上项目305个。全年完成工业开票销售额820.27亿元；一般公共预算收入12.69亿元；规模以上工业企业320家，实现规模以上工业总产值780.36亿元。成功获批“十四五”重点支持的县城产业化转型升级示范园区，全国共20家，全省唯一。新增省智能车间2个、智能工厂2个、绿色工厂1个、“两化融合”企业4家、“上云”企业62家，江苏虞美人纺织品有限公司获批国家5G工厂、五星级“上云”企业、省工业互联网标杆工厂。荣获“国家智慧型纺织产业试点园区”“省两化融合示范园区”“省‘企企通’试点园区”“省循环化改造试点示范园区”等称号。昆沭高新园年末项目总数43个，均为亿元以上项目。实现工业开票销售额18.11亿元；完成一般公共预算收入6734.52万元。借鉴苏州“三大法宝”（张家港精神、昆山之路、园区经验）深化昆山沭阳共建合作、昆山沭阳“昆沭缘”农产品消费帮扶项目、“昆山沭阳电商富民合作”等案例均被作为典型向全省推广。软件产业园年末在孵企业183家，首次公开募股上市企业1家。新增限上批发业企业1家，限上零售业企业2家；新培育国家高新技术企业2家，企业新申报发明专利12项，新获批国科小企业13家。

沭阳经济技术开发区

【概况】 沭阳经济技术开发区（以下简称沭阳经开区）始建于2001年8月，2006年批准为省级开发区，2013年11月升格为国家级经济技术开发区，是苏北五市中唯一一家落户县级城市的国家级经济技术开发区，规划总面积62平方千米。汇聚天能集团、桐昆集团、瑞声科技、苏讯新材、康诺医疗等企业近千家，机电装备、高端纺织、电子信息、新能源材料、健康医疗等产业已成规模，先后荣获“中国最具投资潜力开发区”“中国（江苏）自由贸易试验区沭阳联动创新区”“国家级产业转型升级示范园区”“全国侨胞之家、全国知识产权试点园区”“中国纺织服装名城”“全国纺织产业高质量发展示范园区”“国家智慧型纺织产业试点园区”“中国包覆纱产业生产基地”“国家室内空气净化面料开发基地”“省‘互联网+’先进制造业特色产业基地”“省级生态园区”“省级智慧园区”等称号，新能源、纺织纤维新材料、装备制造、绿色食品、软件等特色先进产业园区获批省特色产业园区。

【园区建设】 沭阳经开区围绕企业生产生活需求，不断加大基础设施投入，完善功能配套，区内供水、排水、污水处理、供电、热力、通信、亮化、天然气、有线电视、绿化、学校、医院、车站、市场、邻里中心、蓝领公寓等设施配套完善，已建成道路213千米、供水管网242千米、排水管网356千米、污水管网262千米、供热管网92千米、天然气管网360千米及热电厂3座、污水处理厂4座、自来水厂1座、标准化厂房75万平方米、蓝领公寓和邻里中心45万平方米。2023年，建成余杭路、梦溪园、赐富路东延、邦源路东延等11条道路，临港产业园的通港大道、繁荣路已建成通车，桐昆污水专线管道等基础工程已建成投入使用，拓宽了经开区发展空间。常州路科技综合体、电子通讯和半固态产业园相继投入使用，优化了载体；尾水导流、污水处理厂提标、水体流域性整治等环保项目已建成运行，有效提升全区域水质安全水平。高墟临港产业园、贤官绿色家居产业园、马厂装备制造产业园获市批准，正式纳入经开区统一管理，进一步夯实了经开区高质量发展的四梁八柱。

【主要经济数据】 2023年，沭阳经开区坚持“月初推产值、月末抓开票”双调度，15个帮办组紧盯重点产业、重点企业，精准研判、精准发力，多项指标保持两位数增长。全年新增“四上”（规模以上工业、有资质的建筑业，限额以上批发和零售业，限额以上住宿和餐饮业、有开发经营活动的全部房地产开发经营业，规模以上服务业法人单位）企业60家，总数达403家，其中销售超亿元企业124家，超10亿元企业14家，天能集团沭阳基地连续5年销售超百亿元，2023年销售额达200.2亿元，成为宿迁市第二家迈入200亿级的企业，入选2023年江苏民营企业制造业百强，位列第89名。经开区全年实现业务总收入1395.3亿元，同比增长13.5%；工业开票798.2亿元，同比增长22.2%；规模以上工业增加值180.1亿元，同比增长20.4%；工业固定资产投资239.2亿元，同比增长9.7%。实际利用外资9233万美元、进出口总额14.8亿美元。经开区以不到全县3%的土地面积，贡献了100%的实际利用外资、88%的进出口额、86%的工业投资、50.5%的工业开票销售，国家高新技术企业数、省级以上研发机构数、规模以上工业增加值、营业收入超亿元企业数等指标均列全市开发区第一，为经济平稳运行提供了强有力的支撑。

【项目引建】 2023年，沭阳经开区始终坚持“项目为王、招商为要”不动摇，接连开展“首季开门红、奋战上半年、冲刺100天、决胜四季度”和“招商引资突击月”等活动。经市认定，全年新签约合同项目80个，其中超10亿元项目35个，超50亿元项目4个，百亿元项目2个。达开工条件项目69个，协议投资额460.2亿元，其中超10亿元项目16个，超50亿元项目4个，超百亿元项目1个，新引进项目、达开工百亿级项目数均为全市最多。坚持常态开展日检查和周推进项目建设。经市认定，全年新开工项目70个，计划总投资359.5亿元，新竣工项目71个，完成投资329.5亿元，其中超10亿元开工、竣工项目分别为15个和14个，超50亿元开工、竣工项目各1个，形成桐昆、浪潮云沭、天能循环、华沭巧能、科丽尔光电、常沭新材等重特大项目竞相发展的生动局面。

【产业发展】 2023年，沭阳经开区坚持“工业强区、产业兴区”不动摇，围绕“园区产业化、产业特色化”的思路，机电装备、高端纺织、电子信息、新能源材料、健康医疗五大产业工业开票销售收入约占全区的86%。

机电装备产业。2023年有睿阳精工、大族粤铭、宋和宋智能、瑞声科技等企业120余家，全年实现开票销售258.6亿元，同比增长43%。主要涉及智能制造、零部件加工、机电泵阀等，年产值占据全市的“半壁江山”。其中依托专家曹海平博士所拥有的全球领先的半固态精密成型技术，规划建设的半固态精密成型技术产业园，已成功研发出国内首台套5500吨超大型节能精密压铸机，书写“自主可控现代产业体系的沭阳篇章”。国家“专精特新”小巨人企业——宋和宋智能科技，电子提花机销售额和规模均处于国内行业首位，2023年被评为“国家级制造业单项冠军产品”。

高端纺织产业。2023年汇集桐昆集团、新东旭纺织等规模以上企业180多家，2023年实现开票销售202.2亿元，同比增长44.4%。建成全国首个智能针织产业园，新上桐昆、红柳两个百亿级项目，拥有优质包覆纱、雪尼尔纱线、室内空气净化面料3个国家级生产基地，形成包覆纱、特色家纺、智能针织、纺织机械四大板块，迈入“机械装备—纺丝—加弹—织造—印染—成品”全产业链时代，获批“全国纺织行业高质量发展示范园区”“中国纺织名城”等5个国家级荣誉，拥有绿色聚酯长丝、电子提花机等六个单打冠军，纺织产业开票销售连续多年增长30%以上，成为江苏最年轻的产业集群。尤其是中国民营500强、全球长丝产量第一的桐昆集团在沭阳投资150亿元项目，让沭阳形成“从一根丝到一块布”的完整产业链，已部分投产，2023年实现产值58亿元，是全国唯一一家当年投产、当年实现120万吨新型功能纤维的企业。

电子信息产业。有瑞声科技、乐昆电子等企业40余家，2023年实现开票销售42.2亿元。产品主要有电声器材、磁性材料、柔性声光模组等。其中声学领军企业——瑞声科技集团在沭阳建有厂房近百万平方米，生产的微型元声器件约占全球份额的45%以上。此外，LED产业已经初步形成了“芯片—封装—LED成品”的完整产业链条，发展势头良好。截至2023年年底，5G产业园18万平方米标准化厂房已建成，重点引进5G应用性领域企业和关联项目，提升产业垂直融合度。

新能源材料产业。有天能集团、科泽新材、苏讯新材等企业30余家，2023年实现开票销售168.4亿元，同比增长21.1%。其中，天能集团是业内首家在香港联交所和上交所双上市公司；科泽新材主要生产可降解薄膜和光学功能薄膜，拥有20多项专利，其中可完全循环再生纳米改性技术为国际首创；苏讯新材已发展成为国内食品级马口铁行业的领军企业，镀铬马口铁出口量全国第一，啤酒瓶盖铁全球市场占有率40%，国内市场占有率90%。沭阳经开区下一步将做大做强动力电池、氢能源、膜材料、金属包装材料、功能玻璃材料、建筑新材料等细分产业，建成长三角地区重要的新能源材料产业发展集聚区。

健康医疗产业。有康诺医疗、伟康洁婧、新克医疗等20余家企业，2023年实现开票销售15.3亿元，同比增长5.5%。产品涵盖高端医疗装备和创新器械、中药和健康产品、防护和医用产品等。其中，康诺医疗器械是国内最大的一次性高分子医用耗材领军企业，拥有国内最大、最先进的医疗器械灭菌平台，专业生产口罩、熔喷布、防护服、手术衣等应急防控物资以及袋类、包类、负压类等医疗器械，其中尿袋的国际市场占有率达35%以上，占日本市场的85%以上，全力打造全省乃至全国应急防控物资样板基地。截至2023年年底，规划建设3平方千米的健康医疗产业园，12万平方米厂房已开建，重点入驻医疗器械类、健康保健类企业。

【科技创新】 2023年，沭阳经开区坚持以“5321”工程和“智改数转网联”为抓手，全力推进现有企业提质增效。全年获批高新技术企业认定41家，星级上云企业61家，其中五星级“上云”企业2家，国家5G工厂1家、省工业互联网标杆工厂3家、省智能工厂2家，苏讯新材建成全市唯一国家级博士后科研工作站，宋和宋智能科技获评2023年国家知识产权优势企业和宿迁市市长质量奖，研发的智能数控提花系统入选省首台（套）重大装备名单，虞美人纺织入选国家5G工厂名录，填补沭阳县空白。截至2023年年底，全区拥有国家高新技术企业131家、国家专精特新“小巨人”企业6家、省研发机构100家、省智能车间10个、省五星企业10家、省工业互联网标杆工厂3家，全区企业研发投入强度达1.6%，比上年提升0.4%。

【机制创新】 2023年，沭阳经开区突出“亩均税收”，建立项目准入和退出评审机制，推动优质资源匹配优质项目，全年收储、在推低效用地10136亩，盘活排污总量指标近800吨，为重大项目落地提供保障。区域规划环评获生态环境部批准，尾水导流生态湿地公园建成开放，新材料、5G通讯产业园等项目投入使用，进一步夯实了园区发展根基。坚持“沭事速办、区事区办、特事特办”，健全项目落地转化工作机制，“全程速办”得到央视点赞，《经开区气候可行性认证区域评估方案》被省商务厅等7个部门联合确定为11个全省推广案例之一，进一步擦亮了“近悦远来、沭阳经开”金字招牌。

【党的建设】 2023年，沭阳经开区基层党组织“标准+示范”建设扎实推进，建成电子元器件产业链联合党委阵地，评选出瑞声科技“声生不息”、天能集团“天天能量站”等一批可复制、有特色的党建品牌，经开区获评“全国纺织行业党建工作先进单位”，叫响了党建和产业双品牌。以省委、市委巡视（巡察）及反馈意见整改为抓手，全面推进从严治党，让全区上下在思想、作风、党性上得到了一次集中“补钙”和“加油”。统筹抓好安全、环保、稳定、廉洁等工作，较好守住了发展底线。

（李善仲）

昆沭高新技术产业园

【概况】 2023年，昆沭高新技术产业园（以下简称昆沭高新园）紧紧围绕高质量发展主线，锐意进取，担当作为，各项工作取得了新的进展。1月，“借鉴苏州‘三大法宝’深化昆山沭阳共建合作”被省发改委列入第二批南北结对帮扶合作典型案例，并发文向全省推广。7月，“昆山沭阳‘昆沭缘’农产品消费帮扶项目”被列入省第五批南北结对帮扶合作典型案例，成为昆沭高新园一年内被省通报推广的第二个案例。12月7日，省发改委印发《关于2023年11月南北结对帮扶合作工作进展情况的通报》，“昆山沭阳电商富民合作”被作为典型案例向全省推广，此案例被省发改委领导称赞为很好的案例；另一典型案例“苏州宿迁南北银发生辉合作”重点推广了新老党代表共话乡村振兴事例；本批次全省9个案例中，昆沭高新园占2个，这也是昆沭高新园案例2023年第三次被省发改委向全省推广。西宏医药、昌品医疗、精至医疗二期、机器时代4个列市重大产业项目已全部竣工投产达效。

【合作交流】 2023年，昆沭高新园强化优势互补，加深合作交流。双方党政领导保持深度交流。8月，昆山市常务副市长沈一平带队访问沭阳，受到县长王瑞的热情接待。11月，昆山市副市长陈钊带队访问沭阳，中共沭阳县委副书记朱熹、县委常委朱启松陪同考察。9月，县委常委朱启松带队赴昆山考察，与昆山市委常委、组织部部长孙勇深入交流。12月，县委副书记朱熹，常委朱启松、胡捷等县领导赴昆山密集开展调研、招商活动。在双方高层的推动和影响下，两地相关部门积极开展互动，双方发改、教育、卫健等部门联系日益密切。党建交流方面，举行新老党代表共话乡村振兴交流活动，中共十六大代表、中共十八大代表、常熟市支塘镇蒋巷村原党委书记常德盛，中共二十大代表、沭阳县新河镇双荡村党总支部副书记李敏围绕实现乡村振兴、强村富民进行互动交流。经昆山市委组织部牵头，市绿化办党支部、周庄镇祁浜村党总支、千灯镇歇马桥村党总支和发改委机关第一党支部与沭阳县新河镇双荡村党总支结对共建，充分发挥各自优势，在建强基层组织、发展特色产业、培育乡土人才、涵养先进文化、打造美丽乡村等方面深入合作，共同探索党建引领乡村振兴实践路径。邀请二十大代表李敏在昆山市举办的农村党组织书记中共二十大精神专题学习会上分享参会感悟、畅谈收获体会。积极推动沭阳县组织“鸿雁争锋”工程村（社区）书记赴昆山跟班锻炼。进一步推动村（社区）党组织书记“鸿雁争锋”工程落地见效，着力培育一支知名度高、影响力大、示范性强的“鸿雁”队伍。科创领域，共建昆山·沭阳科创飞地，积极推动产学研合作项目实施，科泽新材料股份有限公司联合苏州大学共同推进“先进光学级聚酯的研发及产业化”。该项目已完成实验平台搭建、全流程工艺开发、工艺包设计和核心专利申请等。教育领域，选定华冲高级中学、高墟初级中学、湖东中心小学3所学校参与结对共建，合作以来双方共开展线上共建交流活动63次，线下共建交流活动4次，涉及1820余人次。医疗卫生领域，昆山市第一人民医院、苏州大学附属儿童医院分别派遣消化科专家、儿科专家共10余名至马厂人民医院、沭阳医院驻场开展工作；苏州大学附属儿童医院接收沭阳医院首批10名医护人员进修，并与沭阳医院共创共建宿迁市区域儿童医疗中心，取得了良好的社会反响。文旅康养领域，推动县民政局赴昆山开展交流活动，进行了初步联系对接。配合搭建交流平台，谋划将沭阳淮海戏加入昆山“百戏节”，充分发挥两地文化资源优势，在弘扬优秀传统文化、助力两地戏曲事业高质量发展的同时，进一步加强两地人文交流。人力资源和社会保障领域，加强与昆山劳务合作，围绕昆沭两地产业发展需求，搭建就业创业服务保障平台，共享劳动力资源。

【南北共建品牌建设】 2023年，昆沭高新园策划推出“昆沭缘”区域合作品牌，大力探索农产品消费帮扶强村富民联结机制，重点增加沭阳村集体经济收入。“昆沭缘”商标已完成注册并进入实施阶段。沭阳当地农产品协会利用“昆沭缘”商标，积极与昆山市供销社等部门搭建产品推广平台，推动昆山乃至苏州其他地区大量采购沭阳优质农产品。

2023年9月21—22日，县委常委朱启松（左三）带领沭阳直播团队赴昆山考察
昆沭高新园 供图

【特色园区创建】 2023年，昆沭高新园务实推进特色园区创建工作。针对省特色园区创建存在问题，积极开展对标找差，制定《省特色园区创建“补短补软”工作建议方案》，研究解决路径。同时加大向昆山和省、市发改部门汇报和争取力度，推动创建工作不断取得新进展。综合考虑现实情况和创建要求，按照“先拿牌子后完善”的工作思路，从省发改委最关注的“聚焦科创”着手，以拓园发展为契机，加强对昆山汇报争取，尽快出台可操作的具体方案，尽早完成省发改委、省商务厅特色产业园创建批复工作。

【招大引强】 2023年，昆沭高新园紧扣招商引资、项目建设重点工作，一着不让夯实产业基础。明确特色产业发展方向。围绕全县主导产业链进行对接，导入苏南优质产业，加快产业结构调整转型升级，加快打造以健康医疗、新材料产业为主导的特色产业体系。通过全面梳理沭阳县、昆沭高新技术产业园招商政策，形成“教育高地，投资福地”招商推介PPT，不断完善招商资料、形成推介手册，在昆山各板块、苏州部分开发区、无锡、常州召开推介会，提升沭阳在苏南企业的知名度和影响力。加大宣传力度，提升沭阳在昆山乃至苏南地区的影响力。持续推进驻点招商。出台《招商引资考核办法》，落实“3个90%”（90%的人员、90%的时间、90%的精力投放到项目招引和建设一线）的要求，全力以赴推进项目建设。抽调精干力量分赴苏州、常州、无锡等地开展驻点招商，每月外出招商15天以上，依托商会、工会、协会以及动迁办等，搜集有价值信息，摸清可能转移的企业底数，开展针对性招商宣讲。留沭工作人员利用互联网工具搜集筛选产业链项目信息，为驻点招商提供信息支撑。接待上海五信投资、昆山科森科技、昆山同日工业自动化、同帆科创、西交集团等企业、商会等客商到沭阳考察。提升招引项目质态。制定园区资产管理规定、规范的《厂房租赁协议》等，将引育目标集中到成长性好、投资强度大、经济贡献度高的项目上，根据企业亩均效益在全县的排名给予相应幅度的扶持，推动园区集中集聚集约发展。以九冠医疗项目为例，在厂房租赁期间，投入强度达320万元/亩以上、连续3年亩均税收10万元以上，且达到沭阳经济技术开发区工业企业亩均税收前50强，园区可将厂房卖给企业。其亩均税收排名越靠前，出售价格越优惠，激励企业做大做强做优。2023年，昆沭高新园在昆山等地举办各类投资说明会4次，招引晖昊纺织科技等亿元以上项目3个。

2023年入驻昆沭高新技术产业园企业一览表

表7

序号	项目名称	总投资	备注
1	九冠医疗	5亿元	
2	康荣医疗	2000万美元	
3	晖昊纺织	2000万美元	

【园区项目建设】 2023年，沭阳县聚力聚焦昆山沭阳高新技术产业园区列市重大产业项目，先后开展“春季会战”“夏季攻势”，全力加快项目建设进度。创新“日调度、周督查、月通报+点评”工作机制，创新采用无人机同角度航拍图对比实物工作量进展，对项目进行“红黄绿”三色预警，强化项目督查推进、跟踪问效。截至年底前，园区内西宏医药、昌品医疗、精至医疗二期、机器时代4个列市重大产业项目已全部竣工投产达效。积极助推园区企业申报省级工程研究中心及双创示范基地，其中伟康洁婧股份有限公司获批江苏省高性能医疗用品工程研究中心。

【能力素质提升工程】 2023年，昆沭高新园以解放思想、更新理念、更好地激发干事创业的内生动力为目标，以“能力素质提升工程”为抓手，就招商、资产管理、文字表达、健康医疗产业等方面能力提升开展19期培训，为园区发展积聚力量。利用共建园区在经验借鉴方面的优势，先后组织园区工作人员赴昆山高新区、苏州医药健康产业园、江苏医疗器械科技产业园、昆山台协会等地考察，学习苏南发展理念、园区管理经验和营商服务举措。《昆沭高新技术产业园这样为干部“补钙”》《昆沭高新技术产业园：以调查研究为抓手推动园区高质量发展》《昆沭高新技术产业园：用调查研究“金钥匙”打开高质量发展之门》分别被《人民日报》客户端、江苏“交汇点新闻”、宿迁“速新闻”报道。

（陈姣姣　张　鹏）

沭阳软件产业园（沭阳高新技术开发区）

【概况】 2023年，沭阳软件产业园（沭阳高新技术开发区）企业累计实现营业收入470亿元，税收3.2亿元。园区现有在孵企业183家，其中科技服务类企业116家，占在孵企业总数63.4%。2023年，新招引科技类项目25个、跨境电商类项目15个，新开工投资10亿元的工业项目1个。3月，软件园入选省级现代服务业高质量发展集聚示范区名单，示范区在全市现代服务业建设发展及各项目标考核指标中处于领先地位。

【招商引资】 2023年，软件产业园锚定目标，立足产业发展实际，围绕信息服务、教育科技、电子商务、健康医疗等特色产业，开展专业招商、产业链招商、以商引商等，已形成产业鲜明、特色突出的四大特色产业格局。先后至北京、上海、深圳、哈尔滨等城市参加招商推介活动。11月，在北京召开的宿迁（北京）“大数据+”投资环境说明会活动中，软件园做了专题分享和交流，成功推动县政府与北京科技大学、中科院喀斯玛等院校和科研机构签订战略合作协议。到杭州、宁波、扬州、郑州等地“点对点”开展招商活动，加强院士项目、长江学者项目和博士项目等高层次人才项目的考察和招引。全年软件园组织3家企业参加第十一届“创业江苏”科技创业大赛，均获省行业赛优秀企业奖，1家获宿迁地方赛三等奖。组织2家企业参加沭阳县第五届高层次人才大赛，分获一、二等奖。中国工程院院士刘大响领衔的“久飞”低空应急保障项目已进入深入对接和洽谈。

【企业培育】2023年，软件产业园强化企业新主体地位，组织企业帮办负责人成立产业发展小组，做优做实“管家”式帮扶，强化政策支撑引领，加快制定科技服务、生物医药产业政策申报指南，定期走访企业，了解其近期运营计划及科技、人才方面需求，指导其进行项目申报，助力企业快速成长。全年园区新培育国家高新技术企业2家，园区企业新申报发明专利12项，新获批国家科技型中小企业13家。在跨境电商企业招引上，全年新入园跨境企业15家，实现出口额3500万美元。持续对接知识产权服务机构，加大精准扶持力度，为企业提供创新创业、产学研对接、策应扶持等公共服务，推动科技型中小企业增量提质，形成高新技术企业成长梯队。全年先后四次组织企业进行专场培训，邀请行业资深专家授课，培训人次500人次，参与企业近200家。

【载体建设】2023年，软件产业园结合省级电子商务示范基地要求，整理收集全县电商企业优势、特色产品等，完成A栋一楼跨境展厅产品展示中心、企业推介区提档升级。对园区A栋16楼1400平方米场地重新规划，整合阿里巴巴国际站、志通报关服务等跨境电子商务服务机构资源，打造全新的跨境电商综合服务中心，为跨境电商发展提供创业发展空间。更换园区消防安全设施，推进园区道路、周边绿化、广场亮化等工程的设计与实施。完成大楼周边停车位设置，解决企业停车难问题，增强与企业之间的凝聚力和向心力，全面提升园区投资环境和对外形象。

【营商环境建设】2023年，软件产业园以营商环境之“优”促经济发展之“稳”。持续推进作风建设走深走实，组织全体党员干部学习市、县作风建设大会精神和关于违反中央八项规定精神典型案例的通报，从通报案例中吸取教训，开展警示教育，着力建设政治过硬、素质优良、担当作为的机关队伍。强化政策支持，做好园区产业扶持政策兑现工作，结合《关于促进服务业加快发展转型发展的实施意见》《关于调整扶持奖励政策和优化园区产业布局的方案》等政策文件，帮助企业在产业扶持、办公用房、转型奖励等方面兑现产业政策。全年为入驻企业兑现产业扶持政策15次，不断提升园区企业的满意度和获得感。提升服务企业意识，实现全员直接联系服务企业的工作机制，及时帮助企业协调解决发展面临的困难和问题，并定期组织园区干部职工参加各类业务培训，不断提升帮办服务能力。履行安全生产主体责任，加强安全隐患排查整改，全年累计检查企业100余家，现场消除各类隐患60余处，限期整改安全隐患32项，开展知识培训和演练活动3次，并对园区供水管路、路灯等进行维修加固，有效保障园区整体安全，实现安全生产无事故目标。化解信访矛盾，全年办结“12345”政府热线和数字城管交办反映事项42件，处理及时率、满意率均为100%。

（汤盈颖）

编　辑：陈晓敏

农　业

综　述

【农业生产】 2023年，全县粮食总播种面积为278.18万亩，总产量为129.57万吨，粮食种植面积和总产量呈现“双增长”。其中，全年粮食种植面积、总产量连续六年稳居全省县（市、区）第一，实现“二十连丰”，连续16年获评“全国超级产粮大县”。加快优质稻米和标准化果蔬产业建设，全县优质稻米达90万亩，围绕“菜篮子”工程，标准化果蔬复种面积56.42万亩。

【农业重大项目】 沭阳县围绕构建花木产业集群、优质稻米、果蔬制品、肉禽制品、生猪食品4条加工产业链等“一群四链”，内培外引推进产业强链补链延链。2023年，沭阳县新引建列省农业农村重大项目32个，累计在建项目35个，年度计划总投资31.02亿元，项目个数和计划总投资比上一年度分别增长3.2%、0.42%。其中培育省级示范项目4个（江苏在勤食品科技有限公司建设项目、沭阳县智能化中央厨房项目、沭阳县韩山镇恒大米业提升改造项目、沭阳县华东花木大世界），均已建成投入运营。围绕现代种养、农业现代服务、农产品加工等项目类型，45个现代农业重大项目纳入市级现代农业重大项目调度，计划投资额51.23亿元，其中固定资产投资额41.25亿元。

种植业

【粮食作物】 2023年，沭阳县粮食总播种面积为278.18万亩，总产量为129.57万吨，粮食种植面积和总产量呈现“双增长”。其中，全年粮食种植面积、总产量连续6年稳居全省县（市、区）第一，实现“二十连丰”，连续16年获评“全国超级产粮大县”。推广小麦、水稻、玉米等粮食作物优良品种，其中小麦品种主要有淮麦33、江麦816、徐麦35、瑞华麦520、烟农19、淮麦46等，水稻品种主要有徐稻9号、金粳818、南粳5718、南粳505、连粳15、C两优113、N两优华占等，玉米品种主要有苏玉29、苏玉33、苏玉44、、江玉898等，全县粮食作物良种覆盖率99%。

【油料作物】 2023年，沭阳县完成大豆玉米带状复合种植面积3.9万亩，油料作物面积5.93万亩，圆满完成市下达任务。

【蔬菜、瓜果及食用菌】 2023年，沭阳县围绕“菜篮子”工程，标准化果蔬复种面积56.42万亩。沭阳县天润西瓜种植专业合作社获评第五届“好西（甜）瓜”十大“好品牌”、小果型西瓜金奖。江苏蓬盛生态农业科技股份有限公司荣获第二届江苏“好黄瓜”品牌品鉴“好产品”金奖。沭阳县缘香葡萄种植家庭农场“缘香”牌夏黑葡萄在首届长三角地区精品葡萄品鉴推介活动中荣获金奖。沭阳县华冲镇胡家梨种植园秋月梨在江苏省现代农业（梨）产业技术体系中晚熟梨品鉴活动中荣获金奖，翠冠梨在第二届“中华好梨”品鉴推介活动中荣获银奖，秋月梨在第二届“中华好梨”品鉴推介活动中荣获银奖。沭阳县贤官镇青松果树种植合作社秋月梨在第二届“中华好梨”品鉴推介活动中被评为“中华好梨”，“苏翠1号”梨在江苏省第五届优质早熟梨品鉴推介活动中荣获银奖。沭阳县贤官镇晓南庄种植园牛心柿在江苏省第三届（甜）柿优质果品品鉴活动中荣获银奖。沭阳县茆圩协会选送的“丽雪”品种草莓在第十一届江苏“紫金杯”优质草莓评比中荣获优秀奖。沭阳县许良兵草莓种植场选送的“建德红”品种草莓在第十一届江苏“紫金杯”优质草莓评比中荣获银奖。沭阳县桑墟镇王三蔬果种植园选送的“宁玉”品种草莓在第十二届江苏“紫金杯”优质草莓评比中荣获金奖，“建德红”品种草莓荣获银奖，沭阳县茆圩协会选送的“宁玉”品种草莓获优秀奖。

【高标准农田建设】 2023年，沭阳县完成2022年度17.5万亩高标准农田建设任务，项目总投资53500万元，其中中央资金18416万元、省级资金24384万元、县级财政资金10700万元，项目分布在韩山镇、高墟镇、吴集镇、沂涛镇、潼阳镇、华冲镇、七雄街道、胡集镇、悦来镇、龙庙镇、李恒镇、塘沟镇12个乡镇。主要建设内容：新（拆）建泵站99座，疏浚沟渠53.49千米，衬砌渠道336.83千米，铺设机耕路302.36千米，配套建筑物2879座，建设高效节水灌溉面积1万亩，其中管灌9170亩，喷灌830亩，栽植农田林网13610米。2022年度高标准农田项目建成后，灌溉保证率提高到91%，新增灌溉和改善灌溉面积17.5万亩，新增和改善排水面积12.51万亩，亩均增产粮食65.8千克。2023年，沭阳县高标准农田建设任务12万亩，其中新建7.6万亩，改造提升4.4万亩（含高效节水灌溉面积0.5万亩），项目总投资3.21亿元（中央财政资金1.3555亿元、省级资金1.2125亿元、县级财政需配套资金0.642亿元）。项目分布在庙头、扎下、贤官、青伊湖、华冲、西圩、刘集、钱集、沂涛、马厂10个乡镇，共15个项目，分25个标段实施。项目主要建设内容为：新（拆）建泵站68座，疏浚沟渠58.42千米，衬砌渠道172.34千米，铺设机耕路181.27千米，配套建筑物4862座，农田林网工程76920米，岸坡防护4780米。

【玉米大豆（花生）带状复合种植】 2023年，沭阳县完成大豆玉米带状复合种植面积3.9万亩，油料作物面积5.93万亩，圆满完成市下达任务。10月11日，县农业农村局邀请农业农村部全国农技推广中心、江苏省现代农业特粮特经产业技术体系专家组到章集街道玉米大豆带状复合种植示范片，进行现场实收测产，实现玉米亩产500.4千克、大豆亩产129千克的较好成绩。

【土肥】 2023年，沭阳县推广测土配方施肥技术，采集化验土样210个，设立肥料利用率、配方校正等试验14个，建立示范区面积0.96万亩，推广测土配方施肥343.77万亩次，应用配方肥面积106.2万亩，配方肥施用量2.69万吨，减少不合理施肥1785吨（纯量）。

【植保】 2023年，沭阳县做好病虫草害预测预报，全县在钱集等乡镇建立8个病虫疫情人工测报监测点，在潼阳等乡镇建立2个重大植物疫情阻截带监测点，在刘集等乡镇建立5个病虫疫情智能监测站，全年完成水稻、小麦、玉米等农作物病虫草定点观测260余次，发布病虫情报16期，上报各类病虫信息220余次，重大农作物病虫害预报准确率90%以上。在刘集等9个乡镇建立80个农药使用强度监测点，监测全县农药使用情况。在沂涛等2个乡镇建立省级绿色防控基地，在青伊湖等2个乡镇建立省级稻麦周年杂草防治示范区。通过病虫害精准测报、科学用药指导、绿色防控技术应用、统防统治能力提升，实现农药使用量较2020年下降5.76%。

【粮食补贴】 2023年，沭阳县落实农业支持保护补贴、稻谷补贴、实际种粮一次性补贴等惠农政策。全年农业支持保护补贴发放金额2.09亿元，发放稻谷补贴金额7390.25万元，发放实际种粮一次性补贴2889.62万元。

【粮食绿色高质高效示范片创建】 2023年，沭阳县建设17个水稻示范片，其中千亩示范片14个、5000亩示范片3个，示范片总面积约5万亩。建设2个玉米大豆带状复合种植千亩示范片，建设1个花生千亩示范片。11月1日，邀请江苏省农业科学院、江苏省农业技术推广总站专家组到陇集镇示范片杂交水稻“甬优6711”测产，测产产量为910千克／亩，在全省首届“联合杯”优质水稻高产竞赛活动中，斩获杂交稻第二名。11月11日，邀请江苏省农业技术推广总站、南京农业大学等单位专家到青伊湖镇示范片杂交水稻“沭优1号”测产，现场实收测产结果为1101.6千克／亩，在全省首届“联合杯”优质水稻高产竞赛活动中，斩获杂交稻第一名，创造全省麦茬杂交水稻单产历史最高纪录。

畜牧业

【畜禽生产】 沭阳县结合资源要素、产业基础、环境承载力等条件，稳定发展生猪、家禽两大产业，保障肉品有效供应。2023年，全县累计出栏生猪87.62万头，同比增长13.52%；能繁母猪存栏5.19万头。拥有牧原、立华等规模猪场210个，规模猪场生猪累计出栏59.57万头，规模比重67.98%，同比增长5.12%。全县家禽总存栏797.84万只，全年累计出栏家禽2927.3万羽。其中肉禽存栏426.7万羽，累计出栏2399.71万羽，同比分别增长34.14%、27.08%。新创沭阳县宿迁市立华牧业有限公司张圩种猪场等4个省级畜牧生态健康养殖示范场。

【畜禽防疫】 2023年，沭阳县重大动物疫病防控工作科学、有序、安全开展。全年累计免疫猪口蹄疫148.1万头，牛口蹄疫5.25万头，羊口蹄疫23.96万只，禽流感2421.2万羽，羊小反刍19.7万只。完成非洲猪瘟检测1330份，口蹄疫、高致病性禽流感、小反刍兽疫抗体检测4100份，牛羊布病筛查11586份。宿迁市立华牧业有限公司张圩种猪一场"猪伪狂犬病净化场"项目，通过省动物疫病净化考核现场审查验收专家组考核，达到省级"猪伪狂犬病净化场"创建要求。

水产业

【渔业生产】 2023年，沭阳县渔业生产紧紧围绕渔业增效、渔民增收，强化渔业资源保护，提升渔业发展水平。全县水产养殖面积3.8万亩，全年水产品总产量1.78万吨，渔业经济总产值6.27亿元。全县高效渔业生产设施面积2.91万亩，全县特种养殖面积1.92万亩、养殖产量稳中有升，全县渔业生产继续保持健康发展态势。加快生产经营主体建设，积极引导渔民申报家庭渔场认定，帮助已基本具备渔业家庭农场的养殖户完善发展规划，全县从事渔业家庭农场共42家、合作组织12个。调整渔业发展结构，加快稻渔综合种养，全县稻渔综合种养面积4.65万亩，实现一田多用、一水多用、一季多收的最佳效果，符合资源节约、环境友好、循环高效的农业经济发展要求。

【渔业生产安全】 2023年，沭阳县渔业生产安全稳定。全县登记在册的15条渔船全部包保到人，每周登船检查1次，确保无安全生产事故的发生。建立渔民微信群，转发渔业安全作业知识，发布重大灾害性天气预报，做好预警防范工作，为渔业生产保驾护航。

种　业

【种源创新】 2023年，沭阳县种源创新取得新突破。江苏欢腾农业在超高产优质杂交稻品种培育方面取得较大进展，其繁育的杂交稻新品种"沭优1号"经江苏省农业技术推广协会组织专家测产，平均亩产达1101.6千克，创造了全省麦茬杂交水稻单产历史最高纪录。隆之喜种业（宿迁）有限公司自主创制的隆新二号、隆喜美甜、隆苏7号3个西瓜品种通过国家审定，加速种源本地化进程，提高果蔬种子自给比重。畜禽种业是畜牧业发展的基础也是保障，对于稳定供给、提升畜产品质量安全水平有重要意义。2023年，沭阳众客种禽有限公司与扬州大学等单位历经12年联合攻关，充分挖掘地方鸭遗传资源，利用现代育种技术，培育出优质高效肉鸭配套系"益扬1号"。成为全国第二个、省内首个优质小体型白羽肉鸭配套系，也是全市唯一一个自主培育畜禽新品种。

【种子销售】 2023年，沭阳县推广小麦、水稻、玉米等粮食作物优良品种，其中小麦品种主要有淮麦33、江麦816、徐麦35、瑞华麦520、烟农19、淮麦46等，水稻品种主要有徐稻9号、金粳818、南粳5718、南粳505、连粳15、C两优113、N两优华占等，玉米品种主要有苏玉29、苏玉33、苏玉44、、江玉898等，全县粮食作物良种覆盖率99%。

农业机械化

【农机装备】 沭阳县围绕全程机械化、全面机械化、高质量供给和高效能应用转化，促进农机化技术、农机化装备、农机化服务和农机化设施全面升级。全县农机装备水平、农机化水平和农机经营水平迅速提升，农村土地流转快速推进，农机专业合作社、农机大户、种粮大户不断涌现，农机化工作在推进农业现代化、促进农业节本增效和农民增收过程中的地位和作用进一步强化。截至2023年年底，全县农机总动力达232.85万千瓦，各类拖拉机保有量62537台。其中，大拖拉机3803台，联合收割机12888台，玉米收割机292台，油菜收割机60台，水稻插秧机6601台（高速机1100台）。农机合作社已发展128家，全县农业综合机械化水平达90.05%。

【特色农业机械化】 沭阳县农业农村局围绕本地特色产业，强化科技支撑和机艺协同，制定主导产业机械化生产技术路线及装备配置方案，以点带面逐步推开。积极开展不同形式、不同规模的现场演示、展示活动，切实提高特色农业机械普及率。及时开展特色农业机械使用技术培训和督查指导，保障特色农业机械正常运行，推动农民合作组织高质量发展。截至2023年年底，全县特色农业机械化水平达70.1%。其中，设施农业机械化率68.3%，畜牧业机械化率70.4%，渔业生产机械化率74.3%，林果业机械化率66.2%，农产品初加工机械化率71.2%。

【农机政策补贴】 2023年，沭阳县农业农村局按照《沭阳县2021—2023年农机购置补贴实施工作方案》要求，明确农机购置补贴机具、补贴标准、补贴对象、补贴程序和补贴资金兑付、退货规定和工作措施等，规范程序操作，完善监督管理机制，建立风险防控机制，强化监督检查，确保补贴政策落实。全年共计推广涉农补贴机具4513台，其中谷物联合收割机966台，大中型拖拉机666台，旋耕机646台，高速插秧机252台，田园管理机1203台，喷杆喷雾机68台，植保无人驾驶航空器46台、育秧播种机54台，花生收获机2台，玉米收获机1台，烘干设备7台，辅助驾驶系统91台（套）。

【农机安全监管】 2023年，沭阳县在册机具4384台，其中拖拉机2153台、联合收割机2231台，新注册登记拖拉机125台、联合收割机391台。年度检验拖拉机2072台、联合收割机2206台，比上一年增加328台，拖拉机年检率95.1%、联合收割机年检率98.9%。办理农业机械驾驶证420本，报废农业机械131台，兑付补贴资金136.15万元。开展农业机械安全检查68次，发放各类宣传材料8600余份，检查各类农业机械294台，对违法违规农业机械驾驶员行政处罚235人次。全年组织发放1895台联合收割机、插秧机跨区作业证。成功创建2023年度省级“平安农机”示范县。

【秸秆机械化还田】 大力推广带切碎匀抛功能的新型联合收割机，采取积极的调配措施抓好机具落实，满足作业需要。做好机具检修、作业用油及配件供应等各项保障工作，安排农机维修服务网点在作业期间设立24小时服务热线，随时提供保障服务。抓好技术培训，提高作业质量，提高技术推广应用到位率，组织技术指导服务小组，制定技术指导方案，实行分片包干负责，帮助基层解决实际问题。2023年，粮食种植面积269.4万亩，实际还田面积201.99万亩，还田率75%，秸秆综合利用率达99.5%。

【农机科技志愿者活动】 2023年，沭阳县农机科技志愿者坚持以“奉献、友爱、互助、进步”服务精神，把志愿服务与各项工作结合起来，充分调动农机志愿者加强自身建设的主观能动性，积极主动吸纳农机企业、农机经销商、农机合作社等技术人员、农机能人加入，壮大服务队伍。努力把志愿者服务队建设成为基础扎实、充满活力、作用突出、精神凝聚的队伍，为全县农业农村工作做出应有的贡献。举办技术培训班4期、现场会5次、“农机赶大集”活动22场，发放宣传资料8000余份。组织农机志愿者到田间地头巡回服务，帮助机手现场排除机械故障，宣传秸秆机械化还田、粮食机械化烘干、高效植保机械化等农机化新技术和农机购置补贴、秸秆机械化还田作业补助等农机惠农政策。讲解农机使用与保养知识，夏秋两季在田间地头检修机具310台次、技术指导服务活动12次、发放技术宣传资料4000余份。

【农机跨区作业】 开展技术培训，提升机手技能，突出重点群体，对粮食收割作业为主的合作社和农机大户，实现培训全覆盖，全面提高收割机驾驶操作人员专业技能，提升收割质量和服务水平。加强农情调度，开展适期抢收，根据农情及天气情况，利用信息化手段，合理组织调度农机，引导农机有序流动，在最佳时期、最佳时段完成收种作业。全年发放跨区作业证1895份，组织联合收割机、插秧机跨区作业。

（陈月阳）

农田水利

【概况】 2023年，沭阳县水利局准确把握农田水利工作面临的新形势，切实加强农田水利基础设施建设，不断提高保障民生、服务民生、改善民生、惠及民生的各项能力，为全县经济社会高质量发展提供有力支撑和保障。全年共承担6项工程建设任务，其中省重点工程3项，农田水利工程1项，县级重点工程2项，总计投资6.5亿元。截至2023年12月，已开工建设4项（岔流新开河、宿迁航道水利影响、老官西排涝河、蔷薇河泵站），已完工1项（水价改革），正在开展前期工作1项（新五河）。

【水土保持】 2023年，沭阳县水利局积极开展水土保持工作，共核查水利部、水利厅下发的卫星遥感违法违规图斑42个，完成现场核查、认定42个。准予水土保持行政许可57个，其中承诺制32个。开展水土保持现场监督检查10次，完成水土保持验收报备项目57个。

【农业水价综合改革】 2023年，沭阳县水利局根据三调面积，重新核实全县农田耕地面积，经复核：水田面积为110.89万亩、经济田为9.94万亩、旱田为35.95万亩，自流灌溉55.64万亩，提水灌溉101.14万亩。开展灌区成本调查，完成全县大中型灌区供水成本核算，科学核定农业供水指导价格，实现农业水价按方核定。完成“苏灌通”数据录入，全年累计录入28个改革乡镇用水户30.5万户，计量点1287个，逐次用水记录7700余条。完成2023年农业水价综合改革补助资金项目前期工作。

【规划编制】 2023年，沭阳县水

利局做好规划编制及项目前期工作。完成《沭阳县农村水利规划（2022—2030）》《沭阳县农田灌溉发展规划（2021—2035）》《农田灌溉薄弱片区实施方案》等规划编制及省、市审查。完成沂北灌区续建配套与现代化改造2024年度项目国债申报工作。

【农田灌区建设】 2023年，沭阳县水利局强化农田水利工程运行管理，充分发挥水利工程对经济可持续发展的保障作用。开展农田绿化造林工作，全年共植树约200亩，0.4万株。依法开展涉水建设项目审批工作，根据相关水法规及行政审批要求，依法对建设项目穿堤、跨河等涉水建设项目进行审批，保障民生实事顺利实施。完成2022年度省级水利工程维修项目2项，分别是淮沭河堤防精细化创建项目（工程费用25万元）、淮沭河风景区景观提升工程（工程费用35万元）。完成2023年度水利部遥感观测变化点核查会商工作，历时2个月，全面完成水利部下达沭阳县遥感观测变化点1500余处核查任务。保障重点工程建设，为宿连高速、京沪高速等重点工程办理涉水审批许可、办理林木采伐手续，清理涉水施工范围内地表附着物，高效保障项目建设进度。

【农村生态河道建设】 2023年，沭阳县水利局围绕省、市下达的农村生态河道建设目标任务，按照农村生态河道“河畅、水清、岸绿、景美”的建设标准，制定年度实施计划，做到“河道疏浚及岸坡整治到位、三乱治理到位、河道绿化及管养到位、水系连通及配套建筑物到位、河道截污纳管到位、示范工程覆盖到位”“六个到位”要求，全年累计建设农村生态河道547.35千米。其中，通过市级验收95条345.93千米，完成市级任务的103%；通过省级验收43条、144.6千米，完成省级任务的93%。创建省级生态清洁小流域2个。

（柏　周）

农业产业化经营

【农业龙头企业】 截至2023年年底，全县县级以上农业产业化龙头企业121家，其中国家级1家、省级21家、市级64家、县级35家。全县86家市级以上农业龙头企业中，粮油类24家、畜禽类10家、园艺类23家、林业类20家、水产类2家、市场流通类2家、生物饲料类3家、农产品储藏保鲜类1家、食品加工类1家。2023年，全县省级以上农业龙头企业销售（交易）额年增长率56.78亿元，同比增长8.2%。

2023年沭阳县新增市级以上农业龙头企业一览表

表8

序号	企业名称	级别
1	沭阳县方圆面粉有限公司	省级
2	沭阳县恒大米业有限公司	省级
3	江苏绿之源园林建设有限公司	省级
4	宿迁中丰米业有限公司	市级
5	宿迁市春晓景观工程有限公司	市级
6	沭阳县苏鲁粮业有限公司	市级
7	江苏稻飘香米业股份有限公司	市级
8	宿迁市苏丰米业有限公司	市级
9	宿迁优鲜米业有限公司	市级
10	江苏兆生源生物技术有限公司	市级
11	宿迁波波猴食品有限公司	市级

【农民专业合作社】 2023年，沭阳县继续开展"空壳社"专项清理，有效促进农民专业合作社持续健康发展。推进农民专业合作社加强财务管理，省级以上示范社全部安装使用电算化会计软件。建立政府优先扶持农民专业合作社名录，充分利用中央、省级财政补助资金，支持农民专业合作社提升生产、加工、销售等综合服务能力和管理运营能力，促进发展壮大。推广省级普惠金融发展风险补偿基金"苏农贷"产品，服务农民专业合作社，提供信贷支持。通过培育发展，全县共有农民专业合作社926家，其中国家级示范社5家、省级示范社16家、市级示范社72家、县级示范社35家。沭阳县刘强西瓜专业合作社理事长刘强荣获2023年"全国农业农村劳动模范"称号。

【家庭农场】 2023年，沭阳县共有家庭农场1883家，全县培育县级及以上示范家庭农场335家，其中省级示范家庭农场59家、市级示范家庭农场67家、县级示范家庭农场209家。12月12日，农业农村部直属中国农村合作经济管理学会公布2023年度全国新型农业经营主体带头人典型案例，沭阳县扎下镇树弯弯苗木种植家庭农场农场主胡道中典型事迹入选2023年度全国家庭农场主示范典型案例。

【农民"双创"】 2023年，沭阳县坚持"富口袋"与"富生态"一体推进，指导农民参与创意与创新实践活动，通过创意促创新、创新促创业、创业促就业、就业促增收，以美丽经济带动就业、促进增收，美丽乡村成为农民增收致富的"新高地"，农村居民人均可支配收入增长5.6%，高于省市平均水平。抓培训"给技能"。发挥全国花木技术工人行业标准制定地优势，大力培养"盆景技师""沭阳花匠"，充分发挥乡土人才在带领技艺传承、带强产业发展、带动群众致富等方面的示范作用。全年举办乡土人才暨高素质农民培育培训班30期，培训新型农业经营主体及技术骨干3600人次，新增中高级盆景工89人。建载体"给机会"。充分利用区域性快递物流枢纽、全国花木交易集散地、全国图书交易中心、板材之乡等产业优势，优化创业环境、建强创业平台，在全市率先建成并启用新河双荡等3个标准化"家门口"就业服务站。艺森园盆景基地获批省级高素质农民培育实训基地，颜集镇获评全省首批就业富民乡村振兴基地，全市唯一，30个乡镇（街道）实现返乡创业园全覆盖。优扶持"给资金"。落实一次性创业、场地租金、创业项目、创业担保贷款贴息等扶持政策，全年发放创业补贴40.5万元、富民创业担保贷款3306万元、苏岗贷1.5亿元，支持农民自主创业692人，投入1亿余元扶持资金建设9万平方米的贤官标准化厂房，已建成7.5万平方米，建成后可容纳5个项目落户发展。

【农产品品牌建设】 2023年，沭阳县积极打造名特优农产品，加快创建省级优质农产品基地，鼓励家庭农场、农业企业开展绿色、有机和地理标志农产品认证，累计培育绿色、有机和地理标志农产品等"二品一标"认证品牌100个，其中绿色食品96个、地理标志农产品4个，"高墟大米""潼阳西瓜""潼阳花生""桑墟榆叶梅"获得国家地理标志农产品认证，其中"桑墟榆叶梅"同时又认证为国家地理标志商标，并对符合条件的主体进行授权使用。"沭阳地柏""沭阳月季"获得国家地理标志商标认证；以"宿有千香"区域公用品牌培育牵引，带动全县农业品牌发展，全县"宿有千香"授权用牌企业13家。

特色农产品

【概况】 沭阳县是传统的农业大县，稻麦是主要的农产品。20世纪80年代后，随着农业产业结构的调整，一些富有沭阳地方特色的农产品也开始大量上市。

【潼阳西瓜】 潼阳镇独特的种植环境，造就了潼阳西瓜个头大、口感好、品质优的特点。潼阳西瓜呈圆球形，单果重3~4千克；果皮浅绿色，墨绿色条纹清晰；瓜瓤粉红、肉质细嫩、汁多籽少、鲜甜爽口。潼阳镇有近40年的西瓜种植历史，潼阳西瓜是潼阳镇一大特色产业，全镇西瓜种植总面积约1000公顷，有500多个种植大户。近年来，当地瓜农改变传统种植方式，由大众化向精品化发展，以绿色食品的标准要求进行种植，潼阳西瓜在市场上颇受欢迎，供不应求。

【潼阳花生】 潼阳花生米粒外观整齐，含油量高达55%以上，含蛋白质28%左右，且富含有17种人体必需的氨基酸。潼阳花生用于榨油出油率高，加工成食品或炒货具有香、酥、脆的突出特点，细腻好吃。潼阳花生实行春、夏两季种植模式，2022年，潼阳花生鲜果产量高达3.8万吨，产值突破亿元。

【贤官银杏】 银杏又名白果，俗称鸭脚、公孙树，为新生代第四纪冰川时期的孑遗植物，素有活化石之称。贤官镇是全市唯一的银杏之乡，银杏种植已有50多年的历史，全镇有优质"大佛指"银杏160多公顷，其中银杏村的100多公顷银杏进入盛产期，年产银杏150多万千克。

【高墟大米】 高墟镇是江苏省优质

粳稻生产基地，有近千年水稻种植历史。该镇土质具备碱性米种植得天独厚的优越条件，出产的高墟大米色泽晶莹、外形美观，蒸煮的米饭清香爽滑、口感香甜；米粥黏稠、软糯，米汤厚实青白，营养丰富。2018年，高墟大米获批国家地理标志农产品。

【桑墟草莓】 桑墟镇的草莓基地、草莓生态园远近闻名，被称为“草莓之乡”。桑墟草莓果形端正、饱满，果面着色均匀、光泽亮丽，果肉香味浓郁、汁多味甜，适口性好，果实硬度较大，耐贮运。桑墟草莓种植历史悠久，从20世纪90年代初政府为加快农民增收步伐，高度重视草莓产业的发展，开始规模化种植，草莓种植面积达460多公顷，已进入有序、健康的产业化经营轨道，是当地农民脱贫致富、增加经济收入的主要产业。

【桑墟花生】 桑墟镇素有“花生之乡”之美誉，花生种植面积达2000公顷以上，主要销往上海、杭州、宁波、苏州、无锡、常州等地。特有的土壤、水源和特殊的气候条件决定了桑墟花生的优良品质。桑墟花生果形大，果长7厘米左右，多为双仁，百果重190~230克，香味独特；具有脂肪含量高的特点，每百克含脂肪≥44.5克。其荚壳网纹清晰、果仁饱满，果实周正，荚果内海绵层收缩并有黑褐色光泽；荚果皮呈黄白色，果仁皮呈现红褐色，净仁率高达72.0%；果仁酥脆，有特有的奶香气味，每百克含蛋白质≥25克。

【贤官梨】 贤官梨有近60年的栽培历史，1962年，贤官镇赵集村划出5.3公顷地首建果园，主要种植从山东引进的白酥梨、苹果梨等。在效益的推动下，规模不断扩大，品种不断更新，至2023年，赵集村梨园面积达100公顷，进一步提高了贤官梨的影响力。贤官梨以个大核小、肉质细腻、汁多脆甜等上佳品质闻名，多次被沭阳选送到省市参加优质果品展示评比并获奖。

【韩山鸡蛋】 韩山镇素有“禽蛋基地、稻米之乡”的美称。1953年新沂河大堤筑成后，依傍新沂河宽敞的河道和清澈的水源，南庄、先锋、郁圩等村家家养殖蛋鸡。韩山蛋鸡生长健壮，鸡蛋外壳红润，打开后蛋清均匀分布在蛋黄四周，清澈透明，蛋黄丰满圆润，油光透红。韩山蛋鸡养殖以一家一户适度规模养殖为主，养殖户稳定在300户左右，蛋源稳定在20吨/天，韩山鸡蛋在沭阳及周边市场享有盛誉。

【吴集白萝卜】 吴集镇素有“状元故里、蔬菜之乡”之美誉，吴集萝卜种植经久不衰，明代抗倭将领、武状元刘綎率部下及民众在吴集地区与倭寇历经数年鏖战，立下赫赫战功，其中萝卜是将士们的主要食用蔬菜。20世纪80年代后，以白萝卜（当地人又称“白玉春萝卜”）种植占主导，吴集白萝卜以范赵村为中心约20平方千米区域的品质最好，产品皮纯白无青头，肉质脆嫩，口感好。吴集白萝卜每年种植面积都在200公顷以上，产品总量1万吨左右。

【韩山甘薯】 甘薯，又名山芋、地瓜、番薯。清代康熙以政府的力量推广番薯时传入韩山。韩山地势较高，土壤富含钾，非常适合甘薯生长。韩山甘薯常年栽植面积200公顷，总产量6000余吨。通过不断引种优质甘薯，采用高垄栽植，施用有机肥等，韩山甘薯形成“味甘甜美”的独特风味。

【沭阳瓜蒌】 瓜蒌，多年生攀缘型草本植物，其果实、果皮、果仁（籽）、根茎均为上好的中药材，瓜蒌子具有润肺化痰、宽胸散结、滑肠通便功效。20世纪60年代，沭阳瓜蒌种植主要分布在农户的家前屋后、路边、沟渠边、林地。2000年以后，随着瓜蒌食药兼用品种的普及，沭阳瓜蒌种植面积迅速扩大，沂涛镇已形成规模达万余亩的核心区。2019年，胡集镇引进社会资本，流转200多公顷土地发展瓜蒌产业，发展瓜蒌籽深加工项目，注册了瓜蒌籽产品商标“沭记”，将瓜蒌籽炒制为休闲食品，取得较好的经济效益。

【耿圩杏鲍菇】 1995年，耿圩镇已有农户种植杏鲍菇。2006年，依托耿圩杏鲍菇产业基础和产业劳动力，绿雅（江苏）食用菌有限公司成立，带动耿圩杏鲍菇的发展。耿圩杏鲍菇采用四季恒温智能温室生产，产品个大、体健、色白、味美，全部获得绿色食品认证。耿圩杏鲍菇平均日产量120余吨，产品影响力较大，全部销售到大中城市的超市。

【华冲番茄】 1978年，华冲镇大尖村开始种植番茄，后辐射到站墩、仲林、华冲、官沟等12个村，常年种植面积330多公顷。华冲番茄栽培方法独特，采用稻菜轮作方法生产，对蔬菜病虫害的发生有极好的抑制作用，具体方法为水稻收获后的11月安装钢架塑料大棚，保温育番茄苗，4月底在番茄行内套种瓜类或豇豆类，6月中下旬清棚栽插水稻。华冲番茄上市时机适宜，在3月底上市，此时北方的日光温室番茄已清园，南方番茄因早春多阴雨较迟，尚处开花幼果期，番茄上市量少，历年价格都较高，效益好。

【沭阳芦蒿】 沭阳芦蒿种植历史久远，相传唐朝大将薛仁贵任瓜州长史时，北伐收辽东，途经今沭阳龙庙，驻扎野炊。当时粮草匮乏，民间则芦蒿遍地，割之饮用，脆嫩爽口、平抑肝火，官兵餐后皆大为夸赞，即传承延续。20世纪90年代，龙庙镇联合村农户开始广泛种植，并向周边乡镇辐射，现已渐成规模。芦蒿适应性强、病虫害少、味甘甜美、营养丰富，且具有药用性，已经成为寻常百姓和高档宴席上的美味佳肴，也是广大农户发家致富的有效途径。2023年，仅龙庙镇联合村芦蒿种植面积就达130多公顷。

【陇集浅水藕】 陇集镇境内沟河纵横，水资源非常丰富，且土质松软，为浅水藕的种植提供天然的佳美之地，陇集镇种植浅水藕历史悠久，可以追溯到解放初期，当地群众就利用村前村后沟河水塘种植浅水藕。近年来，农户充分利用本地独特的水、地资源和长期积累的浅水藕种植经验，大力扩大种植规模，从池塘小面积种植，扩展延伸到池塘外面大面积种植。到2023年，陇集镇在陇北荡浅水藕龙虾套养种植面积已增扩到400多公顷，并打造出自己的本地品牌，形成了“互联网+电商”销售渠道，实现年销售4000余万元。给周边群众带来“土地租金、劳务工资、溢出分红”三大收入。

【钱集芦笋】 芦笋，学名石刁柏，素有“蔬菜之王”美誉。2018年，江苏石柏园农业科技有限公司落户钱集，种植芦笋面积达千亩，是江苏最大面积的芦笋种植基地。鲜品供应上海、杭州、广州等地，冻品出口日本、韩国和德国。

农业执法

【农资执法】 开展农资市场专项整治行动。紧紧围绕保障农业生产安全和农产品质量安全，加大对重点区域、重点市场的执法检查力度，严厉打击制售假劣农资坑农害农行为。2023年，共出动执法人员2672人次，开展双随机检查农资经营网点633个次，抽检农药样品69个、种子样品50个、肥料样品7个。立案查处违规案件一般程序52起，其中种子案件20起、农药案件12起、肥料案件4起、农产品案件6起、农药包装废弃物案件1起，简易程序案件9起。向公安机关移交案件线索1起。办理的案件“沭阳县韩山镇宋某电子商务中心销售没有使用说明及标签内容不符合规定的辣椒苗案”被评为全市农业行政处罚优秀案卷。

【渔业执法】 2023年，县农业综合执法大队渔政执法中队，开展渔业领域专项整治，出动执法人员300余次，宣传贯彻《中华人民共和国渔业法》《渔业管理条例》等法律法规，对渔民进行警示教育，在渔民集中居住、养殖生产等区域发放渔业法律法规宣传资料1200余份，悬挂横幅、挂图共60余条，收到了良好效果。全年查处违法非法捕捞案件14起，罚没金额6.2万元。加强渔业安全生产，全县登记在册的15条渔船全部包保到人，每周登船检查1次，确保无安全生产事故发生。建立渔民微信群，转发渔业安全作业知识，发布重大灾害性天气预报，做好预警防范工作，为渔业生产保驾护航。

【畜牧执法】 加强法律法规宣传。开展《中华人民共和国动物防疫法》等法律法规的宣传工作，通过集中学习、发放法律法规明白纸、签订守法承诺书等形式，开展法治宣传教育活动，增强各类生产经营主体学法遵法守法用法意识，全年共印发法律法规明白纸1.4万份，签订守法经营承诺书7000份。强化安全生产监管。强化畜禽屠宰、饲料生产企业安全生产监管，全年出动执法人员80人次，对全县畜禽屠宰企业及饲料生产企业逐一检查，共发现问题隐患144项，整改完成144项。加大监督检查力度，全年累计出动执法人员1200人次，对全县2200个养殖场（户）、5家畜禽屠宰企业，135个兽药、饲料生产经营单位，12个动物诊疗机构进行全覆盖监管检查。共立案查处64起，没收动物产品315千克，没收违法所得0.62万元，行政处罚43.38万元。对生猪、牛、羊开展养殖、屠宰、运输环节“瘦肉精”抽样检测，“瘦肉精”抽样1.4万余份，生鲜乳抽样22份，合格率100%。完成生猪产地检疫70.28万头，生猪屠宰检疫12.53万头，家禽产地检疫7284万羽，屠宰检疫1534万羽，养殖环节收集无害化处理病死猪13.52万头、家禽11.62万羽。

（陈月阳）

编　辑：郑长银

工业 建筑业

工业综述

【工业经济指标】 2023年，沭阳县始终坚持“工业强县、产业兴县”不动摇，围绕打造“苏北工业强县”定位，打好内培外引“组合拳”，奋力推进全县工业经济高质量发展。全县工业企业实现开票销售1581.19亿元，同比增长21.54%。增速高于全市平均增幅5个百分点。占全市全部工业开票销售的30.26%，比上年同期提高1.26个百分点，增幅和总量均居宿迁三县两区第一，苏北第二。实现工业增值税32.67亿元，同比增长39.14%，占全市全部工业增值税的30.07%，总量居宿迁三县两区第一，超过泗阳、泗洪两地总和，位居苏北第一。全县工业企业实现用电量59.66亿千瓦时，同比增长18.72%，增速比全市平均水平（18.20%）高0.52个百分点，占全市工业用电总量（213.05亿千瓦时）的28%，比上年增加0.12个百分点。位居全市第一，苏北第一。

【新型工业化】 浙江天能电池（江苏）有限公司和江苏沪江线业有限公司获批2023年度省智能制造示范工厂；沭阳县纺织纤维新材料产业集群获批2023年度省级中小企业特色产业集群；沭阳亚森同汇有限公司入选全国民营企业绿色低碳发展案例；3家企业被认定（复核）为江苏省工业设计中心，占全市总量50%。江苏鑫亿鼎石英科技有限公司获批国家级专精特新“小巨人”企业；江苏虞美人纺织品有限公司获批江苏省工业互联网标杆工厂；获批省级服务型制造示范企业2家分别是科泽新材料有限公司和新界泵业（江苏）有限公司。沭阳县获批2023—2026年度中国家居绿色供应链生产基地，全市唯一，全县实现零突破。江苏虞美人纺织品有限公司创成工信部5G工厂；江苏虞美人纺织品有限公司、江苏伍佳纺织科技有限公司获批省五星级“上云”企业。全县9家企业被认定为省级企业技术中心，3家企业入选省绿色工厂，7家企业入选市绿色工厂；全县17家企业被认定为省级“专精特新”中小企业。

【乡镇工业】 2023年，全县30个乡镇（街道）共有开票销售实绩工业企业3183家，占全县总量的80.48%。实现工业开票销售784.10亿元，同比增长21.28%；实现工业增值税27.46亿元，同比增长88.54%，分别占全县总量的49.59%、84.05%。工业开票销售总量超过10亿元的乡镇（街道）有17家，其中，桑墟、贤官、李恒、青伊湖、刘集分别实现开票销售145.87亿元、132.24亿元、79.48亿元、75.10亿元、65亿元，均超过50亿元；工业开票销售增幅超过20%的有11家，超过100%的有2家，超过全县平均水平21.54%的有10家，超过乡镇平均水平21.28%的共有11家，其中，李恒、刘集同比增幅为114.10%、103.61%，均超过100%。

【重点企业发展】 2023年，全县重点规模以上工业企业988家（经开区294家、昆沭工业园10家、乡镇街道684家），全年实现开票销售1298.11亿元，同比增长15.81%，占全县工业开票销售总量的82.10%；实现工业增值税24.63亿元，同比增长20.44%，占全县工业增值税总量的75.40%；实现工业用电量43.90亿千瓦时，同比增长20.28%，占全县工业用电总量的73.59%。全年开票销售前50强企业（集团）实现开票销售719.18亿元，同比增长38.68%，占全县工业开票销售总量的45.48%。2023年度293户单体开票销售超亿元工业企业，全年实现开票销售1122.98亿元，同比增长32.56%；实现工业增值税19.44亿元，同比增长19.58%，分别占全县总量的71.02%、59.52%。2023年度全县17户开票销售超10亿元工业企业（集团），全年实现开票销售546.73亿元，同比增长45.31%；实现工业增值税2.48亿元，同比减少56.77%，分别占全县工业开票销售总量的34.58%、7.59%。其中，天能集团实现开票销售197.65亿元，同比增长38.98%；实现工业增值税1.50亿元，同比增长35.58%。江苏建宇铜业有限公司实现开票销售31.15亿元，同比增长52.32%；实现工业增值税2.49亿元，同比增长156.68%。2023年，江苏鑫亿鼎石英科技股份有限公司获批国家级专精特新"小巨人"企业。

2023年沭阳县销售50强企业一览表

表9

排名	企业名称	开票销售（万元）
1	浙江天能集团	1976467
2	江苏桐昆恒阳化纤有限公司	440305
3	江苏建宇铜业有限公司	311457
4	瑞声科技集团	308434
5	江苏友富薄板科技有限公司	288798
6	新东旭集团	276452
7	江苏水之阳铜业有限公司	256371
8	苏讯集团	236168
9	沭阳润业科技有限公司	228994
10	江苏志灏铜业有限公司	208802
11	沭阳华腾铜业有限公司	164246
12	沭阳格锐斯铜业有限公司	159749
13	新动力集团	147500
14	科泽新材料股份有限公司	139710
15	江苏富力恒金属制品有限公司	114368
16	江苏恒能家纺新材料有限公司	107630
17	红柳集团	101871
18	机器时代集团	87395
19	江苏凯盛纸业有限公司	83160
20	吉强集团	78676
21	鑫达集团	77185
22	腾盛集团	76624
23	金森源集团	75379
24	平安树集团	76982
25	江苏聚腾铜业有限公司	57170
26	沭阳县青盛木业有限公司	56886
27	江苏福庆木业集团	55374
28	新界集团	51360

续表9

排名	企业名称	开票销售（万元）
29	江苏东昊橡胶有限公司	50873
30	江苏隆庆金属制品有限公司	50744
31	江苏月源纤维科技有限公司	50537
32	宏亿集团	49159
33	沭阳县桑墟天龙木业制品厂	46591
34	沭阳源之林木业制品厂	45903
35	江苏誉凯实业有限公司	45312
36	江苏福跃科技有限公司	44195
37	江苏宋和宋智能科技有限公司	43609
38	江苏林之源木业有限公司	43154
39	弘瑞力丰复合材料（沭阳）有限公司	42900
40	沭阳县蹦蹦牛装饰材料有限公司	42744
41	江苏福汇林木业有限公司	42456
42	蓝羊羊集团	40909
43	沭阳亚森同汇实业有限公司	40873
44	康瑞新材料科技（沭阳）有限公司	40736
45	江苏永能新材料科技有限公司	39907
46	江苏冠源木业有限公司	39353
47	江苏浙冶有色金属有限公司	38392
48	江苏万德力电缆有限公司	38178
49	江苏泽之泰铜业有限公司	36196
50	沭阳县宇翔木业制品厂	35596

2023年沭阳县纳税50强企业一览表

表10

排名	企业名称	实绩（万元）
1	浙江天能集团	51228.5
2	瑞声科技集团	12678.6
3	江苏机器时代文化创意有限公司	7915.5
4	江苏苏讯新材料科技股份有限公司	5915.9
5	江苏誉凯实业有限公司（凯盛纸业、益州热力）	4447.1
6	江苏友富薄板科技有限公司	3573.1
7	新界泵业（江苏）有限公司	3376.7
8	江苏伟康洁婧医疗器械股份有限公司	3257.2
9	宿迁铭兰石英科技有限公司	3022.4
10	江苏新动力沭北热电有限公司	2911.1

续表10

排名	企业名称	实绩（万元）
11	江苏新东旭纺织科技有限公司	2755.1
12	江苏福庆木业集团	2645.3
13	江苏恒能家纺新材料有限公司	2622.8
14	江苏腾盛纺织科技集团有限公司	2486.1
15	红柳纺织科技沭阳有限公司	2198.7
16	江苏红磨坊纺织品有限公司	2156.2
17	江苏东昊橡胶有限公司（含乐福橡塑）	2098.4
18	江苏林之源木业有限公司	1976.1
19	江苏上善纸业有限公司	1841.5
20	沭阳县青盛木业有限公司	1782.0
21	江苏省吉强木业有限公司	1721.3
22	沭阳华新玻璃科技股份有限公司	1712.4
23	沭阳县平安树木业有限公司	1710.7
24	沭阳县金森源木业有限公司	1612.7
25	沭阳源之林木业制品厂	1516.1
26	江苏凡泰纸业有限公司	1406.6
27	沭阳绿竹木业有限公司	1342.6
28	江苏卡拉扬商务休闲用品有限公司	1330.9
29	沭阳县蹦蹦牛装饰材料有限公司	1309.7
30	江苏东航羽绒制品有限公司	1301.5
31	沭阳县桑墟天龙木业制品厂	1259.2
32	江苏圣彼德机电股份有限公司	1240.4
33	江苏沪江线业有限公司	1217.6
34	沭阳县宇翔木业制品厂	1125.9
35	科泽新材料股份有限公司	1114.6
36	沭阳县宏亿木业制品厂	1092.7
37	宿迁群安建筑科技有限公司	1072.9
38	江苏海纳汽车零部件有限公司	1063.0
39	尚弘羽绒沭阳有限公司	1061.1
40	江苏莱宝装饰材料有限公司	1060.3
41	沭阳县众兴木业有限公司	1056.0
42	江苏蓝羊羊装饰材料有限公司	1053.4
43	沭阳荣盛石英制品股份有限公司	1044.8
44	北控环境再生能源沭阳有限公司	1039.6
45	沭阳县仁浩木业制品厂	1028.4
46	江苏宝利晶石英材料股份有限公司	1027.9

续表10

排名	企业名称	实绩（万元）
47	江苏冠源木业有限公司	1026.7
48	沭阳县宏新木业制品厂	1023.6
49	江苏和其盛木业有限公司	951.7
50	江苏骏派电子科技有限公司	948.9
	合　计	157361.5

2023年沭阳县获批市级创新型中小企业一览表

表11

序号	企业名称	序号	企业名称
1	国丰新能源沭阳有限公司	28	宿迁启辉照明电器有限公司
2	江苏阿代尔新材料科技有限公司	29	宿迁市仁浩新材料科技有限公司
3	江苏楚汉新型建材有限公司	30	江苏新界机械配件有限公司
4	江苏方西瓜家居材料有限公司	31	江苏西宏生物医药有限公司
5	江苏汉鼎能源集团有限公司	32	江苏达丽智能纺织科技有限公司
6	江苏金龙树装饰材料有限公司	33	江苏润江复合材料科技有限公司
7	江苏美旭装饰材料有限公司	34	江苏久力风电技术开发有限公司
8	江苏圣铭运动装备有限公司	35	江苏欢欢宠物食品有限公司
9	江苏双时利精密刀具有限公司	36	祜佳科技江苏有限公司
10	江苏特佰狮时装有限公司	37	江苏贝林贝森木业有限公司
11	江苏新少伯环保材料科技有限公司	38	江苏德祥换热器有限公司
12	江苏鑫丰源机电有限公司	39	江苏方舟家具集团有限公司
13	江苏中远建工贸有限公司	40	江苏宏鑫医疗科技有限公司
14	沭阳鼎丰鞋业有限公司	41	江苏美芯思邦装饰材料有限公司
15	沭阳佳奇食品有限公司	42	江苏三鼎亚克力制造有限公司
16	沭阳敬德木业有限公司	43	江苏舒之佳装饰材料有限公司
17	沭阳瑞诚装饰材料有限公司	44	江苏苏林木业有限公司
18	沭阳宿星工贸股份有限公司	45	江苏同芯木业有限公司
19	沭阳贤特木业有限公司	46	江苏新旸木制品有限公司
20	沭阳县成基实业有限公司	47	江苏云朵木业有限公司
21	沭阳县飞豪木业有限公司	48	沭阳奥成干花工艺品有限公司
22	沭阳县弘阳玻璃科技有限公司	49	沭阳东驰木业有限公司
23	沭阳县天宇木业有限公司	50	沭阳金紧金属制品有限公司
24	沭阳兴鸿洋木业股份有限公司	51	沭阳凯大木业有限公司
25	沭阳正通建筑材料有限公司	52	沭阳睿鑫玩具有限公司
26	宿迁超博纺织有限公司	53	沭阳同泰木制品有限公司
27	宿迁佳汇装饰材料有限公司	54	沭阳县蹦蹦牛装饰材料有限公司

续表11

序号	企业名称	序号	企业名称
55	沭阳县春潮人造板有限公司	63	宿迁市晟立儿童玩具有限公司
56	沭阳县宫良木业有限公司	64	宿迁新风地垫有限公司
57	沭阳县桑墟荣盛木业有限公司	65	江苏洋林木业有限公司
58	沭阳县亿佳同庆木业有限公司	66	江苏机器时代文化创意有限公司
59	沭阳元恒建材有限公司	67	巨洁超净无尘科技（沭阳）有限公司
60	宿迁安邦木业有限公司	68	江苏省方正电梯有限公司
61	宿迁悍青家具有限公司	69	江苏福旭科技有限公司
62	宿迁俊博纺织科技有限公司		

2023年沭阳县获批省级“专精特新”中小企业一览表

表12

序号	企业名称	序号	企业名称
1	江苏友富薄板科技有限公司	10	江苏福庆木业有限公司
2	江苏月源纤维科技有限公司	11	江苏新界机械配件有限公司
3	深圳市生命力生物保健科技江苏有限公司	12	江苏圣彼德机电股份有限公司
4	江苏豪悦实业有限公司	13	江苏百瑞尔包装材料有限公司
5	江苏红磨坊纺织品有限公司	14	沭阳亚森同汇实业有限公司
6	江苏吉祥瑞合幕墙科技有限公司	15	芳坤智能储存（宿迁）股份有限公司
7	江苏富滤盛滤清器有限公司	16	沭阳宇涛新型装饰材料有限公司
8	江苏永能新材料科技有限公司	17	江苏久富金属制品有限公司
9	吉祥佳利铝业江苏有限公司	18	

主导产业

【概况】 2023年，沭阳工业的主导产业为机电装备、高端纺织、绿色家居业，全年实现开票销售1023.89亿元，同比增长23.98%；实现工业增值税27.93亿元，同比增长77.59%，分别占全县总量的64.75%、85.80%。

【机电装备业】 2023年，全县累计有销售实绩的企业707家（经开区195家、昆沭园5家、乡镇507家），全年实现开票销售317.19亿元，同比增长54.98%；实现工业增值税7.73亿元，同比增长109.64%。开票销售、工业增值税分别占全县总量的20.06%、23.67%。

【绿色家居业】 2023年，全县累计有销售实绩的企业1265家（经开区44家、昆沭园2家、乡镇1219家），全年实现开票销售467.42亿元，同比增长5.85%；实现工业增值税15.15亿元，同比增长50.42%。开票销售、工业增值税分别占全县总量的29.56%、46.38%。

【高端纺织业】 2023年，全县累计有销售实绩的企业611家（经开区189家、昆沭园2家、乡镇420家），全年实现开票销售239.28亿元，同比增长33.24%；实现工业增值税5.04亿元，同比增长156.64%。开票销售、工业增值税分别占全县总量的15.13%、15.44%。从7月起，桐昆恒阳化纤留抵退税7.78亿元，若含该企业，高端纺织业累计工业增值税减少2.74亿元、同比减少239.30%；若不含该企业，高端纺织业累计工业增值税5.04亿元，同比增长156.64%。

产业园培育选介

【智能针织产业园】 2015年9月，规划建设沭阳智能针织产业园，是全国首个“智能针织产业园”，产业园位于新205国道以东、沭七路以西、瑞安路以南、友富路以北，规划面积1030亩，总建筑面积60万平方米。产业园按照“未来针织靠智能、智能针织看沭阳”的发展定位。以龙头带动、平台驱动、县乡联动的运作模式建设产业园，实行统一规划、统一建设、统一物管、统一服务、统一要素保障。园区以智能针织袜品为主，向上下游延伸到锦纶、包覆纱、面料、针织内衣、服装等针织品。沭阳智能针织产业园在设计、设备、产品、物流、管理等方面充分体现智能化，打造“全国首个智能针织产业园”。产业园以打造“集技术创新、科技成果转化、高新技术企业孵化、创新创业人才培养等功能于一体”的智能针织品生产基地为目标，为实现这一目标，产业园一方面对外借助高校“智脑”提升企业创新能力，产业园先后与东华大学、武汉纺织大学签订产学研合作协议，成立东华大学沭阳技术转移中心和武汉纺织大学沭阳智能制造研究院，建立产学研合作平台，帮助企业解决技术难题，开发新工艺、新产品，提高企业技术水平和产品科技含量。另一方面对内创办“园区学校”提升人才水平，在产业园内设立沭阳县技工学校智能针织产业园分校，把课堂搬进园区、搬进车间，实现理论和实践相结合的教学模式，能够在较短时间内将新工人培养成有组织有纪律懂技术的成熟工人，培训结束考核合格的工人，学校会颁发相关证书。此外，学校还聘请东华大学、武汉纺织大学等全国知名纺织院校的专家教授为企业的技术骨干上课，帮助他们进一步提升专业技能。同时建立智能纺织科技综合体，在智能针织产业园内，建立一个集研发、设计、展示、检测、公共服务为一体的纺织产业智能制造示范基地。通过共享基地设备、技术及人才，打造织造产业行业标杆性工程。智能针织产业园建立纺织行业工会联合会职工文化活动中心，主体建筑共3层，部分区域楼层已投入使用。其中一层约2600平方米，为职工食堂，可容纳500人同时就餐；二层约2600平方米，是专门为职工提升技能、文凭的职业学校，开设3个班级，学员200人。3层约2600平方米，为职工之家，包括法律援助、图书阅览室、心理咨询室、母婴室、文体活动室等。沭阳智能针织产业园的规划和建设，先后得到工业和信息化部、中国纺织工业联合会、中国针织工业协会、江苏省纺织工业协会等国家部委和行业协会领导的一致好评和高度认可。先后被中国纺织工业联合会、中国针织工业协会、江苏省科技厅分别授予“全国纺织产业结构调整突出贡献奖”“江苏纺织服装百亿名镇贡献奖”及“全国纺织产业转移试点园区”“全国纺织产业转移示范园区”“江苏省纺织产业集群推动先进单位”“国家智慧型纺织园区试点”“全国纺织行业高质量发展示范区”等称号。

【循环产业园】 沭阳循环经济产业园的前身为江苏沭阳经济开发区化工区，园区拥有各类新医药、甲醇、新材料等项目24个，并已建成使用一座日处理6万吨的污水能力的处理厂。为了响应沭阳经济开发区成功创建国家级经济技术开发区，在园区转型升级、节能降耗、节能减排等方面的需求，沭阳县委、县政府决定在原化工区基础上成立了沭阳循环经济产业园。循环经济产业园管委会在推动园区发展上采取多项有力措施，细化内部人员分工，明确岗位职责，进行资源整合、企业重组、扩能升级和存优去劣，以加快园区的提档升级和产业转型。管委会还坚持污染低、回报高、形象好的原则，规范并整合区内企业，提升产能和技术水平。同时，提高入区项目的门槛，从招商引资转变为招商选资，优先引进体量大、产出高、无污染、税收贡献多的工业项目。在环境整治方面，循环经济产业园也开展多项工作。沭阳沂北循环经济产业园位于江苏省宿迁市沭阳县扎下镇，整体占地3.1平方千米。该园区的主导产业包括电子信息、新能源、机械工业和现代服务业等。园区不仅注重产业发展，还致力于完善生活配套设施，提供医院、学校、超市、图书馆等各类便民设施，以打造宜居宜业的产业园区。

【马厂机械加工产业园】 马厂装备制造产业园于2021年7月经县政府批准成立，2021年12月经市政府批准纳入“一区多园”统一管理，是沭阳经济技术开发区“一区多园”特色园区之一，位于新326省道北侧，规划面积2.06平方千米，主导产业为机械加工、装备制造业。2023年，园区实现开票销售收入13.11亿元，完成工业增值税4937万元，其中机械制造类型企业销售8.23亿元，占比62.8%，税收3320万元，占比67.2%，带动就业570人次。马厂装备制造产业园标准化厂房项目于2022年8月开工，总占地约163.5亩，投资1.53亿元，建设3栋单层钢结构厂房、5栋两层框架结构厂房，建筑面积约10万平方米，同时配套厂区道路、供水、供电、消防管网等公共设施。

（浦爱军）

建筑业

【概况】 2023年，沭阳县列统建筑业总产值为135.7亿元，增速8.6%，增速位居全市三县两区第一。全年创省“扬子杯”奖1项，创市“项羽杯”奖19项，创省级标准化工地13项，创市级标准化工地23项。全县建筑业从业人员约6万人。

【建筑企业】 2023年，沭阳县新增列统建筑业企业12家，从服务业转入7家园林企业，新增企业数量居全市前列。截至2023年年底，全县共有各类建筑业企业570家，其中一级资质7家、二级资质企业34家，初步形成以总承包为龙头，专业承包为依托的行业体系。年度超10亿元产值的建筑业企业1家，即宿迁华夏基业建筑工程有限公司年产值达13亿元。

【建筑市场】 2023年，沭阳县建筑业企业开发市场以省域内市场为主，其中省内产值约155.25亿元，省外产值约55.06亿元，暂无境外产值。

【绿色建筑】 2023年，沭阳县城市所有新建民用建筑均采用不低于基本级绿色建筑标准，其中国有投资或者国家融资的公共建筑，均高于一星级的绿色建筑标准。全年新增绿色建筑竣工面积118.01万平方米，居住绿色建筑约115万平方米，公共绿色建筑面积约3.01万平方米。全县绿色建筑占新建建筑比例均为100%。

【建筑安全管理】 2023年，沭阳县按照坚持标本兼治、综合治理、系统建设的要求，加强建筑施工安全监管。全面开展建筑施工安全生产领域专项整治，全年对42项在建工程开展季度检查、专项检查6次，下达安全隐患限期整改通知书203份、停工整改通知书5份，检查出安全隐患980起，全部定人、定措施、定时间整改到位。稳步推进自建房暨既有隐患建筑整治。初判存在安全隐患的自建房3747栋（农村自建房3047栋），已完成整治销号3676栋，整治销号率98.1%。三年行动计划中81栋城镇既有隐患建筑，已全部在系统内完成整治销号。

【工程质量管理】 2023年，沭阳县住建局对工程质量监管更加规范。加大日常巡查、抽查的力度和频次，对金鹰万里广场、华脉金樾府等项目开展质量巡查、基础验收监督、主体验收监督80余次，签发《工程质量监督抽查整改通知书》20余份、《工程质量监督抽检通知书》11份，开展现浇混凝土强度抽测20余次、建筑原材料专项检查1次。通过检查，进一步规范了建筑原材料的使用，提升了参建各方主体的工程质量意识。

【建筑企业选介】 江苏筑广之星建设集团有限公司。公司注册资本50818万元，建筑工程乙级设计资质，拥有各类管理人员260余人，有职称的各类专业技术人员400余人，高级职称、中级职称、一二级建造师、监理工程师、一二级建筑师、结构工程师、安全工程师、造价工程师120余人。公司自2010年4月15日成立后，逐步形成具有土建施工、设备安装、装饰装潢、商砼生产、建材贸易、建筑劳务等一系列综合生产能力的经营体系，多元化的经营，使公司业务之间形成相互带动、相互促进、相得益彰的良性发展格局。公司承建的贤官古韵商业街（2017年）、嘉瑞玫瑰园（2021年）、汇丰紫苑（2021年）荣获宿迁市“项羽杯”优质工程奖，“沭阳县南湖初中土建安装工程”荣获“2018年度江苏省建筑施工标准化星级工地”称号，2019年度被市住房和城乡建设局表彰为全市发展建筑企业“十强企业”。2023年，公司已初步建成信用管理体系、质量管理体系、安全生产管理体系、财务管理体系、采购管理体系、成本管理体系、服务管理体系。公司立足于沭阳，面向全国，先后在浙江、山东青岛、南京、徐州、连云港、淮阴、泗洪、泗阳、宿城区、宿豫区等省（市、区）设立了分公司，公司实力不断增强。

（袁冬昱）

编　辑：荣铁利

商业流通

【市场保供】 2023年，沭阳县商务局对接城区7家大型超市（大润发、欧尚、利群、惠乐玛世纪华联、福壹家、苏润万家、家家悦）和1家农批市场（沭阳润信农产品批发市场）重点保供企业，密切关注节日消费市场供需变化，适量增加节日市场新鲜蔬菜、水果、肉类等生活必需品供应。督导各企业拓宽货品来源、稳定货源，加强与蔬菜、粮油、畜禽等农产品产地、企业对接，加大节日消费市场生活物资采购力度，全力确保市场供应充足。同时，积极组织相关人员对生活必需品供应保障重点企业进行检查，及时掌握各企业生产、销售、库存情况，畅通流通渠道、监测市场价格波动，确保不断供。

【市场体系建设】 2023年，沭阳县完成县域商业体系建设项目7个，分别是韩山镇农贸市场、悦来镇农贸市场、刘集镇农贸市场、塘沟镇农贸市场、华冲镇邻来乐商贸中心、新河镇电子商务快递园、邮政公司乡镇寄递公共配送中心。

【批发零售业】 2023年，全县批发业销售额534亿元，同比增长16.2%，其中限上批发业销售额207.08亿元，同比增长19.8%；零售业销售额306.16亿元，同比增长16.9%，其中限上零售业销售额53.79亿元，同比增长27.6%。通过加强排查摸底、政策宣传、部门协调等手段，对摸排出的限下企业进行跟踪扶持，重点培育，促其早日转化为限上企业。同时，对限上企业进行动态监测，政策资金奖补，开展销售竞赛、促消费活动，充分释放企业的巨大潜力和强大动能，新能源汽车，百货类、电商类行业均增长明显。

【住宿餐饮业】 2023年，全县住宿业销售额2.25亿元，同比增长32.4%，其中限上住宿业营业额0.69亿元，同比增长117.3%；餐饮业销售额22.8亿元，同比增长12.9%，其中限上餐饮业营业额2.07亿元，同比增长20.3%。鼓励引导广大住餐企业利用各种时间节点开展内容丰富、形式多样的消费促销活动，促进消费持续恢复。

【对外贸易】 2023年，全县实现货物贸易进出口总额16.73亿美元，同比增长12.3%，其中出口15.86亿美元，同比增长9.85%；出口0.87亿美元，同比增长84.63%，货物贸易进出口总额位列全市三县两区第一。全县有成交数据的跨境电商企业共41家，实现跨境电商交易额4186.1万美元。

（高小利）

粮食流通

【粮食仓储设施建设】 2023年，沭阳县粮食集团有限公司加大“老旧小散”粮食仓储设施优化整合力度，按照结构调整、功能提升、布局优化原则，对沭阳县胡集粮食储销有限公司东小店点、沭阳县桑墟粮食储销有限公司贤官点、沭阳县潼阳粮食储销有限公司庙头点、章集库、耿圩库、沭阳县潼阳储销公司茆圩南库6家“老旧小散”库点进行撤并，暂停收储业务，计划按规定流程对资产进行处置。对金福利等6家库点暂停收储业务，停止租赁。对悦来等29个库点予以保留。

【粮食收购】 2023年，沭阳县粮食集团有限公司采取腾并、销售出库等方式提高仓房利用率，扩大仓储能力，确保粮食“收得进、储得下、管得好”，努力摆脱政策依赖，充分利用仓容和资金优势，通过代收代储形式与其他粮食企业开展合作收购。全年共收购农民余粮14.27万吨，切实保护种粮农民利益，没有发生农民卖粮难现象。

【粮食储备】 2023年，沭阳县按照省粮食和物资储备局《关于地方储备粮政策性职能和经营性职能分开的实施意见》，组建沭阳县金丰地方储备粮有限公司，专事地方储备粮业务。该公司位于吴集镇，粮源丰富、交通便利。

【仓储管理】 2023年，沭阳县粮食集团有限公司持续做好在库存粮三天一小查、七天一大查、风前雨后及时查、不安全粮天天查。每季度召开基层负责人、防化员工作会议，及时分析研判在库存粮安全生产形势，部署安排仓储管理工作重点任务。开展安全储粮主题培训，120人次参加，并观看安全储粮警示宣传片和应急演练逃生短视频，宣传安全生产各岗位职责、应知应会安全知识。全年未发生一例安全生产责任事故。

【粮食应急体系建设】 2023年，沭阳县粮食集团有限公司积极配合县粮食行业协会发挥好桥梁纽带作用，加强县域粮食加工企业做好粮食供应、加工、储运等应急网点的布局及建设，已形成全县范围布局合理、体系完整的52个粮食应急网络，实现粮食应急体系生产、加工、供应高效协调运转，确保在特殊情况下，有粮可用、有粮可调。

（吴国兵）

供销合作

【改革项目】 2023年，沭阳县供销合作总社做好强村富民“个十百千”工程改革项目方案出台和序时任务推进工作，出台《沭阳县建设新供销强村富民“个十百千”工程实施方案》文件，相关做法获省供销合作总社推介。

【基层供销合作社改造提升】 2023年，沭阳县供销合作总社改造提升了钱集、汤涧、高墟、潼阳4个基层供销社，建设农资配送中心1个，改造升级供销超市3个。

【供销服务】 2023年，沭阳县供销合作总社开展农药集采统配和农药包装废弃物回收工作，从扎下、钱集、塘沟三镇进行试点，试点面积4万亩，招标集采农药27.9万元，保障了粮食安全和农业生态安全。

【供销流通】 2023年，沭阳县供销合作总社采用“供销+电商”模式，建成多功能村级综合服务社6个，组织县域名优农副产品企业参加展示展销会3次，与昆山市供销合作总社签订挂钩合作协议，建立定期互访机制，推动沭阳名优农产品进入昆山和苏南市场。

（赵杉杉）

专项经营

【卷烟专营】 2023年，沭阳县烟草专卖局（分公司）累计销售卷烟4.27万箱，同比增长2.07%；全年累计建设新现代终端398户，占全市系统比重33%；农网终端建设45户，占全市系统比重35%；加盟终端29户，占全市系统比重32%。其中，农网加盟终端4户，占全市系统比重30%。全年，共查获各类违法经营卷烟案件428起，同比上升20.56%；依法先行登记保存各类违法卷烟522.83万支，同比上升43.47%，总案值589.63万元，同比上升29.82%。查获5万元以上案件共42起，其中20万元以上案件4起，50万元以上案件1起。电子烟监管方面，全年共查获非法销售烟草口味外的调味电子烟案件11起，其中1万元以上案件7起，总案值69.27万元，起数绝对值、电子烟数量和案值均排在全市前列。

（赵　睿）

【盐业经营】 2023年，沭阳县盐业有限公司申请并通过了“食盐批发许可证”换证验收工作，全年累计销售小包装食盐3424吨，大包装食用盐及工业盐共计1450吨，全年实现营业收入1440万元，盈利5.8万元。通过改革岗位设置、实行分配分离政策、开展市场收复提升行动，全年各类食盐销售较上年稳步增长。食盐抢购风波中，公司组织全体员工，奋战销售一线，24小时内将900余吨小包装食盐全部投放到市场中，有效遏制市场涨价、消除群众恐慌心理。（刘濮铨）

物流业

【概况】 2023年，沭阳县物流业始终紧扣高质量发展主题，依托相对健全的综合交通运输网络，围绕“产业+物流”，加快建设物流产业园和快递园区，逐步形成以“百盟物流园”为龙头、新河电商快递园、颜集堰下村快递一条街等为依托的县、乡、村三级物流发展模式，并已建成以县级物流中心、乡镇交通运输综合服务中心、村级服务站为基础的三级农村物流网络体系发展模式。全年物流货运量稳步提升，累计完成货运量为14826.2万吨，货运周转量219.18亿吨千米，同比分别增加15.99%、16.07%，位居全市三县两区排名第一。

【物流企业品牌创建】 2023年，沭阳县拥有AAA级以上物流企业7家，分别是江苏百盟园区管理服务有限公司（AAAAA级）、江苏百盟物流有限公司（AAAA级）、沭阳田氏危险品运输有限公司（AAAA级）、沭阳县四通危险品运输有限公司（AAA级）、宿迁市盛驰物流有限公司（AAA级）、三六〇医药电子商务有限公司（AAA级）、江苏嘉坤物流有限公司（AAA级）。其中，省级重点物流企业3家，分别是江苏百盟物流有限公司、沭阳田氏危险品运输有限公司、沭阳恒通物流中心有限公司。沭阳百盟物流产业园既是省级示范物流园也是省重点物流基地。

【物流信息平台建设】 2023年，沭阳县推动全县物流园区信息化、标准化建设。沭阳百盟物流产业园已取得网络货运道路运输经营许可证，百之盟网络货运平台正在试运行中。通过物流信息化平台实现资源共享，降低车辆空载率。

【物流园区建设】 2023年，沭阳百盟物流产业园功能不断完善，新河电商物流园品质进一步提升，苏北智慧物流中心建设加速。通过资源整合，实现干线运输网络与城乡配送网络的无缝衔接，形成“城际配送网、城市配送网、城乡配送网”三网相互衔接、相互支撑的物流网络，满足全县机电装备、纺织服装、木材家居、花木等产业物流需求。

【物流园区选介】 沭阳百盟物流产业园。沭阳百盟物流产业园为省级示范物流园，由江苏百盟园区管理服务有限公司投资建设和运营管理，位于沭阳县宿迁大道及上海路交叉口，成立于2012年1月，注册资本金5000万元，有员工约200人，园区规划总面积约1300亩（核心区面积约877亩），总建筑面积60万平方米，分5个功能区：公路物流区、建材物流区、快递物流区、仓储配送区和配套服务区。截至2023年年底，已建成百盟物流园一期、百盟仓储中心、百盟建材城一期、百盟汽贸城、百盟快递物流园一期（分拣中心）、百盟车辆检测中心、百盟钢材物流园等项目，开发面积达53万平方米，共计占地868亩。园区入驻企业2800余家，带动约1万人就业。

新河镇电子商务快递园。新河镇电子商务快递园建于2015年，是全省首家“乡镇电商快递园区”，园区占地16.5亩，建筑面积7500平方米，已进驻韵达、中通、优速等快递公司7家，其中具备分拣功能的有2家。快递园在各村（社区）均设立揽件、派件点，实现年发件、派件量4000万件以上。

（张　鹏）

邮　政

【概况】 2023年，沭阳邮政管理局坚持监管与服务并重，在保障行业稳定发展的基础上，不断完善农村寄递物流体系建设，促进全县邮政快递业高质量发展。全年邮政企业及快递企业快递业务量完成6.07亿件，同比增长39.48%；业务收入完成21.3亿元，同比增长31.72%。“沭阳花木”连续五年荣获国家级“快递服务现代农业金牌项目”称号，且排名一直位列全国第一。沭阳邮政、快递花木发件量突破4亿件，带动农产品销售额高达200亿元。

【行业监管】 2023年，沭阳邮政管理局共检查寄递网点230余个，发现问题隐患30余个，下发整改通知书36份。做好重大活动期间寄递安保工作，在全国“两会”、杭州亚运会、中秋节、国庆节等重要时段，强化管理，为重大活动保驾护航。推进安全生产规范化建设工作，紧盯安全风险点，抓好邮件快件处理场所问题整治和“回头望”，保障全县寄递生产安全，维护行业稳定。

【行政执法】 2023年，沭阳邮政管理局执法立案查处案件19件，在全市占比达50%，处罚金额20.3万元，占全市总数的56%。开展“扫黄打非”专项检查6次，检查网点12个，拦截3批次违法书籍。

【普遍服务监督】 2023年，沭阳邮政管理局联合县邮政公司印发《2023年度党报党刊投递质量政企联合检查方案》，组织开展普遍服务监督检查22次，检查网点30个、邮筒18个、投递室16处，下达整改通知书2份，约谈1次。检查城区邮政营投中心5处；检查集邮网点1处，开展纪念邮票和特种邮票发行情况检查11次；对党报党刊投递时效监督检查3次。

【邮政服务用房和智能信报箱验收工作】 2023年，沭阳邮政管理局开展全县新建小区验收6批次，其中验收邮政服务用房8批次，验收面积共计789平方米，共验收智能信报箱28组，计6789个格口。

【行业关爱】 2023年，沭阳邮政管理局督促寄递企业为221名快递员缴纳工伤保险，其中基层快递网点负责人参保率达100%。组织对71名一线快递员进行免费体检，让快递员们深切感受到党和政府的关怀。开展春节、端午、“七一”、中秋、国庆等节日慰问活动，鼓励从业人员发扬“小蜜蜂”精神，积极参与各项社会活动。组织开展夏季高温“送清凉”活动，送出慰问礼品500余份。组织开展评先评优活动，对全县“十佳快递网点”和20

名“优秀快递员”进行表彰，推选2名“快递小哥”当选宿迁市“最美快递员”，推选沭阳圆通速递公司党员快递员李琦当选江苏省第三届“最美快递员”。

（王天勃）

【中国邮政集团有限公司江苏省沭阳县分公司】 2023年，中国邮政集团有限公司江苏省沭阳县分公司（以下简称中国邮政沭阳分公司）实现收入61860万元，全省排名第四。其中，代理金融实现收入28224万元，全省排名第八；寄递业务实现收入29846万元，全省排名第二，寄递业务中快递包裹实现收入24288万元，连续四年位居全省首位。

金融收入。2023年，中国邮政沭阳分公司金融收入2.8亿元，列全省县区公司第八位，苏北县区第一。截至年底，余额储蓄规模126.24亿元，年度新增17.3亿元。余额规模市占率15.94%，年度新增余额市占率全市第一。新增第三代社保卡6.19万张，发卡9.4万张，市占率15.1%，均列全省县（区）第一；养老金转代发3.8万户，全市第一。新增微邮付商户3631户、优质场景44个，均率先完成全年目标；活跃微邮付商户规模5431户，商户资产2023年净增4.2亿元。创新业务签约数字人民币示范小镇4家，办理数字人民币个人钱包3.6万户，净增直销银行有效户10576万户，14人获集团公司邮惠万家银行“营销开户先锋”“个人钱包竞速赛”个人奖。整村开发信用村27个，全省第一；融资E贷款净增6681.82万元，全市第一。信用村激活获客建档2.57万户，新开卡9772户，AUM净增1.72亿元，均列全市第一。2023年5—7月，夏收项目净增余额1.62亿元，较两年均值同比增加9930万元，夏粮收购位居全省县（区）第二。中国邮政沭阳县邮政分公司“信贷+寄递”金包融合助推乡村振兴故事登上中央电视台《经济半小时》专题报道。

寄递业务。寄递业务总收入29846万元，同比增幅20.57%，国内业务收入规模位列全省第二。其中快递包裹业务收入24288万元，同比增幅16.36%；特快业务收入5351万元，同比增幅48.25%。快递包裹年累计交寄客户数5264户，同比增加1501户，特快年累计交寄客户数达1426户，同比增加575户；活跃客户数、新增客户数均居全省前列。推进快递包裹和电商特快预付费，5264个快包客户中仅34个客户保留记欠资格，1426个特快（含标快）客户中仅162个客户保留记欠资格，快递包裹预付费收入占比达99%，特快收入预付费收入占比达88.7%。推进早揽收、早进场作业流程优化，晚上八点前收寄邮件较同时段提升3万~4万件；下午四点前进场邮件达到70%，每小时邮件处理效率提升约20%，基本实现了“当日收寄、当日处理、当日发出”工作目标，从邮件全生命周期时限由70小时压降到55小时，江浙沪皖当日未赶发邮件数降低70%，客户体验显著提升。

传统邮政业务。2023年，集邮与文化传媒部完成总收入1432.1万元。开发“《光荣退休》纪念银章+《退休幸福》个性化邮票”组合礼包。服务政企市场，开发《五彩花乡·美丽沭阳》邮册350册，《中国花谷 魅力沭阳》文创摆件400套，为“沭商大会”设计伴手礼350套。联合学校、社区、企业开展红色主题集邮展11场，打造党史情境教学“活教材”。渠道平台部分销业务完成收入2203万元；大力发展简易险，全年完成收入69万元。打造“网点+站点”生态圈，汰换低效站点68个，打造优质站点465个，活跃站点236个，发展邮掌柜会员2580个。聚焦中邮普惠简易险业务发展，实现简易险保费212.9万元，中邮普惠保费59.26万元，保费规模全市第一。全省第二季度简易险“邮情关爱”营销活动，中国邮政沭阳分公司保费规模列全省县（区）第一，获最佳运营奖。

寄递运行模式改革。城区综合投递改革，全县新增段道11个，投递员段均里程从60千米减半为30千米，日均投递量从140件减少到90件左右。在农村地区上线电商退换货业务，将农村投递由成本中心转变为利润中心。2023年，已实现退换货收入415.83万元，农村退换货收入117.85万元，毛利291.1万元。健全镇、村级邮政服务网络，以颜集、新河、韩山为样板，参照“支局综合便民服务站”“综合揽投部”“共配中心”3种模式对具备投递功能的乡镇综合类支局、邮务类支局和营揽中心进行站点打造。结合县委、县政府工作要求，以“村党支部”“邮乐加盟店”为依托，叠加建设邮政自提点，进行村级规范化站点打造。优化农村乡镇段道设置。组织综合办公室、乡村振兴办、运营管理部、服务质量部下沉到各乡镇段道投递量进行优化调整。2023年，共完成24家乡镇支局站点建设，其中交邮合作“共配中心”7家、支局综合便民服务站14家、“综合揽投部”3家。

降本增效管理。2023年，中国邮政沭阳分公司通过压降寄递成本、加强上机指标管控、推动直投中心外包等管理措施，实现寄递降本增效。全县寄递五大环节（收寄、内部处理、陆运、投递、管理支撑）成本压降率达25%，其中收寄环节件均成本较目标值低0.1元，投递环节件均成本较目标值低0.22元，管理支撑环节件均成本较目标值低0.02元。加强上机率指标管控，落实省、市公司强化集包工作方案精神，提升邮件上机率，全县上机率达84.04%。其中，庙头处理中心上机率76.64%，百盟处理中心上机率94.83%。推动直投中心外包管理运营，直投段道由14条压降到12条，直投投递员由17人压降的14人，直投件均成本压降到0.93元/件左右。

“开放共享+运营有效”的县、乡、村三级物流体系构建。2023年，中国邮政沭阳分公司建成乡镇中心自提点710个，完成自提点自提代收业务611.6万件。其中，建成营业网点有效自提点43个；建成服务乡村振兴工作室4个，邮政快递合作建制村实现全覆盖；完成“快递进村”业务量439万件，代投社会件业务量58万件。

邮件处理硬件设施建设。完成庙头处理中心改造升级。2023年6月，中国邮政沭阳分公司撤销扎下处理中心，对庙头处理中心改造升级，增设特快处理专区，改造供包方式提升供包台储件能力，新增装备自动摆轮设备提升场地自动化处理能力，庙头处理中心日平台处理能力达40万件。推进沂河南片区邮件处理能力建设。新增租赁百盟物流园17号仓作为县域辅助处理场地，提升县域进出口邮件处理能力。百盟17号仓建成以后，日平台处理能力达15万件。

邮政助力乡村振兴工作。2023年，中国邮政沭阳分公司加快政企融合，推进乡镇寄递共配中心打造。深化交邮、邮快、商邮合作。刘集、悦来交邮合作站点已投入运营使用，全县已建成交邮合作站点7个。积极对接县商务局，“乡镇寄递公共配送中心建设改造”项目获批江苏省2023年县域商业体系建设项目中央资金支持，补助金额8.6万元；“县域农村物流体系建设”项目获批县商务局电子商务进农村综合示范专项资金50.5万元。打造“网点+站点”生态圈，促进农村电商提质增效。加盟店层面做好金融、寄递业务叠加，邮件代收代投、微邮付、便民缴费等业务的覆盖。紧抓“大单品、进销存、业务叠加”三大核心要素，实施站点分等分级管理，打造优质、活跃站点，淘换低效站点。日常巡店加强维护管理，实现网点、站点和维护队伍三绑全覆盖。常态化开展扫码入会活动，构建双向引流获客场景。深化惠农合作，全年促进农产品上行商流2203万元，拉动工业品下行商流2800万元。沭阳硕果果树种植专业合作社、沭阳县汤涧镇维中养鸭专业合作社入驻邮政分销平台，两家合作社均被认证为2023年中邮惠农示范社。全年共计帮助合作社销售农产品超100万元，解决合作社“销售难、融资难、流通难”等问题。2023年第二季度助力胡集滞销芹菜直播带货0.1万千克；四季度助力潼阳滞销青椒销售1.5万千克、蜜薯销售0.5万千克。全年累计整村授信、整村开发信用村27个，在全市率先完成全年目标，建设数量全省第一；打造中邮惠农示范社2个，净增融资E贷款额6681万元，打造中邮惠农示范企业3家，完成率全市第一；打造优质站点467个；全县实现工业品交易2801万元、农产品交易2203万元、农产品寄递收入15999万元，其中极速鲜收入1319万元；全县累计新增“五大客群”（老客户、竞争客户、行业客户、新客户、未来客户）对公开户15户。

行业关爱。2023年，中国邮政沭阳分公司持续开展“我为群众办实事”实践活动。夏季高温天气来临，为在岗人员（外勤）发放夏季防暑降温物品，为支局小食堂发放绿豆。8月，工会开办员工子女暑期托管班，丰富托管内容，组织暑期军训夏令营活动，为员工子女暑期托管解难题。通过实物形式向营投部发放省分公司7000元旺季伙食补助，同时为农村金融网点小食堂每月增加1000元伙食费用，为每个小食堂购置电磁炉和保温柜。为投递员发放夏季和冬季用水壶、冬季保温护膝、手套、围脖，为网点外拓人员配备冲锋衣。对部分支局铁床分批更换。流感期间，采购中药、清咽利嗓茶。

（张江涛）

商务服务业

【律师服务】 2023年，沭阳县司法局先后完成新设律师事务所审核2件，专职律师执业申请55件，律师转所申请（包括跨市）42件。截至2023年年底，共行政管理30家律师事务所、425名专职律师、102名公职律师、3名兼职律师、6名公司律师，律师万人比为3.23，律师队伍逐渐扩大，律师管理更具科学、规范。

【公证服务】 2023年，沭阳县公证处共办理各类公证6405件。其中，国内民事5277件，国内经济626件，涉港澳台55件，涉外447件，收费275万元。办理上门办证16件，减免公证费用5万余元。

（赵桂珍）

【会计服务】 2023年，沭阳县财政局组织开展全国会计专业技术资格（初、中、高级）考试2次，其中：初级会计专业技术资格合计报名2169人，合格358人，合格率26.76%；中级会计专业技术资格合计报名802人，合格136人，合格率27.87%；高级会计专业技术资格报名11人，合格7人，合格率70%。组织开展2023年第一、二期财政财务知识培训，对县直单位及乡镇近200名财务人员开展为期一天的业务培训。在县财政局举行为期两天的企业会计专题培训活动，邀请江苏省会计领军人才到沭阳授课，讲授业财融合、预算管理、内控及信息安全等课题，沭阳经济开发区及各乡镇（街道）共推荐110家企业财务人员参加培训。截至2023年底，沭阳县参加会计信息采集人数达6806人次，具备助理会计师（初级）资格的有2864人，具备会计（中级）资格的有415人，具备高级会计师资格的有20人，会计员（非从业资格人员）3507人。

【会计代理】 2023年，沭阳县财政局开展“证照分离”“放管服”改革工作。通过“江苏政务服务网”“江苏省市场监管平台”“互联网+监管”“统一审批平台”等系统，实施数据共建、共享。全年共办理“不见面”审批许可53家企业代理记账资格。对全县224家代理记账机构进行检查和抽查。成立专项整治检查小组，制定专项整治检查方案，分类开展现场检查。对于检查发现问题，采取机构签订承诺书和主管部门下达“整改通知书”等措施，规范全县代理记账机构。

（杨　洋）

【机动车检验检测服务】 2023年，沭阳县车辆管理所共监管机动车安全技术检验机构12家，实行统一管理、统一程序、统一标准。安检机构承载着机动车安全性能检测、综合性能检测、机动车污染物排放检测等功能，在车辆检测过程中按照公开、透明、合法、便民、科学、诚信的原则，开展网上预约检测和“一次办”“先发标后审核”，开辟检测绿色通道，优化检车流程，为顾客提供高效快捷的便利服务。全年共检测县内外载客汽车、载货汽车、专项作业车、挂车、低速货车、三轮汽车、摩托车12万余辆，其中异地在用车辆检测1.4万余辆。

（荣　阳　陆　鑫）

【人力资源服务】 2023年，沭阳县人社局对全县在册人力资源服务机构开展年审工作，组织全县33人在宿迁市考鉴中心培训获证，36人参加县级培训班。优化人力资源服务许可证审批流程，为宿迁乐冠劳务有限公司、圣美服务外包（江苏）有限公司2家企业新发放人力资源服务许可证。（廖　军）

【养老服务】 2023年，沭阳县民政局在全面落实低保等社会救助政策的基础上，按照“政府买单、民政主导、第三方提供服务”的工作思路，为生活不能自理的老年低保对象提供必要的探视、照料服务，变“单一发放补贴”为“政府购买服务”，形成“物质+服务”的救助模式，真正让特困老人过得放心、舒心、称心、安心。居家服务让老人“放心”。依托县智慧养老服务中心，采取“普遍巡访+居家服务”相结合的方式，重点为4154名特困老人提供探视、保洁、助医等服务，为特困老人提供居家上门服务4.8万人次。医养融合让老人“舒心”。加快推进医养结合服务建设，38家乡镇（街道）敬老院与铭和养老服务中心签订“医养互助协议”，每年安排医护人员为特困老人提供优质贴心的健康服务，全县建成护理床位580张，配备养老护理人员680人。适老化改造让老人“称心”。全年完成特困老人家庭适老化改造550户。全县先后投入800余万元，连续四年共为特困老人家庭实施适老化改造2626户。风险防范让老人“安心”。引进第三方机构对全县养老机构进行实时监护，对分散供养老人提供24小时紧急呼援、主动关怀和转介服务，确保生病老人有人照护、养老机构安全运行。

（荣　超）

编　辑：荣铁利

金融业

综　　述

【金融经济运行】 2023年，全县金融系统大力实施金融改革创新，支持企业上市融资，有效防范金融风险，取得较好成绩。沭阳县连续12年被评为“全市金融工作先进县区”，首次获评“全省金融生态优秀县”，进入全省首批“省级绿色金融创新改革试验区”试点，入围国家级金融服务乡村振兴创新试验区。沭阳县金融供给规模不断扩大，存贷款规模双破千亿元。截至12月末，沭阳县本外币存款余额1131.72亿元，比年初增加177.82亿元，比年初增长18.64%，增速位居全市第二位；贷款余额1134.61亿元，比年初增加131.46亿元，比年初增长13.07%；存贷款余额合计2272.64亿元，比年初增加309.61亿元，比年初增长15.77%。

2023年沭阳县金融机构存贷款情况统计表

表13

银行机构	存款				贷款			
	年初余额（万元）	年末余额（万元）	年初（万元）	比年初增速（%）	年初余额（万元）	年末余额（万元）	年初（万元）	比年初增速（%）
工　行	924518	1021483	96965	10.49	916623	1026157	109534	11.95
农　行	1201201	1632745	431544	35.93	1082843	1301148	218305	20.16
中　行	600291	798952	198661	33.09	909325	854542	−54783	−6.02
建　行	660988	918252	257264	38.92	1157953	1331330	173377	14.97
农商行	3199220	3585466	386245	12.07	3185695	3573807	388112	12.18
东吴村镇银行	367906	383239	15333	4.17	350849	394249	43400	12.37
邮储银行	1527650	1721704	194053	12.70	849068	1009546	160478	18.90
农发行	33958	27122	−6837	−20.13	228880	173183	−55697	−24.33
江苏银行	400636	487425	86789	21.66	399025	481710	82685	20.72
昆山农商行	116242	121899	5657	4.87	227821	232545	4725	2.07
交　行	111174	153038	41864	37.66	244968	297602	52634	21.49
苏州银行	64859	50691	−14168	−21.84	137438	143939	6501	4.73
南京银行	156545	225002	68458	43.73	201549	258798	57248	28.40
民生银行	89676	81618	−8058	−8.99	102029	92220	−9809	−9.61

续表13

银行机构	存款				贷款			
	年初余额（万元）	年末余额（万元）	年初（万元）	比年初增速（%）	年初余额（万元）	年末余额（万元）	年初（万元）	比年初增速（%）
兴业银行	44148	75321	31173	70.61	40239	175380	135140	335.84
合　计	9499012	11317207	1778154	18.64	10034306	11346156	1311849	13.07

【金融助力乡村振兴】 2023年，沭阳县信贷规模稳步增长，持续强化金融政策引导各项贷款增量创历史新高。全县银行机构本外币各项贷款余额1135.07亿元，比年初新增131.09亿元，同比增长13.06%，增速比上年同期提高6.23个百分点。法人银行机构各项贷款增长较快，全县法人金融机构贷款余额为396.81亿元，比年初新增43.16亿元，增速为12.20%，增量分别是泗阳、泗洪的1.68倍、1.49倍。全县金融机构全力满足重点领域融资需求，中国人民银行沭阳县支行印发《2023年沭阳县金融服务乡村振兴“四大”重点工程实施方案》，推动金融机构加大对实体经济的融资支持。截至11月末，全县累计投放各类企业贷款246.40亿元，同比增加37.2%。联合县信用办、农业农村局、现代农业产业园等单位出台《沭阳县现代农业产业园整园授信实施方案》，向上争取再贷款资金39.1亿元，惠及各类经营主体8186户，贷款加权平均利率仅为4.84%，为各类农业经营主体节约利息支出2900万元，再贷款投放量及惠及户数均居全市第一。加大对绿色家居、高端纺织、机电装备三大主导产业的信贷投放，制造业贷款增量稳居全市首位。全年制造业本外币贷款余额157.24亿元，比年初增加33.52亿元，增量分别是泗阳的1.98倍、泗洪的2.55倍，增量占全市新增制造业贷款的29.81%，分别比泗阳高14.72、泗洪高18.13个百分点。融资成本持续下降，引导法人银行机构用好再贷款等各项货币政策工具，全年累计为地方法人银行机构发放再贷款39.1亿元，惠及各类经营主体8186户，贷款加权平均利率仅为4.84%，为相关行业企业节约利息支出2900万元，为两家法人机构发放普惠小微奖励资金5059.94万元，带动法人机构发放普惠小微贷款8.33万笔、196.18亿元，超八成普惠小微企业贷款投向制造业、批发零售业等劳动密集型行业，有力支持企业纾困解难。推动融资成本稳中有降，全年全县累计发放企业贷款加权平均利率为4.06%，同比下降27个基点。

【金融生态环境优化】 突出加强金融风险监测、预警与提示。持续监测房地产市场“强制停贷”风波、地方法人银行机构流动性风险以及不良资产处置情况等，做到早发现、早报告、早处置。聚焦信用风险、案件风险，组织对法人银行机构开展关联交易、债券投资、不良资产转让等专项排查，做到底数清、情况明、报告快。做细做实存款保险制度，组织全县银行机构开展“存保为民 储户放心”宣传教育，有效提升公众信心。推动金融生态环境建设提档升级，充分发挥金融稳定工作协调小组办公室职责作用，积极开展生态环境创建工作，推动金融稳定协调小组各成员单位做好金融生态环境创建工作，首次获评江苏省金融生态优秀县（全省8家、全市唯一）。

【金融创新改革】 提请县政府印发《沭阳县绿色金融创新改革试验区试点工作实施方案（2023—2025年）》，从推动绿色信贷投放、创新绿色金融产品和服务、拓宽绿色产业融资渠道等多个方面，形成多层次绿色金融组织体系和多层次服务支撑体系，实现绿色贷款稳步攀升，推动全县金融绿色创新发展。截至2023年9月末，全县银行业金融机构绿色贷款余额59.24亿元，比年初增加14.82亿元，增幅达33%。通过建立金融重点支持绿色企业名录库、创新试点“VEP”生态价值贷等方式，支持绿色制造业企业贷款22笔共12.5亿元，沭阳县作为宿迁唯一县（区）成功入选首批13家省级绿色金融创新改革试验区。

【金融网络诈骗治理】 强化金融网络诈骗资金链治理。通过开展风险账户排查、配合公安机关做好涉案账户查询止付、网点异常开户快速处置、对涉案账户较多的银行机构开展约谈等措施，持续推进金融网络诈骗资金链治理。2023年，银行机构累计排查管控涉案账户、关联账户1609个，对416.14万个个人账户采取账户限额调整、销户等管控措施，网点拦截异常开户165起，拦截可以交易31笔，共计金额134万元。

【数字人民币试点】 2023年，中国人民银行沭阳县支行积极做好数字人民币试点工作，制定并出台《沭阳县数字人民币试点工作实施方案》，围绕“增量、促活、创新”理念，通过报纸、电台、手机等渠道积极宣传推广，并采用有奖问答等措施，向群众普及数字人民币知识。全年共开立数字人民币个人钱包36万户、对公钱包1.8万户、受理门店1.4万户，钱包数量及月活数均处在全市的前列。通过统筹推进，成功与贤官、耿圩、陇集等乡镇签订了战略合作协议，打造“数币小镇”示范区。同时，在胡家花园、韩山公园等旅游景点，中央商场、万达广场、吾悦广场等大型商圈，普惠贷款、工资发放以及学校、医院、税款缴纳、党费缴纳民生服务等多个领域落地数字人民币应用特色场景。

（荣小伟）

银行业

【中国农业发展银行沭阳县支行】 2023年，中国农业发展银行沭阳县支行紧紧围绕年度工作目标，切实服务实体经济，扎实推进乡村振兴，各项业务稳健开展。截至2023年年末，累计投放贷款5.94亿元，累计收回贷款11.51亿元，贷款余额17.32亿元，存款余额3.2亿元，存款日均余额3.54亿元。累计营销同业存款160.4亿元，最高时点余额15亿元，营销农发债0.7亿元。国际业务结算实现突破，累计实现结汇10.73万美元。开立全市农发行系统首个农民工工资专户，并实现首笔入账441万元。

服务“三农”。截至12月末，该行发放县级储备粮贷款0.47亿元，支持企业收购县级储备小麦0.23万吨，县级储备稻谷1.43万吨。发放自营收购贷款5.08亿元，支持企业收购小麦6.37万吨、稻谷6.55万吨、玉米0.29万吨。粮食巡查后秋粮贷款累放首次实现增长7300万元。全年投放扶贫贷款18笔，金额4.05亿元。

普惠金融。该行充分发挥政策性银行补短板优势，对支持小微企业工作及早做出安排。及时核实了解涉农普惠小微企业经营情况，根据客户实际需求制定最佳融资方案，稳妥处理好政策支持和风险防控之间的关系，做到既不盲贷，也不惧贷。截至12月末，该行投放普惠小微企业贷款3900万元。

（孙永青）

【中国工商银行股份有限公司沭阳支行】 2023年，中国工商银行股份有限公司沭阳支行统筹推进服务实体、转型提质、风险防控各项工作，全行经营保持稳健，年末存贷款规模稳步上升、双超百亿元，普惠业务稳步前行，不良率大幅度下降，资产质量得到明显优化。年末各项贷款余额102.62亿元，比年初增加10.95亿元，增长11.95%。其中，制造业贷款比年初新增7.18亿元，民营贷款比年初新增3.41亿元，战略性新兴产业贷款比年初新增9.27亿元，个人贷款比年初增加5.19亿元；监管口径普惠贷款新增7.77亿元，监管口径客户比年初新增户数居全市系统内第一位，增量创历史新高；大力营销担易贷、种植e贷等重点新产品，年末担易贷余额1.18亿元，全市系统内增量最多；种植e贷新增28户，余额975万元；普惠型涉农贷款新增10.59亿元。年末各项存款余额102.15亿元，比年初增加9.7亿元。全年实现营业收入3.45亿元，同比增加416万元；拨备前利润2.99亿元，同比增加463万元；净利润2.24亿元，同比增加438万元。

（杨建华）

【中国农业银行股份有限公司沭阳县支行】 2023年，中国农业银行股份有限公司沭阳县支行（以下简称农行沭阳县支行）始终牢记“面向三农、服务城乡”的光荣使命，以改革创新为动力、以服务地方经济社会发展为主业，各项工作实现平稳健康发展态势。在全县银行业工作综合考核中荣获第一名，被江苏省分行评为2023年度“四好”领导班子和先进集体。

存款业务。截至2023年末，农行沭阳县支行各项存款余额163.3亿元，比年初增加43.15亿元，增量份额县内四大行占比44%，各项存款存量、增量份额均排名四大行第一。其中，个人存款比年初增加14.4亿元，增量份额38.3%，存量、增量份额均排名四大行第一；对公存款比年初增加29亿元，对公存款增量份额四大行占比46.4%，存量、增量份额均排名四大行第一。各项存款日均增量25.20亿元，四大行占比47.62%，各项存款日均存量、增量四大行份额均排名第一。

贷款业务。截至2023年末，农行沭阳县支行各项贷款余额130.11亿元，比年初增加21.83亿元，四大行增量份额43.9%，排名第一。全行累计投放各类贷款76.54亿元，同比多投放26.33亿元。其中，个人贷款增量6.2亿元，四大行增量份额43%，排名第一；法人贷款增量15.7亿元，四大行增量份额44.2%，排名第一。省分行考核口径普惠贷款实现净增9.1亿元，其中小微企业贷款增量2.45亿元，个人生产经营贷款增量2.42亿元，农户贷款增量4.23亿元，制造业贷款比年初增加11.36亿元。

中间业务收入。截至2023年年末，农行沭阳县支行实现中间业务净收入3732万元，同比增加449万元。

服务实体经济和“三农”。2023年，农行沭阳县支行加大改革创新力度，进一步提升服务实体经济和“三农”质效。年末政府项目贷款投放排名全县第一，普惠贷款余额、净增均排名全市系统内第一。着力围绕沭阳县产业体系，加强对规模以上企业、高新技术企业、“专精特新小巨人”等企业的金融服务，进一步扩大对规模以上企业服务覆盖面。

（吴　川）

【中国银行股份有限公司沭阳支行】

2023年，中国银行股份有限公司沭阳支行努力打造“务实规矩、稳健持续、风清气正”的规矩行风，发挥国有金融企业职能，用实际行动展现沭阳中行的责任与担当。全年实现营收27203.53万元，比上年增长571万元，增长2.14%；净利润为10538.43万元，比上年下降2681.96万元，减少20.29%。

存款业务。截至12月末，支行存款日均余额为67.07亿元，比年初增长9.49亿元，市场份额比年初上升0.08%，其中公司存款日均余额为24.88亿元，比年初增长3.17亿元，个人存款日均余额为42.19亿元，比年初增长6.32亿元。

贷款业务。截至12月末，人民币贷款时点余额为85.46亿元，比年初新增2.46亿元。其中，个人贷款余额55.81亿元，比年初下降0.57亿元；公司贷款余额29.65亿元，比年初新增3.03亿元。

中间收入。实现中间业务收入2569.64万元。

（晏　蒙）

【中国建设银行股份有限公司沭阳支行】　2023年，中国建设银行股份有限公司沭阳支行不断深化新金融行动，持续提升价值创造力，多项工作有序推进、重点业务快速发展。

存款业务。截至2023年年末，支行核心存款日均余额77.20亿元，县内四大行占比20.23%，同业位次第三。其中，对公核心存款日均余额25.27亿元，占比17.16%，同业第三，比年初新增2.53亿元，同业第三；个人核心存款日均余额51.93亿元，四大行占比22.16%，同业第三；比年初新增8.77亿元，四大行占比21.83%，同业第三；系统贡献度占比28.38%，比上年上升1.98%。

贷款方面。截至2023年年末，各项贷款时点余额133.52亿元，四大行占比29.55%，四大行排名第一，比年初增加17.54亿元。其中，对公贷款余额53.27亿元，占比33.05%，同业第一；比年初新增14.51亿元，占比38.67%，同业第二；个人类贷款余额80.25亿元，四大行排名第二，比年初增加3.03亿元，四大行排名第三。

中间业务收入。截至2023年11月末，实现中间业务净收入3796万元，四大行占比32.65%，四大行排名第一。

普惠贷款。截至2023年年末，支行普惠贷款余额34.5亿元，较年初新增10.44亿元；普惠客户4258户，比年初新增1057户；贷款余额和新增份额均位列同业第一。

绿色信贷。支行优选区域内绿色发展，重点满足优质企业设备更新、技术改造、绿色制造、产品质量提升和上下游融合发展等信贷需求。截至2023年年末，绿色贷款余额8.65亿元，比年初新增3.10亿元，新增同业第二。

乡村金融。截至12月31日，乡村金融贷款有贷客户数307户，比年初新增173户，贷款余额29762万元，比年初新增21700万元，余额份额占比24.86%，新增份额占比29.01%，均位列三大行一部列第2位。在省行县域评比中成绩突出，获得省行两项乡村振兴金融业务先进个人名额。

（陆昭朝）

【交通银行股份有限公司宿迁沭阳支行】　2023年，交通银行宿迁沭阳支行以项目储备为抓手，进一步夯实客户基础，聚焦网点转型，扎实做好经营管理各项工作。贷款方面，截至12月22日，支行贷款余额为24.7亿元，比年初增长0.37亿元，其中对公企业贷款比年初增加1.86亿元，个人贷款下降1.5亿元。扶持小微企业方面，截至12月22日，支行普惠贷款余额为4.26亿元，占总贷款17.2%，普惠贷款金额比年初增加8723万元。存款方面，截至12月22日，支行存款余额为14.16亿元，比年初增长3.23亿元，其中对公存款为6.13亿元，比年初增长2.23亿元，储蓄8.02亿元，比年初增加1亿元。

助力乡村振兴。支行积极运用普惠e贷产品助力乡镇企业发展，全年累计举办各类宣传活动7次，到工业重镇桑墟镇、贤官镇开展走访，邀请拟上市企业参加上交所交流活动，联合科技局、商会开展重点企业交流活动，实现批量获客。契合农业特点，实现宿迁分行首笔大米贷在沭阳落地，截至12月22日，支行普惠贷款比年初新增8700万，最高峰突破1.2亿元，普惠单年投放首次达1亿元。

聚焦制造业产业链投放贷款。支行聚焦15条重点产业链，结合当地制造业特色，加大投放力度，截至12月12日，制造业投放2.48亿元，中长期高技术制造业新增1亿元，战略性新兴产业贷款新增1.54亿元。同时在客户拓展上新增资产市场合作客户1户。

金融支持实体降费让利。重点对接金融办下发的各类金融支持名录企业，及时对接了解企业融资需求。全年支行为小微企业累计投放7.1亿元，减费让利300万元。

（张　峰）

【江苏沭阳农村商业银行股份有限公司】　2023年，江苏沭阳农村商业银行股份有限公司（以下简称沭阳农商银行）持续发挥农村金融主力军、乡村振兴主办行作用。截至2023年年底，各项存款、贷款分别达358.55亿元、357.38亿元，比年初分别增加38.62亿元、38.81亿元，分别增长12.07%、12.18%，省联社确定的年度“双12”目标如期达标。贷款户数达12.37万户，比年初增加1.01万户，增长8.88%，2021年以来，贷款户数实现每年1万户以上增长。存贷款市场份额继续领跑全县金融机构，在2023年度“陀螺”（GYROSCOPE）评价体系综合评价中位居全国县域农商银行第5名，先后获评全省小微企业金融服务先进单位、全省普惠金融服务先进单位、“江苏制造突出贡献奖”、省属企业先进基层党组织等。

信贷服务。推出数字阳光信贷模式，持续做好批量走访、批量建档、批量授信、批量提额、批量调价等工作，提升信贷可得性和便利性。截至2023年年底，阳光信贷覆盖面92.46%，比年初提升0.15%，位居全省农商行前列。推进支农支小政策落实，持续聚焦重点领域和薄弱环节，提升脱贫群体、新兴业态、绿色行业、民营企业、制造业等产业链重点群体信贷覆盖面和满意度。制造业贷款、民营企业贷款、绿色贷款增速均高于各项贷款平均水平，脱贫小额信贷投放量和覆盖面连年位居全省农商行前列。

普惠金融。坚持做实网点转型，实施“一类一策”网点转型工作规划，建成“全国巾帼文明岗”1个、“全省适老网点”5个、“全市适老网点”1个，启动建设七大类特色支行11个。坚持做广服务渠道，在省版手机银行上线“沭阳农商行线上贷款”，在微信端上线“银E厅”小程序，提供秒贷、五分钟办信用卡、零接触征信查询等服务，在分布式零售平台提供线上线下获贷模式，截至2023年年底，通过平台线上放款占比达82.5%。坚持做优场景生态，一体推进省级场景推广和本地场景建设，共打造11类、503个场景，覆盖惠及56.08万人。

（谢岐鑫）

【江苏银行股份有限公司沭阳支行】

2023年，江苏银行沭阳支行紧扣“工业强县、产业兴县”战略，在融入地方发展、服务实体经济、助企纾困解难上持续发力，以实际行动支持全县经济发展。12月末，支行总贷款达48.17亿元，比年初新增8.27亿元；其中制造业贷款16.24亿元，比年初新增2.74亿元。支行存款总额突破50亿元，比年初增长24.68%；其中储蓄存款突破16亿元，比年初增长28.19%。支行立足“电商百强”“花木之乡”特色，深耕普惠小微重点领域。以“提智、拓客、增效、控险”为要领，积极构建多维服务体系，加快推动普惠金融服务增量扩面。江苏银行沭阳支行连续5个季度荣获“总行普惠金融示范支行”称号，实现跨越式、可持续发展。

（钱　锦）

【江苏昆山农村商业银行股份有限公司沭阳支行】 昆山农商银行沭阳支行成立于2009年11月8日，在沭阳仅有一家网点，位于迎宾大道商业街北区101~106号。截至2023年12月末，该行本外币各项存款余额121899万元，本外币各项贷款余额232545万元。全年累计为客户减免贷款利息和贴现利息548.93万元，累计为客户办理展期25笔、金额3747.75万元。自成立以来该行累计发放贷款7453户、金额158.6亿元，有力地支持沭阳经济社会发展。

（施　倩）

【江苏沭阳东吴村镇银行】 2023年，江苏沭阳东吴村镇银行紧盯“上网+进村+软环境建设”战略部署，始终把服务实体经济、服务“三农”、服务小微，作为最大的社会责任，践行普惠金融，推广绿色信贷，热心公益事业，各项业务保持平稳发展。荣获“全国百强村镇银行”“十佳服务三农与小微企业领军银行”称号及宿迁市2022年度“普惠金融贡献奖”等。

存款方面。截至12月末，全行各项存款余额38.32亿元，比年初增加1.53亿元，增长4.17%。其中，储蓄存款余额30.17亿，比年初增长14.55%，对公存款8.15亿元，比年初减少2.3亿元。

贷款方面。各项贷款余额39.42亿元，比年初增加4.34亿元，增长12.37%。其中，个人贷款余额35.27亿元，比年初增加4.57亿元，增长14.89%。对公贷款余额4.16亿元，比年初减少0.23亿元。

不良贷款情况。截至12月末，共清收不良贷款3534.71万元。全行不良贷款余额3270.39万元。

市场定位部分指标情况。截至12月末，普惠型小微企业贷款31.14亿元，比年初增加3.45亿元，增长12.46%，超过总贷款增速。各项贷款期末余额占表内总资产期末余额的77.15%，高于监管要求的70%指标；农户和小微企业贷款期末余额占各项贷款期末余额的95.63%，超过监管要求的80%指标。500万元以下贷款占比96.57%，100万元以下贷款占比68.1%。户均贷款36.11万元。

信用村测评工作。截至12月末，累计形成“白名单”12223户，金额57288万元，导入“东吴E贷”批量授信系统1519户，金额9422万元。

普惠金融护航实体经济。加大普惠小微、涉农信贷供给。截至12月末，该行涉农贷款余额35.84亿元，比年初新增3.91亿元，增速为12.24%，涉农贷款占各项贷款比例90.91%。普惠型涉农贷款余额32.56亿元，比年初新增4亿元，增速为14%。普惠小微贷款余额31.14亿元，比年初增加3.45亿元，增长12.46%，普惠型客户覆盖面104.93%，普惠型信贷获得率100.73%。扩大普惠金融覆盖面。设立8个普惠金融服务团队，服务于韩山镇、耿圩镇、刘集镇、庙头镇、李恒镇、华冲镇、贤官镇、章集街道等无网点区域，以扩大涉农金融服务范围。持续加大减费让利力度，截至12月末，普惠型小微企业法人贷款平均利率5.32%，比年初下降37BP；普惠型个体工商户和小微企业主贷款平均利率5.89%，比年初下降59BP，贷款余额比年初增加4.34亿元，贷款利息收入仅增加360万元，极大地解决小微企业贷款融资贵问题。

（张海涛）

【中国邮政储蓄银行股份有限公司沭阳县支行】 2023年，中国邮政储蓄银行股份有限公司沭阳县支行聚焦服务县域实体经济、服务百姓群众，加大小微企业客户支持力度，全力支持县域实体经济发展，全面做好城乡金融服务工作。截至2023年年末，该行各项贷款余额100.95亿元，实现净增14.41亿元。其中经营性贷款余额27.73元，当年净增6.28亿元；房产按揭贷款余额52.36亿元，当年净增1.54亿元；额度类消费贷款余额10.10亿元，当年净增3.59亿元；汽车消费贷余额1.79亿元，当年净增8785万元；企业类贷款余额9.35亿元，当年新增3.32亿元。该行各项存款余额172.17亿元，当年净增19.4亿元。其中个人储蓄存款余额158.95亿元，当年净增19.35亿元。公司存款余额13.21亿元，比年初净增567万元。

普惠服务。2023年，该行新增邮农E贷150笔，金额1.55亿元。此外，支行依托自身优势，反哺实体经济与社会民生，组织开展“创业贷”推介会，对商户进行集中宣传、上门服务，为民众提供低成本的金融支持。截至2023年年末，全年投放创业贷170笔共计2445万元。

创新发展。该行围绕乡村振兴的新变化、客户的新需求，积极应对，加快创新驱动，满足广大百姓融资需求。在产品创新上，结合新时代农户经营特点，开办邮农E贷、线上信用户、农担贷等产品，不仅满足农户购买物资需求，还为农户购买农房提供信贷支持。2023年，该行投放线上信用户贷款851笔，金额5841.59万元，农担贷67笔，金额4344万元。

（徐华倩）

【南京银行股份有限公司沭阳支行】 2023年，南京银行股份有限公司沭阳支行（以下简称南京银行沭阳支行）积极适应经济金融新常态，以提高稳健经营为中心，以提升服务质量为重点，以加强风险管理为保障，各项工作取得了长足发展。截至12月31日，支行存款余额225002万元，比基数新增64625万元。其中，对公总存款（含保本理财）余额133374万元。支行总贷款余额258798万元，比年初增加58355.96万元。其中，普惠小企业贷款余额64602.7万元，比年初新增25242.7万元；支行个人贷款余额为55277万元，比年初新增5608.52万元。

个人客户。截至12月31日，支行个人客户数29584户。其中，私行客户30户，钻石客户61户，白金卡客户630户，金卡客户682户，潜力客户1331户，普通客户26876户。

数字人民币。截至12月31日，本年度指定指标数字人民币个人钱包比年初增加3137户，完成年度任务目标的112.04%，收单商户较年初新增10户，完成年度任务目标的100%。

目标任务完成情况。鑫伙伴基础客户任务8户，实际完成10户，完成全年任务的125%。科创金融客户任务30户，实际完成32户，完成全年任务的106.67%。普惠金融贷款任务25000万元，实际完成25114万元，完成全年任务的100.46%。小微涉农贷款任务1亿元，实际完成11532万元，完成全年任务的115.32%。小微制造业贷款净增任务2亿元，实际完成21322万元，完成全年任务106.61%。小微首贷户任务24户，实际完成15户，完成全年任务的62.5%。小微无贷价值客户任务24户，实际完成40户，完成全年任务的116.67%。机构客户比年初新增3户，完成全年任务100%。机构存款比年初新增2.14亿元，完成全年任务214%。绿色金融贷款新增12921万元，完成全年任务129.21%，绿色金融户数完成9户，完成全年任务450%。

（陈　娇）

【中国民生银行沭阳支行】 截至2023年12月31日，中国民生银行沭阳支行总存款余额达8.16亿元，其中对公存款余额4.82亿元，储蓄存款余额3.34亿元。个人贷款余额9.22亿元，其中小微贷款余额3.94亿元，按揭贷款余额2.15亿元，民易贷余额735万元。客群方面有效及以上客户数1017户，金卡客户208户，白金卡客户57户，钻石卡客户20户。民生银行沭阳支行自成立以来始终坚持“面向实体经济、服务实体经理”，加大当地普惠金融建设体系建设，已累计服务小微企业客户群体超1000户，累计投放小微贷款近8亿元。在贷款利率方面，普惠型小微企业累计投放利率较年初下降45BP，有效降低企业经营成本，使得企业利润最大化。响应国家政策，加大消费型贷款的投放力度，刺激当地消费，已累计投放消费贷款0.33亿元。定期、有序开展各类宣传活动，宣传普及法律知识，宣传不得拒收人民币，持续开展“断卡”行动，集中宣传打击治理电信网络诈骗犯罪活动，有效提升金融消费者风险防范意识和能力。

（李　睿）

保险业

【中国人民财产保险股份有限公司沭阳支公司】 2023年，中国人民财产保险股份有限公司沭阳支公司（以下简称人保财险沭阳支公司）积极践行“人民保险、服务人民”的初心使命，主动融入地方经济社会建设，深入推动产品、服务等供给侧改革创新，助力沭阳高质量发展。全年全险种保费7.63亿元，保费同比增长10.27%，位居苏北县域第一、省内县域第六。全年保险赔付金额5.98亿元，赔付率78.37%。全年累计纳税5256万元，贡献度在全县金融企业中排名第二。获评人保集团公司“五一劳动奖状”，获评2022年度全县高质量发展综合考核“第一等次”“金融工作先进单位”等。

服务安全生产。人保财险沭阳支公司大力推进风险减量管理，“保险+风控+科技”风险减量管理模式得到国家金融监督管理总局宿迁监管分局及县政府领导的一致肯定。在木材共保试点企业完成消防协检，发现风险点280余个，现场整改123个，为木材共保企业安装消防设备330套，接入风险预警点516个，实现天气风险预警200余次，成功减损金额45万元。

助力实体经济发展。人保财险沭阳支公司承保各类企业保险7891余单，承担风险1011亿元，结案赔付金额6855.1万元，及时结案率100%，较好地发挥了灾害补偿作用。在2023年“7·11”暴雨水灾中，公司共接到企业财产险报案45起，赔付金额74.96万元；接到农户报案106户，理赔750万元，发挥了商业保险在辅助社会管理方面的独特优势。

助力民生福祉。人保财险沭阳支公司严格按照“保本运营”原则做好各项服务，有效缓解了病患群众的医疗费用压力，切实提升了群众获得感。全年大病保险报销共产生270138人次，发生大病保险费用25031.34万元；大病补充保险报销141234人次，共计2405.54万元。对照市、县医保部门部署，大力拓展“江苏医惠保1号”业务，全年累计承保近6.8万人，全县赔付1612人次，金额1020.8万元。自10月起，根据市、县医保局的部署，公司承担了为全县长期失能人员提供服务保障的服务项目，是继养老、医疗、工伤、失业、生育5项社会保险之外的第六险，即长期护理保险，截至12月底，全县失能人员申请长期护理保险待遇的共154人，经过初步审核符合条件的有117人并已全部评估，符合重度失能标准的95人，发生照护费用38985元。另外，公司还在低收入户因灾致贫保险、“退役军人扶优保险”、“计生保险”、“城乡住房救助保险”等民生项目服务工作方面保驾护航。

助力乡村振兴发展。人保财险沭阳支公司全年实现农业保险收入11091.73万元，提供风险保障已超过28亿元，共处理1.2万件农业保险案件，受益农户数达12.79万户次，累计支付理赔款达9222.40万元。应对自然灾害，为主粮作物及重要农产品提供风险保障。1—12月，承保小麦103.26万亩，提供风险保障9.04亿元；承保水稻85.54万亩，提供风险保障9.53亿元。应对养殖风险，兜底养殖户收入，提升养殖内生动力。全年积极开展生猪、羊、鸡以及设施大棚等高效农业保险，提供风险保障6.36亿元。服务现代农业，保障农业基础和产业链稳定安全。大力推广金农保（务工人员保险）、高标准农田保险、厕所保险等农村商业保险，极大地丰富了全县农业保险险种体系。

助力社会治理。公司积极发挥保险机制在辅助社会管理方面的独特优势，把与公众利益关系密切的安全生产、医疗责任、电梯责任保险以及校园安全等领域作为责任保险发展重点。全年为204541辆各类机动车提供保障，累计处理有效报案件数27621件，已赔付2.44亿元，赔付率较上年同期上升10.17%。

（齐　惠）

【中国人寿保险股份有限公司沭阳支公司】 2023年，中国人寿保险股份有限公司沭阳支公司（以下简称中国人寿沭阳支公司）共实现总保费68872万元。首年期交保费9798万元；10年期及以上保费4908万元；大短险保费6095万元。

团险渠道。2023年，中国人寿沭阳支公司与县人社局合作的“工伤预防”项目在全县范围内持续推进，全年已超额完成推广任务。同时与人社局合作推广的补充工伤保险，覆盖人群2.29万人，保费平台突破1500万元，为全县1000多家企业提供高达457.2亿元的风险保障。

银保渠道。银保立足银行渠道，快速转型，全面导向渠道经营，全年和市场8家银行主体实现常态业务合作。

风险防控。加强风险防控体系建设，专人专岗，强化职场风控信息员履职，加强各部门及职场风控执行力，将风险管理切实下沉到最末端。培训赋能加强排查，职场定期开展防非、销售误导、反洗钱等专题培训，风险防控联系人定期进职场检查，保留工作轨迹，进一步强化风险管控体系，建立三道防线纵向贯通、横向协同、末端融合的风险防控机制。将风险管理延伸到业务一线、管理末端，构建四级联动的销售风险防控体系。开展重点风险专项整治，统一部署，统一设立专项治理方案，各部门各司其职，对照检查整改。对非正常退保、销售误导、非法集资、投诉、洗钱、舆情等重点风险常抓不懈，形成上下联动、齐抓共管的工作机制。严格执行“谁失责、谁负责”的问责制度。

（赵　江）

证 券 业

【财达证券宿迁沭阳营业部】 2023年，财达证券宿迁沭阳营业部制定《宿迁沭阳营业部2023年度绩效考核管理办法》，加强考核发放相应奖励，制定年度客户营销工作方案，加强渠道建设，不断扩大资产规模。全年营业部股基累计交易额81.61亿元，比上年减少1.62亿元，同比减少10.94%。其中，12月股基交易额6.34亿元，比上年同期减少1.06亿元，同比减少14.32%。12月末，托管市值为3.40亿元，比上年同期减少1.23亿元，同比减少26.56%。12月末累计开户数13229户，比年初增加8307户，增幅为168.02%。全年累计证券营业收入196.12万元，比上年减少15.77%。

服务客户。利用C5平台中的数据，制定高净值核心客户维护方案，邀请投资者参加公司证券投资策略会，服务公司核心客户，及时了解投资者意见和建议，深入了解客户需求。充分利用公司资深投资顾问、投资经理的讲解、财达股市通App、新客理财券及特色工具，更好服务客户。落实北交所投资者适当性管理工作，及时向投资者及时传递北交所改革的重要意义及改革内容。开展投资者报告会或小型沙龙，积极邀请新老客户以及潜在客户参与，营造良好的营销场景和活动氛围。

投资风险教育。邀约投资者参加公司组织各项投资者教育宣传活动，组织投资者参加股票投资策略报告会，开展专项活动，开展“3·15”投资者保护主题宣传，切实做好投资者合法权益保护工作。对退市制度、提高上市公司质量、改善市场生态等重点工作进行大力知识普及，持续做好退市股票等证券相关风险提示工作。做好各项制度政策解读，加强投资者防范非法证券活动，提高风险识别能力。组织参与“股东来了”2023投资者权益知识竞赛，邀请投资者参与答题，向广大中小投资者普及权益知识，引导投资者全面知权、积极行权、依法维权。

（丁永梅）

【华泰证券沭阳证券营业部】 2023年，华泰证券沭阳证券营业部持续做大资产规模和产品业务规模，进一步提高市场竞争力和行业地位，实现经营业绩稳健发展。截至12月末，营业部累计投资者客户数4.10万户。全年累计证券交易额1056.49亿元，同比增长145.64%。其中，12月证券交易额109.52亿元，比上年同期增加62.64亿元，同比增长133.64%。12月末托管市值为17.87亿元，比上年同期增加2.65亿元，同比增长17.44%。12月新增托管市值0.21亿元，比上年同期增加0.061亿元，同比增长38.40%。

渠道建设。捕捉互联网流量动向，布局线上渠道，快速扩大客户群体，持续扩张数字运营版图。随着财富管理转型广度和深度的不断延展，营业部多次组织员工学习讨论公司文件，积极参与各项营销活动。

资产配置服务。深化财富管理转型，拓展多元化创收来源，以“资产配置”为核心，坚持持续、有效、深入的客户服务。以“研究观点—配置建议—优选产品”为应用逻辑，通过聊他平台为合适的客户持续输出清晰、可落地的一体化服务，引导、鼓励和赋能投资顾客实现买方模式主导的产品配置变现。

融资融券业务。持续将融资融券开户等作为重点业务加快推广。利用投资宣教活动，加强对高净值客户和未激活两融业务客户的基础知识和交易策略培训，持续推进信用业务发展。

（周　玥）

其他非银行金融机构

【沭阳县中小企业融资担保有限公司】 2023年，沭阳县中小企业融资担保有限公司共办理137家176笔业务，合计担保贷款5.93亿元。其中，小微贷96家、97笔计2.44亿元，微企易贷14家、14笔计0.39亿元。12月底，担保贷款在保余额5.43亿元，在保企业143家。为促进企业尽快复工复产，降低企业融资成本，全年共少收企业担保费371.59万元，担保费平均年费率0.54%。

（刘　犇）

【沭阳经济开发区融资担保有限公司】 2023年，沭阳经济开发区融资担保有限公司积极开展担保业务工作，创新反担保方式，并与银行配合，保证对在保企业不断贷、不压贷；对新增企业始终坚持“服务当地经济，支持企业发展”的经营理念，并严格执行上级文件精神降低担保费率，有效降低企业融资成本。截至12月底，公司总资产6.25亿元，净资产2.34亿元，存出保证金9997.34万元。全年共为县域56家企业，累计办理142笔担保业务共计7.3亿元，有效解决了企业融资需求，助力企业发展壮大。

代偿清收工作。公司进一步强化担保业务风险管控，控制代偿风险，同时将代偿款清收作为工作重心，多措并举，严格考核奖惩，将代偿款清收目标完成情况作为员工绩效考核的主要依据，加大代偿款清收工作力度。截至12月底，共清收代偿款3393.54万元。

（孙　建）

编　辑：江苏杨

旅游业

综　　述

2023年，沭阳县共接待游客618.23万人次，旅游收入56.18亿元。耿圩镇淮西村创成江苏省乡村旅游重点村，沭阳县艺森园盆景基地获评国家AAA级旅游景区，沭阳双荡“花木+旅游”项目入选江苏省乡村旅游业态创新示范项目，韩山风景区和土娃娃庄园入选全市职工（劳模）疗休养活动范围。

旅游资源

2023年，沭阳县共有国家AAA级旅游景区6家、AA级旅游景区3家，江苏省四星级乡村旅游区1家、三星级乡村旅游区2家、二星级乡村旅游区1家。

【南湖公园】 南湖公园是国家AAA级旅游景区，位于沭阳县学院路西100米，公园占地总面积1193亩。园内设有南湖、中国·沭阳花木博物馆、三维立体画艺术馆、儿童游乐园、观景亭、崇孝苑等主要景点。其中，南湖面积442亩，由中心湖泊和西侧景观河两大水体组成，中心湖泊是依据低洼地形挖掘而成，

2023年沭阳县国家AA级以上旅游景区一览表

表14

等　级	序号	名　称	地　址
国家AAA级旅游景区	1	南湖公园	沭阳县学院路西100米
	2	苏北花卉园	沭阳县庙头镇扎新路中段
	3	胡家花园	沭阳县新河镇周圈村
	4	韩山风景区	沭阳县韩山镇324省道南侧
	5	沭阳县博物馆	沭阳县城南部新城承晖路与兰亭路交会处
	6	沭阳县艺森园盆景基地	沭阳县245省道与扎新路交会处
国家AA级旅游景区	7	沭阳县崇孝苑	沭阳县龙庙镇沙埝村境内
	8	吴苓生革命烈士陵园	沭阳县吴集镇
	9	淮海抗日根据地纪念馆	沭阳县张圩乡张圩中心小学院内

2023年6月，沭阳南湖公园　　县文广旅局　供图

水体面积272亩，整个水面及占地38亩的湖心岛均按沭阳版图形状设计，湖心岛上广植沭阳县花——石榴花，同时建有中国·沭阳花木博物馆。

【苏北花卉园】 苏北花卉园是国家AAA级旅游景区，位于沭阳县庙头镇扎新路中段，占地1600多亩，其中办公科研机构占地约200亩，绿化覆盖率高达98%。苏北花卉园分为东西两个大区，包括常绿乔木种植区、落叶乔木种植区、花灌木种植区、乡土树种种植区等10多个种植区，含近百个品种。园内有瓜果采摘、盆景制作、特色烧烤等旅游项目。

【胡家花园】 胡家花园原名为周圈花园，是国家AAA级旅游景区，位于沭阳县新河镇周圈村。胡家花园由明代进士、抗葡英雄胡琏于明代嘉靖年间建成，至今已有500年历史，因胡氏家族“一门三进士”而声名远扬，被胡琏外甥、《西游记》作者吴承恩盛赞为“长淮名门第一”。清康熙初年，花园传到胡琏后人、康熙皇帝的老师胡简敬手中后，再次得到扩建，并新植许多奇花异草。胡家花园采用徽派传统合院形式，两路三进布局，包含三进堂、南津书院、洗砚亭、戏台、听雨轩、揽月楼、花神堂等，颇具园林风格。胡家花园总占地2.37万平方米，建筑面积4598平方米，曾被老一辈革命家李一氓誉为“淮海第一园”。其中，园内康熙皇帝所赐的“卧牛望月”盆景，至今已有近400年历史，成为沭派盆景的起源。该盆景造型似卧牛，每逢月圆之时，在月光下形成卧牛回首望月之影，被世人称奇。园内清代嘉庆年间培植的“二龙戏珠”盆景，已有近200年历史。“卧牛望月”与“二龙戏珠”盆景同为胡家花园镇园之宝。

2023年5月，胡家花园　　县文广旅局　供图

【韩山风景区】 韩山风景区是国家AAA级旅游景区，位于沭阳县东北部韩山镇境内324省道南侧。韩山古称武都山，海拔66.08米，是沭阳最高峰。《太平寰宇记》记载“韩信为楚王时，于此山讲武”，后人为纪念韩信，在山上建楚王庙，更名为韩山。清代沭阳文人胡樵汉曾到此游览，写下了“苍茫何处读碑文，欲问遗踪只白云。到底英雄名不死，至今山姓属将军”的诗句。清光绪末年，韩山掘出六朝古墓，出土剑、瓶各一，铢钱无数。韩山盛产蓝晶石，其军事、经济价值很高。韩山风景区内有点将台、朝晖台、揽胜台、兵仙书院、卧骑雄风叠瀑、金蟾献瑞、金石之交、仙人湖等历史人文景观，还有天鹅堵井、仙人床、仙人洞、山肚藏宝等传说，使其具有神秘的传奇色彩，更有现代喊泉、七彩旱滑、丛林水滑、玻璃栈道等网红打卡游览项目，是游客旅游观光的好景点。

【沭阳博物馆】 沭阳博物馆始建于2016年，2018年10月建成正式对外免费开放，位于沭阳县城南部新城承晖路与兰亭路交会处，属于国家AAA级旅游景点。沭阳博物馆立足于沭阳本地历史文化，结合文献、考古材料以及征集的文物，以

2023年5月，韩山风景区　　丁华明　摄

沭阳万北遗址、虞姬故里、花木之乡等代表性文化，进行有深度的横向阐释，满足了历史文化基本陈列中“点”“面”“线”的需求。同时，展厅以复原场景、多媒体等手段，打造沉浸式参观空间，进而达到让观众置身其中、领略千年的效果。博物馆展览分为“沭水之阳、苏北明珠”“南北兼具、文明之光”“东夷血脉、商周方国”“虞姬故里、楚王厚丘”“齐王遏沭、商贾云集”“沈括治沭、烽火抗金”“洪武赶散、文商并茂”“简敬发端、花木之乡”8个单元，共计展出434件（套）文物，包含陶瓷、石器、青铜器等多个门类，涵盖新石器时代至明清时期，进行全方位阐释沭阳历史发展进程。

【沭阳县艺森园盆景基地】 沭阳县艺森园盆景基地是国家AAA级旅游景区，坐落于扎下镇，位于245省道与扎新路交会处。占地1100余亩，由游客中心、微型盆景展示区、紫砂工艺区、红色直播间、矩阵直播中心、田间学校、乡土人才大师工作室、景观树科普园、假山瀑布、抱朴等功能区组成。基地现有各种大小盆景近30万盆，涵盖红枫、真柏、黑松、罗汉松、榆树等50多个品种，许多作品在全国及省、市展览比赛中获奖。室内展馆曲径回廊、洞门漏窗、灰瓦白墙，是沭派盆景展的主展馆之一。基地以全新的游览动线串联室内、室外各功能区，展示相互关联、特色各异的花木文化元素。

【沭阳县崇孝苑】 沭阳县崇孝苑是国家AA级旅游景区、省三星级乡村旅游区，位于沭阳县龙庙镇沙埝村，以海内外书法名家书写的孝道名言作品为主要内容，让人举手投足都受到孝文化的熏陶和教育。崇孝苑环境优美，景色宜人。苑内有藏书近万册，先后被省、市、县评为“优秀校外辅导站”“优秀农家书屋”“关心下一代康乐校外教育辅导站”“沭阳县夕阳红俱乐部”“康乐文体中心”“宿迁市生育文化教育基地”“沭阳县青少年德育基地”“沭阳县乡镇特色文化基地”。

【吴苓生革命烈士陵园】 吴苓生革命烈士陵园是国家AA级旅游景区，位于沭阳县吴集镇。吴苓生，又曾化名吴丽石，1900年，出生于沭阳县颜集乡，是沭阳县最早参加革命的共产党人。1923年，由李大钊介绍到苏联莫斯科东方大学学习，1924年加入中国共产党，1925年学成回国，被中央派往东北开展工作，先后任中共哈尔滨特支书记、中共北满地委书记、中共东北三省特派员、中共满洲省委组织部部长。1929年冬，转赴山东，任中共山东省委书记。1930年2月，被叛徒出卖，1931年4月5日在济南英勇就义，年仅31岁。吴苓生烈士塑像使用汉白玉大理石雕刻，高12米，植以松柏为衬，寓意烈士与世长存，吴苓生烈士塑像坐西朝东，一是塑像与东侧烈士碑廊相呼应，形成广场东西主轴线的结构布局；二是烈士以坚定的目光眺望东方，每天看到朝阳从东方冉冉升起，寓

2023年3月，沭阳博物馆　　县文广旅局　供图

意吴苓生烈士满怀对新中国美好未来的无限向往。

【淮海抗日根据地陈列馆】 淮海抗日根据地陈列馆是国家AA级旅游景区，位于沭阳县张圩中心小学院内，占地240平方米。淮海抗日根据地是苏北抗日根据地的重要组成部分，是全国抗日历史的一个缩影。1940—1945年，金明、李一氓、刘震、张爱萍、张彦、杨纯等革命先辈在以张圩为中心的淮海地区，率领淮海抗日军民同日伪军进行了艰苦卓绝的斗争，在这里发生的大小战斗、战役几百次，牺牲的烈士达3000多人。陈列馆共设“淮海抗日根据地的开辟”“淮海抗日根据地的巩固和发展”“为夺取抗日战争的最后胜利而斗争”“革命前辈在淮海”“淮海抗战英烈”“淮海之子”6个展区，共展出历史图片700余幅，实物50余件。

【沭阳花木生态旅游区】 沭阳花木生态旅游区是江苏省四星级乡村旅游区，位于庙头镇、新河镇境内，坐落在美丽的新沂河畔，距沭城8.3千米。该景区是集观光、旅游、休闲、娱乐、健身、科普教育、餐饮、娱乐于一体的生态农业观光园区。整个旅游区总面积约8500亩，花木面积30万亩，由苏北花卉园、国际花木城、周圈古栗林、普善寺、周圈盆景园、山荡古栗林、胡家花园等景点组成。该区先后被评为全国农业旅游示范点、江苏省第一批自驾游基地、江苏省精品乡村旅游点、四星级乡村旅游区（点）。

【沭阳海棠花海】 沭阳海棠花海是江苏省三星级乡村旅游区，位于沭阳县刘集镇槐树村，紧靠宿沭一级公路（324省道）。景区占地1600亩，栽植红巴伦、白兰地、马凯米克、粉红伦格、斯普伦格及香雪海等高档海棠苗木70多个品种100多万株，形成了精品海棠展示区、培育区等板块，是目前华东地区最大的海棠良种繁育示范基地之一。公司采取“公司+院校+基地”的合作模式，按照“规范化、标准化、现代化、规模化”的标准，对各种规格的苗木制定了严格的产品质量控制体系，形成了系列化的观赏海棠产品群体，并推出“花果系列、果花系列、彩叶系列、垂枝系列和食果系列”五大海棠苗木系列产品，同时带动转出土地的农户实现家门口就业。

【苏台（沭阳）花木产业示范园】 苏台（沭阳）花木产业示范园是江苏省三星级乡村旅游区，位于沭阳县耿圩镇，地处245省道东侧。基地一期投资1.3亿元，占地1067亩，拥有连栋控温温室40栋20万平方米；二期投资5000万元，新建及改造连栋控温温室5.5万平方米，年产各类多肉植物近1亿株，年可实现产值6500万元。苏台是全国最大的设施多肉生产基地，在其主动输出经验、技术和市场的辐射带动下，耿圩镇已培植多肉花卉3500亩，多肉种植户480余家、电商企业700余家，培植多肉品种800余种，线上销量占据全国市场的90%，已成为远近闻名的多肉特色小镇。该基地是集青少年科普教育、农业科技观光、农事特色体验、花卉主题游览于一体的景区。

【中闽花海田园综合体】 中闽花海田园综合体是江苏省二星级乡村旅游区，位于耿圩镇，以花卉、现代农业和旅游服务为三大核心，项目总投资约5亿元，占地总面积约5000亩。项目自北向南依次布置红色教育基地（“不忘初心碑”）、果林、高新农业产业园、千亩花海、木瓜种植区、大棚种植区、草坪坡地、半亩地农田家园、湖心岛景观区及田园社区。此外，依托耿圩多肉资源，项目还建有多肉展示馆及绿色家居服务公司等。多肉展示馆集中展示耿圩的多肉产品，定期举办多肉节，集展示、科普、产品展销于一体。绿色家居服务公司，运用互联网，以VR、3D技术为支撑，进行远程家居绿植布置和服务。中闽花海田园综合体是集现代农业、休闲旅游、农事体验、加工生产、教育文化、美丽宜居的专业田园综合体。

【吴印咸故居】 吴印咸（1900—1994），江苏沭阳县人，摄影艺术和电影摄影艺术家和理论家、电影事业家、艺术教育家，中国摄影艺术创作和理论开拓者之一。从1923

2023年3月，淮海抗日根据地陈列馆　　县文广旅局　供图

2023年11月，吴印咸故居　　县文广旅局　供图

年开始从事摄影艺术创作，曾拍摄《马路天使》等影片，并出版20多部摄影艺术专著，曾任延安电影团负责人和东北电影制片厂副厂长，是红色革命电影事业的开拓者和早期领导人之一，参与了北京电影学院的创建，曾任北京电影学院副院长兼摄影系主任，为中国电影艺术和艺术教育体系的建立做出了突出的贡献。吴印咸故居位于沭阳县沭城街道扬州路北侧、柴沂路东侧，始建于民国初年，由吴印咸父亲吴绍矩初建。后经东南大学精心设计，沭阳县人民政府复原、扩建了吴印咸故居，总占地面积约12亩，建筑面积约1800平方米，投入资金2300万元。故居共分为故居原貌、艺术展厅、三名公园、八角楼、露天电影和游客中心6个部分，是一个集休闲娱乐、游览观光、学习培训于一体的文旅场所。故居通过“儿时记忆”“艺术人生”“家国情怀”“毕生夙愿”等不同主题展示出吴印咸作为新中国摄影事业奠基人光辉的一生。

【周圈古栗林公园】 周圈古栗林公园位于新河镇周圈村境内，是苏北地区保存最为完好的古代板栗林，占地30多公顷，最古老的栗树有260多年树龄，百年以上的栗树435株，另有数百年以上的银杏50多株，按易经八卦的图形栽植，具有一定的历史文化价值，2009年被江苏省文物局评为“十大新发现文物”。公园内有“阳光沙滩”供游人游乐、健身，沙河岸边有观光茶楼。公园东侧是普善寺，寺内有虞姬殿。寺内外有百余株古栗树和古银杏树，晨钟暮鼓，古刹幽静，是佛教圣地。

【南山公园】 南山公园位于沭阳县南部新城，东起宿迁大道，西至上海南路，南沿柴沂干渠，北接松江路，面积约250亩。“采菊东篱下，悠然见南山。”南山公园作为城区第一座山体，最高峰海拔38米，围绕三座山峰，打造开放式生态公园。主要采用人工山水师法自然的景观理念，以丰富多彩的地形和变化的植物群落构建山水骨架和空间关系，在满足公园景观绿化效果等基本功能的前提下，赋予城市绿洲新的延伸和内涵。按照景观和功能划分，公园分为“五区十二景”。“五区”分别为主入口区、山林生态区、潭瀑观赏区、草坪活动区、滨水休闲区；“十二景”主要包括地标牌楼、叠泉景墙、樱花潭、塑石瀑布、景观叠水、赏景亭台、登山步道、观景栈道、时光回廊、滨水绿带、梅园、桃园等。通过透水健身步道、青石园路、木栈道等多种不同形式的线条，串联整个公园，营造亲自然、品文化、登南山、悦生活、勇探险的山地自然风光。同时，公园设置儿童游乐场、休闲广场、健身步道、阳光草坪等不同的活动空间，为市民提供一个山环水绕、景观优美、怡然风趣的活动场所，让市民充分感受悠然自得的生活气息。

【耿圩镇淮西村】 耿圩镇淮西村是江苏省乡村旅游重点村，位于沭阳县耿圩镇淮西村。淮西村形成于清

2023年11月，耿圩镇淮西村　　县文广旅局　供图

初，距今约400年历史，因紧依淮沭新河西岸而得名。该村北至苏台花木产业园，南至326省道，东至淮沭新河大桥，西至245省道。村域面积9500亩，耕地面积3375亩，下辖14个村民小组，户籍户数848户3859人。村内水系发达、植被丰富，自然风光秀美。326、245省道穿境而过，与县城仅有一桥之隔，交通条件优越。该村曾获评省特色田园乡村、省卫生村、市"一村一品一店"示范村等。借助326、245省道穿境而过的交通新优势，实施以"多肉植物+多彩园林+高效农业+电子商务+乡村旅游"为特色的综合型乡村经济发展框架，形成以远近闻名的中闽田园花海项目为中心，以多肉、花卉产业为主导，电子商务和观光旅游为两翼的"农业+"乡村经济发展新格局。淮西村以其淳朴的乡风、美丽的农房、萌萌的多肉、醉人的花海、时尚的民宿，打造集农业观光、科技体验、田园康养、亲子研学、休闲度假等于一体的农旅融合发展示范区，吸引了县内外众多游客前来打卡观光。

旅游开发与推介

【旅游项目配套建设】 2023年，耿圩镇淮西村完善游客中心、停车场、旅游厕所、标志牌等旅游设施，被省文旅厅和省发改委评定为省级乡村旅游重点村。新河镇双荡村围绕村貌、古栗林、盆景电商等特色做好乡村旅游业态创新，该村"花木+旅游"项目入选2023年江苏省乡村旅游业态创新示范项目。沭阳县艺森园盆景基地增添旅游咨询、接待休憩、导视系统等旅游服务设施，创成国家AAA级旅游景景区。

【媒体宣传】 2023年，沭阳县文广旅局拍摄沭阳旅游形象宣传片，在文旅节庆现场和县内文旅场所进行投放，扩大沭阳旅游美誉度和影响力。根据时令变化在"畅游宿迁""沭阳发布"等媒体推介沭阳旅游攻略。

【旅游特色产品开发】 2023年，沭阳县文广旅局开发旅游特色商品10件，分别是若来-IP潮玩、若来-娃娃屋、ROKR若客×CATKIN卡婷、若客-"KW中古战纪"系列、沭阳黑花生、沭阳汤涧咸鸭蛋、大红枣、韩山粉丝、金丝皇菊、沭阳杏鲍菇干。

【主题活动】 2023年，沭阳县文广旅局举办2023"海棠依旧，春游花乡"沭阳春季文旅推广活动暨第七届沭阳海棠节、韩山风景区开园三周年庆典、第十届沭阳花木节花乡游等多次旅游节庆活动。

旅游业态

【概况】 2023年，沭阳县文广旅局根据旅游业态推荐10条旅游线路，并推出仲夏旅游线路。

【花木之乡精品游】 大美花乡，诗意徜徉。花木之乡精品游线路：耿圩蝴蝶谷→中闽花海田园综合体→苏台花木产业园→山荡古栗林→胡家花园→苏北花卉园→中国·沭阳国际花木城。

【山清水秀游】 山清水秀，田园牧歌。山清水秀游的线路：南山公园→南湖公园→扎下小王庄→油菜花海→韩山风景区。

【花海田园游】 春季的田园花海美不胜收。花海田园游线路：刘集海棠花海→耿圩蝴蝶谷→西郊森林公园→中闽花海田园→油菜花海。

【美丽乡村游】 乡愁记忆，秀美画卷。美丽乡村游的线路：耿圩镇淮西村→陇集镇李徐村→新河镇山荡村→庙头镇聚贤村（仲楼）→钱集镇陈圩村。

【名人故居（足迹）游】 花乡文脉，源远流长。名人故居游线路：虞姬沟→韩山风景区→胡家花园→袁枚手植藤→吴印咸故居。

【盆景鉴赏游】 沭派盆景，匠心独具。盆景鉴赏游线路：周圈盆景长廊→胡家花园→中国·沭阳国际花木城→方武盆景园→春晓园→艺森园。

【红色追忆游】 革命老区，红色印记。红色追忆游线路：淮海抗日根据地纪念馆→陈圩村→小胡庄→"马厂造"遗址→吴苓生革命烈士陵园→潼阳县政府旧址→吴印咸故居。

【青少年研学游】 花乡研学，寓教于乐。青少年研学游线路：俄乐岗彩色苗木园→苏台花木产业园→北科研学乐园→张培坤泥塑馆→钱集鹅趣小镇、陈圩村。

【文化休闲游】 文化品牌，休闲体验。文化休闲游线路：文化馆（淮海戏苑）→图书馆→美术馆→博物馆→龙庙崇孝苑。

【电商体验游】 "电商+旅游"，融合发展。电商体验游线路：苏奥电商产业园→国际图书城→苏台花木产业园→周圈盆景长廊→中国·沭阳国际花木城。

【仲夏旅游线路】 徜徉花海游。线路：耿圩蝴蝶谷→西郊森林公园→中闽花海田园→苏台花木产业园→胡家花园→山荡古栗林→中国（沭阳）国际花木城→韩山风景区→钱集荷花池。

非遗市集攻略。在蝴蝶谷举办非遗市集，非遗活动包括非遗项目现场展演，实物展出展销（传统技艺食品类提供免费品尝），传承人现场制作展示，志愿服务（传统医药类项目现场免费义诊）。

端午文化体验游。线路：县文化馆→县图书馆→县美术馆→县博物馆→韩山风景区→沭阳万达广场。

花海林园休闲游。线路：耿圩蝴蝶谷→中闽花海田园→苏台花木产业园→西郊森林公园→山荡古栗林→胡家花园→苏北花卉园→沭阳国际花木城。

乡村亲子研学游。线路：土娃娃农庄→北科研学乐园→张培坤泥塑馆→陈圩村→钱集村。

（周婷婷）

2023年沭阳县参展项目一览表

表15

序号	项目类别	项目名称	参展形式
1	传统技艺	沭派盆景制作技艺	现场操作（展销）
2	传统技艺	桑墟舒窑红陶制作技艺	现场操作（展销）
3	传统美术	民间木板年画	现场操作（展销）
4	传统技艺	老虎枕、老虎鞋	实物展示（展销）
5	传统技艺	木槿花化妆品制作技艺	实物展示（展销）
6	传统美术	烙画	实物展示（展销）
7	传统美术	花鸟字	现场操作（展销）
8	传统美术	泥塑	现场操作（展销）
9	传统美术	根雕	实物展示（展销）
10	传统美术	核雕	实物展示（展销）
11	传统技艺	古琴斫制技艺	实物展示
12	传统美术	剪纸	现场操作（展销）
13	传统技艺	钱集芋粉卷	现场操作（展销）
14	传统技艺	钱集老鹅	实物展示（展销）
15	传统技艺	钱集咸空心挂面	实物展示（展销）
16	传统技艺	毛孩大红枣扣肉	实物展示（展销）
17	传统技艺	庙头山尖糖	实物展示（展销）
18	传统技艺	年糕	实物展示（展销）
19	传统技艺	庙头千张	实物展示（展销）
20	传统技艺	颜集朝牌	实物展示（展销）
21	传统美术	吹糖人	现场操作（展销）
22	传统技艺	小麻饼	实物展示（展销）
23	传统技艺	悦来黄花菜	实物展示（展销）
24	传统技艺	吴集粉丝	实物展示（展销）
25	传统医药	沭阳马氏中药热敷疗法	义诊服务（现场操作）
26	传统医药	祝善堂透皮给药疗法	
27	传统医药	小针刀疗法	
28	传统医药	沈氏花卉汉方疗法	
29	传统戏剧	淮海戏	动态展演
30	传统音乐	古琴演奏	动态展演

编　辑：郑长银

房地产业

综　述

2022年，受信贷政策收紧、疫情防控等各种不利因素影响，沭阳县房地产市场销售遇冷，房企资金压力较大，房企融资速度减缓，拿地较为谨慎，购房人持币观望情绪蔓延，减缓了消费需求。县委、县政府坚持"房住不炒"定位，从供需两端发力，全力稳地价、稳房价、稳预期，有效满足居民住房需求，促进全县房地产业平稳发展。全县房地产业低位运行，全年房地产开发投资78.31亿元，比上年增长2.2%。全年新开工房地产面积117.86万平方米，竣工130.48万平方米，分别占年度目标的117.86%和144.98%。全年商品房销售面积215.20万平方米，下降4.8%。其中，住宅销售面积96.10万平方米，下降54.4%。

房地产市场监管与调控

【概况】 2023年，沭阳县受全国经济大环境因素影响，房企投资信心不足，全县房地产市场整体处于下行调整期，商品房建设规模继续收缩，建设速度明显放缓，供需关系发生明显变化，市场销售热度下降。县委、委政府坚持"稳地价、稳房价、稳预期"为目标，把握好"稳中求进、以进促稳、先立后破"原则，深入落实房地产市场调控措施，满足刚性和多样性改善性住房需求。始终把防范化解房地产市场风险作为重中之重，压紧压实企业主体责任，深入开展"保交楼、保民生、保稳定"工作，全力推动房地产市场高质量发展。

【房地产市场管理】 2023年，沭阳县积极适应房地产市场供求关系发生重大变化的新形势，调整优化房地产政策，因城施策用好政策工具箱，落实好降低购买首套住房首付比例和贷款利率、认房不认贷、带押过户等政策措施，不断提升房地产市场管理水平。对于在建在售的楼盘后续所需的资金开展评估，严格管控预售资金流向，从源头管控所有预售楼盘的资金问题，切实做好潜在问题楼盘全过程帮办服务和指导。针对项目具体情况研究制定解决方案，做到情况清楚、责任清晰、风险可控，切实维护房地产市场平稳健康发展。

【房地产市场监测预警】 2023年，沭阳县住建局通过日报、周报、月报等方式，实时、全面、准确收集商品房库存、核准预售面积和去化速度等信息数据，对全县房地产市场项目开竣工情况、新建商品房销售情况、存量房交易情况、商品房累计库存等情况进行监测分析，为领导决策提供可靠依据。全年房地产市场较为低迷，存在需求不足、房企投资信心不足等因素。

【实施地价房价"双控"】 2023年，沭阳县按照"分类调控、因区施策，总量调控与结构调整相结合"的供地政策，根据不同区域的市场供需情况，结合区域内住房可售面积、未开工商住用地数量等因素，严控住宅项目用地的总量及用地规模。年内未挂牌出让商品住宅地块。在《商品房买卖合同》进行网签备案时，严格执行发改局商品房价格备案机制。

【维修资金缴存】 2023年，沭阳县维修资金共缴存9693.54万元，缴存20905户共360.83万平方米。其中，住宅缴存20798户237.94万平方米，缴存资金7235.74万元；电梯缴存107部122.89万平方米，缴存资金2457.80万元。

【房地产面积测绘】 2023年，沭阳县住建局下属的沭阳县弘图测绘有限公司负责全县范围房屋面积测绘，全年共完成实测测绘面积257.22万平方米，预测测绘面积72.04万平方米，私人配图140户，出具测绘报告114份，合计完成测绘面积329.26万平方米。

房地产开发经营

【房地产开发】 2023年，沭阳县按照“稳地价、稳房价、稳预期”要求，不断优化房地产政策，支持刚性和改善性住房需求，加大对风险问题项目管理力度，摸清情况、科学分类、精准施策，积极稳妥化解房地产风险。督促建设单位合理安排工期，积极推进南湖景苑、宁浦云庭、观澜府、荣润麒麟府等项目建设。2023年，全县房地产开发投资81.5亿元，同比上升4.07%。

【商品房销售】 2023年，沭阳县商品房累计销售面积218.99万平方米，同比上升1.76%。

【商品房库存】 2023年，沭阳县已批准预售商品房累计可售面积143.25万平方米，同比下降13.29%，其中普通商品住宅可售面积68.37万平方米，同比上升4.16%。

【商品房价格备案】 2023年，沭阳县商品房备案销售均价6804元/平方米，同比下降17.57%。

【商品住房成交价格】 2023年，沭阳县商品住宅成交均价为8182元/平方米，同比下降3.46%。

【2023年沭阳房地产开发项目选介】 华脉金樾府项目。位于沭阳县北京南路东侧、规划学识路北侧，由沭阳华曜房地产有限公司开发建设。项目占地46.33亩，容积率2.0，土地成交价833.6万元/亩，规划面积88292.02平方米，共规划11幢（9栋住宅，2栋配套用房）。

观澜府项目。位于沭阳县学院路南侧、新南路东侧，由江苏巨百置业有限公司开发建设。项目占地110亩，容积率1.79，土地成交价700万元/亩，规划面积192602平方米，共规划23幢。

荣润麒麟府项目。位于沭阳县杭州西路北侧、绿苑北路西侧，由沭阳银庭置业有限公司开发建设。项目占地48.28亩，容积率2.0，土地成交价1172万元/亩，规划面积95392.31平方米，共规划12幢（住宅7幢，商业2幢，配电房2幢，配套1幢）。

房屋征收与棚户区改造

【房屋征收】 2023年，沭阳县共实施西南片区棚户区改造以及快速路、宿连航道、京沪高速改扩建等重点工程房屋征收项目及清障项目39个，共涉及被征收户5379户、被征收房屋面积15.35万平方米。其中，沭城街道范围内实施项目2个，即县水利局（沭河船闸管理所）、快速路东北区域，被征收面积3.5万平方米；西南片区实施棚改2020–11期A段、2023–1期征收及千鸟航鑫、宓欣纺织、十字丽居等清障项目21个，共涉及被征收户135户，被征收面积1.67万平方米；东部片区实施老官西排涝河、膜产业园等清障项目8个，涉及清障59户、拆除面积0.15万平方米；实施京沪高速改扩建线外工程、宿连航道整治二期工程、青伊湖110kV变电站工程等电网建设及乡镇重点工程9个，共涉及征迁补偿户数5175户，征迁房屋面积10.03万平方米。

【住房保障体系健全完善】 2023年，省政府下达沭阳县年度目标任务为发放租赁补贴50户，保障性租赁住房新开工200套，基本建成200套。全年累计发放租赁补贴72户22.11万元（低保家庭48户、低收入家庭24户）；新开工保障性租赁住房810套，基本建成810套，均提前完成年度目标任务。结合县情，对2023年城区居民中等偏下收入和低收入住房困难家庭的收入标准作出相应调整，中等偏下收入标准由原人均可支配收入2306元/人·月调整为2415元/人·月，低收入标准由原人均可支配收入1441元/人·月调整为1509元/人·月，进一步降低了住房保障的准入门槛，扩大了保障覆盖面。

【保障性安居工程建设】 2023年，沭阳县加快安置小区建设进度，古城丽居、流虹雅居2个项目顺利交付使用，龙江丽居、湾河丽居等5个项目施工，官田丽居、十字丽居2个小区办理前期建设手续。

【棚户区改造】 2023年，省住建厅下达沭阳县目标任务为新开工棚户区（危旧房）改造1350套、基本建成2000套。沭阳县稳步实施棚户区（危旧房）改造工程，累计新开工棚户区（危旧房）2204套、基本建成2628套，完成率分别为163.25%和131.4%，超额完成相关工作任务。

【老旧小区改造】 2023年，沭阳县稳步实施老旧小区改造工程。经督促推进，信安花园（一期）改造工程已完工，在颖都家园、梦溪小区一期、人和小区各加装了2部电梯，顺利完成市下达沭阳县的老旧小区改造目标任务，进一步完善了老旧小区使用功能，提升了居住品质。

【小区遗留问题处置】 2023年，沭阳县妥善处置住宅小区遗留问题。全县23个历史遗留问题小区中，峰尚国际、金地鑫城等10个小区已正常办理不动产权证，嘉德花园等4个在建项目正常施工；剩余广贸大厦等9个小区相关遗留问题正在协调处理中。

（袁冬昱）

物业管理

【红色物业小区创建】 2023年，沭阳县城市管理局着力把社区物业服务人员队伍打造成党的工作队伍，切实打通党组织服务群众的“最后一百米”，以有温度、有感情的服务把党和政府的温暖传递到群众心中。积极开展党建引领，深化“红色物业”建设，构建街道社区党组织统一领导，小区党组织、物业、业主委员会多方共建共治工作模式。定期组织便民服务、节日文化、消防培训等社区文化活动，真正将“红色物业”打造成基层党组织联系服务群众的平台。如意园、皇冠世纪花园、阳光天地3个小区成功入选2022年度党建引领物业管理服务工作省级示范点，富园景都小区被评为“2022年度江苏省省级示范物业管理项目”。

【物业监督】 2023年，沭阳县城市管理局加强对小区物业企业的监督管理，全面提高小区物业管理服务水平。“监管先行”，设立物业资金第三方监管账户。联合专业金融机构对物业公共服务费、公共收益、代收代缴费三类费用的缴纳和使用实施监管，提高物业资金使用透明度。“以罚促管”，实施物业管理领域行政处罚。对检查中发现的23家不履职、不作为的物业企业下达整改通知书，对14家拒不整改的物业服务企业处以1.8万元罚款，倒逼物业服务企业正视问题，推动物业服务水平提质增效。“以整促治”，深入开展小区物业管理专项整治。采取“边排查、边整改”方式，对全县89家物业服务企业、239个小区进行全面摸排，发现问题538个，其中已整改510个，责令物业退还乱收费85万元，清退物业企业6家，全力推动专项整治不断走深走实。加强小区物业指导与监管，破解业委会、物管会组建难题，沭城、南湖、梦溪3个街道共计住宅小区239个，共成立业委会（物管会）190个，占住宅小区总数的79.4%。

【小区管理】 2023年，沭阳县城市管理局扎实推进智慧物业平台应用，全县239个小区物业企业端上线率已达100%，业主端注册率为53.42%。设立物业资金第三方监管账户，联合专业金融机构对小区物业公共服务费、公共收益、代收代缴费三类费用的缴纳和使用实施监管，按月公开公示到位，提高物业资金使用透明度。积极开展电瓶车“飞线充电”专项行动，共拆除私拉乱接1680余处，大力推进电梯电瓶车闭门器安装、智能充电桩使用，疏堵结合解决“飞线”难题。强化小区检查力度，对业主投诉多、服务不到位的物业服务企业予以清退，倒逼物业主动提升服务质量。全面开展住宅小区环境卫生整治突击月行动，重点解决住宅小区环境卫生“脏、乱、差”等问题，使环境卫生从突击式治标向长效化治本转变。常态化开展“综合执法进小区”活动，重点对小区环境脏乱、违章搭建、毁绿占绿等情况进行检查，共计发现问题1963处，已整改完成1805处。

【小区“惠民工程”服务】 2023年，沭阳县城市管理局积极开展“惠民工程”服务，对超出质保期内的房屋质量问题、公共设施设备损坏问题，符合动用维修资金条件的第一时间按照规定履行相关程序。沭城街道共修补小区路面1.2万多平方米，更换井盖8000余个，更换落水管1.2万余米。梦溪街道修复完善护栏27615米，种植修补绿化面积192130平方米，粉刷墙面99720平方米。南湖街道修复、更换破损路牙石达2050米，老旧小区涂白6.1万平方米。全面改善小区居民生活环境，以实际行动践行以人民为中心的发展理念。

（郭冬冬）

房地产中介服务

【概况】 2023年，沭阳县住建局加大常态化巡查力度，进一步规范房地产中介机构及人员的管理，全面规范提升房产中介行业服务水平，切实维护房屋买卖双方的合法权益，促进房产中介市场健康有序发展。

【交易资金监管】 2023年，沭阳县住建局根据《关于加强房地产经纪管理规范交易结算资金账户管理有关问题的通知》《关于进一步规范和加强房屋网签备案工作的指导意见》《关于印发房屋交易合同网签备案业务规范（试行）的通知》《关于提升房屋网签备案服务效能的意见》等相关文件规定，实行存量房交易资金监管，全年共对存量房交易资金监管6591笔。

【房屋租赁管理】 2023年，沭阳县住建局根据《中华人民共和国城市房地产管理法》《城市房屋租赁管理办法》等相关法律规定，对城市房屋租赁实行备案管理，全年房屋租赁备案共139份。

【房地产中介机构管理】 2023年，沭阳县住建局加大对全县中介机构动态检查频度及力度，共检查中介机构100家余次。下发整改通知10余份，对未备案中介机构要求尽快到主管部门办理备案手续，全年完成中介机构备案80份。凡未取得中介机构备案证明的，一律不发放二手房交易备案系统密钥，不得居间代理、委托办证等手续。全年共办理存量房销售网签10794套、销售面积114.75万平方米，同比分别上升48.26%、41.64%，环比分别上升3.65%、上升3.76%，累计实现存量房销售金额97.07亿元，同比上升45.81%，环比上升3.48%。

（袁冬昱）

编　辑：郑长银

综　述

【建设规划】 2023年，沭阳县交通运输局依托《沭阳县"十四五"综合交通运输体系规划》《沭阳县综合立体交通网规划》制定2024年民生实事项目、2024—2026年交通重点工程建设投资计划、农村公路建设示范项目三年行动计划，并同步开展"水运沭阳"、淮沭新高铁等重大项目方案研究工作。

【重点项目建设】 2023年，沭阳县列市交通重点工程的项目13个，完成交通投资12.22亿元。京沪高速沭阳段扩建工程、连宿高速一期工程、淮河大道南延工程（连宿高速南互通连接线）等重点工程实现提前通车，宿连航道一期工程军屯河枢纽、沭新河南船闸主体已完成，宿连航道二期先导段已进场施工，全线土地清障全面启动。

【铁路运输】 沭阳火车站建有站台1座，正线1条，到发线3条，货物线3条。沭阳站北接庙头镇站，南与庄圩站相邻，主要办理普速旅客列车客运业务及货物列车到发作业。沭阳站每日办理旅客列车5对，货物列车8对，年客发约13万人，日均发送360人，到达12.6万人，日均到达345人，年营收1100万左右。

公　路

【概况】 2023年，沭阳县境内共有国省道6条，共258.14千米，分别是205国道69.56千米、245省道48.2千米、324省道52.81千米、326省道34.17千米、329省道19.4千米、344省道34千米，其中二级路23.88千米。

【高速公路建设】 全年，实施高速公路项目2个。京沪高速扩容改建沭阳段已完工，共实施线外工程368个，2023年6月正式通车。宿连高速沭阳段一期已完工，共实施线外工程399个，2023年9月通车。

【干线公路建设】 全年，实施县内干线公路项目5个，总投资约2.35亿元，涉及总里程31.8千米，完工里程23.4千米。茆新线茆圩段改造、湖塘线七雄韩山段大修、十周线塘沟至周集段改造等项目已完工通车。

【城市快速路建设】 全年，实施城市快速路项目两个，总投资4.2亿元，总里程4.2千米。城区快速路二期工程、淮河大道南延工程（连宿高速南互通连接线）都已完工通车。

【农村公路、桥梁建设】 全年，完成农村公路项目建设115千米、危桥改造7座、生命安全防护工程489千米。完成茆新线茆圩段改造、湖塘线七雄韩山段大修、十周线塘沟至周集段改造等项目的建设工作，完成湖东新桥、十字新河桥和李恒柴米河桥3座碍航桥梁的改造工作。

【公路运输】 全年，完成公路客运量72.66万人次，旅客周转量5.1亿人千米。完成公路货运量10591.88万吨，货运周转量达218亿吨千米。完成水路货运量21.8万吨、货物周转量0.88亿吨千米。

【公路养护】 全年，投资公路养护维修资金约1200万元，按时实施国省干线公路春季、秋季小修计划，完成路面维修68262平方米，沥青路面灌缝12.6万米。

2023年11月，沭阳县十字形高速公路网　　交通局　供图

水　路

【概况】 2023年，沭阳县共有航道10条，总里程达215.6千米。其中，六级航道3条114千米、七级航道4条54.6千米、等外级航道3条47千米。港口共有作业区4个，码头泊位22个，规划岸线总长1.13万米。

【港航重点项目】 2023年，宿连航道一期工程完成年度投资22.93亿元，沭新河南船闸、军屯河枢纽建成交工，7座桥梁交工通车，列入省级品质工程创建挂牌项目。宿连航道二期工程完成年度投资6.33亿元，完成所有设计调整并获得批复，全线土地获自然资源部批复，工程全线开工建设，新长铁路桥改建工程完成代建协议签订。

【港航建设】 完成桐昆恒阳码头工程建设。该工程自2021年10月开工，2023年9月完成竣工验收，已投入生产运营。码头采用挖入式布置，利用岸线565米，建设13个1000吨级泊位（9个装卸泊位，4个待泊泊位），设计年吞吐量435万吨。圆满完成古泊河航道桐昆码头至沂淮水泥厂码头之间1.5千米航段疏浚工程，共疏浚土方1.05万立方米，解决了企业运输难题。

2023年10月15日，沭阳县扎下镇明庄村沭新河南船闸工程项目建设现场　　汤以方　摄

【航道管理】 全年，沭阳县交通运输局完成两次航道清障扫床工作，扫床里程325千米。共检查、维护航标384座次，航标正常率达99%以上，全县干支线航道通航保证率均达100%。对辖区淮沭新河、古泊河、柴米河等重点水域进行巡航，完成巡航48航次，巡航时间144小时，巡航里程1037千米，未发生航道堵塞责任事件。

【沭阳港】 2023年新增1家企业（恒阳码头），共有4家港口企业，码头泊位22个，规划岸线总长1.13万米。全年港口货物吞吐量为118.8万吨，同比上升24.8%。

交通运输管理

【公路市场管理】 2023年，沭阳县交通运输局将专项整治与日常巡查相结合，在重大节假日等非法营运行为高发时段多次集中开展专项整治行动，联合县公安交警部门、高速交警部门、高速交通运输执法部门共同发力，对非法营运车辆实施研判并精准化打击。共查获非法营运车辆66台次，违规营运出租车40余辆。开展普货路检路查1100辆次，检查普货企业210次，约谈82次，问题整改8次，行政处罚438辆次。利用动态监测设施，开展超限超载线上动态监测，共出动治超执法人员约4400人次，检查涉嫌超限超载货车2900余台次，查处超限超载货车732辆，卸驳载25095.2吨，其中百吨王128台；落实“一超四罚”（对超限超载行为的运输车辆、驾驶人、货运企业及承运人实行的处罚制度）举措，对符合条件的732台超限车辆全部录入省级“一超四罚”系统，“一超四罚”案件逐步清零。

【维修驾培市场管理】 2023年，沭阳县交通运输局运用守护2.0系统对全县维修业户开展检查1100余次，全面查处维修业户未备案、超备案范围经营、维修服务质量差、存在安全隐患等问题，发放告知书1200余份，对未按规定备案的业户实施行政处罚4起。引导驾培行业规范化、规模化、市场化经营，指导全县35家驾培机构规范整合，成立7家新的驾培经营主体（已完成备案手续），打造驾培行业高质量发展新格局。

【涉路许可】 沭阳县交通运输局组织人员走进企业、社区、工地、工程建设业主单位开展相关行政许可宣传，将涉路许可、涉及重点工程建设许可的一些容易忽略或履行一般审批程序的事项做成宣传画册，同时，向城乡水务发展有限公司、华润燃气有限公司、供电公司等部门宣传管道涉路施工工程许可法律法规。向工程建设业主单位发放23份道路水路交通工程办理许可审批提醒函，督促业主单位及时办理公路工程施工图审批手续及公路工程施工许可。2023年，共办理涉路施工许可3件，批复31条公路工程施工图，23条公路工程施工许可，实现交通工程建设项目施工许可线上审批全覆盖。

【公路巡查】 2023年，沭阳县交通运输局开展路域环境集中整治5次，拆除违法建筑70处，共计1343平方米；拆除违法广告设施152块，封闭搭接道口25处，共计267米；清除违法堆积255处，共计3429平方米；清除污染路面777平方米，恢复挖掘占用公路23件232平方米，清除非标327块，清除摊点181个。

【水上执法】 2023年，沭阳县交通运输局共查处违章船舶238艘，接处警5起，其中救助搁浅船舶2艘，救助触损漏水船舶1艘，救助人员6人次，挽回经济损失约130万元。对辖区淮沭新河、古泊河、柴米河等重点水域完成巡航143航次，巡航时间358小时，巡航里程2717千米，未发生航道堵塞责任事件。

【交通工程质量监督管理】 2023年共受理沭阳交通工程质量监督项目9个，其中包括道路改造46.63千米、危桥改造28座，涵盖12个乡镇农村公路提档升级。根据年度计划组织开展春节前安全检查、开工复工检查和质量监督中间核查等。开展综合性检查2次、专项检查5次和随机性检查116次，开展中间质量报验和交竣工核验检查51次，邀请第三方专家162人次，印发质量安全检查通报14份，发送责令整改通知书34份，整改相关问题595个。

【交通便民服务】 2023年，开通旅游专线2条，优化整合公交线路4条；开通沭阳至南京、禄口机场、宿迁、淮安、泗阳、织里、合肥共计7条定制班线；开通开放网约车市场，许可和备案14家公司，办理合规网约车521台。2023年，投入使用新能源公交车车辆100台；更新巡游出租汽车233台，其中新能源汽车97台，占比41.6%。2023年春运期间，假期7天（1月21—27日），全县公交车辆免费乘坐。高考期间，启动“爱心送考·为梦护航”活动，组建高考爱心车队，组织400余辆出租车（含网约车）、公交车为高考考生提供免费送考服务。

（张　笑）

编　辑：陈晓敏

城市建设

综　述

2023年，沭阳县紧扣区域副中心城市发展定位，聚焦城市路网、绿色生态、民生保障、市政设施等重点领域，深入实施城市更新行动，稳步推进以人为核心的新型城市化建设。年末城市道路面积1315.67万平方米，建成区绿化覆盖面积3432.44公顷，公园绿地面积678.42公顷，城市绿化覆盖率44.01%。年内新增城区绿地面积13.84万平方米，建成民生园林9个、主题公园2个、口袋公园3个，成功入选省生态园林城市。城市立体绿化工程、文华路北延、智慧体育公园、创智南路、淮河大道南延工程（二标）、城区部分道路绿化提升改造工程6项工程顺利完工，快速路二期工程、苏州西路跨淮沭新河大桥及引线工程、京沪高速胡集连接线工程等18项工程等已施工，快速路二期工程（西南区域部分）、园西路、溪月路南延等21项工程办理开工前期各项手续。全年对7个乡镇18.3千米供水管网进行改造，对城区4个居民小区供水管网进行改造，新建12座二次增压设施。实施庙头水厂四期扩建工程，新增供水规模6万吨/天。实施城区下穿泵站维修改造工程，降低城区下穿隧道内涝风险；实施城区河道流域性整治工程，对王洼大沟、台州路、徐沭河等片区内排水户进行雨污分流改造；实施城区雨污水管网设施维护管理，累计排查雨污水管网480余千米，疏通雨污水管网370余千米，清掏雨污水检查井6950余座。户外广告整治成效显著，全年拆除各类违规广告牌1239处，面积约12140平方米，投入资金50余万元。加大对沿街、沿路两侧地插广告的清理，拆除各类地插广告815处、钉子招牌328块。

城市规划

【国土空间总体规划】　2023年，沭阳县完成《沭阳县国土空间总体规划（2021—2035年）》工作，成果为全国首批通过省政府批复，完成全县三区三线划定、全域国土空间格局、生态修复和国土综合整治、中心城区布局、交通和基础设施支撑等工作，为全县发展战略、发展方向、发展定位、发展重点提出有效指导。配合做好全县国土空间规划分区、永久基本农田、生态保护红线、城镇开发边界等数据库内容的汇交。

【控制性详细规划】　完成城区4个原有详细规划126.06平方千米的动态更新，启动城区开发边界内未覆盖片区29.62平方千米的详细规划编制工作，为传导落实沭阳县国土空间总体规划，支持重大项目建设落地，合法合规审批各类用地提供了坚实规划基础。

【空间规划指标】　2023年，沭阳县切实保障城镇开发边界内增量空间，划定城镇开发边界212.14平方千米（31.82万亩），城镇开发边界扩展倍数控制在基于2020年城镇建设用地规模的1.32倍，其中增量空间37.22平方千米（5.583万亩）。加快推进村庄规划编制，完成村庄规划指标预控。按照不超出城镇开发边界内增量空间5%的规模即1.86平方千米（0.28万亩），作为本轮国土空间规划期内村庄规划中新增建设用地布局依据，实行增存挂钩周转使用。

（梁哨峰）

城市更新

【重点工程建设】　2023年，沭阳县城市重点工程建设稳步推进，全年启动重点基础设施建设项目共计74个，计划总投资426.4亿元。京沪高速公路沭阳段扩建工程、创智南路、淮河大道南延工程（二标）、文华路北延等10个项目已顺利竣工，苏北智慧物流中心、绿苑北路工程等35个项目正在建设，十字丽居、神秀路工程等29个项目正在办理前期手续。对照江苏省生态园林城市创建标准，结合沭阳县指标存在的短板和弱项，有针对性地开展创园各项工作，启动实施了一批园林绿化重点工程，智慧体育公园、城区苏州东路南侧等3个口袋公园、城市立体绿化、城区道路绿化改造提升等工程顺利完工。

【园林绿化】 2023年，沭阳县紧扣“花木之乡、花园城市”目标定位，更加突出“完善功能、改善民生、丰富内涵、彰显特色”的工作理念，持续开展“增花、增绿、增彩、增园”工程，大力开展城市绿化建设，提升城区绿地品质，创造良好的人居环境，致力打造苏北乃至华东地区富有魅力、宜居宜游的花园城市，不断提高人民群众获得感、幸福感。全年新增公共绿地面积13.8万平方米，在城区形成20个民生园林、9个主题公园、10个口袋公园等从大到小、梯次完备的城市花园体系。清华路等4条道路“一路一景”实现了“三季有花、四季常青”向“月月有花、季季有景”转变，苏北最美县城的颜值不断提升。同步开展了城市公园绿地开放共享试点，分两批开放虞姬公园等5处公园绿地，进一步完善了城市高品质绿色开放共享体系。11月下旬，沭阳县省生态园林城市创建工作顺利通过省专家组现场考评，已履行公示程序，待省政府批复。

【综合执法】 2023年，沭阳县住建局完善制度建设，规范执法行为，建设领域行政执法工作再上新台阶。全年对54个单位和个人进行行政处罚，罚款金额412.056万元。主要行政处罚事项包括：未取得施工许可证擅自开工建设，未按照工程设计图纸和施工技术标准施工、偷工减料，施工过程中存在扬尘防控措施落实不到位、裸土未覆盖到位，向未取得燃气经营许可证或者供应许可证的个人供应用于经营的燃气等。

（袁冬昱）

市政公用事业

【中心城区配套设施修缮】 2023年，沭阳县开展路面铣刨维修，完成维修苏州路（台州路—永康路）、杭州路（上海路—常州路）、上海路（杭州路—和顺大桥）、学府路（福州路—深圳路）、长安路（杭州路—学院路）、迎宾大道（学府路—汇峰路）、常州路、康平路、重庆路与人民路交叉口、东关大街等破损较为严重的路面，共计维修路面约7.6万平方米。对城区道路裂缝灌缝约43万米。对建陵公园南侧人行道、虞姬公园北侧人行道、行政中心南侧人行道进行提升改造，改造面积共约9000平方米。完成人民路（柴沂路—北京路）两侧路外通行空间进行改造，改造面积约7500平方米。对沈阳路（健康路—临安路）破损的混凝土路面进行全幅维修，维修面积约3700平方米。对城内大街的侧分带进行提档升级，更换路缘石并加装绿化护栏，总长度约5600米。对四老巷加罩沥青面层，改造面积约2500平方米。对光荣路（上海路—北京路）破损的混凝土板块进行维修，维修面积约3800平方米。

【天燃气供应】 2023年，沭阳县新增天然气管道53.8千米，天然气管网已覆盖主城区、开发区和所有工业重镇。天然气使用量不断攀升，全年发展工商业用户222户，年用气量达16891万立方米，主气源为中石油西气东输管网通过宿迁至沭阳72千米天然气高压管线接入沭阳县。瓶装液化气日销售量逾50吨，车用加气站日销售量逾1.31万立方米。强化燃气全链条安全监管。会同属地乡镇（街道），完成对全县所有使用瓶装液化气居民用户、“四类”场所、餐饮用户、工业企业食堂、农村留守儿童及孤寡老人等用气场所排查整治，实现隐患动态清零。组织7个燃气安全专项整治专业组，常态化下沉乡镇（街道）一线开展督查检查，累计抽查车库、居民用户、餐饮场所、工业企业等用气场所530家，发现隐患399处，全部整改到位。以6个街道为重点，有序推进餐饮场所“瓶改管”“瓶改电”工作。截至2023年年底前，已签约“瓶改管”餐饮企业202家，完成“瓶改电”改造85家。

【城市桥梁管护】 2023年，沭阳县对管护范围内的57座城市桥梁开展1次常规定期检测，并更新城市桥梁管理系统相关数据。

2023年沭阳县城市桥梁管护情况一览表

表16

序号	桥梁名称	所在路名	桥梁总长（米）	单孔最大跨度（米）	桥梁类别	养护等级
1	圩东河桥	圩东河路	18	6	小桥	Ⅱ等
2	威海路跨圩东河桥	威海路	25.5	9.2	小桥	Ⅱ等
3	威海北路1#桥	威海北路	11.7	5	小桥	Ⅱ等
4	清韵河2#桥	北京南路	26	16	小桥	Ⅰ等
5	广安桥	无名路	17	13	小桥	Ⅱ等
6	学院路徐冲河桥	学院路	24	16	小桥	Ⅰ等
7	杭州路徐冲河桥	杭州路	18	10	小桥	Ⅰ等
8	厚邱桥	杭州西路	69.4	16	小桥	Ⅰ等
9	清韵桥	长安路	23	13	小桥	Ⅱ等
10	大连东路跨圩东河桥	大连东路	25	13	小桥	Ⅰ等
11	上海南路1#桥	上海南路	19.2	13	小桥	Ⅰ等
12	智慧路桥	智慧路	15.7	4.9	小桥	Ⅱ等
13	梦溪桥	上海南路	20.8	13	小桥	Ⅰ等
14	龙桥	王华路	40	20	中桥	Ⅱ等
15	玉兰桥	玉兰路	47	16	中桥	Ⅱ等
16	智慧路桥	智慧路	43	13	中桥	Ⅱ等
17	老沭河桥	苏州路	62	16	中桥	Ⅱ等
18	台州北路桥	台州北路	54.5	7	中桥	Ⅰ等
19	上海北路桥	上海北路	46	8	中桥	Ⅰ等
20	学府北路桥	学府北路	35	13	中桥	Ⅰ等
21	威海路驾校桥	威海路	31	13	中桥	Ⅱ等
22	凤桥	清韵路	27.6	20	小桥	Ⅱ等
23	学院路桥（老沭河桥）	学院路	52	16	中桥	Ⅰ等
24	上海南路五中沟桥	上海南路	26	20	小桥	Ⅰ等
25	和善桥	杭州西路	38	20	中桥	Ⅰ等
26	和睦桥	南湖路	37.2	20	中桥	Ⅱ等
27	和谐桥	学院路	38	20	中桥	Ⅰ等
28	和蔼桥	松江路	37.2	20	中桥	Ⅰ等
29	孙巷桥（白夜桥）	重庆北路	54	16	中桥	Ⅰ等
30	苓生桥	天津北路	49	16	中桥	Ⅰ等
31	虞姬桥	北京路	48	16	中桥	Ⅰ等
32	袁枚桥	上海路	48.5	16	中桥	Ⅱ等
33	印咸桥	沈阳路	48	16	中桥	Ⅱ等
34	善待桥	扬州路	56	20	中桥	Ⅱ等
35	造福桥	福州路	94	20	中桥	Ⅱ等

续表16

序号	桥梁名称	所在路名	桥梁总长（米）	单孔最大跨度（米）	桥梁类别	养护等级
36	东兴桥（长荣桥）	上海北路	51.4	20	中桥	Ⅰ等
37	柴沂桥（润阳桥）	泰州路	59.8	16	中桥	Ⅱ等
38	潼阳桥	临安西路	53.2	16	中桥	Ⅱ等
39	沈括桥	人民东路	40.4	16	中桥	Ⅰ等
40	紫阳观桥（名品桥）	无名路	38.6	16	中桥	Ⅱ等
41	文峰桥（赐富桥）	文峰巷	39	16	中桥	Ⅱ等
42	广州路桥	广州路	53.2	16	中桥	Ⅱ等
43	柴沂干渠桥	上海南路	48	16	中桥	Ⅰ等
44	杭州路柴沂干渠桥	杭州西路	53.2	16	中桥	Ⅰ等
45	北京南路坊兰河桥	北京南路	24	20	小桥	Ⅰ等
46	和顺大桥	上海南路	128	64	大桥	Ⅰ等
47	文华路和清韵路交叉口桥	文华路	37.0	20	中桥	Ⅱ等
48	清华路和清韵路交叉口桥(清水桥）	清华路	37.2	20	中桥	Ⅱ等
49	园东路清韵河桥	园东路	25.2	20	小桥	Ⅱ等
50	创智南路与重庆路交叉口桥	创智南路	33.0	20	中桥	Ⅱ等
51	上海南路和重庆路交叉口桥	上海南路	32.4	20	中桥	Ⅰ等
52	学院路和王华路交叉口桥（状元桥）	学院路	30.6	20	中桥	Ⅰ等
53	玉兰路与王华路交叉口桥	玉兰路	47.0	12	中桥	Ⅱ等
54	南湖路与王华路交叉口桥	南湖路	36.0	20	中桥	Ⅱ等
55	北京路传智学院北侧桥（柴米河桥）	北京南路	216.08	30	大桥	Ⅰ等
56	北京路网红桥	北京路	246.0	62	大桥	Ⅰ等
57	北京路传智学院南侧桥（创新河桥）	北京南路	37.4	16	中桥	Ⅰ等

【城镇污水处理】 2023年，沭阳县稳步推进污水处理、雨污分流为重点的民生基础设施建设，进一步补齐市政基础设施短板。城区共有2座生活污水处理厂（沭阳县城东污水处理厂、沭阳城南污水处理厂，总处理能力为12万吨/天，实施城南污水处理厂扩建，新增处理能力6万吨/天），已建成污水管网228千米，污水检查井6200余座，污水提升泵站8座。推进片区流域性整治，投资6.3亿元，将城区分为9个片区实施河道“流域性”整治，对河道汇水范围内的居民小区、企事业单位、学校等所有排水户进行雨污分流改造，以达到治理一片成一片的效果。四中沟、圩东河、城后河等7个片区流域性整治已完成，三中沟片区河道流域性整治工程在施工。

【雨水管网管理】 2023年，沭阳县常态化排查整治城区雨水管网、雨水检查井、雨水篦等雨水设施，累计排查养护雨水管网158千米、检查井8658座，确保雨季排水畅通。为消除城市下穿隧道积水隐患，投入242万元资金，完成城区下穿泵站维修改造工程，对学院路、杭州东路等4个下穿泵站进行维修改造。

（袁冬昱）

【城市公交】 2023年，沭阳县推动“公交+旅游”、定制班线等融合发展，不断拓展交通运输服务能力，满足不同群体对出行的多元需求。开通旅游专线2条，优化整合公交线路4条。开通开放网约车市场，许可和备案14家公司，办理合规网约车521台。全年投入使用新能源公交车车辆100台；更新巡游出租汽车233台，其中新能源汽车97台，占比41.6%。

（张　笑）

供　水

【概况】 2023年，沭阳县城乡水务发展有限公司扎实做好供水保障能力提升、基础设施建设、民生实事、营商环境、安全生产等工作。全县有供水水厂3座（沭源水厂、梦溪水厂、庙头水厂），供水规模为42.6万吨/天，共建成3个饮用水水源地和1个城市应急备用水库。启动庙头水厂四期6万立方米/天扩建工程，已竣工投产。年内对16个小区进行供水设施改造，新江南、浦东国际等11个小区已顺利完工。各项经营指标保持增长态势，发展质效同步提升，资产总额达26.13亿元，营业收入1.18亿元，利润总额1050.17万元，成本费用率91.5%，总供水量9729万立方米。

【供水保障】 2023年，沭阳县供水规模实现突破。始终坚持“供水为民”，启动实施庙头水厂4期扩建、湖东增压站改造工程，切实扛牢保障辖区安全稳定供水的使命职责，保障了1.8万千米供水管网150万人的供水安全，全年完成供水量9729万立方米。水质管控体现成效。严格执行水质检测制度，依托班组化验、水厂化验室、中心化验室“三级水质检测体系”，构筑全方位水质安全屏障，全年累计完成样品检测9844个。

【污水处理】 2023年，沭阳县污水处理提质增效。编制《污水处理管理中心安全防护工作手册》，对西圩中陈电灌站分布式处理设施生产运行、水质水量进行监管，协助做好建制镇污水处理工程施工、设备采购、运营一体化项目验收和跟踪监管工作，督促运营单位安全生产和达标排放，加快推进城南污水处理厂扩建、李恒镇（胡集）污水处理能力提升工程建设。胡集、李恒和汤涧3个污水处理厂完成污水处理总量70.22万吨，运营管网3.9千米。

【优化供水服务】 2023年，沭阳县提供银行代扣、支付宝、微信等多种缴费渠道，加大机关企事业单位水费收缴力度。全年共完成水费收入9862.88万元，完成任务的82.19%，同比增长7.25%。全年客服中心共处理“12345”政府服务热线2992件，办结率100%，满意率95.35%。优化制水工艺。对水厂设备启停、加药剂量进行调整和控制，逐步探索最优运行参数，有效落实能耗双控目标，推动高质量发展和降本增效工作的良性互动。聚焦“智慧水务”。大力推进信息化建设，持续推动智能水表推广工作，在相关小区安装智能充值终端，方便群众不出小区就完成水费充值，力求在服务保障供水，节约经济成本上取得实效。

【供水建设】 2023年，沭阳县坚持问题导向，持续实施老旧管网改造工作，投入资金716.31万元，完成章集街道店北小区、韩山北园小区、潼阳潼北村管网改造工程，以“新”换“心”彰显民生温度，用心解决群众用水急难愁盼问题。推进庙头水厂四期扩建工程，该项目投入使用后，庙头水厂总规模扩建至12万立方米/天，供水保障能力将再上新台阶。完成湖东增压站管网建设，该项目投入使用后，将基本解决高墟4.56万人正常用水问题。城南污水处理厂扩建、李恒镇（胡集）污水处理能力提升以及梦溪水厂管网迁移等重大工程有序推进。完成快速路二期、经开区余杭路与桃园路拓宽、扎下循环产业园、十字街道新河桥、庙头冷庄工业园区等供水管网铺设迁改工程。

（杨朋军）

供　电

【电力供应】 2023年，沭阳县全社会用电量872792万千瓦时，保持苏北二十县第一，同比增长12.59%。其中，工业用电量596574万千瓦时，连续两年排名苏北20县第一，同比增长18.72%。城乡居民生活用电量155088万千瓦时，同比下降2.82%。按产业划分，第一产业用电量累计完成14047万千瓦时，同比增长5.00%；第二产业用电量累计完成600701万千瓦时，同比增长18.06%。第三产业用电量累计完成102956万千瓦时，同比增长10.19%。截至2023年年底，服务客户84.5万户，全县拥有35千伏及以上变电站41座，变电容量628万千伏安，输电线路105条、1504千米。

【电网规划与建设】 2023年，国网沭阳县供电分公司紧密对接城市发展规划，全年电网建设投资超5亿元，建成投运110千伏青伊湖变和新沭城变，新建和改造10千伏线路280千米、变压器122台，进一步改善区域供电能力。桐昆旭阳热电110千伏送出工程里程碑计划提前6个月，110千伏新沭城变与10千伏出线同步送电、全市首例。1项配电工程入围省电力公司质量评价示范项目。自动化水平有效提升，配电自动化有效覆盖率、三遥线路覆盖率分别提升至100%、85.1%，均位于宿迁市三县第一，全年减少停电1.2万时户。

【电力营商环境优化】 2023年，国网沭阳县供电分公司持续优化电力营商环境，成立重大项目服务工作小组，全面落实电力接入工程政企共担政策，全年累计对上争取业扩配套资金超1.2亿元，较上年翻一番，服务阿代尔新材料等27个列省列市重大产业项目送电。推进业扩报装领域突出问题专项整治，中、低压业扩平均接电时长分别压降3.69、1.92个工作日。大力推进问题小区用电治理，完成18个“临代正”（临时用电代替正式用电）问题小区正式用电改造，解决2000余户用电难题。充电桩接电3990个，同比增长160%。

【电力平稳供应保障】 2023年，国网沭阳县供电分公司完成变电设备检修任务41项，安全管控六级及以上电网风险34项。220千伏及以上输电线路零外破，35~110千伏变电设备故障同比下降25%。积极引导企业参与负荷管理，迎峰度夏期间，企业参与集中检修最高错峰负荷达2.7万千瓦，居民“e起节电”参与率在宿迁市三县最高。有力应对“4·15”“7·10”等多轮恶劣天气供电应急抢修任务，24小时内基本恢复供电。圆满完成中高考、县“两会”、国际花木节等重要保电任务。2名员工支援杭州亚（残）运会保电，责任区内输电设备零故障。

（杨西光）

2023年7月13日，沭阳县供电分公司在暴雨天气下开展输电线路特巡　仲莹莹　摄

城市管理

【概况】 2023年，沭阳县城市管理局坚持以人民为中心的工作导向，紧盯群众急难愁盼问题，切实解决群众需求，不断增强市民群众在城市管理工作中的幸福感和获得感。在城管队伍建设、城市日常管理、城市环境综合治理、公共基础设施建设等方面做了大量工作，取得了良好的成效。

【省级城市管理示范县创建】 2023年，沭阳县城市管理局紧紧围绕县委、县政府决策部署，锚定争创“省城市管理示范县”工作目标，坚持“以创促建、以创促管、以创提质、以创争优”的工作思路，成立创建工作指挥部，印发《沭阳县创建江苏省城市管理示范县工作实施方案》，深入研究部署、创新工作思路、细化推进举措，并于10月24日，入选江苏省城市管理示范县创建名单。县长王瑞在第二、第三次城管委工作例会上对示范县创建作了专题部署，要求凝聚部门合力、聚焦重点环节、实施跟踪问效，找准突破口和发力点，实行对症下药、销号管理，确保创建各项指标不失分、得高分，全力打好省级城市管理示范县创建攻坚战。

【打造夜经济服务品牌】 2023年，沭阳县城市管理局为提升城市“烟火气”，激发市场活力，促进经济发展，全力打造城市“烟火气”集聚区。根据人员流动量，在城区设置花园路夜市、吾悦广场烟花市集、中央商场星空市集、爱琴海不着集、万达广场万达金街霓虹夜市、华氏大厦嗨玩市集6个特色夜市。根据政府指导，商场自建的原则，在利群超市和万梅新天地广场自营投资打造爱咪悠、万梅新天地特色街区，共投资300余万元，打造特色景观餐车46辆，占地3000平方米，于2023年1月建设完成投入使用，日常管理由利群超市负责，城管部门进行监督指导。自城区夜经济活动开展以来，带动就业岗位1900余个，拉动消费4000余万元。

【垃圾分类撤桶并点】 2023年，沭阳县城市管理局重点围绕设施设置、宣传引导、分类投放收运等方面，投资4425.29万元，在50个小区设置51台智能化再生资源回收站和304台智能化垃圾房，实现居民小区再生资源和垃圾分类“两网融合”。同时完善规范、有序的可回收物收运处理体系，新建垃圾分类宣教中心、大型分拣中心和“两网融合”站点等基础设施各1处。有序推进城市各类场所“四分类”工作，持续深入开展垃圾分类进机关、进社区、进家庭、进学校、进企业、进窗口、进医院“七走进”系列活动。全年累计开展各类宣传活动520场，志愿服务1162人次，张贴宣传海报8820张，发放各类宣传资料73590份。社区居民生活垃圾分类知晓率达100%，居民参与率达95%，垃圾分类投放准确率为

2023年7月，沭阳金港花苑新建智能垃圾分类点　　城管局　供图

95%。充分利用“两微一端”、广播电视、报纸杂志、户外广告等宣传媒体，普及生活垃圾分类知识。提高乡镇垃圾分类质效，共完成53个镇村垃圾分类收集点建设，新购置10辆垃圾分类收集转运车，全面完成3个小城市（贤官、马厂、高墟）垃圾分类体系建设，努力配齐、配足农村生活垃圾收运设施，为农村生活垃圾收运工作夯实基础。先后在人民网、《新华日报》、宿迁电视台、速新闻、《沭阳新闻》等国家、省、市、县新闻媒体上报道宣传全县垃圾分类先进做法。

【摊点管理模式创新】 2023年，沭阳县城市管理局着力在“管理有温度、执法有力度”上下功夫，坚持“疏堵结合、规范管理”的工作原则，在城区合理设置便民疏导点，为摊贩“筑巢安家”，让城市管理有力度更有温度。经过实地调研、规划布局，县城管局在城区设置杭州西路前巷名园、深圳西路中城美地、人民西路西城馥邦、公园东路学府花苑、新康路、汇文路、承晖路、南湖路9个疏导点共296个摊位，摊主信息录入智慧城管信用管理平台，摊主签订承诺书，每日由片区队员进行巡查管理，巡查记录正常上传至信用平台实施信用加减分。设置便民疏导点既是回应群众关切问题，也是县城管局关注民生需求便民举措。

【市容市貌管理】 2023年，沭阳县城市管理局紧紧抓实抓牢主责主业不放，以“净”为本，努力实现城区环卫保洁、市容市貌提档升级。常态开展“城市洗澡”行动，通过增加洒水频次、优化作业路线，坚持“高压冲洗车+机扫+小养护精洗+喷雾抑尘”的“四位一体”模式，持续保持城区保洁高压态势，有效增加空气湿润度，减少扬尘污染源。全年已完成第10轮“城市洗澡”行动，为推动城区环境卫生质量提档升级提供基础保障。开展餐饮油烟整治，对城区4300余家餐饮商户开展专项检查7000余次，督促安装油烟净化设备200台，完成上级交办、餐饮油烟平台监测和巡查发现的餐饮油烟各类问题300余起，处理餐饮油烟投诉件160余起，立案查处20起，罚款1.3万元。加强占道经营管理，坚持突击整治和长效管理相结合工作方法，全年共清理店外店4000余处，流动摊点1.2万余起。开展非机动车停放整治，全年共查处非机动车不规范停放行为9610起，罚款384400元。开展违建查处，紧紧围绕违章建筑零增长工作目标，全年共查处违建60余处，拆除违建11600余平方米，罚款172.63万元。稳步提升户外广告管理，全年共备案店招标牌883份，对城区存在安全隐患户外广告和招牌设施排查，共发现遮挡窗户的广告牌340处，下达《责令改正通知书》325份，拆除违规广告招

2023年7月25日，沭阳县城管局对沿街商铺违规设置广告牌进行依法拆除　　城管局　供图

牌430处14498平方米，拆除丁字招牌328处、地插广告820块。全面规范渣土运输管理，全年共出动执法人员1300余人次，执法车辆200余车次，对城区12个工地进行巡查，共查处各类违规渣土运输行为30起，罚款2.9万元。

【公厕修建】 2023年，沭阳县城市管理局为有效进一步解决市民如厕难问题，在第一实小南校区西北角、潼阳中学东北角、新世界商业广场新建二类公厕3座，扩大公厕覆盖范围，增加公厕点位。按照“生态环保、节能适用、因地制宜、卫生方便”的原则，同时注重以人为本，内部设施和设备改造均采用先进可靠、使用方便、节能降耗的产品，不断完善公厕服务功能，努力打造公厕精品工程，把城区公厕真正建设成为“民心工程”和“德政工程”。

【路灯安装改造】 2023年，沭阳县城市管理局将重庆南路等19条道路路灯智能化改造列入政府民生项目，通过路灯改造，解决了部分道路照明昏暗问题，一批老灯具、旧灯杆得到及时更新，道路照明质量大幅提升。共改造更换LED灯具2245盏，安装单灯控制1367个、集控64台、新灯杆63根，旧灯杆再利用38杆，浇铸灯基础119个，优化线路3000米。新改造路灯功率下降147.75千瓦，降幅达47.1%，道路照明度提高了40%，节电率超过47%，年节约电量53.93万千瓦时，路灯照明数字化、智能化和信息化基本建立。着力开展路灯日常维护，提升路灯设施管理水平。全年共维修路灯2680盏次，更换各类光源电器865套、电缆3850米，修复控制箱故障352次、变压器故障23台，对36条道路72个控制点调整了开关灯时间，改造更换福州路、镇江路、扬州路老旧路灯265盏，亮灯率达95%以上，设施完好率达99%。

【城市信用体系建设】 2023年，沭阳县城市管理局充分发挥城市管理领域信用约束作用，推动社会自治责任有效落实，不断提升城市治理水平，促进文明城市长态长效，“信用+城管”管理体系建设工作得到全面稳步推进。全年新增公园路学府花苑、新康路疏导点，并与9个疏导点296个摊主签订《城区摊点疏导信用承诺书》，并正常上传巡查记录数据1964条。在工程渣土重点事项中，与城区10家渣土企业签订《城区工程渣土信用承诺书》，及时对渣土企业进行巡查监管。全年对辖区内监管对象累计加减分1226次，其中加分477次1431分，减分749次2407分，涉及监管对象16家。对履约履诺情况良好、积极配合工作的，及时给予一定信用加分，并多渠道、多载体定期公示沿街商铺信用积分。

【城市公共空间治理】 2023年，沭阳县城市管理局通过广泛征集，精心编排，按照适度超前、按期完成、注重质量的要求对城市公共空间开展治理。定期开展废弃车辆整治，对占用公共空间治理，排查疑似废弃汽车9939辆，确认并拖移废弃车辆406辆，释放公共停车位400多个。合理利用公共资源，共提供1119个停车泊位错时免费对外开放，同时推动了25个小区共计6195个车位实现租售，有效缓解了城区停车难问题。严控违法建设增量。全年共拆除小区违建84处，累计面积6387平方米，罚款119.60万元。开展逃生通道治理，对广告店招、铁栅栏遮挡窗户和逃生的通道问题进行治理，共拆除面积3.78万平方米，此项工作得到市有关领导充分肯定。

【城市停车治理】 2023年，沭阳县城市管理局着力开展停车治理工作，解决市民急难愁盼问题。开展居民小区停车专项治理。推动大唐世家、南湖郡等40个小区共18133个地下停车位实现对外可租可售，进一步解决小区停车难问题，城市道路空间得到有效释放。推进公共停车设施提升。聚焦各大商超、市场、学校、医院等人流密集场所，并对原有非机动车停车线进行补划，已完成非机动车停车位标线施划8.1万米、标识1700个，安装停车指示牌300块，有效缓解了非机动车“停车难”和群众出行“后顾之忧”。开展机动车乱停乱放专项治理。沭阳县城市管理局会同交警部门共规范非机动车停放1132辆次、机动车停放1751辆次，查处违停2796起，清理废弃车辆158辆，罚款11.6万余元。推进单位庭院开放。已经推进17家单位庭院停车位错时对外开放，开放停车位合计1119个。

（郭冬冬）

编　辑：郑长银

综　述

【农业产业集群】 沭阳县紧扣“产业兴旺、生态宜居、乡风文明、治理有效、生活富裕”乡村振兴战略20字方针，锚定建设苏北最美乡村的目标，以“两区三带”规划统领乡村振兴，以“一群四链”产业提升发展能级，以“个十百千”工程改善人居环境，坚持规划引领、示范带动，重点突破、精准发力。稳产保供达到新高度。粮食生产呈现单产、面积、总产和效益四增趋势，种植面积和总产量连续六年位居全省第一，实现“二十连丰”，获省厅通报表扬。潼阳镇后屯、潼东设施瓜菜种植基地被认定为市第一批“菜篮子工程绿色蔬菜保供基地”。产业发展再创新局面。“一群四链”综合产值突破400亿元，同比增长12%。“中国花谷”建设能级显著提升，花木电商发展到“多人矩阵直播”的4.0时代。省委、省政府主要领导先后到沭阳开展调研，省委书记信长星高度评价沭阳花木产业发展成效。在全省学习运用“千万工程”经验、加快建设新时代鱼米之乡推进会上，沭阳作为唯一被表扬的县区，省委副书记、组织部部长沈莹指出沭阳花木产业做得好，“以花兴农、以花富农”相关经验做法值得各地学习借鉴。在省委农村工作会议上，县委书记彭伟受邀作题为《兴产业 促就业 富家业 打造“花漾沭阳·创业天堂”金名片》的交流发言。青伊湖、沂涛、扎下、贤官、韩山、桑墟、胡集、耿圩、潼阳、章集、庙头11个乡镇（街道）被县委、县政府表彰为乡村振兴工作先进单位。

【规划编制】 2023年，沭阳县围绕涟沭接合部片区两个乡镇，组织县直16个相关部门，精心编制2023年度片区帮促项目40个，总投资约2.83亿元。其中，基础设施项目16个，产业发展项目14个，民生改善项目10个。

【对上争取】 2023年，沭阳县争取上级重点片区项目资金1000万元和革命老区支持相对薄弱乡镇振兴发展补助资金400万元，实施项目3个。成功争取2023年中央专项彩票公益金支持欠发达革命老区乡村振兴项目资金4000万元，实施涟沭接合部乡村振兴项目7个。争取上级财政衔接资金9446万元，其中6606万元用于脱贫人口小额信贷贴息补助、发展新型农村集体经济、村民医疗互助和农村户厕改造补助外，其余2840万元共实施5个衔接资金项目。

（陈月阳）

富民强村帮促

【富民帮促】 2023年，沭阳县对原“十三五”期间7.2万户、22.1万人建档立卡低收入农户，开展“五看一查一帮助”活动。发放脱贫人口小额信贷8.33亿元，受益农户2.24万户，居全省县级第一名。为低收入农户发放水电费1230.52万元；购买大病补充保险3329.3万元。投入157.74万元为原建档立卡低收入人口购买缓解因灾致贫保险。

【强村帮促】 2023年，沭阳县开展新一轮挂村帮促工作，组织全县党政机关事业单位、金融机构以及国有企业均参与挂村帮促和包户结对帮促。会同县委组织部，做好2023年度县派第一书记考核工作。34名县派“第一书记”落实帮扶项目102个，投入到账帮促资金395万元；对于历年来形成的7.17亿元帮扶项目资产，重点从“清底数、增效益、严监管”三方面集成发力，备好“紧箍咒”，打好“组合拳”，当好“大管家”，得到省、市乡村振兴局的充分肯定，并被相关媒体作为经验典型宣传报道。扎实推进消费帮促工作，开展“庆丰收、迎盛会”金秋消费帮促活动和“消费帮促助农增收集中行动”等，促进产销对接。

【村集体经营性收入】 2023年，沭阳县对省定59个乡村振兴重点帮促村村集体经济收入每月做好监测统计，全年实现村集体经济收入5695万元、村均收入96.53万元，村均同比增幅达21.7%。截至2023年年底，全县农村集体资产总额为18.39亿元，其中经营性资产为10.66亿元，非经营性资产为8.73亿元。

【乡村公益医疗互助】 2023年，沭阳县制定《沭阳县乡村公益医疗互助试点方案》，推行“福村宝”群众医疗互助项目，通过共建共享、平台运作的方式，为老百姓再添一道医保防线。2023年度争取上级财政衔接资金9446万元，其中6606万元用于脱贫人口小额信贷贴息补助、发展新型农村集体经济、村民医疗互助和农村户厕改造补助。

（陈月阳）

农业保险

【概况】 2023年，沭阳县在已出台的《沭阳县加快农业保险高质量发展的实施意见》文件基础上，新出台《沭阳县推进农业保险高质量发展工作方案（2023—2025）》文件，发挥县农业保险工作小组组织协调作用。由县财政局分管负责人任组长，县财政局、县农业农村局、县金融办、县自然资源和规划局、县统计局等单位业务科室负责人为小组成员，落实联席会议和联络员制度，召开农业保险工作会议，研究推动落实农业保险有关事项。

【农业保险险种】 2023年，沭阳县政策性农业保险由人保财险沭阳支公司、紫金保险沭阳支公司按区域分别承办。共承办26个政策性农业保险险种，具体包括水稻物化成本保险、小麦物化成本保险、玉米物化成本保险、水稻完全成本保险、小麦完全成本保险、玉米完全成本保险、大豆保险、花生保险、水稻制（繁）种保险、能繁母猪保险、育肥猪保险、奶牛保险、生猪“保险+期货”、肉鸡保险、设施大棚保险、棚内作物保险、鸭保险、苹果保险、露地水生蔬菜保险、梨保险、内塘螃蟹水文指数保险、羊保险、桃保险、池塘淡水鱼保险、拖拉机交强险保险、农机综合保险。

【农业保险政策宣传】 2023年，沭阳县财政局开展农业保险政策宣传和指导工作，会同保险承办机构等单位开展保险宣传日、宣传月等活动。利用广播、电视、报纸及网络新媒体等渠道，宣传农业保险补贴政策，引导广大农户增强风险意识和投保积极性。运用集会、节日等重要节点开展宣传，在中心乡镇集市设立宣传台，向过往农户宣传农业保险政策，解答农户提问的关于农业保险相关问题，提高农业保险政策知晓度。开展现场宣传培训，全年共印制保险监督服务卡、业务宣传册5万余份，通过农险专员向田间地头农民发放业务宣传册，为农户讲解农业保险政策，指导保险承办机构组织召开农业保险培训20余场。

【保费补贴资金管理】 2023年，沭阳县执行《农业保险条例》《中央财政农业保险保费补贴管理办法》《江苏省省级财政农业保险保险费补贴管理办法》等规定，贯彻落实中央和省保费补贴政策，足额安排财政保费补贴，每季度县财政局会同县农业农村部门进行审核，足额拨付保费补贴资金。全年共承保小麦131.84万亩、水稻113.21万亩、玉米7.74万亩、育肥猪56.35万头，承保26项农业保险险种，保费总规模12745.89万元，其中中央财政补贴资金4342.22万元、省财政补贴资金3647.38万元、县财政补贴资金1968.68万元（包括高效农业保险配套资金423.24万元）及农户自缴保费2787.61万元均已到位。

【保险理赔】 2023年，沭阳县共兑付水稻、小麦、能繁母猪、育肥猪、蔬菜大棚等25个险种理赔资金10658.31万元，理赔受益农户达16.09万次。

（杨　洋）

农业农村改革

【农村集体产权制度改革】 2023年，沭阳县进一步推进农村集体产权制度改革。截至2023年年底，全县农村集体资产总额为18.39亿元，其中经营性资产为10.66亿元，非经营性资产为8.73亿元。全年农村产权共成交3862笔，成交总金额4.09亿元。利用省级财政奖补资金建成耿圩镇、贤官镇两个标准化农村产权交易中心。以实施资产倍增、能力提升、管理提优、暖心富民四项工程为抓手，夯实集体经济发展基础，创新集体经济发展路径，规范集体经济发展管理，共享集体经济发展红利。陇集镇墩前村、钱集镇效佐村获评“宿迁市十佳经济强村”。

【农村集体“三资”管理】 2023年，沭阳县全面加强农村集体“三资”（农村集体资金、资产、资源）管理工作，开展农村集体“三资”专项治理工作，加强对人员的培训和管理，使农村集体“三资”管理工作有序推进。着重在巩固、提高、完善上狠下功夫，制定出台《沭阳县村（社区）村务卡管理办法》。全县涉农村居集体可持续经营性收入村均59.73万元，同比增幅14.21%。

（陈月阳）

农村经济新业态

【休闲农业】 2023年，沭阳县按照“农业景观化，景观生态化，生态效益化”的发展思路，坚持农旅融合，乡村呈现宜居、宜业、宜游的新态势。全县共有2家主体上榜省乡村休闲运动基地推介名单，包括沭阳县北科研学乐园休闲运动基地和沭阳县土娃娃生态园休闲运动基地。全年共接待休闲农业观光人数504万人次，营业收入10.95亿元，其中农副产品销售收入9.64亿元，从业人员1.327万人，带动农户3.03万人。

【农业电商】 沭阳县在“互联网+”农产品出村进城基础上，积极向数字化转型做好农产品电商工作。2023年，全县农产品网店总数达4.6万家，农产品网上销售额达128亿元，带动农村劳动力就业32万人。全县拥有104个“中国淘宝村”、16个“中国淘宝镇”，是全国唯一的花木淘宝村集群。7月20—22日，开展农产品电子商务培训，参训人数250人，围绕基础技能、实用技能、从业素质等，帮助新农民新主体掌握农产品网络营销技能，促进农业电商新业态高质量发展。11月13—14日，全省“互联网+”农产品出村进城交流培训会在宿迁举办，沭阳邮政公司作为典型代表，作“以三级物流体系畅通花木产业微循环”发言交流。

【数字乡村建设】 2023年，沭阳县借鉴“数字堰下”经验，在颜集镇全域和扎下镇银山村、新河镇双荡村、庙头镇聚贤村、青伊湖镇小元村、钱集镇新桥村“一镇五村”建设“数字党建”，突出地方特色，分别建设“数字颜集、善治银山、先锋双荡、文明聚贤、红色小元、富民新桥”。10月，“数字堰下”综合平台入选省网信办等5家单位联合开展的“2023数字江苏建设优秀实践成果”典型。“数字堰下——数字乡村的实践与启示”入选全国信标委数字乡村标准研究组“2023年度数字乡村优秀案例”。

【高素质农民培育】 2023年，沭阳县坚持需求导向、产业主线、分层实施、全程培育，坚持生产技术技能、产业发展能力、农民素质素养协同提升，以质量效果提升为中心，以方式方法创新为手段，扎实推进高素质农民培育工作。运用腾讯会议、县融媒体等平台，开展线上+线下培训，创建农民田间学校，开展理论+实操相融合培训，联合人社部门开展技能培训+技能考核+职称认定等新模式。全年开展粮食种植、果蔬种植、现代农业、玉豆复合种植、农产品电子商务、农资经营、园林绿化、盆景制作等专业培训班30期，累计培育高素质农民5100人次，超额完成培训目标任务，学员满意度达99.6%，超过省高素质农民培育考核监测目标值85%，荣获“2023年度全省农民教育培训工作先进集体”称号。

（陈月阳）

乡村建设

【农房安全隐患排查】 2023年，沭阳县严格按照省、市有关文件精神，及时制定实施方案，多次组织召开农村房屋安全隐患排查、录入业务培训会、推进会，细化职责分工，认真部署落实，顺利完成343个行政村的全面排查工作，并录入全国农村房屋安全信息采集系统。全年累计排查农村房屋221251户（用作经营自建房5607户）。对初判存在风险的548户农村自建房进行了评估检测，鉴定为C、D级房屋360户（C级房屋124户、D级房屋236户）。截至2023年6月30日，对存在安全隐患的360户C、D级房屋进行消险解围和整治（拆除188户，维修加固154户，重建18户），整治率100%。同时，建立健全农村房屋安全管理长效机制，推动农村房屋安全管理工作实现常态化。自2020年12月行政村集体土地上的农村房屋安全隐患排查整治工作开展以来，全县共排查自建房664035栋（排查农村自建房489089栋，经营性自建房6408栋），初判存在安全隐患的自建房3747栋（农村自建房3047栋），已通过安全鉴定隐患排除、采取拆除或加固工程措施及专业技术人员复核排除隐患3种方式完成整治销号3692栋，整治销号率98.53%。尚未完成整治的初判存在安全隐患自建房55栋。

【危房改造】 2023年，沭阳县危房改造任务数为54户（C级危房户1户、D级危房53户）。沭阳县通过“加固改造”“拆除重建”等方式，53户拆除重建房屋已经全部竣工，完成加固改造1户，补助资金已拨付至农户“一折通”，农村危改工作圆满完成。

【农房改善】 2023年，市农房办下达我县协议搬迁5500户农户和新建2个农房改善项目目标任务。全年完成协议搬迁5760户，青伊湖镇东小元庄、桑墟镇条河村2个农房改善项目已全面竣工。全县农房条件明显改善。

【特色田园乡村创建】 2023年，宿迁市下达沭阳县年度目标任务为完成2个省级特色田园乡村和1个省级传统村落的命名。沭阳县采取乡镇自报、集中筛选的方法，确定了4个特色田园乡村备选点。经过精心打造，青伊湖镇滥洪社区东小元庄、陇集镇墩前新型农村社区被命名为江苏省特色田园乡村，全县美丽宜居乡村实现规划发展村庄全覆盖，较好地发挥了村庄创建的示范引领作用。新河镇双荡村山荡、青伊湖镇滥洪社区东小元庄2个村正申报省级传统村落，相关申报材料已上报市住建局审核。截至2023年年底，全县共有新河镇双荡村山荡、庙头镇聚贤村仲楼、刘集镇郇河社区、胡集镇胡西社区、耿圩镇淮西社区、庙头镇后圩社区、吴集镇塔桥社区、青伊湖镇滥洪社区东小元庄、陇集镇墩前新型社区9个乡村被命名为省级特色田园乡村。

【重点镇（小城市）建设】 2023年是宿迁市小城市建设三年行动计划收官之年，沭阳县高位统筹，精心组织，在高墟镇、贤官镇、马厂镇3个小城市共建设71个建设项目。其中高墟镇28个、贤官镇26个、马厂镇17个，总投资约162.18亿元。截至年底，已竣工投产50个（高墟19个、贤官21个、马厂10个），其余项目正在施工。3个小城市的建成区面积分别为4.5、4.6、4.1平方千米（三年目标为4~6平方千米），建成区常住人口分别为达3.95万人、3.9万人、3.25万人（三年目标为3万~5万人），小城市平均城镇化水平分别为58.7%、60%、57%（三年目标均达55%以上）。各项指标均达市小城市三年行动计划要求，小城市综合集聚效应进一步增强。

（袁冬昱）

乡村环境治理

【农村生活垃圾治理】 2023年，沭阳县巩固提升农村垃圾“户投放、组保洁、村收集、镇转运、县处理”的五级收集转运体系，推进农村生活垃圾分类工作，加快垃圾分拣中心、易腐垃圾处理、行政村垃圾分类收集点等基础设施建设，配套生活垃圾分类收集、转运车辆。常态督导各乡镇（街道）全面清理整治生活垃圾、卫生死角。扎下镇农村生活垃圾分类工作通过省级评估。十字街道、李恒镇、悦来镇垃圾中转站完成升级改造，增设分拣中心和阳光房，新建行政村垃圾分类收集点53个和配套生活垃圾分类收集转运车10辆。组织召开全县农药包装废弃物回收工作推进会2次，发放《致广大农民朋友的一封信》3万余份，制作不干胶《农药包装废弃物回收处置告知书》1000份，制作手提袋宣传包4000余个。

【农村厕所粪污治理】 2023年，沭阳县加强改厕技术培训，制作印发《沭阳县农村厕所革命无害化卫生户厕改造建设手册》，召开改厕技术培训专题会议，成立沭阳县农村厕所改造工作技术指导组，严把产品质量关、招标采购关、施工标准关、验收审核关“四关”。完成卫生户厕改造36255户，占2023年度目标任务的106.73%。新建农村三类公厕6座。累计下发关于垃圾清运、公厕管护的督查专报3期。

【农村生活污水治理】 2023年，沭阳县结合农业农村污染治理攻坚战重点任务，新建设21座有动力农村生活污水处理设施和6个纳管项目，新建污水管网约39.56千米。逐步构建农村黑臭水体治理监管体系。截至2023年年底，沭阳县农村生活污水处理设施已覆盖354个行政村，建成295座农村有动力生活污水处理设施，其中255座正常运行，正常运行率达86.4%。有序开展截污纳管、河道清淤等工作，提升整治效果，近三年共疏浚整治沟河长度约111千米。沭阳县农村黑臭水体共涉及18个乡镇（街道），共开展144条河道整治任务，其中4条列入国家黑臭水体试点整治项目，投入资金约2300万元，截至2023年，已完成119条河道整治任务，治理率达82.64%。累计完成158条563.94千米生态河道建设。

【农业废弃物治理】 2023年，沭阳县开展废旧农膜回收利用，通过1个县级收贮中心和27个乡镇一体化回收站，回收废旧农膜3398.1473吨，回收率99.38%。采取“交3领1”的方式（3斤废旧地膜换取1斤新膜）“以旧换新”，共换废旧黑色地膜150余吨。推动减量替代试验示范，建立1个加厚地膜试验示范和5个可降解地膜试验示范，辐射带动周边农户应用加厚高强度地膜和全生物降解地膜4.76万亩。开展农药包装废弃物回收处置工作，健全完善农药包装废弃物回收处置体系，全年回收处置农药包装废弃物182.4吨，农药包装废弃物回收覆盖率100%，回收评价良好以上等级率达100%。建立畜禽养殖污染整治清单，摸排规模及规模以下养殖场共计1837家，对治理达标的养殖场（户）开展3轮检查认定，完成治理并认定通过率100%。实施“花乡绿道”沿线6个乡镇畜禽粪污资源化利用整镇推进和2023年畜禽粪污资源化利用整县推进。落实“乡站周巡查、县站月抽查”的工作制度，县乡两级畜牧兽医站累计巡查指导养殖场（户）22745场次。创建省级畜牧生态健康养殖示范场4家。

【村容村貌功能提升】 2023年，沭阳县新建成省级绿美村庄5个，累计建成绿美村庄157个，培育建设省级宜居宜业和美乡村24个。创成国家级卫生乡镇8个、省级卫生乡镇14个、省级卫生村131个，创建省级健康镇2个、省级健康村（社区）47个。全力打造“推窗见绿、抬头赏景、起步闻香、花开农家、果香庭院”的“五美庭院”。累计建成省级特色田园乡村9个，当年建成2个。累计建成省级“美丽家园”5个，市级“五美庭院”示范村（社区）32个，县级“五美庭院”示范村（社区）102个，建成“五美庭院”户175475户，其中2023年建成21659户。

（陈月阳　刘　雨）

乡村文化

【新时代文明实践中心建设】 2023年，沭阳县全面贯彻落实中央和省、市新时代文明实践工作部署，按照“群众在哪里，文明实践就延伸到哪里”的工作理念，深化拓展新时代文明实践中心建设，精心组织开展“理论宣讲”“文化文艺”等各类新时代文明实践活动，持续擦亮“拒绝‘升学宴’引领新风尚”“白事简办”等移风易俗工作品牌，乡风民风持续向上向善，有效打通宣传群众、教育群众、引领群众、服务群众“最后一千米”。

【农家书屋建设】 2023年，沭阳县共有农家书屋323个，2019年隶转以来，依托新时代文明实践所站及党群服务中心改扩建等，有125个书屋得到不同程度提升改造，共计投入资金约350万元，自助更新书籍约4万册。2020—2023年，根据省、市相关文件要求，沭阳县省补农家书屋活动分别为2020年402场、2021年411场、2022年429场、2023年323场，共计1565场。除此之外，每个书屋每年约开展阅读活动3场，活动主要结合党员冬训、新时代文明实践、读书分享、文艺演出等，以“新时代乡村阅读季”农家书屋万场主题阅读活动、“我的书屋·我的梦”等活动主题进行。

【送戏下乡】 2023年，沭阳县县级层面举办各类文化惠民活动650场，其中送戏下乡150场。

【读书活动】 2023年，县委宣传部创新推出“榜样指引人生 阅读照亮未来”大学生进社区话阅读主题志愿活动，紧扣寒、暑期关键节点，充分发挥大学生、准大学生阅读榜样作用，有力推动全民阅读走深走实。自2022年启动，至2023年年底，该活动已累计开展650余场次，覆盖人数3万余人，成功获评江苏省三类公益阅读推广活动，入选省农家书屋创新案例。县委宣传部获评中宣部、农业农村部2023新时代乡村阅读季“我爱阅读100天”优秀推广单位荣誉称号；第十三届江苏书展期间，县委宣传部被评为优秀组织单位，江苏印咸书局文化传媒有限公司被评为优秀分展场。

（司书阳　丁　琼　张思寒）

乡村治理

【乡村治理体系建设】 2023年，沭阳县民政局印发《关于深化“五社联动”机制提升城乡社区共治共享水平的实施方案》《集成民政资源要素 深化基层治理创新实施方案》等文件，投入359万元改造钱集陈圩、吴集兴杨、扎下银山等30个城乡社区综合服务中心，推动社区服务扩能提质。

【新型农村社区治理】 2023年，沭阳县民政局培育推广沭城街道“社会组织进小区”、贤官镇“村企共建”、颜集“数字堰下”、桑墟“云上老庄”等“五社联动”创新做法，沭城街道、贤官镇被确定为省级“五社联动”创新试点单位，颜集镇堰下村被确定为省智慧社区建设特色应用试点单位。

（荣　超）

【乡村文明建设】 2023年，沭阳县积极开展乡村文明建设，4人获评“江苏好人”，4人获评“宿迁好人”，6人获评“宿迁最美人物”。1月4日，新华社《要情动态》以《让人情交往回归理性重塑风清气正社会环境——沭阳县移风易俗实践观察》为题报道沭阳县移风易俗工作经验做法，省委常委、宣传部部长张爱军批示肯定，要求经验做法在苏北地区乃至全省推广，成熟的经验向中央文明办报告。1月29日，沭阳县《沭阳龙庙镇：“四项服务”推动白事简办》《沭阳县桑墟镇：创新实施“123”工作模式 压茬推进人情新风》两篇案例入选省文明办移风易俗工作优秀案例。6月12日，中国文明网“美翻了我的村”第80期以《江苏省沭阳县聚贤村：诗画田园 唱响幸福欢歌》为题，刊登全国文明村庙头镇聚贤村乡风文明经验做法。6月30日，《江苏省精神文明建设简报》以《持续推进“拒绝升学宴 引领新风尚”》为题，报道沭阳县拒绝升学宴工作经验做法。7月24日，《江苏宣传工作动态》以《沭阳倡导拒绝“升学宴”打造毕业“清风季”》为题，报道沭阳县拒绝升学宴工作经验做法。

（樊星辰）

编　辑：郑长银

综　述

【生态示范建设】 2023年，沭阳县生态环境局与县内相关部门和乡镇配合，开展生态文明建设创建工作。沭阳生态环境局牵头会同相关单位对《沭阳县生态文明建设规划（2023—2030）》（以下简称《规划》）内容进行多轮完善，并于12月14日正式以县政府名义将《规划》上报省生态环境厅自然处。按照省里创建指标要求，组织贤官、扎下等两个乡镇开展省级生态文明建设示范乡镇和示范村创建工作。编制并印发《沭阳县“无废城市”建设工作方案》和《沭阳县“十四五”时期“无废城市”建设实施方案》，对沭阳县“十四五”时期“无废城市”建设目标、任务、项目、责任进行细分，以工程推动沭阳县“无废城市”建设工作。2023年，沭阳县共有7个项目列入“无废城市”建设项目清单，已完成项目3个，在建项目3个，前期筹备项目1个。推进列省的5个生态空间管控区域占用问题整改和国家级红线占用问题整改工作。

【生态损害赔偿】 对2019、2020年遗留的6件生态损害赔偿案件分别组织磋商会议，与企业签订赔偿协议，通过直接赔偿或替代修复的方式消除环境损害，确定生态损害赔偿金共计113.3万元，并将磋商结果上传生态损害赔偿改革进展报送系统。同时对行政处罚案件开展“一案双查”，共启动生态损害赔偿索赔案件70余件，并对其中部分案件已达成赔偿协议并上传生态损害赔偿改革进展报送系统。

【清洁生产工作】 为有效控制环境污染，节能降耗，2023年沭阳生态环境局共组织15家重点企业开展强制性清洁生产，并督促指导国开区152家重点企业开展集中式清洁生产审核工作。

【污染物减排】 2023年，沭阳生态环境局牢固树立“绿水青山就是金山银山”的理念，坚定不移走生态优先、绿色发展之路，强化污染防治。全面开展铸造、纺织、橡胶、板材等行业污染问题整治，推进大户减排，实施水污染防治工程，持续推进各行业提标改造工作，深挖全县主要污染物减排潜力，实现污染物减排。

2023年沭阳县主要污染物排放情况一览表

表17

序号	主要污染物	排放量
1	工业废水排放量（万吨）	1677.918
2	化学需氧量排放量（吨）	993.112
3	氨氮排放量（吨）	34.643
4	总氮排放量（吨）	130.972
5	总磷排放量（吨）	7.091

续表17

序号	主要污染物	排放量
6	工业废气排放量（亿立方米）	770.556
7	二氧化硫排放量（吨）	298.972
8	氮氧化物排放量（吨）	858.952
9	颗粒物排放量（吨）	721.733
10	挥发性有机物（VOCs）排放量（吨）	9055.423
11	二氧化碳排放量（万吨）	71.55758
12	机组二氧化碳排放量（万吨）	51.63009
13	工业锅炉二氧化碳排放量（万吨）	19.92749

【危险废物污染防治】 完善危险废物全生命周期监管体系，推进产废企业全面纳入危险废物全生命周期监控系统，全面推广使用危废“二维码”电子标签，同时督促重点产废企业危废库现场实时视频内容接入省平台；实施新污染物治理行动，起草、印发《沭阳县新污染物治理工作方案》，全年完成1087家企业的化学物质使用申报工作，组织沭阳县1433家企业进行重点管控新污染物和化学物质摸排申报工作。

【环保宣传】 沭阳生态环境局坚持以“江苏治污攻坚”“宿迁治污攻坚”“宿迁生态环境”等传媒平台为主，《宿迁日报》、“速新闻”、“爱沭阳”等本地主流媒体常态合作为辅，积极投送高质量稿件，提高宣传影响力；同时，与《新华日报》、《中国环境报》、“江苏环境”、“学习强国”等国内主流媒体进行对接合作，促进沭阳县生态环境工作迈上新台阶。2023年，共发布宣传信息159篇次，其中市内平台发布140篇次，省级平台发布8篇次，中央平台发布11篇次；依托“5·22”生物多样性日、“6·5”世界环境日、“8·15”全国生态日等关键节点，走进校园、商场、社区、企业等地，开展生态文明主题宣传活动10余次。

环境质量

【空气环境质量】 2023年，沭阳县$PM_{2.5}$平均浓度为38.6微克/立方米，在三县两区中排名第3，同比上升1.8%；优良率为75.1%，在三县两区中排名第三，较2022年同期下降4.4个百分点。

【水环境质量】 2023年，沭阳县13个国省考断面水质均值达标率100%；2个国省考断面水质达到Ⅱ类水体，沭阳县2个县级以上集中式饮用水水源地优Ⅲ水体比例均达100%，城市生活污水收集处理率59%，农村生活污水治理率为42.06%。

【固体废弃物综合利用】 2023年，沭阳县一般工业固体废物综合利用率达到90%以上，工业危险废物处置率达100%。

【声环境质量】 2023年，沭阳县编制《沭阳县城区声环境功能区划分调整方案》，为合理规划全县城市总体布局、构建和谐城市提供一定的理论依据，并为沭阳县城区声环境质量评价、声环境管理、建设项目审批、噪声纠纷评判等提供依据，科学地对声环境功能区进行划分。每个季度对功能区噪声监测点进行监测，全年各声功能区等效连续A声级均能满足《声环境质量标准》（GB 3096—2008）相应功能区标准要求。

2023年度沭阳县功能区定期监测数据统计表

表18

功能区 季度	二类区（天下景城）			二类区（沭阳县宾馆）			二类区（建陵家园）		
	Ld	Ln	Ldn	Ld	Ln	Ldn	Ld	Ln	Ldn
一	53.9	44.1	54.0	55.6	44.2	55.2	56.9	46.6	56.8
二	54.2	45.5	54.7	55.1	45.8	55.3	55.1	46.0	55.4

续表18

功能区 季度	二类区（天下景城）			二类区（沭阳县宾馆）			二类区（建陵家园）		
	Ld	Ln	Ldn	Ld	Ln	Ldn	Ld	Ln	Ldn
三	54.7	45.8	55.1	55.0	44.5	53.4	55.4	46.7	55.9
四	54.5	44.8	54.6	54.9	45.5	55.1	55.1	45.8	55.3
全年	54.3	45.0	54.6	55.2	45.0	54.8	55.6	46.3	55.8

2023年沭阳县城区道路交通噪声测量统计表

表19

测点名称	路段名称	车流量（辆/20分钟）		Leq dB（A）	L10 dB（A）	L50 dB（A）	L90 dB（A）	Lmax	Lmin	标准差
		大型	中小型							
新沂河大桥南首	天津北路	67	245	67.0	73.2	60.3	53.1	82.6	50.0	5.4
交通医院	天津北路	52	212	66.4	69.0	61.2	51.3	73.5	48.7	6.0
沭阳桥（苓生桥）	天津北路	61	227	64.1	67.8	58.3	49.2	71.1	46.3	4.5
南洋学校	天津北路	23	166	60.1	66.2	56.4	51.3	69.5	49.3	4.0
金城花园	苏州路	67	182	63.9	68.2	61.3	55.7	75.9	51.6	5.2
国际学校	苏州路	48	156	62.3	68.4	58.7	53.2	78.3	51.1	6.2
邮政局	苏州路	42	210	68.2	70.3	65.1	56.6	82.7	53.8	6.1
县教育实验学校	苏州路	38	265	62.0	64	58.7	49.9	76.2	46.5	5.8
县交警大队	苏州路	42	240	62.7	67.3	59.5	53.4	75.7	51.1	5.7
临安小区	苏州路	24	169	59.6	67.2	55.4	51.3	69.3	48.4	5.9
苏北汽配城	苏州路	43	200	64.9	68.6	59.1	50.0	82.7	48.6	6.7
松凌木业	苏州路	34	247	62.9	67.5	58.3	50.9	78.7	47.6	6.8

2023年沭阳县城区道路交通噪声测量统计表

表20

测点名称	路段名称	车流量（辆/20分钟）		Leq dB（A）	L10 dB（A）	L50 dB（A）	L90 dB（A）	Lmax	Lmin	标准差
		大型	中小型							
港务处	人民路	26	177	64.6	69.3	60.0	52.6	77.3	50.8	5.3
惠民菜市场	人民路	16	150	60.9	65.2	56.2	48.1	73.6	47.4	5.1
建陵公园	人民路	14	138	61.8	65.0	58.2	50.3	70.3	48.4	4.9
影剧院	人民路	20	149	62.9	67.2	57.7	49.6	77.2	47.5	4.7
人民医院	人民路	26	236	65.6	67.9	62.3	53.8	80.1	52.7	5.5
批发市场	人民路	39	311	67.4	68.2	63.4	52.7	82.6	50.3	6.5
都市阳光	迎宾大道	26	122	64.6	68.3	62.6	57.3	80.5	55.9	3.5
仁慈医院	迎宾大道	26	293	65.8	66.9	63.7	55.8	77.2	54.1	4.2
虞姬生态园（西）	迎宾大道	22	200	65.8	68.2	63.6	56.7	79.3	55.0	4.5

续表20

测点名称	路段名称	车流量（辆/20分钟）		Leq dB（A）	L10 dB（A）	L50 dB（A）	L90 dB（A）	Lmax	Lmin	标准差
		大型	中小型							
虞姬生态园（东）	迎宾大道	30	245	67.1	70.2	64.1	56.7	81.3	54.6	5.5
神通大厦	迎宾大道	37	242	68.1	71.5	65.7	59.4	83.4	56.3	5.8
金华路与迎宾大道东50米	迎宾大道	20	156	63.8	68.4	60.5	54.3	71.9	51.8	5.4
温州路与迎宾大道东50米	迎宾大道	24	183	64.6	70.3	61.6	56.9	73.5	53.8	4.9
均值		35	205	64.3	68.2	60.5	53.2	77.0	50.9	5.4

【辐射环境质量】 根据《关于开展2023年全市工业科研放射性同位素使用单位辐射安全管理标准化建设工作的通知》要求，沭阳生态环境局组织召开沭阳县28家放射性同位素使用单位辐射安全管理标准化建设工作会议，要求相关核技术利用单位根据具体要求，逐条查漏补缺，完善本单位环保手续收集归档、组织体系与人员材料动态归档、辐射安全管理规章制度修订、辐射安全与防护措施落实等，形成一套完整的标准化建设档案。同时根据《关于开展2023年全市医疗核技术利用单位辐射安全管理标准化建设工作的通知》要求，通知各医疗核技术利用单位根据《医疗单位辐射安全管理标准化建设指南（第一版）》具体要求，形成一套完整的标准化建设档案在单位留存。根据《关于开展核技术利用单位辐射安全隐患排查治理专项行动的通知》要求，沭阳生态环境局组织县内30家放射源使用单位开展自查排查，推进问题隐患整改。2023年，沭阳县辐射安全状况总体良好，无辐射安全事故发生。根据《2023年全市核与辐射安全监管工作要点》要求，沭阳生态环境局对辖区内放射源单位和部分射线装置单位进行排查。沭阳县范围内共有95家核技术利用单位，其中有29家放射源使用单位，66家射线装置单位。共有放射源66枚，其中Ⅲ类源1枚、Ⅳ类源5枚、Ⅴ类源60枚，均为固定式安装放射源，属极低危险源。共有射线装置263台，其中主要为Ⅲ类射线装置，极少部分Ⅱ类射线装置。根据《宿迁市2023年核与辐射执法计划》要求，现场核查企业36家，共计90余人次，发现隐患问题20个，截至2023年年底，已完成整改19个。

（刘　雨）

水资源保护

【水资源管理】 2023年，沭阳县水利局累计完成桑墟医院等20个单位规范化建设任务，实现取水工程规范化全覆盖。编制完成《沭阳县地下水保护利用规划》，完成水源地规范化建设，并通过省水利厅验收。完成县域水资源管理规范化，全面开展县域水资源管理规范化试点工作，已实现全县120余家取水户水资源管理台账规范化全流程全覆盖。

【节水社会建设】 2023年，沭阳县水利局积极开展节水型社会建设，强化农业用水管理，开展大中型灌区节水配套改造工作，推动农田灌溉水有效利用系数不断提升。加强计划用水管理，全年共有计划用水户193户，计划用水率达100%。开展节水载体创建，完成10家省级节水型载体创建工作，完成9家2018年省级节水型载体复核工作。落实节水管理制度，节水评价工作开展率为100%。落实用水审计制度，完成15个用水户水平衡测试，结合节水“三同时”（在新建、改建、扩建城市建设项目中，应当同时设计、同时施工、同时投入使用节水设施）管理制度推广雨水回收利用技术。加强节水宣传教育，沭阳县水利局与县融媒体中心联合制作节水宣传微视频，在世界水日、中国水周期间深入社区、企业、学校开展节水宣传工作，通过沭阳发布微信公众号等平台开展居民节水宣传，全年累计举办宣传活动10次，发放宣传材料1万余份，发动3万人次参与节水宣传，在全县营造了浓厚的节水、爱水、护水氛围，推动全民节水意识不断提高。2023年，沭阳县顺利被水利部命名为国家级节水型社会建设达标县。

【水政执法】 2023年，沭阳县水利局共组织巡查河道137次，出动执法艇18次，出动执法人员2290人次。共查处采砂船只13条，拆除采砂设备17台（套），清理砂场3个。查处破坏河堤4起，查封地下井63眼，立案查处21起，罚款86万元，追缴水资源费268万余元。

（柏　周）

河道管理

【河长制工作体系】 沭阳县水利局以建设人民满意“幸福河湖”为目标，整违治乱，重拳治污，河长制工作取得了实质性进展和阶段性成效。印发《关于转发市河长办〈关于印发《宿迁市河长履职规范（修订版）》的通知〉等文件的通知》文件，明确巡河内容、巡河频次、巡河标准，进一步规范各级河长职责，确保河长履职有效规范。2023年，县级河长共开展巡河170次，乡级河长巡河1万余次，村级河长巡河6万余次。6月，组织开展全县河长制业务专题培训，邀请水利部领导及河海大学教授进行授课，持续提升河长履职的积极性和发现问题、解决问题的能力，河长履职能力持续提升。碍洪、“四乱”问题有效整改，完成江苏省水利厅交办河道遥感疑似碍洪问题图斑任务1616项，通过现场复核，全部排除疑似问题并通过省厅审核。

【幸福河湖建设】 2023年5月，柴米河、老沭河、内沭河3条河道顺利通过江苏省河长办幸福河湖评定组现场复核，成功创建省级幸福河湖，并获得80万元省级资金奖补。12月，沭阳县申报的淮沭河、新沂河、虞姬沟、王华河、滥洪河5条河道全部通过市级评定，创建5条市级幸福河湖。其中，淮沭河被评定为示范幸福河湖。

（柏　周）

土地资源保护

【概况】 2023年，沭阳县实有耕地182.97万亩，完成耕地保有量任务（180.35万亩），较2021年增加149亩。

【耕地保护】 2023年，沭阳县按照自然资源部统一部署，开展耕地和永久基本农田划定成果核实处置工作，通过就地恢复方式处置631亩，异地调整补划约4.01万亩。完成耕地保护首次考核永久基本农田保护考核任务。划定永久基本农田储备区8303亩，整改新增占用耕地和永久基本农田超标准建设绿色廊道问题面积14.5亩。

【节约集约用地】 全年共挂牌出让土地42宗，面积4362.68亩，成交额8.57亿元。划拨供地43宗，面积5448.62亩；审批临时用地8宗，面积109.29亩；处置批而未供土地面积5640亩。完成工业用地更新调查，涉及781家中等规模以上企业、100家高新技术企业、1457家优势产业类企业。

（梁哨峰）

矿产资源保护

【概况】 沭阳县境内矿产资源种类不多，以非金属资源为主，主要有蓝晶石矿、磷矿、石英矿、水晶矿、矿泉水、石膏矿、云母矿、建筑用砂矿、砖瓦用黏土矿等。

2023年沭阳矿产资源种类一览表

表21

序号	矿产名称	矿产位置	矿产储量
1	蓝晶石矿	主要分布于韩山镇的韩山、孤山、石墩一带	保有储量718万吨
2	磷矿	主要分布于青伊湖、华冲一带	远景储量3210万吨
3	石英矿	主要分布于潼阳、桑墟、贤官等镇	推测储量约800万吨
4	水晶矿	主要分布于桑墟茆圩	推测储量约2万吨
5	矿泉水	主要分布于桑墟茆圩	储量不明
6	石膏矿	主要分布于耿圩、悦来一带	储量不明
7	云母矿	主要分布于韩山官墩	储量不明
8	建筑用砂矿	主要分布于颜集、新河、庙头、扎下、贤官、华冲、高墟等乡镇	资源丰富，储量不明
9	砖瓦用粘土矿	分布于全县各乡镇（街道）	资源丰富，储量不明

【矿山自然复绿治理】 韩山山体已进行复绿并被改造成公园，全县无别的需要复绿治理的矿山。

【矿业权管理】 沭阳县绿陵矿业汤庄磷矿的采矿许可证2021年10月到期后，企业按规定向省自然资源厅申请延续登记，2023年7月完成延续登记，有效期为2021年10月至2028年10月。

（梁哨峰）

林业资源保护

【概况】 2023年，沭阳县广泛开展林业法律法规宣传活动，不断增强公众保护森林资源意识。大力开展“世界野生动植物日”“爱鸟周”“林业防灾减灾日”“全国生态日”等活动，增强人们保护意识。大力开展林业防灾减灾工作，强化林地管理，严格执行林木采伐限额制度，加强湿地建设与保护，加大林业执法力度，结合森林督查、日常检查，以及开展“2023清风行动”“林安2023”“护松2023”“绿盾”等执法行动，依法打击各类破坏森林资源的违法行为，保障全县森林资源安全。

【林业有害生物防控】 2023年，沭阳县林业有害生物发生面积11108亩，其中病害面积137亩，主要是杨树溃疡病，虫害面积10971亩，主要有杨小舟蛾6450亩、美国白蛾2770亩、其他虫害1751亩（具体数据见附表）。全年继续采用飞机施药防治美国白蛾等林业有害生物，飞防作业期间为6月7—11日，飞防作业面积共39.6万亩。

【林地使用管理】 2023年，沭阳县严格林地审批制度，坚持依法管理、从严审批的原则，共审核审批征占用林地项目16宗，使用林地面积107.82公顷。及时解决宿连航道二期工程、胡集道口连接线改造工程、京沪高速潼阳连接线工程等重点基础设施林地使用需求，确保促进全县经济结构转型升级，推动社会经济快速发展，战略部署落到实处。

【林木使用管理】 2023年，沭阳县办理“林木采伐许可证”33份，批准采伐林木18566.06立方米，其中省级公益林13669.9立方米，查处一起毁林案件，责令补种林木123株。

（梁哨峰）

沭阳县2023年林业有害生物发生与防治情况统计表

表22

序号	有害生物名称	发生合计（亩）	防治面积合计（亩）	飞防面积（亩）
1	有害生物合计	11108.00	11108.00	396000.00
2	病害合计	137.00	137.00	0.00
3	杨树溃疡病	137.00	137.00	0.00
4	虫害合计	10971.00	10971.00	396000.00
5	光肩星天牛（黄斑星天牛）	166.00	166.00	0.00
6	桑天牛	152.00	152.00	0.00
7	云斑天牛	162.00	162.00	0.00
8	杨扇舟蛾（白杨天社蛾）	1271.00	1271.00	0.00
9	杨小舟蛾	6450.00	6450.00	0.00
10	美国白蛾（秋幕毛虫）	2770.00	2770.00	396000.00

湿地保护

【概况】 2023年，沭阳县主要通过建设湿地保护小区，加强湿地保护工作。全县共有湿地总面积23574公顷，其中受保护湿地面积9760公顷，主要为新沂河、淮沭河、柴米河、柴南河、万公河、左洪河、古泊善后河等12个湿地保护小区。

【湿地修复】 沭阳县在湿地保护小区内共设立安装界牌40块、宣传牌和告示牌70余块、湿地保护小区界桩400根、隔离网1500米。2018年，沭阳县创建“沭阳三河省级湿地公园”，经优化调整后面积为370.6公顷。2023年，完成对沭阳三河省级湿地公园的勘界立标工作，设立安装界牌1处、界桩200余根。

【湿地管理】 强化宣传引导，充分利用“世界湿地日”宣传活动契机，采取多种有效方式，到广场、进社区开展湿地有关法律法规、湿地科普知识等方面的宣传活动，增强广大公民对湿地保护意识。加强监测管理，结合自然保护地遥感监测疑似问题图斑调查、自然保护地专项行动，常态化对湿地保护小区和湿地公园开展监督检查工作。

（梁哨峰）

生物多样性保护

【重点保护物种】 沭阳县共有陆生脊椎动物28目86科376种，其中两栖纲1目5科8种、爬行纲2目7科19种、鸟纲19目62科324种、哺乳纲6目12科25种。

【野生动物保护】 沭阳县通过生态廊道、绿美村庄、农田林网等营造林工程，扩大成片林面积的同时，广泛栽植乡土树种，丰富树种结构，为野生动物尤其是鸟类提供更多的栖息地。加强自然保护区、湿地公园等自然保护地建设，为野生动物提供良好的生存环境和食物来源。全面落实巡护管理责任，紧紧围绕辖区内迁徙候鸟等鸟类主要分布区、越冬地、繁殖地、迁飞停歇地、迁飞通道、集群活动区等区域，特别是三河湿地公园、新沂河、淮沭新河、新河苗圃地等重要地点，逐级确认巡护责任，并落实到具体责任单位，做到巡护到位、看守到岗、责任到人。加强日常巡护，确保第一时间发现、报告、处理违法违规行为。常态化开展"清网清套清夹"工作，及时清除非法猎捕工具。在元旦、春节或迁徙季节等重要节点加强值班值守，加密巡护频次。强化野生动物宣传教育。以"世界野生动植物日""爱鸟周""世界地球日""野生动物保护宣传月"等主题宣传日（周）为重点，通过宣传《中华人民共和国野生动物保护法》《江苏省野生动物保护条例》等法律法规和野生动物保护知识。2023年，共救助受伤的猫头鹰、鹰隼、夜鹭等国家保护野生动物43只（头），发放野生动物救助荣誉证书4本。开展打击破坏野生动物资源专项行动。县自然资源规划局与县政法、网信、公安、市监、海关等10部门建立打击野生动植物非法贸易联席会议制度，强化部门协作、全面监管、形成合力。全年查处非法狩猎、买卖野生动物案件4起（2起打小鸟，1起吃野兔，1起买卖豹纹龟），罚款金额1.6万元，通过以案说法，起到了较好的警示震慑效果。

（梁哨峰）

大气污染防治

【概况】 2023年，沭阳县围绕提升大气环境质量，出台《沭阳县2023年一季度大气污染防治工作重点》《沭阳县2023年大气、水、土壤、工业固体废物污染防治工作方案》《沭阳县2023年大气污染防治二季度"降值增量"攻坚行动方案》《沭阳县大气污染防治"百日攻坚91115"行动方案》《沭阳县深入推进中央环保督察交办问题整改"攻坚强化30天"行动方案》，推进大气污染防治工作走深走实。同时，严格落实点位负责人制度，出台《沭阳县生态环境高质量考核2023年月度考核积分管理办法（试行）》。通过个性指标和共性指标相结合、加分和扣分相结合的方式，对经开区、各乡镇（街道）、县直相关单位生态环境保护工作进行全面细化考核，形成污染防治工作合力。

【重点区域管控】 2023年，沭阳县环境围绕2个省控站点，科学系统抓好空气质量治理。制定《沭阳县大气省控站点周围三公里网格化管理办法》，提高核心管控区域精准监管效能，以"降尘、禁烧、消除裸土、深度治理餐饮油烟"为目标，对沭阳县大气省控站点周围3千米范围推进网格化管理。完成两个监测点周围3千米范围内核心区700余家餐饮油烟整治工作。每天中午、夜间对城区各餐饮店及露天烧烤现象进行"扫街"，完成第一轮城区4500余家餐饮油烟整治工作。取缔露天烧烤48处，查扣露天烧烤摊点10个、烧烤炉15个、油炸炉4个，立案查处餐饮油烟治理12起，处罚6000元。

【扬尘源管控】 2023年，沭阳县按照《县建设领域扬尘防治指导意见》，明确建筑工地、市政工程、园林绿化施工现场、征收拆迁工地、商品混凝土企业等扬尘污染防治总体要求及具体标准。共交办扬尘即知即改问题360个，下达整改通知书85份，约谈项目负责人19家，下达停工通知书19份，实施"四停"（停工、停售、停网签、停资金）1家。开展扬尘治理专项检查10次，处理相关问题56件，对交办问题立案处罚22件，罚款总额达179.8万元。对重点区域内道路沿线全面落实精细化保洁措施，保证主要道路保洁时间不低于16小时，一般道路保洁时间不低于12小时。针对第二轮中央生态环境保护督察交办新动力码头污染整改事项，县交通局积极配合生态环境部门联合整改，共同督促新动力码头企业投入30余万元制作一套封闭式新装卸工艺设备，有效解决装卸场地扬尘问题。监督新动力码头1~4号泊位拆除到位，圆满完成环保督察整改销号。

【移动源管控】 2023年，沭阳县加大对违规渣土运输等行为的打击力度。城管局共出动389人次，检查渣土运输行为350余起，查处违规运输行为21起，罚款18300元。深入开展柴油货车路查路检。2023年以来，共开展柴油货车入户检测200台、路检路查1000辆、抽测非道路移动机械193台。超额完成年度国三以下柴油货车淘汰任务。2023年，沭阳县国三以下柴油货车淘汰任务1610辆，占全市任务的40%，对此沭阳生态环境局联合公安、交通等部门，分类整治，各个击破。截至2023年年底，已经超额完成淘汰任务，完成总数全市第一。开展汽车维修行业VOCs污染专项整治，共排查汽修行业1053家，其中维修企业4S店15家，督促关闭汽车喷涂店面2家，责令拆除烤漆房2处，查处违规喷涂案件1起，责成停车场停业整顿6家。

【专项整治】 2023年，沭阳生态环境局牵头编制《沭阳县板材加工行业环保整治技术导则》，印发《关于深入推进中央环保督察反馈板材加工行业整改工作的通知》《沭阳县深入推进中央环保督察交办问题整改"攻坚强化30天"行动方案》等，明确板材行业整治目标、主要任务、工作步骤等，沭阳县成立14个专项工作组，入驻5个重点乡镇，深入企业一线，摸排实际问题，形成问题清单及时交办企业和所在乡镇，并对问题逐一核查。推进锅炉提标改造，向沭阳县锅炉业主发送提醒短信2000余条，印发《锅炉大气污染物排放标准》及沭阳县生物质锅炉改造示范企业汇编折页3000余册；搭建平台，组织现场交流学习先进经验做法，不断推进整改实效。树立一批提标改造示范企业，以点带面，全力推动沭阳县锅炉提标改造工作。

【专项督查】 集中开展夏季臭氧污染防治，对涉及超标排放废气等环境违法行为坚决依法查处，保持执法高压态势。生态环境部门全年查处涉气处罚案件100件，处罚金额301.142万元。

（刘 雨 张 笑）

水污染防治

【提升城市污水收集处理能力】 2023年，沭阳县投入2.58亿元，实施城南污水处理厂扩建工程，新增生活污水处理能力6万吨/天；投资3.4亿元，实施雨污分流工程，对73个居民小区实施了截污纳管；建成市政污水管网228千米、污水检查井6200余座、污水提升泵站8座，经核定，2022年沭阳县城市生活污水集中收集处理率达59%（全市最高）。

【推进重水污染防治点河道流域性治理】 2023年，沭阳县投资6.3亿元，开展9个片区河道"流域性"整治，已完成四中沟、圩东河、城后河、葛庄河4个片区，实施徐沭河、台州路、王洼大沟、内外沭河片区（老城区）、三中沟片区整治工程。

【统筹水生态水资源】 2023年，沭阳县投入2.3亿元，实施城市生活污水处理厂尾水湿地项目，以水质净化为主线，构建复合型生态湿地，解决沭阳城区污水处理厂12万吨/天尾水排水净化、中水回用等问题；启动城区河道全面自流活水工程，从沭河船闸引淮沭河水，沿内外沭河、老沭河，向三中沟、虞姬河、王华河、四中沟、圩东河等河道进行活水，循环后的尾水部分退入柴沂干渠作为灌溉水源，部分退入沂南河，带动沂南河水体流动。

【强化农村污水治理能力】 2023年，沭阳县统筹45条黑臭水体治理，完成4条国家试点农村黑臭水体治理，建设30个村级污水处理设施建设。加强农田退水治理，完成重点区域直播稻改机插秧面积5340亩、小麦秸秆离田1.2万亩、农田灌排系统生态化改造试点面积1000亩，整治提升畜禽养殖场66家。

【健全特征污染因子监管体系】 2023年，沭阳县全面完成含氟特征因子工业企业排查和档案建立工作，全面完成青伊湖农场涉氟园区整治工作，加强产业监管和周边水系跟踪监管，全面落实企业氟化物友好减排，完成涉氟企业、涉氟园区配套建设氟化物出水在线监测设施，确保污染因子第一时间监管、超标排污问题第一时间处置。

【建立乡级考核机制】 设立县考断面，对13条主要河流沿线及重点支流乡镇（街道）的交界处设立48个监测断面，开展月度监测，监测结果纳入乡镇（街道）高质量发展考核；将乡镇农村生活污水治理设施运行率纳入生态环境高质量发展考核，每月通报，传导治水压力，压实属地管理责任。

土壤污染防治

【土壤污染防治和安全利用】 加强土壤污染源头防控，全年组织6家企业开展土壤污染隐患排查"回头看"工作，有效从源头切断土壤污染源。加强高风险遗留地块土壤污染风险管控工作，沭阳县生态环境局联合县工信局、县资规局印发《沭阳县化工等企业关闭遗留地块土壤污染风险管控工作方案》，指导属地乡镇开展高风险遗留地块土壤污染状况调查工作。截至2023年年底，11个地块已完成土壤污染状况调查工作，2个地块已完成土壤状况现状调查，3个地块正在编制调查报告。

【土地开发利用事前会商】 坚持源头控制用地质量，严防列入《江苏省建设用地土壤污染风险管控和修复名录》的地块违规使用。会同资规部门建立重点建设用地安全利用率核算制度，按照生态环境部、自然资源部《“十四五”重点建设用地安全利用指标核算方法》要求，会同资规局对2023年沭阳县重点建设用地安全利用情况进行核算。

【土壤污染风险管控】 按照省生态环境厅《关于进一步加强建设用地土壤污染风险管控工作的通知》要求，会同南湖街道做好地块制度性管控措施落实。截至2023年年底，南湖街道已按省厅要求张贴风险管控标识牌，场地已封闭，严格限制人员进出。地块工程性管控方案初稿已制定，按专家意见补充采样。

生态环境监管

【污染物总量控制】 2023年，沭阳县完成污染物总量控制平衡方案33家。积极做好污染物总量储备工作。2023年入库总量分别为COD744.5吨、氨氮97.6吨、总磷47.4吨、总氮1477吨、$SO_2$974.1吨、NOx359.2吨、颗粒物215.8吨、VOCs102.8吨。全县新纳入江苏省企事业环保信用评价企业126家，完成企业信用中国环境违法行为信用修复58家。

【环保督察】 深入推进中央生态环境保护督察交办问题整改，切实提升整改实效，推动沭阳县板材行业转型升级。2023年，沭阳生态环境局按照市生态环境局要求开展板材行业专项整治，对5家中央环保督察下沉交办的板材企业开展“回头看”检查，对清单内397家及“举一反三”的213家板材企业开展专项检查。截至2023年年底，610家企业经排查、整改已全部完成，且已形成“一企一策”销号台账报送市生态环境局销号验收。2023年，板材加工行业被处罚案件数79件，处罚金额500.114万元。

【安全生产督查】 2023年，沭阳生态环境局紧盯涉脱硫脱硝、挥发性有机物回收、污水处理、粉尘治理、蓄热式焚烧炉5类环境治理设施安全风险辨识评估，结合板材行业集群整治工作，对5个重点乡镇清单内397家及“举一反三”的213家企业开展全面排查梳理，共出动检查人员2000余人次，检查企业达1000余家次，深入推动板材企业环境整治和治理设施安全风险辨识评估工作；参加县安委会组织的安全生产督导，作为第六督导组成员开展赴乡镇开展安全督导工作；迎接市生态环境局对沭阳生态环境局季度安全生产工作现场督导检查。

【环境应急处置】 完成《沭阳县行政区域突发环境事件风险评估报告》和《淮沭河（沭阳段）突发水污染事件应急处置方案》编制和评审工作；开展企业突发环境事件隐患排查工作，完成9家企业“车间—厂区—外部水环境”三级防控能力现状评估工作，督促指导企业根据排查到的隐患具体内容做好整改工作。做好企业环境应急预案审查备案工作，2023年已完成143家企业审核备案，并上传省应急管理平台和“环保脸谱”。在水源地附近组织县消防、公安、交通、水利等部门按照《淮沭河（沭阳段）突发水污染事件应急处置方案》，开展宿迁市突发水污染事件应急处置演练，通过实战演练的方式，进一步检验各部门间联动、预防和处置突发环境事件的意识和能力，验证了处置方案的操作性和可行性，切实提升突发环境事件应对实战能力。

【行政处罚】 2023年，沭阳县生态环境局共下达行政处罚事前告知书146件，下达行政处罚决定191件，行政处罚金额1027.09万元；共组织案件听证22次，向社会公开处罚决定191件，移送公安涉嫌犯罪的案件3件，无按日连续处罚、查封扣押、限产停产案件。

【“双随机”抽查】 按照上级要求建立“双随机”抽查系统，其中污染源日常监管动态信息库1个（一般污染源企业1283家，重点源企业82家），执法检查人员名录库1个，截至2023年年底，已抽查一般污染源企业138家，重点污染源企业82家；共发现环境问题27件，查处违法问题5件。

【大气橙色应急管控】 2023年1月，宿迁市大气污染较为严重，污染防治部门启动大气橙色应急管控。沭阳生态环境局对企业大气橙色应急管控减排落实情况开展检查，要求企业严格落实《宿迁市重污染天气应急减排工业源清单》的橙色预警减排措施，确保重污染天气橙色预警期间涉气工序全面停产。

【污染源监控管理】 持续推进沭阳县重点排污企业和排污许可证重点管理单位在线监控联网工作，已完成沭阳县国家平台联网企业103家，省控平台联网企业202家，市控平台联网企业227家；例行做好污染源自动监控平台的维护工作，及时督促指导企业有效做好数据上传工作，保障数据传输率达到考核要求，共做好543条在线监控督办单处理反馈工作。

【水环境监测】 饮用水水源地水质监测。2023年对沭阳县集中式饮用水水源地淮沭河沭城闸南、闸北饮用水水源地以及沭新河吕庄村庙头水厂、备用水水源地淮沭河（第二自来水厂）每月监测一次。为保障沭城人民饮用水安全，使老百姓喝上放心水，淮沭河在汛期加密监测，监测数据及时上报省、市、县等有关部门。对沭阳县排涝泵站及闸上蓄积污水水质进行监测，监测项目为高锰酸盐指数、化学需氧量、氨氮、总磷。汛期5—9月，每月监测一次。全省城市建成区水体监测。沭阳城市建成区水体监测断面共22个，监测项目：溶解氧、化学需氧量、氨氮、总磷、氧化还原电位、透明度、水深。每季度监测一次。

【空气质量监测】 沭阳县第一实小环境空气自动监测站监测项目为二氧化硫、二氧化氮、PM_{10}、$PM_{2.5}$、臭氧、一氧化碳，监测频率为24小时连续采样。沭阳县的主要污染物为PM_{10}、$PM_{2.5}$、二氧化硫、二氧化氮等，根据省、市要求对城区环境空气质量实行每天一报（由第三方运维单位实施）；灰尘自然沉降量为每月监测一次30日前后取样分析（由驻市中心完成）；降水逢雨必测。

【环境噪声监测】 2023年按照省厅监测方案完成功能区噪声、交通（昼、夜）噪声及区域环境（昼、夜）噪声的监测及上报工作。

【农村环境质量监测】 选测村庄3个，开展农村环境质量监测，监测内容为环境空气质量监测、县域河流及农村农业面源河流地表水监测、饮用水源地水质监测、农村生活污水处理设施监测、万亩农田灌区水质、农村黑臭水体试点监测。县域河流及农村农业面源地表水、万人千吨饮用水源地水质为每季度监测一次；环境空气每月监测日均值次月初上报结果；农田灌溉水质、农村黑臭水体试点监测及村级生活污水处理设施监测频次为2次/年。

【污染源监测】 对市生态环境局下达的82家重点企业污染源（废水、废气、噪声、土壤）监测工作正在进行，监测2次/年；另配合宿迁市沭阳生态环境综合行政执法局对15家企业进行执法监测，为环境监督管理提供及时、准确的监测数据。

【应急监测】 根据环境应急监测工作的要求，县生态环境局配备现场检测必备的应急监测仪器装备，编制应急监测预案；并对有关应急人员进行培训，学习应急事故的监测处置方法等，为应急事故及时处置提供可靠的依据。

（刘　雨）

编　辑：陈晓敏

科学技术

综　述

2023年，沭阳县科技局围绕创新型城市建设，聚焦科技“双招双引”，加强科技创新服务，支持产学研协同创新，推动企业与高校精准对接，并对企业开展“一企一策”精准服务，全力做好科技项目申报实施、高新技术企业培育、研发机构建设、人才引进等科技创新工作，鼓励企业加大研发投入，通过项目实施等形式转化科技成果，助推县域科技创新能力提升。全年研发投入（R&D）支出24.61亿元，获批省产学研合作项目10项、省级乡村振兴项目1项、省科技副总项目12个。完成市“5321”工程高科技成果转化68项。全县高新技术企业达138家，国家科技型中小企业入库达223家。新获批省级工程技术研究中心2家、市级工程技术研究中心43家。成功入围全国科技创新百强县市榜单。

科技创新

【科技改革】 2023年，沭阳县科技局实施《构建“333”科技创新服务机制》改革课题，通过组建创新服务队伍，建立“三员、三走、三推”（简称“三三三”）科技创新服务机制，即当好科技政策“宣传员”、校企合作“联络员”、乡村振兴“指导员”，走进科技企业，走进高校院所，走进田间地头，推动企业自主创新，推动校企产学研合作，推动科技成果转化，切实提升科技创新服务能力，大力推动“四化”同步集成改革示范区“沭阳样板”建设。全年获批国家高新技术企业48家、科技型中小企业入库223家，新建省工程技术研究中心2个、市工程技术研究中心43个，开展产学研对接20场，获批省产学研合作项目10项。

【“一企一策”精准服务】 2023年，县科技局积极推进“一企一策”精准服务，及时了解企业需求，解决企业难题，助力企业创新发展。先后深入纺织服装、装备制造、家居制造、电子信息等领域120多家企业走访调研，征集技术、人才等需求60项，根据企业存在的难题，精准对接高校院所、金融机构、科技服务联系，切实解决企业发展难题。围绕产业体系，分产业链开展各具特色的产学研对接活动，先后邀请苏州大学、青岛大学等高校院所专家到沭阳开展产学研对接活动，带领企业深入陕西科技大学、南京林业大学开展校企产学研合作、产业论坛等对接活动。鼓励支持企业加强与高校院所合作，通过协同创新方式开展项目研发，有效提升以发明专利为主的核心自主知识产权产出。全年累计开展产学研对接会22场，签订校企合作协议230项、校地协议2项。

【科技成果转化】 2023年，县科技局不断推动企业与高校对接，通过项目实施等形式转化科技成果，成功举办沭阳县重点产业链“揭榜挂帅”对接活动，县内纳斯卡新材料、宋和宋智能科技、华安橡胶科技、柏特粮食设备等6家企业逐一发布技术需求榜单，武汉纺织大学、常州大学、青岛科技大学、江苏海洋大学、宿迁学院5所高校成功揭榜，现场进行了项目签约。通过多种形式推动企业与高校对接，有力推动了科技成果转化，全年完成市“5321”工程高科技成果转化数68项。

（王　静）

高新技术产业

【主体培育创新】 2023年，沭阳县不断加强创新主体培育，积极开展科技型企业招引和实施科技型企业培育计划。统筹推进“小升高”“规转高”和“高转强”，建立以科技型中小企业为基础、高新技术企业为骨干的创新企业梯队。推进实施《沭阳县高新技术企业“五建五制”标准化培育方案》，对项目企业的知识产权、研发机构、研发项目、产学研合作和研发费用归集等方面开展精准业务指导。全年获批高新技术企业48家，全县高新技术企业累计达138家。

2023年沭阳县新获批国家高新技术企业一览表

表23

序号	企业名称	社会统一信用代码
1	江苏新少伯环保材料科技有限公司	91321322MA24YC5A6R
2	江苏普立特科技有限公司	91321311MA1MQE383T
3	江苏纳斯卡新材料科技有限公司	91321322MA20DGFN97
4	江苏豪悦实业有限公司	913213225558244921
5	江苏勤丰管业有限公司	91321322MA1MYFF519
6	江苏时钛汽车紧固件有限公司	91321322MA202Y9E6K
7	江苏启皓新材料有限公司	91321322MA23M2DQ4Y
8	江苏华脉新材料有限公司	91321322MA1WB4EJ3N
9	江苏贤和金属包装科技有限公司	91321322MA1WB0FB38
10	江苏新克医疗器械有限公司	91321322MA1WNWDP88
11	沭阳华瑞金属制品有限公司	91321322757310350J
12	浙江天能电池（江苏）有限公司	913213227720349486
13	江苏友富薄板科技有限公司	91321322593901831P
14	江苏鑫亿鼎石英科技股份有限公司	913213220695335694
15	宿迁恒达纺织有限公司	91321322560298730C
16	宿迁市凯蝶文化传播有限公司	91321322MA1URUG82L
17	江苏英河工贸股份有限公司	9132132277154628XG
18	宿迁市兴宝科技有限公司	91321322MA1P2QAM7D
19	江苏博亚照明电器有限公司	913213220632286862
20	沭阳康顺磁性器材有限公司	913213225537534166
21	江苏晶晶新材料有限公司	913213227965037965
22	江苏绿茵医疗器械科技有限公司	91321322MA1XM74Q63
23	江苏阿代尔新材料科技有限公司	91321322MA20G8BMXT
24	江苏恒久滚塑制品有限公司	913213223311713572
25	江苏友顺节能科技有限公司	91321322067618403G
26	江苏东昊橡胶有限公司	91321322575388632Q
27	江苏越峰新材料股份有限公司	9132132209426353XM
28	江苏瑞强紧固件有限公司	91321322MA1YQXMH0J
29	江苏苏朗实业有限公司	91321322554639260W
30	东菱智能科技（宿迁）有限公司	91321322MA1YYQRX8Q

续表23

序号	企业名称	社会统一信用代码
31	宿迁伊杉科技有限公司	91321322087808802M
32	沭阳荣盛石英制品股份有限公司	913213223389525865
33	江苏全紧汽配有限公司	91321322MA228QN546
34	宿迁菲优特空气净化设备有限公司	91321322MA205NCQXK
35	江苏新东旭纺织科技有限公司	913213225618303039
36	江苏材冠铝业有限公司	91321322MA1WMUM85X
37	江苏浪势塑粉有限公司	9132132233129324X0
38	江苏嘉宇装饰材料有限公司	91320811MA1WM4TF6X
39	江苏远军幕墙新材料有限公司	91321322MA1XX5K186
40	宿迁柏特粮食设备有限公司	913213223312726419
41	江苏久泰照明工程有限公司	91321322566888942U
42	江苏伟策智能科技有限公司	91321322MA20PWX397
43	江苏光扬轴承股份有限公司	913213220885379369
44	浙江天能电池江苏新能源有限公司	91321322670958357X
45	江苏苏林木业有限公司	91321322663262765A
46	江苏骏派电子科技有限公司	91321322MA1W6NJX47
47	江苏圣彼德机电股份有限公司	913213226944576616
48	宿迁凯达环保设备制造有限公司	91321322576739836H

【高新技术产业体系建设】 2023年，沭阳县围绕高新技术产业领域持续加大科技型企业招引力度，培育孵化一批科技型企业。推动传统企业加快转型升级，鼓励企业加强研发投入和技术改造，提升研发组织管理水平，掌握行业核心技术。加快高端纺织、装备制造、绿色家居三大传统主导产业转型升级、提质增效。培育发展战略性新兴产业。重点培育电子信息、新能源新材料、生物医药等战略性新兴产业，集中力量突破一批关键核心技术，转化一批重大科技成果，打造一批具有较强竞争力的高新产业集群。全年实现高新技术产业产值178.66亿元，高新技术产业产值占规模以上工业总产值比重12.8%。

（王　静）

科技人才

【科技人才政策】 2023年，县委、县政府出台《关于完善推动经济运行高质量发展若干政策措施的通知》文件，支持产业人才联企强链。对入选“沭水优才”的人才项目，给予10万~100万元资助，顶尖人才及团队实行“一事一议”，同时入选“宿迁英才”雄英计划、“沭水优才”的，就高不重复资助。本土申报入选国家级重大人才工程的，按照资助金额1：1配套资助；申报省“双创团队”“双创人才”未获批的，分别给予15万元、5万元引才补贴。

企业引进并首次参加社保或自主创业的产业紧缺急需人才，按照国家级重大人才工程入选者及其相同层次人才50万元，省级重大人才工程入选者及其相同层次人才30万元，正高职称人才8万元，副高职称人才6万元，高级技师4万元，全日制博士研究生8万元，全日制硕士研究生6万元，国家“双一流”建设高校全日制本科生4万元，普通高校全日制本科生3万元给予生活补贴，分3年发放。

在沭阳首次购买商品房的，按照两院院士100万元，其他国家级重大人才工程入选者及其相同层次人才60万元，省级重大人才工程入选者及其相同层次人才30万元，全日制博士研究生或正高职称20万元，全日制硕士研究生或副高职称15万元，国家“双一流”建设高校全日制本科生或高级技师10万元，普通高校全日制本科生5万元发放购房补贴，分5年发放。

入选享受国务院政府特殊津贴人员、省有突出贡献的中青年专家给予1∶1配套奖励，对入选市有突出贡献的中青年专家给予1万元奖励。对入选中华技能大奖、全国技术能手、江苏大工匠、江苏工匠的高技能人才给予1∶1配套奖励，入选宿迁大工匠、宿迁工匠的分别给予5万元、1万元奖励。

【科技人才引进】 沭阳县围绕制造业产业体系，不断加大高层次人才引进力度，聚焦高质项目、高端人才，通过产学研对接、“科技镇长团”推介，举办沭阳县高层次人才创新创业大赛，吸引各类人才带项目、带资金到沭阳创新创业。2023年，申报国家创新领军人才项目1项、申报省科技副总项目35项，获批省科技副总项目12项。

2023年沭阳县获批省科技副总项目一览表

表24

序号	人才姓名	合作企业	派出单位	所有院系	学位
1	金　慈	江苏楚汉新型建材有限公司	淮阴师范学院	生命科学学院	博士
2	孙　浩	江苏绿沭检测技术有限公司	淮阴工学院	化学工程学院	博士
3	王慧鑫	宿迁柏特粮食设备有限公司	江苏省农业科学院	农业设施与装备研究所	博士
4	李田田	江苏苏北环保集团有限公司	徐州工业职业技术学院	化学工程学院	博士
5	陈俊名	江苏西宏生物医药有限公司	常州大学	药学院	博士
6	胡晓玮	沭阳鑫达新材料有限公司	陕西科技大学	机电工程学院	博士
7	张世忠	宿迁市晨光云母材料有限公司	淮阴工学院	化学工程学院	博士
8	乔　磊	江苏宋和宋智能科技有限公司	江苏科技大学	材料科学与工程学院	博士
9	杜　辉	江苏省方正电梯有限公司	武汉科技大学	机械自动化学院	博士
10	刘怀广	江苏福旭科技有限公司	武汉科技大学	机械自动化学院	博士
11	高雄发	新界泵业（江苏）有限公司	江苏大学	流体机械工程技术研究中心	博士
12	李　敏	江苏华脉新材料有限公司	宿迁学院	信息工程学院	博士

【外籍人才引进】 沭阳县通过建立外国高端人才和专业人才工作激励机制，积极引进外国人才，对于引进产业链内外国高端人才和专业人才的用人单位给予相应的经费奖励。通过深入企业调研与政策宣传，积极鼓励引进外国人才到沭阳县就业。2023年，全县外国高端人才和专业人才来华工作数量为4名。

（王　静）

重大科技项目

【省重大科技项目实施】 强化科技计划项目管理。加大对实施的科技计划项目进行管理，督促企业围绕项目合同加大项目实施力度，督促企业围绕项目合同加大项目实施力度，通过调研走访、邀请专家等方式大力推动江苏宋和宋智能科技有限公司、江苏鑫亿鼎石英科技股份有限公司实施省科技成果转化专项资金项目。江苏宋和宋智能科技有限公司联合东华大学实施“基于数字孪生技术的三维立体织物智能提花系统研发及产业化”项目，应用数字孪生技术进行仿真设计，自主研发嵌入式双CPU控制系统，开发了数字化智能提花织造管理系统，可满足多品种三维立体织物的织造柔性配置要求，实现智能三维立体织物的数字化织造。江苏鑫亿鼎石英科技股份有限公司联合南京工业大学实施“超高纯电子级石英砂关键制备技术研发及产业化”项目，开发超高纯电子石英砂新产品，满足产业需求，推动高纯石英砂产业技术升级。

【科技项目申报实施】 2023年，沭阳县着力推动产业关键技术研发与产业化，推动地方电子信息、生物医药、新材料、新能源等重点产业发展，深入企业调研，积极筛选申报省成果转化专项项目、省重点研发计划项目，组织企业申报实施省科技计划项目，鼓励动员企业参加省产学研对接活动，组织指导企业申报省产学研合作项目、省科技副总项目等省级项目。2023年，获批省科技副总项目12项、省产学研合作项目10项。

（王　静）

2023年沭阳县获批省产学研合作项目表

表25

序号	项目编号	项目名称	企业名称	合作高校	项目负责人
1	BY20231246	液压缸内径及表面缺陷检测系统开发	江苏灏旻机械设备有限公司	江苏师范大学	邵明辉
2	BY20231247	基于眼部微表情识别的少儿学习分析系统研发	沭阳德之瑞电子商务有限公司	南京晓庄学院	王小正
3	BY20231248	基于青梅和复合酶的体重管理产品的研发	臻萃(江苏)酶科技发展有限公司	南京林业大学	卜　素
4	BY20231249	进出口业务开发与跨境电商产品页面设计	江苏恒峰木业有限公司	宿迁学院	朱晓光
5	BY20231250	监测预警系统的研发设计	沭阳广得利气体有限公司	宿迁学院	许崇彩
6	BY20231251	高性能超耐候电线电缆关键技术研发	江苏万德力电缆有限公司	徐州工程学院	乔淑云
7	BY20231252	双天线 GNSS 接收机及滑坡监测应用技术开发	江苏恒图测绘有限公司	宿迁学院	孙小荣
8	BY20230570	全营养乳剂研发及产业化关键技术研究	江苏西宏生物医药有限公司	常州大学	陈俊名
9	BY20230569	一种用于酸性废气治理的固体强碱吸附材料的研制	江苏苏北环保集团有限公司	徐州工业职业技术学院	李田田
10	BY20231501	高效单吸自移式吸粮机关键技术研究	宿迁柏特粮食设备有限公司	江苏海洋大学	李纪明

科技平台建设

【科技平台布局】 2023年，沭阳县立足产业发展创新需求，以技术研发、科技孵化和成果转化为主要功能，做好科技平台布局搭建。通过加大宣传引导力度，落实各项扶持政策，充分利用软件园（国家级科技企业孵化器、省级众创集聚区、省级众创空间）、高创园（省级科技企业孵化器、省级众创社区、省级众创空间）等省级以上创新平台，打造一批具有沭阳特色的综合性或专业化的科技孵化载体，努力搭建“苗圃—孵化器—加速器—产业集群”全链条创业服务体系。

【科技企业孵化载体建设】 2023年，沭阳县着力推动孵化器、众创空间优化空间布局、整合创新要素、拓展服务内容，支持孵化载体聚焦细分行业，在“组织资源”和“服务企业”上发力，招引科技型企业，建设研发平台，提升专业化发展能力，全方位推动沭阳科技企业孵化器、众创空间载体建设。其中，国家级科技企业孵化器沭阳县科技创业服务中心使用总面积3.24万平方米，孵化器内企业总数90家，在孵企业从业人员1405人，大专以上人员1200人。2023年，在孵企业总收入5.04亿元，累计毕业企业248家。

【企业研发机构建设】 2023年，沭阳县围绕产业需求，通过实地走访调研企业，鼓励企业开展各种技术创新和研究开发，推动指导企业自建或与高校院所合作建设市级以上研发机构。新建市级以上研发机构45家，其中省级研发机构2家，分别为科泽新材料股份有限公司、江苏鑫亿鼎石英科技股份有限公司。鼓励多元化合作建立企业新型研发机构，鼓励福庆集团与南京林业大学合作成立福庆集团研究院、武汉纺织大学与江苏纳斯卡新材料科技有限公司合作成立武汉纺织大学—江苏纳斯卡新材料科技有限公司联合研发中心。

【昆山·沭阳科创飞地建设】 2023年，县科技局通过对昆山主导产业和沭阳县产业需求进行调查研究，确定围绕沭阳智能装备、电子信息产业发展需求建立科创飞地，签约建设集技术研发、人才招引、成果转化、企业孵化、产业联动等功能于一体的科创平台。

（王　静）

科技推广

【科技服务】 2023年，沭阳县科技局立足科技工作实际，把开展科普活动与推动全县科技创新工作相结合，依托新时代文明实践中心（所、站）开展科普进企业、科普进校园、科普进乡村等新时代文明实践活动，积极弘扬科学精神、普及科技知识、倡导科学生活方式。开展“全国科技活动周”活动。联合县委宣传部、县科协等单位在吾悦广场联合举办2023年沭阳县“全国科技活动周”启动仪式，科技科普志愿者向过往群众讲解推动科技创新相关政策，发放《身边的科学》《元宇宙，来了》《中医四季养生方法》《促进健康 享受生活》等科普宣传手册，并展示了人工智能、机器人、苗木花卉新产品等多元化科技成果。组织开展2023年沭阳县全国科技活动周“热爱科学 崇尚科学”主题活动暨流动科技馆进校园（深圳路实验小学）巡展活动，展示空中成像、机械蜂鸟、转动生花等科技产品，与同学们进行科技互动体验。开展科技科普进社区活动。先后在沭城街道、沂涛镇开展科技科普志愿服务8次，为社区居民发放网络安全、健康生活、科学应用等科技科普宣传资料，普及科技应用知识。

【助力乡村振兴】 2023年，县科技局围绕农业增效、农民增收目标，健全农业科技服务体系，充分发挥科技力量助力乡村振兴。推动江苏欢腾农业有限公司采用高起点、超常规的育种思路，审定品种有沭稻21，参加试验品种有沭优糯80、沭优糯81、沭优糯82、沭优糯84、沭优52、沭优49、沭优15、沭优6号、沭优糯87、沭稻12、沭稻20共11个。围绕花木、蔬果特色产业，组织科技专家组成科技服务队伍，深入乡村，指导企业创新，促进新品种引进，推动科技成果转化。并根据农业生产技术需求，开展农业技术进乡村专业技术培训活动20多次。

【科技助企】 2023年，县科技局深入开展志愿服务。以企业技术需求、发展难题、项目培育、科技金融、产学研合作等为落脚点，深入企业开展走访调研活动，向企业员工宣传科技政策、安全生产及网络安全等知识。鼓励产业链内重点企业开展技术创新和研究开发，推动技术成果转化。召开技术合同推进工作会议3次，组织技术合同登记培训2次，全年完成技术合同成交额21.15亿元。引导企业自建或与高校院所共建研发中心，实现以平台促创新、以平台引人才、以平台带产业，促进创新要素有效聚集。全年获批省级企业工程技术研究中心2家、市级企业工程技术研究中心43家。精准培育高新技术企业，对企业在申报过程中存在的问题给予“一对一”辅导。全年国家科技型中小企业入库223家，获批国家高新技术企业48家。切实帮助企业解决关键核心技术难题，促进校企产学研合作，为企业排忧解难，服务企业创新发展。

（王　静）

气象服务

【基础气象服务】 2023年，沭阳县气象局认真做好基础业务工作，基础气象业务质量继续保持全省领先。1—12月综合业务质量指标99.12分，酸雨总错比0.0‰，达到目标考核要求。完成9个新增加密自动气象站选址和建设，全县区域气象自动站达44个。

【公共气象服务】 2023年，沭阳县气象局深入开展决策气象服务、气象灾害预警、重大活动气象保障，共发布各类预报预警服务材料353期。积极开展为农服务，完善年度为农气象服务工作方案，编制各类为农服务材料94期，实现与县农业农村局气象服务联合会商。不断健全气象应急体系，完善气象服务应急管理机制，按制度要求开展应急工作，启动应急响应10次，开展重大天气灾害叫应18次。积极参加宿迁市汛期气象服务应急演练、人工影响天气事故应急响应演练、沭阳县防汛抗洪应急处置桌面推演，深入推进网格气象信息员工作，及时更新全县网格气象信息员名单1750人。

【气象社会管理】 2023年，沭阳县气象局持续强化新安全发展理念，开展党组理论中心组安全生产学习4次，开展安全生产述职问询4次，召开安全生产专题会议4次，开展安全生产培训4次。认真组织安全生产大检查活动，成立安全生产工作领导小组，切实加强对安全生产工作的组织领导，主要领导与分管领导、分管领导与分管条线分别签订了安全生产工作目标责任状，进一步明确职责。先后印发《2023年“安全生产月”活动实施方案的通知》和《2023年防雷安全生产大检查实施方案的通知》。不断深化综合治理，确定防雷检查重点，严格防雷资质管理。成立沭阳县气象局安全生产专项整治工作领导小组，制定大整治大排查工作方案，完成各项工作任务。

【气候特点】 2023年主要气候特征：年平均气温比常年偏高，总降水量比常年偏多，总日照时数比常年正常略多。年平均气温15.9℃，比常年偏高1.3℃。年降水量1031.2毫米，比常年偏多114.2毫米，冬季和秋季降水量和常年持平，春季降水量比常年偏多，夏季降水量和常年持平。年日照时数2057.7小时，比常年正常略偏多59.7小时。年内寒潮、大风、雾、霾、强对流、暴雨和高温等灾害性天气时有发生，7月10—11日普降大暴雨，局部特大暴雨，11—12月上旬全县气温超历史极值。

1.冬季（12—2月）。是年，季平均气温为2.9℃，比常年略高0.5℃；季降水量为61.1毫米，比常年略少8.9毫米；季日照时数为506.1小时，比常年多76.9小时。

2.春季（3—5月）。是年，季平

均气温为16.2℃，比常年高1.9℃；季降水量为204.2毫米，比常年多45.3毫米；季日照时数为585.7小时，比常年略多5.0小时。

3.夏季（6—8月）。是年，季平均气温27.0℃，比常年高1.1℃；季降水量545.4毫米，比常年略多15.7毫米；季日照时数472.8小时，比常年少25.5小时。

4.秋季（9—11月）。是年，季平均气温17.3℃，比常年高1.4℃；季降水量164.8毫米，比常年略多6.3毫米；季日照时数511.1小时，比常年多21.3小时。

【重大天气事件及其影响】 4月11—12日沙尘 4月11—12日，沭阳县出现扬沙、浮尘和中度霾天气，空气质量严重污染。

"4·15"强对流 4月15日16—20时，沭阳县自西北向东南出现雷暴大风，普降小雨，局部中雨，部分地区出现冰雹，全县有21个站点最大风速达8级，极大风速出现在李恒镇汤涧社区37.6米/秒（13级）。

"5·29"暴雨 5月29日04时起，沭阳县自西向东出现强降水天气，南部普降暴雨；其他地区以中到大雨为主。全县有9个站点雨量超过50毫米，最大降水量出现在刘集镇89.0毫米，最大小时雨强出现在耿圩镇丁集社区40.0毫米。

7月10—11日强降水 7月10日17时至11日17时沭阳县出现大暴雨，局部特大暴雨，并伴有短时强降水、8级雷暴大风等强对流天气。全县所有站点（共36个）雨量都超过100毫米，其中有4个站点雨量超过250毫米，最大降水量出现在西圩乡397.7毫米，最大小时雨强出现在颜集镇117.6毫米；全县有5个站点最大风速达到8级，极大风速出现在钱集镇张圩社区19.1米/秒（8级）。

"8·27"暴雨—大暴雨 8月27日沭阳县普降暴雨到大暴雨。全县有20个站点雨量超过100毫米，最大降水量出现在钱集镇186.9毫米，最大小时雨强出现在钱集镇51.9毫米。

"9·19"强对流 9月19日傍晚至20日凌晨，沭阳县自西向东出现强对流和暴雨天气，全县普降大雨到暴雨，南部部分乡镇大暴雨。全县有4个站点雨量超过100毫米，最大降水量出现在钱集镇144.8毫米，最大小时雨强出现在胡集镇59.7毫米。

11—12月上旬气温偏高 11—12月上旬，沭阳县气温比常年偏高，其中11月1日最高气温超11月历史极值；12月8—9日最高气温均超12月历史极值。

12月中旬强寒潮 12月15—17日沭阳县受强寒潮影响，48小时内最低气温下降12℃左右，17日早晨最低气温零下8.5℃，17—25日气温持续走低。

12月28—31日浓雾 12月28—29日全县出现能见度不足200米，部分时段不足50米的强浓雾和特强浓雾；30—31日全县出现能见度不足500米的浓雾。

【作物与气象】 1.小麦。是年，小麦生育期间总积温2745.1℃，比上年同期多28.0℃；降水量328.6毫米，比上年同期多177.6毫米；日照时数1405.3小时，比上年同期少41.7小时。小麦生育期间的气象条件利弊兼有，具体评述如下：

播种出苗期雨水适中、墒情适宜，有利于播种出苗及苗期生长。2022年10月中旬到2022年11月降水量62.1毫米，比上年同期多1.1毫米，气象条件有利于一播齐苗、一播全苗，有利于冬前生长。

越冬返青期，气温高有利于安全越冬。2022年12月到2023年2月，总积温305.5℃，比上年同期少31.6℃；降水量61.1毫米，比上年同期多35.7毫米，今年冬季气温偏高，有利于安全越冬；冬季降水多，有利于春发。

3月到4月中旬返青拔节期是小麦穗数形成的有效期，积温695.5℃，比上年同期多43.1℃；降水量71.5毫米，比上年同期多13.1毫米；日照时数348.8小时，比上年同期多30.2小时。早春气温高、降水多有利于春发，拔节后有利于小麦分蘖成穗。

4月下旬到5月中旬，小麦处于抽穗扬花阶段，是决定小麦粒数的关键阶段。积温为567.2℃，比上年同期多16.9℃；降水量78.1毫米，比上年同期多74.3毫米；日照196.6小时，比上年同期少12.8小时。此阶段雨水多、多阴寡照，有利于病虫害的发生和发展；不利于小麦的授粉受精，不利于穗粒数的提高。

5月下旬到成熟，是决定小麦粒重的关键时期。积温474.7℃，比上年同期少52.2℃；降水55.8毫米，比上年同期多53.4毫米；日照112.2小时，比上年同期少55.8小时。气温低、降水多，多阴寡照不有利于灌浆结实和干物质积累、不利于粒重的增加。

2.玉米。是年，夏玉米生育期内总积温2954.8℃，比上年同期少53.8℃；总降水量607.4毫米，比上年同期少46.8毫米；总日照时数473.9小时，比上年同期少156.3小时。生长期内气候条件对玉米生长有利有弊，总体利大于弊。

6月中旬至7月中旬，玉米处于播种长苗期，总积温1085.3℃，比上年同期少57.4℃；降水量283.1毫米，比上年同期多24.4毫米；日照时数111.4小时，上年同期少118.0小时。前期以过程性降水为主、晴雨相间，有利于夏玉米播种出苗、大部分田块能一播全苗和一播齐苗。

7月下旬至8月上旬，玉米处于拔节长穗和抽雄开花期，是影响穗粒数的关键期。总积温597.0℃，比上年同期少16.7℃；降水量95.5毫米、比上年同期多36.5毫米。气象条件前期有利于玉米从营养生长到生殖生长的转化，后期有利于玉米授粉受精。

8月中旬至9月下旬，玉米处于授粉结实、籽粒形成增重期，是影响粒重的关键期。总积温1272.5℃，比上年同期多20.3℃；降水量275.6毫米，比上年同期少14.1毫米；日照时数185.6小时，比上年同期少87.4小时，9月上旬前雨水少、日照充足，有利于授粉结实和干物质积累，有利于百粒重的提高。

3.水稻。是年，水稻生育期间（5月1日至11月5日）总积温4504.7℃，比上年同期多21.2℃；降水量832.4毫米，比上年同期多153.3毫米；日照时数1015.1小时，比上年同期少138.8小时。生育期间气候特点是：前期晴雨相间，有利于秧苗期生长，后期多晴少雨，有利于开花结实和干物质积累。气候条件对水稻的生长有利有弊，利大于弊。

5月1日至6月10日，水稻育秧期，总积温888.8℃，比上年同期少29.6℃；降水量124.0毫米，比上年同期多121.6毫米；日照时数258.8小时，比上年同期少54.8小时。气温、降水有利于秧苗期的生长，有利于培育壮秧。

6月11日至7月15日，水稻移栽返青分蘖期，是搭好丰产架子的关键期。总积温949.3℃，比上年同期少55.6℃；降水量280.2毫米，比上年同期多115.0毫米；日照时数162.8小时，比上年同期少52.4小时。气温高、雨水充足有利于水稻的分蘖和苗期生长，有利于搭好丰产架子。

7月16日至9月10日，水稻拔节抽穗扬花期，是决定穗数和粒数的关键期。总积温1553.4℃，比上年同期少16.8℃；降水量264.0毫米，比上年同期少160.0毫米；日照时数310.0小时，比上年同期多2.7小时。前期多过程性降水，有利于拔节生长；后期多晴少雨、日照充足，有利于水稻开花结实。

9月11日至11月5日，水稻灌浆期，是决定粒重的关键期。总积温1113.2℃，比上年同期多123.2℃；降水量164.2毫米，比上年同期多76.7毫米；日照时数283.5小时，比上年同期少34.4小时。前期雨水多、日照少，不利于灌浆结实；后期多晴少雨、昼夜温差大，有利于干物质积累和千粒重的增加。

（时谦逊）

编　辑：郑长银

教　育

综　述

【学校情况】 2023年，沭阳县共有各级各类中小学、幼儿园294所。其中，职业学校4所，普通高中12所，初中56所，小学80所（不含10个农村保留教学点），特教学校1所，幼儿园141所；城区学校112所，农村学校182所；公办学校183所，民办学校111所。全县在校学生和在园幼儿共计37.67万人，专任教师约2万人。

【教师队伍建设】 2023年，沭阳县通过教师引聘、教师培训、名师打造等方式，切实加强教师队伍建设。教师引聘工作。全年累计招聘教师686人，其中校园招聘490人、定向师范95人，优秀教师101人。在新招聘教师中，研究生26人，占比4.41%；“双一流”师范类毕业生8人，占比1.63%；江苏师范大学毕业生93人，占比18.98%；淮阴师范学院96人，占比19.59%；沭阳籍师范类院校毕业生151人，占比30.82%。教师培训工作。制定并下发《沭阳县教师培训和学时认定实施细则（试行）》，暑期组织600名新入职教师岗前培训，推动全县1.8万名中小学教师开展校本培训活动，开展校长论坛3期、校长“能力提升”培训2期，播出花乡教育好故事300期，组织教师申报省级教育规划立项课题20余项，选培市、县两级乡村骨干教师培育站学员94名，获评省、市优秀培育站各1个，县教师发展中心获评市教师培训工作先进单位。名师打造情况。持续实施“点亮名师”工程，11人晋升正高级教师，全县共有正高级教师达28人；26人获评特级教师，拥有苏教名家培养对象2人、省教学名师6人、市名教师30人、市名校长8人，硕士及以上学历教师达258人。成立小学名校长工作室（站）4个、初中名校长工作室1个、高中名校长工作站1个；成立小学名师工作室6个、初中名师工作室2个、高中名师工作室3个，300位学员参与，建强名师成长主阵地。

【社会助学】 扶贫助学方面。2023年春季学期资助学前—中职学段的学生45199人次，资助金额4446.54万元。2023年度秋季学期资助学前—中职学段的学生42941人次，资助金额4402.38万元。全县无一名学生因贫失学、辍学。助学贷款方面。2023年度共为3851名家庭经济困难大学生提供生源地助学贷款，发放贷款金额4308.10万元。催收1459人贷款，扣款3208笔，回收贷款2067.56万元。中职学校免学费方面。2023年春季学期，为中等职业学校的15061名学生发放免学费补助经费1419.38万元；秋季学期，为中等职业学校的16688名学生发放免学费补助经费1560.47万元。

【校园安全保障】 出台《沭阳县中小学教师和学生谈心谈话制度》，全县各学校共开展谈心谈话62.6万次，开展为期3个月的未成年人保护专项整治工作，开展校园防欺凌线索摸排1632次，聘任法治副校长256名，组织专题教育活动298次，着力解决当前学校管理中有关校园欺凌、法治意识淡薄等突出问题。结合出台的《校长带班制度》，每周安排2次点调会，时间安排在周一至周五上午9：00—12：00，下午3：00—6：00，邀请市监局、消防大队、卫健局、住建局等单位工作人员举办相关业务培训，同时通过视频连线，随机问询，向校长了解带班、校园安全、教干听评课以及其他学校管理问题，并进行现场点评。紧紧聚焦消防、校车、食品、心理等13大项68个风险点，组织全覆盖大排查、专项检查（校车、宿舍、自制提升装置、防溺水、消防）、对标互查、飞行检查，共计发现安全隐患438处，已全部整改到位。全县近40万人的师生体量，校外学生伤亡事故较往年明显下降。

（蒙苏江）

民办教育管理

【概况】 2023年，沭阳县共有民办学校、幼儿园111所，其中，民办高中5所，民办职业学校2所，初中15所，小学24所，幼儿园65所。

【民办教育规范发展】 2023年，沭阳县持续推进民办教育规范发展。规范招生。根据县委、县政府确定的招生计划，指导各学校按规定动作做好幼小直升、小初直升和电脑派位工作。9所民办中小学通过电脑派位招生，有效杜绝提前招生、掐尖招生等不规范行为。规范收费。贯彻落实《江苏省民办中小学校收费管理办法》，向社会公布民办中小学收费标准，推行收费公示、协议收费等制度，规范收费行为。规范组织年检。10月31日至11月14日，县教育局组织多个年检组，对照各学段年检细则先后对10所民办初中、13所民办小学、64所民办幼儿园和3所校外培训机构2022年度办学情况进行年检。针对年检中存在的问题，书面责令限期整改。

【压降民办教育规模】 2023年，沭阳县逐步压降民办教育规模占比。2023年春季学期，全县民办义务教育学校在校生41532人，占比为15.25%。按照整体压降2个百分点、同比例压降原则，2023年秋季学期共安排民办义务教育学校招生计划4485人，其中小学1485人，初中3000人。2023年秋季学期，全县民办义务教育学校实际在校生34491人，压减7041人，占比由春季学期的15.25%降至12.91%，超额完成全年压降占比任务。

【调整优化民办教育结构】 2023年，沭阳县教育局进行深入调研，排查民办学校安全、教师队伍、招生等方面可能影响稳定的因素。结合今后的生源形势，通过召开专题会议、组织外出学习培训、个别交流访谈等多种形式，动员乡镇小规模民办中小学、幼儿园调整定位，及时转型，逐步调整优化民办教育结构。根据招生方案，2023年秋季学期6所小规模民办小学未下达招生计划，有2所民办幼儿园申请停止办学。

【民办学校办学资金监管】 2023年，沭阳县教育局根据《中华人民共和国民办教育促进法》《民办教育促进法实施条例》有关规定，会同沭阳农村商业银行建立了民办学校办学资金监管账户，要求民办学校收取的学生学费、住宿费等费用，采取网上银行、手机银行转账汇款、微信或支付宝二维码扫码等形式缴入监管专用账户。各民办学校在监管平台上申请用款，并详细说明资金用途，上传附件作为佐证材料。通过实施资金监管，有效保障民办学校学费等收入主要用于教育教学，防止发生抽逃出资、挪用办学经费等行为。

（蒙苏江）

党建工作

【概况】 2023年，沭阳县教育系统共有党委7个，党总支23个，党支部164个，党员5175人。其中，新成立党支部4个，党总支升格为党委2个，撤销党总支1个、党支部1个，完成党组织换届29个，调整党组织隶属关系9个。全县学校党组织全部直属于县委教育工委。

【“三个好”创建活动】 2023年，沭阳县教育系统开展“支部好品牌”“书记好党课”“党员好故事”评选，推动全系统党员干部开展“三亮三比三帮”（亮身份、亮职责、亮承诺；比奉献、比担当、比业绩；帮带一个班级、帮扶一名教职工、帮助一名特殊学生）。全年确定“党员好故事”206名、“书记好党课”42节、“支部好品牌”21个，其中沭阳高级中学的“‘融促’党建引领学校高质量发展”、南湖初中的“红色基因，幸福摆渡”、南湖小学的“红润南湖”被评为江苏省第四批中小学校“一校一品”党建品牌项目（宿迁市共7所学校上榜，沭阳县3所，占全市43%）。

【党建互联互帮机制】 2023年，沭阳县教育局探索建立党建互帮互联机制，按照资源共享、专业协同、优势互补的工作思路，安排18所公办与21所民办中小学校党支部结对共建。全年召开联席会议、组织集体活动70余次，日常交流更趋紧密，促进了民办学校党建工作的提升进阶。马厂实验学校孙雪峰、钱集神舟学校李永彤2人通过“两新”组织党务工作者初级认证。

【开展“七个一系列活动”】 2023年，沭阳县教育局组织开展“七个一系列活动”（一段誓言强党性、一轮分享忆初心、一堂党课坚信仰、一组竞赛提素质、一次实践担使命、一趟慰问暖人心、一场颁奖显荣光），全方位、立体式庆祝建党102周年。在庆祝中国共产党成立102周年暨“七一”表彰大会上，参会党员重温入党誓词，对沭阳高级中学高三年级党支部等10个先进基层党组织、梁勇等40名“优秀共产党员”、金波等10名“优秀党务工作者”进行表彰，为“光荣在党50年”的老党员颁授了纪念章。

（蒙苏江）

教育强县建设

【概况】 2023年，全县教育系统坚持“全力建设苏北教育强县，打造人民满意教育”定位，深入推进名校、名师、名学科“三名”工程，加快推动学前教育普惠健康发展、义务教育优质均衡发展、高中教育多样特色发展、职业教育提质培优发展。

【教育资源供给】 2023年，沭阳县教育资源供给持续增长。全年新建学校4所，新增学位9300个（第四实小1800个、智慧路初中1800个、南湖高中3300个、第三高中2400个）。充分利用中央、省“改薄”专项补助资金3777万元，投入县财政配套资金2000余万元，实施部分公办义务教育学校“改善提升”工程，实施沂涛初级中学、章集初级中学、外国语实验学校、耿圩初级中学等学校改扩建工程，努力改造义务教育阶段学校办学条件，进一步缓解结构性学位紧张现状。投入资金950.4万元，实施义务教育学校教室照明改造提升项目，改造教室1584个，全县义务教育学校标准化建设达标率达96.4%，比上一年（95.02%）提高1.38%。积极推动县内城乡、优普合作办学。继续推动名校办分校，怀文中学分别与耿圩初级中学、刘集初级中学合作办学，先后成立怀文中学耿圩校区和刘集初级中学“怀文班”，城乡学校一体化发展新路不断走深走实。

【教育教学成绩】 2023年，沭阳县高考再攀新高，参加高考学生9104人，本科达线6072人，本科达线率66.70%；一本达线3071人，一本达线率33.73%。在考生总数比2022年减少431人的情况下，一本达线人数比2022年净增396人，一本达线率提升5.68个百分点，600分以上净增440人（共达782人），考取清华北大16人（占全市60%），考取华东五校56人，其中南大45人，连续12年位居全市第一、苏北领先、全省第一方阵。中考继续领跑全市。全市状元花落沭阳县（沭阳如东实验学校姚宇，768分），各高分段人数均占比全市半数左右，遥遥领先其他县区（前10名沭阳县6人，占比50%；前50名沭阳县32人，占比52.46%；前100名沭阳县48人，占比43.64%；前500名沭阳县228人，占比44.79%；前1000名沭阳县452人，占比43.38%）。义务教育阶段教学质量始终走在全市前列，全县普高录取率60.95%。

【办学内涵丰富】 2023年，沭阳县学校办学内涵不断丰富。印发《关于进一步加强中小学校园特色文化建设的工作方案》，举办校园特色文化观摩，并组织全县基础教育内涵项目现场答辩，评选一等奖项目13个、二等奖项目20个、三等奖项目24个，助推全县中小学“一校一品”“一校多品”特色化、个性化、品牌化发展。成功获评市级基础教育内涵项目8个，省级遴选项目2个，耿圩小学被教育部评为全国乡村温馨学校，刘集小学获评全国“双减”科普行动优秀单位，南关小学创新经验被省教育厅评为“双减”工作典型案例，沭阳如东实验学校、梦溪实验学校、南湖初级中学等11所学校获评“市园林单位”。塘沟高级中学顺利通过省普通高中二星级评估。沭阳如东中学、沭阳高级中学顺利通过省普通高中四星级复审。

【系统制度建设】 先后出台安全工作属地、包片负责制等多份文件，坚持责任与作风并重，以制度促规范，用制度管人、管权，堵防工作漏洞，推动教育事业“质”与“量”，齐头并进、健康发展。先后出台《校长带班制度》《师生谈心制度》《每周安全点调制度》等制度，促进作风大提升。进一步严格工作纪律，推动管理规范化，找准短板，精准提升。

（蒙苏江）

学前教育

【概况】 2023年，全县共有在园幼儿4.59万人，幼儿园教职工4356人，其中幼儿教师2939人。幼儿园142所，其中公办幼儿园76所、民办幼儿园66所；省优质幼儿园98所、市优质幼儿园22所，优质幼儿园占比93.55%。全县普惠性幼儿园110所，普惠性幼儿园在园幼儿总数4.009万人，普惠性覆盖率87.22%。全县获评“省课程游戏化项目园”4组8所，“市级课程游戏化项目园”16组32所。

【经费保障】 建立学前教育经费保障机制，将学前教育经费纳入财政预算，学前教育财政经费投入占比逐年增加。2023年，县财政投入约1900万元，新建公办园宁浦云庭幼儿园，建成后可接纳360名幼儿入园。对建档立卡户和家庭经济困难的幼儿，县财政每人补助1200元，确保所有适龄幼儿公平享有受教育机会。

【创新管理】 2023年，县教育局针对幼儿园教育管理工作进行了系统的规划和提升。通过完善《沭阳县幼儿园工作考核方案的通知》以及制定《沭阳县幼儿园规章制度》，加强了对幼儿园工作的监管和指导。优化与调整以城区12所优质幼儿园为引领的“教·学·研”发展共同体，覆盖全县141所幼儿园，采用“体内共进、体间竞争”的机制，实施“四定三捆绑”共建模式，即共同体幼儿园定期观摩、定期研讨、定期展示和定期帮扶，捆绑工作目标、捆绑活动开展、捆绑考核奖罚。提升全县幼儿园的教育教学水平，促进全县教育资源的均衡分配和利用效率。

【教师专业能力提升】 2023年，县教育局通过举行优课评选、名师工作室培训、一日活动常规调研、园长论坛、暑期培训等多种形式的活动，全面提升教师的专业能力，提高幼儿园保教质量。年度有369人在省、市论文评比中分别获得一、二、三等奖；9人在市优秀教育活动展评中获得一、二等奖；其中教师孙晓晓作为市赛两名选手之一参加省比赛，获省二等奖；1人在第四届“幼芽杯”幼师职业技能大赛获得二等奖。

【幼小衔接开展情况】 深入贯彻落实《教育部关于大力推进幼儿园与小学科学衔接的指导意见》《宿迁市推进幼儿园与小学科学衔接攻坚行动实施方案》等文件精神，通过“幼小衔接”主题活动、幼小现场教研活动、教师培训、家园校方携手共育、“校外培训机构专项治理”等活动，有效遏制全县“小学化”“超前学”“违规培训”等行为，幼儿园和小学教师及家长的教育观念与教育行为明显转变，初步构建幼小联合教研模式，形成可推广、可复制的幼小科学衔接教研、教学模式和经验，幼小协同长效机制基本建立，幼小科学衔接教育生态基本形成。

【优质幼儿园创建】 2023年，县教育局积极推进优质幼儿园创建工作。制订2023年省、市优质幼儿园创建工作计划，参加省、市优质幼儿园评估细则培训活动，同时组织专家对申报材料进行审核把关并进园现场指导，查漏补缺，添置设施设备，完善管理过程性资料。沭阳永康路伟才幼儿园、优童实验幼儿园2所幼儿园顺利通过省优质幼儿园创建，沭阳县韩山镇汉王路幼儿园、华冲仲林幼儿园、青伊湖镇世纪鹏幼儿园、智慧新城幼儿园、桃园小区幼儿园、西城馥邦幼儿园6所幼儿园顺利通过市优质幼儿园验收。沭阳县实验幼儿园、青少年广场幼儿园等33所省优质幼儿园顺利通过省优复审。

（蒙苏江）

2023年沭阳县学前教育基本情况一览表

表26

序号	幼儿园名称	性质	区域	评估定类	在园幼儿数（人）
1	实验幼儿园	公办	城区	省优	891
2	第一实验幼儿园	公办	城区	省优	984
3	第二实验小学幼儿园	公办	城区	省优	1386
4	第一实验小学附属幼儿园	公办	城区	省优	1069
5	东关中心幼儿园	公办	城区	省优	513
6	广州路小学幼儿园	公办	城区	省优	258
7	实验小学附属幼儿园	公办	城区	省优	396
8	怀文中学附属幼儿园	公办	城区	省优	991
9	城北小区幼儿园	公办	城区	省优	35
10	河滨新村幼儿园	公办	城区	省优	127
11	开发区幼儿园	公办	城区	省优	444
12	孙巷小区幼儿园	公办	城区	省优	451
13	沭河家园幼儿园	公办	城区	省优	338
14	长庄小学附属幼儿园（杭州路园）	公办	城区	省优	359
14	长庄小学附属幼儿园（学府路园）	公办	城区	省优	373
15	南湖小学附属小太阳幼儿园	公办	城区	省优	1118
16	梦溪幼儿园	公办	城区	省优	199

续表26

序号	幼儿园名称	性质	区域	评估定类	在园幼儿数（人）
17	桃园小区幼儿园	公办	城区	市优	145
18	幸福幼儿园	公办	城区	省优	354
19	杭州东路幼儿园	公办	城区	省优	481
20	杭州西路幼儿园	公办	城区	省优	324
21	大连路幼儿园	公办	城区	省优	163
22	宁波路幼儿园	公办	城区	省优	217
23	青少年广场幼儿园	公办	城区	省优	983
24	沈阳路幼儿园	公办	城区	省优	257
25	智慧新城幼儿园	公办	城区	市优	660
26	玉兰路幼儿园	公办	城区	合格园	479
27	永康路幼儿园	公办	城区	合格园	383
28	万景路幼儿园	公办	城区	合格园	498
29	文鼎汇苑幼儿园	公办	城区	合格园	278
30	宁浦云庭幼儿园	公办	城区	合格园	254
31	怀文幼儿园	民办	城区	省优	1227
32	卫星幼儿园花园路分园	民办	城区	分园	329
32	卫星幼儿园	民办	城区	省优	398
33	金色摇篮都市阳光分园	民办	城区	分园	375
33	金色摇篮幼儿园	民办	城区	省优	595
34	东城幼儿园	民办	城区	省优	842
35	豪园幼儿园	民办	城区	省优	355
36	南京路幼儿园	民办	城区	省优	233
37	书香名邸幼儿园	民办	城区	省优	306
38	天下景城幼儿园	民办	城区	省优	371
39	中新幼儿园	民办	城区	省优	159
40	祥和幼儿园分园	民办	城区	分园	138
41	沭城镇祥和幼儿园	民办	城区	省优	314
42	虞姬幼儿园	民办	城区	省优	725
43	香溢幼儿园	民办	城区	省优	433
44	苏通花苑幼儿园	民办	城区	市优	239
45	仰龙湾儿童之家	民办	城区	省优	313
46	津典幼儿园	民办	城区	市优	153
47	东方幼儿园	民办	城区	市优	258
48	优童实验幼儿园	民办	城区	省优	118
49	豆豆蚁儿童之家	民办	城区	市优	161
50	京师幼儿园	民办	城区	市优	403

续表26

序号	幼儿园名称	性质	区域	评估定类	在园幼儿数（人）
51	永康路伟才幼儿园有限公司	民办	城区	省优	382
52	颍都幼儿园	民办	城区	合格园	101
53	大风车幼儿园	民办	城区	合格园	150
54	大唐世家幼儿园	民办	城区	合格园	204
55	西城馥邦幼儿园	民办	城区	市优	231
56	跨世纪幼儿园	民办	城区	合格园	229
57	未来儿童学苑	民办	城区	合格园	239
58	京学幼儿园有限公司	民办	城区	合格园	215
59	华格幼儿园有限公司	民办	城区	合格园	112
60	龙庙中心幼儿园	公办	乡镇	省优	617
61	高墟中心幼儿园	公办	乡镇	省优	377
62	湖东中心幼儿园	公办	乡镇	省优	146
63	李桓中心幼儿园	公办	乡镇	省优	338
64	马厂中心小学幼儿园	公办	乡镇	省优	450
65	塘沟中心幼儿园（含办园点）	公办	乡镇	省优	333
66	庙头中心小学幼儿园（含办园点）	公办	乡镇	合格园	374
67	华冲中心幼儿园（含办园点）	公办	乡镇	省优	311
68	七雄中心幼儿园	公办	乡镇	省优	307
69	贤官中心小学幼儿园（含办园点）	公办	乡镇	省优	671
70	西圩中心幼儿园(含办园点）	公办	乡镇	省优	290
71	悦来镇中心幼儿园	公办	乡镇	省优	327
72	新河镇中心幼儿园（含办园点）	公办	乡镇	省优	698
73	万匹中心幼儿园（含办园点）	公办	乡镇	省优	233
74	韩山中心幼儿园	公办	乡镇	省优	198
75	茆圩中心小学幼儿园	公办	乡镇	省优	415
76	桑墟中心小学幼儿园（含办园点）	公办	乡镇	省优	272
77	钱集中心小学幼儿园(含办园点）	公办	乡镇	省优	126
78	官墩中心幼儿园	公办	乡镇	省优	367
79	青伊湖中心幼儿园	公办	乡镇	省优	276
80	颜集中心幼儿园（含办园点）	公办	乡镇	省优	574
81	周集中心小学幼儿园	公办	乡镇	省优	104
82	潼阳中心幼儿园（含办园点）	公办	乡镇	省优	442
83	陇集中心幼儿园	公办	乡镇	省优	351
84	刘集中心幼儿园	公办	乡镇	省优	363
85	沂涛中心小学幼儿园	公办	乡镇	省优	200
86	章集中心幼儿园	公办	乡镇	省优	270

续表26

序号	幼儿园名称	性质	区域	评估定类	在园幼儿数（人）
87	扎下中心小学幼儿园	公办	乡镇	省优	159
88	刘集第二中心幼儿园	公办	乡镇	省优	63
89	十字初级中学幼儿园	公办	乡镇	省优	480
90	张圩中心幼儿园	公办	乡镇	省优	183
91	赵集小学幼儿园	公办	乡镇	省优	133
92	耿圩中心小学幼儿园	公办	乡镇	省优	334
93	北丁集中心幼儿园	公办	乡镇	省优	275
94	胡集实验小学幼儿园	公办	乡镇	省优	144
95	东小店中心幼儿园	公办	乡镇	省优	300
96	十字中心小学幼儿园	公办	乡镇	省优	10
97	汤涧中心小学幼儿园	公办	乡镇	市优	8
98	胡集华光幼儿园	公办	乡镇	合格园	21
99	北丁集宋宅幼儿园	公办	乡镇	合格园	45
100	韩山新城尚庄幼儿园	公办	乡镇	市优	24
101	陇集镇李徐幼儿园	公办	乡镇	市优	10
102	周集谢河幼儿园	公办	乡镇	合格园	9
103	刘集镇桥南幼儿园	公办	乡镇	合格园	3
104	西圩乡邱庄村幼儿园	公办	乡镇	合格园	26
105	贤官新城马湖村幼儿园	公办	乡镇	市优	37
106	沂涛中心幼儿园	民办	乡镇	省优	350
107	吴集中心幼儿园	民办	乡镇	省优	400
108	耿圩中心幼儿园	民办	乡镇	省优	338
109	桑墟明星幼儿园	民办	乡镇	省优	97
110	西湖钟书幼儿园	民办	乡镇	省优	256
111	十字中心幼儿园	民办	乡镇	省优	482
112	兴华幼儿园	民办	乡镇	省优	171
113	桑墟镇爱心幼儿园	民办	乡镇	省优	94
114	扎下镇中心幼儿园	民办	乡镇	省优	470
115	钱集镇中心幼儿园	民办	乡镇	省优	312
116	胡集镇中心幼儿园	民办	乡镇	省优	373
117	太平幼儿园	民办	乡镇	省优	139
118	周集乡新新幼儿园	民办	乡镇	省优	95
119	青苹果幼儿园	民办	乡镇	省优	65
120	湖东古北幼儿园	民办	乡镇	省优	361
121	博爱幼儿园	民办	乡镇	省优	219
122	桑墟镇棒棒幼儿园	民办	乡镇	省优	458

续表26

序号	幼儿园名称	性质	区域	评估定类	在园幼儿数（人）
123	北丁集乡润城幼儿园	民办	乡镇	省优	265
124	红岩幼儿园	民办	乡镇	省优	165
125	悦来镇实验幼儿园	民办	乡镇	省优	235
126	颜集镇阳光幼儿园	民办	乡镇	省优	233
127	马厂中心幼儿园	民办	乡镇	市优	53
128	马厂英皇幼儿园	民办	乡镇	合格园	160
129	周集中心幼儿园	民办	乡镇	省优	147
130	汤涧中心幼儿园	民办	乡镇	市优	201
131	悦来镇叶新庄幼儿园	民办	乡镇	市优	49
132	悦来镇芳芳幼儿园	民办	乡镇	省优	226
133	马厂实验学校幼儿园	民办	乡镇	市优	263
134	张圩乡蓓蕾幼儿园	民办	乡镇	合格园	87
135	庙头镇中心幼儿园	民办	乡镇	省优	130
136	陇集镇实验幼儿园	民办	乡镇	市优	190
137	塘沟实验幼儿园	民办	乡镇	市优	123
138	潼阳镇晨光幼儿园	民办	乡镇	市优	218
139	七雄启萌幼儿园	民办	乡镇	合格园	551
140	韩山镇汉王路幼儿园	普惠	乡镇	市优	266
141	青伊湖镇世纪鹏幼儿园	民办	乡镇	市优	162
142	华冲仲林幼儿园	民办	乡镇	市优	142

义务教育

【概况】 2023年，沭阳县共有义务教育学校136所（初中56所、小学80所，不含10个农村保留教学点），在校生26.69万人，专任教师1.28万人。其中，城区义务教育学校38所，在校生约15.03万人；乡村义务教育学校98所，在校生约11.66万人。

【义务教育课堂教研】 2023年，沭阳县教育局在实施“推广优秀教学模式、深化课堂教学改革”活动的基础上，结合市教研室提出的“三学”课堂建设意见，继续依托沭阳县实验小学、沭阳县第二实验小学、沭阳县第一实验小学、沭阳县南湖小学4所课改示范学校，在全县小学开展了以“融合‘三学’理念，优化教学模式”为主题的“联片教研”活动。活动分沂河南、沂河北两片同步推进，共组织20余名骨干教师开展示范教学活动，每次活动同步安排省特级教师对课堂教学进行点评。全年共开展8次活动，全县共1000余名教师参加此项活动。以此项活动为契机，全县各小学重新构建高效课堂教学新模式，打造基础教育课堂教学新样态，努力达成在课堂教学中，教师做到以生为本，少讲让学，落实核心素养，促进学生全面健康成长。

【“双减”工作】 2023年，全县义务教育学校认真落实县委办、县政府办印发的《沭阳县关于进一步减轻义务教育学生作业负担和校外培训负担的实施方案》，从深化课堂教学改革入手，全面开展课后服务，严格控制作业总量。县教育局把“双减”作为“一号工程”，印发《全县教育系统“双减”工作重点任务及考核办法》，将其纳入责任督学日常督导，切实减轻学生校内负担。全面贯彻落实《义务教育课程方案和课程标准》，推动课程减负。印发实施《沭阳县中小学推进“三学”课堂建设实施方案》，深化课堂减负。印发实施《沭阳县义务教育阶段学生作业管理实施意见》，强化作业减负。印发实施《沭阳县中小学落实“五项管理”工作方案》，从作业、睡眠、手机、读物、体质等五个方面推动“学生身心关爱工程”。全面开展课后服务，在保证大部分学生在校内完成作业的基础上，开设科普类、体艺类、阅读类兴趣及音乐、书法、绘画、陶艺、球类等社团近4000个，为学生提供丰富的课程选择。

2023年沭阳县小学学校基本情况一览表

表27

序号	学校	办学性质	学生数（人）
1	沭阳县陇集中心小学	公办	1666
2	沭阳县耿圩中心小学	公办	2440
3	沭阳县悦来中心小学	公办	3247
4	沭阳县刘集中心小学	公办	2084
5	沭阳县北丁集中心小学	公办	2099
6	沭阳县塘沟中心小学	公办	1596
7	沭阳县张圩中心小学	公办	762
8	沭阳县胡集实验小学	公办	1945
9	沭阳县钱集中心小学	公办	1963
10	沭阳县周集中心小学	公办	1031
11	沭阳县东小店中心小学	公办	1187
12	沭阳县马厂中心小学	公办	2605
13	沭阳县章集中心小学	公办	927
14	沭阳县李恒中心小学	公办	1189
15	沭阳县汤涧中心小学	公办	968
16	沭阳县沂涛中心小学	公办	1779
17	沭阳县庙头中心小学	公办	1585
18	沭阳县颜集中心小学	公办	1983
19	沭阳县潼阳中心小学	公办	3300
20	沭阳县茆圩中心小学	公办	1199
21	沭阳县新河中心小学	公办	2870
22	沭阳县贤官中心小学	公办	2597
23	沭阳县华冲实验小学	公办	2628
24	沭阳县龙庙中心小学	公办	1437
25	沭阳县桑墟中心小学	公办	3343
26	沭阳县青伊湖中心小学	公办	1201
27	沭阳县万匹中心小学	公办	560
28	沭阳县韩山中心小学	公办	1050
29	沭阳县吴集中心小学	公办	1413
30	沭阳县西圩中心小学	公办	1286
31	沭阳县高墟中心小学	公办	1899
32	沭阳县湖东中心小学	公办	1906

续表27

序号	学校	办学性质	学生数（人）
33	沭阳县官墩中心小学	公办	1844
34	沭阳县十字中心小学	公办	2824
35	沭阳县扎下中心小学	公办	1664
36	沭阳县七雄中心小学	公办	2838
37	沭阳县赵集小学	公办	302
38	第四实验小学	公办	145
39	沭阳县东关实验小学	公办	6453
40	沭阳县实验小学	公办	5895
41	沭阳县第一实验小学	公办	9573
42	沭阳县第二实验小学	公办	8446
43	江苏省沭阳师范学校附属小学	公办	1844
44	沭阳县广州路小学	公办	2691
45	沭阳县开发区实验小学	公办	3145
46	沭阳县南关小学	公办	5188
47	沭阳县深圳路实验小学	公办	3489
48	沭阳县东兴小学	公办	4617
49	沭阳县人民路小学	公办	4482
50	沭阳县南湖小学	公办	8888
51	沭阳县学府路小学	公办	3565
52	沭阳县外国语实验学校	公办	4762
53	沭阳县梦溪实验学校	公办	6001
54	沭阳县如东实验小学	公办	2683
55	沭阳县第三实验小学	公办	2219
56	沭阳县万景路小学	公办	622
57	沭阳县怀文小学	民办	3091
58	沭阳南洋学校	民办	2320
59	沭阳县广宇学校	民办	2046
60	沭阳安博银河学校	民办	3279
61	沭阳红岩学校	民办	850
62	沭阳县新华中学	民办	458
63	沭阳县钱集神舟学校	民办	281
64	沭阳县刘集天骄学校	民办	65
65	沭阳县马厂实验学校	民办	822
66	沭阳县沂涛双语学校	民办	589
67	沭阳县十字宏志学校	民办	63
68	沭阳县悦来西南学校	民办	0

续表27

序号	学校	办学性质	学生数（人）
69	沭阳县扎下汉坊双语学校	民办	152
70	沭阳县贤官镇文集学校	民办	917
71	沭阳县贤官镇光华小学	民办	166
72	沭阳县颜集文德学校	民办	632
73	沭阳县华冲镇荡南学校	民办	369
74	沭阳县万匹乡红杨小学	民办	291
75	沭阳县桑墟沭海学校	民办	151
76	沭阳县胡集新兴学校	民办	245
77	沭阳县贤官镇行知学校	民办	188
78	沭阳县翰林学校	民办	568
79	沭阳县厚邱学校	民办	972
80	沭阳县西湖外国语学校	民办	701

2023年沭阳县初中学校基本情况一览表

表28

序号	学校名称	办学性质	学生数（人）
1	沭阳县陇集初级中学	公办	792
2	沭阳县耿圩初级中学	公办	964
3	沭阳县悦来初级中学	公办	2006
4	沭阳县刘集初级中学	公办	915
5	沭阳县北丁集初级中学	公办	1757
6	沭阳县塘沟初级中学	公办	680
7	沭阳县胡集初级中学	公办	769
8	沭阳县钱集初级中学	公办	1880
9	沭阳县周集初级中学	公办	371
10	沭阳县东小店初级中学	公办	490
11	沭阳县马厂初级中学	公办	1658
12	沭阳县章集初级中学	公办	555
13	沭阳县李恒初级中学	公办	1041
14	沭阳县沂涛初级中学	公办	662
15	沭阳县庙头中学	公办	548
16	沭阳县颜集初级中学	公办	1201
17	沭阳县潼阳初级中学	公办	2685
18	沭阳县茆圩初级中学	公办	631
19	沭阳县新河初级中学	公办	1603
20	沭阳县贤官初级中学	公办	1892

续表28

序号	学校名称	办学性质	学生数（人）
21	沭阳县华冲初级中学	公办	1425
22	沭阳县龙庙初级中学	公办	466
23	沭阳县桑墟初级中学	公办	2137
24	沭阳县青伊湖初级中学	公办	630
25	沭阳县韩山初级中学	公办	398
26	沭阳县吴集初级中学	公办	640
27	沭阳县西圩初级中学	公办	534
28	沭阳县高墟初级中学	公办	1155
29	沭阳县官墩初级中学	公办	1703
30	沭阳县十字初级中学	公办	1551
31	沭阳县扎下初级中学	公办	1123
32	沭阳县七雄初级中学	公办	2161
33	沭阳县怀文中学	公办	10230
34	沭阳县外国语实验学校	公办	7304
35	沭阳如东实验学校	公办	7087
36	沭阳县沭河中学	公办	2761
37	沭阳县实验初级中学	公办	4410
38	沭阳县梦溪实验学校	公办	4560
39	沭阳县南湖初级中学	公办	3591
40	沭阳县人民路初级中学	公办	2632
41	沭阳智慧路初级中学	公办	924
42	沭阳县潼阳中学	民办	1096
43	沭阳县修远中学	民办	2443
44	沭阳县正德中学	民办	458
45	沭阳梦溪中学	民办	2322
46	沭阳南洋学校	民办	1020
47	沭阳县广宇学校	民办	2674
48	沭阳安博银河学校	民办	1537
49	沭阳红岩学校	民办	1289
50	沭阳县新华中学	民办	264
51	沭阳县十字宏志学校	民办	210
52	沭阳县钱集神舟学校	民办	529
53	沭阳县刘集天骄学校	民办	82
54	沭阳县马厂实验学校	民办	664
55	沭阳县悦来西南学校	民办	117
56	沭阳县沂涛双语学校	民办	566

【沭阳县南湖初级中学】 南湖中学是2019年沭阳县委、县政府在南部新城倾力打造的一所高起点、高标准、高规格、高水平的县直公办初中。学校占地80亩，总建筑面积约5.1万平方米，总投资近2亿元，有50个教学班，在校师生3500余名。学校以“爱国、求知”为校训，以“真情、豪情、激情”为校风，以“尽职、尽责、尽美”为教风，以“良心、恒心、信心”为学风，以“青春红火，岁月辉煌”为办学理念，以“首创、奋斗、奉献”的红船精神作为学校精神，努力打造南部新城新的智慧高地、文化标识和教育品牌。办学四年来，学校荣获省市县各类综合表彰百余项。学校已成为江苏省影响力学校建设共同体、江苏省“少年军校”工作先进单位、江苏省教科院初中科研基地学校、江苏省课堂教学方法研究中心成员校、全国红色楹联第一校、全国红色精神培育联盟校等。先后获评县教研工作先进单位、县心理健康教育工作先进集体、县综合考核先进单位、行风建设先进单位、综合考核先进单位、未成年人保护工作先进集体、先进基层党组织、教科研先进单位、控辍保学工作先进单位、市“七五”普法工作先进单位、市书法教育实验学校。

【沭阳如东实验小学】 沭阳如东实验小学建于2020年，是继沭阳如东中学、沭阳如东实验学校成功创办以后，沭阳、如东两地政府三度合作，联手打造的一所义务教育阶段实验小学。学校位于江苏省宿迁市沭阳县智慧路6号，占地5.4万平方米（80.77亩），在校生规模为4个年级，52个教学班，2736人。学校有141名在编教师，其中省特级教师、正高级教师、苏教名家各1人，省教学名师1人，市县学科带头人、骨干教师近50人。学校秉承“让学校适合儿童”的办学理念，遵循“立身以学”的校训，全面落实《义务教育学校管理标准》，积极响应国家“双减”政策要求，以“高品质、有深度、宽基础”为目标，在“高质量、特色化、内涵式”的发展中，彰显学校“花海”文化办学特色，切实提升学校育人水平，全力推动学校及全体师生的高质量发展，形成“和合共生，守正日新”的校风。学校研发校本课程，构建科学合理、内涵丰富的课程图谱。舞蹈、合唱、古筝、油画、水墨画、轮滑、篮球、书法、武术、手工制作等20多个的社团课程的常态开展，以及劳动课程、综合实践活动课程、心理健康课程、家长课程等跨学科课程的深度融合，促进了学生全面发展。建校近四年来，学校有10余名教师在省市级优课或基本功比赛中获得一等奖，40余名教师在县级各类教学竞赛中获奖，100余名学生在省、市、县书法、征文、绘画、诵读等各类比赛中获奖。学校被评为宿迁市文明校园、沭阳县书香校园、沭阳县未成年人保护工作先进集体、沭阳县妇联工作先进集体等。

【沭阳县南关小学】 沭阳县南关小学始建于1923年，至今已历百年。100年来校址几经变迁，执着的南关人走过了发展、壮大、坚守的办学历程，在沭阳大地上书写了绚丽的教育华章。为了推进全县教育均衡化发展和改善南关小学办学条件，2017年春，县委、县政府决定在南部城区异地新建南关小学，2018年年底建成交付，占地43322平方米（65亩），总建筑面积3.2万平方米，总投资约1.2亿元。新校区高起点规划，高标准建设，按教育现代化一级标准配备各项教学设施。2019年4月29日，学校整体搬迁到新校区办学，5年来学校呈现出良好的发展态势，现有在编教师139人，77个教学班，5200余名学生。学校凝心聚力筑牢教学质量这条生命线，擦亮童文化和党建文化两项品牌，构建“生态、场景、课程”三维融合新样态，绘制童趣、生态、多彩、墨韵、书香、科创多张名片，促进学校内涵发展，实现办学品质大提升。近5年来，学校先后被评为江苏省优秀家长学校、江苏省羽毛球特色学校、江苏省第三批“华文学校”、江苏省智慧校园、江苏省节水型学校、江苏省陶行知研究会实验学校、中国书法（写字）特色学校等。《人民日报》客户端、新华报业网、“学习强国”学习平台、江苏教育频道、速新闻等主流媒体多次报道南关小学的办学情况。

【沭阳县第三实验小学】 沭阳县第三实验小学于2020年9月投入使用，占地80.25亩，建筑面积32500平方米，建筑设计总投资近1.3亿元，现代化教学设施齐全，学校拥有一流的教育资源，配备了现代化的教学设施和先进的教学技术。学校现有学生2200余人，38个班级，教师100余人，其中在编教师95人。市、县学科领军人物、学科带头人5人，市、县骨干教师、教学能手6人，拥有一支高素质的师资队伍。建校四年来，学校秉承“弘扬优秀传统文化，全面推进素质教育”的办学思想，确立“国学润泽 诚信有礼”的办学理念，努力打造以“礼”为核心的博雅文化，按照高起点、高要求、高质量的办学目标，积极践行“博学·雅行”的校训，鼎力打造国学特色文化，坚持走特色引领、质量为本的内涵发展之路，培养文雅的学生，润养高雅的校园。2023年，学校有50名教师在县级以上基本功大赛、优课评选等各类竞赛中获奖。学校也被评为“宿迁市书香校园”“宿迁市艺术特色学校”等。

【沭阳县万景路小学】 学校是

2022年政府民生实事项目，由碧桂园集团承建。学校占地64.93亩，位于瑞声大道东侧，万景路北侧，总建筑面积2.54万平方米，建设规模为6轨36班。有25个教学班，1908名在校生，其中一、二年级学生共计629名，学籍在万景路小学；教职工88人，市县学科带头人及骨干教师5人，其中34人是万景路小学在编教师。学校按照"一室一园一廊一课程两工程"规划，走实内涵发展之路。学校坚持"精致、精细、精品"的理念，以积极的精致文化、专业的精干队伍、雅致的精美环境、丰富的精品课程、缤纷的精彩活动，着力打造"精美校园、文明校园、活动校园、安全校园、书香校园"五大校园名片，实现"小而精、精而美、美而强"的办学愿景，让校园变身学生快乐学习的学习场、教师专业素养的提升场、师生文化底蕴的涵养场。

（蒙苏江）

高中教育

【概况】 2023年，沭阳县共有普通高中12所，其中公办高中7所，民办高中5所；省四星级高中4所（江苏省沭阳高级中学、沭阳如东中学、沭阳县建陵高级中学、沭阳华冲高级中学），三星级高中4所（沭阳县修远中学、沭阳梦溪中学、沭阳县正德中学、沭阳县潼阳中学），二星级高中3所（沭阳南洋学校、沭阳杭州路高级中学、沭阳南湖高级中学），农村高中1所（沭阳第三高级中学）。全县普通高中在校生36956人。其中，四星级高中在校生15480人，占比41.89%；公办高中在校生21079人，占比57.04%。全县普通高中共有教职工3002人，其中专任教师2615人。

【高中教育课堂教研】 2023年，沭阳县高中学校融合市"三学"课堂的核心理念，不断推进课堂教学改革实践，各学校结合校情围绕"三学"课堂的核心理念，不断优化教学模式，重新构建高效课堂，关注教学动态生成，引导学生实践操作，落实核心素养，促进学生全面健康成长。进而在全县推广优秀的教学模式，不断促进新课改的实施与深化。通过"三学"课堂的不断实践，评选出了沭阳塘沟高级中学等一批"三学"课堂示范学校。5月，沭阳县中小学深入推进"三学"课堂建设现场会在沭阳塘沟高级中学举行。活动通过课堂现场教学展示、专家讲座等形式，构建以学生为主体，以活动为载体，以自主学习、合作探究、交流展示为主要形式的"三学"课堂模式，打造有高度、有深度、有温度的课堂教学新样态，实现教学质量的跨越式发展。

【高中学校星级创建工作】 2023年，沭阳高级中学通过省四星级高中复审。2月15—16日，由江苏省清江高级中学党委书记、校长陈欣，泗阳中学副校长刘以果，宿迁中学副校长张维国组成的专家组对沭阳高级中学进行省四星级普通高中复审现场考察评估。专家组对沭阳高级中学工作给予充分肯定，认为沭阳中学办学条件有亮点，队伍建设有成效，管理水平有特色，素质教育有收益，办学绩效有好评。塘沟高级中学、南湖高中晋升为省二星级高中。3月27—28日，受江苏省教育评估院委托，以市教育局三级调研员陈向阳为组长的省星级高中晋评专家组一行四人，对沭阳塘沟高级中学进行省二星级高中晋评评估现场考察。专家组充分肯定沭阳塘沟高级中学的办学成绩，同时提出建设性意见。9月，宿迁市教育局下发《关于公布2023年度普通高中二星级评估结果的通知》，确认沭阳塘沟高级中学顺利晋升为省二星级高中。12月26—28日，受江苏省教育评估院委托，宿迁市教育局组织以江苏省宿迁中学党委副书记王勋为组长的省星级高中晋评专家组一行四人对沭阳南湖高级中学进行省二星级高中晋评现场考察。专家组一行充分肯定沭阳南湖高级中学创建以来取得的办学成绩，同时提出了建设性意见和建议。2024年1月23日，宿迁市教育局下发《关于公布2023年度普通高中二星级评估结果的通知》，确认沭阳南湖高级中学晋升为江苏省二星级高中。

【师生获奖情况】 在2023年全国数学奥赛中，沭阳高级中学嵇煜人荣获国家级一等奖，沭阳共有51人荣获国家级二等奖，21人荣获国家级三等奖，5人荣获省级三等奖。在2023年全国化学奥赛中，沭阳县共有44人荣获省级一等奖，50人荣获省级二等奖，3人荣获省级三等奖。在2023年全国物理奥赛中，沭阳县共有20人荣获省级一等奖，53人荣获省级二等奖，66人荣获省级三等奖。在2023年全国生物奥赛中，沭阳如东中学范承桥荣获国家级三等奖，沭阳县共有13人荣获省级一等奖，22人荣获省级二等奖，10人荣获省级三等奖。在2023年江苏省第二十届"中学生与社会"作文大赛中，沭阳高级中学刘昊天荣获省级特等奖，沭阳如东中学、沭阳高级中学叶蓉与等4人荣获省级一等奖，10人荣获省级二等奖。在2023年江苏省语文依标展示课中，沭阳如东中学陈紫霄荣获二等奖。在2023年江苏省青年教师数学优课评选活动中，沭阳高级中学教师吴贵云荣获二等奖。在2023年江苏省高中英语优质课评比中，沭阳高级中学教师李彤彤荣获二等奖。在2023年江苏省第四届高中物理实验创新评比中，沭阳县修远中学教师庄永安荣获二等奖。在2023年江苏省高中生物优课评选活动中，沭阳如东中学教师李艳桃荣获二等奖。2023年江苏省高中政治青年教师优质课比赛，沭阳华冲高级中学教师荣硕妍荣获二等奖。2023年江苏省高中班主任基本功比赛，沭阳高级中学教师刘单、沭阳南湖高级中学教师吕从富荣获二等奖。在宿迁市语文整本书阅读指导课评比、高中数学学科教师优课评比、高中英语学科教师优课评比、高中物理学科教师优课评比、高中化学教师基本功比赛、高中生物教师优课评比、高中政治青年教师优质课比赛、高中历史学科教师优质视频课评比、高中美术教师基本功比赛、高中美术教师优课评比、高中班主任基本功比赛中，沭阳县共有27人荣获市级一等奖，25人荣获市级二等奖。

【教学质量调研】 2023年9月开始，县教育局组织精干力量对全县所有高中学校实行循环调研，每个星期深入学校开展至少两天时间的调研活动，指导学校（特别是新办高中）提高教学与管理质量，有力推动全县高中教育高质量发展。教研部的调研与组织教研活动相结合，联合部分优秀骨干教师深入学校，开设示范课，组织听课交流，检查教师教案、听课笔记、学生作业等资料，走访谈话，集中反馈指导。针对学校教学管理、课堂教学等方面存在的问题，提出了切实可行的建议，促进了课堂优化，推进了教师专业成长。累计听课600余节，访谈教师近280人次，学生900余人次，撰写交流意见1万余字，提出教学优化意见230余条。

（蒙苏江）

2023年沭阳县高中学校基本情况一览表

表29

序号	学校名称	办学性质	学生数（人）
1	沭阳如东中学	公办	4893
2	江苏省沭阳高级中学	公办	5653
3	沭阳县建陵高级中学	公办	4934
4	沭阳华冲高级中学	公办	4381
5	沭阳杭州路高级中学	公办	1218
6	沭阳县修远中学	民办	3715
7	沭阳梦溪中学	民办	4024
8	沭阳县潼阳中学	民办	3780
9	沭阳县正德中学	民办	2931
10	沭阳南洋学校	民办	1427
11	沭阳南湖高级中学	公办	2931
12	沭阳第三高级中学	公办	1427

【江苏省沭阳高级中学】 2023年，是江苏省沭阳高级中学新百年的开启之年，学校始终坚持以习近平新时代中国特色社会主义思想定向领航，秉持“尊重差异，包容发展”的育人理念，全面落实“课比天大，教无止境”教学理念，全力推进“四抓四有”（抓日常管理有站位、抓技能提升有导向、抓技能人才有载体、抓资金安全有红线）教学要求，深化育人方式改革，学校的各项工作再上新台阶。学校先后入选北京大学首批“博雅人才共育基地校”“南京大学造就拔尖创新人才培源校”，获得南京大学、中国人民大学、哈尔滨工业大学、西安交通大学、东南大学、天津大学等著名高校优秀生源基地称号。学校2023年高考成绩实现新突破：6人进入全市文科前十名，全市第一；一本达线1277人，一本达线率同比提升9.5个百分点；10人考取北京大学、清华大学，18人考取南京大学，35人考取C9联盟高校。2011年以来，学校共有139名优秀学子考取北京大学、清华大学，北京大学、清华大学录取人数连续13年位居苏北县中第一，全省前列。54位老师在各类竞赛中获奖，21人获县级以上表彰，102人论文发表获奖。学科奥赛再创佳绩，2人获国家一等奖，70人获得省级一等奖；1人获得省实验能力大赛一等奖。1人获得省“中学生与社会”作文大赛特等奖，3人获得一等奖；10人获得“全国中学生科普科幻作

2023年，江苏省沭阳高级中学考取清华北大10位同学合影（左起依次为葛舒琪、陈焕翔、左翼、陈烨、金凡意、周恒屹、王啸龙、乔俊杰、张茂煦、方静娴）　　江苏省沭阳高级中学　供图

文大赛”一等奖，27人获得全国作文大赛二、三等奖。学生胡纤默获省“最美中学生标兵”称号。学校强化师资队伍建设，唐守平老师作为“银发知播”成员，获得“感动中国2022年度人物”集体奖。1人获评正高级教师，1人荣获县“最美教师”称号。在教师优课、基本功大赛中，3人获省二等奖，5人获市一等奖。共有2项省级课题结题，2项省级课题通过开题论证；1项市级课题获批；14项省市级课题在研；102篇论文公开发表、获奖。学校“融促”党建入选省中小学校党建文化品牌项目，行政后勤党支部荣获宿迁市“示范党支部”，《守卫生命的曙光》短视频荣获县典型事迹片优秀奖，2人分别当选县“优秀共产党员”“优秀党务工作者”。学校先后获全国“小平科技创新实验室”建设学校、市教育系统“示范党支部”、县教研工作先进单位等多项荣誉表彰。

（童凤龙）

【江苏省沭阳如东中学】 2023年，江苏省沭阳如东中学秉承“担当”校训，大力弘扬“特别能吃苦、特别肯钻研、特别善协作、特别讲奉献、特别勇担当”的学校精神，自觉践行“对每一名学生负责，不让一名孩子掉队”的办学理念，进一步形成“勤学、守纪、求实、创新”的优良校风、“严谨、善教”的优良教风和“刻苦、多思”的优良学风，擦亮了担当教育的办学特色，赢得了良好的社会声誉和广泛的社会肯定。学校先后获得“江苏省师德师风建设宣传基地校”“省中小学生实验能力大赛优秀组织奖”“县先进基层党组织”“县教科研工作先进单位”等荣誉。校长周桂官荣膺江苏“时代楷模”称号。128位教师荣获“周桂官教育奖励基金杰出教师奖”，97名学生荣获省、市、县“三好学生、优秀班干”称号，一大批师生在省、市、县各类优课、基本功、学科竞赛中取得优异的成绩。

教师节前夕，由省委宣传部、省教育厅主办的江苏“时代楷模”——江苏省沭阳如东中学党委书记、校长周桂官先进事迹发布会在南京举行。发布会采用播放视频短片、现场采访、情境再现与宣读致敬词等方式，生动展现周桂官校长的感人事迹和崇高情怀。周桂官是宿迁建市27年来首位获得江苏“时代楷模”荣誉称号的先进个人。9月4日，市委书记陈忠伟在《宣传专报》做了批示。11月1日、17日、22日、24日，校长周桂官先后受邀参加市、县（区）组织的“学习身边榜样”先进事迹报告会。11月28日、12月9日，全市、全县教育系统先后举办学习周桂官先进事迹主题分享会。

2023年高考再创佳绩，应届文化类毕业生1480参考，达特殊类型招生线（本一线）1236人，达线率83.5%，本一达线率再创宿迁市历史新高，44人达南京大学录取线，12人达清华大学、北京大学录取线。脑瘫女孩孙月高考超出一本线32分登上热搜，央视网、人民网等多家媒体连连报道。7月23日，南京大学校长谈哲敏特地向周桂官校长发来贺信，祝贺学校在2023年高考中再次取得佳绩，苏州大学、南京信息工程大学领导先后到学校举行新生录取通知书颁发仪式。清华大学、北京大学、复旦大学、中国人民大学等多所高校向学校发来喜报，祝贺沭阳如东中学学子在高校取得优异成绩。

教学质量提升，学校经常邀请专家教授深入课堂，积极探索培育创新人才新路径，先后有北京大学教授江大勇、南京航空航天大学教授吴瑾、教授占小红、东南大学教授任凤慧、南京大学教授王克喜、教授唐朝生、西安交通大学教授罗新民等到学校做专题讲座。12月26日，学校成功举办“学科融合：构建课堂教学新样态”课堂教学观摩研讨活动，促进教师专业成长。另外，学校还积极承办了宿迁市语文、生物、化学、美术等学科教研活动。学校坚持以担当教育为主线，依托“江苏省担当教育实践基地”，深入开展以“担当教育”为主要内

2023年8月10日，校长周桂官向考入清华、北大的6名学生发放奖学金（左起依次为：王慧叶、陈骏杰、刘天赐、周桂官、郭建阳、李嘉伟、陈润哲）

容的系列特色活动，引导学生自觉成为“人格健康，基础扎实，特长明显，勇于担当”的合格高中生。

德育方面，学校积极开展“节能环保”“祭英烈”“学雷锋”“拒绝‘升学宴’、引领新风尚”等主题班会课，高三年级举行“成人仪式”，学校充分利用博物馆、美术馆、蝴蝶谷等校外德育基地，开展“红色教育实践”“劳动教育实践”“红五月歌咏比赛”“趣味运动会”等活动，进一步培养学生的集体意识和爱国热情。学校积极组织青年教师投身志愿服务活动，开展文明交通志愿者、防汛志愿服务、高考志愿填报等志愿者服务活动20多次。学校对家庭经济困难子女登记造册，安排专人负责，把党和政府的温暖、爱心人士的捐助送到每一位经济困难学生手中，用实际行动践行了教育者的初心和使命。

（杨卫国）

【江苏省沭阳建陵高级中学】 江苏省沭阳建陵高级中学校园占地面积137261平方米，校舍建筑面积65068平方米，有主教学楼2幢（宏志楼和砺志楼），学生公寓楼4栋（幽兰楼、绿荷楼、松涛楼、梅韵楼），其中物理实验室8个，化学实验室8个，生物实验室8个，通用技术实践室6个，并配有先进的音乐室、录播教室、智慧教室，布局合理，功能齐全。学校在校学生5308人，教职工388人，其中硕士研究生59人，正高级教师1人，具有中、高级教师职称279人，市县学科带头人、骨干教师127人。2023年参加高考学生1434人，本科达线1148人，本科率80.1%。其中，考入重点本科学生226人，比上年净增加111人。

在教师研教能力提升方面，学校积极搭建成长平台，通过开展业务能力提升网络答题、举办“五四杯”青年教师优课比赛、成立青年教师成长学校等措施，积极创造有利于优秀中青年教师脱颖而出的机制和成长环境。全年在省、市县学科竞赛中，共有32名教师获奖，其中获省一等奖1名，获市县一等奖10名；在县“四有好教师”征文比赛中4名教师荣获一、二等奖；在教学研究上，1名教师主持的市级课题顺利结题，有3名教师主持的省级课题被成功立项。为进一步加强校际间的合作交流，实现资源优势互补，促进学校全面发展，建陵中学联合南通如东中学、海安中学、海头中学等名校开展“二轮复习 同课异构”教学研讨活动，努力构建高效课堂，增强新高考备考的针对性和有效性。邀请南京师范大学附属实验学校、郑梁梅高级中学、邳州铁富高级中学、沛县沛城高级中学等省内外学校到学校观摩交流，共同探索教育教学发展新路

2023年2月，江苏省建陵高级中学与江苏师范大学共建“优质生源、教育实习基地”揭牌仪式

江苏省建陵高级中学　供图

径。与如东马塘中学和如东县教师发展中心实现教学、教研的深度合作，互派教师交流，让教学呈现新气象。2月、4月，学校分别与江苏师大、淮阴师院共建“优质生源、教育实习基地”，充分利用高校资源，优化优生名师的培养路径，提升办学内涵。通过两个基地建设，建立高校与中学、高校教授与中学教师、大学生与中学生交流和合作的长效机制，为共同培养、选拔和输送优秀学生搭建平台，为更多学生进入知名大学深造创造机会，拓展多元化办学视野，为学生提供人才培养的新路径。

在体育竞技方面，9月，宿迁市第六届运动会田径比赛中，校田径队勇于拼搏、敢于争先，取得了3金、2银、1铜的好成绩。其中，高三学生仲宸锐取得男子田径100米、200米双料冠军，高二学生乔治达获得男子铅球冠军。

在科技教育方面，学校强势推进科创教育发展，积极开展科技创新课程和活动，塑造学校科创特色全新名片。2023年，学校学生在各类各级科技竞赛中频频获奖，成果丰硕，荣获国家级获奖143项，省级获奖35项，市级获奖6项，其中2篇科技创新事迹被中宣部“学习强国”学习平台专题报道。学校还先后荣获“十四五”第二批宿迁市科学教育综合示范学校、江苏省金匙科技竞赛人工智能仿生机器人活动优秀组织奖、第九届苏台创新创意挑战赛优秀组织奖。

（戴建波）

【沭阳第三高级中学】 沭阳第三高级中学是建陵高级中学根据2022年12月29日县政府领导批办件第8912号和全县教育工作调度会方案要求，领办的一所高中校。中共沭阳县委机构编制委员会，批复同意设立沭阳第三高级中学，为县教育局管理的公益二类事业单位，经费渠道为全额拨款，核定教职工编制192名。

沭阳第三高级中学在原华冲中学校址上办学。沭阳第三高级中学从2023年2月开始筹建，历时6个月的抢工，校园于8月交付使用。9月，沭阳第三高级中学第一届高一学生顺利报到参加军训。沭阳第三高级中学现有高一学生800名，16个教学班；专任教师60名，其中研究生1人，高级职称2人，县级及以上骨干教师、学科带头人2人。

（蒙苏江）

特殊教育

【概况】 2023年，沭阳县有特殊教育学校1所，在籍生295人，专任教师38人。

【特殊教育融合资源中心建设】 根据融合教育资源中心建设规划，对照省融合教育资源中心建设标准，按照幼儿园、小学、初中统筹兼顾的原则，逐步推进融合教育资源中心建设。2023年12月，完成沭阳县潼阳中心小学、颜集中心小学、新河中心小学、刘集中心小学、十字中心小学5所学校融合教育资源中心建设招标工作，总投资34万元。截至2023年年底，全县已累计建成幼儿园、小学、初中融合教育资源中心42个，为随班就读学生进行学科知识辅导、康复训练和个别化教育提供良好条件。

【师生参赛情况】 2023年学，在宿迁市特殊教育教干优质课比赛中，1获一等奖人，2人获二等奖。在宿迁市青年教师基本功比赛中2人获一等奖，2人获二等奖。10名教师在江苏省、市论文比赛中获奖。2名教师撰写的文章在杂志《时代教育》发表。在江苏省智障教育资源中心第十届微课比赛评选中2人获二等奖，4人获三等奖；1名教师的微课作品，被评选为江苏省优质精品课。学校聋生舞蹈队表演的节目《青春快乐》在县教育局组织的元旦会演中，获得一致好评，并被推荐参加县团拜会和县妇联“3·8”妇女节活动，充分展示了学校的办学特色和办学成果。

（蒙苏江）

职业教育

【概况】 2023年，全县共有学历教育职业学校4所。其中，高等职业教育学校1所：江苏省宿迁经贸高等职业技术学校，为市直管学校；中等职业教育学校3所：江苏省沭阳中等专业学校（公办）、沭阳鸿星中等专业学校（民办）、宿迁传智互联网中等职业技术学校有限公司（民办）。全县职业教育学校占地面积共计123万平方米，建筑面积53万平方米，固定资产总额10亿多元，实习实训设备资产总额1.2亿元，职业学校学历教育全日制在籍生1.44万人。

【优质职教资源建设】 2023年，沭阳县职业教育紧紧围绕建设工业强县和现代化中等城市的目标，以服务为宗旨，以市场为导向，不断探索创新，着力构建立足经济、面向社会、服务行业的现代化职业教育新格局。从办学主体来看，全县既有政府主导举办的公办职业学校，也有社会力量举办的民办职业学校，初步形成中职与高职协调发展、公办与民办共同发展、学历教育与非学历教育并举发展的职业教育发展格局，为县域经济社会发展做出了积极的贡献。以学校创建为抓手，提升职业教育品牌。截至2023年年底，共创建成省级现代化实训基地6个、省级现代化专业群7个、省级特色专业2个、省优质专业5个、省级现代学徒制试点专业4个、省职业教育体验基地4个、省名师工作室5个、省技能大师工作室1个、省教学创新团队1个、省智慧校园2个、省现代化示范性职业学校2个。职业教育结构及规模基本适应产业结构调整的要求，初步形成"围绕产业办专业，办好专业促产业"的良性发展局面。全县中职学校共开设机械加工、电子技术应用、数控技术应用、服装制作与生产管理、计算机技术应用、旅游服务与管理、汽车运用与维修等53个专业，与地方产业匹配度达84.9%。

【职业教育产教融合发展】 2023年，县教育局出台《关于加强职业教育服务产业发展的实施方案》，推动职业教育提高办学质量，提高职业教育服务产业发展能力。3月28日，职业教育服务中心召开全县职业学校校企合作负责人会议，推动职业学校加强和本地企业合作，开展订单人才培养，积极协助企业做好产教融合型企业申报工作。各职业学校积极和沭阳经开区重点企业签订校企合作协议，并深入企业，根据企业人才需求修订人才培养方案，有效匹配行业对人才的需求。积极探索校企合作模式，开展共建生产性实训基地（或产教融合实训基地）；开设"订单班""冠名班"，开展订单人才培养。全县职业学校已与沭阳经开区28家企业签订校企合作协议，开展校企合作，共开展"订单班""冠名班"53个，共建产教融合实训基地4个，共建产业学院3个，培育市产教融合型企业1个，沭阳中专联合沭阳亚森同汇实业有限公司共同申报职业教育现场工程师专项培养计划联合培养项目。

全年完成农村劳动力转移就业培训、残疾人技能培训、创业培训、退役军人职业技能培训、普通话、驾驶员培训9300多人。

【专业创建情况】 2023年，江苏省宿迁经贸高等职业技术学校和江苏省沭阳中等专业学校创建成省优质专业2个、省现代学徒制2个、市技能大师工作室1个。沭阳中专与江苏城乡建设职业学院开展"3+3"中高职贯通培养项目，开设"无人机操控与维护""大数据技术应用"两个专业，2023年已招生40人。

【师生获奖情况】 2023年，全县职业学校在全国职业学校技能大赛中获二等奖1个。在省职业学校技能大赛中共获一等奖3项、二等奖15项、三等奖27项，共计45个奖项，58名师生获奖。在市职业学校技能大赛中，共获一等奖21个、二等奖42个、三等奖41个，共计104个奖项，154名师生获奖。

【升学就业情况】 2023年，全县职业学校毕业生升入本科共46人，其中职教高考升入本科8人，专升本38人。沭阳县职业教育毕业生3971人，就业率99.8%，其中，升入高一级学校1679人，直接就业2285人，本地就业2082人，本地就业率91.1%，对口就业2065人，对口就业率90.4%。（蒙苏江）

【江苏省宿迁经贸高等职业技术学校】 2023年，江苏省宿迁经贸高等职业技术学校（以下简称宿迁经贸高职）荣获全市职业学校办学实绩考核一等奖，连续10年荣获宿迁市职业学校办学实绩考核第一名，《新华日报》对宿迁经贸高职的办学成果进行了宣传报道。

名师优生培育方面。2023年，宿迁经贸高职教师程利获评江苏省教学名师，教师张传刚获评正高级讲师，另有6名教师获评高级讲师。在江苏省教学能力比赛中，陈苏梅、曹晓红、汤成标、赵迎晓教师团队获得一等奖。在宿迁市教学能力比赛中获一等奖2项、二等奖3项、三等奖4项。在省联院高职组比赛中获一等奖3项、三等奖5项。在江苏省职业学校技能大赛中获3金、13银、21铜共37枚奖牌，连续七年金牌总数、获奖总数蝉联宿迁市第一。教师陈祥林指导的孙擎天同学代表江苏省参加全国职业院校技能大赛产品数字化设计与开发项

2023年3月6日，江苏省职业学校技能大赛获奖的宿迁经贸高职学生与带队老师合影

宿迁经贸高职　供图

目荣获银牌1枚。在宿迁市技能大赛中获16金24银19铜共59枚奖牌。46名学生被本科院校录取，本科升学率达44%。“知行合一”文旅基地志愿服务团队被评为江苏省大中专学生志愿者暑期文化科技卫生“三下乡”优秀团队，受到中共江苏省委宣传部、江苏省文明办、江苏省教育厅等多个部门联合表彰。章晶晶、张建周、陈风光3位同学在宿迁市创新创业大赛中荣获一等奖。

特色专业和特色品牌打造方面。《沭派盆景文化演进史》《基于沭阳盆景文化的旅游研学路径研究》等作品入选教育部2023年职业院校文化“两创”成果展。广告艺术设计专业获评江苏省级优质专业。新增设新能源汽车检测与维修五年制大专专业以及工业机器人技术应用、旅游服务与管理、婴幼儿托育3个三年制中专专业。创成啦啦操体育社团、哆啦大雅艺术团、花木养护劳动教育实践基地3个江苏省联合职业技术学院特色教育项目。啦啦操社团获宿迁市六运会啦啦操比赛团体总分第一名。

校企合作、产教融合、职业技能培训方面。宿迁经贸高职与京东、格力大松（宿迁）生活电器有限公司等多家大型企业开展深度合作，签订校企合作协议，共建产业学院、校外实训基地，成为国家数字财经行业产教融合共同体副理事长单位、全国工业互联网产教融合共同体理事单位、全国智能新能源汽车行业产教融合共同体理事单位。成人高等教育在籍生数突破2000人，开展技能培训、职业技能等级认定6000余人。

（殷晓雷）

【江苏省沭阳中等专业学校】 2023年，江苏省沭阳中等专业学校坚持内涵发展，聚焦品质提升。经江苏省人力资源和社会保障厅批准增挂沭阳第一技工学校校牌。计算机专业获评江苏省优质专业。汽车运用与维修、数控技术运用“双师型”教师培养培育基地获批宿迁市“双师型”教师培养培育基地。机电技术应用工作室、电子技术应用工作室入选宿迁市职业教育“双师型”名师工作室。数控加工产教融合实训基地获批宿迁市职业学校产教融合实训基地。刘辉、骆霞权教学团队获评2023年宿迁市职业院校教师教学创新团队。师生参加江苏省职业学校技能大赛，获2银、6铜共8枚奖牌，参加宿迁市职业学校技能大赛，获5金、18银、22铜共45枚奖牌。在宿迁市职业学校教学能力大赛中，2个教学团队获得三等奖。在江苏省“江苏工匠”岗位练兵职业技能竞赛宿迁市选拔赛中，机器人工程技术应用、物流数据分析、供应链管理3个项目共获得4个一等奖、6个二等奖、7个三等奖，“江苏工匠”市赛成绩创新高。5名教师成功申报高级讲师职称。2项江苏省第五期教改课题开题，1项省级课题获批立项。教师论文获省二等奖8篇、三等奖6篇。学校获批2023年全国青少年校园足球特色学校，学生合唱团在宿迁市第二届金鼎合唱节比赛中荣获银奖。8名学生获教育部、人力资源社会保障部评审的中等职业教育国家奖学金。与县经开区企业开展深度交流与合作，签约合作企业达29家，向合作企业输送623名毕业生。

社会培训工作方面，全年培训非全日制涉农专业双提升学员3597人，培训退役士兵学员102人，学校被评为“江苏省社会教育东西部结对先进集体”“江苏省社会教育先进集体”。沭阳开放大学共招本专科学生1146人。组织普通话测试1000人次，成人函授学员新生录取481人。驾校全年招生1506人，被评为2023年沭阳县优秀驾培企业。

（李银萍）

社会教育

【社区教育】 2023年，全县共有社区教育中心30个。沭阳县秉承“政府搭台、教育唱戏”主导方向，坚持以县开放大学为龙头，乡镇（街道）社区教育中心为主体，村（居）委员会居民学校为补充的

2023年12月12日，沭阳经开区—沭阳中专毕业生实习就业签约仪式
江苏省沭阳中等专业学校　供图

三级运行机制，整合利用县域内各类有效教育资源，积极参与学习型社会建设。12月，宿迁市暨沭阳县全民终身学习活动周开幕式在沭阳县举行，活动取得圆满成功，获市、县领导及与会人员一致好评。以社区教育创建为抓手，全面提升社区教育品牌效应。沭城街道社区教育中心上报的《老年教育区域性特色非遗文化"淮海戏"课程的实践探索》案例、耿圩镇社区教育中心上报的《从"筑养"、"筑医"到"笃为、笃乐"》案例获省老年教育创新案例二等奖，胡集镇社区教育中心上报的《以"互动式学习"为突破口的老年教育模式》案例获省老年教育创新案例优秀奖。沭阳县七雄街道社区教育中心申报的"沭阳县春雨文化大院"项目获省社区教育品牌项目。沭阳县荣获省第二届"最美社区教师"2人、省百姓学习之星1人、省社区教育先进工作者1人、省社区教育优秀志愿者1个；获市社区教育品牌项目3个、市百姓学习之星1人。7月中下旬，在县域内全面开展学习型组织、学习型家庭、学习型个人等评选活动，通过自下而上、上下联动等形式，层层筛选，共评选学习型组织30个、学习型家庭36个、学习型个人35人，加快了全县学习型社会的建设。全年社会教育培训成绩突出，共完成精神文明培训6.4万人次，老年人培训6.1万人次，实用技术及技能培训6.5万人次，创业培训1.3万人次，为县内企业输送短期培训学员4.5万人次。社区老年人参培率达36%以上，城市社区居民参培率达67%以上，农村居民参培率达52%以上。

【成人学历教育】 沭阳县承办成人学历教育学校共有2所，分别是宿迁市经贸高等职业技术学校、江苏省沭阳中等专业学校。两所职业学校与扬州市职业大学、南京审计大学、南京师范大学、淮阴师范学院、徐州工程学院等高校合作，设立江苏省高等学校成人教育校外教学点，开展高起专、专升本两种层次合作办学，提升成人学历层次。2023年，录取成人函授约1000人，在籍生约2900人。江苏开放大学沭阳学院创建于2013年，是江苏开放大学的二级办学机构，承担学历继续教育相关的教学、管理、支持、服务职能。2023年，录取沭阳开放大学本专科学员1146人，在籍生约5200人。

【校外培训机构整治】 2023年，全县共有培训机构190所。其中学科类3所，学生187人；文化艺术类146所，学生7320人；体育类36所，学生1200人；科技类5所，学生101人。科学有序实施分类管理。通过召开工作推进会、业务培训会、开展政策宣传等方式，加快推进非学科类培训机构审批与监管工作。截至2023年年底，全县已审批非学科类培训机构19所，艺术类13所、体育类6所。综治隐形变异培训行为。2月22日，县教育局牵头召开文旅、科技、体育、市监等涉及管理校外培训机构相关部门会议，部署推进校外培训专项整治，并配备执法记录仪，深入商务楼宇、居民区、校外培训机构等重点场所，通过定期全面排查、不定期抽查、多发区域重点检查等方式，查处学科类隐形变异培训行为。同时，县委政法委将学科类隐形变异校外培训的排查纳入正在开展的专项行动中，组织全县1474名网格员通过实地走访形式，对网格内的培训机构进行排查，共计排查367所校外培训（托管）机构，发现97所机构存在消防器材配备不足、电线私拉乱接等不同程度的安全隐患，均已要求限期整改到位。严格审查校外培训材料。深入推进校外培训材料规范管理年活动，全县共计检查3所学科类培训机构73项授课内容，使用的教材与中小学所使用的教材一致，教辅资料（含自编辅导资料）与教材配套。排查非学科类培训机构114个，各类材料367件（套），所有培训的课程、教材内容均经过内部审核，并报相关主管部门审核备案，不存在违规内容，无违规使用境外教材现象。强化培训资金安全监管。引导督促培训机构开通资金监管账户并纳入"全国校外教育培训监管与服务综合平台"管理，全县学科类培训机构有2家已实现全流程监管。规范各类培训机构收费行为。5月15日，教育局召开县文旅、体育、科技、市监等部门会议，转发《"双减"工作省级联席会议办公室关于开展校外培训"平安消费"专项行动的通知》，要求各主管部门规范各类培训机构收费行为，严格遵守收费不超过3个月或60课时、且不超过5000元的规定要求，严肃查处超时长、超限额收费等行为，全面防范一次性费用收取过高导致的预付费风险，营造校外培训放心消费环境。

（蒙苏江）

编　辑：郑长银

综　述

2023年，沭阳县文化基础设施进一步完善。图书馆完成内部装修，于10月对外开放，日均服务人次1000以上；新建贤官、桑墟2个乡镇文化站；新建“乡村书场”固定点位8个，6家乡镇小剧场改建完成。扎下镇综合文化站、青伊湖镇文化站入选江苏省2023年“最美公共文化空间”。沭阳县文广旅局完成12个智慧广电乡镇项目建设，有11个智慧广电乡镇项目通过省广电总局验收合格，分别是耿圩镇、悦来镇、钱集镇、塘沟镇、潼阳镇、庙头镇、刘集镇、颜集镇、桑墟镇、陇集镇、沂涛镇。其中庙头镇智慧广电项目以市域第一名分数通过。全年举办各类文化惠民活动650场，送戏下乡达150场，书法美术展览活动10期，惠及群众达50万余人次。

公共文化场馆

【图书馆新馆建设】 2023年10月，总投资约8000万元的沭阳县图书馆新馆开馆运行。该馆占地24.1亩，四层建筑，面积1.54万平方米，日均服务人次在1000人次以上，是省内较大的县级图书馆，也是种类最全、藏量最大的县级现代方志图书馆。图书馆集藏书、咨询服务、公共活动、行政办公及后勤保障等多种功能为一体，设置阅览座位1000个，规划藏书100万册。设置低幼阅览区、少儿阅览区、社会科学阅览区、自然科学阅览区等22个服务区域，融入智慧化服务功能，为读者提供借阅、查询、讲座、阅读推广等公益服务，打造多元公共文化服务空间，是全国一级公共图书馆。全县建成图书分馆41个，年开展活动在180场次以上，服务人次在80万人次以上。

【乡镇公共文化场馆建设】 2023年，沭阳县文广旅局新建贤官和桑墟2个乡镇文化站、8个“乡村书场”固定点位，改建完成6家乡镇小剧场，扎下镇文化站、青伊湖镇文化站入选江苏省2023年“最美公共文化空间”。基层公共文化事业建设步入高质量发展的快车道。

【沭阳县文化馆】 沭阳县文化馆占地19000平方米，总建筑面积12800平方米，室外活动广场2000平方米。馆内设有展览厅、非遗

2023年3月，沭阳县文化馆　　县文广旅局　供图

馆、排练厅、阅览室、培训室等20多个业务功能用房，可提供文艺创作、艺术培训、非遗传承保护等公共文化服务。馆内还设有500座的小剧场，能够满足群众小型文艺演出。2023年，文化馆组织、承办展览活动31场。开展淮海戏、少儿声乐、民乐合奏、成人声乐、少儿朗诵、少儿书法、成人书法、少儿国画、成人美术等公益培训班40班次，培训350课时，累计服务人次达3万余人次。全年完成文化惠民活动共计600余场次，惠及群众达40多万人次。

【沭阳美术馆】 沭阳美术馆占地面积13亩，总建筑面积1.1万平方米，是全国规模较大、风格独特、功能完善的县级美术馆，获评江苏省美术家协会“2023年度组织工作先进单位”，也是江苏省唯一获评此项荣誉的县级美术馆。2023年，美术馆共举办书法、美术、摄影展览10期，书画、摄影类公益讲座8期，重点与省书法院对接，举办谱写新篇章——江苏省书法院“喜庆二十大”书法作品展，与省美协对接，争取“江苏省山水画展”在沭阳美术馆展出，并收到良好的效果，在全省反响很大。美术馆全年共接待参观者201669人，比2022年增加79619人。8月，为期两年的第一届沭阳县书法人才培养“涌浪计划”圆满结束，通过资金、人力等方面的投入，一期15名学员，共有14人次入选省级以上展览，其中2人获奖；4人次入选国家级展览，1人获得中国书法家协会的入会资格一次。

【沭阳博物馆】 沭阳博物馆占地1万平方米，建筑面积9300平方米。博物馆主体两层，局部三层，其中展陈面积4800平方米，地下文物库房面积380平方米。设有沭阳历史文化展、沭水变迁展和乡情馆3个常设展厅和4个临时展厅，拥有3D影院、儿童活动区和中庭休息区等公共服务设施。馆藏文物776件（套），珍贵文物101件，其中二级文物23件，三级文物78件。2023年，沭阳博物馆先后举办“墨韵丹青——宿迁市博物馆馆藏精品书画展”“如‘瓷’温润——宝应博物馆馆藏清代瓷器精品展”“追根‘沭’源——万北遗址出土文物展”“文博知识流动展”等5个临时展览。结合馆校合作，相继开展“触摸沭阳文化”“小小讲解员培训及实践”“探秘沭博，快乐成长”“博物馆里的毕业季”“红领巾寻访小队暑期实践”“感悟历史，看沭阳发展”“小记者博物馆研学游”等社会教育活动30余场次。

（周婷婷）

【沭阳新华书店】 2023年，江苏凤凰新华书店集团有限公司沭阳分公司（沭阳新华书店）秉承“爱党、爱国、爱店、敬业”的新华精神和“服务创效益 管理建队伍”的经营理念，不断完善运营机制和巩固主营业务，实现社会效益和经济效益相统一。2023年度沭阳新华书店荣获省公司“年度先进单位”、全省新华书店社会效益考核评价优秀等次、县“全民阅读先进单位”、“文化文艺工作先进集体”等。教材发行工作。扎实推进大发行期间的教材教辅储运、安全生产等工作。全年累计发车600余次，为全县27万多名中小学生送去春秋两季免费教材共计1682万册。党政读物发行工作。《习近平谈治国理政》（第四卷）、中共二十大学习辅导读物、《习近平新时代中国特色社会主义思想学习纲要》等正式出版发行，沭阳新华书店充分发挥宣传发行主渠道主阵地作用，第一时间成立发行工作领导小组，制定并下发相关图书的发行方案，发动和组织全体干部职工深入机关、学校、企业等开展网格化宣传征订。门店营销工作。通过强化服务意识、提高服务水平、优化服务质量，不断深化改革，加快发展，盘活存量，优化增量，提高质量，满足人民群众日益增长的文化需求。门店通过微信公众号、手工海报、电子显示屏、主题展台等宣传方式，积极开展形式多样的营销活动，不断提升群众的文化参与度，促进门店的市场销售。

（宋　潘）

【沭阳国际图书城】 沭阳国际图书城于2016年投入使用，占地50余亩，图书交易和仓储面积约5万平方米，总投资2亿元。沭阳国际图书城由江苏苏诚资产投资管理有限公司负责运营和管理，总体定位以图书批发零售和网上交易为主，集实体书店、电商交易和物流快递于一体的文化产业基地。2016年沭阳国际图书城被评为宿迁市文化产业园区，2017年被评为江苏省十大重点文化产业园区，2018年被评为宿迁市返乡创业示范园，2020年被评为江苏省省级创业孵化基地。2023年，沭阳国际图书城内有实体书店68家，图书电商300余家，1500名员工在市场内就业，每天快递发货量已超过10万单，年销售额约20亿元。

（李　艳）

群众文化

【文化活动】 2023年，沭阳县文广旅局共举办“我们的节日”系列活动、“乡情乡韵”民间文艺展演、谱写新篇章——江苏省书法院“喜庆二十大”书法作品展、第三届淮海戏展演月活动、流行音乐歌唱大赛、广场舞大赛等各类文化惠民活动650场，送戏下乡达150场，书

2023年8月16日，“礼赞新时代·幸福舞起来”2023年沭阳县广场舞大赛　　县文广旅局　供图

法美术展览活动10期，惠及群众达50万余人次。网上直播、音视频节目展播、线上书画展览、非遗展示等线上多平台同时宣传推广，收效显著。其中影响较大的活动有沭阳县2023年“3·15”文艺晚会、谱写新篇章——江苏省书法院“喜庆二十大”书法作品展、“人情新风伴我行”2023年沭阳县移风易俗专场文艺演出、“沭水欢歌”2023年沭阳县流行音乐歌唱大赛、“礼赞新时代·幸福舞起来”2023年沭阳县广场舞大赛、第三届吴印咸摄影艺术双年展暨全国“乡村振兴”主题摄影大展开幕式、沭阳县第三届淮海戏展演月开幕式等。开办公益培训班。组织开展曲艺、书画、摄影等公益培训40班次，授课350课时，惠及群众3万余人，丰富了群众业余文化生活，有效提升了群众文化素养。办好展览展示活动。博物馆相继举办“如瓷温润清代瓷器展”“匠心传承 无悔耕耘——非遗大师章荣剪纸作品专题展”“黄德潜焦墨山水精品特展”“追根‘沭’源——万北遗址出土文物展”等6个临时展览，接待群众25万人次。美术馆举办书画摄影展览13期，讲座16场，沭阳县首届书法人才培养“涌浪计划”圆满结业，“中国书法之乡”名片进一步擦亮。

【公共文化数字化服务】2023年，沭阳县文广旅局依托“文化云”，积极开展文化惠民“云演艺”、摄影展览、书法美术、全民阅读等丰富多彩的线上公共文化服务活动，通过网络实现文化惠民活动的推广、普及和宣传。县文化馆在江苏公共文化云平台上的“在线直播”一栏，上传数量名列前茅。全年在江苏省文化云平台上对37场文艺活动进行直播，主要是沭阳县文化馆书法美术云课堂、“礼赞新时代·奋进新征程”2023年沭阳县花船比赛颁奖典礼暨宿迁市文化联谊文艺演出、沭阳县第三届淮海戏展演月活动、2023年沭阳县流行音乐歌唱大赛等，其中最高一场活动观看达34424人次，37场直播总观看人数近100万人次。

【文化惠民工程】2023年，沭阳县县级层面举办各类文化惠民活动650场，其中送戏下乡150场；各乡镇举办系列文艺演出活动4600余场，展览展示活动550场，书场演出活动1000余场，各类活动惠及群众1000多万人次。

（张思寒　周婷婷）

文学艺术

【舞台艺术创作】2023年，沭阳县文广旅局组织创作一批舞台艺术精品，获得多个省市奖项。戏剧方面，原创淮海戏《桃红柳翠》获省舞台艺术精品创作扶持工程剧目。选送的京歌《秀美苏北一座城》、淮海戏《皮秀英四告》选段《认夫》在第七届江苏省戏曲票友大赛中获得“十佳网络人气票友”奖和“最佳票友”称号。歌舞方面，选送的傣族双人舞《甜》在江苏省第四届“红石榴杯”少数民族舞蹈展演中获比赛最高奖项——优秀作品奖。

【书画摄影创作展览】2023年，沭阳县文广旅局组织承办书法、美术、摄影等各类展览31场，主要有“花开三月”沭阳县优秀剪纸作品展、“人人懂安全 个个会应急”安全生产主题美术作品展、“逸群书怀”书法展、沭阳县第二届“沭水莲韵”廉政主题书画展等。其中，在线上开展“沭阳县书画摄影云展”共3期。9月，举办第三届吴印咸摄影艺术双年展暨全国“乡村振兴”主题摄影展，沭阳县被中国摄影家协会授予“中国摄影创作基地”荣誉称号。

【文学创作】2023年，沭阳县坚持以人民为中心的创作导向，充分挖掘本土资源禀赋，以特色地域文化、历史名人、现实题材为核心，热忱描绘花乡大地社会主义建设的新征程、新气象，创作一批优秀的文学作品。重点创作推出大型淮海戏《桃红柳翠》《红蜡烛》，长篇小说《那年榴花红似火》，长篇纪实文学《百年教育世庄》，电影《右手姑娘》《光影史诗——吴印咸》，歌曲《走来》《落地在中国》等27部文艺精品。在宿迁市首届“戏剧小戏小品”大赛中，沭阳县淮海戏《骂鸡》获得二等奖，小品《老院长的见面礼》和淮海戏《花乡有个郝九郎》获三等奖，淮海戏《打擂台》《学艺》和小品《美丽的笑容美丽的家》获优秀奖。13项书画作品入选省级以上展览，其中3项入选国家级展览，“中国书法之乡”名片进一步擦亮。实施文艺作品创作扶持工程，全年扶持新创作一批以淮海戏、小戏、小品、工鼓锣、苏北琴书、相声、快板、合唱等地方特色作品为主，群众喜闻乐见地方文艺特色精品节（剧）目。

【特色品牌活动】 2023年，沭阳县文广旅局举办第三届吴印咸摄影艺术双年展暨全国“乡村振兴”主题摄影展、江苏省山水画展、谱写新篇章——江苏省书法院“喜庆二十大”书法作品展、第三届淮海戏展演月活动、流行音乐歌唱大赛等大型特色品牌活动，影响力进一步彰显。

【文艺创作团队建设】 2023年，沭阳县乡音淮海剧团、沭阳县东园社区久久艺术团、沭阳县曹氏童子戏剧团3个民间文艺团队入选江苏省2023年“优秀群众文化团队”打造名单，全年共开展50余场“送戏下乡”文艺巡演活动，并将年度活动视频上传至“江苏公共文化云”，丰富线上文化服务内容。

（周婷婷　张思寒）

2023年8月30日，沭阳县曹氏童子戏剧团开展沭阳县童子戏惠民巡演

县文广旅局　供图

文化遗产保护

【文物保护】 2023年，沭阳县文广旅局不断加大文物保护力度。实施文物保护利用工程，完成逍遥厅、清真寺保护修缮项目，并通过省、市文物主管部门验收；启动博物馆消防改造项目、万北遗址安防项目。开展地域文脉溯源工作，完成厚镇遗址考古调查勘探，并通过省文物局验收。积极对上争取，争取国家文物保护专项资金270万元。完成《沭阳县博物馆珍贵文物数字化保护利用方案》《沭阳县博物馆安全防范监管系统升级方案》，并报省文物局评审。做好革命文物保护和展示工作，沭阳县革命文物共有7处，分别为吴苓生烈士墓、潼阳县政府旧址、新河革命烈士纪念碑、七英雄烈士墓、鲍洪漠烈士墓、桑墟烈士墓、沭宿海抗日中学纪念塔。

2023年沭阳县省级文物保护单位一览表

表30

序号	名称	地　址	年　代	类　型
1	万北遗址	沭阳县万匹乡	新石器	古遗址

【非遗传承与利用】 2023年，沭阳县有县级非遗项目资源100余项，其中市级非遗项目24项、省级非遗项目8项，各级非遗代表性传承人100余人。沭阳县非遗保护部门始终以“保护为主、抢救第一，合理利用、传承发展”为宗旨，深入挖掘非遗项目，结合自身实际情况，统筹资源创新开发，让非遗活起来、用起来、传下去。将非遗引入旅游景区和游客聚集地，增加景区的文化内涵，不断满足游客的个性化、多样化的旅游体验要求。在吴印咸故居市民广场建设工鼓锣书场，组织传承人开展周末书场活动。利用海棠节、春节、元宵节、“五一”等节庆假日在景区内开展展示、展演、展销活动。保护的目的是传承，利用的同时也重视传承。持续推进非遗进校园工作，在馆内举办非遗大课堂、开展苏北琴

书专项培训班等活动，不仅是教授大家手工技艺，更是传播传统文化的一种方式。为非遗项目搭建展示平台，增强非遗传承人之间的交流，共同进步。积极组织非遗项目和传承人参加省、市、县展示、展销活动。

【非遗创新品牌】 2023年，沭阳县文广旅局推动钱集老鹅烹制技艺、颜集朝牌制作技艺、庙头千张制作技艺入选省级非遗名录。钱集范二老鹅店非遗工坊入选江苏省首批省级非遗工坊。沭阳县文化馆被认定为宿迁市市级非遗旅游体验基地。认定沭阳县钱集镇范二老鹅店、沭阳县官墩乡毛孩大酒店、沭阳县吴集铁羊粉丝厂、江苏古楼春酒业有限公司、江苏虞姬农业科技有限公司为县级非遗工坊。做好非遗大课堂等特色活动的开展，让非遗走进生活，利用非遗活动将文化惠民落到实处。先后开设淮海戏、剪纸、古琴等课程。在吴印咸故居市民广场建设工鼓锣书场，组织传承人开展周末书场活动。

2023年沭阳县省级非物质文化遗产代表性项目一览表

表31

序号	名　称	入选时间
1	淮海戏	2007.3.24
2	工鼓锣	2007.3.24
3	虞姬传说	2011.6.30
4	苏北琴书	2011.6.30
5	童子戏	2016.1.14
6	颜集朝牌制作技艺	2023.11.3
7	庙头千张制作技艺	2023.11.3
8	钱集老鹅烹制技艺	2023.11.3

【考古工作】 2023年，经江苏省文物局审批同意，沭阳县文广旅局组织徐州博物馆与沭阳博物馆组成联合考古工作队，对厚镇遗址进行考古调查勘探。厚镇遗址位于沭阳县北部的桑墟镇厚镇村。该遗址于第二次全国不可移动文物普查时发现，2010年被沭阳县人民政府公布为县级文物保护单位。本次勘探地块平面近方形，东西420米，南北430米。因受遗址上房屋影响，实际调查勘探面积约3万平方米。此次考古工作复核沭阳县级文物保护单位——厚镇遗址，确认厚镇遗址为一处台地遗址，遗址中心区域高出周围地表2米。地面调查可见大量砖瓦碎块及陶瓷器残片。从器型特征看，遗物主要为宋元明清时期，特别是宋元时期，另有少量为南北朝至隋唐时期遗物。

（周婷婷）

史志工作

【概况】 2023年，县委党史工委（县志办）着力在现有资料的开发利用、价值发挥上积极探索实践，史志工作成效显著。在2023年度全市史志系统年度目标考核中，县委党史工委（县志办）荣获改革创新“突出贡献奖”、史志著作编纂“成果显著奖”、史志文化传播“优秀奖”。《沭阳年鉴（2022）》获省精品年鉴三等奖。《沭阳年鉴（2023）》被省方志办纳入精品年鉴培育项目。

【史志书籍编印】 2023年，沭阳县启动《沭阳县扶贫志》编纂工作。作为全省唯一试点，县委党史工委（县志办）坚持高起点定位、高标准谋划、高质量实施、高效率推进，制定周密的志书编纂方案，组建编委会，邀请省、市专家评审志书纲目，截至12月底，各供稿单位均已完成初稿撰写，全书初稿包括大事记和正文21章67节，共50余万字。完成《抗美援朝的沭阳记忆》编印工作，纪念抗美援朝胜利70周年。全书分概述、文献汇编、峥嵘岁月、英雄风采、附录等，共计7万余字。推进镇村志编纂工作，县委党史工委（县志办）在全省首家以政府办名义印发《关于实施镇村志编纂文化工程的通知》，全面部署沭阳县30家乡镇（街道）镇村志编纂工作，并在胡集、颜集、潼阳、贤官、桑墟、青伊湖、高墟7个乡镇先行试点，截至12月底，七家乡镇均已形成初稿。编印首部地情书《春风十里绿花乡》，为申报地理标志产品提供方志资料、助力招商引资和城市形象宣传，全书以图文并茂、以图为主

2023年10月12日，省方志办专家到沭阳召开《沭阳县扶贫志》编纂工作推进暨试写稿点评会　　县委党史工委　供图

的形式、以简志体例介绍沭阳风土人情，全书分设沭阳风土、沭阳风口、沭阳风光、沭阳风情、沭阳风味5个版块，介绍沭阳丰富多彩的历史文化底蕴和口感鲜美的特产美食，成为打造靓丽城市的一张名片。完成《沭阳年鉴（2023）》编纂工作。《沭阳年鉴（2023）》被省方志办纳入精品年鉴培育项目，县委党史工委（县志办）在以往基础上参照借鉴多部精品年鉴成功经验，从专题图片、框架设计到内容都作了创新调整。全书卷首专题图片设置沭阳名片、年度荣誉、数说沭阳、工业强县、教育强县、最美县城、最美乡村、学习中共二十大专题，卷末设附录和索引，共设类目39个、分目300个、条目1320个，共收录图照225幅、表格80张，共字数97万字。

【党史文本审读】 县委党史工委（县志办）会同县委宣传部出台《沭阳县地方党史文本审读工作实施办法》正式文件，成立地方党史文本审核工作小组，健全审读机制，规范审读流程。截至12月底，对吴印咸摄影艺术文化园、沭阳县档案馆、“共产党在沭阳”展厅等4个党史类场馆展陈内容进行审读，共排查出表述不恰当、格式不规范、语言不规范3个方面17处技术细节问题，均已反馈相关单位，责成其整改。

【史志文化宣传】 县委党史工委（县志办）配合县委党校等单位开发理想信念教育课程，县委党史工委江苏杨以《自己动手、丰衣足食——吴印咸镜头下的南泥湾》《感天动地七英雄》为题，宣讲南泥湾大生产运动以及红色地名演变，宣扬红色故事，传承红色基因，赓续红色血脉。全年在农家文化大院、社区服务中心、校史馆等地设置5个“史志驿站”并赠送本地史志读物2000多册，方便群众了解地方史志文化，丰富群众文化生活，扩大史志文化影响力。运用新媒体手段，以视频等形式传播史志文化。牵头组织拍摄《汤汤沂水泛清波 青春汗水铸劳模》微视频，讴歌劳动模范，弘扬先进事迹，大力弘扬劳模精神、劳动精神、工匠精神。

（张鹏程）

档案工作

【概况】 2023年，沭阳县档案馆围绕“上下贯通、执行有力、运行通畅”目标，加强档案履职能力建设，科学构建局馆融合执法监督工作机制。对乡镇（街道）档案管理工作落实情况开展专项执法，重点就贯彻落实档案工作方针政策、遵守档案法律法规、履行法定职责等情况进行监督检查，推动档案管理工作科学化、规范化、标准化。截至2023年年底，档案馆在用建筑面积15566平方米，建有库房10个7000平方米，国家B级标准化机房1个155平方米。有全宗175个，馆藏档案94.76万卷、78.8万件，图书、报纸等资料1.15万册，照片3.8万张，音视频档案8500分钟。

【档案接收征集】 2023年，沭阳县档案馆加快立档单位档案接收进馆工作。及时接收到期档案，认真做好新接收档案的校对验收工作，对不符合要求的档案退回整改，整改后符合要求才接收入馆，严格把好入馆档案质量关。全面校对已接收的馆藏档案，做到纸质档案与档案管理系统数据一致。全年依法接收全宗单位的档案66243卷、76177件，资料125册，馆藏档案资源得到进一步优化。加大社会散存档案征集工作。开展沭阳名人、家谱、图书等档案资料征集工作，征集到吴苓生烈士“血衣纽扣”复制件和书信资料扫描件、江苏“时代楷模”周桂官书信资料、郑氏宗谱档案等，进一步丰富馆藏资源。

【档案编研】 2023年，沭阳县档案馆进一步做好档案编研工作。开展抗美援朝老兵口述历史采集工作，制作专题纪录片《1950他们正青春年少》。编辑2021年采集的中华人民共和国成立前老党员口述历史专题视频，制作《一颗党心耀百年》纪录片，上报省档案馆文化精品成果，两部作品获评二等奖。

【档案服务】 2023年，沭阳县档案馆牢固树立档案利用服务意识，紧紧围绕县委、县政府中心工作，整合各类档案信息，推进档案馆民生档案查档服务，全县30个乡镇综合窗口均可受理全市范围内的档案查询申请。民生档案成为服务民生、助力乡村振兴的优质资源。全年来共接待群众查阅利用档案6500人次，提供档案22000卷、4200件，复印8万余张。

【档案信息化建设】 2023年，沭阳县档案馆深化档案信息化建设。加快馆藏纸质档案全文数字化工作，积极争取财政资金，开展纸质档案全文数字化工作，数字化率98%。馆藏婚姻档案、出生证明档案等民生档案已全面完成全文数字化，提高了档案查档利用效率。

【乡镇档案规范化建设】 2023年，沭阳县档案馆按照“抓示范、树标杆、带整体”工作思路，制定《沭阳县乡镇档案规范化建设实施细则》，大力推进乡镇档案规范化建设。试点乡镇胡集镇、贤官镇档案室通过测评，获评“江苏省示范档案室”。截至2023年年底，全县75%的乡镇档案室完成规范化改造，达到全市为民办实事项目目标要求。

【档案宣传】 2023年，沭阳县档案馆加强宣传引导，扩大档案影响。开展“6·9”国际档案日系列宣传，举办了档案法知识线上有奖竞答，促进了档案法知识推广。邀请企业、学校走进档案馆参观“中国共产党在沭阳”展厅、观看纪录片视频。专题举办“抗美援朝老兵图片展”，展示档案成果。开展档案普法宣传教育，在文明城市创建、“6·9”国家档案日、“12·4”宪法宣传日等重要活动、重要节点开展集中档案普法宣传，并积极组织档案普法宣传“六进”活动，充分运用新技术新媒体开展精准普法，增强全社会档案意识。

【档案安全】 2023年，沭阳县档案馆强化档案安全保障，落实档案库房安全管理制度，加强档案库房安全管理和检查，建立健全人防、物防、技防三位一体的档案安全防范体系。按照档案库房“八防”（防盗、防火、防潮、防水、防霉、防虫、防光、防尘）规定，要求工作人员每天针对档案库房安全要点进行巡更检查，确保档案安全。落实安全生产责任制，开展档案安全演练，组织消防知识培训班，开展消防演练，确保档案实体安全。建立完善信息网络安全体系，进一步完善应急预案，做好重要档案数据备份工作，切实做好数据安全、网络安全、数据加工过程安全、数据库安全等工作，进一步完善信息安全保障体系。

（卢　璐）

大众传媒

【概况】 沭阳县融媒体中心于2019年7月28日挂牌成立，下设12个部（室），拥有沭阳广电文化传媒有限公司。有一套调频98.5MHz广播节目，综合频道、科教频道两套电视节目，无线发射转播16套无线地面数字电视节目，新媒体平台建设有“爱沭阳”App、“沭阳发布”微信公众号、“沭阳融媒”抖音号、“沭阳融媒”视频号等10多个矩阵。2023年，沭阳县融媒体中心先后荣获沭阳县“三八红旗集体”“全县宣传思想文化工作先进集体”“高质量发展综合考核先进单位”等称号。

【广播电视利用】 2023年，融媒体中心紧紧围绕县委、县政府重大决策部署，聚焦中心大局，在广播、电视、新媒体先后开设“‘沭’说家门口的幸福生活”“项目建设进行时”“乡村振兴面对面”“安全生产 我们在行动”等81个专栏，播出稿件7000余条。推出为民、便民、惠民的“媒体+服务”节目《花乡党建》《健康加“沭”度》《花儿朵朵》等17个自办栏目。紧扣“社会需要正能量、沭阳需要好形象”，针对上级台用稿特点，策划、研究重点选题，有针对性地采制新闻，提高外宣稿件的命中率，共有675条稿件分别被央视及省、市媒体采用。其中，央视上稿55篇（《新闻联播》7篇），省台上稿288篇，市台上稿332篇，中小学生阅读书目推荐被“学习强国”学习平台汇编成册、形成系列，并在平台首页推荐。

【安全播出】 2023年，融媒体中心始终坚持安全发展理念，以高度的政治意识和责任意识，把广播电视安全播出工作作为中心工作的重中之重，通过抓好日常和重要保障时期的安全防范，以及施工生产、防火防盗等安全生产和安全播出工作，确保广播电视节目信号的安全优质高效传输。圆满完成元旦、春节、全国两会、“五一”、杭州亚运会、杭州亚残运会等重要保障期的安全播出任务，共保障县委、县政府重大活动直播36次，全程录像22次，网络平台直播1310次。

【平台建设】 2023年，融媒体中心致力于构建“1+8”传播矩阵，通过“融内容、融平台、融技术、融数据、融渠道、融客户”，实行“融媒体统筹、新媒体首发、全媒体跟进”，构成“一次采集、多种生成、多元发布”的融媒体模式，形成“声、屏、网、微、端”等“五箭齐发”的融媒格局。客户端汇集了广播、电视的传统节目，实现大屏、小屏共通共融。“沭阳融媒”微博号、公众号、视频号、抖音号、快手号、头条号等12个新媒体账号垂直发展，实现移动时代媒体运营的精准定位。客户端、视频号等新媒体用户数超400万户，其中抖音号超100万户。改版后的综合广播（FM98.5）采用可视化直播，并将直播车开到田间地头，与群众零距离接触，受众总数较改版前上升了132.16%；浏览量过千万的现象级爆款作品有27个。

【融合生产】 2023年，融媒体中心始终弘扬“精心、精细、精品”的“三精”工作理念，加强节目生产的全流程把控，做到内容主题鲜明、立意新颖、采访精细、制作精良，精品节目生产不断取得新突破。共有97件作品获得国家、省、市级奖项，其中《李大姐和乡亲们的辣味生活》获2023春季全国县级融媒优秀作品，《6代人82名教师书写“教育世庄”的师道传承》获江苏省好新闻二等奖，《拒绝升学宴请，践行文明新风》获江苏省好新闻三等奖，《李敏的花漾十年》获江苏省电视新闻专题三等奖，《乡村振兴dou行动》获江苏省县级融媒好新闻系列报道一等奖，《聚力“一大一微一特”积淀地域文化传播品牌》入选江苏省县级融媒体中心建设优秀案例，《云天“飞”来一粒种》获得江苏省新闻媒体“走转改”优秀新闻作品二等奖。

（路　畅）

【宿迁日报社沭阳记者站】 2023年，宿迁日报社沭阳记者站主要依托《宿迁日报》沭阳专版和《速新闻·沭阳频道》等平台，以新闻宣传提质增效为目标，瞄准精品稿件，强化新闻策划，全力做好新闻宣传、经营创收等工作。沭阳记者站荣获宿迁日报社全面先进单位；被县委宣传部表彰为“全县新闻宣传工作先进集体”，采编中心被县文明办授予“沭阳县巾帼文明岗”称号。

采编工作。全年在《宿迁日报》刊发《沭阳·建设区域副中心城市》专版45期。围绕县委、县政府中心工作，采访活动1530余场次，发稿1595篇。编发“学习强国”平台稿件627篇，采用249篇。同时积极做好外宣工作，先后在新华社、人民网、《光明日报》、《新华日报》发稿56篇，在中江网、交汇点等平台发稿15篇。利用“速新闻”平台，全年开设《学习贯彻中共二十大精神》《吹响招商引资“冲锋号”》《2023雷霆行动》《2023年全民国家安全教育日》《安全生产整治在行动》《聚集沭阳县委十三届五次全会》《拒绝升学宴 引领新风尚》《身边的榜样》等特色专栏10余个，编发沭阳版块新闻3000余条，用更多有深度、有力度、有温度的新闻反映全县经济社会发展各方面工作的开展推进情况。

发行工作。完成2024年度《宿迁日报》《宿迁晚报》征订发行任务。

（叶春艳）

文化市场监管

【文旅场所安全检查】 2023年，沭阳县文广旅局对全县301家文旅场所开展全覆盖检查，共排查整改一般隐患39个，约谈1家娱乐场所经营负责人，联合属地政府关闭取缔无证KTV14家。召开安全生产工作推进会6次、安全警示教育宣传会议1次，开展全系统消防演练活动2次，分别组织A级旅游景区、星级酒店、剧本娱乐场所开展安全培训和演练3家次。全县文旅行业安全生产形势平稳有序。

【文旅市场监管】 2023年，沭阳县文广旅局以开展文化市场综合执法“先锋”系列行动为工作重点，强化文旅市场监管执法，共办结行政处罚案件42件。其中，娱乐场所案件4件，出版物案件38起，没收非法出版物2.4万余册，移送公安机关案件线索6起。县文化市场综合执法大队荣获国家版权局2022年度查处重大侵权盗版案件有功单位称号，荣获全省文化市场综合执法“先锋”系列行动有功集体称号，荣获沭阳县五一劳动奖状，五人荣获“2022年度查处重大侵权盗版案件有功个人”称号。

【“扫黄打非”专项整治】 2023年，沭阳县文广旅局在中小学春、秋季开学前后开展校园周边出版物市场执法检查，重点打击、清缴盗版教辅教材。同时，对国际图书城、苏奥产业园、月星家居等出版物市场进行重点检查，对违规经营单位依法查处，严厉打击图书市场侵权违规行为。

【广播电视管理】 2023年，沭阳县文广旅局完成12个智慧广电乡镇项目建设，有11个智慧广电乡镇项目通过省广电总局验收合格，分别是耿圩镇、悦来镇、钱集镇、塘沟镇、潼阳镇、庙头镇、刘集镇、颜集镇、桑墟镇、陇集镇、沂涛镇，华冲镇由省广电总局于2024年验收。其中庙头镇智慧广电项目以市域第一名分数通过。县文广旅局全年通过应急广播播出各类通知通告、农业知识、科普生活常识、公益广告等常态化音频48条，不定时加播气象预警、应急预警信息5条，安排播出云中课堂等主题音频39条，全年累计播发7300条次，通响率常态化保持在90%以上，有效地发挥了传递应急信息、防灾减灾、维护稳定的作用。圆满完成春节、两会、“杭州亚运会”、“杭州亚残运会”等重要保障期安全播出工作，全年播出零事故。

【卫星传播整治】 2023年，沭阳县文广旅局通过应急广播播发宣传信息百余次，发放宣传材料1万余份，对广播电视法律法规相关知识进行宣传，并深入开展非法销售安装使用卫星电视地面接收设施专项整治活动，拆除违法设施200余个。沭阳县文广旅局被省广电局评为2023年度全省境外卫星电视传播秩序专项整治工作成绩突出单位，连续两年获该项荣誉。

（周婷婷）

编　辑：郑长银

卫　生

综　述

【医疗机构】 截至2023年年底，沭阳县共有各级各类医疗卫生机构891家，其中三级乙等综合医院1家、三级乙等中医医院1家、二级综合医院6家、二级中西医结合医院1家、二级专科医院5家、一级综合医院47家、一级专科医院4家。共拥有卫生技术人员12841人，其中执业医师4795人、执业护士6458人、全科医生1126人。

沭阳县医疗卫生机构基本情况一览表（2023）

表32

类别	个体诊所	个体卫生室	医务室	门诊部	村卫生室、医疗点	三级医院	二级医院	一级医院	疾病预防控制中心	专科疾病防治院	卫生和计划生育服务中心
数量（家）	225	17	16	11	525	2	12	51	1	1	30

【医疗服务能力建设】 开展宿迁市区域儿童医疗中心建设。苏州大学附属儿童医院与沭阳医院共创共建宿迁市区域儿童医疗中心，制定《宿迁市区域儿童医疗中心创建方案》，并对照《江苏省结对帮扶省内医疗资源薄弱地区建设区域医疗中心评估指标》按时序推进。截至2023年年底，已设立新生儿科冯星教授工作室、普外科黄顺根教授工作室、呼吸科郝创利教授工作室3个名医工作室；苏州大学附属儿童医院派驻17名专家至沭阳医院长期开展帮扶工作，沭阳医院安排10名医务人员至苏州大学附属儿童医院开展为期3~6个月的进修学习。开展宿迁市“三名”工程创建工作。全县共有名院建设对象1个（沭阳县中医院）、名科建设对象4个（沭阳医院神经内科、普外科、沭阳县中医院肾病科、骨伤科）、名医建设对象9个（沭阳医院王光胜、孙立柱，中医院魏善斋、张斌、仲超祥，仁慈医院南云光、李统虎，铭和医院徐晓燕、魏善斋）。各建设对象按照制定的建设方案，在人员引进和培养、软硬件配备、科研立项、新技术引进、论文发表等方面有序推进创建工作。开展临床重点专科评审工作。根据《沭阳县县级临床重点专科管理规定》，确认第四期县级临床重点专科110个、重点专科建设单位29个。积极组织申报市级第三期重点学科22个、第五期市级重点专科43个，已经完成现场初评。加强专家工作室和专科联盟建设。沭阳医院与南京市妇幼保健院医疗美容科建立专科联盟单位、建立省人民医院眼科孙红教授工作室和上海市胸科医院仲晨曦教授工作室。沭阳铭和医院建立南京市第一人民医院田乃亮工作室。沭阳中山医院建立北京安贞医院吕树铮教授冠脉介入专家工作站和南京大学附属中大医院内分泌专家工作站、与淮安市一院建立心胸外科护理专科联盟。沭阳仁慈医院与淮安一院建立胸痛中心联盟。推动“南北挂钩结对帮扶”合作开展。2023年，南北挂钩补短板项目共7项，涉及妇幼、疾控、韩

山和马厂人民医院4家单位。昆山市第一人民医院分两批次共安排7名专家开展为期6个月的对口帮扶工作，推动消化内科、神经内科等特色科室的创建，提升疾控中心检测能力和妇幼保健院婚前保健水平，加快韩山人民医院和马厂人民医院五级中医馆建设，775万元专项资金已于12月按项目拨付至项目单位。

【医疗领域腐败问题集中整治】 2023年，沭阳县卫健局开展医疗领域腐败问题集中整治工作，联合公安、医保等7个部门印发《沭阳县开展医药领域腐败问题集中整治工作方案》《沭阳县社会办医疗机构腐败问题集中整治工作清单》，成立医药领域腐败问题集中整治协作机制领导小组和医药领域腐败问题集中整治协作机制工作专班，建立定期例会制度、重大事项请示报告制度、保密制度、沟通协调制度和督查通报制度等工作制度。组织开展整治活动。对照六大方面整治重点、30条突出问题深入开展自查自纠，定期报送自查报告。通过媒体发布举报公告和张贴举报公示牌，宣传举报电话和举报方式等内容，接受广大群众举报。县卫健局和全县65家医院设立廉政账户，用于医药领域腐败问题集中整治款项缴纳。开展主要领导和分管领导、分管领导和科室负责人、科室负责人与科室人员层层廉洁谈话、告诫谈话活动。印发《医德医风教育口袋书》1.2万份，确保医务人员人手一册。做好移交线索核查工作。累计受理医疗领域腐败问题案件21例（信件8例、电话10例、邮箱1例、移交2例）；其中信件7例已办结，电话7例已办结，移交1例已办结。邮箱1例、移交1例及未办结的信件电话4例等待反映人提供相关材料进一步调查。

（李　潮）

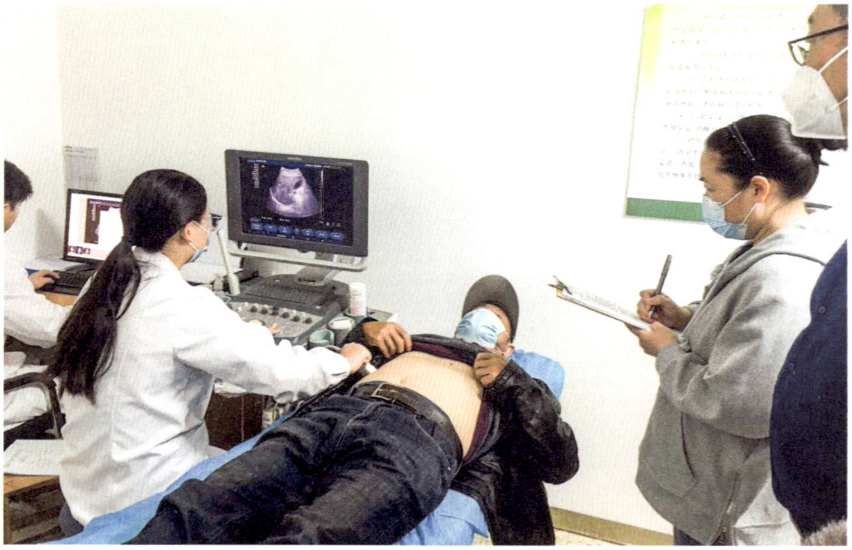

2023年5月，沭阳县卫健局开展65周岁以上老年人免费体检活动

舒　艳　摄

基层医疗卫生

【基本公共卫生服务】 2023年，沭阳县卫健局按照省、市基本公共卫生服务项目规范要求，健全基本公共卫生服务工作机制，加大宣传力度，强化工作职责，加强业务指导，完善考核制度，突出重点人群，提升管理水平，提高健康意识，推动基本公共卫生服务项目高效落实。统筹做好65岁及以上老年人健康体检工作。

【家庭医生签约服务】 2023年，沭阳县卫健局不断创新家庭医生签约服务工作，开展韩山人民医院慢病运动健康干预试点、马厂人民医院基层糖尿病并发症筛查工作站建设与“预约上门和家庭病床”家庭医生签约服务试点建设。全县一般人群签约率达40%，重点人群签约率达68%。

【村卫生室建设管理】 2023年，沭

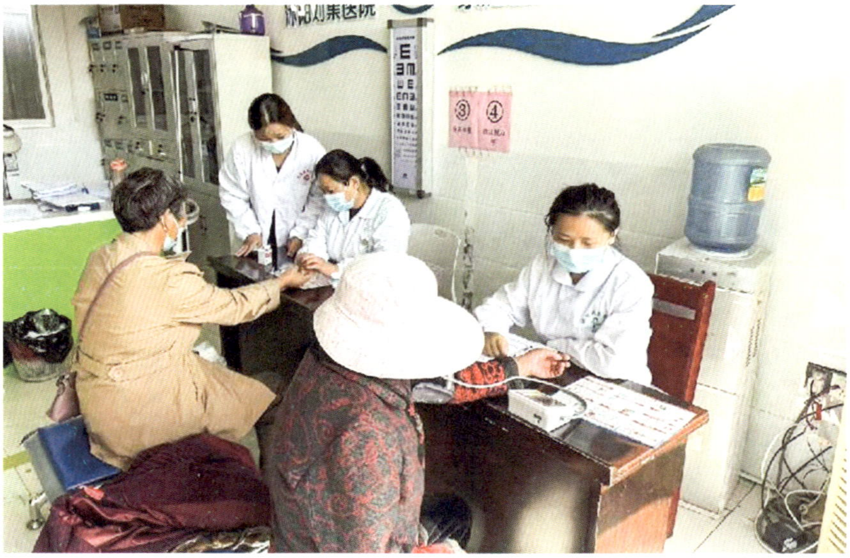

2023年5月，沭阳县家庭医生签约服务现场　耿海猛　摄

2023年11月，耿圩镇汪圩村卫生室　朱军娅　摄

阳县卫健局持续开展村卫生室服务能力建设，推动全县甲级卫生室创建，刘集镇郇河村等4个村卫生室被市卫健委确认为甲级村卫生室。不断强化基层队伍建设，新招聘乡村医生78人。强化监督管理，通过“自查、互查、随机查”方式，对全县村卫生室开展为期6个月的专项整治活动，根据检查情况，定期进行通报，针对存在问题的村卫生室，责令限期整改到位，对违规违法行为进行严肃处理。组织全县1800余名乡村医生参加基本公共卫生服务及基本医疗服务等项目线上线下培训，进一步提高业务素质。组织乡村医生开展处方和病历书写、规范用药专题培训，提高村卫生室处方质量，促进合理用药，保障医疗安全。

【处方点评工作】　2023年，沭阳县卫健局开展处方点评工作，印发《关于切实强化医疗机构处方管理的通知》《全县第三（四）季度处方点评工作方案》《胡集医院等十家医院处方抽查通知》等文件，建立随机组建处方抽查小组、随机抽查医疗机构、随机抽取门诊处方、随机组建处方点评小组的“四随机”制度，不断提升处方点评质量。全年共开展处方点评5次，点评处方25227张，就处方点评结果形成通报，就涉及两次违反处方管理规定的21名医师和药剂师，制定《第一期医师药师培训工作方案》，在沭阳卫校开展为期7天的脱岗集中培训，经考核合格后方可返岗重新执业。

【卫技人才管理】　2023年，沭阳县卫健局加强卫技人员引进工作，先后赴徐州医科大学、扬州大学医学院和哈尔滨医科大学等高校开展校园招聘，累计招聘卫技人员400余人次，其中沭阳县第一人民医院招聘17人。依托医联体、专科联盟、专家工作室等平台，累计柔性引进省级医疗专家300余人次到沭阳县坐诊查房、手术示教、教学讲座等。开展2023年农村订单定向医学生免费培养工作，共有60人签订就业协议，其中本科层次10人、专科层次50人。加强卫技人员培养和下沉工作。全年组织开展25名全科医生在沭阳医院（省级全科医生转岗培训基地）开展为期1年的转岗培训。通过住院医师规范化培训、务实进修、基层卫技人员能力提升、紧缺急需卫技人员专项培训、专科护士培训和基层适宜技术推广等措施，全年累计安排1万余人次参加进修学习。安排二级及以上医院109名医疗骨干到乡镇医院开展为期1年的结对帮扶卫生支援工作。组织1000余人次医疗骨干至村卫生室开展村村行巡诊活动。

【卫生科研和继续医学教育】　2023年，沭阳县卫健局加强卫生科研和继续医学教育工作，全年省级

2023年9月，沭阳县卫健局到哈尔滨医科大学开展人才招聘
郑耀龙　摄

医学科研项目立项3项、市级指导性项目立项20项。获得市级新技术引进奖3项、医学科技奖7项、知识产权专利55项。全年累计发表论文350余篇，其中SCI 27篇、核心期刊51篇。举办160余场继续医学教育项目，参加人员达3.5万余人次。苏州大学附属儿童医院在沭阳医院举办2场国家级继续医学教育项目，实现国家级继续医学教育项目零突破。

（李　潮）

2023年4月10日，沭阳县疾控中心开展生活饮用水监测新国标培训
徐凤玲　摄

疾病预防控制与管理

【环境卫生监测工作】 2023年，沭阳县卫健局完成全年农村饮用水监测任务，共计水样348份12528项次，合格率100%。完成城市水月监测共计108份3888项次，合格率100%。完成3家水厂出厂水全分析监测共计12份1152项次，合格率100%。完成全年农村环境卫生监测任务，共计采集5个乡镇水稻、土壤样本200份，完成农户调查问卷100份。完成公共场所卫生监测731家，监测项目3778项次。

【省级艾滋病防治示范区创建】 2023年，沭阳县卫健局积极开展省级艾滋病防治示范区创建工作，在全县范围内开展各类艾滋病防治主题宣传活动20余次，共发放宣传单42万份、宣传手册4万余本，利用电视频道及新媒体宣传平台推送教育宣传51条，在全县初高中、职业院校开展健康讲座50余次。累计对各乡镇（街道）艾滋病防治工作开展情况进行督查、指导80余次。4月，已通过第四轮艾滋病综合防治示范区省级专家组验收。

【结核病防控】 2023年，沭阳县卫健局加强医防合作，结核病防控成效显著。全县共登记1862例初诊患者，其中352例为肺结核病患者，在这352例中，结核性胸膜炎患者有29例。在病原学检测方面，阳性患者有262例，阳性率高达81.11%。此外，进行痰培养的有94例，其中阳性7例。登记460例肺结核和疑似肺结核患者。X-pert检测了1025例，阳性291例，确诊肺结核患者X-pert检测率100%。非定点医院网络报告了460例结核病或疑似结核病患者，总体到位率为100%，其中有94例排除，排除率为21.17%。

（李　潮）

营养卫生与中医药报务

【营养卫生】 2023年，沭阳县卫健

2023年12月1日，沭阳县卫健局在府苑社区双拥广场开展第36个世界艾滋病日宣传活动
徐　琼　摄

2023年8月17日，沭阳县疾病预防控制中心在沭城一品小区开展老年营养健康知识宣传活动　　徐　琼　摄

局全方位开展营养卫生工作，开展全民营养周、《中国学龄儿童膳食指南》宣讲进校园、老年营养健康知识宣传进社区等活动5场，共发放宣传折页1500份，受众500余人。对沭城街道中华小区、扎下镇朱家庄村、耿圩镇岗庄村、塘沟镇卢圩村居民开展营养健康影响因素队列调查。完成9所学校和3家医疗机构的营养健康餐厅（食堂）建设工作。

【中医药服务】 2023年，沭阳县卫健局持续推进等级中医馆（阁）创建工作，中医药服务能力全面提升。截至年底前，共创成五级中医馆2个、四级中医馆1个、三级中医馆9个，创成二级中医阁10个，建成中医药文化知识角8个、中医药特色村卫生室6个。开展中医药文化宣传活动，全年开展“中医药就在你身边”中医药健康巡讲25场、“百名中医下基层、护佑健康惠群众”健康义诊25场，惠及群众5000余人，多角度提升群众中医药文化素养。

（李　潮）

妇幼保健

【儿童保健服务】 2023年，沭阳县5岁以下儿童死亡率为3.44‰，婴儿死亡率为1.95‰，新生儿死亡率0.92‰，均低于省市目标。新生儿遗传代谢病筛查活产儿8837例，新生儿疾病筛查数8833人（另4例为新生儿死亡），筛查率为99.94%，其中筛查出患病数11人（苯丙酮尿症2人，甲状腺功能低下5人，串联质谱4人）。听力筛查总数8833人，确诊听力障碍6人。新生儿先天性心脏病筛查8836人，筛查率99.98%，筛查阳性133人，均进行了心脏超声检查，经彩超确诊先心病62人，其中两人已做手术，现已治愈，其余人员在密切监测随访中。

【“两癌”筛查】 2023年，沭阳县共完成宫颈癌筛查46705例，乳腺癌筛查46819例，任务完成率103.7%，确诊乳腺癌17例，宫颈癌4例，宫颈癌前病变54例。对检查出的阳性病例都提供后续治疗和随访服务。

【婚孕检项目】 2023年，沭阳县新登记结婚人数为10552人，接受婚前保健服务人员为10389人，婚前保健服务率98.46%；检出患病人数583人，疾病检出率5.61%，检出影响结婚人数70人，占婚检人数0.67%；其中指定性传染病56人，占检出疾病人数9.61%，建议暂缓结婚54例，婚前卫生指导、婚前卫生咨询率100%。接受婚前保健服务者卫生健康知识知晓率100%，免费婚前保健服务满意率测评100%。

2023年8月，沭阳县开展儿童保健服务　　王　苏　摄

孕前优生健康检查完成2658对，完成全年任务的106.32%，检出患病人数1410人，疾病检出率26.52%，达到了序时进度。

【免费基本避孕服务】 2023年，沭阳县为居民开展免费基本避孕手术。全县共有免费基本避孕药具发放网点657个，全年通过药具发放网点发放5.49万人次，全县药具发放机构比例为100%。

（李　潮）

卫生监督管理

【基本药物管理】 2023年，沭阳县出台《关于加强基层医疗卫生机构基本药物制度监督管理的通知》《关于印发沭阳县基层医疗卫生机构督导检查方案的通知》等文件，对基层医疗卫生机构基本药物管理制度实施情况定期开展抽检。全年乡镇医院共采购基本药物13413.55万元，销售基本药物13713.67万元，基本药物销售品种数和金额均达到全县预定目标（60%）。乡镇医院平均处方值44.69元，较基本药物管理实施前下降34.39%，广大人民群众的医药费用负担得到持续减轻。

【卫生行政执法】 2023年，沭阳县卫健局大力开展卫生普法宣传，全年发放宣传海报2.5万份，接受群众咨询1万余人次，张贴宣传标语、悬挂宣传横幅2000余条。强化行政执法工作，全年共出动执法人员12600余人次，执法车辆3200余台次，监督各类单位6500余户。查处违法违规案件142件，取缔无证行医场所29户次，移送司法机关10件，申请法院强制执行4件。

【供献血管理】 2023年，沭阳县供血献血事业健康、蓬勃发展。献血情况。全年共计无偿献血16156人，在全市占比43%，采集血液约572.74万毫升（约6.01吨），在全市占比42%。供血情况。全年共计供应全县各医疗机构红细胞制剂379.56万毫升，病毒灭活血浆约124.005万毫升，单采血小板1220个治疗量，冷沉淀5080.75个单位。2月，国家卫健委、中国红十字会总会、中央军委后勤保障部卫生局联合授予沭阳县人民政府“全国无偿献血促进奖”。上半年，沭阳县总工会、共青团沭阳县委、沭阳县妇联、沭阳县卫生健康局、宿迁市中心血站分别授予沭阳县血库“全县五一劳动奖章单位”“青年文明号”“三八红旗集体”“综合目标管理和宣传工作先进单位”称号，沭阳县血库连续三年获得“全市采供血系统年度工作先进单位”称号。12月1日，沭阳县血库受邀参加全省无偿献血招募研讨班，并作大会先进典型交流授课。

（李　潮）

医院选介

【沭阳医院】 沭阳医院暨徐州医科大学附属沭阳医院，成立于1936年。已发展成包括院本部、贤官分院和西院区在内的集团化医疗机构，是苏北地区规模较大的三级乙等综合医院。医院连续多年跻身艾力彼全国县级医院百强榜前50强，神经内科、消化内科、肿瘤科、肾脏内科、放射科和呼吸内科为全国县级医院专科前30强。医院拥有高级职称218人，中级职称411人，博士、硕士88人，硕士生导师4人，徐州医科大学讲师31人，获得高等学校教师资格137人；江苏省有突出贡献中青年专家1人，江苏省“333”高层次人才培养对象7人，宿迁“千名拔尖人才”培养对象23人。医院按照三级甲等医院、医科大学附属医院标准设计，开设26个病区、32个临床科室、10个医技科室，可开放床位1600张。医院配备有联影数字光导uMI780 PET-CT，联影320排640层CT，西门子3.0T48通道磁共振成像系统、联影高端数字化“查癌神器”uMI780 PET/CT等大型高端设备。

2023年，沭阳医院生殖医学中心又一次顺利通过夫精人工授精技术（IUI）校验。医院20名专家先后荣获世界内镜医师协会颁发的中国内镜微创医师技术等级证书。江苏省人民医院眼科孙红教授工作室、苏州大学附属儿童医院新

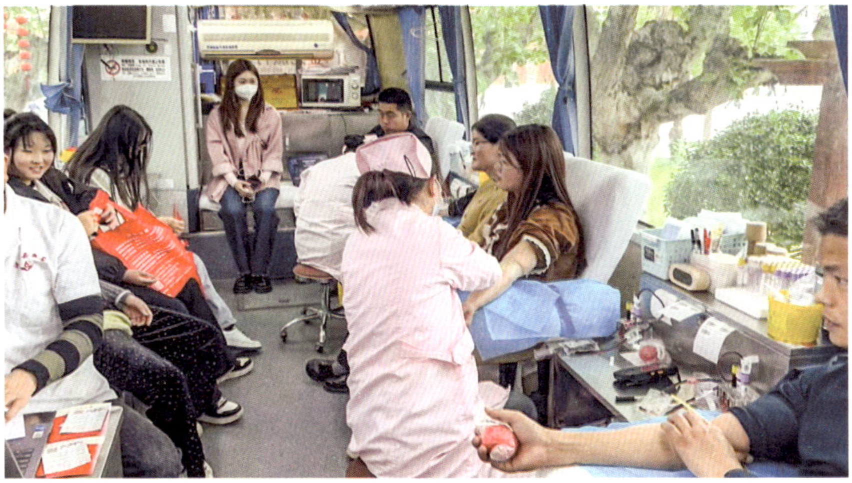

2023年10月，沭阳县献血志愿者在采血车上献血　　郭　婧　摄

2023年10月，沭阳医院　　县卫健局　供图

生儿科冯星教授工作室、苏州大学附属儿童医院普外科黄顺根教授工作室、苏州大学附属儿童医院呼吸科郝创利教授工作室、上海市胸科医院仲晨曦教授名医工作室相继落户医院。医院检验学部凭借过硬的技术实力和优秀的质量管理水平一举拿下了室间质评31个专业共计145个项目的全部认证合格证书。2023年，沭阳医院先后荣获中国县域卫生第七届“最美县医院奖”、第十一届全国医院品管圈大会三等奖、江苏省医院协会第七届品管圈一等奖、江苏省儿科应急救援心肺复苏大赛二等奖等。

【沭阳县中医院】 沭阳县中医院是一家三级乙等中医医院，扬州大学医学院附属学院，南京中医药大学附属医院筹建单位。医院有高级职称263人，中级577人，博士、硕士共159人。配置256排超高端CT 2台（全院在用CT 7台）、PET-CT1台、3.0T磁共振2台（全院在用磁共振3台）、数字减影造影装置3台等50万元以上大中型尖端设备160台（套）。设临床科室34个、医技科室9个。其中省中医重点专科3个，省中医药特色专科3个，市级重点专科22个。通过医疗资源整合，组建了沭阳县首家紧密型医疗卫生共同体，下设二级甲等综合性医院2家，即仁慈医院和南关医院，乡镇医院5家；已建成1所医养结合护理院，1所长期照护中心，1所母婴护理中心，拓展了医疗服务链条，促进了优质医疗资源统一调配和共享，为县域分级诊疗服务体系建设作出了积极贡献。2023年，完成门、急诊量89.37万人次，出院患者5.63万人次。（李　潮）

编　辑：郑长银

2023年8月，沭阳县中医院　　县卫健局　供图

体　育

综　述

2023年，沭阳县体育工作实现高质量发展，高标准建成城市社区“10分钟体育健身圈”，实现乡镇健身公园全覆盖。荣获“全国群众体育先进单位”称号，建成“国家田径中长跑奥林匹克高水平后备人才基地”，创成“江苏省公共体育服务体系示范区”。全县健身设施日趋完善，健身项目逐渐丰富，健身队伍不断壮大，健身网络持续健全。沭阳县参加体育锻炼人口比例持续攀升，全民健身各项活动开展情况位列苏北前列，体育健身已经成为沭阳城乡一道靓丽风景，人民群众幸福感、获得感不断提升。

公共体育设施

【体育设施建设】 2023年，沭阳县积极改善城乡社区体育设施基础条件，完善体育公园、健身步道等户外体育设施建设。县智慧体育公园建成并顺利开园，园内各类体育场馆、多功能球场、儿童活动、老人活动、悦动步道等健身设施一应俱全，引导居民积极投入健身活动，实现绿色景观与运动趣味完美结合。截至2023年年底，全县拥有规模以上体育公园11个。各乡镇（街道）均已建成5个以上分别占地2000平方米的多功能运动场地健身项目，进一步扩大了公共体育服务供给。在高标准建成城市社区“10分钟体育健身圈”基础上，新建成县智慧体育公园1座、笼式灯光篮球场2个，乡镇街道老旧损坏器材更换74套。

【体育设施管理】 2023年，县体育系统所属公共体育设施全部按标准、按要求对社会开放，并及时在省体育局网站、沭阳县人民政府网等媒体平台发布开放信息，全年县体育场馆共承办各类各级赛事活动、培训讲座共105项次，其中体育场承办38项，体育馆承办30项，综合馆承办37项。

群众体育

【全民健身】 2023年，沭阳县体

2023年10月2日，2023国庆节花香沭阳“醉美沂涛　虞美人”杯全民健身快乐跑在沭阳体育中心成功举办　　沭阳县体育运动中心　供图

育运动中心利用春节、“全民健身日”、国庆假期等时间节点，成功举办“迎新春抗疫情”第三届江苏省健身气功·八段锦网络公开赛（沭阳站）、“发展体育运动 增强人民体质”题词71周年全民健身主题活动暨江苏省“长江经济带”“幸福江苏”广场舞比赛、沭阳县全民健身日系列活动启动仪式暨“幸福江苏”运动促进健康服务健身项目推广成果展示活动、沭阳县全民健身第一届拔河比赛、2023国庆节花香沭阳全民健身快乐跑、全民健身项目大比拼、全民健身（智力运动）掼蛋比赛、重阳节精品健身项目展演活动、《国家体育锻炼标准》达标赛（沭阳站）、“沭BA”（2023—2024赛季）篮球联赛等规模大、影响好、示范性和引导性强的全民健身活动10余次，办赛质量、群众参与度均得到大幅提升。扎实开展青少年学生体育系列活动，确保全县中小学生“校内体育活动时间不少于1小时”。统筹兼顾各类人群健身需求，积极组织面向单位职工、老年人和残疾人等群体的体育健身活动，全民健身氛围日益浓厚，人民群众的幸福感和获得感不断提升。

2023年沭阳县举（承）办全民健身活动一览表

表33

序号	时　间	活动内容	级别	备注
1	1—2月	第三届江苏省健身气功·八段锦网络公开赛（沭阳站）	省级	
2	2月	沭阳县气排球教练员培训班	县级	
3	3月	沭阳县“3·5”学雷锋志愿服务启动仪式健身项目展示活动	县级	
4	3月	沭阳县中小学足球比赛	县级	
5	3月	沭阳县“三八”妇女节羽毛球比赛	县级	
6	3月	沭阳县太极拳教练员培训班	县级	
7	4月	2023年江苏省青少年羽毛球冠军赛（沭阳站）	省级	
8	4月	沭阳县第五届太极拳交流赛	县级	
9	5—12月	2023年“奔跑吧·少年”儿童青少年主题健身活动	省级	
10	5月	庆“五一”“幸福江苏”沭阳县羽毛球俱乐部混合团体赛	县级	
11	5月	沭阳县象棋公开赛	县级	
12	5月	“幸福江苏”全民健身志愿服务暨全国“行走大运河”全民健身健步走活动（沭阳站）	国家级	
13	5月	“幸福江苏”江苏省社区运动会2023年沭阳县“迎六一·幸福江苏”青少年羽毛球比赛	省级	
14	6月	“发展体育运动，增强人民体质”题词71周年主题系列活动（沭阳站）	国家级	
15	6月	县三级社会体育指导员培训（涉及广场舞、太极拳、健身气功等项目）	县级	
16	7—8月	沭阳县第一届拔河比赛	县级	
17	8—12月	沭阳县足球联赛（甲乙组）	县级	
18	8月	2023年江苏省青少年男、女U11足球锦标赛	省级	
19	8月	全民健身日体育系列活动（沭阳站）	国家级	
20	8月	沭阳县第六届夏季篮球联赛	县级	
21	8月	沭阳县“足协杯”比赛	县级	
22	8月	沭阳县羽毛球俱乐部联赛	县级	
23	8月	沭阳县2023年游泳比赛	县级	
24	9—10月	开展国民体质监测活动	省级	

续表33

序号	时　间	活动内容	级别	备注
25	9—12月	沭阳县秋季足球联赛（甲乙组）	县级	
26	9月	农民丰收节体育系列活动（沭阳站）	国家级	
27	10月	九九重阳节体育系列活动（沭阳站）	国家级	
28	10月	2023国庆节花香沭阳全民健身快乐跑	县级	
29	10月	2023国庆节花香沭阳全民健身项目大比拼	县级	
30	10月	2023国庆节花香沭阳全民健身（智力运动）掼蛋比赛	县级	
31	10—11月	开展科学健身知识大讲座	省级	
32	11月	《国家体育锻炼标准》达标赛（沭阳站）	省级	
33	12月	“沭 BA”（2023—2024赛季）篮球联赛	县级	

【全民健身志愿服务】 2023年，县化育运动中心扎实开展全民健身志愿服务，全年参与志愿服务的社会体育指导员达4000余人次。其中，仲艳、马玉梅两人荣获2023年度“江苏省社会体育指导员”称号。全年开展社会体育指导员培训4期，涵盖广场舞、健身气功、健步走、应急救护等项目，共参培人员800余人。全年新增国家级社会指导员2人、一级16人、二级39人、三级43人，全县拥有各级社会体育指导员6558人。

【国民体质测定与健身指导服务】 2023年，县体育运动中心推动体育与卫生健康深度融合发展，探索建立体育和卫生健康等部门协同、全社会共同参与的运动促进健康模式。组建工作专班，发挥好社会体育指导员和医务工作人员在慢性病预防、健身康复中的作用。瞄准康复人群、病症人群、病灶人群、亚健康人群，抓好国民体质监测、全民科学健身、家门口健身设施配套工程。充分利用省体育局官方网站、《宿迁日报》版面、县融媒体中心等媒体，大力推广科学健身方法，获得县内健身群众广泛好评。县体育部门下沉一线开展全县国民体质测试，完成测试人数3000余人。公共体育场馆开放期间，免费为健身爱好者提供健身指导服务，发挥好体育在健康促进、慢性病防治和康复等方面的作用。

【体育社团管理】 2023年，沭阳县新成立体育协会2家、体育俱乐部1家，累计拥有体育协会36家、体育俱乐部25家，扎实组织各体育社团参与等级评估工作。在落实好各项安全措施前提下，县体育总会积极指导各体育协会牵头开展各类健身活动，活动涵盖足球、篮球、排球、羽毛球、乒乓球等20个项目，举办各类赛事108次，参与人数达1万人次。社团赛事的成功举办，进一步展示新时代沭阳社团体育发展成果，调动社团更加积极主动参与全民健身事业，实现“体育总会搭建平台、体育社团精彩唱戏”的活跃局面。

【体教融合】 2023年，沭阳县体育运动中心紧扣“立长远、构体系、补短板、促提升”发展思路，全力推动体教工作深度融合，制定沭阳县年度体教融合工作计划、优质体育资源进校园工作方案。积极推进田径、篮球、羽毛球、乒乓球、跆拳道、游泳、体适能等特色体育项目按“5621”思路布局项目（指青少年体育“5621”计划，即省要求各地根据实际发展5个以上特色体育项目，每个项目至少布局在6所小学、2所初中、1所高中）。精心开展2023年度沭阳县青少年体育俱乐部创建工作，全县中小学创建体育俱乐部覆盖率达100%。组织开展宿迁市第一期中小学体育教师跳绳技能培训、沭阳县太极拳教练员培训班、沭阳县气排球教练员培训班，均达到预期成效。

竞技体育

【比赛获奖情况】 2023年6—10月，宿迁市第六届运动会青少年部比赛在宿豫区举办，沭阳县1200名运动员代表沭阳县参加所有项目比赛，夺得金牌90枚，奖牌267枚，团体总分2426分，在宿迁三县中排名第一。

【体育赛事】 2023年，沭阳县体育运动中心在沭阳县人民政府网公布2023年体育赛事活动计划，出台沭阳县体育赛事活动监管办法，印发了赛事安全风险防控方案、赛事活动组织服务指南。建立体育赛事活动指导员专项工作

2023年10月，沭阳体育健儿参加宿迁市第六届运动会青少年部田径比赛　　县体育运动中心　供图

机制，3名职工通过省体育赛事活动指导员培训，并参与指导全国体育赛事3次。围绕“简约、安全、精彩”办赛原则，成功承办省级比赛2项（江苏省青少年羽毛球冠军赛、江苏省青少年U11足球锦标赛）、市级比赛2项（宿迁市第六届运动会职工部羽毛球比赛、宿迁市第六届运动会职工部太极拳比赛），举办县级比赛5项（沭阳县中小学生啦啦操比赛、跳绳比赛、游泳比赛、沭阳县青少年校园足球联赛、沭阳县青少年中小学生篮球比赛），实现安全与精彩并重。

体育产业

【体育产业重点工作】 经省体育局评审，县体育运动中心成功获批“江苏省第六批体育服务综合体”。严格执行省、市文件要求，有序开展经营高危险性体育项目许可证发放工作，全年向5家达标企业发放许可证。

【高危体育监管】 2023年，县体育运动中心扎实做好对高危险性体育项目的事中事后监管工作。全年开展高危险性体育经营项目“双随机、一公开”检查4次，与县卫健部门开展联合检查1次。对检查中发现存在的问题，当场向体育经营责任主体下达《整改通知书》，并责成其限期整改到位。

【校外培训机构监管】 2023年，全县共审批体育类校外培训机构6家，交纳保证金30万元，其他体育类校外培训机构履行审批手续。全年开展安全检查6次，定期开展消防安全知识培训，确保安全可控。

【体育彩票销售管理】 沭阳县紧紧围绕“建设负责任、可信赖、健康持续发展的国家公益彩票”思路，积极倡导“公益体彩 乐善人生”理念，全年体育彩票销售安全运行，销售成效稳中有进。2023年，沭阳县体育彩票实现销售额2.86亿元，规模创历史新高，在苏北各县排名中继续保持第1位，在全省各县区排名第17位。

（张琴琴）

编　辑：郑长银

收入与分配

综　　述

【居民收入】 2023年，沭阳县全体居民人均可支配收入32208元，增长6.1%。按收入来源分，工资性收入18511元，增长6.1%；经营净收入8220元，增长6.0%；财产净收入1129元，增长4.4%；转移净收入4348元，增长6.9%。按常住地分，城镇居民人均可支配收入38191元，增长5.4%；农村居民人均可支配收入24946元，增长7.0%。

【居民消费】 2023年，沭阳县全体居民人均生活消费支出21054元，增长8.9%。其中，食品烟酒6267元，增长7.3%；衣着1534元，增长6.9%；居住3592元，增长7.7%；生活用品及服务1565元，增长8.9%；医疗保健1520元，增长13.6%；交通通信2569元，增长11.7%；教育文化娱乐3572元，增长9.8%；其他用品和服务434元，增长8.8%。按常住地分，城镇居民人均生活消费支出24090元，增长7.6%；农村居民人均生活消费支出17369元，增长10.7%。

【市场物价】 2023年，沭阳县实现农林牧渔业总产值211.83亿元，较上年增长5.5%；其中农业产值166.42亿元，林业产值6.1亿元，牧业产值24.4亿元，渔业产值6.28亿元，农林牧渔服务业产值8.63亿元。实现农林牧渔业增加值128.17亿元，可比价增长5.6%，增速同比增长2.1%。粮食播种面积278.18万亩，增长0.12%；粮食总产量129.57万吨，增长0.56%。生猪出栏量72.23万头，增长9.1%；年末生猪存栏44.47万头，下降1.3%；年末家禽出栏1484万只，增长20%；禽蛋产量1.81万吨，增长17.5%。

社会保险

【概况】 2023年，沭阳县坚持全覆盖、保基本、多层次、可持续方针，积极构建更加完善的社会保障体系，不断提升社会保障水平，全县基本养老保险覆盖率达98.4%。

【养老保险】 2023年，沭阳县人社局锚定小微企业、灵活就业、新业态从业人员等，精准开展社会保险全民参保“幸福行动”，全年新增参保3.7万人。全县职工养老、居民养老参保分别达14.12万人、56.87万人。企业职工基本养老保险省级统筹落实情况获省政府督查激励表彰。

【失业保险】 2023年，沭阳县人社局扎实开展扩面征缴工作，落实失业保险政策，持续提高失业保险待遇水平。全年失业保险单位6252家，参保人数89191人，共为1622名失业人员发放失业保险金1520.26万元，代缴基本医疗保险费310.26万元。

【工伤保险】 2023年，沭阳县人社局推进工伤预防、康复、补偿“三位一体”制度建设，共受理工伤案件1408件，开展工伤预防宣传75场，培训4327人次。完成工伤康复62人，新增小微企业参加工伤保险100家。全年工伤保险参保人数目标11.6万人，建筑业新开工项目工伤保险参保率100%。

（廖　军）

医疗保障

【概况】 2023年，沭阳县医疗保障局始终将维护医保基金安全作为首要任务，构建医保基金“全链条”监管体系，确保医保基金稳健运行。围绕法律、医学、计算机等重点专业人才需求，整合医保局基金监督科与医保中心稽核科，解决机关及经办机构力量不足、监管职能交叉分散等问题。聘请1477名网格员，38名人大代表、政协委员、新闻媒体及群众代表等为社会监督员，参与政策培训宣传、基金监督活动。成立由医保局牵头，卫生健康、市场监管、纪检监察、公安、财政等部门共同参与的联席会议，对基金监管重大问题、重大行动、重大案件共商共管。细化协议内容、量化协议指标、深化管理措施、明确违约行为及处理办法。突出常态化督查，采取监管检查、日常检查、专项检查、飞行检查等方式，发现骗保行为盯住不放、全面起底、深挖彻查，严肃处理，确保其骗保问题见底清零。2023年，沭阳县医保局荣获宿迁市“全面深化改革先进集体”、沭阳县“改革创新工作先进单位”称号。

【医疗保险】 2023年，全县城镇职工医疗保险累计参保16.63万人，基金收入7.6亿元，同比增长3.12%，基金支出7.38亿元，同比增长12.23%。累计结余6.68亿元，备付能力12.15个月。全县城乡居民医疗保险累计参保157.92万人，基金收入18.03亿元，同比增长20.93%，基金支出18.57亿元，同比增长9%。累计结余12.48亿元，备付能力9.17个月。

【大病保险】 2023年，居民大病保险按110元／人／年标准筹资，应收保费17688.24万元，报销252521人次，比上年同期增长32.71%，发生大病保险费用23756.11万元，比上年同期增长8.29%。职工大病保险按照90元／人／年，应收保费1400.55万元，报销17519人次，比上年同期增长31.59%，发生大病保险费用1267.61万元，比上年同期增长7.75%。

【医保公共服务】 2023年，沭阳县医疗保障局构建“1+30+480”县、乡、村三级医保经办服务体系。以县政务服务中心医保窗口为1个“主脉”，30个乡镇（街道）便民服务中心为“经脉”，建设480个村（社区）医保服务网点，扩大医保服务辐射“半径”。5月，沭阳县获省级“15分钟医保服务圈”示范县称号，桑墟镇、刘集镇便民服务中心通过省级“15分钟医保服务圈”示范点验收，其他乡镇（街道）通过市级示范点验收。2023年建成华冲镇、龙庙镇、沂涛镇、钱集镇4个省级示范点，建成480个村（社区）医保公共服务点，保障医保服务专业性与便捷度。

【医保基金监管】 2023年，沭阳县医疗保障局强化与卫健、公安、纪委监委等部门衔接，开展打击欺诈骗保专项整治行动，对全县定点医疗机构开展各类专项检查、突击检查，实行全覆盖检查。全年追回违规医保基金2079.33万元、医疗救助资金118.58万元，收缴违约金295.61万元、行政罚款3.79万元，约谈287家次，暂停医保273家次，公开曝光98例，移送公安机关8起，移交卫健部门3起，举报奖励2起。相关典型做法被《医保工作动态》、《江苏省医疗保障简报》、《新华日报》、“学习强国”学习平台等予以宣传推介。

【医药招采和价格管理】 沭阳县医疗保障局深入贯彻国家、省、市关于做好国家医保药品采购落地工作的有关要求，切实满足参保患者用药需求，降低企业交易成本，净化流通环境，改善行业生态，引导医疗机构规范用药，推进药品各项采购政策落实落地。2023年，全县涉及阳光采购73家医疗机构，配送金额为16770余万元。参与国家、省集采共15批次28个采购期，中选药品价格平均降幅达52%，最高降幅达96%，累计节约医保基金并为群众减负2200余万元。

【医疗救助】 2023年，沭阳县医疗保障局依据《宿迁市健全重特大疾病医疗保险和救助制度实施办法》要求，将文件规定的11类人员及建档立卡户纳入医疗救助对象范围。全年动态维护医疗救助对象56143人次，其中新增32028人次，取消24115人次。累计救助100.37万人次，比上年减少4.72%；救助金额1.81亿元，比上年同期增长24.83%；夯实医疗救助的兜底保障功能，减轻困难群众就医负担。通过平台“一站式”结算累计救助745176人次，直接结算率99.8%，累计救助金额为17862.21万元。

【长期护理保险】 坚持推进长护险试点工作，努力把长护险这一民生实事打造成民心工程、亮点工程。2023年，沭阳县失能人员申请长护险待遇154人，经过长护险中心初步审核符合条件的117人，经过专家评估，符合重度失能标准95人。对于符合条件的失能人员按照规定享受长期护理保险待遇。

【异地就医】 2023年，沭阳县医疗保障局通过简化异地就医办理手续、下放异地就医备案权限、取消参保地就医地往返就医限制、开放长居异地人员多地备案服务、优化医保领域办理渠道方式、增加联网结算定点医药机构数量等实际举措，在“政策分类、自付比例、办理流程、定点限制”上“做减法”。10月，宿迁市医保局进一步对异地就医转诊服务进行再规范，对不符合九大病种及121种罕见病的，按临时外出降低报销比例办理备案，逐步满足参保群众异地就医的需求，真正实现了惠民力度的“指数式增长”。全年办理异地就医备案44663人次，比上年同期增加94.12%。

【便民门诊】 2023年6月起，沭阳县医疗保障局推动全县定点医院便民门诊创建，在多家医院开设“便民门诊”购药便捷通道，免收挂号费和诊察费，帮助慢病患者实现快速购药。截至2023年年底，全县共创建成功46家“便民门诊”，涵盖城区9家定点医院、37家乡镇定点医院。城区9家“便民门诊”累计服务群众18万人次。

【“一站式”结算】 2023年，沭阳县医疗保障局建立各项招标、理赔、考核制度，成立专门的机构，设立多个岗位，包括医疗审核、服务管理、外伤核查、统计分析等岗位，确定专人负责衔接与理赔。与医保经办机构做好衔接，连接医保结算系统，完善服务流程，简化报销手续，实行“一站式”结算。分析相关数据，与医保结算数据进行比对，努力做到基本医保、大病保险、医疗救助之间的衔接。

【风险防控】 2023年，沭阳县医疗保障局构建高水平管理队伍，配备多名医学、财务专业的人员，保障全流程风险管控。注重源头把控，在定点医院设立病案调查人员，对大病患者进行病情调查。通过疑点数据分析，抽取病案进行评审，及时发现并掌握违规行为。

（杨福彦）

社会救助

【概况】 2023年，沭阳县民政局以创建省级社会救助领域创新实践试点单位为契机，扎实推进“分层分类 临时救助”和“扩围增效”重点项目建设，将低保、特困供养、临时救助等审批确认权限下放至乡镇（街道），着力完善监测预警、动态调整、探访关爱机制，全面做好孤儿、残疾人、低保边缘户家庭、支出型困难家庭等困难群体的救助帮扶，做到应保尽保、应退尽退，全年保障服务各类困难群体13.02万人，发放救助资金5.83亿元。

【城乡居民最低生活保障】 沭阳县民政局认真落实省民政厅等四部门联发的《关于切实做好最低生活保障等社会救助兜底保障工作的通知》精神，在全县开展低保“扩围增效”工作，及时将符合条件的困难群众纳入社会救助范围。截至2023年年底，保障城乡低保对象60236人，同比新增43人，发放低保金35395.58万元。健全最低生活保障制度，实现“保得了”。在全省县级层面率先出台《关于开展分层分类临时救助工作的通知》等文件，为最低生活保障的精准规范运行、实现对困难群众的应保尽保和应救尽救搭建了制度框架。完善最低生活保障工作机制，实现“保得准”。与县人社、住建、公安等15个部门建立信息共享长效机制，并成功将社保、车辆、存款、公积金等20多项资产信息全部纳入核对，让社会救助更精准、更公平。同时健全城乡低收入人口动态监测机制，进一步提升最低生活保障精准服务效能。优化最低生活保障办理流程，实现“保得快”。优化城乡低保申办程序，压缩审核确认时限，将审核确认权限从45个工作日缩短至20个工作日。完善小额救助备用金制度，进一步提高社会救助服务的便捷性和可及性，让困难群众的获得感、幸福感和安全感更加充实、更有保障、更可持续。

【特困人员救助】 2023年，沭阳县民政局坚持“五个全面”扎实做好特困人员救助供养工作，持续提升特困供养人员幸福指数。全面加强动态管理。对新申请和在册特困供养人员，及时开展家庭经济状况核对工作，对符合条件的由乡镇（街道）、村（社区）两级积极协助办理，对不符合救助供养条件的及时予以核退，实现精准识别、精准保障、精准救助。全面签订供养协议。全县纳入供养人员4154人，其中分散供养2460人，全部由乡镇（街道）、村（社区）、特困人员和监护人四方签订护理协议，明确委托照料人，落实照料看护责任，确保“平时有人照看，生病有人看护”。全面开展专业评估。邀请第三方对全县特困供养人员开展自理能力评估，并全面了解特困供养人员的基本生活状况、身体状况、精神面貌。全面纳入关爱探视。通过政府购买服务，做好分散供养特困人员照料护理和每周巡访关爱，确保照料护理工作水平和特困人员满意度持续提升。全面保障资金发放。建立特困供养标准与低保标准衔接机制，自7月1日提标开始，特困标准由806元／月·人提高到819元／月·人，同比增加514人，全年发放供养经费3903.98万元。

【临时救助】 2023年，沭阳县民政局围绕省级“分层分类临时救助”创新主题，在县级层面率先出台《关于开展分层分类临时救助工作的通知》，着力提升困难群众“救急难”水平，全年实施临时救助15662人次，发放救助金1191.07万元，分别同比增长39.14%、55.71%。拓展临时救助范围，明确急难型和支出型、流浪乞讨以及失业、就业等困难情形的家庭或者个人可以申请临时救助。同时打破户籍地常住城乡居民限制，将非本地户籍常住人口纳入救助范围。提高临时救助标准，将原救助上限5000

元调整为“急难型”救助上限5000元，根据困难群体类别将支出型临时救助上限分别确定为7440元、9300元和14880元；对因患重大疾病医疗支出自费超过1万元（含）的困难群众予以直接救助。完善财产认定标准，将急难型救助对象和支出型救助对象分层细化为Ⅰ、Ⅱ、Ⅲ3种类型，将支出型临时救助家庭车辆、金融、房产等财产核定标准适当放宽。优化救助办理路径，优化申请办理程序，取消急难临时救助户籍地限制，不再开展家庭经济状况核对、民主评议和公示等，由困难群众书面承诺家庭基本情况和急难情形，由急难发生地乡镇（街道）直接予以审核救助。

【低收入人口认定】 2023年，沭阳县民政局、财政局印发《关于开展分层分类临时救助工作的通知》，通过日常走访、随机调查、信息比对等举措，进一步健全低收入人口动态监测和分层分类救助帮扶机制，累计处理各类预警信息1.75万条，认定低保边缘家庭3970户13329人、支出型困难家庭78户272人。完善低收入人口数据库。通过自主申报、入户走访、热线反映、数据比对等多种方式开展摸底排查，健全完善低收入人口数据库。适度扩大监测范围。建立健全民政、人社、教育、医保、残联、妇联等部门和扶贫开发部门之间的信息共享机制，通过科学、合法、有效的手段采集低收入人口相关数据信息，探索升级监测平台、优化监测指标。推动救助帮扶取得实效。推动低收入人口动态监测和救助帮扶工作“关口前移”，从“被动申请”转向“主动发现”，从“人找政策”向“政策找人”转变，做到早发现、早干预、早帮扶，有效防止困难群众“漏兜漏保”和返贫致贫现象发生。

【流浪乞讨人员救助】 2023年，沭阳县民政局将流浪乞讨人员救助工作纳入平安沭阳建设和高质量考核，通过开展“五项行动”，切实维护流浪乞讨人员的合法权益。全年投入救助费用28万元，救助流浪乞讨人员55人次，护送返乡40人次。开展专项救助行动。加大对车站、繁华地段、地下通道、桥梁涵洞等区域的巡查力度，积极劝导街面流浪乞讨人员进站救助，对不愿进站接受救助的发放必需的饮品、食品、药品，并做好后续跟踪劝导工作。开展寻亲回家行动。对长期滞留无法识别身份信息的流浪乞讨人员，在全国救助寻亲网、“头条寻人”等媒体平台发布寻亲公告，并通过DNA比对、人像识别、指纹比对等技术手段，提高寻亲服务效能，年内帮助2名流浪人员与亲人团聚。开展治疗康复行动。坚持先救治后救助原则，对长期滞留人员实行分类保障，通过筛查和综合评估，将其中患有精神障碍人员及时送交县脑科医院治疗和康复，在院接受治疗和专业康复6人。开展安置落户行动。在做好受助人员护送返乡的同时，对无法确定身份信息人员完成落户安置，纳入特困人员救助供养，年内安置落户到县社会福利中心6人。开展源头治理行动。定期将返乡受助人员信息向流出地救助管理机构反馈，协助所在地对送返流浪乞讨人员进行跟踪管理，落实有关救助帮扶政策，避免再次陷入困境，从源头上减少二次流浪乞讨现象发生。

【慈善救助】 2023年，沭阳县共投入1600万元实施慈善惠民项目38个，受益群众近5万人次。成立桑墟、青伊湖5个分会，创建市级“慈善小镇”2个，建成村居慈善工作站85个、爱心慈善超市2个。全县注册志愿者56.46万名，城乡社区志愿服务站点实现全覆盖。

【医疗救助】 2023年，沭阳县完成省级精神障碍社区康复服务示范点建设，引入第三方社会组织承接运营，常态化开展社区精神障碍康复服务，全年入户走访57人、建档立卡47人，开展医护服务405人次、社工服务387人次、志愿服务386人次、心理治疗225人次。落实特困精神障碍集中照护政策，成立县民政精神卫生康复照护中心，经排查核实，特困中有严重精神障碍患者39人，已入住脑科医院14人，对不愿集中康复照护的25人督促属地镇、村明确专人服务管理。

（荣　超）

【教育救助】 扶贫助学方面。2023年春季学期资助学前一中职学段的学生45199人次，资助金额4446.54万元。2023年度秋季学期资助学前—中职学段学生42941人次，资助金额4402.38万元。全县无一名学生因贫失学、辍学。助学贷款方面。2023年度共为3851名家庭经济困难大学生提供生源地助学贷款，发放贷款金额4308.10万元。催收1459人贷款，扣款3208笔，回收贷款2067.56万元。中职学校免学费方面。2023年春季学期，为中等职业学校的15061名学生发放免学费补助经费1419.38万元；秋季学期，为中等职业学校的16688名学生发放免学费补助经费1560.47万元。

（蒙苏江）

社会福利

【困难儿童福利】 2023年，沭阳县民政局践行“儿童利益最大化”原则，以标准化示范创建为抓手，以高质量发展为目标，不断健全完善机制、优化服务措施、凝聚关爱合力，全力推动儿童福利事业高质量发展。开展困境、留守儿童摸排行动，共计排查留守儿童1172人。开展“暖心成长”“爱心暑托班”“困境儿童7天成长训练营”等活动47场次，惠及困境留守儿童3168人次。联合相关部门对县青少年法治关爱体验基地进行升级改造，举办“未成年人保护宣传月”暨青少年法治关爱体验基地升级启动仪式等活动91场次，接待未成年人8252人次。全年保障困境儿童3205人，1153名农村留守儿童实现委托照护全覆盖，累计发放基本生活保障金2201.53万元。

【残疾人福利】 2023年，沭阳县民政局全面落实残疾人福利政策，确保符合救助条件的对象“不落一户，不漏一人”，实现应补尽补、应退尽退。全年保障领取生活补贴困难残疾人25825人，领取护理补贴重度残疾人22154人，共计发放两项补贴12969.30万元。

【老年人福利】 2023年，沭阳县民政局通过第三方招标，分别与宿迁市清晨护理服务有限公司和县脑科医院签订合作协议，为特困供养对象提供专业化服务，县社会福利中心有特困供养对象66人，其中福利院40人、脑科医院26人。为福利院供养对象发放伙食费28.46万元、支出照料服务费41.42万元，向脑科医院支付精神障碍服务费用41.96万元。

【“关爱之家”建设】 2023年，沭阳县民政局在全县持续推进儿童“关爱之家”建设，以平台凝聚合力，以制度规范管理，以项目提升服务，全面夯实儿童关爱服务工作主阵地。全县建成省级示范性未成年人保护工作站（儿童关爱之家）5家，打造未成年人成长护航实践基地8个。对儿童“关爱之家”的建设和运营方面加强督查，对组织领导不到位，资金使用不规范，“关爱之家”活动不规范的，采取通报批评、限期整改，确保儿童“关爱之家”工作顺利有序开展。

【福利彩票】 2023年，沭阳县以创建省级福彩示范区为契机，锚定“全省有进位 苏北争第一”的目标定位，深耕渠道网络、创新营销活动，全年完成福彩销售1.03亿元，首次突破亿元大关，进一步扩大了福彩品牌的社会影响力。建制度促监管。建立彩票代销和公益金使用全链条长效监管机制，出台福利彩票市场管理员巡查实施细则和考核激励等10多项管理制度，定期开展业务培训、技术巡检和第三方审计，促进福利彩票事业健康稳定发展。增网点促就业。及时调整优化站点布局，新增站点16个、智能机销售点1个，新增优化智能机9台次，创建示范点15个，带动提升规范化、标准化销售站点建设138个，专营店化率100%，创造就业岗位200余个。拓渠道促销量。借助“地摊经济”发展有利政策契机，先后开展“领票有好礼”“福彩爱礼”“公益福彩 爱心敬老”促销活动20余场，取得全省福彩百日竞赛第一。抓培训促服务。邀请省福彩中心讲师就“如何才是创新营销”“即开票创新营销”“快乐8创新营销”等方面进行讲解辅导，进一步提高广大销售站业主及销售员的业务技能和营销水平，为广大购彩者提供更专业、更贴心的服务。树品牌促公益。坚持福彩公益属性，秉持“扶老、助残、救孤、济困”的发行宗旨，全年筹集福彩公益金1052.15万元，涟沭接合部乡村振兴项目获中央专项彩票公益金欠发达革命老区乡村振兴项目支持。

（荣 超）

住房保障

【概况】 2023年，沭阳县坚持租售并举的住房保障体系，坚持把改善困难群众居住条件作为重要的民生工程，全面推进保租房和公租房保障，致力打造百姓幸福家园。

【保障性住房建设】 2023年，沭阳县保障性租赁住房新开工（筹集）810套（蓝领公寓二期）。

【公共租赁住房保障】 2023年，沭阳县累计发放公共租赁住房租赁补贴73户，其中低保家庭49户、低收入家庭24户，共计发放28.78万元。

【住房政策提标扩面】 2023年，沭阳县出台《县政府办公室关于调整城区居民中等偏下收入和低收入住房困难家庭收入标准的通知》，逐步扩大保障面，确保应保尽保。

【人才住房保障】 2023年，沭阳县切实做好青年人才宜居安居工作，在政府投资建设的美好家园五期安置小区配建人才公寓22套（户型为两室一厅），用于保障县直机关新就业人员，由县住建局统一进行管理。

（袁冬昱）

编 辑：江苏杨

社会事务

人口家庭

【户籍人口】 2023年，全县公安机关全面推动“沭警e站”综合服务窗口、警企工作室和网办中心建设工作，先后出台《沭阳县公安局“一核双翼多点”公安政务服务体系建设实施方案》《全县公安机关“千警助企、护航发展”活动方案》，实现户籍管理高频服务事项全省跨所通办，身份证业务全国跨所通办，户籍管理业务免证办、减证办，全面提升便民利企工作效能。截至2023年年底，全县共在册登记户籍人口1966295人，其中城镇户籍人口1009293人，农村地区户籍人口957002人。

（荣阳 陆鑫）

【出生登记】 2023年，沭阳县新出生登记人口1.1万人，出生率6.59‰。

【收养管理】 2023年，沭阳县严格按照《中华人民共和国民法典》《中国公民收养子女登记办法》等相关法律法规政策和程序进行办理登记。对符合条件的，依法受理登记；对不符合登记条件的，做到耐心解释，并为其提供正确的政策指导。年内为2名孤弃儿童办理了收养登记。

【流浪乞讨人口寻亲】 2023年，沭阳县开展“大爱寻亲、温暖回家”救助寻亲专项行动，在及时登记救助管理信息系统、及时上传信息至全国救助寻亲网、头条寻人等寻亲平台、报请公安机关采集DNA、采集人像的基础上，通过“传统+科技+互联网”三管齐下，部门同步协作，对疑似线索追查到底，反复对比，提高寻亲的准确度和成功率，年内为2名流浪乞讨滞留人员成功寻亲找到家人。

【婚姻登记服务】 2023年，沭阳县民政局以建设全省婚姻领域移风易俗改革示范区为契机，持续深化婚姻领域移风易俗，全年办理结婚登记9592例，受理申请离婚登记7013例，办理离婚登记3972例，补发婚姻登记证书3655件。打造结婚登记服务平台。投资30万元升级改造县婚姻登记服务中心，完善婚姻登记硬件设施，科学设置候登大厅、结婚登记区、离婚登记区、颁证厅、婚姻家庭辅导室等功能服务区，同时推行线上和电话预约，推行“跨省通办”，全力打造优质服务窗口形象。建立结婚颁证服务制度。将颁证服务引入结婚登记流程，不定期邀请各级领导、社会各界名人、最美家庭成员、金婚夫妇为新人颁发结婚证。先后组织策划“浪漫214”“相约520”“情定七夕”等集体婚礼颁证仪式，为88对新人颁发结婚证书。开展婚姻家庭辅导服务。设立婚姻家庭辅导工作室，邀请社会工作师、心理咨询师为服务对象提供婚前指导、家庭关系辅导、情感疏导、纠纷调解等服务，新婚夫妇婚前辅导服务覆盖率达90%以上，全年受理调解婚姻家庭矛盾纠纷1100余起，调解夫妻和好610对。深化基层婚俗改革治理。将文明节俭操办婚丧喜庆事宜问题治理作为推进美丽乡村建设的重要考核内容，建立健全村（社区）红白理事会等基层组织和服务阵地，把婚事新办纳入《村规民约》《村民自治章程》，让“小规约”成为深化婚俗改革的“硬杠杠”。培育健康向上的婚俗文化。将婚俗改革列入“五社联动”试点，积极探索建立“法律+婚姻家庭”“社工+婚姻家庭”等服务模式，不断提升广大群众对婚俗改革的认同感和获得感。2023年10月，沭阳县被省民政厅确定为第三批江苏省婚俗改革实验区。

【殡葬管理】 2023年，沭阳县民政局坚持“民政为民，民政爱民”理念，持续深化殡葬改革，不断提升殡葬基本服务普惠性、均等化水平，促进全县殡葬事业健康有序发展。坚持高位高效推进。将殡葬工作纳入政府民生工程，在生态文明建设、乡村振兴、基层治理等重大决策部署中统筹推进，建立县殡葬改革工作联席会议制度，加强部门沟通协作，层层压实责任，形成“党政主导、部门协作、齐抓共管”的工作格局。加快殡葬设施建设。按照保基本、广覆盖、多层次、可持续要求，先后投入1370万元引进4台燃气式环保智能火化炉及尾气环保处理设备，投入1450万元收回天府园经营权及二期征地扩建工程，投入8000万元启动城市公益性公墓建设项目。全县建有殡仪馆1处、集中守灵点1处、城市经营性公墓1处、农村公益性公墓37处、区域性骨灰存放设施6处。扎实推进生态安葬。按照不低于规划总量60%的比例建设节地生态葬区，全县建成区域性标准化骨灰存放设施38处，节地安葬42例、免费安葬268例，乡镇（街道）公墓生态安葬面积达70%以上。惠民殡葬全面覆盖。全面推行“五免一补”政策，对具有沭阳户籍的无一次性丧葬补贴的6类人员最高给予1000元减免，对低保、残疾军人等9类人员最高给予1500元减免，对选择海葬、树葬、花葬等生态葬法的每例给予1000~2000元补贴，全年减免惠民殡葬费用923万元。助力精神文明建设。将文明节俭治丧等内容纳入《村规民约》《村民自治章程》和《沭阳县文明新风20条》，积极引导群众坚决遏制厚葬薄养、人情攀比、大操大办等陈规陋习。广泛开展“文明祭扫、平安清明”主题宣传活动，引导群众全面树立文明节俭、生态环保、移风易俗的殡葬新风尚。12月，沭阳县被省民政厅确定为“全省第二批丧葬礼俗改革试点县”。

（荣　超）

就业创业

【概况】 2023年，沭阳县落实就业优先政策，强化政策扶持、加强就业调控、培育人力资源市场、完善职业教育和培训、优化就业服务、提供就业援助、推动实现更加充分和更高质量就业创业，深入推进“大众创业、万众创新”，促进民生改善、经济结构调整和社会和谐稳定。全年新增城镇就业8855人，开展创业政策宣传6万余人次，为381名创业人员发放创业补贴189.6万元，发放富民创业担保贷款1.9亿元，支持成功创业4026人。全县建成30个县级返乡创业园，实现返乡就业创业1.54万人，其中返乡就业1.34万人、返乡创业0.2万人。

2023年11月，沭阳县就业创业服务中心大厅　　沭阳县人社局　供图

【重点企业用工】 2023年，沭阳县人社局围绕“稳就业”工作主线，通过“乐业沭阳”春风行动、“就业援助月”、“花乡7：30人才夜市”、乡镇巡回招聘等活动载体，开展线上、线下各类招聘活动136场次，推荐就业岗位3.9万个，实现城镇新增就业人数8855人、城镇失业人员就业3845人、就业困难人员就业3092人。

【引领返乡创业】 2023年，沭阳县人社局深入推动返乡入乡创业，根据产业特点打造“一镇一品”的特色返乡创业园，实现返乡入乡创业园乡镇（街道）全覆盖。县内成立创业指导专家服务团和返乡创业就业联盟，县外在苏州、南京等地设立沭商回归和返乡创业联络站2个。通过发放返乡创业就业人员一封信、召开返乡人员座谈会、设立返乡人员服务站点等“暖心”活动，全年共吸引1.75万人返乡就业创业，其中返乡创业0.37万人，返乡创业带动就业5000余人。

【就业技能培训】 聚焦高校毕业生、“两后生”（初中、高中毕业后未继续升学的学生）、新生代农民、失业人员和转岗职工、退役军人、残疾人等重点群体，实施职业能力培养计划，完善职业培训体系。全年共开展职业培训9000人，社会化培训300人，培养企业新型学徒42人。

【劳务品牌创建】 2023年，沭阳县人社局不断加强对劳务品牌的管理和指导，综合运用各项政策服务措施，不断增强劳务品牌就业倍增效应。沭阳园林绿化师获评省级劳务品牌，沭阳园林绿化师、沭阳图书发行员获评市级劳务品牌。

【创新创业大赛】 2023年，沭阳县人社局坚持以赛促学、以赛促创、以赛促效，组织好“创响江苏”创业创新大赛项目推荐、帮办服务工作，做好“中国创翼”创业创新大赛组织工作，为返乡人员搭建成果展示、资源对接、学习交流平台。宿迁品莫莫化妆品有限公司获得“创响江苏”创业创新大赛宿迁市决赛一等奖，沭阳丰森生态农业养殖场、江苏绿沭检测技术有限公司、江苏新少伯环保材料科技有限公司获得“创响江苏”创业创新大赛宿迁市决赛三等奖。

【校企合作】 按照政府引导、企业为主、院校参与的原则，突出技工院校思政引领，积极推进工、学一体化教学改革，依托华成技工学校，与园区重点企业合作，开展新型学徒制培训及“订单班”、“冠名班”工作，全年完成技工学校培训人数720人次。

【就业创业载体建设】 建立县创业就业联席会议制度，先后建成广州路零工市场和沭阳县创业就业服务中心（县零工市场），建成沭城街道、桑墟镇、高墟镇、贤官镇等8个零工驿站，在全市率先建成并启用沭城五里社区、邮储常州路人社服务点等6个标准化“家门口”就业服务站点。全年新建成返乡创业园30个，直播创业示范基地2个。

【援企稳岗】 2023年，沭阳县人社局出台沭阳县稳岗留工六条政策措施，支持企业春节期间招工招才、稳岗留工。全年发放一次性扩岗补助52.2万元，涉及114家企业，共348人。发放稳岗补贴1614.11万元，涉及2974家企业，共54199人。切实做到让“政策找企业、服务送上门”，助力企业“轻装快跑”。

【劳动权益保护】 2023年，沭阳县人社局出台《沭阳县根治拖欠农民工工资工作长效机制实施方案（试行）》，通过采取走进工厂、建筑工地、社区等形式，向农民工广泛宣传《中华人民共和国劳动合同法》《中华人民共和国未成年人保护法》《保障农民工工资支付条例》等劳动保障法律法规。全年编印保障农民工工资政策《口袋书》4.3万册、对进场农民工进行“四项制度”法律法规培训85次，悬挂宣传政策横幅2200多条。

【农民工工资保障】 2023年，沭阳县人社局定期召开根治欠薪调度会，对全县保障农民工工资支付工作进行整体调度。实施“三函一单”（欠薪风险提醒函、欠薪线索交办函、欠薪案件督办函，农民工欠薪案件处理交办单）机制，对在建工程项目发生农民工欠薪案件运用“三快一调”工作程序，快立案、快查处、快结案、快调解。全年下发交办单共计681件，国家欠薪平台共受理投诉1502件，省一体化平台接收案件776件，均已化解。全年欠薪立案263件，均按法定程序进行。

【创业典型选树】 2023年，沭阳县人社局组织开展创业典型、创业项目选树工作，形成示范带动效应，持续推进创业带动就业工作，为乡村振兴注入新动能。江苏东昊橡胶有限公司、江苏机器时代文化创意有限公司获评市级吸纳返乡就业典型企业，张丹、朱方进、孙长城、孙磊4名创业者获评市返乡创业先进个人，艺森园成功创建市级创业基地。江苏福汇林木业有限公司、沭阳丰森生态农业养殖场、江苏八月文化传播有限公司、沭阳壹柒零贰咖啡店获得江苏省大学优秀创业项目称号。

（廖　军）

妇女儿童事务

【完善机制】 2023年，县妇联完善机制，着力构建服务网络。在全县30个乡镇（街道），依托矛调中心成立妇联家事案件调解室，调解家庭矛盾，化解家庭纠纷，促进家庭和谐。将婚姻家庭矛盾纠纷调解与人民调解工作有机结合。与县法院联合成立家事案件调解室，在当事人到法院起诉立案后，妇联参与诉中调解，努力实现案结、事了、人和。

【妇女儿童权益维护】 2023年，县妇联成立妇女权益维护服务中心，聘用2名专职人员负责接待来访妇女儿童，平均每年接访量50人左右，结访率100%，结案率为100%。为维护全县妇女儿童合法权益保驾护航。联合县公安局、县人民法院建立家事纠纷人身安全保护协作机制，给予家庭暴力受害人特别是妇女儿童及时有效的人身安全保护，切实提升治理实效。规范完善信访接待和专办工作制度，及时发现、报告涉及妇女儿童权益的舆情处置情况。

【妇女儿童维权宣传】 2023年，县妇联开展法治宣传进乡村、进社区、进学校等活动，深入基层和学校向群众宣传保障妇女儿童合法权益的法律知识，帮助妇女儿童使用法律武器维护自身合法权益。为适应新时代普法需要，充分利用“花乡女性”微信公众号、“沭姐姐”视频号，通过推送以案普法、典型案例、公益讲座等，丰富关注人群阅读素材，提升法律思维。拓展法治宣传平台。积极探索法律与政策有机结合的法律宣传新形式，围绕《中华人民共和国妇女权益保障法》《中华人民共和国民法典》《中华人民共和国反家庭暴力法》《中华人民共和国家庭教育促进法》《中华人民共和国未成年人保护法》等相关法律知识，针对妇女在婚姻、家庭、工作和生活中经常会遇到的婚姻纠纷、财产分割、家庭暴力、法律援助等相关法律问题，从多个维权领域作了细致的解读，进一步提升了法治宣传层次。全年累计开展法治宣讲活动110余场，发放各类普法宣传材料1万余份。

【妇女儿童关爱服务】 2023年，县妇联聚焦妇女儿童群体，扎实开展关爱服务。利用春节、“六一”儿童节契机，开展“康乃馨”关爱行动，联合慈善总会实施“微爱善行”项目，关爱困境妇女儿童家庭。全年累计发放慰问款25万余元，受惠妇女儿童800余名。向省妇儿福利基金会积极争取音乐种子项目、爱德e万行动项目、绿叶助孤项目、康康公益班项目，三年累计发放助学款40万余元，受惠学生280余名。动员县中医院、沭阳农商行分别捐助江苏省沭阳高级中学、沭阳如东实验学校两个助学班，发放助学款20万元，受助学生80名。动员县温州商会、县女企业家协会连续三年资助江苏省沭阳高级中学、沭阳如东中学两个爱心助学班80名困境学生60万元。组织开展“99公益日”网络募捐活动，募集善款81万余元，为全县困境妇女儿童关爱奠定了坚实基础。

（司小艺）

老龄事务

【老年宜居环境建设】 2023年，沭阳县民政局加快推进养老机构建设。通过公开招标将购置的面积2160平方米的城市花园2号楼营业用房打造成县级综合性养老服务示范中心，引进北京向日葵养老服务公司正式投入运营，已服务群众3万余人次。通过对上争取中央彩票公益金600万元，打造建设县级公办养老服务发展中心和民政大数据中心，设床位120张，在优先保障主城区3个街道特困人员养老服务的前提下面向社会开放。实施乡镇敬老院升级改造。全年投入60万元对全县40家养老机构公共活动区域进行全方位监管，确保安全运行。投入280万元改造升级潼阳、塘沟、章集等12家乡镇敬老院；发放服务补贴80万元，做好2个护理部120名失能特困人员的服务管理，新建、改建乡村互助养老睦邻点17个、城市社区助餐点5家。完成特困老人家庭适老化改造。出台《沭阳县困难老年人家庭适老化改造实施方案》，坚持以“室内行走便利、如厕洗澡安全、厨房操作方便、居家环境改善、智能安全监护、辅助器具适配”为主要目标，结合特殊困难老年人家居基础状况、实际需求等因素，科学确定适老化改造项目，完成550户困难老年人家庭适老化改造任务，进一步提升了特困老年人居家生活品质。

【养老机构建设】 2023年，沭阳县投资4000万元按五星级标准打造县级公办养老服务发展中心，投资1000余万元按四星级标准打造县级失能失智特困人员照护中心，投资1500万元改造提升贤官、高墟2家敬老院为区域养老服务中心，投资3000万元建设沭城街道综合性示范养老服务中心。17个村级互助养老睦邻点、5个社区助餐点和550户困难老年人家庭适老化改造项目相继建成投入使用。投入约60万元引进第三方机构对全县养老机构进行闭环监管，确保机构安全高效优质运营。沭阳县铭和养老服务中心医养结合服务标准化试点高分通过国家验收。

【居家养老服务】 2023年，沭阳县按照“服务跟着老人走”的要求，高质量落实特殊困难老年人探访关爱和居家照料服务，全县投入80万元为1093名特殊困难老年人提供周探访关爱服务，投入840万元为38558名高龄、经济困难失能老人提供居家养老上门服务，服务对象满意率100%。完成10家村级示范性养老互助睦邻点和5家城市社区助餐点建设运营，持续提升城乡社区养老服务水平。

【养老服务人才队伍建设】 2023年，沭阳县积极实施应对人口老龄化战略，着力在加强养老服务人才队伍建设上下功夫，以满足老年人多样化、多层次的养老服务需求。强化专业培训。健全完善培训机制，对养老管理人员、养老护理人员等开展不同类型的培训，创新实训方式，灵活设置时间，扩大培训范围。全年累计培训养老从业人员386名，为3100余名老年人及其家属开设了康复护理、预防诈骗等公益课程。举办技能竞赛。5月17日，沭阳县举办首届养老护理员职业技能竞赛，全县42家养老机构的50余名养老护理员踊跃参加，并推荐获奖选手魏薇参加全省决赛获三等奖。建立补贴制度。对在养老护理岗位连续工作满5年的高等学校本科及以上、高等学校专科、中等职业学校的毕业生，分别给予一次性5万元、4万元和3万元的入职奖励。对经培训取得高级工、中级工、初级工职业资格证书或结业证书且从业2年以上的，分别给予500~3000元的一次性补助。

（荣　超）

退役军人事务

【概况】 2023年，沭阳县退役军人事务局（以下简称县退役军人事务局）坚持以退役军人为中心的基本理念，围绕抓基础促规范、抓落实促和谐、抓双拥促提升、抓创新促发展，持续夯实基层基础，促进就业创业，推进拥军褒扬，落实抚恤优待，用心用情做好退役军人事务工作。

【服务保障体系建设】 2023年，县退役军人事务局强化县、乡、村三级退役军人服务保障体系建设。沭阳消防救援大队、沭阳县城乡水务有限公司被评为2023年度省级优秀“戎耀之家”，沭城街道退役军人之家、南湖街道退役军人之家、七雄街道退役军人之家、吴集镇退役军人之家、扎下镇退役军人之家、刘集镇退役军人之家、沭阳县建发木业制品厂退役军人之家、沭阳县供电公司役军人之家、元恒建材有限公司役军人之家、裕伟服饰有限公司役军人之家被命名为2023年度宿迁市优秀退役军人之家。全县2名退役军人服务站站长被评为江苏省百名优秀服务站站长，8名退役军人服务站站长被评为2023年度全市优秀退役军人服务站站长，9个退役军人服务站被市退役军人事务局命名为2023年度“特色退役军人服务站”。

【退役军人接收安置】 2023年，县退役军人事务局落实“阳光安置”政策，圆满完成转业军官和政府安排工作退役士兵的年度安置任务。

【退役军人教育管理】 2023年，县退役军人事务局开展退役军人培训4场，组织线上、线下专场招聘会7场，退役军人参加适应性培训实现全覆盖。依托宿迁经贸学院、沭阳中专、沭阳县汇鸿培训学校3家承训学校开展中高级职业技能培训，课程涵盖数控技术应用、电子技术运用、市场营销、汽修装潢与维修、中餐烹饪等专业，60多人取得相关的职业资格、技能等级等证书。开展1期创业培训，组织淘宝花木电商、短视频花木直播销售、退役军人助力乡村振兴特色产业等培训。

【退役军人就业创业】 2023年，县退役军人事务局主动与县人社局、财政局、税务局等相关部门对接，收集企业招工用工信息，为退役军人就业提供更多的参考，累计举办3场退役军人专场招聘会，吸引70多家企业参加，提供岗位1000多个，500多人达成就业意向。

【退役军人志愿服务】 2023年，县退役军人事务局依托县、乡、村三级退役军人服务保障体系，以“做好身边事、服务周边人”为主题，开展日常志愿活动。全县542个退役军人志愿服务队在地方发展建设中，积极发挥革命军人的先锋模范作用，充分彰显退役军人“离军不离党，退伍不褪色”的时代担当。桑墟镇“红色先锋”志愿服务队入选退役军人事务部退役军人关爱青少年志愿服务队项目，梦溪街道退役军人服务站被评为全省优秀退役军人服务站、沭阳县保安服务有限公司被评为2023年度全省退役军人志愿服务“双百”先进集体。

（王东兴）

社会组织管理

【社会组织注册登记】 2023年，沭阳县民政局重新修订《沭阳县社会组织登记工作指引》，优化登记程序、简化登记材料，让办事群众一目了然，使登记工作更加方便、高效。全年办理登记88个，其中成立登记10个，变更登记51个，注销登记27个。完成404家社会组织年检，年检率61.4%；对272家社会组织开展等级评估，参评率41%；清理“僵尸型”社会组织154家，进一步净化了社会组织发展环境。

【社会组织培育发展】 2023年，沭阳县民政局加强对社会组织进行监督管理，定期开展年度检查，年检率61.4%，位列全市第一。加强“双随机”抽查和联合检查，对40家社会组织进行财务审计，不断提升社会组织内部管理水平。举办社会组织负责人业务培训班，全县300余名社会组织负责人参加培训。全年开展打击整治非法社会组织专项行动5次，依法依规清理“僵尸型”社会组织24个，持续整治行业协会商会乱收费2个。

【社会组织作用发挥】 2023年，沭阳县民政局以培育发展社区社会组织三年专项行动为抓手，积极引导社会组织围绕“四个服务”作用发挥，在履行社会责任中传播正能量、形成正效应。健全参与乡村振兴机制。完善社会组织参与帮扶合作机制，形成以政府为主导、乡村发展需求为主体，各区域、各行业广泛联合的助力乡村振兴模式。深入推进社会组织与社区、社会工作者、社区志愿者、社会慈善资源“五社联动”机制建设，服务地方民生保障和社会稳定大局。搭建参与乡村振兴平台。建立社会组织参与乡村振兴对接平台，定期组织参加项目对接会、公益创投大赛、现场考察调研、慈善展览会等，促进社会组织乡村振兴资源供给与帮扶对象需求精准有效对接。大力培育服务性、公益性、互助性农村社会组织，全县登记社区社会组织610家，注册志愿服务团队1580支，志愿者24.5万余名，累计志愿服务时长48万多小时。引导参与乡村振兴发展。通过开展“百社进百村”“走进乡村助振兴”等专项行动，引导社会组织围绕特殊群体关爱、乡村治理等重点任务落实主动担当作为，打造一批社会组织助力乡村振兴服务的特色品牌，县慈善总会发放慈善资金2055.77万元，救助困难群众2万人次。县暖心里社工事务所深入基层开展“暖心成长”主题活动14场，服务未成年人400余人。

【社会组织品牌建设】 2023年，沭阳县民政局将社会组织品牌建设纳入商会营商环境建设和高质量发展考核内容，通过印发文件、召集会议，定期汇总信息并收集意见建议等措施，会同25家相关单位对接128家市级行业协会商会，做好营商环境满意度测评各项目常管理工作。12月8日，在市委党校召开“2023年度沭阳县营商环境恳谈会”，近90名来自市级行业协会商会的负责人参加会议，通过恳谈会形式，再次向与会行业协会商会代表推介沭阳县营商环境。对全县272家社会组织进行等级评估，沭阳县和顺志愿者协会被市民政局评为AAAA级社会组织。

【基层自治组织建设】 2023年，沭阳县民政局高标准推进社区项目建设，利用省级社区服务能力建设基金359万元，完成30个城乡社区综合服务中心硬件设施改造提升和完善社区服务功能。扎实开展“五社联动”创新试点。出台“五社联动”实施方案，推动社会组织与试点社区高效融合，在沭城街道和贤官镇开展“五社联动”系列活动90余场次，贤官镇和沭城街道被评为省级“五社联动”创新试点单位。积极申报省级“智慧社区”试点。推动桑墟镇老庄社区完成“云上老庄”智慧社区平台硬件打造，积极申报颜集镇堰下村为全省“智慧社区”创新试点社区。

【协商议事】 2023年，沭阳县民政局通过搭建多元化议事平台，构建线上、线下相结合的协商议事机制，提高居民协商议事参与度，真正实现众人事情由众人商量的和谐局面。拓展协商议事形式。创新建立“互联网+协商民主”平台，线上通过“智慧社区信息化平台”，实现意见反馈、线上讨论、线上处理、结果公示等功能；线下各村（社区）结合实际，开展“小板凳议事会”“小村说事日”“就地而议”等形式多样的专题协商，畅通议事渠道，激发自治动力。健全协商议事机制。围绕“协商什么、谁来协商、如何协商、协商成果如何运用”等重点问题，建立健全党组织领导下的民主协商机制，稳步推进基层民主协商健康发展。引导多方主体广泛参与。以党组织为领导核心，实现村“两委”、社会组织、群团组织、驻村企业、帮扶单位等社会力量参与建设村（社区）“协商+动员”机制，增加议事通明度，提高群众满意度。

【社会工作队伍】 2023年，沭阳县民政局以提升基层服务能力为着力点，强化社工人才培养，推进基层社工站建设，为全县经济社会发展提供社会工作人才支撑。建立“五社联动”社会工作体系。聚焦“老小困残”和基层社会治理、乡村振兴3个重点领域，创新开展“五社联动”社会工作服务试点项目，高位推动建立四级社会工作服务平台和“6+X”社会工作服务体系，为推动社会工作人才发展提供政策保障和成长环境。搭建社工人才服务实践平台。紧盯“站怎么建、钱如何筹、人哪里来、事怎么干”4个关键点，着力从人才培养、作用发挥、保障机制等方面整体发力，建成1个县级社会工作服务指导中心、15个乡镇（街道）社会工作服务站、480个村（社区）社会工作服务室。做好社工报考服务工作。印发《关于做好2023年度社会工作者职业水平考试工作的通知》，广泛动员民政系统和相关部门符合报考条件人员参加社会工作者职业水平考试，其中民政系统报考103人，通过28人。落实社工人才激励政策。对获得社会工作职业资格的社区工作者按照职业资格水平等级给予职业津贴补助，进一步吸引和稳定社会工作专业人才长期投身专业化社区治理与社会工作服务中。

【社区志愿服务】 2023年，沭阳县民政局推动建立“社工+志愿服务”机制，鼓励支持社工机构建立志愿服务队伍，充分发挥社会工作专业优势，以节日为契机，围绕党建、敬老、爱幼、助残、济困等主题，持续推进志愿服务工作走深走实。沭阳县民政局成立“扶贫帮困”“沭适养老”“暖心成长”等志愿服务队伍，全年累计开展志愿服务活动50余场。定期开展业务知识培训，学习《志愿服务条例》以及文明交通劝导相关知识，切实提升志愿服务精细化水平。开展关爱空巢老人、情系留守儿童等系列志愿服务活动，丰富志愿服务内容，营造全民参与的积极性，推动志愿服务制度化、常态化、多样化。

【基层减负】 2023年，沭阳县民政局将加强和创新基层社会治理作为长远之计和固本之策，多管齐下推动基层治理减负增效，不断提升基层治理能力和服务水平。做好村级组织减负工作，指导各乡镇（街道）与所辖村（社区）签订2023年度《基层群众自治组织协助政府管理协议书》，以县级减负机制名义出台基层减负相关文件，指导各村（社区）建立电子民生台账，推动工作落实。印发“三张清单”，明确职责范围。印发《沭阳县村级组织“三张清单”》，明确村级组织主体责任、协助办理事项及履职负面事项，进一步厘清村（社区）工作职能和责任边界。规范民生工作台账，推动精准高效。指导村级组织规范建立民生工作台账，将规范村级挂牌和规范村级事务纳入对党政领导班子考核，强化工作责任落实，确保基层减负工作真抓真减出真效。联合县减负办开展实地督查，对村级组织“三张清单”落实情况开展常态化检查，重点检查挂牌、证明事项和村级事务办理，切实为基层松绑减负。

（荣 超）

区划与地名管理

【区划情况】 截至2023年年底，沭阳县下辖1个国家级开发区（沭阳经济技术开发区）、23个镇、1个乡、6个街道，共137个居民委员会，343个村民委员会。

【地名管理】 2023年，沭阳县民政局加快构建地名管理工作机制，完善民政审核、住建审批、民政备案公告流程，及时对“南苑丽居”等4个新建居民区审核命名。开展路名牌管护专项排查5次，拆除废弃、破旧路名牌13块，整改不规范路名牌38块，新增标准路名牌304块，促进了城市品质功能提升。

【地名文化保护】 2023年，沭阳县民政局会同沭阳县虞姬文化研究会，邀请地名方面专家学者组成编纂小组，充分运用地名普查成果，编撰《沭阳县地名录》。做好地名文化遗产申报，“城内大街”地名成功申报并入选2023年省级地名文化遗产，光荣路等5条路街巷和文峰桥等3座桥梁地名获市级地名文化遗产。开展“乡村著名行动”，完成南汤圩丽居、南苑丽居、文昌华府、公园华府4个新建居民区的审核命名及备案公告，进一步提升乡村地名建设水平。

【界线管理】 2023年，沭阳县民政局加强与周边县（区、市）6条界线、25根界桩的日常管理维护，组织开展边界纠纷隐患排查，跟踪了解易发生边界纠纷地段情况，确保各类隐患苗头“发现得早、化解得了、控制得住、处理得好”，打造平安边界线。按照《徐宿线协议书》和协议附图、界桩登记表，联合徐州市、新沂市完成“徐（州）宿（迁）线”沭阳—新沂段第五轮行政区划界线联合检查。实地检查55.88千米界线和8根界桩，健全完善界线数据、界桩数据、界线管理信息库等资料。

（荣 超）

未成年人关爱

【健全机制】 2023年，沭阳县民政局组织召开县未成年人保护工作领导小组第一次全体会议，印发《2023年沭阳县未成年人保护工作要点》《2023年沭阳县未成年人保护领域重点项目》，细化工作措施、明确时间节点、建立督导机制，对全年工作进行部署安排和督导检查，未成年人工作在全市高质量发展考核中获第一等次。

【攻坚行动】 2023年，沭阳县民政局开展“问题清零见底”攻坚行动，通过全面摸排、分类管理，对重点未成年人创新实行提级包保、分类包保。各乡镇（街道）涉及723人，县教育局涉及121人，均落实包保责任。实行动态管理，对表现良好、超龄等类型未成年人进行退保处理，全年共退保165人。

【主题宣传活动】 2023年，沭阳县民政局开展“未成年人保护宣传月”暨青少年法治关爱体验基地升级启动仪式，举办宣传活动91场次，接待未成年人8252人次，收到良好的政治效果和社会效果。开展业务技能竞赛，在全市第二届“福彩杯”儿童主任实务技能大赛中，沭阳县代表队荣获全市总分第一、团体一等奖的好成绩。同时，沭阳县2名儿童主任入选宿迁代表队参加省技能竞赛，荣获省大赛团体二等奖和个人三等奖。

【困境儿童关爱】 2023年，沭阳县民政局健全县乡村未成年人关爱保护阵地，配齐30名乡镇儿童督导员和480名村居儿童主任。联动相关部门对县青少年法治关爱体验基地进行升级改造，蝴蝶谷等4个基地被遴选为市级“苏童成长”见习基地暨未成年人关爱保护基地。对全县3272名困境儿童实施分类救助和四色管理，年发放基本生活保障金2201.53万元，办理收养登记2例。广泛开展“暖心成长”“爱心暑托班”“困境儿童7天成长训练营”等活动47场，惠及困境留守儿童3168人次。

【防溺水专项行动】 2023年，沭阳县民政局开展防溺水专项行动，印发《关于开展2023年暑期未成年人防溺水专项行动的通知》，制定《沭阳县暑期未成年人防溺水专项督查十项清单》，会同教育、水利等部门，对乡镇（街道）防溺水工作进行督查，现场交办整改任务30余项。开展暑期预防未成年人溺水“回头看”，并及时通报防溺水工作开展情况，强化属地责任落实，积极做好整改销号工作。

（荣 超）

慈善事业

【概况】 2023年，沭阳县慈善总会始终坚持“慈善为民，服务为本，乐善好施，助弱济困”的工作方针，在募集慈善捐赠、实施慈善救助、宣扬慈善文化、加强自身建设等方面持续发力。全年成立乡镇慈善分会5个、村居慈善工作站85个，建成“慈善超市”2个、慈善积分兑换点3个、爱心食堂3个、慈善公园3个、申报创建市“慈善小镇”2个。实施惠民关爱项目38个，发放慈善资金1320.69万元，惠及各类困难群体近4万人，切实发挥慈善在保障和改善民生方面的补充作用。

【善款募捐】 2023年，沭阳县慈善总会积极募捐，拓宽善款渠道来源。拓展定向捐赠。沭阳县慈善总会陆续收到沂淮水泥、仁慈医院、亚森同汇有限公司等定向捐赠用于大病人员救助、公益事业发展、困境学生助学等资金累计51万元，为解决困难群众问题作出了有益的尝试。网捐项目新拓展。县慈善总会顺应“互联网+慈善”发展新趋势，聚焦“指尖上的公益”，继开展“幸福家园”“梦想小屋”网上募捐项目后，又开展“随心所浴”助老、结对助学关爱、助困儿童成长等线上项目。全年共实现线上捐赠54万元，收到县农商行等爱心企业捐款22万元。

【慈善救助】 2023年，沭阳县慈善总会强化“慈善救助”项目，积极关爱弱势群体。做好春节慈善慰问工作。根据省慈善总会《关于联合开展2022年“情暖江苏”春节慰问活动的通知》精神，在春节期间扎实开展“情暖江苏、爱洒花乡”春节慈善慰问活动。共投入资金66.8万元（省慈善总会下拨40万），慰问标准为每户1000元，慰问对象总户数668户。开展关爱特殊人群项目。根据市慈善总会等9家市直单位联合倡议精神，为建立健全多层次医疗保障体系，切实减轻参保人员医疗费，特别对重大疾病高额部分还可以进行医疗费用再报销，多渠道减轻参保群众看病费用负担。县慈善总会对残疾群体、城区环卫人员的困难家庭给予每户1人购买“江苏医惠保1号”的资金关爱（每户给予1人的158元资助）。经排查，共投入265598元资金对符合条件的1671人进行关爱。定向救助。动员社会各界为全县范围突遇意外伤害，造成家庭困境，急需社会关爱的家庭进行救助。沭阳县沂淮水泥有限公司先后定向捐款13万元，用于对因意外致颅脑受伤昏迷不醒的进行及时救助，让一家人感受到关爱的力量。沭阳仁慈医院向因其丈夫意外去世，家庭负担重的朱东芹家定向捐赠慰问金5万元。律师孙其生定向关爱困境儿童个人捐款2万元。县慈善总会联合爱心企业等定向救助23名困境人员共计支出5.9万元。南京市和沭阳县社会团体定向救助因爆炸、火灾受困的群众张明星6万元。资助“瑞华助孤”项目。该项目是省定项目，为沭阳县幼儿园（含学龄前）至高校不同年龄段的特困孤儿，包括父母双亡的孤儿及生活条件较为困难的事实孤儿的资助活动，全年共资助172人投入资金47.7万元（省慈善总会全额下拨）。做好贫困家庭儿童重大疾病慈善救助工作，使符合条件的每一名大病儿童都能感受到慈善阳光的温暖。全年共上报省里的12名儿童患重大疾病困难救助申请，全部得到救助，救助金额总计39.6万元。“临时救助”形成制度。全年对127人申请临时救助的对象进行救助，共救助资金41.5万元。救助受灾群众。7月初，因高墟镇、西圩乡的农作物大面积受水淹，灾情严峻，抗洪压力较大，县慈善总会针对乡镇资金紧张的状况，分别拨付6万元给高墟镇、西圩乡用于抗灾保苗工作。

【“梦想小屋”建设】 2023年，沭阳县慈善总会“梦想小屋”建设项目已基本完成。“梦想小屋”建设项目是县慈善总会和团县委联合开展的为民办实事项目，是以6~16周岁事实孤儿为主体，为事实孤儿改善居住、学习环境的关爱项目。全县50个困境儿童的居住、学习环境已经得到改善；其中慈善总会正在落实乡村振兴局定向援助10万元资金。

【“帮特困、助急难”项目】 2023年，沭阳县慈善总会实施“帮特困、助急难”项目。救助对象为因自然灾害等意外事件，造成家庭财产遭受重大损失或主要经济来源中断，以及突发重大疾病等原因造成医疗费用支出过大，收不抵支，经政府救助后生活仍存在困难的家庭或个人。全年共救助37人，金额为31万元（由省、市慈善总会下拨）。

【幸福家园项目】 2023年，沭阳县慈善总会组织专门幸福家园项目验收工作小组对所有幸福家园项目进行验收，督促各村（社区）提升项目质量，核查的所有幸福家园项目都通过了市项目组的验收。市慈善总会配捐县慈善总会幸福家园项目78个，拨付幸福家园项目配捐资金158664元，县慈善总会为幸福家园项目给付配捐资金1021639元，预计有16万人受益幸福家园项目。全年“幸福家园”村社互助工程共上线项目16个，累计募集资金232万余元。

【慈善分会关爱】 2023年，贤官镇慈善分会在辖区内对镇内困难人员进行认真排查，核定发放救助慰问金50万元，高墟慈善分会对辖区内211名困难学子发放关爱资金11.54万元。青伊湖慈善分会、贤官慈善分会等还专门对6名特困家庭进行专向救助，共计发放慰问金2.3万元。

【慈善宣传】 2023年，沭阳县慈善总会联合开展活动，扩大慈善活动宣传。和县妇联联合开展“微爱善行”项目活动，在龙庙镇举行对部分困难妇女儿童举行关爱启动仪式，全县乡镇（街道）497名困难妇女儿童都收到了县慈善总会给予的每人1000元的关爱资金。5月1日，县慈善总会与心连心协会共同开展“十元捐”助学活动，通过爱心志愿者积极募捐，对沭城孤儿院、乡镇的困境儿童进行核实、慰问，并对孩子们的身心健康进行沟通疏导，让他们能积极融入学习生活中，也体会了互相关爱的亲情。5月中旬，县慈善总会和县防疫站、县防癌抗癌协会等单位联合开展关爱癌症病人义演活动，宣传抗癌、防癌知识，并对近40名困难癌症病人进行慰问。6月1日，县慈善总会和沭阳县启聪儿童康复中心、县残疾人联合会等共同举办关爱“特殊儿童”自我成长过程的爱心演出活动，关爱自闭症儿童，受到患儿家长的热烈欢迎，很多患儿在演出中增强了自信心。联合县教育局在沭阳中专校、南关小学等学校联合开展“慈善文化进校园”活动。另外，慈善总会对开展的慈善项目通过电视台、慈善公众号、速新闻、《宿迁日报》等媒体进行广泛宣传，并通过电视台、商场电子显示屏等宣传慈善法等公益慈善知识，宣传慈善爱心人士等事迹，传播爱心慈善言行。

（荣　超）

信访矛盾化解

【概况】 2023年，沭阳县信访工作以攻坚信访突出问题、压降重复访为重点，纵深推进信访突出问题“百日会战”“双月攻坚”和信访问题源头治理行动，有效化解一批信访积案，实现95%以上初信初访在县域内得到妥善解决。

【接访办信】 县人民来访接待中心接待来访共1345批2593人次，其中，县级党政领导接待190批273人次。受理办理群众来信和网上投诉3824件次，及时受理率、按时办结率均为100%，一次性化解率95.63%，群众满意率98.5%，群众参评率97.7%。信访矛盾主要集中在城乡建设、涉法涉诉、市场监管、农业农村、劳动和社会保障五大类。

【重点信访矛盾化解】 中央信访联席办先后三批交办的659件重复信访全部报结；市级交办59件“为民办实事”信访案件全部化解。

【信访服务场所建设】 县、乡、村三级社会治理服务中心全面建成并投入使用。

（武宜千　吴英豪）

民族宗教事务

【概况】 2023年，沭阳县民族宗教局突出“团结、进步”两大主题，大力推进民族政策宣传、民族团结进步创建等工作，积极服务好少数民族群众，全县民族工作取得较好成效。沭阳县共有40个少数民族，以回族、彝族、苗族和布依族人居多，少数民族常住人口3829人，集中在沭城街道和马厂镇；流动人口2796人，集中在沭城街道和沭阳县经济技术开发区。全县共有1193名在沭阳籍回族群众享受清真肉食补贴。

【民族团结建设】 2023年，县委统战部积极开展“七创七强”工作，组织开展“座谈心连心”“唱民族团结赞歌”“民族团结一家亲”等系列活动50余场，参加人数达2000余人。有序开展红石榴就业行动，完成民族团结广场创建，打造民族团结载体“石榴苑”，发布3期视频作品，共引发2万余人点赞评论。发挥已建成“红石榴”家园典型示范作用，在已建成的沭城街道府苑社区、马厂镇赵大庄民族村省级“红石榴”家园、民族团结进步示范单位的基础上，加大建设力度，持续打造李恒镇张坦村“红石榴”家园精品单位，打造沭城街道怀文社区、府苑社区“民族团结广场”等民族团结宣传阵地。县委统战部党支部与马厂镇赵大庄村（民族村）党支部结对共建，开展“党旗映照石榴红”主题系列活动，促进民族交流融合。

【少数民族帮扶】 2023年，沭阳县民族宗教局抓好少数民族群众服务管理。深入开展“红石榴就业行动”，吸纳民族8个省区就业人数100余人，全县参与企业5家以上；同时主动联系协调有关部门，为其求学就业、安居定居提供服务。抓好少数民族发展资金项目建设。着力把握政策机遇，超前谋划、积极对接马厂镇民族村、龙庙镇民族组，局领导带队现场项目调研，积极做好乡村振兴项目储备、建设管理工作，推动少数民族村高质量发展。积极开展村企结对共建工作。围绕“以企带村致富 以村促企发展”发展理念，统筹部署，督促推进，会同马厂镇、部分本土企业代表召开专题会议，共商民族村村企共建发展大计，有效激发民族村内生动力，实现“村企共建、优势互补、互利双赢”的效果。创新党建结对品牌。立足民族村乡村振兴发展，与沭阳县独有的民族村马厂镇赵大庄党支部开展支部结对共建“党旗映照石榴红”党建工作品牌，联合开展“群众点单 统战干部接单”主题党日活动，面向低保户、重病困难等特殊群体征集需求清单，县委统战部党支部组织党员干部进行“接单”认领，负责落实服务清单。全年做好少数民族补贴发放工作。

【宗教工作】 2023年，县委统战部指导县基督教三自会出台《沭阳县基督教规范化管理操作指南》（试行），全面推进教职人员、信教群众、宗教活动管理规范化。持续发挥宗教场所技防智慧平台作用，按周排定值班表，定岗定责，督促乡镇（街道）、宗教团体、宗教场所、技术维护等多方共同参与。常态化对宗教场所既有建筑、燃气使用、消防通道等开展安全巡查，组织应急科普宣传活动200余次，督促场所签订消防安全自查承诺书192份。全年宗教场所累计检查150人次，发现安全隐患39处，已经全部整改到位。

【民宗领域教育宣传】 2023年，沭阳县民族宗教局围绕“文明创建和文化交融”，结合“我们的节日”开展“我们的春节——送春联进万家”“包汤圆 猜字谜 闹元宵”“民族团结一家亲 粽情粽意心连心”等主题宣传活动。充分发挥基层“红磁场”作用，紧紧围绕铸牢中华民族共同体意识，开展民族团结进步宣传月活动。在外来务工少数民族较多的李恒镇、桑墟镇组织开展民族团结进步宣传大型专题文艺演出2场。沭城街道、梦溪街道等28家乡镇街道组织开展民族团结进步宣传文艺会演30余场。组织少数民族群众开展民族团结座谈会6场，李恒镇在辖区民营企业——益客食品有限公司开展座谈会，与会领导和企业少数民族职工热切交流工作生活情况，有效调动大家参与民族团结进步的积极性。县民宗局会同各乡镇（街道）全年开展民族团结进步宣传宣讲8场，累计发放宣传册1000余份，通过现场一对一的讲解形式，加深群众对民族团结民族政策、铸牢中华民族共同体意识等内容认识和理解，促进各民族广泛交往交流交融，巩固提高民族团结进步成果。全年组织召开宗教团体联席会议4次，持续开展“崇俭戒奢”教育活动，让崇俭戒奢成为全县宗教界的行为准则和自觉行动。深入信教群众宣传宗教法规政策，引导信教群众自觉抵制非法宗教活动。常态化开展“崇尚科学反对迷信”主题宣传活动，引导广大群众相信科学，累计发放宣传册8000余份。举办教职人员及场所负责人培训共3次，学习《宗教事务条例》等法规规章累计培训500余人次。

（陈丹丹　周　明）

编　辑：陈晓敏

公共安全

应急管理

【概况】 2023年，沭阳县持续加强和完善应急救援联动体系建设，建立分级应急响应机制，上下联动，不断增强应急合力。规范队伍建设管理，提升协同处置突发事件水平。强化应急演练，持续增强实战能力，努力适应新形势下各类复杂条件的应急救援任务需要。

【应急指挥规范化建设】 2020—2023年，沭阳县先后投入近200万元，用于应急指挥中心规范化标准化建设，建成指挥大厅105平方米、会商室52平方米、视频会议室110平方米、综合值班室29平方米，视频会议系统、融合通信系统、音响扩声系统等全部按照省、市要求配备到位，配备以来接受国家、省、市调度值班人员全部在岗在位，设备使用情况良好。县应急管理局严格执行“1+2”（1个局领导和2名值班人员）值班机制，实行“7×24”（一周7天 每天24小时）值班值守制度，一把手局长总值班，分管领导在岗值班，科室负责人和值班人员在班，全年开展值班值守工作。

【应急救援队伍建设】 2023年，沭阳县从消防救援大队、城管局、住建局、水利局、交通运输局、应急管理局等17个部门，精心挑选57名队员，组建机关应急综合救援队，作为全县应急救援的“拳头部队”和“尖刀力量”，带领全县各行业、各领域广泛开展应急救援能力建设工作。每个乡镇（街道）至少明确一名灾害信息员，建立由村支“两委”和社区工作人员兼职的597人灾情速报员队伍。组织队伍培训，每年开展全县“12322”地震速报6次以上。

【应急演练】 2023年，沭阳县应急管理局推动修编乡镇层级以上应急预案60余篇，开展乡镇层级演练106次，村（社区）演练366次，指导企业开展演练1918次，为事故应急救援积累丰富实战经验。

【应急救援】 2023年7月，沭阳县应急管理局救援队先后到高墟、西圩等乡镇检查防汛排涝工作，协调沭阳先锋救援队开展防汛排涝抢险，连续出动23名队员参与西圩乡泄洪抢险工作，排涝约5万立方米，保障百姓生活出行安全和生命财产安全。

（韩华建）

防灾减灾

【概况】 2023年，全县气象系统认真履行《中华人民共和国气象法》和《江苏省气象灾害防御条例》等法律法规赋予的职责，积极开展气象灾害防御各项工作，圆满完成气象灾害预警、防雷工作、人工影响天气工作。

【气象灾害预警】 2023年，沭阳县气象局开通县委、县政府气象预报预警信息上报绿色通道，建立县气象局、县委机要局、县政府值班室联络机制，形成“半小时内重要气象信息领导批示”的典型经验。强化部门协同，建立由县气象局、应急管理局、农业农村局、水利局等部门组成的气象灾害会商机制，实现预警信息联合发布，全年新增预警责任人176人，发布预警信号64条（不含解除），启动应急响应10次，开展重大天气灾害叫应18次；建立县气象局、网络公司、电信、移动、联通等部门组成的合作机制，建成了集手机短信、电话传真、广播电视以及微信、网站等立体的气象预警信息发布系统。加强基层防灾减灾网格建设，将气象灾害防御工作融入基层网格化社会治理，开展基层防灾减灾队伍建设，实现“网格员”“气象信息员”二员合一，形成“横向到边、纵向到底、条块融合”的社会服务管理网络，有效提升气象防灾减灾的综合管理和防御能力。

【防雷工作】 2023年，沭阳县气象局不断深化防雷综合治理，确定防雷检查重点，严格防雷资质管理。成立沭阳县气象局防雷安全专项整治工作领导小组，制定大整治大排查工作方案，完成江苏省气象行政执法平台任务，更新防雷重点监管企业名库，中国气象局防雷平台录入率100%。完成全县85家重点监管企业防雷安全全覆盖检查，实现重点企业一户一档。有序推进“双随机一公开”“互联网+监管”工作，完成“双随机一公开”联合检查任务。做实对防雷检测机构的监管，主要负责人赴防雷检测机构开展安全生产宣讲2次，开展防雷中介服务机构警示教育1次。

【人工增雨】 2023年，沭阳县气象局完善人工影响天气管理体系，购买火箭弹信息采集终端，修订人工影响天气火箭弹、作业装备、作业人员管理办法，及时开展人工影响天气隐患排查整改，及时开展人工影响天气设备年检，不断提升人工影响天气服务能力和安全管理水平，适时开展人工增雨作业1次，有效缓解大气污染。

（时谦逊）

【地震监测预报】 2023年，沭阳县应急管理局加强官墩、吴集和宿迁经贸高等职业技术学校3个地震观测点地震监测设施和地震观测环境保护，做好强震台站的巡检和日常维护工作，全县监测仪器连续率保持100%。不断加强仪器运维管理，配合省、市完成国家地震烈度速报和预警、全县地震宏微观异常核实与上报等工作，每天查看台站观测环境和仪器运维状态1次，每月到台站巡检2次以上。在梅雨季节、强对流及霜冻天气时段增加巡检频次。

【地震应急保障】 2023年，沭阳县应急管理局重新修编《沭阳县地震应急预案》，进一步厘清工作职责，形成减灾委员会各成员单位分工协作、各司其职、各负其责的高效运转机制。及时调整县防震减灾联席会议成员单位组织架构，建立健全综合减灾体系，强化组织保障，建立信息共享机制。在春节、高考等重点特殊时段，认真做好应急值守、数据汇集工作，确保涉震信息及时上报、科学处置，为重大活动提供地震安全保障。

【地质灾害防治】 沭阳县应急管理局按地震抗震设防要求，开展地震安评工作。根据《沭阳县房屋设施抗震加固工作方案》，推进全县8个部门十大工程领域地震易发区房屋设施加固工程。沭阳经济技术开发区区域性地震安评报告于2023年8月通过省地震局地震安评结果审查和批复。

【防震减灾宣传】 2023年，沭阳县应急管理局在“全国科普宣传周”、“5·12”防灾减灾日、“7·28”唐山地震纪念日、国际减灾日等重要时段，采取群众喜闻乐见的形式，加大防震减灾科普宣传力度，使社会公众掌握防震、避震、自救和互救的知识与技能，消除对地震灾害的恐慌心理。以申报创建综合减灾示范社区为抓手，建设多个高质量宣传阵地，全年累计开展防灾宣传进小区、防灾减灾宣传日、科普问答、地震安全知识讲座、应急演练等各类活动20场次，悬挂防灾减灾类宣传横幅200余条，下发宣传折页2万余份，引导、指导社会公众主动参与防灾减灾救灾工作，增强公众的减灾意识和应对能力。

【受灾救助和保险】 2023年，沭阳县共下发106万元中央和省、市、县自然灾害专项资金，救助3063户受灾群众。持续推行城乡住房救助保险工作，全县所有居民全部无偿享受“政府花钱购买的保险服务”。506188户城乡居民续保住房保险，96.17万元保费全由县财政出资。全年有368间房屋获得理赔，理赔金额26.69万元。

（韩华建）

【防汛调度】 2023年汛期，新沂河共行洪2次，历时8天。7月14日12时，新沂河沭阳站水位10.07米，超9.5米警戒水位0.57米，行洪流量4250立方米/秒。面对大流量行洪，沭阳县水利局严格执行24小时值班，突出对重点地段、险工患段、病险工程的巡查，发现险情及时上报，全面做好新沂河行洪各项工作，确保安全度汛。开展汛前检查，筑牢安全防线。汛前共组织开展4轮检查，及时排查和整改各类安全隐患，对检查发现存在问题的31座涵闸，21座36台套机电泵站进行维修养护。开展新沂河、淮沭河流域性河道5个历史险工段检查。开展新沂河碍洪检查，拆除简易板房、塑料大棚等100余处2800余平方米，清理违章种植730余平方米，清除128处违章建设和搭建，清理拦河渔网17处，有效保障行洪能力和防洪安全。对4个县级防汛物资储备仓库的安全、数量、储备期限等进行检查，更换灭火器54个，并对超出使用年限52台柴油机、9.9万条编织袋和4.92万平方米土工布进行核销。强化培训演练，提高业务能力。5月23日下午，以汛期上游大流量行洪为背景，围绕新沂河防汛抗洪抢险、淮沭河子埝漫溢抢险、岔流河堤防滑坡抢险、城区突发性强降雨抢险4个模拟场景，组织县防汛指挥部成员单位开展应急处置桌面推演活动。6月16日，对各乡镇（街道）水利站工作人员集中培训新沂河巡堤查险业务知识。7月14日，新沂河行洪期间，组织技术人员对巡堤民力现场进行培训，全力保障行洪安全。8月23—24日，在淮沭河沭阳港码头，组织全县各乡镇（街道）水利站长举行排涝机泵安装、使用技能培训。完善预案体系，提升应对能力。修订完善了《沭阳县防汛抗旱应急预案》《沭阳县城市防洪应急预案》《沭阳县城市超标准洪水防御预案》《沭阳县防御台风应急预案》等预案，进一步增强预案的针对性和可操作性。同时，新编制了《沭阳县新沂河险工段抢险方案应急预案》《沭阳县淮沭新河险工段抢险方案应急预案》《新沂河沭阳大小陆湖（险工段）防御预案》《沭阳县极端暴雨城市防洪应急预案》等应急预案。

【防汛抗涝】 2023年7月10日22时至11日15时，沭阳县普降特大暴雨，最大降水量西圩乡397.6毫米，其他站点降水量在100.1~335.9毫米之间，降雨导致沭阳县东北片区乡镇受灾严重。面对严重灾情，按照沭阳县委、县政府主要领导指示精神，沭阳县水利局立即成立4个应急工作组赶赴受灾乡镇一线指导农田排涝救灾工作，同时向省、市防汛指挥部请求支援，组织其他乡镇共同援助排涝设备，积极协调古泊河河闸管理所全力降低古泊河水位，确保涝水尽快下泄。7月16日下午，经过省、市、县抗旱排涝队日夜作业和全县干群的共同努力，涝水基本清除。经有关部门统计，沭阳县虽然经历夏季强降雨大洪涝，但秋季农业依然取得了“大涝过后丰收”的喜人成绩。

（柏　周）

消防安全

【概况】 2023年，沭阳县消防救援大队（以下简称消防大队）以全面建设党和人民信得过的过硬队伍为目标，抢抓机遇、乘势而上，担当作为、攻坚克难，积极推动各项工作深入开展，圆满地完成年度各项既定目标，总体保持了消防安全形势和消防队伍的“两个稳定”。消防大队辖2个国家综合性消防救援站（苏州路消防救援站和扎下镇纬二路消防救援站）和7个政府专职消防站（点）（南部新城消防站、经济开发区消防站、贤官镇消防站、桑墟镇消防站、青伊湖镇消防站、马厂镇消防站和公交停保场执勤点），有各类执勤车辆44辆。

【消防基础建设】 2023年，消防大队推动青伊湖、潼阳、李恒、钱集和城市公交停保场消防执勤站（点）建设，对沭阳县消防训练基地、桑墟镇政府专职消防站进行扩建改造。2023年年底，青伊湖、城市公交停保场消防执勤站（点）已投勤；消防安全文化体验馆已试运行，经济开发区附属工程、李恒、钱集、潼阳消防站已完成内部装修。强化技术防范手段应用，依托“三合一”（指住宿与生产、仓储、经营一种或一种以上使用功能违章混合设置在同一空间内的建筑）消防安全专项整治，推动沿街商铺安装独立烟感、简易喷淋等设施15013个，配备消防应急包4917个；推广安装电动车智能充电桩90套，建成市政消火栓85个，有效降低根源致灾率。

【消防安全管理】 2023年，消防大队通过县政府常务会、县长办公会下发《2023年经开区、各乡镇（街道）和县消防安全委员会成员单位消防工作任务清单》《沭阳县加强基层消防力量建设和火灾防控工作的实施意见》。以县消委办名义召开专题会议12次，联合部门开展专项检查63余次，下发工作（督办）建议函86份，选取潼阳镇召开全县乡镇（街道）基层消防安全监管现场会，明确并压实属地、部门消防工作职责。会同公安局出台《消防安全重点单位分级管理标准（试行）》，协同市监局下发《沭阳县农（集）贸市场安全标准化管理手册》，联合卫健、民政、教育等部门下发行业领域消防安全达标创建实施方案并组织召开达标创建现场观摩会。

【灭火救援】 2023年，全县消防救援队伍共接警出动1935次，其中火灾扑救1294次，抢险救援270次，社会救助371次，与上年同期相比，接出警总数、火灾起数、抢险救援分别下降10.93%、25.12%、20.59%，社会救助上升31.76%。全年出动车辆2830辆次，出动警力17168人次，抢救、疏散被困人员143人，抢救保护财产价值约1.2亿元。成功处置“庙头大庙板厂”、“桑墟林海木业”、“7·12”特大暴雨洪涝灾害抗洪抢险等重大火情灾情。通过无预案、不定时等形式对辖区重点单位开展熟悉演练，对下辖队站开展“考评式”拉动并进行实战演练，切实提升队伍应急处突能力和快速反应水平。同时紧盯重大活动及节假日节点，开展前置备勤工作100余次，圆满完成元旦、春节、“五一”、中秋、“十一”等节假日、省委巡视组和省安全督导组在沭阳安保工作。

【消防隐患排查整治】 2023年，消防大队全面推进“生命至上，隐患必除”和消防安全重大风险隐患专项排查整治“2023行动”，系统治理商场、市场、商业综合体、医疗机构、养老机构、月子会所、洗浴场所、劳动密集型企业等突出风险隐患。全年共检查单位846家次，督改隐患1332处，责令“三停”8家，处理火灾调查142起和举报投诉451起，挂牌督办8家重大火灾隐患单位并销案。发动政府专职队指导检查辖区单位5357家，督改隐患7860处。督促各乡镇街道排查“九小场所”（小商场商店市场、小餐饮场所、小旅馆、小歌舞娱乐场所、小网吧、小美容洗浴场所、小生产加工企业、小医疗场所和教学场所）20076家，配备“三类人员”（消防指挥员、消防员、专职消防员）2万余人。推动基层力量使用消委会综合服务平台累计采集单位15981家，检查18810次，宣传18745次。借助省委巡视组督导契机，排查“三合一”场所10529家，完成整改10336家，督改火灾隐患20597处。排查中心城区245个住宅小区，细化整改任务分工，明确各方整改职责，整改隐患815处。

【消防宣传】 深入开展消防宣传“进万家进千企”活动，全年累计培训人数15万余人次，疏散演练325场次。拍摄录制各类科普音视频36条，发动各类场所利用“小喇叭”进行滚动播放，实现小区、商业综合体、农村和重要场所全覆盖。持续推进全县学校消防安全三年专项行动，开展主题宣传培训教育30余次，每月培训师生人数2万余人。与县公安交警、教育局和社会救援组织联合打造“蓝朋友护学岗”宣传品牌，依托第三实验小学成立“蓝鸽”消防宣传志愿组织，促进校园消防安全三年专项行动成果落地开花并形成影响力。联合宿迁消防、沭阳县融媒体中心先后开展消防安全隐患曝光30余次，策划主题直播20余场，全网观看量达40余万人次。创作《大米历险记之火场逃生》消防宣传文创产品，在各类媒体广泛刊播，不断扩大宣传影响力。

（陈婷婷）

安全生产

【概况】 2023年，沭阳县统筹发展和安全，始终锚定“三个确保”（确保不发生较大及以上生产安全事故、确保不发生有较大社会影响的事故、确保事故起数和死亡人数“双下降”）目标要求，以推进安全生产风险专项整治巩固提升年和基础建设强化推进年两个行动为抓手，持续开展系列排查整治行动，坚决防范遏制较大及以上事故，安全生产事故起数和死亡人数连续四年双下降。

【安全生产责任落实】 2023年，沭阳县安委办编制421条重大事故隐患清单，明确责任部门和整改期限，推动全县各部门深入一线开展风险隐患排查。对安全隐患成因复杂，涉及行业管理单位较多的重大事故隐患进行梳理，编制县级领导会办清单提交县级领导会办。县安委办结合部门特点，编制行业领域“硬措施”清单，明确各行业领域安全生产“规范要求”，采取有针对性的风险管控措施进行管控。

【安全生产专项行动】 2023年，沭阳县开展重大事故隐患排查整治专项行动和冬春安全生产大排查大整治百日攻坚行动，系统构建“部门指导+乡镇检查”条块联动体系和“县级统筹+部门协助”的左右贯通机制，创新编制“三张清单”（重大事故隐患清单、县级领导会办清单、行业领域“硬措施”清单）压实责任，坚决整改各类问题隐患，做到不留死角、不留盲区，全年累计排查整改重大隐患704条、一般隐患25527处。

【危险化学品安全】 2023年，沭阳县应急管理局常态化开展危险化学品气体经营单位专项检查，并通过拓宽投诉举报途径等方式，严厉打击危险化学品经营单位违法违规经营行为，立案查处非法经营行为2起，罚款11.5万元。通过召开柴油安全许可推进会、组织专家指导等方式，解决柴油站点法人无法变更、营业执照企业类型不符等问题，助力全县105家加油站点取得危险化学品经营许可。县安委办成立10个检查组对全县459家烟花爆竹专营店开展夏季安全风险专项排查，填补经营淡季安全监管盲区，通过采取限期整改、立案处罚、变更经营地址等方式进行分类处置，重点解决烟花爆竹专营店下店上宅、前店后宅、停放电动车、超量储存等安全隐患，累计整治问题隐患157处。

【工业企业安全】 2023年，沭阳县应急管理局创新工贸行业重大事故隐患“10564”（以“企业主要负责人10个责任要求，五大类64项重大隐患整治要点”为核心的推进方案）闭环整治体系，推行工贸企业重大隐患“七类四级”（将全县2398家工贸企业分为7个大类、4个级别。7个大类分别为粉尘涉爆、有限空间、燃气使用、高温熔融、危化品使用、劳动密集、其他；4个级别为A级一般工贸企业、B级重点企业、C级重管企业、D级事故企业；实施分类管理、分级治理）管理机制，组织开展87场次“行业专家+执法能手”巡回宣讲活动，开展“面对面教学式”现场指导活动16场次，手把手指导发现并整改重大隐患85条。进一步加大安全生产风险报告系统使用力度，持续做好中小企业现场管理提升、规范化建设、较大风险扫码检查、工贸企业分类分级填报等系列行动。县应急管理局基础科获得“全省中小型工业企业现场管理整治提升工作优秀团队”称号。

【综合行政执法检查】 2023年，沭阳县应急管理局以全面深化精准执法为目标，以“执法+服务”为理念，深度结合生命通道、有限空间、动火作业专项执法行动，共检查企业298家次，出具执法文书2695份，安全生产事前立案113起，其中一案双罚案件数40起，罚款265.21万元，事前立案数与处罚金额位居全市第一。沭阳县应急管理综合行政执法大队获评“2023年度全省应急管理综合行政执法工作先进集体”，王刚获“2023年度全省应急管理综合行政执法先进个人”。

【安全生产宣传】 2023年，沭阳县应急管理局突出企业主要负责人、安全管理人员和特种作业人员等重点岗位人员，摸清生产经营单位“三项岗位”人员设置及持证情况底数，督促培训机构有序组织培训，提高安全管理水平，预防和减少事故发生。全年开展应急宣传进企业、进社区等“五进”活动14次，指导企业员工与社区居民发现并消除身边安全隐患的方式方法，把“安全”送上门，累计发放《安全宣传手册》《社区居民安全知识读本》等安全宣传资料3.5万余份。围绕“人人讲安全 个个会应急”主题，组织36家安委会成员单位参与广场宣传，通过开展应急演练、警示教育会、举办安全生产主题画展、晚会等多种形式，大力营造“安全生产月”浓厚氛围。

（韩华建）

食品和药品医疗器械安全

【食品安全】 2023年，县市监局持续优化食品监管水平，不断服务构建食品安全放心消费环境。高质量完成食品抽检、农产品快检和创建名特优小作坊三项为民办实事项目，有力有效保障了全域食品安全。其中完成县级食品抽检1.6万余批次，食用农产品快检5万余批次；8家小作坊获2023年宿迁市名特优食品小作坊，5家小作坊获2023年宿迁市20强食品小作坊。持续推进食品安全责任包保工作，全年生产企业、食品经营环节检查覆盖率均达100%。持续深入推进学校食堂、学校食堂食材“阳光配送”单位、养老机构、保健食品、特殊医学用途配方食品、婴幼儿配方乳粉、校外托管机构专项整治，不断优化食品安全保障水平。

【药品医疗器械安全】 2023年，县市监局保持高压严打，常态化长效化规范药械经营秩序，确保药械全域安全。统筹组织中药饮片零售企业、化妆品经营单位、隐形眼镜三类医疗器械经营质量专项检查，持续规范药械、化妆品经营行为。协同联动捣毁生产N95医用口罩医疗器械“黑窝点”1个，查扣问题口罩20余万个，有力有效保障医疗器械质量安全。

（陈敏洋　涂　媛）

农产品质量安全

【农产品质量监管】 2023年，沭阳县围绕省农产品质量安全县建设，全县4569个农产品生产主体纳入省农产品质量追溯平台管理，建立经营主体生产档案和农产品生产主体质量承诺制度。开展农产品检测工作，全年按照常住人口1.7批次/千人进行定量检测。同时加强农产品，建成32个村级服务站。建立健全投入品监管制度，紧紧围绕保障农业生产安全和农产品质量安全，加大对重点区域、重点市场的执法检查力度，严厉打击制售假劣农资坑农害农行为。实行标准化生产，推广统防统治、绿色防控、测土配方施肥、健康养殖和高效低毒农兽药使用技术，开展蔬菜水果标准园、畜禽养殖标准化示范场、水产标准化健康养殖示范场建设。加强监管体系建设，推进网格化管理，建立、健全产地环境管理、农业投入品监管、生产过程管控、收购储运过程监管、包装标识管理等农产品质量安全监管基本制度。开展蔬菜瓜果安全检测，对种植企业、基地开展日常监管，指导乡镇检测站开展蔬菜瓜果农残及瘦肉精快速检测13.92万批次，合格率99.87%。县级开展各类检测2504批次，合格率99.88%，市级抽检326批次，合格率99.38%；省级抽检255批次，合格率98.82%；部级抽检6批次，合格率100%。未发生一起农产品质量安全事件。2023年全县绿色优质农产品面积142万亩，占种植业食用农产品耕地面积比重为86.39%。

【农资打假】 2023年，沭阳县根据省农业农村厅关于印发《2023年全省农资打假和监管工作要点》的文件精神，结合实际制定《2023年沭阳县农资打假专项治理行动实施方案》，开展种子执法专项行动、农资打假夏季百日行动、农资打假秋冬季行动等系列行动，切实抓好农资打假工作。开展“放心农资下乡进村宣传周”活动，通过举办大型咨询活动、组织优质农资下乡推介等形式向农民宣传农业和农资管理的法律法规，介绍识别真假农资的常识，讲解科学使用农资的知识，宣传名优农资企业和品牌，出动执法和科技人员26人次，接待咨询群众500余人次，印发宣传资料5000余份，悬挂各类宣传标语横幅12条。

（陈月阳）

网络安全管理

【网络安全服务】 2023年，沭阳县委宣传部组织互联网资产专项排查统计，高效完成全县193家单位、789个互联网资产地图测绘，并进行动态更新完善和管理。开展网络安全宣传周“六大主题日”“e网情深 e起守护”“普法夜市”“大手拉小手”等系列活动350余场次。组织网络安全培训班，采取“真攻真防”模式，在全县开展4期网络安全应急演练。组织网络安全线上知识竞赛，累计15万人次参与答题。强化系统（平台）开发、运维和外包服务网络安全管理，以网信委名义印发《沭阳县关于加强党政部门数字化建设中外包活动网络安全管理的实施细则》，推动10家政务信息化项目“上云入群”。遴选12家网络安全应急支撑单位，与国家计算机网络与信息安全管理中心江苏分中心、江苏百达智慧网络科技有限公司建立战略合作，常态化开展网络安全应急支撑。开展“网安2023”渗透测试专项行动、“护网2023”网络安全风险隐患大排查大整治活动，有效处置网络安全风险漏洞282个。全年未发生重大及以上网络和数据安全事件。

【网络综合治理】 2023年，县委宣传部开展“清朗2023”“净网2023”等系列专项治理行动，累计清理互联网违法和有害信息1500余条，受理处置网民侵权举报件87件，取消关闭被盗违法网站65个。全面加强属地自媒体管理，深入推进“清淤”专项行动，组织开展“e法在线”检查，创新开展网络普法活动，组织县法院、青伊湖镇、韩山镇等60余家单位开展“法育未来”“e起志愿”网络举报宣传进基层等系列普法活动，受众达60万人次。持续加强网络活跃人士管控，创新实施网络活跃人士“三色管理”，通过“红灰黑”分级分类，实现动态管理、精准施策、全程管控，有效抑制了网络不文明现象的传播发展。加强网络文明诚信高地建设，开展“2023雷霆行动”，打造“买好花信沭阳”诚信品牌，探索网络电商诚信体系，投诉下降了60%，网民满意度达90%以上。

【网上主流思想引导】 2023年，县委宣传部开设“学‘习’新语”专栏，设置“牢记嘱托 感恩奋进 走在前列”“新时代 新征程 新伟业”等专题，聚焦习近平新时代中国特色社会主义思想、中共二十大精神等主题主线，累计推出网络精品理论文章、新闻报道3000余篇。组织开展“诗说二十四节气”“乡村品鉴官 振兴看这里”“身边的榜样”“联联老师谈家教”等网络文化活动30余场次，不断传播网络正能量，营造良好网络空间，其中2个网络活动获评宿迁网络正能量作品。组织开展网上正面宣传，报送新闻宣传、网络评论稿件480余篇，其中获得全网推送1篇，获得全省推送35篇，《“暖新闻”撑起花乡文明好风尚》成功入选江苏省文明办网优秀案例。

【网络社会工作】 2023年，县委宣传部做好网络代表人士摸底排查，将互联网行业从业人员和网络名人纳入统战工作。全县拥有10万+粉丝的网络名人21人，引导网络名人利用个人影响力开展诚信宣传、公益助农等活动，其中网络名人“小郇园林”通过抖音号发布帮助农户销售滞销辣椒视频，阅读量达10万人次。首次开展“昆沭缘·e家行”网络名人线下交流活动，促进昆山、沭阳网络名人互学互鉴，探讨和交流网络直播行业发展状况。成立中共沭阳县网络直播行业功能性委员会，开展中共二十大精神宣讲进花木基地、“支书直播间”讲党课、网络电商人才培训等活动，提升网络主播政治素养，提高网络主播直播技能水平，全年已开展活动30场次，受众达2000余人次。创新“党建+直播”助农新模式，已建立“红色直播间”11个，举办直播拍卖1000余场次，“红色直播间”相关经验做法被江苏省政府工作动态采用，艺森园盆景基地负责人胡道中被评为2023年“苏网先锋”先进个人，《“红色直播间”链接乡村发展新路径》获评2023年度宿迁网信工作创新奖。

（张家伟）

编　辑：郑长银

乡镇（街道）

高墟镇

【概况】 高墟镇位于沭阳县东北部，距县城40千米，毗邻连云港市，由原高墟镇、湖东镇于2021年3月合并设立。行政区划面积124.68平方千米，辖22个行政村（社区），户籍人口8.24万人。高墟镇是宿迁通江达海前沿阵地和唯一出海口、临港纺织产业园的承载地，“高墟大米”获沭阳首批“国家农产品地理标志”称号，“高墟碱米”列入“宿有千香”的“三品”（品种、品质、品牌）之一，并成功入选江苏“水韵苏米”。2023年，全镇实现地区生产总值27.59亿元，同比增长11.0%；完成财政总收入1.19亿元，同比增长22.8%；完成一般公共财政预算收入6721万元，同比增长26.2%；居民人均可支配收入23793元。

【工业】 2023年，高墟镇发挥桐昆企业产业核心作用，招引纺织业为主导的上下游产业，助力纺织产业延链补链强链，坚持“外引内培、引育结合”，为产业发展蓄势赋能。全年新招引达坤新型材料、金雨轩环保、礼豪纺织、宗利纺织等7家企业，新增规模以上企业8家。全年实现工业销售21.01亿元；工业税收6532.7万元，同比增长45.78%；工业增值税5900.4万元，同比增长47.03%。

【农业】 2023年，高墟镇拥有优质水稻生产基地11万余亩，大米加工企业20家，年生产能力达70余万吨，年产量达30余万吨。依托省农科院、南京中山生命科学院，立足高墟气候、环境、土壤等先天条件，应用超日标品控体系，选优、选强稻米新品种，扩大高墟碱米种植规模。积极开展助农直播活动，拓宽线上销售渠道，河北村创办“漫画农场”，建立“稻香村支书”直播间，纲要村开办“古泊河大师姐”村干部直播间，既“富民”又“强村”。其中河北村书记直播助农做法入选《江苏省巾帼直播电商典型案例》。

【镇村建设】 2023年，高墟镇统筹乡村基础设施和公共服务布局，不断完善基础设施配套，实施高墟丽居、古泊丽居、杨跳丽居等28项重大基础设施建设工程。实施杨湾路、湖莲路、古汉路、湖孙线总计12千米的道路提档升级工程。打造

2023年12月，高墟镇湖孙路提档升级工程顺利完工　　顾露露　摄

高墟后中沟、河西中沟等11条，总计31千米的生态河道。在邱谷、刁夏、三荡等村共建成高标准农田2.3万亩。

【社会事业】 2023年，高墟镇便民服务中心受理事项5218件，办结5218件，其中受理即办件3689件，代办件610件，办结率100%，受理咨询2264人次。全镇医保参保62340人，医保扩面2200人，零星报销受理510次，新参保登记465人，异地就医登记350人。实现社会救助全面覆盖，每月向1231户低保户发放低保保障金118万余元，向226名特困供养人员发放生活救助金18.5万元。规划建设的沭阳县第四实验小学于9月如期投入使用。

【生态环境】 2023年，高墟镇聚焦大气污染防治、污水治理、村容村貌、"厕所革命" 等重点工程，精准施策，纵深推进农村人居环境整治，创成省级卫生乡镇。全年大气质量管控情况良好，$PM_{2.5}$年均值36.2，排在全县第5名。国考段面李套渡口水质顺利通过上级考核。投入30万元完成马黄中沟、湖南中沟等15千米的黑臭水体治理工作。投入420万元，完成硬化道路面积4.5万平方米，新划停车线290个，清理小广告630处、移动广告85个，新喷涂外立面5000平方米。投入约330万元完成卫生户厕改造2500户。

2023年高墟镇各村（社区）情况表

表34

村（社区）名称	行政区域面积（公顷）	村民小组（个）	年末户籍户数（户）	年末户籍人口（人）	耕地面积（亩）	集体收入（万元）	村（社区）党组织书记
湖东社区	360	12	1763	5139	3155	233.64	章　朴
河北村	280	9	728	3246	2339	131.57	金　星
李场村	425	13	1144	4339	4670	71.20	张　典
新湖村	374.7	11	719	3129	4156	68.57	顾根成
杨湾村	700	17	1048	4510	6679	71.58	孙兆军
莲河村	430	7	866	3652	5027	77.95	许　联
司杨村	772.7	12	1003	4277	7407	70.65	顾　成
木墩村	490	8	702	2851	6100	69	刘　刚
杨跳村	750	12	931	3592	4253.07	77.95	王汉利
新钱村	1000	7	924	4226	5300	128.90	顾以润
陆口村	351	10	626	3042	3439	79.01	乙　军
孙于村	293	7	570	2601	4015	76.11	魏　涛
高墟社区	987.8	19	1494	7112	10194	86.75	周明维
邱谷村	650	8	725	3524	6200	110.69	赵继让
刁夏村	381	10	656	2793	4715.17	64.79	陈　娟
三荡村	421.53	7	872	3562	5626.78	70.64	张斗文
马沟村	333	8	490	2066	3680	67	胡　刚
穆庄村	322	7	682	2800	4025.27	67.36	耿进贤
龙河村	452	8	1018	4952	6486	96.91	缪小建
纲要村	422	7	908	4067	5455	55.23	乔学满
古泊村	230	5	602	2628	1460	84.08	王　飞
古莲村	466.67	7	1015	4453	5260	67.73	仲　磊

（卞大抗）

马厂镇

【概况】 马厂镇位于沭阳县东部，镇区距县城23千米，镇域面积84.37平方千米，耕地面积6.3万亩，辖19个行政村、5个社区，户籍人口6.98万人。镇区规划面积6平方千米，常住人口2.88万人。马厂镇水陆交通便利，古港河、柴米河、柴南河流经镇区；326省道傍镇横贯东西，东接宁连高速，西连205国道、京沪高速。1997年，马厂镇被批准为江苏省小城镇建设试点示范镇；2014年，马厂镇被评为国家级重点中心镇。2023年，全镇实现地区生产总值16.37亿元，同比增长4.1%；完成财政总收入1.33亿元，同比增长45.9%；完成一般公共财政预算收入7251万元，同比增长47.5%。

【工业】 2023年，马厂镇实现工业开票13.3亿元，工业增值税5200万元。全年新招引工业项目6个，累计协议投资31.45亿元。其中，投资额1亿元以上项目4个，分别为投资10亿元的以静制动、投资15亿元的雅度新材料、投资5亿元的登峰机械、投资1.2亿元的狼爪服饰。装备制造产业园10万平方米标准化厂房主体工程顺利完成施工，园区辅路绿化亮化升级改造工程已开工建设。

【农业】 2023年，马厂镇以高标准农田建设为抓手，统筹推进“水、田、路、渠”综合治理，全面提升粮食综合生产能力。新建、维修泵站7座，田间道路17.76千米，桥梁27座，涵洞（闸）456座，沟渠疏浚、防渗30.88千米。全力振兴村集体经济，全镇24个村（社区）平均实现集体经济收入72.4万元，其中3个村（社区）超100万元。

【镇村建设】 2023年，马厂镇聚焦“完善功能、改善民生”，持续优化基础配套设施，马厂医院新住院楼装修工程即将竣工，3000平方米崇孝广场投入使用，新建1座一级公厕，升级改造2个垃圾中转站，新增垃圾清运车2辆，打造健身步道2千米，增补绿化草坪1万平方米，种植行道树329株，安装路灯136盏，群众生活条件持续优化、幸福感持续提升。探索实施“农村公路+特色产业”新模式，因地制宜建设资源路、产业路，新建、修缮农村道路10.3千米。完成广州路、天津路绿化、雨水管网、立面改造工程，完成重庆路、北京路沿线洁化、绿化、亮化改造升级工程，完成胡庄公路、迎宾大道（马厂中学至厂西大沟）“黑色化”改造工程。

【文化建设】 按照“对外树立好形象、对内弘扬正能量”要求，持续加强乡风文明建设，充分发挥新时代文明实践所（站）优势，开展文化惠民系列活动，高质量举办广场舞大赛、物资交流大会、送戏下乡等活动40余次，惠及群众5万余人次，市、县媒体9次报道镇文化建设工作情况。持续弘扬崇德向善之风，全年评选“马厂好人”69人，获评宿迁好人1人，沭阳好人3人。深化落实“沭阳人情减负365”文明实践活动，倡导婚事新办、丧事俭办，年内全镇共操办300余场红白事，户均节省8000元，共减支240多万元，切实减轻群众负担。

【生态建设】 以省卫生镇创建为抓手，统筹推进治乱、治水、治厕、治废、治垃圾“五治”工作。全年拆除旱厕400余个、违建13处，清运垃圾5000余吨，清理河道10千米，整改乱摆卖、乱搭建、乱堆放等问题1300余处，持续规范“五小行业”（小餐饮、小作坊、小摊贩、小商铺、小旅馆）监督管理，引导办证210余人次，完善餐饮行业设施10余间，成功创成江苏省卫生镇。

【社会保障】 始终将群众的冷暖放在心上，重点关注特殊困难群体，全年发放低保资金1524万元、特困资金72万元、残疾人两补资金181万元、孤儿保障金62万元。聚焦精准施保，进一步强化对低保户审批、复核等各个环节监管，完善动态管理机制，全年排查低保存疑对象931户，新增156户，取消135户，变更230户。聚焦“办好人民满意的教育”，持续加大对教育的关注和投入，用足用好“圆梦助学”平台，吸纳社会爱心资金48.44万元，全部用于发放奖学金、助学金、扶助金，帮助家庭贫困学生完成学业。

【社会治理】 常态化开展法治宣传和平安创建工作，全年举办大型宣传活动4次，开展各类法治宣传活动20余次。进一步压紧压实领导班子工作责任，推进信访突出问题化解，全年调处化解重大信访事件17件。

【基层党建】 聚焦室内党建和室外实境课堂阵地打造，对5个村（社区）党群服务中心和马厂造历史展览馆等场所实施提档升级。组织召开党风廉政建设暨警示教育大会、党员干部教育暨作风建设大会，驰而不息纠“四风”、树新风，全镇党员干部作风明显好转，干事创业激情显著提升。

2023年马厂镇各村（社区）情况一览表

表35

村（社区）名称	行政区域面积（公顷）	村民小组（个）	年末户籍户数（户）	年末户籍人口（人）	耕地面积（亩）	集体收入（万元）	村（社区）组织部书记
马厂社区	34.77	3	1628	4110	0	52.21	黄海青
厂南社区	180.52	5	758	2744	953.42	63.09	周　杰
厂北社区	334.44	12	1063	4014	2490.72	82.63	石海波
厂西社区	251.74	5	497	1975	1172.99	60.52	江汉山
厂东社区	326.22	8	957	3697	1902.31	72.50	孟凡祥
大单庄村	545.6	8	799	3530	4995.86	65.67	杨正环
民主村	460.12	15	677	3017	4327.26	51.81	杜华伟
赵大庄村	383.24	10	736	3036	3076.28	93.88	葛志友
金墩村	238.95	6	396	1804	2109.47	52.04	邵　巍
马棚村	337.02	9	551	2345	3012.59	65.21	宋全龙
古南村	341.34	5	483	2120	2733.58	79.32	张洪海
东场村	279.09	5	489	2125	2149.62	59.82	范道鹏
双圩村	454.45	7	842	3471	3218.89	100.83	魏善峰
葛园村	309.98	5	571	2505	2236.51	56.33	范清源
炳来村	235.03	4	448	1937	2020.87	57.44	张建勇
大司庄村	417.37	6	660	2867	3312.55	62.71	吴同强
大口桥村	546.66	18	1059	4286	4442.83	69.82	杨军成
杨桥村	415.77	12	626	2734	3422.41	85.29	张连成
王竹园村	255.61	8	451	1847	1911.64	52.31	唐　韬
老胡庄村	398.35	6	708	3023	3180.96	56.98	谭学峰
青春村	402.41	6	674	3006	3061.56	93.89	张绪洲
老王圩村	546.23	8	873	3650	4093.22	132.14	孙文举
丁大庄村	352.51	7	616	2736	2685.79	112.09	王树东
葛荡村	392.82	5	749	3228	2959	59.28	周　坚

（谢永伟）

贤官镇

【概况】 贤官镇是一座文化底蕴深厚、充满发展活力的文化古镇，距县城14千米。区域面积84.99平方千米，下辖22个行政村（社区），总人口9.26万人。境内交通路网便捷，有245省道、沭新河航道穿境而过，距京沪高速扎下出入口6千米，离连云港花果山国际机场15千米。据考古证实，贤官早在7000年前就有人类在此居住。1987年南京博物院在贤官镇（原万匹乡万北村）考古发现的万北遗址，是全县唯一省级文物保护单位，也是江苏省最早的新石器时代遗址。境内有万北遗址、清凉寺、观音庵、古泉井、驻丘井、贤官亭等历史遗存。2023年，全镇紧紧围绕"在全市9个小城市建设中勇争第一"的目标，从"重点镇"向"卫星城"持续迈进。全年实现地区生产总值85.15亿元，同比增长10.8%；完成财政总收入4.46亿元，同比增长71.2%；完成一般公共财政预算收入2.42亿元，同比增长64.7%。成功创成国家卫生镇；被确定为省经济发达镇培育对象；被市委、市政府表彰为全市高质量发展先进乡镇和全市推动高质量发展先进集体；在全县高质量发展综合考核中获得第一等次，连续2年在所有乡镇中排名第一，招商引资、财税、乡村振兴、党建统领城乡基层治理、社会稳定5项工作获得高质量发展综合考核单项奖。

【工业】 2023年，贤官镇深入开展招商引资和"百企技改"，推动资源要素向优质企业和产业链集聚，助攻企业加快"智改数转"，实现"专精特新"。全年新招引亿元项目18个，累计协议投资150.4亿元。其中，50亿元项目1个，10亿元项目5个，5亿元项目4个，1亿元以上项目8个。推进闲置低效用地"腾笼换鸟"和"僵尸企业"清理，共盘活低效土地1447亩。积极开展生态板材推广月活动，先后举办智能装备供需对接会、隔墙配套推介会、企业家访谈、高端对话、人才招聘等活动，通过政府搭台，为本地企业搭建一个资源共享、协同发展的交流合作平台，帮助本地企业提升品牌力、创新力和发展力，实现抱团发展。全年实现工业开票132.2亿元，同比增长26.72%，新增规模以上企业41个，总数达153个，同比增长27.5%，位居全县第一；实现工业增值税34138.61万元，同比增长72.16%。

【农业】 加强农业重大项目培育和引进，高标准打造江苏恒牧农业肉牛养殖场，项目总投资2亿元，一期已建成牛舍16栋。深入推进休闲农业、观光农业、生态农业，打造淀湖大米、大房牛心柿、杨庄葡萄、万刘莲藕等农业品牌，实现农业增效、农民增收。投资3640万元，建设高标准农田项目1.44万亩。

【小城市建设】 贤官镇按照宿迁市九个小城市建设行动计划要求，锚定宿迁最美乡镇目标，坚持镇当"城"建，坚持"以物化人"理念，先后启动实施生态河道、户厕改造、公共空间治理、245沿线环境提升、镇区街景提升等工程，促进生产、生活、生态"三生融合"，努力把小城市建成功能齐全、配套完善、环境优美、宜居宜业的现代新型小城市。全年高标准打造文体中心、养老中心等便民设施，体育公园快速实施，高标准配置各类健身器材。新建2000平方米农贸市场，新建口袋公园和街角游园12处，实施绿化节点提升10处。贤官亭公园焕新亮相，新建古色古香廊架、栈道，铺设1万平方米草坪，精心布置水生植物景观。按照公共空间治理2.0标准，对245省道沿线10千米范围内的绿化、亮化、房屋立面等进行全面提升，铺设人行道6万平方米、栽植行道树1000余株、改造户外店招536个，兴建12个口袋公园，打造生态河道11条40.75千米，改厕409户，镇村新安装路灯6170盏。

【文化建设】 2023年，贤官镇通过举办龙虾美食节，培育消费热点，提升小城市人气商气烟火气。精心组织村级篮球赛，设置路灯为奖品，调动所有村民的参与热情。举办首届车展美食嘉年华，吸引周边10多万名群众前来观展品尝美食。打造"贤官传习读书会"阅读品牌，开展读书月活动，赠送"书香大礼包"1500余册。全年共开展特色阅读活动百余场，参与人数3000人次，有效激发贤官的文化内驱力。

【民生实事】 全年启动三批次共165件民生实事项目，为9户困难群众重建"爱心小屋"，为86名在校学生垫付生活费11.27万元，为255户困难户和大病多次报销人员购买医惠保。高标准完成文体中心、养老服务中心、企业服务中心等六大中心建设，镇区载体功能进一步增强。新铺和提档升级农村道路60多千米，镇、村两级共集中治理沟河塘渠53条，整修、新建水利基础设施26处，开挖土方18.56万立方米。

【社会治理】 打造全市"四级联动"社会治理服务中心观摩点，积极发挥老党员、志愿者等不同群体在社会治理中的积极作用，通过开展"义田"送菜、"寒冬有爱"送温暖慰问等活动，汇聚"多元共治"的基层社会治理新格局。举办贤官镇第二届慈善拍卖会，筹得善款212万用于改善村居特困群体住房。

2023年10月，贤官镇首届车展美食嘉年华活动现场　　丁华明　摄

2023年9月，贤官镇第二届慈善拍卖现场　　丁华明　摄

【基层党建】 建成全县高端家居产业链联合党委综合服务中心，按照“链有服务中心，企有党建阵地”的工作要求，为家居产业链发展注入“红色动能”。对全镇村（社区）党群服务中心分批进行提档升级，新建党群服务中心1个，升级改造党群服务中心3个。打造凝聚人心“红磁场”，在村（社区）党群服务中心设立“健康角”，统一配备臂筒式电子血压测量仪、血糖测试仪等设备仪器，为群众提供免费贴心的健康服务，让党群服务中心服务群众更有温度。关心关爱老党员，为光荣在党50年老党员夫妻补拍婚纱照。全年开展“贤官夜校”41期。

2023年贤官镇各村(社区)情况一览表

表36

村（社区）名称	行政区域面积（公顷）	村民小组（个）	年末户籍户数（户）	年末户籍人口（人）	耕地面积（亩）	集体收入（万元）	村（社区）党组织书记
沙河寺社区	407.5	7	984	4244	3751	115.43	李井中
贤官社区	428	17	1946	6470	4295	60.05	胡方杰
蒋园社区	191.2	6	1001	3927	1800	85.46	赵建领
赵集社区	339	7	1298	5319	2937	301.10	王　志
马庄社区	415.5	8	1024	4255	3242	91.91	周　正
贤北村	474	8	1395	6009	3756	86.78	许维文
马湖村	223	11	619	2596	2430	116.35	蒋永光
乔口村	295.1	11	679	2854	3247	118.52	刘永梅
万刘村	282	8	930	3648	2778	84.09	王树兵
驻丘村	388	11	985	4055	3699	88.37	胡兴建
禅武村	238	6	724	3164	1200	113.26	章安凯
淀湖村	413.3	6	728	3210	4200	85.41	佟　玲
官宜村	409	8	1333	5736	3935	117.24	李鹏飞
万匹社区	557.5	16	1257	4978	2660	113.41	郑春阳
下湾村	259.2	9	771	3432	1889	115.41	汤井学
银杏村	334.6	10	1058	4648	2412	143.86	李　云
汤圩村	319.4	10	1191	5283	2672	116.53	汤　龙
丁蒋村	443.8	14	1198	5466	4077	141.89	蒋　朴
大房村	424.5	16	572	2460	3721	140.40	蒋福周

续表36

村（社区）名称	行政区域面积（公顷）	村民小组（个）	年末户籍户数（户）	年末户籍人口（人）	耕地面积（亩）	集体收入（万元）	村（社区）党组织书记
杨庄村	290	12	676	3067	2547	123.74	杨　干
蔡庄村	363.4	13	1006	4724	2750	119.16	花文林
三圩村	591	17	658	3028	6005.6	121.28	于　义

（袁静堂　杜秀波）

梦溪街道

【概况】 沭阳县梦溪街道位于沭阳县东城区。东至章七路，与七雄街道、章集街道接壤；南到326省道，与十字街道毗邻；西至永康路，与沭城街道相连；北至新沂河大堆。205国道和京沪高速穿境而过，县汽车客运东站坐落辖区，交通便利。梦溪街道区域面积45平方千米，下辖10个社区，户籍人口5.41万人，常住人口10.6万人。2023年，街道实现地区生产总值34.62亿元，同比增长7.7%；完成一般公共财政预算收入3105万元。

【工业】 2023年，梦溪街道积极响应县委、县政府“大抓工业、大抓招商、大抓项目”的号召，始终把招商引资作为推动转型升级、高质量发展的第一抓手，明确街道领导班子成员带队，组建13个招商团，紧盯重点区域、重点企业，全力以赴大招商、招大商。全年共引进入驻沭阳经济技术开发区亿元项目6个，其中10亿元以上项目2个。被县委、县政府评为2023年度招商引资先进单位。

【居民就业创业】 2023年，梦溪街道全面发动，有序推进居民就业创业。牢固树立后疫情时代“抓就业就是抓经济”理念，紧紧围绕“抓重点、出亮点、扫盲点”的工作思路，充分发挥坐拥沭阳经济技术开发区的区位优势和信息优势，积极培育经纪人队伍，整合劳动力资源，主动为“政企对接”牵线搭桥，全力助推“支部+电商”工作，取得了一定成效。全街道共新增创业项目210个，新创办网店项目96个，新增就业人员1100余名，线上线下组织开展6期全民创业及农村实用技能培训班，累计培训人数达2000多人次，有组织地为沭阳经济技术开发区输送员工226人，位居全县乡镇（街道）前列。

【土地征收】 2023年，梦溪街道紧紧围绕服务沭阳经济技术开发区项目土地征收工作，组织街道和社区两级工作人员积极配合征收、评估、审计等单位，全面完成华脉地块遗留房屋、快速路二期相关土地、温州路东延项目用地等项目的征收工作任务。对弘瑞力丰船用新材料用地、帕科智能环保用地、汇纳新材料等项目用地进行及时清障，确保项目落户无障碍。同时协调处理迈德汉隆用地、尾水导流用地、昌品医疗项目用地、天能110千伏变电项目用地等矛盾纠纷50多起，涉及补偿面积6000余亩，涉及农户8000多户。

【文明创建】 2023年，梦溪街道严格按照县委、县政府的决策部署，对照创文创卫标准，始终坚持卫生县城复审和文明城市创建一起抓、两手硬。通过强化组织领导，细化工作标准，营造工作氛围，全方位多渠道开展小区环境秩序综合整治。全年共清理流动摊点660个，乱停乱放非机动车1600余辆，暂扣电动三轮车1000余辆，查处违章焚烧垃圾杂物7起，清理僵尸车辆60余台，拆除电瓶车“飞线充电”私拉乱接300余处，清理流动摊点店外店等150余户，新增小区绿化护栏1.2万余米，新种植草皮5万平方米，施划机（非）车辆停车线（位）4500余个。

【矛盾调解】 2023年，梦溪街道积极开展信访工作进社区活动，把各社区共产党员与信访户联系起来，充分利用邻里之间、家庭之间、亲朋之间关系，积极鼓励社区党员参与信访矛盾调解活动，引导社区党员帮助信访对象理顺关系，解开疙瘩，促进信访问题就地解决，确保小矛盾不出社区、大问题不出街道。全年共受理信访件75批112人次。其中，涉及城乡建设22件，农业农村11件，涉法涉诉6件，涉纪类8件，小区物业管理80件，其他类12件，全部化解到位，按期报结率达100%。

【基层党建】 2023年，梦溪街道坚持围绕“党建统领社区治理”工作主线，依托“党建+全要素下沉”方式，围绕“宜居宜业 梦溪梦圆”目标定位，以31个小区党支部为抓手，推动98名机关事业单位工作人员、83名社区“两委”干部、52名网格员下沉至各小区开展服务工作，进一步健全“街道大工委—社区大党委—小区党支部—党员楼栋长”组织体系，推动综合执法、党员志愿服务进小区，实现小纠纷不出小区，一般问题不出社区，实现社区治理、物业管理和居民自治的良性互动，切实提升群众的获得感和幸福感。同时，积极开展“聚焦急难愁 支部进小区”工作。3月，正式启动了小区党支部“学雷锋”便民服务日工作，短短9个多月时间，31个小区党支部累计开展维修类、健康类、为老类、为小类等便民活动580余场次，惠及居民2.2万人次。同时，还向老党员、生活困难党员、离任社区干部等发放慰问金5.1万元。

2023年梦溪街道各社区情况一览表

表37

社区名称	行政区域面积（公顷）	小区数量（个）	年末户籍户数（户）	年末户籍人数（人）	耕地面积（亩）	集体收入（万元）	社区党组织书记
杨店社区	1100	16	2178	7216	0	157.9	武　惠
徐沭社区	380	20	1459	59886	261.8	132.06	徐　飞
糖坊社区	600	19	2175	8365	563.81	79.7	仲　勇
团庄社区	440	11	581	2610	2659.16	103.8	乔　朴
任码社区	350	7	642	2428	1166.61	13	王学军
章塘社区	400	11	679	3221	1653.18	38.6	沈继超
任巷社区	820	10	1502	6016	662.82	35.7	汪　显
桃园社区	800	11	834	4219	1212.83	51.7	李鹏东
官西社区	480	16	1421	4268	1010.98	32.5	王石朋
南岭社区	900	21	876	4349	103.80	59.1	沈念中

（仲其竹）

南湖街道

【概况】 南湖街道地处沭阳南部城区，北、东与沭城街道接壤，南与十字街道相邻，西到淮沭河堤，辖中心、前巷、湾河、新南、刘洪、项荡、南湖7个社区和1个良种繁育场。行政区域面积41.68平方千米，户籍人口5.57万人，常住人口8.4万人。2023年，南湖街道以“全面争先进、奋力冲第一”目标，突出城市经济、城市管理、社会治理三大主攻方向，打造更加繁荣、温馨、有序、和谐的幸福南湖。全年街道实现地区生产总值53.12亿元，同比增长4.9%；完成一般公共财政预算收入4218万元，同比增长41.4%。建筑业总产值11889万元，同比增长14%；规模以上服务业营业收入46913万元，同比增长20%。

【工业】 2023年，南湖街道引进了江苏乐昆电子科技有限公司，投资5亿元，主要产品高端精密5G手机、笔记本电脑金属结构件、新能源汽车金属结构件，年销售8亿元，年纳税达4000万元，该项目已完成竣工备案。引进的江苏好食记食品有限公司，协议总投资1亿元，位于十字工业园区，主要生产粽子、月饼等，年产值达8000万元，税收达100万元，厂房正在装修中。街道共拿出3200平方米的闲置社区用房用来发展楼宇经济，全年招引来企业29个，年开票额2.37亿元，年纳税1573万元。全年共入库23家企业，其中贸易业19家，服务业2家，房地产业2家。

【农业】 2023年，南湖街道组织申报农业支持地力保护补贴9699.55亩，共计116.39万元。申报种粮一次性补贴8957.2亩，共计17.91万元。办理农机补贴78台，补贴金额164.83万元。稻谷补贴8376.87亩，补贴金额62.2623万元，秸秆还田补贴2394.4亩，补贴金额5.986万元。玉豆复合种植349.22亩，补贴金额11.175万元，及时为辖区种植户发放两次中央救灾防控物资，小麦、水稻赤霉病防治物资和叶面肥分别是10800袋、7900瓶。

【城市管理】 2023年，南湖街道通过“春风行动”、“红五月”攻坚和“全员下沉”行动，持续开展小区综合环境整治。对露天黄土进行草种补种或草皮覆盖达7200平方米，清理僵尸车达120余辆。因地制宜施划机动车停车位2000余个，出新1500余个，新增电棚75个、充电桩124组，对高层电梯加装电子拒止系统新增80个。强化小区设施维护，完成沭河家园一期等15个小区公厕改造。更换破损井盖205处，修复、更换破损路牙石达2350米，更换修复四灯亮化865盏，维护监控273处。老旧小区涂白6.1万平方米。强化违建管控，拆除存量违建5处，约150平方米，同时督促各小区主出入口设置装饰、装修材料登记台账。

【文化建设】 2023年，南湖街道组织参评"沭阳好人"、评选"南湖好人"活动，获评"沭阳好人"3名、评选"南湖好人"92名。开展各类文艺演出活动96场次，服务群众5.8万人次。开展图书市场专项整治和扫黄打非护苗行动12次，各类宣讲活动16场次。开展全民阅读120场次，新市民精神文化生活得到进一步丰富。

【民生实事】 2023年，南湖街道共黑色化人和小区北侧道路3000平方米，改造浦东国际小区西门道路1100平方米，新铺设中心独栋楼北侧道路3000平方米，对11个小区公厕升级改造，对沭河家园一期二期、天下景城、新康景园、城市名园5个小区6.1万平方米楼道墙面出新粉刷。完成2400平方米新南农贸市场升级改造，通过公开对外招租，租金由47.5万元上升到85.9万元。南湖农贸市场改造工程、城市名园北门道路铺设工程和人和小区改造工程全部完成。共更换路牙石3460块、窨井盖950个，修复破损路面、地坪6500平方米，小区补植草坪2.1万平方米，楼道墙面出新5.6万平方米。

【社会治理】 2023年，南湖街道以"时时放心不下"的责任感持续抓好安全生产，对辖区四类场所、餐饮企业、居民自用流动摊点开展拉网式排查，逐一登记造册，并实行分类管理。辖区共计排查液化瓶使用1504户，其中四类场所317户，已清理314户；居民自用流动摊点899户，已督促整改到位886户；餐饮场所232户，已督促整改232户；流动摊点50户，已清理50户。坚持以"减存量、控增量"为主线，不断完善信访排查机制，常态化开展矛盾纠纷排查化解。街道收到县信访局交办件及日常信访件共69件，均及时办结。阳光系统转交50件，按期办结率100%，责任单位满意率96.67%。

【基层党建】 2023年，南湖街道加强基层党建阵地建设，创建标准化基层党组织14个，完成小区党支部全覆盖建设，新建小区党支部14个。创新"数字化"赋能，先行打造的前巷智慧社区、边城慧居城智慧小区即将投入使用，改造了南湖社区党群服务中心。干部队伍不断优化，打通网格员、社区干部向"两委"的交流通道，累计交流社区干部13人，网格员及一般社区干部进入"两委"任职2人。创新推动街道党工委书记、社区党委书记、小区党支部书记"三级书记"进网格、进业主微信群工作机制，进一步打通群众反映诉求的通道。开展"晓南面对面"活动和开设"南湖大讲堂"，全年征求意见建议256条，解决诉求685件。依托"南湖大讲堂"平台，提供多元化的学习体验和交流机会，激发大家干事创业的激情，已开展4期培训，参学人员1200多人次。推进31个小区党支部书记进行"有事找书记、书记在身边、服务零距离"承诺，各个小区党支部常态开展联席会议，与街道包片领导、机关下沉人员、社区人员、物业人员共同协调解决小区居民急难愁盼问题。

2023年南湖街道各社区（场）情况一览表

表38

社区（场）名称	行政区域面积（公顷）	村民小组（个）	年末户籍户数（户）	年末户籍人口（人）	耕地面积（亩）	集体收入（万元）	社区（场）党组织书记
前巷社区	625	7	916	3804	1640	64	沃文浩
湾河社区	740	15	1237	5951	2540	68	浦国政
中心社区	430	13	1111	4084	1300	72	张施勇
新南社区	1165	20	2678	10335	1200	105	李苏阳
刘洪社区	350	10	931	4479	1852	55	项　艳
项荡社区	650	17	1133	5186	2800	120	姜亚建
南湖社区	350	12	11307	13421	309.8	16.7292	姜　涛

续表38

社区（场）名称	行政区域面积（公顷）	村民小组（个）	年末户籍户数（户）	年末户籍人口（人）	耕地面积（亩）	集体收入（万元）	社区（场）党组织书记
良种场	200	7	2374	8079	533.091	43.986	董　梅

（赵金浩）

七雄街道

【概况】 七雄街道地处沭阳县东部，西靠县经济开发区，东邻李恒镇，南靠章集街道，北临新沂河。行政区域面积42平方千米，耕地面积32653.75亩，辖9个社区，177个村民小组，户籍人口3.47万人。2023年，全镇实现地区生产总值10.95亿元，同比增长8.0%；完成财政总收入7782万元，同比上升65.7%；一般财政预算收入完成4136万元，同比上升61.7%。

【工业】 2023年，七雄街道立足自身实际，发挥自身优势，切实做好内培外引工作。全年招引投资亿元以上项目3个，新增规模以上企业入库9个，完成千万元技改项目1个，股改项目1个，市级研发机构1个，两化融合项目1个。全年实现工业开票销售收入8.35亿元，同比增长17.03%；实现工业增值税3851.96万元，同比增长86.98%。

【农业】 2023年，七雄街道9个社区全面完成集体经济收入既定目标任务，实现集体经营性收入771.9万元，同比增长15.9%，其中3个社区集体经济收入超过100万元，2个社区集体经济收入超过90万元。收入、资产资源已全部进入三资监管平台，回收资源新增进入产权交易平台65笔计486.99亩，增加集体经济收入38.77万元，回收资产新增进入产权交易平台7笔1320平方米，增加集体经济收入13.81万元。年内实际种粮农民一次性补贴4835户，补贴面积23026.58亩，补贴金额460531.6元；耕地地力保护补贴6503户，补贴面积24622.05亩，补贴金额2954646元。水稻补贴4050户，补贴面积17487.94亩，补贴金额1016259.45元。完成原“十三五”时期低收入户1260户3418人的信息核对和更新工作，摸实低收入家庭状况，特别是医疗、教育、住房、饮水等方面，进一步巩固提升脱贫攻坚成果。

【镇区建设】 2023年，七雄街道深入推进集镇区全领域积存垃圾清理、黑臭水体整治、旱厕拆除、飞线整理等工作，高标准改造农贸市场，清理集镇区黑臭沟塘11条，拆除露天旱厕198个、改造户厕124户，全力营造良好的集镇区环境。持续开展人居环境整治，围绕主干道路、河道、背街小巷、房前屋后等重点区域，全方位清理积存垃圾，对工业园区道路两侧进行绿化美化，村容村貌焕然一新。投入44万元，对辖区15条黑臭水体开展专项整治。投入约21.46万元，实施三斗、五支生态河道建设。投入约70.7万元，对七雄社区509户群众实施整村推进户厕改造。

【文化建设】 2023年，七雄街道为填补集镇区缺少休闲健身场所空白，共投入105.4万元分别实施七雄公园环境提升项目、健身广场建设项目，以满足居民娱乐健身需求。持续学习宣传贯彻中共二十大精神，全年开展“贯彻二十大 奋进新征程”、“百姓名嘴大讲堂”、“我家学堂”、新思想“六进”、“党员大学习”等主题宣讲活动140余场次，举办送戏下乡惠民活动80余场。

【社会治理】 2023年，七雄街道深入开展三项排查，切实保障弱势群体权益。有序推进平安建设，在抓

2023年3月，七雄街道官东社区治理河道　　鲍恩伟　摄

好专业力量整合使用的基础上，打造一支由20人组成的网格员队伍，配备巡逻车7台，将平安建设触角延伸到千家万户。积极探索“网格+”工作机制，已建立“网格+特殊困难群体”“网格+矛盾纠纷调处”，以“小网格”推动“大服务”。2023年，投入约10万元，建设社会治理服务中心，为群众提供一站式全流程多元化的功能服务。

【基层党建】 2023年，七雄街道全面贯彻中共二十大精神，充分利用党工委理论中心组、第一议题、支部书记讲党课等形式开展集中学习活动。组织150余名党员成立先锋服务队，开展“美好生活·民法典相伴”“爱护环境人人有责”“e起志愿网络安全”等服务活动4次。推行“周六红色观影日”制度，运用户外大屏幕显示屏、远教站点等播放媒介，共播放《长津湖》《建党伟业》等红色爱国主义电影9次。利用实镜课堂讲党课，开展“传承革命精神，争做时代先锋”“洗尘描红祭先烈，广场会谈讲经典”等主题活动18次。

2023年七雄街道各社区情况一览表

表39

社区名称	行政区域面积（公顷）	村民小组（个）	年末户籍户数（户）	年末户籍人口（人）	耕地面积（亩）	集体收入（万元）	社区党组织书记
官田社区	575.08	21	2260	6791	2247.56	93.28	章杰勇
官东社区	581.67	19	1168	4029	4718.66	77.22	鲍恩伟
道口社区	380.99	13	878	3328	3251.24	102.97	鲍俊杰
徐圩社区	303.12	9	640	2309	2005.57	55.61	黄正山
七雄社区	502.01	43	1037	3751	4172.48	57.03	丁安祥
高树社区	473.47	16	814	2987	3591.59	102.31	陈德连
田桥社区	353.90	11	815	3099	2919.5	68.70	章　景
夹滩社区	415.48	10	693	2527	2501.15	117.82	葛　超
双条河社区	771.45	24	1607	5860	7246	96.96	王　军

（魏良萱）

十字街道

【概况】 十字街道古称十字桥，是沭阳4个道口经济乡镇街道之一，与沭阳主城区、经济开发区相连，地处城区南大门、城乡接合部，城市规划线横穿街道中部地区，行政区域面积68.85平方千米，耕地面积6.45万亩，辖17个社区、177个村民小组，人口5.67万人。新长铁路、京沪高速公路、连宿高速公路、新老205国道、宿沭一级公路穿境而过，交通便利。水路运输四通八达，境内淮沭河、柴米河等纵横交错，紧邻江苏省20大港口之一——沭阳港。2023年，实现地区生产总值34.32亿元，同比增长11.8%；完成财政总收入1.33亿元，同比增长15.4%；完成一般公共财政预算收入7261万元，同比增长5.6%，税收占比92.5%。

【工业】 2023年，十字街道坚持发展是第一要务，做到内培与外引相结合，统筹抓好招商、项目、工业、财税，做强工业经济，做大经济总量，推动工业园和物流园携手发展，形成“一街两园，双轮驱动”的良好格局，打造县域经济发展的重要板块。牢固树立“项目为王”理念，坚持头版头条抓招商，坚定不移扩投资。全年新引进亿元以上工业项目11个，其中落户县经济开发区经市考核认定达开工50亿元项目1个，落户十字道口经济工业园区项目10个。其中，计划投资50亿元的中格新材料正在办理落户手续，宏润新材料、鑫金源新材料等4个项目已建成投产，奥赛健康、千鸟智能、宓欣实业等5个项目已经开工建设或即将开工。2023年，街道实现工业开票27.64亿元，同比增长11.9%；工业税收7712万元，同比增长58.63%，规模以上企业30家，新增开票超2000万元4家，超亿元2家。

【农业】 2023年，十字街道以农业龙头项目建设为抓手，推动特色农业绿色化、优质化、基地化发展。江苏莲之爱农业科技有限公司投资近1000万元在张圩、王涧和前屯社区建1204亩藕虾基地，套养龙虾和藕产品初加工。臻行者食品科技有限公司投资2000万元，选用先进的自动化设备设施生产肉松产品；公司拥有多家知名企业合作伙伴，产品通过四大营销渠道（餐饮、烘焙、流通、电商）销售，实现龙头企业稳步，推进乡村振兴。开展"头雁竞飞"振兴村集体经济工作，通过召开观摩会、推进会、会办会，推动各社区利用空间治理、土地流转服务等多种渠道，不断壮大社区集体经济收入。全年实现社区集体经济收入1371.9万元，社区均收入80.6万元，同期增幅11.58%。社区集体经济收益799.09万元，社区均收益47万元，同期增幅30%。

【镇村建设】 立足主城区建设，全力推进城建交通、民生实事和人居环境等项目建设。顺利完成道口经济产业园（宿连高速连接线）、苏北智慧物流中心等项目666户拆迁、914亩征地任务，全力保障县18个重点基础设施和重大产业项目用地，为全县经济社会发展做出贡献。启动镇区和谐路主干道和外立面改造，充分展现现代气息，改变镇区形象。综合整治龙汪风味城及其周边环境，解决环境脏乱差、污水排不出问题。学习浙江"千万工程"（千村示范、万村整治）经验做法，打造前屯小丁庄"千万工程"示范点。

【基层党建】 抓主题教育，以深入开展学习贯彻习近平新时代中国特色社会主义思想主题教育为重要契机，把树立和践行正确政绩观作为"学思想"的重要内容、"强党性"的重要要求、"重实践"的重要原则、"建新功"的重要指引，下发民情记录本120余本，记录急难愁盼问题602条，制定17个社区特殊困难群体"一张图"。抓队伍建设，落实发展党员"浚源"工程，全年新发展预备党员15名，其中大专及以上学历12名、35周岁以下11名、非公企业党员5名。抓阵地建设，对照标准，对17个党群服务中心逐一过堂，完善功能室，推进党群服务中心提档升级。

【生态建设】 围绕"生态优先、绿色发展"目标，打好水、气、土污染防治攻坚战，统筹安排、点面结合，抓好扬尘管控、生态环境监管，保持$PM_{2.5}$浓度达标。落实属地管理责任，对柴米河、柴沂干渠漂浮垃圾、岸坡杂物、污水乱排等现象进行清理。安排专人引导车辆合理停放，严格管控街区路面秩序。通过微信、宣传单、标语、小喇叭等全面宣传发动，引导群众自觉参与社区环境卫生整治。

【安全生产】 守牢生产安全底线，共排查整治470家"三合一"场所隐患2427处，16家群租房隐患70处（8家已退租），16家"厂中厂"（承租方35家）隐患119处，发放安全生产宣传材料9000余份。全年无安全生产事故发生。

【矛盾调解】 推进法治十字建设，全年共化解各类信访问题68件，签订停诉息访承诺书39份，其中信访积案28件，省、市交办攻坚案件6件。

2023年十字街道各社区情况一览表

表40

社区名称	行政区域面积（公顷）	村民小组（个）	年末户籍户数（户）	年末户籍人口（人）	耕地面积（亩）	集体收入（万元）	社区党组织书记
施圩社区	504.5	10	662	3225	4282.3	88.11	严海翔
张圩社区	396.1	12	621	3061	3119.5	56.75	王长进
赵解社区	403.8	11	646	3116	3934.6	79.48	周华楼
龙汪社区	352.6	13	1265	4818	2134	104.18	刘国嘉
王涧社区	425.3	10	683	3273	3340.8	88.92	耿春亮
十字社区	536.6	16	1740	6521	3297.3	114.95	仲兴阳
周圩社区	1336.3	14	1002	4495	12860.8	79.81	钱　磊
陈陆社区	315.1	7	558	2531	2194.3	86.96	王　艳
孙圩社区	342.6	5	620	2836	3075.5	61.30	唐小康
果园社区	118.7	3	518	2315	647.9	53.01	陈永波
学宜社区	488.6	21	613	2683	4132.1	88.02	仲跻锐
蒲荡社区	210.1	8	464	2094	1986.9	77.29	王　忠
戴圩社区	361.5	12	648	3118	2780.3	72.78	张　进

续表40

社区名称	行政区域面积（公顷）	村民小组（个）	年末户籍户数（户）	年末户籍人口（人）	耕地面积（亩）	集体收入（万元）	社区党组织书记
前屯社区	350.4	10	549	2557	3295.8	111.37	耿晓利
东南社区	789.3	19	549	2557	7561.7	87.30	徐　江
南汤圩社区	624.1	6	1011	4637	5830.7	112.80	祝立军
蚕种场社区	65	4	176	765	710	55.17	张　笑

（马　静）

沭城街道

【概况】 沭城街道地处沭阳县城区中心区域，是沭阳县委、县政府驻地，全县政治、商业和文化中心。沭城街道于2013年由原沭城镇撤镇设立，东与梦溪街道接壤，南与南湖街道、十字街道相连，西边北边分别与淮沭河、新沂河毗邻。街道辖区总面积44平方千米，其中耕地面积704亩，林地面积465亩。下辖城东、城南、东关、东园、果园、河南、城西、城北、长安、长庄、府苑、古城、怀文、河西、河东、建陵、南苑、沭河、五里、新桥、沂河、健康、南关、孙巷、圩东、西园、叶庄、昭德28个社区和鱼种场，共178个居民小区、255个独栋楼，户籍人口23.43万人。2023年，沭城街道实现地区生产总值306.83亿元，同比增长7.5%；完成一般公共财政预算收入1.99亿元，同比增长4.1%。

【工业】 2023年，沭城街道把招商引资、发展商贸作为全街经济工作的重点，定期召开调度会、推进会，强化工作措施，狠抓工作落实，推动经济发展取得明显成效。街道实现工业税收6330万元、工业增值税2267万元，同比实现“双增长”。全年新增入库“四上”企业（包括规模以上工业、有资质的建筑业，限额以上批发和零售业，限额以上住宿和餐饮业、有开发经营活动的全部房地产开发经营业，规模以上服务业法人单位）20家。其中，规模以上工业企业1家、规模以上服务业企业1家、限额以上批零住餐企业14家；限上零售业、重点服务业稳定增长，全年零售业完成销售26.01亿元，全县占比45%；重点服务业完成销售16.9亿元，全县占比40%，为经济稳健增长提供强力支撑。牢固树立“项目为王”理念，组建以领导班子成员牵头，各社区各部门负责人组成的招商协作组，明确招商任务，细化考核细则，深化完善招商推进机制，推动项目招引项目建设提质增效。全年成功招引3个亿元以上工业项目，分别是投资5.1亿元的中昱铝业、投资5亿元的源乐二期和投资1.1亿元的得友文具。

【城市管理】 2023年，沭城街道持续加强对住宅小区物业管理工作的指导、协调和监督，每个月对178个居民小区进行考核评比，排名情况直接与物业星级评定、选聘相挂钩，全面提高物业服务水平。坚持疏堵结合、以疏促堵，对临时菜场统一规划布局、统一设计式样、统一卫生监管、统一服务管理，引导摊贩入市经营、有序经营。彻底改变昭德小区、中华小区等临时菜场疏导点“脏乱差”状况，群众满意度、获得感不断提升。加大违法用地巡查整改力度，严格落实“即查即拆”机制，依法整改违法用地92亩。对违法建筑“零容忍”，建立健全“查纠报”工作机制，全年拆除违法建筑160余处。召开全国文明城市、国家卫生县“两城同创”攻坚大会，对标创建体系要求，对辖区居民小区、背街小巷、独栋楼、城郊结合部分片包干到人，落实卫生包保责任，确保全覆盖、无死角，顺利通过全国文明城市创建检查验收。

【安全生产】 2023年，沭城街道沭城街道坚持安全发展理念不动摇，创新“街道吹哨，部门报到”工作机制，整合执法资源，成立工作专班，完成浙江商城、建陵商都、苏北车市、苏北商贸城、新世界商业广场和永康五金城等13个市场消防隐患整治。深入推进“三合一”（住宿与生产、仓储、经营设置在同一空间内）、“厂中厂”、群租房“三类场所”排查整治，全年排查“三合一”场所2372户，发现隐患3008处，完成技防改造102户，劝导搬离2174户，新增简易喷淋系统69套。排查“厂中厂”企业18家，厂房总面积6.97万平方米，承租企业174个，排查整改各类消防隐患397处。排查群租房126家，租住475户1018人，排查整改安全隐患356处。集中开展车库、地下室、储藏室、高层建筑“四类”场所燃气安全整治专项行动，清理车库液化气瓶3622个，推动燃气隐患“动态清零”。实行“红、黄、绿”三色分类管理，高标准打造南京东路、沈阳北路两条消防安全示范街。

2023年12月，信安花园小区大门改造和墙面出新　沭城街道　供图

【民生实事】 2023年，沭城街道聚焦民生痛点，破解服务堵点，推动民生福祉实现新改善。全年投入1800余万元，对苏北商贸城和新世界商业广场、颍都家园老旧小区实施综合改造，改造项目包括雨污分流、破损路面硬化、路灯监控安装等，小区环境得到根本改善。投入720余万元，对四季花苑、孙巷三期、建陵新村等12个居民小区供水管网进行升级改造，彻底解决这些小区"用水难"问题。投入965万元，持续实施基础设施"小修小补"工程，修复破损路面、道板砖5.9万平方米，出新墙面13.2万平方米，新建围墙1000平方米，不断补齐城市基础设施短板。深入开展低保动态复查和扩围增效工作，严格实行动态管理，全年新增低保136户，临时救助796人。截至2023年年底，街道共有低保2211户4087人，确保应保尽保、应救尽救，不断兜牢民生保障底线。

【基层党建】 2023年，沭城街道深入开展学习贯彻习近平新时代中国特色社会主义思想主题教育，成立领导小组，制定实施方案，推进主题教育稳步推进、有序开展。先后开展理论学习中心组集中学习10次，党工委"第一议题"学习12次，讲授专题党课37场次，开展学习讨论、主题党日活动600余次。开展立足岗位做贡献活动297场次，参与活动党员干部1700余人次。设立党员先锋岗301个，选树身边榜样30名。以"小切口"撬动"大民生"，有效破解群众"难心事"的相关经验做法，被《新华每日电讯》宣传报道。持续建强战斗堡垒，府苑、孙巷2个社区党委，帝景华府、丰润名苑、沭城一品3个小区党支部获评第三批市级示范党支部，离退休干部党支部被评为全市五星级党支部。成立吾悦广场商圈联盟和温州商会党支部，构建"1+N"商圈党建工作体系，创新"365"服务机制，在新兴领域和非公领域持续扩大党的号召力和凝聚力。全年投入200余万元对28个社区阵地、67个小区党支部阵地进行提档升级，增强为民服务阵地承载力。深入实施"五化"（教育标准化、培养项目化、使用合理化、管理数字化、监督精准化）干部培养工程，进一步加强社区书记专业化管理，4名社区书记入选全县"鸿雁争锋"人才库，1名社区书记获评全省"百名示范"村（社区）书记，3名社区书记入选全省"千名领先"村（社区）书记，另有3名社区书记被表彰为市、县劳动模范。严把发展党员培训、审查、管理三道关口，确保新发展党员的质量。全年发展预备党员30人，其中35岁以下25人，大专以上学历28人，"两新"组织党员16人，党员队伍结构进一步优化。

2023年沭城街道各社区（场）情况一览表

表41

社区（场）名称	行政区域面积（公顷）	小区数量（个）	年末户籍户数（户）	年末户籍人数（人）	耕地面积（亩）	集体收入（万元）	社区（场）党组织书记
叶庄社区	180	5	3281	12504	501	189.02	韩　梅
新桥社区	121	8	2359	7037	0	78.09	潘　杰
河南社区	58	5	1772	5011	0	46.9	章杰怀
昭德社区	168	7	2532	8895	0	64.5	汪　勇
府苑社区	12.8	6	970	3297	0	51.39	谢　铭

续表41

社区（场）名称	行政区域面积（公顷）	小区数量（个）	年末户籍户数（户）	年末户籍人数（人）	耕地面积（亩）	集体收入（万元）	社区（场）党组织书记
西园社区	28	6	2111	6092	12	39.21	张念念
长庄社区	450	6	4152	14210	420	51.63	张明刚
沭河社区	124	5	1217	3922	0	46.37	张　威
城南社区	70	5	2531	7782	0	55.18	刘　川
健康社区	125	12	3379	9056	0	98.78	张清白
孙巷社区	400	7	5317	16462	0	47.01	徐　敏
东关社区	130	5	3024	9440	0	35.01	胡　伟
古城社区	120	3	1787	5471	0	35.67	吴伟伟
河东社区	150	7	1939	6886	372	49.63	徐松华
圩东社区	220	7	4026	12799	0	30.1	蒋毛毛
东园社区	150	4	2381	7456	0	51.41	王寒寒
城西社区	60	4	606	2151	0	30.38	方　蕾
沂河社区	20	1	785	2971	20	28	刘光耀
怀文社区	49	5	3924	12166	0	38.7	胡　倩
长安社区	118	7	1876	6280	0	30.77	张　相
南关社区	80	4	2176	6060	0	50.15	陈晓静
南苑社区	102	9	2159	6645	0	42.83	耿志东
城北社区	150	3	2781	8526	0	31.01	宋连军
果园社区	63.4	7	2786	9244	0	56.17	徐　康
城东社区	100	5	1712	5287	0	39.56	吴　丹
河西社区	36	4	2752	8246	220	55.18	汤景富
建陵社区	130	5	4206	11258	0	42.17	范小亮
五里社区	226	18	4274	14896	0	102.57	吴　进
鱼种场	480	3	1254	4272	94	12.01	张　军

（侯　杰）

章集街道

【概况】 章集街道位于沭阳东部城区，京沪高速、205国道、326省道3条一级公路，柴米河、柴南河、柴沂干渠3条河流穿境而过，卢辛大沟、店东大沟、店西大沟、胡北大沟4条大沟纵贯南北；西与国家级沭阳经济技术开发区、十字街道相接，东邻马厂镇，南与塘沟镇、胡集镇毗邻，镇域面积97.22平方千米。街道下设11个社区、10个行政村，共有156个村民小组、18767户，人口72664人。2023年，章集街道实现地区生产总值25.51亿元，同比增长4.9%；完成财政总收入7276万元，同比增长3.3%；完成一般公共财政预算收入3956万元，同比减少1.7%。征兵、乡村振兴等工作获得了县委、县政府表彰，安全生产、宣传、新闻信息、农业结构调整等多项工作获得上级部门肯定。

【工业】 2023年，章集街道新签超5亿元工业项目一个，为协议投资6亿元的沭阳金紫蓝医疗科技有限公司，正在建设；招引新落户街道园区项目6个，其中拟投资1亿元以上项目2个，厂房装修及设备均入驻完毕，已进入试生产阶段；其他4个项目已正常开展生产。街道全年完成工业开票销售收入11.056亿元，同比降低20.79%；完成工业增值税2764万元，同比增长70.6%，实现工业用电量1223万千瓦时，同比降低12.51%。

【农业】 2023年，章集街道继续推进农业结构的战略性调整，坚持花木兴农，打造品牌亮点。围绕农民增收，推进水果采摘、芡实套养、特色养殖、微旅游等项目，农民收入持续增长。进一步打响菊花、铁线莲、杜鹃花和盆景“三花一景”品牌，同时培育葵花新亮点。在大沈庄社区、钮湾村沿新205国道两侧发展千亩鲜切菊花、铁线莲基地，新建标准化钢架大棚30万平方米已经启用；何杨社区、武河社区沿新326省道南侧的千亩盆景基地已初具规模；中强花木的杜鹃花和葵花项目，苗木长势喜人，红枫、红叶石楠、冬青、金森、金针、亮晶、石岩杜鹃、毛娟、八角金盘、南天竹、四季桂等苗木容器式小苗，可年产苗木1500万株，收入900余万元。充分发挥农业龙头企业带动作用，持续推进中强花木、润芃园艺的后期建设。以“公司+基地+农户”“公司+合作经济组织+农户”等生产经营模式，带动周边农户发展花盆制作、包装制作、盆景生产等产业，最终形成“特色农业+电商+特色艺术盆景+旅游”的新型农业产业模式。围绕“一村一品”，利用沭阳县城东大门的地理优势，发展以接待城市居民亲近自然、体验绿色采摘为考量的农村微旅游项目。重点打造钮湾水蜜桃基地、跃进虞姬庄园梨园基地、谢圩葡萄基地、黄仓庄水蜜桃+荷花基地等重点项目，吸引城市居民休闲游玩，增加农民收入。2023年，街道成功签约投资1.5亿元的农业项目沭阳绿康农产品加工有限公司，已开始选购设备。

2023年9月，大沈庄铁线莲基地盛开的铁线莲　　章集街道　供图

【生态建设】 2023年，章集街道实施大气污染防治攻坚战，按照属地管理原则，进一步压实村、社区管理责任，对环保工作实行底线考核，街道每月不定期对社区进行巡查。空气质量优良率持续提高，全年优良天气达268天，同比改善12.3%；$PM_{2.5}$均值37.3微克/立方米，同比下降25.8%。柴米河国考断面水质持续稳定达标，联合供电所对辖区内鑫利洁包装材料等3家“散乱污”采取断电措施。配备3台督查巡查车辆，设立27个禁烧值班点，街道136名工作人员全部下沉到值班点，实现了完全禁烧。全年新增加绿化面1.3万余平方米。开展锅炉提标改造工作，降低油烟直排对空气造成的污染和危害，街道全面完成县下达的21台锅炉提标改造任务。协助沭阳县明东木制品厂、沭阳沐之森木业有限公司、沭阳富瑞家居装饰有限公司等10余家企业办理环评手续、完善环保设施，促进企业绿色生产。街道全年投入户厕改造资金70余万元，新建卫生户厕541户，农村卫生户厕改造工作得到了省级专家组的高度认可。大力开展农村人居环境整治，重点围绕五彩美道沿线，打造美丽宜居乡村8个。

2023年章集街道各村（社区）情况一览表

表42

村（社区）名称	行政区域面积（公顷）	村民小组（个）	年末户籍户数（户）	年末户籍人口（人）	耕地面积（亩）	集体收入（万元）	村（社区）党组织书记
章集社区	1073	14	3186	10825	10555	114.06	段军易
长兴社区	417	8	754	2907	4937	63.56	胡雪川
老戚庄社区	248	5	458	1798	2924	71.17	赵　京
跃进社区	548	8	1247	5218	5781	59.05	鲍俊轩

续表42

村（社区）名称	行政区域面积（公顷）	村民小组（个）	年末户籍户数（户）	年末户籍人口（人）	耕地面积（亩）	集体收入（万元）	村（社区）党组织书记
大沈庄社区	293	8	585	2464	3155	86.41	陈　剑
武河社区	546	8	928	4000	5835	73.96	刘亚琼
何杨社区	378	5	706	2779	4272	61.69	杨松林
张刘社区	477	8	830	3451	4660	62.78	刘兴亮
葛老社区	259	8	473	2029	2996	56.24	郭　勇
小穆庄社区	438	8	708	2920	4928	65.69	刘爱中
店南社区	539	8	1725	5438	5712	64.58	陈　秀
店西村	588	8	846	3398	6770	101.52	卢光辉
店北村	481	8	758	3226	5369	85.93	尤玉标
店东村	530	8	769	2904	6099	90.18	赵香云
黄仓庄村	545	8	851	3425	6576	87.32	杜学超
桃树园村	490	8	887	3594	5485	61.51	王　义
谢圩村	459	8	866	3419	4440	88.82	仲崇阳
王圩村	335	5	601	2394	3740	55.65	王　军
张王庄村	395	5	519	2058	4807	55.69	陈全宝
卢房村	388	5	518	2194	4724	53.73	李建军
沈庄村	358	5	552	2223	4269	61.21	郇娟娟

（赵登亚　葛旭光　孙春艳）

耿圩镇

【概况】 耿圩镇地处沭阳县西南部，与南部城区仅隔淮沭新河，是沭阳国家现代农业产业园核心区。镇域面积109.37平方千米，辖20个行政村（社区），户籍人口6.89万人，常住人口4.1万人，镇区面积4.5平方千米，镇区常住人口0.93万人，城镇化率22.7%，耕地8.7万亩，花木种植面积2.5万亩，永久基本农田7.6万亩。2023年，全镇实现地区生产总值27.87亿元，同比增长8.1%；完成财政总收入1.61亿元，同比增长182.4%；完成一般公共财政预算收入8422万元，同比增长162.6%。农村居民人均可支配收入25300元。先后荣获“中国淘宝镇”“江苏省十佳农业富民小镇”“长三角最具魅力旅游特色小镇”“沭阳县2023年度财税工作先进单位”等称号。

【工业】 2023年，耿圩镇工业开票销售收入8.1亿元，同比增长15.7%。亿元以上项目新竣工2家（宿迁市口口发餐饮管理有限公司、沭阳享味福餐饮管理有限公司），新开工项目1家（东美旭智能家居项目），新签约项目1家（苏州弗莱曼电梯项目），其中口口发中央厨房项目实现当年开工当年投产。

【农业农村】 2023年，耿圩镇继续擦亮耿圩“多肉”“蝴蝶兰”特色农业产业名片，聚焦苏台花木产业示范园、蝴蝶谷兰花盆景产业园“两颗明珠”，加快沿324、245省道两个乡村振兴综合体建设工作。引导苏台花木产业示范园投资3000万元进行展厅提档升级，进一步提升耿圩农旅产业竞争力。推动张胡圩电商创业基地项目建设，投资370万元建成2栋7136平方米连栋控温温室，可实现年产值2000余万元。智能化中央厨房项目、农业创意产业园纳入2023年度省农业农村重大项目。耿圩多肉产业园被农业农村部纳入《全国农村创业园区目录》。淮西村获评2023年度江苏省乡村旅游重点村。张胡圩村入选2023年江苏省乡村振兴示范村创建名单，成功举办全省农村户厕改造工作现场推进会，受到省、市、县各级领导一致好评。11月，耿圩镇作为全县唯一乡镇纳入宿迁市“三园”建设试点镇，全域推进“大美田园、和美家园、富美农园”示范建设。荣获“沭阳县2023年度乡村振兴先进单位”称号。耿圩镇党委、耿圩镇张胡圩村党支部均荣获“宿迁市2023年度乡村振兴先进集体”称号。

【镇村建设】 2023年，耿圩镇完善公共基础设施建设，升级改造耿陇线2.2千米，维修耿梁线、耿周路、丁陇线、绿雅大道共计27处2523.5平方米破损路面，拆除改建姜庄桥、涧东桥2座危桥。建成镇区污水管网468米，雨水管网668米。全域推进户厕改造工作，全年完成改厕6630户。服务宿连高速工程通车、宿连航道工程收尾，保障苏州路大桥建成通车。高效推动文艺张胡圩二期投入800余万元完成群众广场建设、黑臭水体整治、人居环境提升、道路提档升级、7136平方米电商创业中心达效。持续改善农民住房条件，阳光新城安置农户557户，淮西新型社区安置孙庄村、周庙村农户101户。实施人居环境整治“焕颜行动”，结合乡村公共空间治理2.0版，以“六边”整治为重点，全面整治“十乱”行为，清理乱堆乱放、乱搭乱建2800余处，处理农业生产废弃物159吨，清运生活垃圾5526吨。

2023年5月，耿圩镇润成兰花盆景产业园培养种植蝴蝶兰、春兰、文心兰等百余个兰花品种　　耿圩镇　供图

【民生事业】 2023年，耿圩镇纳入低保对象1032户，落实打卡发放低保资金近54.93万元。发放尊老金66500元，宣传发动群众积极参加65周岁以上老人体检及妇女两癌筛查工作，将利民为民政策落细落实。淮西社区被评为省级“2023年度老年友好型社区建设单位”，汪圩村卫生室获评市级“甲级卫生室”，耿圩卫健中心获县妇女联合会“三八红旗集体”称号。耿圩中心小学入选教育部“第四批乡村温馨校园典型案例学校”，耿圩初级中学和北丁集初级中学入围“2023年全国青少年校园足球特色学校”推荐名单，北丁集中心小学获评宿迁市“基层理论学习教育示范点”。

【社会治理】 2023年，耿圩镇突出党建统领，开展党建“先锋”行动，通过教育培训“两堂课”、关心关爱“两步走”、考核激励“双发力”，锻造素质过硬的村干部队伍。牢牢守住安全生产底线、生态环境底线、土地红线和社会稳定底线，推行燃气隐患排查、企业安全生产“红绿码”动态公示制度。加大违法用地巡查、通报、整改力度，实现镇域违法用地“动态清零”。坚持全民共治，源头防治，开展月度清洁生产企业星级评选活动。打造镇、村（社区）、网格“三级联动”矛盾排查化解体系，定期研判，做好重大复杂矛盾纠纷的排查化解。

2023年耿圩镇各村（社区）情况表

表43

村（社区）名称	行政区域面积（公顷）	村民小组（个）	年末户籍户数（户）	年末户籍人口（人）	耕地面积（亩）	集体收入（万元）	村（社区）党组织书记
耿圩社区	515	11	1101	4114	4300	114.87	李　飞
丁集社区	706	8	1668	5569	5280	63.08	葛志国
郭圩村	400	15	905	3849	4215	60.69	马道亭
汪圩村	612	21	1202	5042	8305	102.83	徐春香
梁荡村	240	9	537	2399	2525	67.83	尤发忠

续表43

村（社区）名称	行政区域面积（公顷）	村民小组（个）	年末户籍户数（户）	年末户籍人口（人）	耕地面积（亩）	集体收入（万元）	村（社区）党组织书记
闸西村	325	10	591	2533	3192	61.31	彭伏龙
淮西村	500	14	853	3834	4005	119.32	张加兵
周庙村	456	10	594	2598	1875	53.53	左怀楠
孙庄村	620	7	513	2171	4020	72.27	孙　超（10月免）
管桥村	378	10	735	3028	4700	74.98	曹　雷
沂南村	689	16	1078	4836	3885	57.31	徐晶晶
王庙村	398	10	574	2357	3090	57.13	梁爱明
岗庄村	583	11	588	2579	3195	62.73	华明亚
乔王村	514	8	1085	4392	3565	64.25	乔　亚
尚庙村	414	5	690	2660	3945	64.34	王华林
宋宅村	338	5	586	2548	3410	55.93	宋同洋
吴园村	384	4	639	2635	2810	55.95	胡显勇
涧东村	360	8	806	3379	4060	55.35	周士斌
周王村	559	5	1077	4125	3907	117.72	李加军
张胡圩村	601	8	1044	4314	3580	111.62	曹开金

（徐莉媛）

韩山镇

【概况】 韩山镇位于沭阳县的东北部，淮沭新河北岸，东靠吴集镇，西邻龙庙镇，北与高墟、华冲两镇接壤。镇域面积121.62平方千米，耕地面积12.7万亩，辖3个社区、20个行政村，户籍人口7.88万人。位于镇中心区的韩山是沭阳最高峰，海拔66.08米，占地0.48平方千米，韩山健康主题公园属国家AAA级旅游景区。镇域范围内324省道横贯东西，205国道、344省道、官塘线县道贯穿南北，镇政府所在地距宁连高速灌云出入口及京沪高速扎下出入口均约25千米，交通便利。2023年，全镇实现地区生产总值30.25亿元，同比增长8.0%，绝对值和增速分别位居全县第13名和第10名；完成财政总收入5272万元，同比增长39%，其中税收收入5053万元，税收占比96.8%，同比增长38.3%；完成一般公共财政预算收入2835万元，同比增长40.9%。

【工业】 2023年，韩山镇工业经济总量持续攀升，全年实现工业开票销售收入15.26亿元，同比增长4.2%；实现工业增值税3512万元，同比增长85.8%；工业投资同比增长40.0%。注重“四上”企业（规模以上工业、有资质的建筑业，限额以上批发和零售业，限额以上住宿和餐饮业、有开发经营活动的全部房地产开发经营业，规模以上服务业法人单位）招引和培育。全镇现有规模以上企业16家，全年新增列统企业6家，规模以上工业增加值同比增长13.3%，增速位居全县第11名；规模以上建筑业总产值同比增长99.2%，增速位居全县第一名；规模以上服务业营业收入同比增长100%，增速位居全县第2名；固定资产投资完成额4.3亿元，同比增长37.1%，增速位居全县第6名；其中，工业投资完成额同比增长36.3%，增速位居全县第5名。招商质态持续提升，引进沭阳经济技术开发区5亿元竣工验收项目1个，新增股改企业1家，新增三星级“上云”企业1家，推广应用工业机器人1个，实施设备投资超千万元技改项目2个，新增市级以上研发机构1个，新转化高科技成果2项。

【农业】 2023年，韩山镇加快实施田间桥涵路渠、水利泵站建设工程，持续整治田间环境，提升农业生产能力。全年新建3.56万亩高标准农田，粮食实现稳产丰收，13.22万亩夏季小麦颗粒归仓。大力发展高效农业，加强生态农业基地建设，提升农业规模化、特色化、品牌化效应。围绕宋庄蔬菜种苗、花圩有机农业、尤庙草莓、友谊翠竹等特色品牌，拓宽群众致富渠道，初步形成休闲农业、观光农业、特色农业融合发展的现代农业体系。5月11日，中央电视台第13套在线看农业栏目对韩山镇蔬菜种苗产业进行专题报道。培育壮大龙头企业，持续加大对农业企业的扶持力度，对重点农业项目的恒大米业、康之源粮油、恒源食品、乾琪农业等进行资源支持，带动群众增收致富。7月11日，韩山现代农业产业园被列入市级现代农业产业园建设名单（全市五个，沭阳县唯一），于12月中旬通过考核验收。

【镇村建设】 2023年，韩山镇实施了韩顺路、韩沂路、324省道、344省道路域环境整治工程，清理总长14千米的324省道韩山段大叶女贞等各类树木1.5万余株，新栽植榉树1800株、四川红紫薇1720棵。对324省道吕庄段路灯进行安装，实现324省道韩山段全线亮化工程。针对官墩社区街面凌乱、交通不畅等现象，铺设3米宽沥青路面人行道2400米，实现了机非分离，保障了学生出行安全。324省道韩山镇区段南侧新建两座二类公厕，种植草坪5000平方米，打造节点微景观8处，提升了韩山对外形象。对尤庙、石平、韩西、宋庄、韩山5个村（社区）实施户厕改造，受益农户900余户。补齐城镇设施短板，投入80万元对镇区泥土路、断头路、破损路进行建设，改造打通镇区道路堵点痛点，获得群众一致好评。投入55万元对3个小区雨水管网进行改造，受益群众620户。投入100余万元对富美小区、韩东康居、官府花苑3个小区自来水管网进行全面改造。对镇区13个小区多年来的积存垃圾进行彻底清理，清理出约5万吨垃圾，全镇13个小区全部安排保洁人员，做到垃圾日产日清。对1200平方米的农贸市场路进行了黑色化改造，投入150万元在尚庄、石平、赵口、桔园等村铺设“一事一议”奖补道路，极大地方便了群众出行。

【文化建设】 2023年，韩山镇紧紧围绕乡风文明建设和干部作风建设的总体部署，持续抓好“三进乡村”活动，着力优化韩山社会环境和政治环境。持续抓好移风易俗进乡村。开展“三大行动”，即核心价值观融入行动、陈规陋习整治行动、优良家风建设行动，下足功夫破除陈规陋习。坚持白事简办，镇村干部主动上门吊唁。开展好家训征集活动，形成浓厚的孝善社会氛围。持续推进群众文化进乡村。加大“送文化”力度、培育乡村文化队伍，以健康向上的文化占领乡村思想文化阵地，繁荣群众精神文化生活。深入开展“红磁场”畅玩活动，2023年“韩山镇夕阳红艺术队”“韩景艺术团”在镇域内巡回演出92场次，全镇有广场舞、花船舞等艺术团队29个，全年共举办活动800多场次。持续推进文明创建进乡村。常态化开展“五美庭院、韩山孝星、韩山好人”评选活动，用有形的正能量、鲜活的价值观，引导广大群众见贤思齐、崇德向善，引导广大群众爱党、爱国、爱家乡，讲法治、讲道德、讲文明。

【基层党建】 2023年，韩山镇牢固树立“抓党建是本职，不抓党建是渎职，抓不好党建是失职”的理念，严格落实党建工作责任，抓基层、建机制、强基础、激活力，进一步激发了镇村干部担当作为的内生动力。加强阵地建设。对照党支部建设标准，对下辖的23个村级党支部逐一进行自评，共查摆问题26条。通过月度观摩及党建巡查等多种方式督促整改到位。投入100多万元对大吕庄村、范圩村、刘徐村、桔园村党群服务中心进行扩建或回收，使23个村（社区）阵地建设达到标准化。加强队伍建设，实施村干部学历提升专项行动，全镇129名村干部中符合下一届换届的126人达到了大专及以上学历。坚持将抓人、抓事作为抓基层党建制度建设的落脚点，先后出台《党支部书记基层党建履职清单》《进一步加强村（社区）干部管理的暂行规定》《村居工作“十不准”》《“三务公开”预审制》《申请入党预审制》等规章制度，进一步建立健全长效

2023年4月，韩山镇打造324省道韩山段绿化工程，提升韩山对外形象
徐海力 摄

机制，推动党建各项规章制度的有效落地和规范落实。

【生态建设】2023年，韩山镇全面强化生态环境整治，组织对全镇各类企业开展拉网式巡查7次，组织条线人员对污染企业和散乱污企业督查37次，督促相关企业整改事项21次，对重点监管企业负责人谈话4批次。着力抓好“散乱污”企业整治，督促企业进行整改提升，强力推进经济结构绿色转型。加大治污投入，解决镇村生活污水排放问题。新建村级污水处理设施5个，投入331.47万元铺设污水管网11923米，接入污水主管网；同时投入55万元对3个小区雨水管网进行改造，受益群众620户。整治农村黑臭水体3条，打造农村生态河道22千米。结合全县畜禽养殖粪污整治“百日行动”活动，对全镇所有畜禽养殖场进行整改，117家畜禽养殖场已经全部整改到位。

【安全生产】2023年，韩山镇切实抓好安全生产工作。大力整治群租房，共排查出有问题群租房5处，全部按照群租房隐患整改标准进行整改到位。共排查出5家厂中厂需整治企业，责成签订了消防安全承诺书，并跟踪督促落实整改。对318家“三合一”（住宿与生产、仓储、经营设置在同一空间内）场所整治任务落实工作责任，共张贴告知书318份，发放宣传单360份，四样消防器材（灭火器、防毒面罩、逃生绳、烟感器）全部配备到位。拆除遮挡逃生通道的广告牌95处、防盗窗50处。19家工贸企业“三合一”场所全部整改到位。全镇72家餐饮企业全部完成报警装置安装，对灶、管、阀、瓶进行逐一排查、逐一登记、逐一整改，全部整改完毕。整治校外辅导机构学生留宿，共清理8家校外托管机构，有力地保障了学生安全。

【社会事业】2023年，韩山镇坚持普及健康生活、优化健康服务、完善健康保障、建设健康环境，全面落实促进人民健康的各项举措，社会事业繁荣发展。韩山人民医院全年诊疗量达8.5万人次。教育质量进一步提升，官墩九年制学校2023年中考（参加考试472人）达如东、沭中免费生22人，考取建陵、华冲等四星级高中101人，达普高线260人。深入开展8965名65周岁以上老年人免费体检工作，提高群众健康水平。1737户3273人纳入农村最低生活保障，149名五保老人、26580名60周岁以上老人实现老有所养。对220余名困难群众进行临时救助，救助资金约19.5万元。

2023年韩山镇各村（社区）情况表

表44

村（社区）名称	行政区域面积（公顷）	村民小组（个）	年末户籍户数（户）	年末户籍人口（人）	耕地面积（亩）	集体收入（万元）	村（社区）党组织书记
韩山社区	573.68	16	1648	5997	3991.37	67.53	刘宝亚
韩西社区	297.4	11	665	2708	3532.54	66.85	宋海祥
官墩社区	337.11	10	567	2330	2705.94	65.29	季　策
范圩村	714.03	13	1102	4607	8259.74	63.88	陆洪广
大吕庄村	778.47	9	814	3321	7581.64	59.19	孙海明
刘徐村	544.15	15	850	3785	5661.55	62.09	刘晓念
沂兴村	650.45	13	776	3122	6978.44	63.53	武海龙
宋庄村	372.72	8	793	3677	5037.94	60.58	宋红志
顺河集村	615.37	14	1035	4195	5720.63	79.67	郁光浩
赵口村	416.22	9	713	3049	4717.31	60.26	张　浩
石平村	471.64	8	636	2937	5203.92	85.97	周华亮
桔园村	667.54	14	941	3994	7802.81	61.57	周伟成
尚庄村	633.9	9	958	3641	6299.02	60.03	雷淑波
戴山村	646.06	10	799	3687	7373.58	60.23	李海洋
姜洼村	420.08	6	501	2361	4787.14	64.67	耿志松

续表44

村（社区）名称	行政区域面积（公顷）	村民小组（个）	年末户籍户数（户）	年末户籍人口（人）	耕地面积（亩）	集体收入（万元）	村（社区）党组织书记
花圩村	590.03	12	698	3190	6348.73	67.38	徐　锐
尤庙村	500.11	9	587	2747	5027.77	71.44	周福全
所房村	499.84	6	785	3528	4382.55	66.94	周尔勇
南庄村	420.83	10	530	2564	3933.09	65.83	於媛媛
郁圩村	539.43	6	763	3384	5313.53	122.75	周立浪
丰收村	526.53	9	596	2763	5942.01	79.18	曹　刘
先锋村	627.27	9	810	3619	5767.38	82.01	徐立华
友谊村	523.39	5	764	3613	4672.06	65.13	郁　尚

（毛善军）

胡集镇

【概况】 胡集镇地处沭阳县城东南部，距城区19千米，镇域面积68.72平方千米，耕地6.3万亩，户籍人口5.53万人，下辖16个行政村（社区），拥有1个中心集镇和5个农村集市。205国道、新长铁路、京沪高速公路和淮沭新河等水陆交通要道横贯全镇，境内有京沪高速公路出入口和淮沭新河水运码头（该码头可与京杭大运河航线相接），水陆交通便利，交通区位优势明显。2023年，胡集镇连续9年获全县高质量发展综合考核“先进单位”荣誉称号，并获评“市加强社会治理先进集体”“县招商引资先进单位”“县乡村振兴工作先进单位”“县安全生产工作先进单位”4项单项奖。全镇实现地区生产总值25.68亿元，同比增长9.2%；完成财政总收入8852万元，同比增长11.9%；完成一般公共财政预算收入5041万元，同比增长28%。

【工业】 2023年，胡集镇共签约亿元以上项目8个，总投资32.3亿元，其中邦丽医疗、德茂新材料、汇聚锅炉、神舟科教设备4个项目已建成投产。2个工业项目签约落户胡集镇道口经济产业园，分别是江苏通港重工有限公司和宿迁云储新能源科技有限公司。聚焦园区创新提升三年攻坚行动，胡集镇道口经济产业园共入驻企业12家，其中规模以上工业企业5家，投资2.1亿元的江苏顺奕机电项目2023年开票销售收入超亿元，投资6.5亿元的江苏贝拉德电缆项目和投资3.5亿元的江苏凯雅特新能源项目均已投产。2023年，全镇完成工业增值税3943.4万元，同比增长119.37%；规模以上工业用电量1.75亿千瓦时，同比增长25.94%；完成固定资产投资8亿元，同比增长40.3%。工业开票销售首次突破20亿元，同比增长24.21%。工业增加值同比增长24.8%。新增列统企业9个，新增开票超2000万元工业企业6家，新增首次开票超1亿元工业企业1家。

【农业】 2023年，胡集镇大力发展高效生态农业，生产的芡实、西红柿、小黄瓜、瓜蒌子深受市场和消费者欢迎，有效带动附近居民就业创业。投资6200万元，完成2.22万亩高标准农田建设，极大改善农田生产基本条件和防灾减灾能力。江苏兆生源三期生命工程项目申报列省、列市高效农业重大项目。江苏蓬盛生态农业科技有限公司申报江苏省农业生产全程机械化智能化示范基地。新创建2家市级示范家庭农场，1家市级示范合作社。全年实现村集体经济收入1082.87万元，村均67.68万元，同比增长17.7%。

【镇村建设】 2023年，胡集镇扎实做好镇村建设工作。完成生活污水“十必接”工程，有效解决集镇区生活污水排放难题。推进胡东安置小区建设，已完成78套房屋主体建设，并签订配套工程施工合同。投资50万元建设华集社区和新集村美丽宜居村庄已完成创建，投资272万元改造眼泪河工程已竣工，投资310万元铺设刘河村耿庄路以及京沪高速西侧4千米水泥路，投资65万元改造205国道胡北桥段人行道，修补道路1245平方米，投资265万元对德胜路、沿河路、丁梁路等道路提档升级。三新路、胡南路、园区路等道路大中修工作已完成招标，已进场施工。投资85万元，在329省道、205国道两侧安装中杆路灯75盏、太阳能路灯62盏，同时在国道、镇区、公园节点安装了6盏高杆照明灯，切实保障群众出行安全。全年新建户厕189个，完成户厕改造127个。全面落实河长制，打造生态河道14.79千米。对205国道两侧、镇区街道进行全面规范管理，对破旧损坏招牌进行拆除更换，杜绝占道经营、店外店经营。严格做好违法用地、违章建筑查处工作，共拆除违法建筑3起，处理违建纠纷11起。

【文化建设】 2023年，胡集镇统筹整合文化站、童子戏传习所、农家书屋、道德讲堂、妇女儿童之家等各类阵地资源，投资55万元建成占地800余平方米的新时代文明实践所，全面配备理论宣讲、教育服务、文化服务、科技科普服务、健康体育服务五大平台活动场所。其中，投资15万元专门打造“童子戏”传习所，深度挖掘地方特色，弘扬优秀非遗文化。全镇已建成新时代文明实践市级示范所1个，新时代文明实践市级示范站6个（胡西、刘河、大徐、胡集、胡东、新北）。广泛开展文明家庭、胡集好人、十大孝星等先进典型评选，开展各类文艺活动400余场，丰富群众精神生活。

【生态建设】 2023年，胡集镇建成废旧农膜农药包装废弃物一体化回收站1个，全年回收废旧农膜55吨、废旧农药包装物3.88吨，超序时完成任务。积极开展畜禽污染整治工作，对全镇57家养殖户进行检查。开展人居环境整治，以国省干道两侧为重点，共计动用机械1500台次，发动党员、志愿者、乡贤290人次，参与村庄整治1.4万人次，清理生活垃圾、建筑垃圾4300吨，清理废弃猪圈256个。投资20万元在329省道和205国道两侧栽植海棠1000株、白蜡600株，全镇农村道路路肩共补植苗木1.8万株，不断提高镇区绿化水平。污染防治出重拳，对污染严重的“散乱污”企业，建立清单销号制度，对排查出来的“散乱污”企业，拉出问题清单制定整改时间和标准，注重落实。对全镇涉及的16家重点养殖户、8家饭店、3家废品收购点、3家工业企业进行重点整治，挂图作战，控总量，销存量，逐一消除污染源。全镇对1家涉污企业采取断电停产措施，2家企业停产整改，拆除大型养殖场1家、取缔“散乱污企业”3家。

【安全生产】 持续开展违法违规“小化工”、烟花爆竹、危化品使用、出租厂房等专项安全检查，全镇共排查出各类一般安全隐患260余条，全部完成整改。辖区使用液化气工业企业共47家，已全部安装燃气泄漏报警+自动切断装置。

【基层党建】 2023年，胡集镇通过打造各村（社区）新时代文明实践站引领党建阵地建设工作，形成党建与新时代文明实践深度融合、双向提升的良好工作格局，用志愿服务的“志愿红”引领带动党员群众积极参与文明创建、环境整治、助老扶困等志愿服务中，真正让新时代文明实践站成为发挥党员先锋模范作用和凝聚群众意识的重要平台。深化“到进访”工作，完成16个村（社区）“一张图”优化完善工作，覆盖特殊困难群体2400余人。优化发展党员结构，重点关注优秀年轻群体，新发展党员21人，其中大专及以上学历17人。投资140万元对6个村（社区）党群服务中心进行提档升级，打造有温度、受欢迎、聚能量的“红色磁场”。深入推进党支部“标准+示范”建设工作，推动达标创建、示范引领，刘河村党总支被评为市级示范党支部。大徐村、胡集社区、胡东社区和新北村新时代文明实践站成功入选市级示范站。

2023年胡集镇各村（社区）情况一览表

表45

村（社区）名称	行政区域面积（公顷）	村民小组（个）	年末户籍户数（户）	年末户籍人口（人）	耕地面积（亩）	集体收入（万元）	村（社区）党支部书记
胡集社区	300	7	612	4244	1380.64	58.67	蔡　坚
胡北社区	233	13	843	3993	4736.05	65.98	祁怀川
胡东社区	267	8	619	2974	2891.74	101.18	周　胜
胡西社区	250	13	732	3620	3369.95	58.13	周业进
胡南社区	496	12	813	4226	4477.37	56.25	王　耀
华集社区	285	10	689	3260	3166.61	50.73	华　雷
三新村	233	13	718	3356	3697.75	50.65	郇从虎
刘河村	660	16	1141	5380	5438.89	140.70	戈　军
新集村	397	6	629	2710	3577.49	50.82	桑兴德

续表45

村（社区）名称	行政区域面积（公顷）	村民小组（个）	年末户籍户数（户）	年末户籍人口（人）	耕地面积（亩）	集体收入（万元）	村（社区）党支部书记
梁井村	400	13	745	3489	4619.38	71.76	耿　波
黄庄村	340	13	587	2764	3415.24	50.30	马　满
大徐村	512	13	988	4608	4625.53	50.46	徐禹生
德胜村	389	12	704	3060	3838.86	61.20	钱　新
华光村	445	18	678	3084	4188.11	79.84	蒋　闯
华长村	379	14	648	3695	4114.03	86.56	华艳和
新北村	284	14	681	3062	4100.83	50.14	周业军

（孙含笑）

华 冲 镇

【概况】 华冲镇位于沭阳县北部，距离县城约20千米。东与西圩乡、韩山镇相邻，北与青伊湖湖东镇接壤，南接龙庙镇，西连贤官镇。华冲镇历史悠久，是沭阳古镇之一，镇域面积54.94平方千米，耕地面积4.9万亩，下辖12个行政村（社区），户籍人口5.1万人，镇区规划面积3.1平方千米。华冲镇交通及区位条件突出，新沭灌路、龙青路、桑高路穿境而过，龙青路纵穿南北，新沭灌路横贯东西，东接344省道，西连245省道。镇域内河网水系丰富，水路交通便利，古泊河建成后可通行千吨级船舶。2023年，华冲镇实现地区生产总值28.14亿元，同比增长5.6%；实现财政总收入为17501万元，同比增长115%，其中实现增值税15423万元，同比增长117.93%；实现一般公共财政预算收入为9345万元，同比增长115.4%。

【工业】 2023年，华冲镇牢固树立"工业强镇"意识，立足大小并举、内外并重、内培外引，推进工业经济稳步发展。全年实现工业开票销售16.38亿元；工业增值税7239万元，同比增长60.5%；规模以上企业工业用电量510万千瓦时，同比增长4.12%。有开票实绩企业100家，其中开票超2000万元企业14家，开票超1亿元企业3家，24家规模以上企业实现工业总产值12.93亿元。

【农业】 2023年，华冲镇落实乡村振兴战略，以新一轮农业结构调整发展规划为指导，将扶持壮大村集体经济作为农业农村工作的重中之重予以部署，因地制宜重点发展特色农业，激励村集体经济多样性发展，"富民强村"成果显著。全镇村集体经济收入较上年增长10%以上，全镇12个村（社区）集体经济收入全部超过50万元，实现村集体经济收入共达1266万元，村均完成105万元。坚持"一村一品""多村一品"的特色产业发展模式，全镇已建成大尖番茄生产基地3000亩，建成站墩茼蒿基地500亩，建成东园红富士苹果种植基地1000亩。完成大尖西红柿、站墩芦蒿的蔬菜保供基地申报、完成大尖西红柿的科技培育中心申报，积极组织特色农产品参加县农业农村局举办的海棠节展销活动，为天盛种业申报特色农业机械化示范点，新申报创建家庭农场示范点6处。其中，大尖社区组建土地股份合作社，投资建成西红柿培育中心，搭建新型日光大棚，实行统一购种，统一管理的经营模式，同时为全镇及周边乡镇西红柿种植群体提供多次技术服务与支持。扎实推进高标准农田建设，重点加快推进投资600万元的涉及东园村、仲林村、华冲社区2200亩的高标准农田新建项目。加快推进投资2900万元的司家荡片区12000亩的高标准农田提升项目，包括344省道西侧片区2000亩的"吨粮田"、344省道东侧片区1200亩的"吨粮田"示范建设项目，真正实现做到建成一亩、见效一亩，确保将高标准农田建成民心工程、放心工程。

【镇村建设】 2023年，华冲镇按照最美乡村建设要求，加大环境整治，完善公共设施建设。道路修建不断完善，投入近100亿元对华经路、站墩路等多条镇村级道路进行拓宽改造、提档升级，硬化产业资源路，解决群众"出行难"问题。对上争取150万元安装波形护栏，总长约6500米，守护群众出行安全。优化绿地空间布局，利用边角地、废弃地、闲置地等微小空间，总计投入200万余元陆续打造建设15个特色"口袋公园"，为群众提供看得见、走得进、有特色的身边游憩场所。全面开展乡村建设评价，建立完善“开展评价、查找问题、推动解决”的工作机制，提升乡村建设水平。深入推进农房和村庄建设现代化，加快农村房屋安全隐患排查整治，完成39户C、D级危房鉴定、整治、销号工作，对上争取35万余元对4户四类群体危房进行加固改造，提升农房质量。2023年，华冲镇荣获江苏省城建档案管理先进单位，镇生态环境和建设局档案室被评为省特级村镇建设档案室。

【文化建设】 2023年，华冲镇积极加强文化阵地建设，融入文化特色，翻新百姓大舞台、建设文化长廊等一系列配套设施和功能室，深入挖掘华冲文化底蕴和资源，建设文明小剧场、文化广场、名人工作室等。开展群众文化活动，充分利用文化硬件基础设施，结合重大节日，全年开展文化演出约60场，激发了群众热爱家乡的情感。强化文化演出监管，明确治理打击营业性演出文娱乱象的任务和职责，引导行业规范健康发展。积极开展捐资助学活动，全年共筹集50万余元，为高考优秀学子、优秀初中毕业生和各村（社区）贫困学子提供经济支持。

【生态建设】 2023年，华冲镇聘请专业清理团队对镇内10条县级河道、56条乡级河道、180条沟渠河塘小微水体进行水体保洁，改善周边水生态环境。以贯彻落实河长制为抓手，打造升级生态河道5.85千米，种植花草1.8万平方米，通过河道疏浚、生态修复、岸坡整治、长效管护等措施，农村生态河道覆盖率大幅提升。投入近150万元建设镇区“十必接”污水管网、雨水管网、下水道工程，新建污水管网、雨水管网1200余米。加强农村生活垃圾收运处置体系建设管理，完善收运处置体系，强化运行管理，积极争取资金支持，打造干净、整洁、有序的村庄环境。聚焦“四沿、五旁”开展村庄清洁行动，大力整治重点、难点、盲区、死角等，确保环境卫生整治工作抓实见效。

【基层党建】 2023年，华冲镇以补齐党建阵地短板，建强基层支部堡垒为抓手，深入推进党支部“标准+示范”建设，共投入150万元对12个村（社区）党群服务中心进行提档升级，以勤俭节约、实用实效为准则，召开党群议事会征求意见建议34条，重点优化便民服务、党员活动等功能，真正让党员群众想来、愿来、盼来。针对群众关心的党建广场活动空间较小等问题，共投入65万元新建经堂村党建广场1400平方米，改扩建仲林村、汤庄村、东园村、柳口村、官沟村、大尖社区、华冲社区党建广场共4300平方米，同时组织全镇广场舞大赛、亲子微课堂、农技培训讲座等活动20余场次，真正让新场地发挥新作用，形成覆盖全区域、服务全方位、力量全汇集的基层党建“红色矩阵”。全镇29个党支部共开展集中学习90余次，为流动党员寄送学习书籍210人次，同时结合“华冲镇领导干部学习大讲堂、华冲镇挂职村（社区）干部晚课堂、微型党课、特色主题党日”等活动，深入推进干事创业，共解决群众反映较多的大尖小区污水管网堵塞、站墩中心路破损、晚间文娱活动场地较少等“痛点”问题13件，有力凝聚党心民心。

2023年华冲镇各村（社区）情况一览表

表46

村（社区）名称	行政区域面积（公顷）	村民小组（个）	年末户籍户数（户）	年末户籍人口（人）	耕地面积（亩）	集体收入（万元）	村（社区）党组织书记
华冲社区	447.82	13	1993	6863	2779.31	110.6	荣毅敏
大尖社区	360.77	12	981	4085	3189.83	115.3	周　巍
丁庄村	506.46	14	847	3788	5307.34	114.5	荣子洋
官沟村	702.90	14	999	4309	7010.9	121.7	陈爱亭
柳口村	454.84	10	639	3035	4089.95	106	荣东洋
杨柳村	550.63	14	954	4159	4725.4	82.6	王增朴
仲林村	278.15	9	737	2808	2477.17	81.1	葛　婷
站墩村	429.55	13	776	3299	4550.45	107	荣忠山
东园村	332.88	17	984	4072	2198.9	119.9	王　飞
伍滩村	240.37	10	603	2680	2218.69	122.9	伍东祥

续表46

村（社区）名称	行政区域面积（公顷）	村民小组（个）	年末户籍户数（户）	年末户籍人口（人）	耕地面积（亩）	集体收入（万元）	村（社区）党组织书记
汤庄村	562.46	15	1252	5173	4885.99	80	荣　靖
经堂村	625.08	27	1517	6345	5750.25	103	仲玉波

（周　舟）

李恒镇

【概况】 李恒镇位于沭阳县东部，南邻马厂、沂涛镇，东接七雄、章集街道，北靠新沂河，东与连云港市灌南县隔柴米河相望，处市县交界处。镇域面积122.64平方千米，下辖24个行政村（社区），户籍人口8.37万人。2023年，全镇全力推进产业融合示范镇建设，经济社会发展总体稳中向好，全年完成地区生产总值37.45亿元，同比增长11.1%；实现财政总收入7.61亿元，同比增长213%；实现一般公共财政预算收入4.07亿元，同比增长213.5%。

【工业】 2023年，李恒镇坚持“工业强镇、产业兴镇”不动摇，全镇经济发展态势持续向好，实现工业开票销售收入79.48亿元，同比增长114.1%。全年引进落户亿元项目15个，总投资38亿元，新增入库企业2个。新少伯科技有限公司获评国家级高新技术企业。以“腾笼换鸟”不断提升园区亩产效益，抓好中小企业园建设，园区工业开票销售收入1.7亿元，同比增长214.81%。积极践行“无事不扰、有困必帮”服务理念，坚持将“金牌帮办”和“店小二服务”贯穿企业生产经营过程，进一步发挥商会作用，不断增强企业发展意识和社会担当。

【农业】 2023年，李恒镇着力构建“农业创特色”的发展思路，不断提升现代化农业体系规格。全年签约10亿元农业重大项目2个，分别为益客食品、立华牧业。4个农业项目通过列省、列市重大农业项目验收。引进投资1500万元的“实验猪”智雅农牧科技公司。众客种禽新研发的“益扬1号”黑嘴麻鸭配套系填补全市畜禽品种空白，是江苏省地方唯一肉鸭品种，成为亚运会官方使用食材。依据自身区域定位，将农产品发展成特色产业，扩宽村民致富渠道，通过延伸健全产业链、打造高效供应链、持续提升价值链，逐步形成以“翠冠梨”“金丝黴”“沈家老鹅”“江圩芡实”等为代表的特色农产品产业链，探索出实现乡村产业振兴的新路径。大李“翠冠梨”在上海参加绿色农产品展览。

【乡村振兴】 2023年，李恒镇着力加快镇村基础设施建设，推进乡村振兴步伐，增进民生福祉。全年投入300万元提升集镇区环境，投入资金约350万元修缮、提档柴北村、双窑村等14条道路，投入3600万元完成中央预算1.2万亩高标准农田建设任务，投入400万元新建李恒农贸市场、改造新建5个公共厕所。投入资金约350万元，将破损严重、存在安全隐患及影响群众正常出行的顾洼路、李刘路6.5千米路面进行修补、提档升级。投入270万元对汤涧、双窑、大黄、柴南等地开展三批“一事一议”奖补道路修建。投入19.5万元新建柴北庄台路。对镇区道路、雨污水管网、外墙立面等基础设施进行提升改造，新增机动车停车位50个，新增照明路灯30盏。黑色化改造农贸市场及周边道路、新建公共厕所5个。完成新建户厕430户，整改提升户88户。全年实现村集体经营性收入1757.28万元，同比增长15.34%，村集体收益性收入1153.2万元，占总收入65%，村集体经济发展稳健，全镇24个村（社区）集体经济收入全部实现突破50万元，收益性收入均突破30万元。

【文化建设】 2023年，李恒镇拓展新时代文明实践建设，构建完善镇、村两级新时代文明实践体系，指导各村（社区）组建152支志愿服务队，开展各项志愿活动570余场。全年打造市级新时代文明实践站2个，选树“宿迁好人”2人，“沭阳好人”4人，选树“李恒好人”334人，评选“最美婆婆”12人、“最美媳妇”18人。综合运用道德讲堂、善行义举榜、文艺宣传等方式，宣传展示道德典型68场次，宣讲“李恒好人”感人事迹44场次。全年开展文艺送礼、送戏下乡活动382场，举办全民阅读活动66场，丰富群众文化活动。全力推进张坦村“红石榴”家园省级精品单位阵地创建打造工作，共开展各类丰富多彩的民族团结进步创建活动20余次。2023年中考，李恒初级中学87人达宿迁市普通高中录取分数线，实现普通高中录取人数“五连增”。汤涧中心小学学生在全国跳绳联赛中勇夺5金3银，实现特色体育项目零的突破。2023年，李恒镇成功创建“江苏省文明乡镇”，被市委组织部、市委宣传部评为“2023年度党员冬训工作先进集体”。

【社会关爱】 2023年，李恒镇积极开展特殊群体关心关爱活动，实现群众求助无障碍、受助无遗漏，全力保障特殊群体生活。全年发放义务兵家庭优待金90万元，重点优抚对象慰问金7万元，“四有”（有灵魂、有本事、有血性、有品德）奖励金1万元，三等功奖金1万元。为优抚对象二次医疗报销98人次20.8万元，走访慰问困难优抚对象、退役军人军属等300人次，发放慰问金11.5万元。全年为158名符合年龄条件的老人办理尊老金补助。开展2023年度“花乡爱心妈妈”暨“康乃馨”春节慰问活动，结对帮扶43名困境儿童，对37名重点未成年人家庭进行走访，对全镇73名困境儿童进行排查，累计发放3.2万元用于关心关爱孤困儿童、妇女、精神残障群体220人次。

【基层党建】 2023年，李恒镇对郝圩、三黄、柴北等10个党群服务中心进行提档，建成口袋公园11座，通过篮球赛、“小村汇演”等群众喜闻乐见的形式，丰富党建活动内涵，使党群服务中心有颜值更有温度，成为党员群众“愿来、想留、能聚”的“温馨之家”。

2023年李恒镇各村(社区)情况一览表

表47

村（社区）名称	行政区域面积（公顷）	村民小组（个）	年末户籍户数（户）	年末户籍人口（人）	耕地面积（亩）	集体收入（万元）	村（社区）党组织书记
李恒社区	494	12	1825	5602	4300	73	陈永亮
柴北村	580	10	608	2314	2370	59	张　峰
孙洪村	517	7	611	2102	3300	55	孙　虎
江圩村	465	14	717	2647	2657	96	江征齐
西河村	800	8	796	2718	6800	72	殷文虎
徐庙村	515	14	1145	4122	5497	77	刘建洲
曙红村	507	20	1265	4305	6288	63	孙红雨
刘山村	574	17	915	3201	5730	75	汤化东
竹湖村	500	16	1122	3907	6316	57	王　雷
平北村	640	15	900	3236	4086	73	王清瑞
大黄村	504	14	1005	3591	4278	57	黄　尚
柴南村	800	17	1466	5554	6979	63	张如东
汤涧社区	376	15	1493	4926	2236	76	王　波
汤南村	350	11	654	2108	2024	77	汤　伟
三黄村	332	8	909	3211	2200	71	邹成运
范场村	286	10	939	3513	3453	70	谢其乐
张坦村	530	8	1059	3775	4117	83	任玉刚
马屯村	280	9	1075	3773	3809	70	唐善军
郝圩村	448	10	683	2663	3700	77	宋统军
顾洼村	350	7	685	2511	3080	69	王　方
大李村	284	10	880	3363	4254	90	夏进仁
藕池村	500	8	587	2062	3200	87	徐学刚
两柴村	633	20	1199	4149	4550	69	严　竹
双窑村	740	7	1204	4330	4713	100	章会成

（耿进宁）

刘集镇

【概况】 刘集镇位于沭阳西部，地处沭阳、泗阳、宿豫三县（区）交界处，324、245省道穿境而过，距新扬高速宿迁东出口18千米，已建成的宿连高速贯穿镇内且在245省道交会处设置沭阳（西）出入口。镇域面积72平方千米，耕地面积6.5万亩，下辖12个行政村（社区），户籍人口4.20万人。2023年，实现地区生产总值29.98亿元，同比增长12.7%，增速连续2年位居全县第一；完成财政总收入2.94亿元，同比增长317.9%；完成一般公共财政预算收入1.57亿元，同比增加304.3%。荣获"国家级卫生镇""江苏省生态文明示范镇""江苏省楹联文化镇""宿迁市新时代文明实践示范所"等称号。

【工业】 2023年，刘集镇坚持"外招内培"，紧抓项目建设，工业经济发展再上新台阶。招引签约尚然饮品、优饰新材料、腾尔达环保科技、韩阳材料科技、上境美塑日用品等企业10家，其中亿元以上项目7个。积极推进企业培育，推行"一企一策"培育制度，实现新增规模以上工业企业4家。全年工业开票销售收入65亿元，工业税收1.94亿元，工业增值税1.81亿元，同比均实现三位数增长，达到历史新高，在全市乡镇板块中首次进入前十名。

【农业】 2023年，刘集镇大力推进高标准农田建设，累计建成高标准农田5.1万亩，占总耕地面积70%。上半年小麦产量达3516万千克，同比增长7.14%，实现"二十连丰"。积极深耕农旅融合，成功举办第七届海棠节，同步开展"梦之蓝"杯摄影比赛、海内外征联大赛、"慕蓝卡"杯趣味定向越野跑等系列活动，累计吸引10万名游客赏花、打卡，带动72家餐饮单位获得良好效益。投入1348.74万元建设智慧农业产业园，新建仓储及配套用房2500平方米，铺设道路7500平方米，安装路灯及排水沟整治等相关配套设施，新建泵站1座、节制闸1个，进一步改善农田灌排条件。

【镇村建设】 2023年，刘集镇积极对上争取，统筹各类资源，聚焦基础设施建设。投入1792万元修建或修缮刘北路、老小线、刘涧线、刘保线、大保线、刘槐线等镇村主要道路8条。投入236万元，安装路灯1180盏，实现镇区、乡道、村主要道路路灯全覆盖。投入450万元，围绕324省道沿线两侧打造绿化景观节点8个，同时324省道沿线种植花草12千米，245省道沿线种植花草10千米。投入335万元，完成2594户农户户厕改造。对阳光小区北公园、供销社运动主题公园、镇政府西侧健身广场进行翻修改造，切实提升人民日益增长的文体生活需求。

【文化建设】 2023年，刘集镇扎实开展乡风文明系列评选活动，评选出"五美庭院"29户、"刘集好人"30人、"最美婆婆"20人、"最美媳妇"20人。深入推进"白事简办"行动，通过召开村组会议、签订承诺书、召开座谈会等形式，动员群众红白事不大操大办，成功劝导150余户家庭丧事简办。积极争取县教育局支持，与怀文中学友好协商，和怀文中学合作联合办学，办学质量显著提高。加强楹联文化建设，获评"江苏省楹联文化镇"，郇河村获评"江苏省楹联文化村"，刘集初级中学、刘集中心小学获"江苏省红色楹联教育基地"荣誉称号。

【生态建设】 2023年，刘集镇持续加强生态建设。建设1.7千米的生态河道，打造刘集镇槐树村舒适生态宜居的村庄。健全保洁、垃圾转运管理机制，每周开展"环境清洁日"活动，利用村庄闲置空地见缝插绿、增绿提质。严格按照"全年禁、全面禁"的要求积极抓好秸秆禁烧工作，秸秆综合利用率100%，全年实现秸秆零处焚烧。

【基层党建】 2023年，刘集镇通过集体研学、现场督学、当面问学，不断提升学习深度与广度，累计开展活动68次，覆盖人数达3600余人。开展"夜间微课堂"30期，组织党支部书记到先进乡镇考察学习，不断拓宽村级发展思路。投入150万元对郇河村、南岗庄村等4个党群服务中心进行升级改造，广场黑色化面积达1800平方米，新装路灯136盏，升级改造农家书屋2个。坚持"有事你来办、没事你来玩"的理念，在村（社区）党群服务中心打造"楚汉议事厅"，让群众娱乐活动有去处，日均接待群众600余人次。

2023年刘集镇各村（社区）情况表

表48

村（社区）名称	行政区域面积（公顷）	村民小组（个）	年末户籍户数（户）	年末户籍人口（人）	耕地面积（亩）	集体收入（万元）	村（社区）党组织书记
刘集社区	812	18	1813	6188	7200	110.78	单海旺

续表48

村（社区）名称	行政区域面积（公顷）	村民小组（个）	年末户籍户数（户）	年末户籍人口（人）	耕地面积（亩）	集体收入（万元）	村（社区）党组织书记
郇河村	750	12	648	3331	6500	143.2	单延民
大兴村	533	11	661	2999	7000	96	张正贤
槐树村	773	17	886	3581	8200	111.15	凌　建
南岗庄	433.3	6	520	2646	5318	182	徐向阳
张大沟村	650	20	861	4602	6120	81.75	张　弛
老小圩村	366.67	16	949	3804	4860	88	单成路
西周集村	521.4	13	727	3505	3955	38	孙　弦
育民村	389.29	9	468	2335	3106	78.75	周卫中
桥南村	394.66	13	681	3143	3780	84	张　恩
涧西村	476	8	680	3138	3500	63.46	胡道利
南长庄村	454	15	780	3209	5353	147	任宝成

（徐诗豪）

陇集镇

【概况】 陇集镇地处县西南部，南与刘集镇相连，西与悦来镇接壤，东、北与耿圩镇为界，324、245省道穿境而过，交通便利，辖区总面积46.79平方千米，辖陇集、陇东2个社区，孟玉、丁曹、墩前、李徐、谢桥5个行政村，92个村民小组，总户数7010余户，户籍人口2.77万人。2023年，全镇实现地区生产总值17.8亿元，同比增长8.0%；完成财政总收入1.02亿元，同比下降14.8%；完成一般公共财政预算收入5504万元，同比下降14.2%。

【工业】 2023年，陇集镇共有工业企业38家，全年工业开票销售收入5.3亿元、工业增值税1565万元。全镇牢固树立"项目为王"理念，全力以赴招大引强，先后招引桑美尼科技、江苏海润新材料等项目落户沭阳经济技术开发区，江苏乾贞服饰二期项目列市重大项目并建成投产。按照质态、效能并重的思路，推动镇工业园区提档升级，利用2.1万平方米工业园优质厂房招引高质态项目签约落地，持续加大对顶峰、三鼎亚克力、艾而斯等镇优质项目帮扶力度。

【农业】 2023年，陇集镇持续做好华东花木大世界项目招商帮办、投资1.8亿元建设高端盆景产业园等工作，不断优化陇北荡8000亩藕虾基地产业模式，形成小龙虾种养、加工销售、配套服务产业链，实现龙虾、莲藕产销两旺，年产值达6000余万元。进一步挖掘农业旅游资源，高效推进墩前文旅产业融合试点、土娃娃农文旅基地建设改造、俄乐岗苗木科普园综合提升等工作，探索壮村富民新路径。

【镇村建设】 2023年，陇集镇完成1781户农村旱厕改造，打造谢桥、丁曹改厕示范点2个。整治黑臭水体6条，改善水域环境30千米，陇东大沟等4条生态河道顺利通过省级验收。累计投入300余万元实施陇北线道路修复、镇区亮化改造、省道沿线环境提升、特色景观节点打造、老旧水利设施维护修复等民心工程。持续推进环境综合整治，每季度开展1次全域观摩评比活动，改善镇村人居环境，创成江苏省健康镇，墩前村荣获省特色田园乡村称号。

【文化建设】 2023年，陇集镇完成镇新时代文明实践所改造、村新时代文明实践站提档升级工作，墩前村荣获市级文明示范站称号。每季度开展典型选树，全年评选各类典型106人，获评"沭阳好人"3人。常态化开展拒绝升学宴和红白事简办宣传引导，组织党员群众开展各类主题阅读活动32场。每月开展4次以上志愿服务活动，全年开展学雷锋、"我们的节日"、"七彩的夏日"主题特色活动90余场。

【基层党建】 2023年，陇集镇组织开展季度基层党建观摩4次。围绕构筑支部引领、群众参与、多方合力的高效治理体系目标定位，持续推动镇村干部全员下沉，常态化开展民事有约"半月谈"活动，排定问题清单40余条。化解破损道路修复、小区雨污混流等群众急难愁盼问题，对群众反映问题实行闭环管理、限时解决，通过人在网中走、问题网中议、事在网中办，努力实现“小事不出网格、大事不出镇村”。

2023年陇集镇各村（社区）情况表

表49

村（社区）名称	行政区域面积（公顷）	村民小组（个）	年末户籍户数（户）	年末户籍人口（人）	耕地面积（亩）	集体收入（万元）	村（社区）党组织书记
陇集社区	453	8	889	3149	3350	94.92	李　浩
陇东社区	419	7	606	2490	4140	72.14	凌国栋
丁曹村	701	16	1050	4530	9080	144.31	周成宝
谢桥村	720	16	1194	4547	8520	119.1	李　丽
李徐村	832	16	1267	5074	7890	359.79	胡　勇
孟玉村	833	19	1158	4813	4650	106.23	李虎东
墩前村	725	10	854	3371	4575	257.32	尚永恒

（方　颖　刘国宗）

龙庙镇

【概况】 龙庙镇位于沭阳县城东北部，新沂河北岸，距沭阳县城8千米，镇域面积48.67平方千米，耕地面积3.2万亩，辖11个行政村、2个社区，户籍人口5.4万人。龙庙镇交通十分便利，205国道、324省道横贯东西，立派路、龙华路、红万桑路、344省道穿越南北。2023年，全镇实现地区生产总值23.48亿元，同比增长4.8%；完成财政总收入1.16亿元，同比增长60.0%；完成一般公共财政预算收入6195万元，同比增长58.3%。

【工业】 2023年，龙庙镇坚持稳中求进，全力以赴招项目、扩投资、稳增长，持续夯实高质量发展基础。新引进落户镇工业集中区亿元以上项目2个，已签订10亿元投资项目1个。其中，洛春源新材料科技有限公司投资1.5亿元，宿迁森之图家居用品有限公司投资1亿元，都已投产；上海聚信海聚新能源科技有限公司投资10亿元的储能电站项目，积极建设施工。全年完成技改升级企业3家，新增规模以上企业2家，开票企业中规模以上企业占比达19.4%，开票实绩超2000万元企业2家，超亿元企业1家。工业企业开票销售20.61亿元，同比增长0.52%；工业增值税8010万元，同比增长59.88%；工业用电量等逐年增长。

【农业】 2023年，龙庙镇农业优先发展，投入926万元的兴前片高标准农田建设项目共3200亩，已经全部完成并通过市级验收，为农业增效、农民增收提供有力保障。大力培植和发展观光农业、养殖产业。全年发放农民惠农补贴501.64万元，推进农业水价综合改革3.57万亩。

【乡村振兴】 2023年，龙庙镇持续深化乡村振兴项目衔接带动和公共空间治理，加大乡村振兴帮促项目投入。基础设施不断完善。先后投入68万元对农村道路进行维修整改，新建农村道路2950米，面积达1.1万余平方米。投入50万元，完善道路配套硬件设施。建成生态河道4条、总长17.7千米。新建农村公厕4座，生态美丽宜居乡村3个。不断完善“输血+活血+造血”帮促机制，拓宽村集体增收渠道，助推村级收入持续增长。全镇13个村（社区）村级集体经济收入共实现997.99万元，同比增长14.94%；年经营性收入超过50万元的村（社区）4个，占比达到31%。

【社会治理】 2023年，龙庙镇安全生产工作严抓细管，在安全生产百日攻坚、城镇燃气安全、“三合一”场所整治等专项领域，全镇9个行业已完成全面整改，燃气安全隐患671处全部解决，197家“三合一”场所完成整改，有效防范化解各类安全隐患。切实做好信访矛盾化解工作，变“上访”为“下访”，主动出击，积极化解，全年共接访137批次153人次，化解率达94%，为民办实事信访件化解率满意率均为100%。积极回应群众诉求，受理“12345”政府热线交办件近120件，办结率100%。社会保障应保尽保，城乡基本社会保险、医疗保险覆盖率均达99%以上。全镇新农保参保率在99%以上，60周岁以上符合条件人员全部正常领取养老金。截至2023年年底，享受低保人数1163户，共2480人，月发放金额达121万余元。

2023年龙庙镇各村（社区）情况表

表50

村（社区）名称	行政区域面积（公顷）	村民小组（个）	年末户籍户数（户）	年末户籍人口（人）	耕地面积（亩）	集体收入（万元）	村（社区）党组织书记
龙庙社区	250	9	1495	5076	3044	89.65	程银娣
联合社区	430	6	810	3780	2800	52.1	陆安中
红河村	320	10	962	4520	28097	61.33	薛　波
葛巷村	450	7	602	2948	1913	52.99	郁春云
沙堰村	280	8	741	3370	2950.95	61.75	葛　岩
仲湾村	495.8	11	1208	5680	4210	85.59	全　鑫
花厅村	660	16	1375	6106	4050	70.62	章其双
前岔村	310	9	767	3447	2785	67.89	毛右柱
赵庄村	260	9	781	3913	2823	62.99	赵华山
朱庄村	520	9	1006	4603	3105	53.59	仲　朋
庄塘村	516.8	12	1072	4942	5323	63.12	章大法
兴义村	196	11	790	3723	2163.73	78.88	郑　健
聂湾村	230	9	716	3114	2900	56	葛　岩

（刘永林）

庙头镇

【概况】 庙头镇位于沭阳西北部，距沭阳县城10千米，南与扎下、新河镇相连，东邻贤官镇，西靠潼阳镇，北接桑墟镇，距沭阳县城10千米。全镇总面积59.5平方千米，其中耕地面积5.3万亩，下辖13个行政村（社区）、2个农场，户籍人口4.99万人。京沪高速公路、新长铁路、205国道横贯全境，交通便捷，区位优越。庙头镇是远近闻名的花木之乡，连续5年被评为“中国淘宝镇”，拥有国家AAA级旅游景区——苏北花卉园。2023年，全镇实现地区生产总值30.4亿元，同比增长6.3%；完成财政总收入1.37亿元，同比增长13.9%；完成一般公共财政预算收入7218万元，同比增长10.5%。先后荣获“江苏省文明乡镇”“国家级生态乡镇”“全国一村一品示范村镇”“中国最美生态宜居旅游名镇”等称号。

【工业】 2023年，庙头镇始终坚持围绕“建强工业引擎，打造产业发展高地”发展目标不动摇，推动工业增值税、工业用电量、工业开票销售收入“三项指标”大幅提升，在做大增量中实现经济稳健增长。全年新招引入驻沭阳经济技术开发区项目2个，入驻镇工业区项目4个。实现工业销售开票11亿元，同比增长2%，工业增值税3845万元，同比增长82.25%。

【农业】 2023年，庙头镇充分利用花木产业优势，深入推进花木产业升级，先后建成2个近18万平方米的花木种植基地，花木产业发展形成了规模化效应，连续三年被农业农村部评为“全国乡村特色产业十亿元乡镇”。庙头镇作为分会场成功举办“沭阳县第十届花木节”系列活动，展现花乡庙头的活力和魅力。庙头镇电商呈多元化发展新格局，从花木衍生出童装、蔬菜苗、渔网等产品，17家花木电商入库列统企业，建成花木电商物流产业园一期，已聚集电商户332家，入驻大中物流企业22家，电商户均年收入达50万元。

【镇村建设】 2023年，庙头镇通过建设生态河道、安装村内路灯、改造户厕等身边小事，加快镇村建设，增强群众获得感。农房改善扎实推进，何桥、牛墩、顾庄、花韵新城一期等农村新型小区已建成交房，广大业主喜搬新家，花韵新城二期于8月顺利开工建设。厕所改造全面收官，共新改建928户，整改提升579户。亮化工程深入推进，路灯实现村村通。

【文化建设】 2023年，庙头镇常态化开展“最美儿媳”“最美婆婆”等身边典型选树工作，全年评选“庙头好人”76人、村级好人195人，获评沭阳县最美志愿者1人，获评沭阳县最美职工1人，营造了良好的社会风尚。文明创建扎实有力，全年先后开展文明城市创建、乡贤调解、诚信经营、移风易俗等志愿服务活动600余次，在各村居党群服务中心组织各类文体活动24次、文艺演出20余场，惠及群众3万人次。本土特产持续走红，以冷庄“曹氏”为代表的庙头千张远近闻名，常年供不应求，远销省内外20多个城市和地区，2018年被宿迁市申报为“非物质文化遗产”。

【生态建设】 2023年，庙头镇常态化开展人居环境观摩和季度“红黄旗”评比，严格落实管理机制，人居环境显著提升。扎实推进水体环境治理，结合“河长制”，综合开展黑臭水体治理、河道垃圾清理和“四乱”（乱占、乱采、乱堆、乱建）问题整治，整治友谊河沿线“四乱”4处，稳步推进生态河道建设，全镇共有生态河道建设任务23条，其中13条、总长45.2千米的县乡河道通过省、市验收，切实维护良好的水生态环境。扎实推进土地保护工作，全面整治“非农化”“非粮化”违法改变用途土地120余亩，坚决守住永久基本农田保护红线，拆除违规建筑20余处，切实维护耕地安全、林地安全。聚贤村绿色乡村创建工作获中央文明办发文推介，成功入选省乡村振兴示范村创建名单。

【基层党建】 2023年，庙头镇坚持党建引领乡村振兴发展，定期组织开展“全域化”基层党建观摩评比，创新推出“党建+志愿服务”工作模式，以“党员领办项目”为核心，实行“党支部交办、党小组承办、党员领办”的项目化流程，按照积分制管理，将党员领办情况列入年度评议、评先评优的重要指标，逐步完善基层治理自我服务、自我管理的工作机制，激活基层社会治理新动能。推进党支部阵地建设，先后投资15余万元提档升级赶埠村、后圩村党群服务中心，打造党建广场，扩大磁场效应，积极打造群众愿意去、能办事、离不开的“红磁场”。

2023年庙头镇各村（社区）情况表

表51

村（社区、场）名称	行政区域面积（公顷）	村民小组（个）	年末户籍户数（户）	年末户籍人口（人）	耕地面积（亩）	集体收入（万元）	村（社区、场）党组织书记
庙头社区	3747.92	8	1495	5300	1856	136.9	荣根来（11月止） 胡长树（11月任）
冷庄社区	8248.56	14	1074	4426	3650	79.5	黄国静
后窑社区	4910.95	13	877	3769	3025.5	78.9	马　建
何桥村	4012.38	11	922	3742	3884.7	100	何升阳
吕庄村	5110.24	8	569	2422	1900	55.4	吕宜康
赶埠村	6394.61	7	615	2441	3436	75	张　浪
牛墩村	6922.82	11	718	2706	4200	63	徐志芹
后圩村	7179.67	18	885	3719	4993.45	65.3	王　飞
长探村	8731.79	10	839	3463	4505	120.5	仲崇林
探驾村	10160.77	13	960	3800	4960	98.9	卜新超
聚贤村	6789.21	16	1158	4894	4619.85	96.5	王政（副书记主持工作）
古龙村	10738.06	14	1061	4523	6050	92.8	刘　通
东柳村	6377.60	16	1191	5117	3226	63	徐　荣
棉花原种场	473	1	71	325	383.19	3.6	张海雷

续表51

村（社区、场）名称	行政区域面积（公顷）	村民小组（个）	年末户籍户数（户）	年末户籍人口（人）	耕地面积（亩）	集体收入（万元）	村（社区、场）党组织书记
张吕庄农场	98.85	1	104	539	852.65	11	朱长亮

（周　涛）

钱集镇

【概况】 钱集镇位于沭阳县城东南部29千米，地处宿迁、淮安两市三县交界处。京沪高速公路、205国道、新长铁路和北六塘河都从境内穿过，区位优势突出，交通便利，有“六塘河畔小南京”之誉。全镇辖15个行政村、2个社区，人口5.78万人，镇域总面积88.54平方千米。2023年，全镇实现地区生产总值22.13亿元，同比增长4.8%；完成财政总收入6340万元，同比增长34.5%；完成一般公共财政预算收入3334万元，同比增长27.8%。“钱集老鹅烹制技艺”入选第五批省级非物质文化遗产代表性项目名录。

【工业】 2023年，钱集镇实现工业开票销售9.78亿元，同比增长2.97%。招商引资成效明显，全年新招引项目5个。对镇工业集中区内的工业路、昌平路和振兴路三条道路进行黑色化改造，并完善路牙石、路灯和绿化等配套设施，进一步放大工业集中区的空间优势和边界乡镇的交通区位优势。

【农业】 2023年，钱集镇依托全镇3.18万亩高标准农田以及葡萄、火龙果等果蔬产业，统一协调管理增加服务收益，全年共为村集体增收195万元。建设钱集镇安果农业基地项目、效佐果蔬基地，新建温室大棚8.6万平方米，构建从标准化种植、包装、仓储到销售的果蔬全产业链，实现片区果蔬产业数字化，带动片区果蔬产业提档升级。积极探索“党委+支部+合作社+农户”发展模式，成立沭阳县农村领域首个联合党委——钱集镇果蔬经济联合党委，推动产业相近、发展互补的4个村实现资源共享、共同致富，建成2个高效农业产业园，年产销各类果蔬500万千克。

【镇村建设】 2023年，钱集镇投入322.11万元，对李庄线道路进行黑色化改造升级，铺设沥青路面约2.04万平方米；投入198万元，新修建陈西南路3126平方米，施划交通道路标线900余米，安装急转弯警示标识标牌80个、减速带400米、爆闪灯14盏。新桥村投入54.89万元、徐码村投入34.95万元、永兴村投入69.85万元进行一事一议道路铺设，进一步完善镇区交通路网结构，方便群众出行。

【文化建设】 2023年，钱集镇充分利用辖区内淮海军政大礼堂、淮海抗日根据地陈列馆、抗日浮雕、荷花池生态旅游区、生态农业示范园、钱集乡情馆等旅游资源，开发旅游文化项目活动。钱集镇共有芋粉卷、空心挂面、小针刀疗法3个市级非遗项目。11月，“钱集老鹅烹制技艺”入选第五批省级非物质文化遗产代表性项目名录。全年群众文化生活多姿多彩，共组织文化演出活动110余场，每月开展各类阅读活动，重大节日文化活动内容丰富贴心，受到群众交口称赞。

【生态建设】 以创成国家卫生镇为抓手，持续推进绿美村庄建设。推动生态沟塘整治，投入58万元对205国道镇区段进行节点景观提升改造。投入80万元，改造荷花池进水、出水、污水收集设施，栽种樱花、水杉等苗木，不断提升景观环境。投入179万元，陆续对钱集军政大礼堂、乡情馆、陈圩村部环境进行改造，新建陈圩淮海抗日根据地陈列馆、陈圩军民银杏林公园，打造红色美丽村庄。

【民生实事】 2023年，钱集镇扎实推进农村户厕改造工作，高质量完成17个行政村（社区）户厕改造1497户。全面推广福村宝（乡村公益医疗互助）项目，参保人数15668人，增强群众医疗保障水平，降低因病致贫返贫发生率。全年共发放低保资金580.5万元、五保资金155万元，支出医疗救助金23万元、救助困难群众253人（次）。

【基层党建】 依托淮海抗日根据地陈列馆、淮海军政大礼堂等党员教育培训基地开展“实境党课”活动。深化党建品牌创建，深入开展“一支部一特色”党建品牌创建，打造“万家灯火”“石人实事”“迎新弄潮”等有一定影响力的特色党建品牌。

2023年钱集镇各村（社区）情况一览表

表52

村（社区）名称	行政区域面积（公顷）	村民小组（个）	年末户籍户数（户）	年末户籍人口（人）	耕地面积（亩）	集体收入（万元）	村（社区）党组织书记
钱集社区	800	27	2304	8707	4201	112.80	韩　松
张圩社区	890	19	1697	6038	6800	125.03	张　将
石桥村	400	8	570	2243	3000	200.69	韩　鼎
引河村	222.4	6	387	1534	2509.2	74.51	葛志勇
东营村	347	7	709	2991	4100	128.95	相　玉
老严荡村	558.7	9	834	3368	5888.1	111.23	王天一
徐码村	390	13	789	3117	5500	75.15	韩双祥
陈圩村	366.67	12	746	2989	3680	114.86	王永宏
水庄村	300	19	858	3457	5343	71.86	张勉国
大南村	495.47	20	909	3736	6202	80.88	李建军
西营村	433.33	18	789	3466	4600	61.62	刘祖亚
永兴村	464	22	901	3987	6200	91.67	刘训倜
万庄村	359	10	479	2001	2600	110.63	苏　敏
槽坊村	187	9	390	1749	2450	77.38	刘　权
新桥村	346.67	19	817	3515	4852	82.16	姜　峰
效佐村	590	13	622	2454	4744	111.79	唐海军
漆圩村	452.6	14	626	2460	3900	68.51	赵玉军

（徐　野）

青伊湖镇

【概况】 青伊湖镇位于沭阳县北部，北与东海县接壤，南邻华冲镇，西靠桑墟镇，东连高墟镇，镇域面积71.19平方千米，辖1个社区、11个行政村，代管1个农场，13742户，人口5.28万人。2023年，实现地区生产总值46.13亿元，同比增长10.2%；完成财政总收入3.92亿元，同比增长73.9%；完成一般公共财政预算收入2.07亿元，同比增长67.4%。在全县综合考核中，连续11年位列第一等次。鑫亿鼎获批国家级“专精特新”小巨人企业，福庆木业荣获省级“专精特新”小巨人企业、江苏省绿色工厂、省内外贸一体化试点企业等多项荣誉；新招引的纳斯德项目通过市10亿元项目竣工验收。

【工业】 2023年，青伊湖镇实现工业开票销售收入75.10亿元，同比增长23.23%，工业增值税2.92亿元，规模以上企业用电量8136万千瓦时，工业开票销售收入、工业增值税均位居全县第4。全年引进亿元以上工业项目7个，其中，10亿元项目1个。全县工业税收50强企业中，青伊湖板块占8家。工业开票销售收入首超1亿元企业6家，超1亿元企业总量27家，占全县9.22%；工业开票销售收入首超2000万元企业7家，总量62家，占全县5.88%。完成“千企千万技改”竣工项目3个，两化融合贯标企业1家，国家级、省级“专精特新”中小企业各1家，股改项目1个，兼并重组项目1个。新增省级以上新产品新技术3个、新增市级以上研发中心7个，科技成果转化项目3个，其中鑫亿鼎获批国家级“专精特新”中小企业，为全县乡镇唯一。大力开展招商引资，全年引进亿元以上项目7个，落户沭阳经济技术开发区项目1个，落户镇工业园区项目6个，总投资36.5亿元，单体平均投资达5.21亿元。落户沭阳经济技术开发区总投资10亿元的纳斯德紧固件项目竣工投产。落户镇工业园区6个项目中，投资10.5亿元的宜美艾格新材料新签约，2亿元吉升特种玻璃实现投产，5亿元福庆科技、5亿元福庆鸿盈、2亿元浪琴新材料、2亿元三匹马新材

2023年11月，总投资10亿元的纳斯德紧固件项目竣工投产

青伊湖镇　供图

料项目均全面投产并实现开票。

【农业】 2023年，青伊湖镇新增农产品加工规模以上列统企业3家，全镇农产品加工列统企业共达42家，实现营业收入54.89亿元，同比增长8.06%。“沭优1号”水稻经江苏省农业技术推广协会组织专家测产，平均亩产达1101.6千克，创造了全省麦茬杂交水稻单产历史最高记录。“嘉优中科一号”水稻产量再次冠居全省，水稻高产栽培技术位居全市前列。农业地方品牌的影响力持续提升，“沭优49号”水稻获评2023年“宿有千香”杯优质稻米特等奖，欢腾农业四个产品被评为A级绿色食品，500亩稻谷获得有机产品认证证书。银花面粉四个产品被评为绿色食品，3.8万亩生产基地被评为小麦绿色食品原料（稻麦）标准化生产基地。全镇特色农业机械化率达67.8%，超过任务数1.3%，全年未发生农业机械安全事件。欢腾农业及蔷薇上海青基地2个生产经营主体建成有传感器、有规模、智能化程度高的数字农业基地，并接入省农业物联网管理服务平台。

【镇村建设】 2023年，青伊湖镇围绕建设“苏北最美乡村”目标，努力打造宜居宜业的青伊湖版和美乡村，“小清新”形象愈加明显。深化厕所革命，全镇共计改造3835户，其中新建1944户，整改提升1891户，实现农村无害化户厕全覆盖。6月，全省户厕改造现场会在青伊湖镇召开。强化水系建设，累计投入黑臭水体疏浚治理资金1000余万元，开挖土方100余万立方米，整治沟渠26条，栽植岸堤绿化苗木3万余株，创成滥洪河故道、韩信河等21条省级生态河道。8月，姚东大沟片获评省级“生态清洁小流域”。强化制度保障，坚持“管理比建设更重要”理念，全域推进农村生活垃圾分类，做到自然村全覆盖，与第三方签订清运协议，做到垃圾日产日清。村均设立10万元保洁基金，专项用于河道、庄台、路边等公共区域常态保洁。强化示范引领，以滥洪社区东小元庄获评省级特色田园乡村为契机，坚持美村与富村并进、塑形和铸魂并重，打造多条乡村旅游环线，春赏花，夏观荷，秋观叶，冬戏雪，一年四季皆是景。通过公共空间治理、盘活闲置资产、土地发包等形式，打造“一村一特”品牌，不断拓宽集体经济增收渠道，推动强村富民实现新发展。截至2023年年底，全镇12个村（社区）集体经济收入全部突破100万元，村均达194.91万元，村均收益占比53%。其中后乡村510.83万元，连续两年实现村均集体经济收入全县第一。

【社会治理】 2023年，青伊湖镇强化村（社区）支部书记、驻村干部、信访条线责任，深入推进基层治理，配齐12名村（社区）法律顾问。强化源头治理，全年累计接待来访群众62人次，制定村居矛盾纠纷周排查通报50期，完成上级交办件12件，化解率100%。镇、村两级调委会共成功调处民间纠纷136起。扎实推进法治政府建设，举办法治培训4场次，镇领导班子组织集体学法4次。11个村（社区）获“江苏省民主法治建设示范村”称号，青伊湖镇获“宿迁市信访工作示范乡镇”称号。

【基层党建】 2023年，青伊湖镇织密建强基层组织，高标准筹备迎接全市乡镇（街道）党支部“标准+示范”第二次全领域观摩。开展“一支部一特色”党建品牌创建活动，先后打造后乡市级“示范党支部”，滥洪社区县级“示范党支部”，推动基层党组织全面进步、全面过硬。率先成立全市乡镇首家“两新”组织综合服务中心，指导新成立1家非公企业党支部，新发展党员18人。依托红色小元、口头庄抗战纪念馆等，组织开展观看爱国主义教育影片、举办党建知识培训等20余次主题党日活动，覆盖全镇党员干部群众1900余人次。严格落实“三会一课”、主题党日、组织生活会等制度，督促农村党组织组织生活和理论学习规范开展。抓实抓党建促乡村振兴工作。用好用活特殊困难群体“一张图”，征集群众“微心愿”、急难愁盼问题223个，及时解决186个，其余明确办结时间按序时推进，吸收纳入2024年度为民办实事项目11个。

2023年青伊湖镇各村（社区、农场）情况表

表53

村（社区、农场）名称	行政区域面积（公顷）	村民小组（个）	年末户籍户数（户）	年末户籍人口（人）	耕地面积（亩）	集体收入（万元）	村（社区、农场）党组织书记
马场村	253.33	9	653	3088	2450	120.37	梁　栋
北槽坊村	177.3	8	624	2856	2246	149.94	张道婷
滥洪社区	410	10	1085	5210	4880	316.43	武　扬
荣吴村	345.47	9	784	3492	3142	134.31	严　广
蔷薇村	540	8	961	3888	5100	165.84	戚杨军
后乡村	416.6	11	884	3688	3785	510.92	张　虎
高庄村	395.33	8	529	2654	4300	192.35	朱海荣
戚庄村	403.3	15	1143	4799	5050	127.15	朱新新
湖湾村	480	14	1172	5512	5500	151.43	张良台
赵集村	590	13	1459	5541	5098	172.32	桑传林
姚沟村	472	6	672	3032	4848	183.41	周良虎
王场村	179.09	8	696	2876	2234	126.23	张　琪
青伊湖农场	1520	5	1469	6772	14695.5	——	张道广

（张　振）

桑墟镇

【概况】 桑墟镇地处沭阳县北部，东与华冲镇、青伊湖镇接壤，南与贤官镇为邻，西连新沂市阿湖镇，北与连云港市东海县交界，辖4个社区、20个行政村，户籍人口10.01万人，镇域面积125.29平方千米，是沭阳县面积最大、人口最多、历史最悠久、工业体量最大的乡镇。木材加工业是桑墟镇的支柱产业，桑墟镇也是沭阳有名的木材加工基地。桑墟榆叶梅、桑墟草莓畅销全国。2023年，全镇实现地区生产总值73.97亿元，同比增长7.6%；完成财政总收入6.61亿元，同比增长37.1%；完成一般公共预算收入3.55亿元，同比增长37.4%。

【工业】 2023年，桑墟镇紧紧围绕工业强镇发展目标不动摇，不断强化木材加工支柱产业传统优势，做大做强木材加工业。在转型升级上，深入开展“园区提质、企业提效”行动，推动重大项目落地投产，全年招引亿元以上项目10个，其中百亿元项目1家，为沭阳县华沭巧能项目。在企业帮扶上，积极实践，用工作“快节奏”助推企业发展“高速度”。全镇共有工业企业483家。其中，规模以上工业企业147家，全年新增规模以上工业企业19家。全年完成工业开票销售收入145.87亿元，同比增长3.76%；完成工业税收5.46亿元，同比增长49.41%；完成工业增值税5.13亿元，同比增长49.69%。

【农业】 2023年，桑墟镇坚持以“三农”问题为导向，守稳“粮袋子”，拎稳“菜篮子”，实现粮食总产9万吨。完善种粮农民收益保障机制，创建2000亩以上绿色优质稻麦示范基地一座，建立高标准良田2990亩，实现藏粮于田。耕地保护补贴9.67万亩，补贴资金1160万元。稻谷补贴3.6万亩，补贴资金190万元，小麦种植面积7.6万亩。构建多元化食物供给体系，完善品牌建设。培育新型农业经营主体，创建种植家庭农场5个，培育省级家庭农场1个，市级家庭农场3个。重点打造国家地理标志农产品榆叶梅特色产业和草莓产业富民先行区。农产品物流设施建设工程籽福源家庭农场已新建1500立方米农产品仓储保鲜库1个。强化科技培训，扎实推进“新农村”发展。聚焦人才引进、人才培育，全年共邀

请专家授课30余次，组织榆叶梅、草莓特色产业、农业技术、农产品质量安全培训，2000余人次参训。农产品质量安全专题检测4800多例，其中草莓检测、速测1500多例，同时开展草莓扫码带证销售，以便质量安全追溯。完成固定资产投资1.6亿元的农业农村重大项目建设1个。

【镇村建设】 2023年，桑墟镇持续增强城乡环境卫生治理力度，高起点、高水平、新理念建设现代化城镇，成功通过国家级卫生镇验收。坚持以家门口的民生为引导，深入开展“五化工程”。在道路硬化方面，共投入资金3000余万元，硬化道路124条，面积30万平方米。在净化方面，疏浚沟渠河道、治理黑臭水体200余条。在美化方面，开展红万桑南入口、元兴村南入口、五河广场、苗圃路等景观工程，升级改造惠民农贸市场，并完善相关配套设施。建设口袋公园、节点节点绿地景观改造50余处。老庄社区、条河村相继创建省级生态宜居美丽示范村。在绿化和亮化方面，安装路灯4000余盏，栽植行道树3万余棵。村级集体经济收入持续增长，大河西社区、刘寨村、老庄社区分别实现集体经济收入228万元、323万元、506万元，全镇24个村（社区）平均集体经济收入超过100万元。

【文化建设】 2023年，桑墟镇依托新时代文明实践所（站）阵地建设，组建“木材创客”“工鼓锣音”“梅莓与共”等多支本土特色品牌宣讲队伍，打造老庄社区理论学习教育基层示范点，深入推进基层理论宣讲，开展理论宣讲300余场，覆盖党员干部群众6万余人。开展文艺送“理”、工鼓锣音、红色基地教学等活动100场，以党员群众喜闻乐见的形式送理论、送政策、送温暖，搭建“文旅融合”新阵地。加快草莓基地建设，升级交通路网，打造集草莓采摘、休闲玩乐、古村旅游为一体的观光路线。

【基层党建】 2023年，桑墟镇深入实施党支部“标准+示范”建设，全年累计投入800多万元对各村（社区）党群服务中心进行提档升级。新成立非公企业党支部6家，新打造非公党建阵地3处，已建成的4处非公党建阵地全部提档升级。投入36万元建设“梅美条河”及镇级数字党建项目，逐步实现工业企业安全生产的数字监管，农业榆叶梅种植的数字培育，相关做法被《新华日报》报道。全镇2256份农村党员档案实现信息化录入，共确定积极分子36名，接收预备党员20名，完成23名预备党员顺利转正。锻造“鸿雁争锋”过硬队伍，组织全镇24名村（社区）党组织书记，前往东海“安峰山烈士陵园”开展党性锤炼活动。

2023年桑墟镇各村（社区）情况表

表54

村（社区）名称	行政区域面积（公顷）	村民小组（个）	年末户籍户数（户）	年末户籍人口（人）	耕地面积（亩）	集体收入（万元）	村（社区）党组织书记
桑墟社区	358.85	10	1524	5313	1429.25	84.9	吴海峰
老庄社区	331.39	11	891	3431	1557.06	506.7	孙如龙
大河西社区	342.58	10	946	3793	1092.65	235.5	袁　云
青坊社区	632.4	14	1346	4714	6008.86	104	张　辉
刘寨社区	379.22	12	1110	4572	2303.14	322.6	刘怀东
条河村	275.92	9	709	2919	757.83	100	章　春
二兴村	370.67	10	813	3501	545.24	91.9	卢卫国
新顺河村	699.67	19	1524	6136	5476.03	65.4	刘爱春
舒窑村	354.69	10	959	3930	1572.82	104.4	舒正林
北大兴村	313.75	9	772	3149	1870.45	83.1	张浩洋
友谊河村	773.96	20	1672	7448	4687.48	153.6	胡宝喻
元兴村	231.17	8	658	2962	1196.82	83.4	蒋华明
刘斤村	253.03	9	647	2808	1057.43	73.5	张白云
蔷薇河村	621.19	18	1421	5971	5045.76	111.8	李长风

续表54

村（社区）名称	行政区域面积（公顷）	村民小组（个）	年末户籍户数（户）	年末户籍人口（人）	耕地面积（亩）	集体收入（万元）	村（社区）党组织书记
杨兴村	773.11	8	1105	4632	8235.14	61.5	林建飞
张湾村	720.84	16	1510	4747	6685.85	68.7	王清春
厚邱村	550.64	5	950	3369	8259.61	133	陈　琢
桥新村	401.96	9	841	2717	4412.11	67.6	王芳荣
大官庄村	919.96	12	1161	4909	10749.7	108	陈　伟
茆圩村	643.21	15	1089	4045	7414.82	108.1	徐增贵
平墩村	854.26	18	1313	4501	9035.66	119.6	江顺干
李圩村	505.61	6	669	2985	5731.38	82.1	吴从山
寇塘村	769.08	21	1259	4822	8744.09	100.8	蒋　雷
和睦村	444.76	7	770	2660	4046.05	65.1	王亚洲

（宋聪聪）

塘沟镇

【概况】 塘沟镇地处沭阳县东南部，南与钱集镇相连，北与章集街道、马厂镇、沂涛镇为邻，西靠胡集镇，东与淮安市涟水县接壤，是两市两县的交界处，距县城32千米，京沪高速、329省道穿境而过。镇域面积101.73平方千米，下辖2个社区、18个行政村，户籍人口7.17万人。2023年，全镇实现地区生产总值13.97亿元，同比增长4.4%；完成财政总收入8243万元，同比增长9.2%；完成一般公共财政预算收入4348万元，同比增长16.1%。安全生产工作获全县高质量发展综合考核表彰鼓励，信访工作连续两年获评“全市信访工作先进集体”。

【工业】 2023年，塘沟镇坚持项目为王，突出多元化招引、精准化保障、清单化推进，全力扩大有效益的投资。组建调整13个招商协作组，构建起领导带头、专班靠前、全员上阵的“大招商”工作格局。全年招引江苏奥利奥智能科技有限公司、江苏朝顺新材料科技有限公司2家企业落户沭阳经济技术开发区，招引江苏谷萃新材料科技有限公司、江苏长昇环保科技有限公司等5家企业落户镇工业园区。新培育东渡木业、盛嘉纺织、澜王服饰3家规模以上工业企业，新培育蒸汽球、苏达康、盈泰再生资源3家限额以上批发业企业，新培育明商机械租赁1家规模以上服务业企业。多措并举助企纾困，全年兑现企业发展扶持资金1050万元、配套奖补资金30万元，向沭阳经济技术开发区及镇工业园区输送劳动力120余人。全年完成工业开票销售收入9.16亿元，同比增长3.22%；完成工业增值税3279万元，同比增长45.66%。有效发挥政府投资对经济增长的拉动撬动作用，全年政府投资3147万元，带动各类民间投资2.03亿元，为稳定经济运行提供了坚实支撑。

【农业】 2023年，塘沟镇坚持把发展农业作为推进乡村振兴的重要抓手，立足优势特色产业，引进新

2023年4月，塘沟镇高标准农田　　邵银飞　摄

技术、推广新科技，有力促进农业增效、农民增收。成功申报获批省级、市级示范家庭农场各1家，县级示范家庭农场5家。全年组织县级新型职业农民培训200人次，市级培训20人次，办理乡土人才初级职称40人。新增老街乡村振兴产业园、东渡果蔬保供基地2个列省农业农村重大项目，计划总投资8200万元。严格落实8.35万亩耕地种植面积任务，顺利完成2.16万亩高标准农田维护修缮工作，全年粮食总产量8.39万吨，比上年增长0.72%，再创新高，实现“二十连丰”。积极申报地力保护补贴、种粮一次性补贴，全年为种地农民发放各类资金1083.24万元，核准申报玉豆复合种植面积2800亩，兑现补贴资金89.54万元。全镇20个村（社区）集体经济总收入1509.16万元，比上年增长16.86%，集体经济收入50万元以下村（社区）全部清零，塘西、雷达、东渡、胡塘桥、合兴5个村（社区）收入突破100万元。

【镇村建设】 2023年，塘沟镇深入学习运用“千万工程”经验，全力以赴促进乡村宜居宜业、富裕富足。十周线、塘沟街和塘西线、张塘线维修改造工程如期竣工、投入使用。积极对上争取帮促工作队资金、重点片区资金和中央专项彩票资金4329万元，实施塘西村数字乡村提升工程、老街乡村振兴产业园等民生和产业类项目20个，有效拓宽村集体经济收入来源。深入推进土地增减挂钩，拆除房屋870户，复垦土地面积618.45亩。新改建泵站、农桥、涵洞、涵闸、渡槽150余座，疏浚渠道7.12千米，铺设水泥道路35.25千米，投入资金超过3750万元。

【民生实事】 2023年，塘沟镇紧盯群众关心关切，全力保障和改善民生，全年财政民生领域支出3250万元，占全镇一般公共财政预算支出的72.4%。新增低保49户、101人，特困供养老人201人，规范残疾人两项补贴、尊老金、困境儿童救助金发放管理，受益人数3835人。临时救助因病因灾困难家庭202户，慰问困难群体729户，发放慰问金11.26万元，发放米面、食用油、棉被等救济物资1350余件。建成交付困境儿童“梦想小屋”4间。全面做好退役和现役军人服务保障工作，为32名60岁以上退役老兵（含修改居民）和2名带病回乡老兵申请生活补助，帮助15名退役士兵自主就业创业，发放义务兵优待金、大学生奖励金、立功奖励金和专项慰问金44.87万元。多方协调上级拨付资金2100万元，实施为民办实事项目14个，全镇广大群众的获得感、幸福感显著增强。

【文化建设】 2023年，塘沟镇深化拓展“我们的节日”主题活动，积极开展具有地域特色的民俗文化活动，全年组织送戏下乡、文化巡演272场次，开展琴书演出76场次。

【生态建设】 2023年，塘沟镇常态化开展镇村人居环境整治，组织沿街商铺签订“三包”（包卫生、包秩序、包设施）承诺书，聘用180余名运维保洁员，每天对镇村主次干道等公共区域进行全方位清扫保洁。扎实推进农村“厕所革命”，改造户厕216户、拆除旱厕150余处。全年清运建筑垃圾53.6吨，清理村（社区）房前屋后、道路两侧、河塘沟渠杂草杂物、积存垃圾118吨，回收废旧农药包装物12吨、废旧农膜106吨。定期开展畜禽养殖排查整治，清除沿河畜禽养殖户18户，对16户规模以上畜禽养殖户、132户小规模养殖户，全部落实粪污无害化处理措施。

【社会治理】 2023年，塘沟镇深化开展“平安创建”活动，深入推进普法工作，结合实际组建“群防群治”队伍，落实人防和技防措施，有效筑牢平安防线。全年接待群众来访310余人次，及时调处矛盾纠纷270余件，成功化解上级信访联席办交办信访积案11件，群众信访事项按时办结率、一次性化解率分别达100%、98%，连续两年获评“全市信访工作先进集体”。

【基层党建】 2023年，塘沟镇深入实施省基层党建深化提升行动、市基层党建“紫薇花开”强基固本工程和全县基层党建三年行动计划，推动全镇基层党建提质增效。扎实开展学习贯彻习近平新时代中国特色社会主义思想主题教育，开展党委理论中心组集中学习10场次，组织全镇27个基层党组织开展集中学习87场次、实境课堂现场教学9次，专题授课1次，组织党支部书记讲授专题党课27场次。优化党员队伍结构，全年新发展党员19名，其中大专以上14名，35岁以下17名。按照每支部动态保持3名以上积极分子标准，储备入党积极分子82名。常态化开展“三会一课”、主题党日等活动，组建支部微信群29个，建立流动党员“1+N”连心结对机制，全镇110名党员村（社区）干部挂钩408名流动党员。投入5万元对党员档案室进行提档升级，全镇2273名党员已全部完成党员档案信息化扫描存档。全镇20个村（社区）均达到“双50”目标要求，实现村集体经营性收入1496.68万元，村均实现集体经营性收入74.83万元，村均增长15.47%，村均收益占比80.78%。

2023年塘沟镇各村（社区）情况一览表

表55

村（社区）名称	行政区域面积（公顷）	村民小组（个）	年末户籍户数（户）	年末户籍人口（人）	耕地面积（亩）	集体收入（万元）	村（社区）组织部书记
塘沟社区	344	8	1514	5388	1122.42	53.66	王　珊
周集社区	379	7	1009	4003	2594.34	66.08	洪　涛
周楼村	634	6	1038	3883	4729.84	81.76	胡兴德
胡塘桥村	618	9	952	4303	4536.92	110.97	梁汉波
条河园村	358	8	550	2686	3100.40	50.60	梁星星
东渡村	735	10	1053	4810	5171.56	101.04	徐福权
塘南村	440	7	627	2939	3038.34	64.30	陈晓雷
塘西村	425	9	671	2968	3145.97	101.96	王加双
塘东村	412	8	631	2959	2991.39	55.11	徐　建
塘北村	424	7	656	2971	3256.39	52.73	陈志利
雷达村	475	6	651	2964	4171.19	104.12	王金柱
卢圩村	378	8	552	2608	3224.58	62.68	姜　来
王华村	723	14	1002	4537	6153.64	68.54	耿　美
碾盘村	453	9	794	3752	3494.26	63.71	胡玉柱
谢河村	455	6	727	2647	3557.80	62.88	孙紫嫣
胡庄村	598	7	1070	3718	4642.03	82.26	濮俊生
合兴村	860	9	1535	5302	6373.35	101.72	孙海林
老街村	558	7	1057	4075	4091.35	66.63	周卫东
华帮村	604	7	780	2812	5053.36	74.44	高祝华
史洼村	443	6	630	2339	3628.06	83.96	毛　杰

（李　峰）

吴集镇

【概况】 吴集镇地处两市（宿迁、连云港）、三县（沭阳、灌云、灌南）交界处，位于沭阳县东北部，东与灌云县接壤，西和韩山镇隔河相望，南靠新沂河，北邻西圩乡，镇域面积72.9平方千米，耕地面积7.5万亩，下辖11个行政村（社区），户籍人口4.63万人。2023年，全镇实现地区生产总值16.19亿元（其中第一产业32752万元、第二产业67684万元、第三产业61465万元），同比增长4.9%；完成财政总收入6479万元，同比增长4.6%；完成一般公共财政预算收入3360万元，同比增长4.7%。

【工业】 2023年，吴集镇坚定工业发展就是高质量发展的第一支撑，头版头条抓招商，大干快干，苦干实干。全镇共有工业企业51家，其中规模以上企业8家，主要生产纺织、玻璃和木材加工等行业。全年成功招引9个工业项目，其中达规模以上企业4家，1个亿元工业项目落户沭阳经济技术开发区，2个亿元项目落户镇工业区，6个投资超2000万元工业项目落户镇工业园区，初步形成了“小项目铺天盖地”的良好态势。全年盘活闲置厂房及土地7宗合计145亩，为项目入驻提供要素保障。新增入库“四上”企业（规模以上工业、有资质的建筑业，限额以上批发和零售业，限额以上住宿和餐饮业、有开发经营活动的全部房地产开发经营业，规模以上服务业法人单位）12家，其中新入库规模以上工业企业4家、限上批零住餐企业7家，实现销售额3.68亿元，同比增长121%。全年实现工业开票销售6.59亿元，同比增长39.63%；工业税收1510

万元，同比增长61.3%；工业增值税1430万元，同比增长65.9%。

【农业】 2023年，吴集镇深耕农业品牌发展，引建农业重大项目2个，强化农产品品牌建设，强化“吴集粉丝”“吴集蔬菜”品牌效应，引入“粉丝”电商经济，推广“吴集粉丝”知名度，有效开展农产品品牌创建、形象塑造和传播推广，提升吴集农产品的市场影响力和竞争力。强化新型经营主体培育，新增家庭农场2家，培育县级示范家庭农场4家。强化农业基础设施建设，有序推进2023年度7000亩高标准农田项目建设，并落实长效管护机制。

2023年4月，吴集镇塔桥村美丽家园　　吴集镇　供图

【镇村建设】 2023年，吴集镇新修缮农村公路6400平方米、农桥8座，实施农村公路生命安防工程10千米，申请创建县级农村公路建设示范路1条，新建高标准农田项目5800亩。全面排查自建房20394处，修缮C级危房23处，拆除D级危房40处。加快完善镇村基础设施建设，推动镇区建设提档升级，系统实施绿化、亮化、美化提档升级工程。打造精品旅游线路街景，依托状元街改造成果，对北京路两侧外立面进行美化，升级324省道两侧人行步道及公园绿化。深入开展乡村美化行动，全方位打造“河清岸绿、水甜景美”的生态宜居吴集。开展美丽乡村示范创建，兴杨村成功创建省级绿美村庄，塔桥村获评省美丽家园示范点。

【平安建设】 在平安建设中，加强“技防吴集”建设，保持打击违法犯罪的高压态势，深入开展“赌毒清零”工程，净化社会风气，全年刑事起诉27人，治安处罚49人，排查化解矛盾纠纷140余起，有力维护和谐稳定发展大局。在安全生产方面，成立由15人组成的消防应急队，投资30万元购置2台消防车，做到15分钟覆盖全镇。落实包保责任，开展工业企业、城镇燃气、自建房和烟花爆竹等专项排查整治200余次，排查整改安全隐患2100余处。创新推行安全生产红绿牌制度，悬挂红牌50家、绿牌490家，极大提升经营主体的安全生产意识。

【民生实事】 2023年，吴集镇兜起重点人群生活底线，统筹推进特殊困难群体救助帮扶专项排查整治工作，梳理已纳入困难群体对象1823人，梳理未纳入保障对象34人。定期摸排困难群众家庭情况，常态化入户走访，共走访4300人次。累计发放低保、五保、临时救助、困境儿童、困难残疾人生活补贴和就业创业资金等补助资金1100余万元，共为1969名慢性病患者进行健康检查，开展65岁以上老人免费体检3522名，纳入管理的易肇事肇祸精神障碍患者183名，完成妇女“两癌”筛查1327人。满足多元文化需求，依托新时代文明实践所，以群众喜闻乐见的方式开展志愿服务活动，充分利用淮海戏苑、许亚玲工作室，进一步促进全镇文化事业的发展，先后共组织文体活动、淮海戏演出等志愿服务活动100余场次，满足群众精神文化需求。

【公共空间治理】 2023年，吴集镇继续做好公共空间治理工作，新增盘活资源集体土地145亩，增加村级集体经济收入近70万元，村集体收入增长15%。推动生产、生活、生态“三生相融”，公共空间治理2.0版问题项目清单全面完成达标。

2023年吴集镇各村（社区）情况一览表

表56

村（社区）名称	行政区域面积（公顷）	村民小组（个）	年末户籍户数（户）	年末户籍人口（人）	耕地面积（亩）	集体收入（万元）	村（社区）党组织书记
吴集社区	598.13	15	1820	6701	5388.27	81.06	傅红卫

续表56

村（社区）名称	行政区域面积（公顷）	村民小组（个）	年末户籍户数（户）	年末户籍人口（人）	耕地面积（亩）	集体收入（万元）	村（社区）党组织书记
塔桥社区	558.29	20	1089	4572	4627.43	85.37	周金阳
陈许村	756.07	15	844	3687	7472.73	165.03	司　帅
吴西村	1083.48	18	1218	5089	10883.13	121.33	王如成
魏牌坊村	584.97	6	925	3920	6428.02	75.88	魏　峰
兴杨村	497.30	6	748	3212	5903.44	95.83	傅红卫
航河社区	772.80	22	1097	4922	8892.42	91.78	王建龙
范赵村	574.42	14	919	3896	6385.95	98.89	周立兵
东埠村	633.24	17	1018	4285	5925.74	117.09	吴宁虎
大竹园村	778.69	13	884	3540	8364.24	83.08	林春利
史跳村	451.52	9	720	2898	4812.64	113.83	付路路

（岳璇颖）

西圩乡

【概况】 西圩乡位于沭阳县东北角，距离县城42千米，与灌云县接壤。乡域面积47.05平方千米，辖11个行政村（社区），98个村民小组，户籍人口3.18万人。2023年，西圩乡实现地区生产总值11.46亿元，同比增长5.4%；完成财政总收入8193万元，同比增长207.9%；完成一般公共财政预算收入4248万元，同比增长193.0%。招引投资亿元工业项目实现零突破。

【工业】 2023年，西圩乡加大招商引资力度，全年新招引落户乡工业集中区亿元工业项目2个，分别为投资1.2亿元的江苏手得助纺织科技有限公司和投资3亿元的江苏布敦磊普新材料有限公司。培育壮大主导产业，围绕纺织服装、石英制品产业，扶持企业做大做强。全乡开票销售工业企业达27家，其中超亿元企业2家，分别为沭阳荣盛石英制品有限公司和沭阳县黎明米业有限公司；超2000万元企业6家。加强经济指标调度，全年实现工业开票销售收入8.9亿元，同比增长75%；工业税收4498万元，同比增长470%；工业增值税4355万元，同比增长471%。

【农业】 2023年，西圩乡立足高效农业、生态农业、特色农业，做响农业品牌，实现富民增收。通过公共空间治理，加快土地流转，推进“头雁竞飞”振兴村集体经济。全乡11个村集体经济增收1386.89万元，完成全年任务的133.27%，其中8个村集体经济收入突破100万元。打造特色农产品品牌，实现富民增收。以“味稻小镇”为切入点，持续做好“土特产”文章，让“乙峰”牌大米装进千家万户的“米袋子”，“逆境优存”泡椒奏响乡村振兴“椒响曲”，“小薯园”“盛洁”粉丝成为乡村振兴“新粉丝”，不断拓宽富民增收渠道。改善农业生产条件，启动实施投入约4000万元的高标准农田建设项目，新建防渗渠、泵站、涵闸、水泥路等，覆盖6个村1.45万亩农田。

【排涝救灾】 7月10日夜至11日，西圩乡境内普降特大暴雨，镇区积水严重，民房进水，4.6万亩农田全部被淹。汛情就是命令，全乡干群闻令而动，团结一心，众志成城开展排涝救灾工作。7月13日，乡党委发出《排涝救灾倡议书》，11个村（社区）群众在干部动员下，纷纷提供家中的柴油机、直流泵，到田头、到沟渠，和市县单位、乡镇支援队伍汇成排涝大军，不分昼夜、加班加点抢时间、排积水。全乡干群连续奋战5夜6天，最终取得了排涝救灾的胜利。7000亩受灾严重地块全部及时补栽补种到位，全乡秋粮生产再获丰收。

【镇村建设】 2023年，西圩乡聚焦群众急难愁盼，坚持量力而行，尽力而为，年初排定23项民生实事项目，借助外力推进基础设施改善，加快镇村建设不断提升人民群众的获得感、幸福感。改善群众出行条件，完成西高线范湾段、曹口段简易修补，投入11.98万元铺设前车村九组中心路，投入39.6万元铺设范湾村小区中心路，投入55万元对邱庄村葡萄园路提档升级。实施点亮乡村道路工程，安装太阳能路灯62盏。

【文化建设】 2023年，西圩乡坚持以文化人，加强文化建设，深化拓展"向善从善，德润西圩"文化内容，全乡11个村（社区）分别围绕2个文化主题，深入开展"善德西圩"文化建设提升年活动，推进乡风文明建设，擦亮"善德西圩"文化品牌。培育先进典型，组织开展"西圩好人"评选活动，挖掘和培育"西圩好人"33名，县级好人2名，市级好人1名，县级最美人物1名，通过树立典型、确立榜样，引导广大群众文明向善。

【社会治理】 2023年，西圩乡学习借鉴"枫桥经验"，打造共建共治共享的基层社会治理格局。充分运用矛盾纠纷调解机制，通过"五老"调解员、"法律明白人"等力量，全年处理各类矛盾纠纷100余起，调处成功率96%以上，化解信访积案4起，创建"无讼村居"示范点4个。投入30万元改造600平方米乡社会治理服务中心，为群众提供信访接访、矛盾调处、法律援助等一站式服务。法治建设深入推进，积极开展法制宣传、安置帮教、社区矫正、法律援助等工作，组织"法律明白人团队"进村入户普法宣传、提供法律服务、参与依法治理，着力提升全民法制意识和法律水平，建设平安西圩。

【基层党建】 2023年，西圩乡强化政治引领，持续深化理论学习，采取"线上+线下""领学+助学"的方式，确保党员理论学习全覆盖。着力打造党建品牌，制定《西圩乡2023年度村居党建实施方案》，确立党建引领"四心"服务品牌，即解决急难愁盼问题的贴心服务，关爱一老一小群体的暖心服务，改善生产生活条件的连心服务，丰富群众文化生活的融心服务。11个村（社区）立足自身实际，分别确定一个党建品牌进行打造。向全乡党员发出"三带三建"的号召，即带头化解矛盾，建设和谐村居；带头整治环境，建设宜居村居；带头崇德向善，建设文明村居。

2023年西圩乡各村（社区）情况一览表

表57

村（社区）名称	行政区域面积（公顷）	村民小组（个）	年末户籍户数（户）	年末户籍人口（人）	耕地面积（亩）	集体收入（万元）	村（社区）组织部书记
西圩社区	461	9	989	3803	4620.1	222.8	李电波
邱庄村	661	11	986	4004	7301.9	100.47	王　杰
前车村	328	9	581	2647	3354.7	92.16	宋成柱
后车村	348	8	525	2294	3470.2	166	周　村
前庄村	342	10	647	2647	3595	131.6	李高林
三才村	450	8	649	2691	4922.5	90.18	孙善明
汉沟村	536	9	784	3186	6236.5	132.6	王　昌
曹口村	488	8	789	3369	5396.6	74.6	李龙柱
范湾村	766	10	767	3088	5226.7	134.7	李德义
郝庄村	156	6	334	1402	2093	108.7	郝维林
中陈村	406	10	694	2865	3756.3	132.9	李　利

（刘　勇　赵　邦）

新河镇

【概况】 新河镇位于沭阳西北部，西与颜集镇、潼阳镇接壤，北与庙头镇相连，东邻扎下镇，南靠新沂河。镇域面积49.54平方千米，辖1个社区、9个行政村，124个村民小组，居民9761户，户籍人口4.59万人，耕地面积4.2万亩。全镇围绕"一地一区一园一镇"（全国家庭园艺集散地、江苏花木电商核心区、宿迁花木资材产业园、沭阳宜居宜游特色镇）发展定位，按照"诚信立镇、花木强镇、电商富镇、文化兴镇、生态美镇"发展思路，有效促进花木、电商、旅游经济融合发展，走出了一条绿色发展生态富民新路径，成为乡村振兴新典范。先后获"江苏省乡村旅游业态创新示范项目""首批国家农业产业强镇""全国乡村特色产业十亿元镇"等荣誉称号。2023年，全镇实现地区生产总值39.82亿元，同比增长6.2%；完成财政总收入4353万元，同比增长67%；完成一般公共财政预算收入2389万元，同比增长67.5%。

【工业】 2023年，新河镇紧紧围绕建好花木产业核心区的目标，大力发展花木产业，年内新招引2个乡镇亿元项目均为花木相关产业（沭阳夫利亨工艺品制造有限公司生产花盆周边产品，沭阳睿友成包装有限公司生产配套包装材料）。签约入驻沭阳经济技术开发区的2个亿元项目［巨洁超净无尘科技（沭阳）有限公司二期项目，计划总投资1.1亿元，建筑面积1.2万平方米；江苏圣之达生物科技有限公司，协议投资2.5亿元，占地19.06亩，建筑面积1.5万平方米］已通过市发改委竣工验收，进入投产；招引入驻乡镇的亿元项目2个（沭阳夫利亨工艺品制造有限公司，位于新河镇解桥工业集中区，计划总投资1.4亿元；沭阳睿友成包装有限公司，位于新河镇解桥工业集中区，计划总投资1.3亿元）已全面投产。2023年，全镇实现工业开票收入20452万元，同比增长35.9%；工业税收1472万元，同比增长192%，其中工业增值税1376万元，同比增长210%。

【农业】 2023年，新河镇积极打造盆景大集和公益直播实训基地，扎实推动花木产业"三个升级"，持续推进现有花木产业规模化、品牌化发展，打造互联网直播、数字农业等新产业新业态，开展龙头电商企业培育计划，重点培育绿苑月季基地、苏北"佰花阁"盆景直播基地等一批重点企业，重点扶持"槿宝园"等产业融合示范点建设。全年新增盆景、造型树、月季等高效花木基地1.6万亩，亩均收入增加3000元以上，带动就业8000余人，用花木"美丽经济"扮靓"新河产业新貌"。成功培育周圈盆景、堰头月季、春生稻草人、大营种子等特色品牌，"木槿花化妆品制作技艺"项目成功入选非物质文化遗产名录，花木产业发展持续增添活力。

【镇村建设】 2023年，新河镇坚持补齐兜牢民生短板，扎实推进农村公路提档升级工程，累计投入1300万元建设改造花都大街、新京路等群众期盼已久的重点道路。投入800万元实施电力建设工程，集中对巴房、解桥、维新、春生等村电力线路进行改造提升，有效保障新河镇北部片区群众用电需求。完成周圈大桥桥头、卫健中心门前2个口袋公园建设，并在镇区新建1处公共厕所，进一步提高镇区公共设施水平。不断推进实施镇区重点节点、茆新线大营段亮化工程等民生实事项目，亮化村庄道路6千米，群众满意度持续提升。

【文化建设】 2023年，新河镇不断加强文化品牌建设，持续推进农村移风易俗工作，树立新时代文明乡风。先后开展首届新河镇村BA篮球赛、第十届沭阳花木节新河分会场、新河马拉松等新河文化品牌创建活动，不断涵养文明乡风、淳朴民风。依托现有的周圈盆景长廊、古栗林、胡家花园、岔流河风景带等优质旅游资源，实施"农文旅"融合发展新模式，打造"生态花谷和美新河"文旅品牌，吸引城区居民及周边县市游客前来体验新河魅力，推动绽放"美丽经济"。

【生态建设】 2023年，新河镇按照"预防大于治理"的工作思路，推进生态环境整治，狠抓环境污染防治。围绕全面消除旱厕的工作目标，全年共完成500户改厕任务。开展镇区违规广告牌集中清理行动，拆除140余块户外广告。清理店外店、占道经营、乱搭乱建等多种违规行为，维护镇区秩序，改善通行环境。虞姬路、花都大街、种子一条街实施"收桶入户、上门收集"的垃圾处理模式，有效提升镇区街道环境。不断加大垃圾处理投入，改造周圈路、老河口、周圈大桥南侧等"脏乱差"地段，整治新潼路、清理沟渠、整治黑臭水体，整治沟渠路道52条。

【基层党建】 2023年，新河镇不断夯实党建基础，投入30余万元完成3个党群服务中心提档升级，推动党支部"标准+示范"建设，堰头村篮球场、周圈村盆景大集、双荡村广场等成为群众生产生活聚集地，"红磁场"的"磁力"不断增强。实行"流动红旗""流动黄旗"制度，先进村（社区）进行经验交流、落后村（社区）进行表态发言，提升党员干部间争优争先的工作动力。组织开展向身边榜样学习活动，广泛设立党员示范岗，党员冲在信访、招商引资、安全生产一线，《人民日报》党建专版刊发中共二十大代表、双荡村党总支副书记李敏立足岗位作贡献事迹。通过座谈交流、谈心谈话等方式，开展建言献策活动，开展走访、征集民意，着力解决群众急难愁盼问题。

2023年新河镇各村（社区）情况表

表58

村（社区）名称	行政区域面积（公顷）	村民小组（个）	年末户籍户数（户）	年末户籍人口（人）	耕地面积（亩）	集体收入（万元）	村（社区）党组织书记
新槐社区	402.03	17	1783	6937	3608	52.28	王沭阳
大营村	353	11	850	4280	2703	57.9	张理达
沙河村	343	12	1140	5142	4460	68.8	陈　莉
周圈村	232.8	18	1203	6416	2382	74.08	胡义品
堰头村	220	12	1041	4607	2806	53	周　雷
双荡村	300	13	916	4326	2750	126	胡方喜
春生村	650	13	937	4570	8600	50.8	张　彬
维新村	314.6	13	807	4062	3981	56	陈　陆
解桥村	119.4	6	610	3236	4340	50	王　雨
巴房村	296.13	9	474	2307	3184	65.87	仲大东

（陈　伟）

颜集镇

【概况】颜集镇位于沭阳县最西部，距沭阳县城20千米，西与新沂市接壤，西南与宿豫区隔河相望，素有“鸡鸣闻三县，一步跨两市”之称，是千古美人虞姬的故里。全镇辖14个行政村（社区）、198个村民小组，1.2万户，总人口约6万人，镇域面积68.22平方千米，耕地面积5.5万亩。颜集素以花木、板栗著称，是全国面积最大的花木基地镇之一，是闻名全国的花木之乡、淘宝镇，花木面积5万余亩，板栗面积1000余亩，镇内西部的百年古板栗林被评为2010年江苏省十大新发现之一。2023年，实现地区生产总值36.02亿元，同比增长6.7%；完成财政总收入5616万元，同比减少7.0%；完成一般公共财政预算收入2853万元，同比减少13.7%。

2023年6月，颜集镇新市场一角　　颜集镇　供图

【工业】2023年，颜集镇以“颜商颜才”为纽带，成功引进广霆医疗、聚博金属2家亿元以上工业项目落户镇工业区，引进落户县经济开发区的昌品医疗项目顺利通过宿迁市5亿元项目竣工验收。全年招引税源型企业40余家，部分项目已开始贡献财政收入。全年实现工业开票销售8479.97万元，比上年增长72.72%，实现工业增值税237.06万元，比上年增长187.14%。五大经济指标中，净增列统企业数呈指数级增长，21家企业成功升规纳统，列统企业主营业务收入3900余万元，同比增长13.9%。

【农业】颜集镇为特色花木产区，花木种植一直以来都是颜集镇的特色主导产业，品种主要为金叶女贞、卫矛、冬青、黄杨等。全镇现有耕地5.5万亩，其中粮食播种面积5000亩，花木种植面积5万亩。在镇党委、政府的大力推动下，西部长江路两侧的高效花木示范片顺利建成，引种榉树、茶条槭、红叶石楠、金冠女贞等新品种，形成彩色苗木园、精品蜡梅园、造型苗木园、丛生苗木基地等特色苗木片区，成为引领全镇花木产业的风向标。全镇发展花木专业合作社220余个，家庭农场60个，注册花木公司4981家。

【镇村建设】 2023年，颜集镇推行“朝九晚五”工作法，设置垃圾点位380个，投放垃圾桶1400余个，将定时定点投放垃圾写入村规民约，引导群众上午9点前、下午5点后投放垃圾，初步实现白天不见垃圾目标。制定垃圾费收取标准，增强电商大户责任，做到垃圾多排放多交费，环境治理更有力度。规划新市场，搬迁旧鱼市，解决纲跃桥被长期侵占、交通拥堵、污水直排虞姬沟等问题。集中治理摊外摊、店外店，清理违规广告牌100余处，镇区“颜值”不断提升。

【文化建设】 2023年，颜集镇深入挖掘本土文化，通过各种形式的文艺演出、文化活动，让群众在欣赏和参与中感受到浓厚的文化氛围，推动当地文化的传承与发展。“俺们村”短视频大赛吸引了众多参与者的热情关注，大家用镜头记录颜集美丽风光和人文魅力，深入挖掘这片土地深厚的历史文化底蕴。举办第十届沭阳花木节颜集分会场活动，充分展示颜集独特的花木产业和文化底蕴，活动现场五彩斑斓的花木与古老的虞姬传说交相辉映，为游客们带来一场视觉与文化的盛宴。积极举办“版画”非遗文化活动，深度挖掘颜集虞姬故里所蕴含的独特文化底蕴，培养青少年文化自信。持续深入推进全民阅读活动，新时代文明实践公益演出队以淮海戏、小品、歌舞快板等多种艺术作品为载体举办一系列主题活动及文艺汇演，营造出浓厚的文化氛围。积极推动颜集文化生态旅游示范镇建设，以虞溪古村建设为龙头，打造虞姬沟风光带和虞溪、花晏、堰下3个重要节点。

【生态建设】 2023年，颜集镇投资20万元新购置洒水车1辆，以整治露天烧烤、管控道路扬尘、推动锅炉改造、禁烧垃圾秸秆、压降企业扬尘、提升人居环境等六项措施，不断加强对各类大气污染源的监督管控力度，$PM_{2.5}$指标由年初倒数跃升至中上位次。新建方圩、梁庄3处小型污水处理站，完成颜集社区沟渠污水污染整改工作，交接6处小型污水处理站运维工作。河道治理成效显著，打造8.43千米生态河道，并成功通过省、市验收，生态河道覆盖率位居全县前列，实现水清岸绿景美颜集生态新形象。

【基层党建】 2023年，颜集镇开展党员干部“访群众、找问题、献良策”大走访活动，围绕16个“推动发展、促进治理、服务群众”选题深化开展走访活动。深入推进“民呼我应”，从小切口解决民生大问题，推行独居老人关爱机制，创新开展关爱行动。全年先后投入6.8万元，对沙湾村委会房屋进行翻新打造，投入20余万元，回收虞北村委会房屋并进行提档升级，堰下村的电影院、沙湾村的篮球场、花晏村的“小板凳”、虞北的“活动室”，党建阵地作用更加显现。镇党委按月开展基层党建全领域观摩，组织各支部到先进乡镇学习，推动问题整改40余个，对问题较多村（社区）指定专班剖析，帮促解决问题。丰富党群活动，建立党群活动日制度，与主题党日双轨运行，各村每月5日定期召开党群议事会，开展干部述职、党群议事，党务、村务、财务明明白白。

2023年颜集镇各村（社区）情况一览表

表59

村（社区）名称	行政区域面积（公顷）	村民小组（个）	年末户籍户数（户）	年末户籍人口（人）	耕地面积（亩）	集体收入（万元）	村（社区）党组织书记
堰下村	474	17	1231	5604	3774	112	李彦春
沙湾村	368	15	926	4113	2984	61.53	谈　聪
司程圩村	355	13	738	3386	2088	64.81	司子义
贯勤村	213	11	913	4583	2436	74.8	周玉东
周项村	1200	21	1105	5505	8320	62.7	张龙杰
虞北村	495	10	634	2648	3380	73.56	冯　刚
方圩村	395	13	827	3835	2528	66	赵明富
颜集社区	550	20	1378	6564	4922	65.14	吴从林
梁庄村	320	9	610	2914	3200	74.72	颜立胜

续表59

村（社区）名称	行政区域面积（公顷）	村民小组（个）	年末户籍户数（户）	年末户籍人口（人）	耕地面积（亩）	集体收入（万元）	村（社区）党组织书记
大庄村	433	12	809	3805	4889	83	刘　健
丁圩村	235	8	532	2372	1583	58.98	李　旺
许房村	495	22	1080	5100	4352	72	曹步原
花晏村	250	11	698	2949	2360	67.1	丁贝贝
虞溪村	950	16	892	4401	4250	73.5	张兰兰

（丁梦晴）

沂涛镇

【概况】 沂涛镇地处宿迁、淮安、连云港三市交界，326省道穿越中心，古屯河横贯东西，西六塘河傍镇而过；西依新长铁路和京沪高速公路，东连宁连高速公路。全镇辖21个行政村（社区），拥有1个中心集镇、7个农村集市，镇域面积94.34平方千米，耕地面积8.5万亩，户籍人口7.34万人。沂涛曾经被三代中央领导批示关注过，周恩来总理夸赞沂涛是“农业战线的一面旗帜”，1960年陈云考察过，被当时的淮阴地委响亮的提出过“学大寨、赶沂涛”。2023年，全镇实现地区生产总值16.93亿元，同比增长5.0%；完成财政总收入2.92亿元，同比增长350.7%；完成一般公共财政预算收入1.53亿元，同比增长343.3%。财政收入、税收收入、一般预算等主要经济指标全部实现预期的翻番倍增，固定资产投资、服务业发展等多项主要经济指标增幅稳居全县前列。

【工业】 2023年，沂涛镇坚持以加快经济建设为中心，确立“项目为王、环境是金、工业强镇、产业兴镇”经济发展理念，做大做强工业经济。全镇工业开票销售首次超过10亿元，同比增长27%。成立10个招商协作组和政府聘请的30名专业招商局局长坚定大招商、招大商信心，全年实现招引工业项目25个，投产达效项目13个，其中伍佳科技产业园及泰克超硬磨料成功落户沭阳经济开发区。索啦咪宠物用品、酒店用品、鑫秀源食品、菜链食品等6个亿元项目均已开工建设或投产运行。扎实开展“腾笼换鸟”“筑巢引凤”“拉郎配”等行动，清理清退不符合长远规划企业13家、低效企业22家，为企业进得来、留得住、长得大提供更优更好的营商环境，全镇主导产业集聚度明显提升。坚持“园区经济”优先发展，全力打造“白天看美化、晚上看亮化”的沭阳“最美生态园区”，推动形成以“金属加工、白酒食品、高端服装”为主体的“一园三区”新发展格局。截至年底前，园区内共入驻企业35家，其中投资亿元项目企业5家。

【农业】 2023年，沂涛镇紧紧围绕“河清水秀、瓜果飘香”特色发展理念，加快乡村振兴和“醉美沂涛”建设，加大农业重大项目、特色项目招引力度，建设新时期鱼米之乡。全年新增流转土地面积8500亩，增加村集体收入50万元。新引进的沭阳亿豪农业服务有限公司等特色农业项目，辐射拉动周边各村（社区）集体经济增收8万元。兴陶村党支部领办惠民农资农机合作社，村集体经营种植土地150亩、河塘30亩，为村集体年均增加收入60万元。全镇21个村（社区）集体经济总收入1818.49万元，同比增长25.3%。坚持把高标准农田项目作为民心工程和样板工程建设，累计建设高标准农田8.5万亩，形成“田成方、旱能灌、涝能排、路相连”的现代化农业格局，入选江苏省首批高标准农田示范项目。

【镇村建设】 2023年，沂涛镇始终坚持以人民为中心的发展理念，把解决民生福祉摆在突出位置，高标准高质量推进镇村建设等民生项目实施，全年累计投入9600多万元推进160多个基础设施和公共服务项目建设，其中仅全镇通亮工程一项就投入近500万元，新装路灯8000余盏。牢固树立“项目为王、环境是金”发展理念，常态长效开展人居环境、清洁村庄、清洁家园行动，年内先后投入200万元，打造5个和美乡村示范点储备项目，构建“一户一处景、一线一风景、一村一幅画”的“大美”格局，美丽沂涛“跃然纸上”。不断强化镇村基础设施建设，全年先后投入700多万元对太平南路、葛楼大街全面提升拓宽改造，投入400多万元对太平中路绿化美化和人行板砖进行调整更换，投入近200万元疏通太平北路下水道、迁移杆线、拓宽路面和改造形象，投入200多万元对326省道的2个出入口全面提升改

2023年11月，沂涛镇对太平南路进行全面提档升级扩建
沂涛镇　供图

造，不断提升人民群众的获得感、幸福感和满意度。

【文化建设】 2023年，沂涛镇始终把精神文明建设工作当作提高群众素质、提升镇村品位的头等大事来抓，有计划、有步骤、有重点地推进思想文化建设走深走实。紧扣“社会需要正能量，沂涛需要好形象”的要求，全年在“醉美沂涛”公众号上推出白酒文化、历史名人、历史印记等优秀文章60余篇，营造了“向上、向善、向美”的良好社会氛围。全年共开展琴鼓乡村行、全民阅读、文艺送理等各类文艺演出活动200余场次，惠及群众3万人。全镇21个村（社区）共有花船队19支，从业人员200余人，几乎每天都有演出活动，吸引大量村民参与观看。省非遗传承人吴文效带领20余人的苏北琴书团队常态化进行演出，在沂涛九年制学校开设苏北琴书传习所，有300多名学生学习苏北琴书。全镇21个村（社区）全部绘制了充满文化气息的墙体画，硕湖路、清韵路、春潮路等8条独具沂涛特色的新路名牌树立于镇区主干道处，让人一进沂涛就能感受到浓浓的“历史感”。常态化开展“最美企业家、最美志愿者、最美家风”等“最美”系列典型评选活动，用有形的正能量、鲜活的价值观，引导广大群众见贤思齐、崇德向善。

【生态建设】 沂涛镇积极开展美丽乡村示范创建，常态化开展人居环境整治，以“绿化沿河沿路、美化家前屋后”为主线，突出重点、搞好节点、打造亮点，全力打造环境优美、河清水秀、和谐宜居“醉美沂涛”。定期开展“五美庭院”“最美庄台”等评选工作，侧重抓好326省道沿线环境大整治、大改善、大提升，坚决抓好畜禽养殖、农业面源污染，严厉打击各类环保违法违规行为，强化黑臭水体整治，着力解决群众身边的环境问题。严格守牢生态环境红线，定期开展生态环保督察，加大秸秆禁烧督察惩处力度，不断提高人民群众的幸福感、获得感和安全感。

【基层党建】 沂涛镇深入贯彻落实中共二十大精神和上级有关基层党建总体部署，围绕三年行动计划，扎实开展第二批主题教育和“提档提质年”十大专项行动，以“党委领着干、支部带着干、党员示范干、群众主动干”为统领，抓基层、打基础，抓规范、促提升，开创基层党建工作新局面。聚焦“标准+规范+示范”，完善功能建设，全力打造群众“愿意来、主动来、经常来”的“串门地”，让“有事你来办，没事你来玩”成为“沂涛党建”新品牌。新政府大楼2月正式投入使用，彻底解决困扰沂涛近10年的政府无固定办公地点问题。选树村支部书记典型，发挥引领作用，有5名五星级村（社区）书记，2名支部书记入选市“百千万”工程人才库。

2023年沂涛镇各村（社区）情况一览表

表60

村（社区）名称	行政区域面积（公顷）	村民小组（个）	年末户籍户数（户）	年末户籍人口（人）	耕地面积（亩）	集体收入（万元）	村（社区）党组织书记
金葛楼村	659.22	10	1024	4126	6014.83	155.12	韩　建
兴陶村	388.24	14	741	2859	3996.84	124.93	孙同辉
赵涧村	379.28	8	800	2883	2797.16	60.14	赵华进
陶庄村	404.28	12	754	3045	3141.34	68.79	周大明

续表60

村（社区）名称	行政区域面积（公顷）	村民小组（个）	年末户籍户数（户）	年末户籍人口（人）	耕地面积（亩）	集体收入（万元）	村（社区）党组织书记
秦圩村	273.49	5	643	2267	1765.13	69.76	陈树军
二圩村	804.18	14	1418	6135	7802.18	116.32	魏家干
常荡村	516.89	9	875	3650	4397.95	75.66	史潮伟
太平社区	786.52	15	2017	7391	6278.85	78.96	周　雷
红旗村	720.46	6	1282	4836	6952.99	123.43	葛恒建
三杰村	598.86	16	1289	4829	5484.41	60.86	汤同兵
古屯村	242.23	8	564	2149	2101.8	66.63	王之展
魏湾村	263.85	8	542	2116	2077.52	114.78	汪海军
王团庄村	501.78	10	811	3349	4014.79	64.62	江　鹏
屋基村	433.43	11	1123	4283	3697.74	75.77	朱全全
崔庄村	368.94	11	755	2983	3551.04	75.79	崔少轩
谢庄村	254.49	10	524	2040	1922.14	89.50	谢汝高
沈集村	476.05	18	832	3308	3869.38	83.95	葛东生
大王庄村	325.92	10	691	2690	2958.62	73.79	周元勇
新沟村	232.85	6	496	2033	1713.58	70.20	丁道田
东王庙村	411.93	11	746	3191	3312.89	67.92	朱鹏飞
王魏庄村	389.05	15	833	3278	3554.11	61.91	王歧学

（徐新宇）

悦来镇

【概况】 悦来镇地处沭阳县西南部，西与宿豫区来龙镇接壤，东与耿圩镇相连，南与刘集镇、陇集镇毗邻，北至新沂河，与颜集镇隔河相望，距县城22千米，镇域面积88.51平方千米，耕地面积8.5万亩，为典型的农业大镇。全镇辖1个社区和11个行政村，共78个村民小组，户籍人口4.76万人。沭悦路、悦颜路贯通其中，北临新沂河、东临截水河、中有军屯河，水陆交通便利，是沭阳有名的黄花菜（又名金针菜）之乡。2023年，全镇实现地区生产总值10.54亿元，同比增长6.2%；完成财政总收入1.13亿元，同比增长27.4%；完成一般公共财政预算收入5911万元，同比增长25.7%。悦来镇共完成财政收入11301万元，同比增长30.44%；完成一般公共预算收入5558万元，同比增长18.23%。

【工业】 2023年，悦来镇坚持工业强镇战略不动摇，把招大引强作为重中之重，推动经济高质量发展。全年完成工业开票销售收入6.37亿元，同比增长13.61%；工业增值税2148.52万元，同比增长41.13%；规模以上工业企业用电量2385.94万千瓦时，同比增长37.76%。共新招引亿元项目9个，其中落户镇区的华新玻璃三期已开工建设、亿居品（江苏）金属科技有限公司新增生产线已投产达效，落户在园区的江苏嘉合材料科技有限公司已投产达效。2023年重新编制镇工业集中区环评报告，新增规模以上企业2家，推动产业质态提质升级。

【农业】 2023年，悦来镇认真落实“藏粮于地、藏粮于技”要求，严守粮食安全底线。全镇实现粮食总产1975万吨，实现粮食种植面积、产量“双提升”。全年流转3000亩土地发展现代化、规模化农业，拉长做精农副产品深加工产业链条，着力在农产品加工、保鲜、包装、运输、销售、服务等方面下功夫，努力实现种、养、加一体化和产、加、销一体化，推动农业产业“接二连三”（“接二”是指大力发展以农产品加工为主的第二产业，“连三”是指积极开辟以观光休闲农业为主的第三产业），重点围绕稻米、黄花菜等优势产业，做精单品、做出特色、做大规模，打响知名度。

【镇村建设】 2023年，悦来镇以整治提升农村人居环境为重点，省"卫生乡镇"创建为契机，科学规划实施民生实事项目，推进镇村面貌改善焕新，不断完善基础设施配套功能，打通人民群众获得感和幸福感实现的关键"一公里"。投入120万元，提档升级文化街路、政府东路。投入80万元改建农贸市场，入驻商户80家。投入98万元建设占地面积2万平方米的连心园和人民健康公园。投入55万元，在生态河道北侧新建1.5米宽、1300米长健康步道，共设4个休息长廊。投入75.1万元，新装照明路灯298盏。投入10.4万元，修补破损路面942平方米，安装护栏长1650米，修补坑塘30多处1100平方米。扎实推动农村厕所革命，累计完成农村无害化卫生户厕改造1276户。

【文化建设】 2023年，悦来镇着力推动新时代文化建设高质量发展，进一步完善新时代文明实践所（站）功能，健全农家书屋、志愿服务室等功能室，组建新时代文明实践志愿服务队伍30支。根据群众需求、文化特色，围绕理论宣讲、志愿服务、文明创建等方面，每月正常开展60场次新时代文明实践活动，全年共开展理论宣讲、专家义诊、送戏下乡、特色节日、敬老慰问等群众喜闻乐见的文明实践活动1000余场次。组建"百姓名嘴"宣讲队伍，深入企业、小区、校园、街头巷尾开展各类理论政策宣讲活动，实现12个村全覆盖，"唠嗑式宣讲""小板凳课堂"等特色做法让政治创新理论驻足可听、随时可学。

【生态建设】 2023年，悦来镇始终把生态环保摆在"头版头条"的重要位置，以安全、环保问题零容忍的态度，督促企业落实大气污染防治责任，加大技术改造投入，加强日常监管，坚持不懈做好水污染防治、水资源统筹、水生态修复，重点推进水环境治理工作。其中投入60余万元扩建一座MER分布式污水处理站，投入300余万元完善镇区污水管网，新铺设污水主管网1100米，污水支管网8510米，清掏检测原管网13918米，新建检查井458个、新增污水接入点98个，封堵污水直排口16个，基本实现镇区污水收集无外溢。同时加大控源截污、垃圾清理、清淤疏浚、生态修复等工作力度，水环境质量得到持续改善，有效促进生态建设。

【基层党建】 2023年，悦来镇认真践行新时代组织建设要求和组织路线，在全镇范围内开展学习贯彻中共二十大精神理论宣讲100余场，受教育群众7000人次。第二批学习贯彻习近平新时代中国特色社会主义思想主题教育开展后，下辖党组织开展集中学习210余次，专题党课21场次，开展"书记讲给书记听""习经典、悟思想、话担当"交流发言54人次。"1+N"连心结对联系人与180名流动党员保持常态沟通，定期"微信送学"，寄送必读书目540本，支部集中补课24次。探索建立"1+12+N"品牌推进机制，"1"为党委统筹，以12个村（社区）和N个其他领域党组织的支部"品牌"为抓手，提升党建工作效能。全力推进"头雁竞飞"振兴村集体经济工作，全镇村（社区）实现村集体经济收入975.74万元，收益561.66万元，占比57.56%；村均76.15万元，同比增幅33.06%，收入超百万元村（社区）3个，收入60万元以下村（社区）清零，各村收益占比超50%。

【矛盾调解】 2023年，悦来镇借鉴新时代"枫桥经验"，坚持以"减存量、控增量"为主线，发现问题快速反应、迅速处置；对重点人员落实"三级包保"制度，创新"五级联动抓信访工作法"，领导班子成员带头参加"信访值班"，加强矛盾纠纷排查化解，对群众的诉求积极进行处理，重大事项及时会办、慎重处结，对信访群众的要求做到事事有回音，件件有落实。2023年，共接访56批次62人次，化解48件，化解率达83%。镇级以上的信访件42起，办结件40起，办结率95%。受理"12345"政府服务热线中心交办事项1770件，均已经按时办结。

2023年悦来镇各村（社区）情况一览表

表61

村（社区）名称	行政区域面积（公顷）	村民小组（个）	年末户籍户数（户）	年末户籍人口（人）	耕地面积（亩）	集体收入（万元）	村（社区）党组织书记
悦来社区	998.2	21	1802	6610	7750	76.86	马爱民
大方村	861.9	17	1145	4464	7363	98.63	王建英
华新村	847.3	14	1050	4153	7900	117.39	韩　连
沟涯村	916.2	15	1078	3834	8371	92.7	韩华乔
郭湖村	506.6	13	642	2421	4160	86.77	韩　云

续表61

村（社区）名称	行政区域面积（公顷）	村民小组（个）	年末户籍户数（户）	年末户籍人口（人）	耕地面积（亩）	集体收入（万元）	村（社区）党组织书记
薛方村	427.5	8	532	2138	3834	60.08	张先雷
双蔡村	783.3	14	917	3627	6110	67.15	叶　卫
叶上庄村	661.4	16	1041	4121	4820	59.13	朱元朝
叶新庄村	583.9	13	1058	3866	5167	63.82	叶敬阳
枣林村	689	17	1143	4331	7125	105.39	胡金道
肖湖村	798	20	1011	4293	7800	71.2	葛　阳
橡佟村	778.1	15	943	3790	7310	78.95	庄维林

（邵壮志）

扎下镇

【概况】 扎下镇地处新沂河北岸，与沭阳县城一河之隔、一桥相连，是县城“北大门”，下辖13个行政村（社区），户籍人口6.18万人，镇域面积55.49平方千米，耕地面积3.5万亩。坐拥京沪高速沭阳北出口，205国道、245省道、宿连航道贯穿全境，新沂河、岔流河、沭新河环绕周边，拥有国际花木城和花木大世界两大花木交易市场，是全县花木生产交易重要集散地，苏北万亩油菜花海、艺森园、春晓园、方武盆景、随园旧居等成为乡村旅游休闲好去处。2023年，全镇实现地区生产总值42.57亿元，同比增长10.3%；完成财政总收入2.61亿元，同比增长89.3%；完成一般公共财政预算收入1.40亿元，同比增长87.1%。在全市高质量发展综合考核中荣获“全面深化改革先进集体”等称号，在全县高质量发展综合考核中荣获第一等次，并获得招商引资、财税工作、乡村振兴工作、生态环境保护、党建统领城乡基层治理、安全生产6个单项先进。

【工业】 2023年，全镇实现工业开票销售收入33.6亿元，同比增长21.4%；完成工业增值税1.7亿元，同比增长均109.9%。新增“四上”企业30家，全县排名第2。其中，限上零售业实现销售额2.4亿元，同比增长93.7%，全县排名均第1。工业投资增速从7%提升至31%，排名从全县第21位提升至第11位。全年成功招引并通过宿迁市考核认定的10亿元竣工项目1个、10亿元新开工项目1个，通过县考核认定5亿元竣工项目1个，列市重大项目福瑞森项目提前投产达效。全年累计召开10余次工业经济高质量发展专题会议，表彰年度工业经济高质量发展表现突出企业，按照政策累计兑现奖励超400万元，奖励力度居全县前列。7家企业入围省星级“上云”企业，数量居全县乡镇（街道）前列。

【农业】 2023年，扎下镇建成花木大世界电商直播基地、艺森园盆景工匠孵化中心等列省农业重大项目，培育市级农业龙头企业1家，新增省市级示范家庭农场各1家，县级示范家庭农场2家。全年新增土地流转合同19份，共新增流转面积897.62亩。完成“一事一议”财政奖补道路项目6个。全年回收农药包装废弃物2000千克，回收废旧农膜4.05万千克。耕地地力保护补贴11012户，补贴面积33662.87亩，补贴金额404万元。夏季种粮一次性补贴2425户，补贴面积11230.9亩。大豆玉米复合种植补贴239户，种植面积657.07亩，补贴金额208022.4元。全年受理农机补贴申请146份，受益户数118户，补贴机具150台，补贴金额86万元。做好农产品质量安全监管工作，共核实注销生产主体5家，主体巡查280户；常规样品抽样4812条并完成检测，对主体内农户产品生产进行追溯，完善农事档案121份并打印相关合格证和追溯二维码，为农产品质量安全保驾护航。

【乡村振兴】 2023年，扎下镇成功打造艺森园盆景造型基地等一批精品项目，成为全市乡村振兴打卡样板，获评市级就业富民乡村振兴基地，并作为县委常委会唯一正面典型解剖式调研点。6月7日、11月7日，省委书记信长星、省长许昆林先后到艺森园调研，并给予高度评价。全年先后接待10批次省部级领导、160批次市、县领导考察交流，成为乡村振兴打卡样板，获评市级就业富民乡村振兴基地，全县仅2家。抢抓第十届沭阳花木节举办契机，高标准举办扎下分会场苗木盆景资材展、“扎下一日游”、“团团圆圆杯”机关篮球邀请赛等系列活动，吸引近3万人赏花游玩，花木销售超8000万元。创新举办首届沭阳油菜花海旅游节、电商年货大集等特色活动，花木产业已成为全镇经济社会发展新的增长极。全年新增花木电商入库22家，全县排名第1。全年评选“诚信电商”13户，未发现一例花木种苗领域违法违规行为。获评“省生态文明建设示范乡镇”“省卫生乡镇”“省楹联文化镇”“市文明乡镇”等，并顺利通过省垃圾分类试点验收；卢巷村、周沟村分别获评省健康村；顺河村、仲大庄村、冯徐村、丁庙村、胡道口村均获评省卫生村；冯徐村、银山村分别获评市文明村。2023年完成村集体经济收入1218.80万元，同比增长17.16%，“农民富”底盘更牢，银山村、沙巷社区分别荣获“头雁竞飞”沂河北片区100万~150万元档次以及150万元以上档次擂台赛第1名。

【安全生产】 2023年，扎下镇累计开展12轮安全生产大检查、48场次消防应急演练、1场综合应急演练，排查整改隐患1000余处、入企检查近3000人次。全镇327家“三合一”（住宿与生产、仓储、经营设置在同一空间内）场所检查全覆盖，全部按照要求配备必要消防设施，排除安全隐患71条，整改阳台违规设置铁栅栏等问题85处。镇区136家餐饮场所全部安装燃气报警安全装置，完成辖区10323户居民入户排查，整改隐患9290处，整治地下车库违规使用气瓶213户，印发《关于规范使用瓶装液化气的通告》1.2万份，增强餐饮企业、村民安全用气意识。

【民生实事】 2023年，扎下镇以实施38项民生重点工程为主抓手，走访慰问困难群体1000余人次，协助221户困难家庭办理小额免息贷款1000余万元，第一时间组织应急救援队伍协助兄弟乡镇开展防汛排涝救灾工作。铺设镇村主干道黑色化，实施245省道亮化提升、道路安全监控防护工程。全年先后投入600余万元完成扎胡路等11.3千米农村道路黑色化；投入100余万元完成镇区及周边国省干道道路安全设施提档升级。完成老街改造、农贸市场建设、高速出口节点打造、老街公厕等工程项目，全力推进全域户厕改造，已拆除旱厕5000余座。

【社会治理】 2023年，扎下镇整合“12345”政府热线、人民调解委员会等信访资源，累计调解各类纠纷227件，成功调解217件，调解回访满意率达95%以上。签发信访工作交办单14份，签订各类息访协议及承诺书60余份。以市委提级巡察整改为契机，坚持和发展新时代“枫桥经验”，认真践行“浦江经验”，深入推进信访矛盾化解攻坚行动，市委巡察整改交办28件信访件，已全部办结，办结率100%，信访攻坚化解排查案件88件，已全部办结，办结率100%。卢巷村、银山村均获评江苏省民主法治示范村，1件案件处理情况被评为全市疑难复杂信访积案化解“十佳案例”。协助办理富民创业贷款12人次172万元，协助221户困难家庭办理小额免息贷款800余万元，依托省级新农人培训田间学校开展8期盆景专题培训。

2023年扎下镇各村（社区）情况一览表

表62

村（社区）名称	行政区域面积（公顷）	村民小组（个）	年末户籍户数（户）	年末户籍人口（人）	耕地面积（亩）	集体收入（万元）	村（社区）党组织书记
分水社区	3.2	7	1552	5860	400	116.87	陆建军
沙巷社区	2.3	8	1030	5300	2567.4	142.75	周业来
卢巷村	3.8	8	1089	5143	3280	89.21	胡　峰
明庄村	4.63	8	1240	5600	5380	123.95	徐　雷
周沟村	5.2	7	1177	5265	2600	97.76	佟　帅
沈魏村	3.6	8	1170	5720	3450	85.43	金　生
仲大庄村	2.5	5	640	2812	2050	68.69	王建中
朱家庄村	2.5	5	585	2820	1950	74.04	朱其栋
冯徐村	4.2	8	840	4247	3300	114.33	仲华召
丁庙村	1.9	8	1200	6400	3800	68.9	仲　康
胡道口村	3.5	7	943	4334	2930	58.9	周满昌
顺河村	2.86	7	812	3672	1818	62.51	陈　雷
银山村	2.55	7	941	4220	1750	115.45	吕新见

（金　波　范思佳）

编　辑：郑长银

江苏好人

2023年，沭阳县共有4人获评“江苏好人”。

【助人为乐类】唐守平，男，1961年7月生，沭阳高级中学退休物理教师。唐守平在教学中经常会用一些小实验解释物理现象，受到学生们的普遍欢迎。为了给更多人科普物理知识，从2020年开始，他在短视频平台上先后发布600多个实验视频，受到网民尤其是青少年网民的喜爱，关注粉丝近百万名，中央电视台等多家主流媒体先后报道了他的事迹。3月4日晚，中央电视台《感动中国2022年度人物颁奖盛典》中，唐守平获得“银发知播奖”。6月，唐守平荣登2023年第一季度“江苏好人榜”。

唐守平

【孝老爱亲类】仲其政，男，1965年8月生，沭阳县青伊湖镇戚庄村村民。2000年，为了照顾妻子生病的父亲和年幼的弟妹，仲其政主动提出搬到妻子娘家居住。他主动照顾一家老小，带着岳父到处求医，每天给岳父洗脸、端饭、喂药，帮助妻子的弟弟妹妹完成学业、成家立业。岳父的弟弟无人照顾，他把叔丈也接到家中一起生活，他朴实的善心得到村民们的一致称赞。6月，仲其政荣登2023年第一季度“江苏好人榜”。

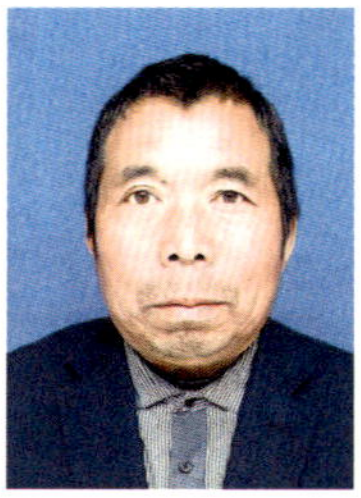
仲其政

【见义勇为类】李文静，女，1986年2月生，沭阳县沭阳医院主管护师。2023年8月18日上午9点多，李文静和家人在连云港海滨浴场休假时听闻有人溺水，她立即冲过去，只见一名男孩躺在岸边，面色青紫、口吐粉红色泡沫状血水。她一边亮明身份一边拨开围观人群，在初步检查后立即跪地为其进行呼吸道清理和多轮心肺复苏，直到男孩恢复心跳和自主呼吸，随后将其送上救护车。11月，李文静荣登2023年第三季度“江苏好人榜”。

李文静

周　杰，男，1981年2月生，中共党员，沭阳县沭城街道华希文鼎苑居民。2023年11月7日晚上8点多，周杰路过环城河边时听到有人呼救，立即快步赶到岸边脱掉衣服跳进冰冷刺骨的河中，凭借娴熟的水性拼命将落水女子推向岸边。在施救中，他的脚被水底的石头割破、流血不止，他浑然不觉，在另外两名市民的帮助下，将女子成功救上岸。2024年3月，周杰荣登2023年第四季度“江苏好人榜”。

周　杰

（刘　雨）

江苏“时代楷模”

周桂官，男，1949年10月生，中共党员，宿迁市沭阳如东中学党委书记、校长。周桂官已工作52年，入党50年，从事教育工作32

年。特别是近13年来，他退而不休，为党育人、为国育才，创办优质高中，补短板、强弱项，以高品质办学助推教育高质量发展，践行了一名优秀共产党员教育报国的初心使命。周桂官爱岗敬业、勇挑重担、创新实干、潜心育人，体现了新时代江苏共产党员“争当表率、争做示范、走在前列”的使命担当，是新时代自觉践行习近平总书记关于“办好人民满意的教育”指示要求的优秀代表，是身体力行社会主义核心价值观的先进模范，是奋力推进中国式现代化江苏新实践，谱写“强富美高”新江苏现代化建设新篇章中涌现出的先进典型。为深入学习周桂官信仰坚定、对党忠诚的政治品格，爱岗敬业、恪尽职守的担当精神，躬身实践、课比天大的深厚情怀，以校为家、爱生如子的优秀品德，2023年9月，中共江苏省委宣传部、江苏省教育厅决定授予周桂官江苏“时代楷模”称号，并在全省广泛开展向他学习的活动，激励和引导全省广大干部群众不忘初心、牢记使命，见贤思齐、奋勇争先，以“当表率、做示范、走在前”的果敢担当，“扎扎实实、踏踏实实”的作风状态，创造更多走在前、做示范的现代化建设成果，为强国建设、民族复兴做出更大江苏贡献。

（蒙苏江）

2023年9月，周桂官在江苏“时代楷模”发布厅上讲述获奖感言
沭阳如东中学　供图

先进集体

2023年全国先进集体一览表

表63

获奖单位	荣誉称号	授予单位	授予时间
中共沭阳县委宣传部	新时代乡村阅读季“我爱阅读100天”优秀组织单位	中央宣传部、农业农村部	2023.10
沭阳县司法局	全国组织宣传人民调解工作先进集体	中华全国人民调解员协会	2023.01
沭阳县邮政管理局	“沭阳花木”快递服务现代农业项目获国家邮政局“金牌项目”称号	国家邮政局	2023.07
沭阳县工商联	全国“五好”县级工商联	中华全国工商业联合会	2023.12
桑墟镇	国家卫生镇	全国爱卫会	2023.11
沭阳县青伊湖镇后乡村	第三批全国乡村治理示范村镇	农业农村部、中央宣传部、司法部	2023.11
钱集镇	红色美丽村庄试点	中共中央组织部	2023.08
贤官镇	国家级卫生镇	全国爱国卫生运动委员会	2023.11
新河镇	首批国家农业产业强镇	农业农村部、财政部	2023.08
新河镇	2022年全国乡村特色产业产值超十亿元镇	农业农村部	2023.03

续表63

获奖单位	荣誉称号	授予单位	授予时间
颜集镇	2022年全国乡村特色产业产值超十亿元镇	农业农村部	2023.03
庙头镇	2022年全国乡村特色产业产值超十亿元镇	农业农村部	2023.03
庙头镇聚贤村	2022年全国乡村特色产业产值超亿元村	农业农村部	2023.03
沭阳农商银行	巾帼文明岗	中华全国妇女联合会	2023.03
中国电信沭阳分公司南京西路工会户外劳动者服务站点	全国最美驿站	中华全国总工会	2023.12
沭阳县血库	全国无偿献血促进奖	国家卫健委、中国红十字总会、中央军委后勤部卫生局	2023.02

2023年省级先进集体一览表

表64

获奖单位	荣誉称号	授予单位	授予时间
沭阳县	养老保险工作省政府督查激励	江苏省人民政府	2023.05
沭阳县	直达资金下达使用、落实财政支出责任、国库库款管理、预决算公开、地方政府债务管理等绩效突出地方	江苏省人民政府	2023.05
沭阳县	荣获省财政厅对全省40个县（市）财政重点工作绩效考核第一等次，位列第1名	江苏省财政厅	2023.02
沭阳县	荣获省农业保险工作领导小组政策性农业保险工作评价等级为“优”	江苏省农业保险工作小组	2023.05
沭阳县	荣获省财政厅法治标准化管理2022年度优秀单位和连续三年以上先进单位	江苏省财政厅	2023.08
沭阳县	全省法治政府建设示范县	江苏依法治省办	2023.12
沭阳县	2020—2022年度金融生态优秀县	江苏省金融稳定工作协调小组	2023.06
中共沭阳县委宣传部	全省宣传思想工作先进集体	中共江苏省委宣传部 省人社厅	2023.11
沭阳县委老干部局	全省老干部工作先进集体	江苏省委老干部局	2023.02
沭阳县人民法院	全省法院办公室工作先进集体	江苏省高级人民法院	2023.03
沭阳县人民法院	全省优秀人民法庭	江苏省人力资源和社会保障厅、省高院	2023.11
沭阳县人民法院	全省法院金融审判工作先进集体	江苏省高级人民法院	2023.12
沭阳县人民检察院	江苏省五四红旗团委	共青团江苏省委	2023.04
沭阳县人社局	养老保险工作省政府督查激励	江苏省人民政府	2023.05
沭阳县人社局	江苏省文明单位	省文明委	2023.01
沭阳县民宗局	全省民族宗教系统先进单位	江苏省人社厅、江苏省民族宗教事务委员会	2023.12
沭阳县科协	科技志愿服务工作优秀单位	江苏省科协	2023.02
桑墟镇	江苏省五四红旗团委	共青团江苏省委	2023.04

续表64

获奖单位	荣誉称号	授予单位	授予时间
桑墟镇条河村	江苏省乡村振兴示范村	江苏省农业农村厅、江苏省乡村振兴局	2023.12
耿圩镇张胡圩村	江苏省乡村振兴示范村	江苏省农业农村厅、江苏省乡村振兴局	2023.12
耿圩镇淮西村	江苏省乡村旅游重点村	省文旅厅、省发改委	2023.08
刘集镇	2022年江苏省卫生乡镇	省爱国卫生委员会	2023.01
刘集镇	江苏省生态文明建设示范镇	江苏省生态环境厅	2023.01
耿圩镇淮西村	2023年度江苏省乡村旅游重点村	江苏省文化和旅游厅、江苏省发展和改革委员会	2023.08
青伊湖镇	江苏省乡村振兴示范乡镇	江苏省农业农村厅、江苏省乡村振兴局	2023.12
青伊湖镇	福庆木业获评江苏省“专精特新”小巨人企业，并被认定为2023年省级企业技术中心	江苏省工信厅	2023.12
青伊湖镇滥洪社区东小元庄	省级特色田园乡村	江苏省住房建设厅	2023.07
青伊湖综合文化站	江苏省最美文化空间	江苏省文化和旅游厅	2023.03
陇集镇	江苏省生态文明建设示范镇	江苏省生态环境厅	2023.02
陇集镇墩前村	江苏省乡村振兴示范村	江苏省农业农村厅、江苏省乡村振兴局	2023.12
陇集镇墩前村	江苏省生态文明建设示范村	江苏省生态环境厅	2023.02
陇集镇墩前村	江苏省特色田园乡村	江苏省住房和城市建设厅	2023.12
贤官镇	江苏省卫生镇	江苏省爱国卫生运动委员会	2023.02
贤官镇	全省“人民满意窗口”	江苏省政府信访局	2023.02
贤官镇贤北村	江苏省乡村振兴示范村	江苏省农业农村厅、江苏省乡村振兴局	2023.12
贤官镇	省级“五社联动”机制创新试点单位	江苏省民政厅	2023.07
沭城街道	省级“五社联动”机制创新试点单位	江苏省民政厅	2023.07
沭城街道	2022年度全省基层党员冬训工作示范街道	中共江苏省宣传部、中共江苏省组织部	2023.08
沭城街道新桥社区	2023年度江苏省优秀博爱家园	江苏省红十字会	2023.12
沭城街道东园社区	模范职工之家	江苏省总工会	2023.04
梦溪街道	优秀退役军人服务中心（站）	江苏省退役军人事务厅	2023.01
新河镇	双荡“花木+旅游”项目获评江苏省乡村旅游业态创新示范项目	江苏省文化和旅游厅	2023.03
新河镇	江苏省生态宜居美丽示范村	中共江苏省委农村工作领导小组	2023.04
颜集镇堰下村	江苏省乡村振兴示范村	江苏省农业农村厅、江苏省乡村振兴局	2023.12
扎下镇综合文化站	江苏省最美文化空间	江苏省文化和旅游厅	2023.03
庙头镇聚贤村	江苏省乡村振兴示范村	江苏省农业农村厅、江苏省乡村振兴局	2023.12
沭阳农商银行	“江苏制造突出贡献奖”先进单位	中共江苏省委、江苏省人民政府	2023.01

续表64

获奖单位	荣誉称号	授予单位	授予时间
沭阳农商银行	江苏省现代服务业高质量发展领军企业	江苏省发展和改革委员会	2023.03
沭阳农商银行	江苏省工人先锋号	江苏省总工会	2023.04
农村商业银行高墟支行	省“工人先锋号”	江苏省总工会	2023.05
沭阳县供电公司陇集供电所	省“工人先锋号”	江苏省总工会	2023.05
沭阳县乡音淮海剧团、沭阳县东园社区玖玖艺术团、沭阳县曹氏童子戏剧团	2023年度江苏省优秀群众文化团队	省文旅厅	2023.04
沭阳途睿农业·多肉多浆植物科普示范基地、吴印咸摄影艺术文化园	入选省科普教育基地	江苏省科协	2023.05
江苏省农业广播电视学校沭阳县分校、江苏新艺园林工程有限公司高素质农民培育实训基地	2023年度全省农民培训先进集体	江苏省农业广播电视学校	2023.12
宿迁立华牧业有限公司张圩种猪一场	省级动物疫病净化示范场	江苏省农业农村厅	2023.12
江苏机器时代文化创意有限公司	省级文化产业示范基地创建单位	省文旅厅	2023.11
江苏苏讯科技股份有限公司	省“五一劳动奖状”	江苏省总工会	2023.05
江苏豪悦实业有限公司	江苏省优秀劳动关系和谐企业	省人社厅	2023.12
江苏友富薄板科技有限公司	江苏省优秀劳动关系和谐企业	省人社厅	2023.12

先进个人

2023年全国先进个人一览表

表65

姓　名	单　　位	荣誉称号	授予单位	授予时间
李亚汉	县公安局交警大队	全国公安机关成绩突出个人	公安部、全国总工会	20230.4
仲胜林	国家税务总局沭阳县税务局	2020—2021年度全国无偿献血金奖	国家卫健委	2023.02
李　勇	沭阳县信访局	优秀个人	中央信访工作联席会议办公室、国家信访局	2023.03
程建军	沭城街道人民调解委员会	全国模范人民调解员	司法部	2023. 09
吴天经	沭阳县博爱救援队	会员之星	中国红十字会	2023.12
李亚汉	沭阳县公安局交警大队	全国“最美家庭”	中华全国妇女联合会	2023.05
徐　成	县消防救援大队	全国消防救援队伍优秀基层指挥员	国家消防救援局	2023.02

2023年省级先进个人一览表

表66

姓　名	单　　位	荣誉称号	授予单位	授予时间
周桂官	沭阳如东高级中学	江苏“时代楷模”	中共江苏省委宣传部	2023.09
唐守平	江苏省沭阳高级中学	江苏好人	省文明办	2023.06
李文静	沭阳医院	江苏好人	省文明办	2023.11
吕文杰	县公安局交警大队（辅警）	特等功	江苏省公安厅	2023.02
马迪锋	沭阳县人民法院	全省优秀法官	江苏省人力资源和社会保障厅、省高院	2023.11
张　涛	沭阳县检察院	第九届全省优秀公诉人	江苏省人民检察院	2023.03
陈祖萍	浙江天能电池（江苏）有限公司	省五一劳动奖章	江苏省总工会	2023.05
程　利	江苏省宿迁经贸高等职业技术学校	江苏省教学名师	江苏省教育厅	2023.06
王德法家庭	沭阳县庙头镇古龙村九组	江苏省“最美家庭”	江苏省妇女联合会	2023.05
胡东家庭	沭阳县蓝天救援队	江苏省“最美家庭”	江苏省妇女联合会	2023.05
仲海波	沭阳县交通重点工程服务中心	全省交通运输系统先进工作者	江苏省人力资源和社会保障厅、江苏省交通运输厅	2023.12
仲其政	沭阳县青伊湖镇	江苏好人	江苏省文明办	2023.06
胡道中	扎下镇新艺园林工程有限公司	江苏省新农人典型	江苏省农业农村厅	2023.11

2023年度沭阳县籍现役军人立功受奖人员登记一览表

表67

序号	姓　名	受奖等级	家庭住址
1	方冠军	二等功	颜集镇方圩村方庄组6号
2	周　江	二等功、三等功	孙巷小区3期26号楼401室
3	丁　梦	三等功	贤官镇蔡庄村（万匹乡蔡庄村山尖组0698号）
4	郁鹏程	三等功	沭城街道东园社区明珠路96号东方锦城小区1201室
5	刘大军	三等功	陇集镇李徐村官庄组
6	杨　鹏	三等功	潼阳镇阴平居委会462号
7	郁胜虎	三等功	官西小区11栋楼1单元202室
8	任金亮	三等功	七雄街道双条河村任庄组
9	仲召政	三等功	沭城街道南京路小区26号楼401室
10	陈　杰	三等功	韩山镇韩山村
11	韩　松	三等功	悦来镇沟涯村西庄组20号
12	仲大亮	三等功	沭城街道沈阳路
13	吴　磊	三等功	胡集镇胡集街居委会109栋（胡集中学对面）
14	周辉煌	三等功	沂涛镇三杰村钱圩组15号
15	卢　璐	三等功	李恒镇马屯村
16	朱志航	三等功	汤涧乡顾洼村（李恒镇）、梦溪街道宝娜斯花苑7号楼二单元
17	孙　赛	三等功	潼阳镇后屯村四组154号

续表67

序号	姓 名	受奖等级	家庭住址
18	侍渲博	三等功	南京西路锦绣江南小区2号楼甲单元501室
19	郭　帅	三等功	悦来镇郭湖村
20	姜　亮	三等功	耿圩镇汪圩村姜庄组
21	王　奔	三等功	杭州名园11栋304室
22	顾大勇	三等功	潼阳镇王圩村
23	苏　鹏	三等功	颜集镇方圩村小圈组75号
24	侯金洋	三等功	巴黎新城
25	晏　申	三等功	柴沂南路朝阳新城1号楼1401室
26	陈志逊	三等功	韩山镇顺河集村
27	孙　威	三等功	家和小区11号楼2单元302室
28	章学海	三等功	桑墟镇条河村
29	张　建	三等功	颜集镇梁庄村1组
30	孙　凯	三等功	沭城街道凤凰国际城32栋四单元602室
31	高小忙	三等功	耿圩镇北丁集乡张胡圩村
32	张洪星	三等功	南湖郡小区7-2
33	刘凤璇	三等功	健康家园c11-西1
34	丁　帅	三等功	耿圩镇周王村润城佳园A-10-101
35	王志东	三等功	高墟镇古莲村
36	贾　磊	三等功	张圩乡水庄村
37	徐　响	三等功	桑墟镇厚邱村二组21号
38	尚远远	三等功	耿圩街道乔王村
39	郑　浩	三等功	七雄街道七雄小学向北50米
40	宋延洲	三等功	东小店乡店北村二组103号
41	汪　涛	三等功	青伊湖镇湖湾村十八组
42	徐东风	三等功	吴集镇史跳村
43	仲　浩	三等功	扎下镇仲大庄四组143号
44	李　驰	三等功	阳光天地A6号楼3单元501室（西圩乡西圩村入伍的）
45	武希明	三等功	韩山镇沂兴村
46	李　爽	三等功	青岛路怡景佳园16号楼一单元601室
47	胡伟龙	三等功	悦来镇橡佟村
48	徐　锐	三等功	韩山镇先锋村
49	王铁龙	三等功	十字街道蒲荡村五组70号
50	范广浪	三等功	吴集镇兴杨村
51	孙海鸥	三等功	李恒镇汤涧社区两柴村路东组
52	何　强	三等功	贤官镇驻丘村
53	杨尚明	三等功	周集乡合兴村

续表67

序号	姓 名	受奖等级	家庭住址
54	张　恒	三等功	颜集镇周项村项南组
55	毛伟强	三等功	章集街道章集村
56	张　威	三等功	颜集镇虞北村西司组
57	王亮兴	三等功	李恒镇大桥南200米
58	刘建超	三等功	李恒镇双窑村
59	许　信	三等功	贤官镇沙河寺村
60	司鹏州	三等功	奥韵都城73栋（老家塘沟的）
61	孙　超	三等功	沭城街道花都锦城20栋1单元203室
62	徐建坤	三等功	马厂镇马棚村
63	张李帅	三等功	桑墟镇舒窑小区
64	王壮壮	三等功	桑墟镇刘亭村二组
65	杨黎明	三等功	马厂镇马棚村八组
66	李力文	三等功	祥和城市花园9号楼1单元602室
67	夏　雨	三等功	城市枫林小区2号楼
68	仲　朴	三等功	华冲镇大尖村
69	张冠雄	三等功	新河镇堰头村
70	何子阳	三等功	南湖街道上海南路366号奥体文景苑3号楼2603
71	张神龙	三等功	桑墟镇和睦村
72	章君飞	三等功	章集街道579号
73	张　潇	三等功	庙头镇探架村十组298号
74	姜雨杭	三等功	马厂镇民主村（梦溪街道上东郡26号楼302室）
75	张勇苏	三等功	塘沟镇街西组（沭城天下）
76	张艳亮	三等功	华冲镇大尖村居委会2组13号
77	刘云岳	三等功	西圩乡三才村2组53号
78	赵　远	三等功	颜集镇颜集村2组15号
79	徐建达	三等功	刘集镇老小圩村
80	桑汝义	三等功	青伊湖农场赵集村11组
81	耿　泽	三等功	扎下镇分水村五组378号
82	张　航	三等功	沭城街道孙巷小区
83	孙禹卿	三等功	沭城街道河西社区金城花园11号楼2单元402室
84	曹学峰	三等功	十字街道蚕桑场小区一号
85	丁强强	三等功	颜集镇颜集村5组
86	蔡维新	三等功	颜集镇周项村小官庄组27号
87	仲　威	三等功	沭城街道巴黎新城7号楼2单元502室
88	孙清政	三等功	韩山镇尤庙村
89	郭海洋	三等功	韩山镇刘徐村

续表67

序号	姓 名	受奖等级	家庭住址
90	唐中华	三等功	金地鑫城小区（庙头镇入伍的）
91	黄惠宇	三等功	钱集镇石桥村刘东组23号
92	戈迎壮	三等功	汤涧镇锦绣苑小区
93	柴 瑶	三等功	青伊湖镇赵集村
94	朱成如	三等功	扎下镇沙巷村
95	周 朋	三等功	刘集镇育民村吴庄组84号
96	王 闯	三等功	潼阳镇马岭村
97	徐星星	三等功	十字街道黄渡村西宅组
98	司 词	三等功	美好家园7栋2单元102室
99	唐金金	三等功	四季花苑15号楼
100	仲 佳	三等功	管墩乡孙楼村
101	秦 磊	三等功	新河镇巴房村沟南组
102	徐 望	三等功	扎下镇卢巷村（城市枫林17栋1单元401）
103	李向阳	三等功	新河镇巴房村沟东组043号
104	李向阳	三等功	新河镇巴方村
105	赵 培	三等功	庙头镇长探村9组
106	戚剑峰	三等功	颜集镇沙愚村
107	赵发旺	三等功	尚城新世纪小区（十字镇入伍）
108	钱金国	三等功	高墟镇新钱村

（赵 阳）

编 辑：王新亚

抢抓"美丽经济"打造"中国花谷"

——沭阳花木产业转型升级实践观察及江苏建议

花木融合一二三产，连接着乡村振兴和美丽中国建设、服务于城乡消费升级和群众创业就业，成为各地竞逐的"美丽经济"新赛道。新华社智库江苏中心调研发现，"中国花木之乡"沭阳花木种植面积60万亩、从业人员35万人、年销售额240亿元。近年来，该县抢抓"美丽经济"发展机遇，借助"互联网+"推动花木产业迭代升级，以沭阳国家现代农业产业园为载体全力打造"中国花谷"，目标成为全国花木产业的生产要素集聚区、三产融合示范区、乡村振兴引领区，已取得阶段性成果。调研也发现，该县花木在产业集聚度、农旅融合度、品牌感知度等方面仍存在不足，亟须省级层面给予支持。

消费升级催生"美丽经济"新赛道

春回大地、百花盛开，万木复苏，描画着绚烂多彩的美丽中国，也催生出一个带动千亿级消费、千万人就业的"美丽经济"——花卉苗木（以下简称"花木"）。

花木是指具有一定观赏价值、并按照一定的技艺进行栽培管理和养护的植物的统称，主要包括观赏苗木、盆花（景）及庭院植物、干/鲜切花（枝、叶）、种苗及种球、草坪、苔藓地衣等。

当前，我国已成为世界最大的花木生产基地和旺盛的花木消费市场。数据显示，2021年全国花木种植面积在1800万亩左右，年可出圃苗木约520亿株；全国花卉零售市场规模达2205亿元，比2020年增长17.5%；花卉进出口贸易总额首次突破7亿美元大关，较2020年增长12.66%；产业从业人员超过千万。随着我国经济社会发展和消费理念转变，花木产业在乡村振兴和美丽中国建设中的作用日益凸显，花木消费市场未来发展前景可期。

分析欧美花木市场发展情况可以发现：人均GDP达到8000美元时，花木消费进入快速增长期；人均GDP达到20000美元时，花木消费开始进入饱和期，人均年消费60美元左右。2017年我国人均GDP为8800美元，2020年超过10000美元，到2031年有望达到20000美元，预计届时我国花木年市场消费需求可达5000亿元。

为进一步加快花木产业发展，2022年11月，国家林业和草原局、农业农村部联合印发《关于推进花卉业高质量发展的指导意见》，明确了加快花卉种业创新、优化产业布局结构、延长花卉产业链、健全花卉物流体系、完善花卉市场体系、促进花卉消费等12个方面的主要任务，并提出到2025年力争年销售额达到3000亿元，到2035年力争达到7000亿元。

机遇与挑战并存，三大变化倒逼花木产业转型升级

一是耕地"双非"整治，给花木种植划定"红线"。在当前国际局势下，全球粮食安全全面临威胁。国务院先后出台《关于坚决制止耕地"非农化"行为的通知》《关于防止耕地"非粮化"稳定粮食生产的意见》等文

件，坚决防止耕地“非农化”“非粮化”倾向，严格规范永久基本农田上农业生产经营活动。

二是市政绿化项目明显减少，对工程苗木需求降低。随着我国森林覆盖率不断提升，“十四五”期间，我国人工造林进程趋缓，尤其是生态空间渐趋饱和的华东地区，今后绿化工程主要以“见缝插绿”的方式推进，包括“四荒”“四旁”及城市景观、口袋公园等，苗木使用量将有所降低。

三是电商和物流快速发展，供应链发生巨大变革。花木产业的互联网化打破了单一、多层级的传统供应链体系，让花木生产者可以直接对接消费市场，在生产基地实现线上销售，产品标准化后直接由第三方物流负责配送，实现与大、中、小城市消费市场的无缝对接，也加快推动了花木消费市场的成熟。

与此同时，我国花木产业已从本地市场走向全国和海外，新业态、新模式、新格局正在加速孕育，市场竞争更加激烈，如安徽肥西、广东从化、云南开远等地抢抓“美丽经济”发展机遇，从线上交易平台、花旅融合模式、种质资源保护和新品开发等方面着手，大力发展花木产业。

安徽肥西县依托中国·合肥苗木花卉交易大会品牌效应，加快建设中国中部花木城及花卉科技产业示范园，致力打造全国一流的花卉苗木大市场。2022年，该县经国家林草局批准成立全国苗木花卉交易信息中心，上线交易信息服务平台，提出到2025年实现苗木花卉产业链、苗木花卉线上线下交易“双百亿”目标。

广州市从化区凭借全国县域全域土地综合整治试点政策优势，引入广州园林花卉等龙头企业，打造了西和小镇等多个国家3A级景区、省级特色小镇等网红打卡点，以花旅融合项目带动休闲农业、观光农业、乡村旅游迅速发展，2021年接待游客超500万人次。同时，深化与雅芳等25家企业开展花卉精深加工合作，研发生产花卉精油、食品、日用品、护肤品、美妆5大系列衍生产品。

云南开远县专注云花种苗种质资源保护和新品种研发，加快抢占花卉产业上游高地，致力打造“云花与世界对接的窗口、世界花卉的育种天堂”，依托国家级现代农业产业园，建成云花创新中心、高端花卉种苗研发中心以及6万平方米智能化新品种种苗引进扩繁试种基地。

抢抓市场机遇全力打造“中国花谷”

沭阳县地处南北气候交汇地带，自然资源优势明显，是“南花北移、北木南迁”的优良驯化基地，该县花木种植已有500多年历史，被誉为“中国花木之乡”。目前，沭阳全县花木种植面积达60万亩，从业人员约35万人，各类花木电商突破4万家，2022年实现花木销售额约240亿元，其中花木电商销售额约120亿元，花木类农产品网络销售额连续多年排名全国第一。

“花木融合了一二三产、连接着乡村振兴和美丽中国建设、服务于城乡消费升级和群众创业就业，是沭阳打造最美乡村的一张彩色名片。”沭阳县委书记、经开区党工委书记彭伟说。

近年来，沭阳顺应花木产业发展趋势、抢抓市场发展机遇，坚持“稳面提质、增效”总方向，在严控花木生产面积和花木种植项目的基础上，借助“互联网+”推动产业迭代升级，以沭阳国家现代农业产业园为载体全力打造“中国花谷”，目标成为全国花木产业的生产要素集聚区、三产融合示范区、乡村振兴引领区，已取得阶段性成果。

——“互联网+”推动花木产业迭代升级

沭阳有16个淘宝镇，104个淘宝村，是全国最大的农产品淘宝村集群，先后获评全国首批电子商务进农村综合示范县、全国县域数字农业农村发展先进县、农产品数字化全国百强县等荣誉称号。

近年来，沭阳持续壮大花木电商，推动产业不断迭代升级。从一家一户种、大家一起销、靠大喇叭叫卖的“1.0版”，到抢抓电商发展潮流，开网店、卖花木的“2.0版”，再到直播带货的“3.0版”，沭阳花木电商实现了由小变大、由弱变强的飞跃。

“当前，我们正抢抓全国‘互联网+’农产品出村进城工程试点机遇，依托花木特色优势和电商先发优势，进一步完善‘互联网+三农’模式，加速奔向数字赋能、大数据‘跑腿’的智慧农业种销‘4.0版’。”沭阳县委副书记、县长王瑞说。

在县级层面上，通过物联网、互联网技术构建沭阳国家现代农业产业园大数据中心，建设“1个中心+5个平台+N个应用”的智慧农业信息体系，为各类花木生产经营主体提供优质服务；建设花木农业物联网示范应用基地，开展人工智能服务和大数据管理，推动花木生产管理效率提高15%、效益增加8%。

颜集镇堰下村是沭阳花木电商的源头之一。2022年2月，堰下村上线“数字堰下”大数据平台，通过视频监控、传感监测等终端设备，将空气温度湿度、二氧化碳浓度、光照强度等数据，汇集到“数字堰下”指挥中心大屏幕，花农可通过手机端、电视端精准控温、控湿、用肥、用药并实时抓取全口径市场行情。

目前，堰下村有苗木经纪人500多名、青年创客近900名，花木网店1000多个，花木电商年销售额超

5亿元。十年来，堰下村人均年可支配收入从2012年的1.47万元提高到2021年的约4万元，赶上了苏南农村居民的收入水平

——园区建设助推产业要素资源集聚

沭阳国家现代农业产业园是全国首个以花卉苗木为主导产业的国家级农业园区。产业园总面积121.22平方公里，涵盖扎下、庙头、耿圩、陇集4个镇的26个村居，集聚了全县1/6的花木种植面积、1/3的花木企业和从业人口，实现了全县近一半的花木产值。

沭阳现代农业产业园区负责人介绍，园区按照“一带两园三基地”空间格局，建有中国沭阳国际花木城、沭阳花木大世界周圈盆景市场、新河花木电商示范街、新河花木电商采购基地等十余个大型花木集散市场，培育以花木为主业的企业4626家，其中国家级龙头企业2家、省级龙头企业10家。

“一带”即花木产业集聚发展带，“两园”即加工物流园、现代农业科创园，“三基地”即精品花卉生产示范基地、多肉花卉生产示范基地、花卉苗木标准化生产基地。

为进一步强化园区服务支撑功能、加快资源要素集聚，沭阳于2022年4月启动建设华东花木大世界，被列为江苏省农业农村重大项目。该项目分两期建设，计划总投资约30亿元，一期占地1500余亩，包括5个特色展馆和25万平方米标准玻璃温室大棚，集产品生产销售、产业人才培养、交流展览、休闲观光、综合服务等功能于一体。目前一期主体建筑已基本建成，计划于今年9月底作为2023年国际盆景赏石大会年度主展览的会场投入使用。

园区负责人表示，华东花木大世界项目建成后将成为江苏乃至华东地区最大的花木交易市场，可入驻商户3000余家，年交易总额超百亿元，为周边群众提供就业、创业机会。

——品牌战略打造“中国花谷”金字招牌

种苗是打造“中国花谷”品牌的核心资源。目前，沭阳现有各类种质资源6500多种，其中苗木及盆景3200多种、多肉1400多种、盆花1200多种，是华东地区最大的花木种苗繁育中心之一。其中，“沭阳月季”“沭阳地柏”“桑墟榆叶梅”获批国家地理标志商标（产品）。

为进一步提升花木品种档次，沭阳先后引进荷兰蝴蝶兰、比利时杜鹃、日本海棠、中华灯台树、杂交鹅掌楸等150余种国内外高档名贵花木，同时积极鼓励花木企业与南京农业大学、江苏省农科院等科研院校开展产学研合作，培育具有当地特色的新品。建成全国最大的设施多肉生产基地，新研发出300余种多肉植物；建成华东地区最大的蝴蝶兰研发和生产基地，已研发蝴蝶兰新品120余种。

市场环境的优劣关乎品牌价值的高低。近年，沭阳融合运用法治、自治、德治等多种方式，深入开展花木种苗“春雷行动”“冬季攻势”“猎鼠行动”等专项整治行动，引导花木主产区各镇村制定《诚信经营村规民约》，创新探索花木电商诚信体系建设，大力优化市场环境，树立沭阳花木良好形象。“诚信标签”是沭阳推进花木电商诚信体系建设的首创性举措，标签上标注着沭阳县相关职能部门的监督电话以及投诉平台小程序，从“失信”源头对商户进行监督，截至目前，全县发放快递包裹诚信标签超过5.2亿张，网民满意度达到90%以上。

数据显示，2022年以来，该县惩戒花木种苗领域失信案件68起，查办花木种苗领域违法案件137起，罚没款金额达417.46万元，发出的快件每百万单投诉保持在个位数。

大型展会活动是促进行业交流互动、提升地方关注度和品牌影响力的重要窗口。近年来，沭阳先后举办了九届沭阳花木节、六届“中国精品盆景（沭阳）邀请展”及第十届全国盆景展、第一届全国盆景职业技能竞赛等国字号的花木盆景展会。2023年将继续举办第十届沭阳花木节和BCI国际盆景大会年度主展览。沭阳花木节已成为在全国具有一定影响力的花木产业盛会。

花木产业持续绽放仍需省级层面大力支持

新华社智库江苏中心调研发现，沭阳花木产业在种植面积、产业基础、销售规模等方面已具备打造“中国花谷”的优势条件，但在产业集聚度、农旅融合度、品牌感知度等方面存在一定不足，竞逐“美丽经济”新赛道、实现花木产业持续绽放仍需省级层面给予大力支持。

一是产业要素待进一步集聚。目前，省内沭阳、武进、如皋等地均建有线下花木大型交易市场，但尚未形成发展合力。在“互联网+”对产业渗透程度日益加深、全国统一大市场加快形成的背景下，建议江苏从省级层面统筹规划全省花木产业集群，可借助信息化手段，建设全国性线上花木交易平台，进一步集聚全省花木产业要素和供需信息等资源，融入全国花木大市场，同时鼓励各地发挥各自优势、实现花木产业差异化发展。

二是产业层次待进一步提升。长期以来，江苏花木产业结构主要以园林绿化和工程苗木为主，亟须向优质苗、盆栽苗、容器苗等市场需求大、效益高的方向

提升。尤其是苏北地区，转型升级需求更加迫切，但缺少高端科研院所等资源支持。建议江苏鼓励省内花木、园艺等特色科研院所加强与沭阳等苏北花木主产区合作设立科研和人才培养基地，支持引进推广花木新品种、新技术，提升当地产业层次。

三是一二三产待进一步融合。花木深加工和农旅融合项目是花木产业转型升级的重要方向。但受限于土地政策等因素，部分地区计划引入的一些大型深加工和农旅融合项目难以落地；此外，部分花卉苗木企业因缺少符合金融机构要求的抵押物，在获得金融信贷方面还存在一定困难。建议江苏进一步细化土地和金融等政策，对花木深加工和农旅融合项目给予一定倾斜，推动一二三产融合发展。

四是产业品牌待进一步打响。国内各地在发展花木产业时注重品牌打造。建议江苏支持各地通过举办高层次大型展会活动、争取国家级载体平台、与高端智库联合发布产业发展指数等方式，抢抓花木产业话语权，进一步提升江苏花木品牌知名度和影响力。

（载于2023年3月20日《新华社·智库》）

“双引擎”变“多动力”沭阳构建“234”园区体系

工业是经济增长的主体和引擎。近年来，江苏沭阳坚持“工业强县、产业兴县”发展路径，以园区为主阵地、主战场、主引擎，构建“234”园区发展体系，推动工业经济高质量发展。今年一季度，沭阳工业销售收入、工业增值税、工业用电量增速位居宿迁全市第一，工业经济总量继续保持苏北领先。

目标导向“高定位”，构建发展新格局

“我们坚定不移把工业作为沭阳加速奔跑的‘硬实力’‘强引擎’，强力推动工业经济总量上规模、结构上档次、质态上台阶，全力打造苏北工业强县。”沭阳县委书记、沭阳经开区党工委书记彭伟说。

近年来，沭阳围绕打造苏北工业强县目标定位，积极构建沭阳经开区昆沭高新园，3个市级“一区多园”特色园、4个道口乡镇工业集聚区的“234”园区发展体系，探索在要素保障、对外开放、科技创新、营商环境等方面加大政策支持和赋权力度，推动形成工业经济从“双引擎”驱动转向“多动力”支撑的发展格局。

聚力园区创新提升，今年4月，沭阳出台《全县“234”园区创新提升更好发挥主力军作用三年攻坚行动方案》，全面实施六大攻坚行动，推动制造业高端化、智能化、绿色化发展，力争通过三年努力，“234”园区产业特色更加鲜明、集聚效应不断显现、区域带动能力显著增强。

其中，沭阳经开区充分发挥国家级经开区示范引领作用，瞄准“建设千亿园区、跻身全国百强”目标，全力建设实力园区、开放园区、科技园区、活力园区、生态园区“五大园区”。昆沭高新园不断扩大昆山和沭阳“强强联合”的优势，积极争创南北共建新典范。

对照小城市建设发展要求，贤官、马厂、高墟3个市级“一区多园”特色园不断做强生态板材产业园、临港工业园、装备制造产业园。潼阳、扎下、十字、胡集4个道口乡镇工业集聚区利用自身交通区位优势，吸引更多优质项目落户发展，加快培育和催生新的经济增长点。

目前，沭阳“234”园区体系建设取得阶段性成效。沭阳经开区国家转型升级示范园区创建成效位列全国第4、获评省“互联网+先进制造业”特色产业基地、被授予“中国纺织服装名城”；昆沭高新园共建合作经验做法被列入江苏省发展改革委典型案例，向全省推广；贤官绿色家居产业园荣获宿迁市“一区多园”特色园综合考核第一名。

项目引建“高效率”，跑出发展新速度

位于沭阳经开区的桐昆恒阳化纤项目，是沭阳历史上最大单体投资项目，总投资150亿元。2022年4月，该项目织造车间提前45天试生产，仅3个月后，加弹项目又正式进入开车阶段，今年2月，聚纺车间正式投运，创造了一个又一个“沭阳速度”。

数据显示，2022年沭阳“234”园区落户项目共93个，协议总投资531.3亿元。越来越多重大投资项目落户沭阳园区，一个重要原因在于创新项目引建机制带来的“高效率”。

把招商引资作为“一号工程”。沭阳创新实施“1218”招商机制，成立由县党政领导牵头的18个招商引资协作组，围绕产业链前延后伸，紧盯高端制造业项目，大力开展以商招商、产业链招商，强化“起步10亿元项目，常态50亿元项目，重点突破100亿元项目”目标。

建立亩均论英雄机制。沭阳围绕亩均投资强度、亩均税收贡献等指标，辅以亩均开票、单位能耗、科技创新、安全环保等指标，对现有企业进行综合评价、分

类管理，实行差别化资源配置和政策支持，激励亩均效益领跑者、倒逼亩均效益低下者，从源头推进产业转型升级。

建立帮办服务机制。沭阳属地部门全流程跟踪落户“234”园区项目帮办服务，把“用户思维”“客户体验”贯穿服务全过程，推动签约项目和在建项目早竣工、早投产；强化注册资金、亩均投资强度、厂房建设面积、建设进度、设备投入、亩均税收、单位能耗等主要条款的刚性约束，保证签约项目的后续建设和投产达效。

为进一步提升项目引建“加速度”，沭阳经开区今年出台《工业项目落户许可“全程速办”创新机制工作方案》，建立投资人、招引人、审批人三方多部门参与的“全程速办”小组，全程保障项目推进、落户、开工、投产，带动各园区在比学赶超中加快工业经济高质量发展步伐。

产业集聚“高质量”，打造发展新高地

以园聚链，以链集群，沭阳纺织业集聚150家规上企业，2022年开票销售收入达200亿元，随着桐昆恒阳化纤项目投产，该县纺织业实现从“一滴油”“一根丝”到“一块布”的全产业链布局。

纺织业是沭阳产业集群加速成长的一个缩影。近年来，沭阳以主导产业、特色产业为重点，集“群”聚“链”，持续推动产业链条做大做强。

聚力提质主导产业。沭阳围绕“3+3+X”现代制造业产业体系和16条重点产业链，以行业龙头企业“强链”以关键配套企业“补链”，依托“产业联盟”强化园内配套、县内配套，全力推动机电装备、高端纺织、绿色家居三大主导产业向智能化、绿色化、高端化迭代升级。

做精做优特色产业。沭阳按照“特色定位、错位竞争、联动发展”的原则，明确各园区的主导产业和主攻方向，形成机电装备、高端纺织两大传统产业，电子信息、健康医疗，新能源材料三大新兴产业，电子元器件，动力电池、半固态成型制造、金属包装、膜材料等8条重点产业链，智能针织、半固态精密成型、电子信息、高墟）临港等10大特色产业园的“2+3+8+10”发展格局。

目前，“234”园区拥有规上工业企业563家，占全县的59.6%，集聚高端纺织、机电装备、绿色家居三大主导产业以及其他产业类“头部企业”159家，占全县的60.5%。

为进一步推动产业集聚，沭阳大力推进“234”园区“筑巢引凤”工程，聚力提质优势产业、壮大新兴产业、布局未来产业，分别启动新材料、5G通信、医疗健康、纺织服装、绿色木材、机械加工、智慧物流等产业园约100万平方米标准化厂房建设，根据园区不同产业定位承接不同的产业转移和项目入驻，为企业轻装上阵、“拎包入住”提供保障，实现“集聚发展进一步提高、结构优化进一步提升”。

2023年，80个省市重大产业项目中有66个落户“234”园区，产业契合度达90%以上。

要素保障“高标准”，激活发展新动能

企业的健康发展，离不开强有力的要素和政策保障。产业园区作为承担推动经济发展的重要载体，是沭阳强化要素保障的重中之重。“沭阳始终坚持把优化营商环境作为提升区域软实力和竞争力的关键一招，不断优化‘四最’营商环境，厚植高质量发展‘沃土’，持续激活有效市场、有为政府动能。”沭阳县委副书记、县长王瑞说。

增强载力，筑牢发展关键支撑。沭阳坚持“缺什么，补什么”原则，高标准完善产业园区基础设施，全力推进道路改造、绿化提升、科技综合体、标准化厂房、尾水导流、污水处理厂扩容提标、人才公寓等基础设施建设，重点推进新材料产业园、5G通信产业园，加快推进尾水导流等基础设施建设，3个市级“一区多园”特色园、4个道口乡镇工业集聚区大力提升道路、管网、绿化给排水、污水处理等基础设施配套水平，做到整体布局合理、基础设施齐全、内部功能完备、符合环保要求。

深化改革，蓄积长远发展动力。沭阳加快“腾笼换鸟”工程推进，通过“以清促建、以清促投、以清促产”等形式，对“234”园区企业进行排查，实行动态管理。坚持“一企一策”，对低效企业限期整改，倒逼企业转型升级，着力构建“百亿航母引领、十亿龙头跟进、亿元企业支撑”的企业雁阵。2022年，全县共盘活低效用地2.1万亩，保障509个项目落户，真正把有限的土地资源留给大项目、好项目。

聚势赋能，狠抓项目要素保障。聚焦项目建设全生命周期，沭阳加大政策支持和赋权力度，全力打造投资顺心、服务贴心、创业安心、发展放心、生活舒心的“五心”营商环境。坚持“区事区办、特事特办、沭事速办”，大力实施“码”上办、掌上办、立即办、上门办和“拿地即开工、容缺审批”等改革，全力做到重特大项目100%确保落户、承诺事项100%跟踪落实、落户项目100%专班服务，努力把政策红利转化为园区发展动力。今年以来，共办理各类行政审批服务事项1600余件。

当前，沭阳上下正解放思想、抢抓机遇，锐意进取、担当实干，以“234”园区的创新提升助推全县工业经济高质量发展，为全力打造苏北工业强县作出新的更大贡献。

（朱成林　陈玉莹）

（载于2023年7月24日《新华社·智库》）

沭阳：从“省定扶贫重点县”到“苏北经济第一县”

——江苏县域产业考察报告之四

县域是我国城镇体系的重要组成部分，是城乡融合发展的关键支撑，对促进新型城镇化建设、构建新型工农城乡关系具有重要意义。位于苏北腹地的沭阳县，历史上被称为“洪水走廊”，饱受淮河泛滥之苦，经济发展长期落后于周边其他县（市）。然而，就是在这样一片土地上，20多年来演绎了一段从“省定扶贫重点县”洼地崛起，跨越发展为“苏北经济第一县”的传奇。

“沭阳的干部不服输！”

沭阳因“沭水”得名，素有“虞姬故里”“花木之乡”的美誉，现下辖30个乡镇（街道）和1个国家级经开区，户籍人口198.36万人，全省第一；县域面积2299平方公里，全省第六。

改革开放初期，长期以农业为主的沭阳，工商业基础薄弱，经济发展一直是全省倒数，被列为“省定扶贫开发重点县”。从1997年开始，沭阳工业进入加速发展阶段。2012年，全县工业增加值194.31亿元、进出口总额5.3亿美元，分别是1997年的276倍、135.9倍，并首次跻身“全国县域经济与县域基本竞争力百强县”。

“十三五”时期，该县一举实现“脱贫摘帽”，完成了从“农业县”向“工业县”的转变，2020年经济总量跨越式迈上千亿元台阶，达到1011.2亿元，奇迹般地成为苏北第一。

“沭阳的干部不服输！”这是在调研中听到很多当地干部说的一句话，从中能够感受到当地干部普遍有一股“争先创优，耻于落后”的拼搏劲头，而这股劲头在发展经济上表现尤甚，并形成一种独特的“干部经济”现象。

据了解，沭阳县历届党委政府一直把经济发展摆在各项工作的首位，尤其是党的十八大以来，更加坚定不移地走“工业强县、产业兴县”之路。2011年6月，沭阳县第十一次党代会提出“深入实施工业强县战略”，要求牢固树立“工业领先才是真正领先”理念，坚持走新型工业化道路。2016年7月，沭阳县第十二次党代会进一步提出，全面推进工业建设、城市建设、三农建设、民生建设和党的建设“五大建设”，争当苏北县域发展的排头兵。

在2020年经济总量突破千亿元后，2021年7月，沭阳县第十三次党代会吹响“二次创业”号角，强调“只有坚持高质量发展不动摇，高举‘工业强县、产业兴县’大旗不动摇，沭阳的发展空间才会越来越大，发展道路才会越走越宽，才能在加速崛起的征程中不断镌刻下新的‘历史坐标’”。

值得注意的是，这次大会还通过了《关于进一步加强作风建设的决议》，要求全县上下拿出冲天干劲，点燃创业激情，以作风大提升促进发展大提速。

干部作风提升直接表现在招商引资上。沭阳把所有机关部门乡镇编组，县领导任组长，分领招商引资任务，拼速度、拼效率、拼担当、拼落实。当地干部开玩笑地说：“招商引资本职化、本职工作业余化”。

不仅压担子，也给平台、给机会。沭阳将年轻干部教育培养放在干部队伍建设的突出位置，立足干部成长规律，着力构建“全链条”培养体系，为全县经济社会高质量发展储备了一批政治过硬、素质优良的“生力军”。2021年该县新提拔35岁以下年轻干部60人，30岁以下22人，分别占全年新提拔干部总数的61%、22%。

在一系列举措推动下，沭阳当年就招引到亿元以上项目117个、协议投资额910亿元。2023年1—9月，沭阳新签约协议投资亿元以上项目157个、协议投资总额1185.3亿元、同比增长65.26%，其中百亿元以上项目2个、50亿元以上项目6个、10亿元以上项目26个，相当于每1.65天就落户一个亿元项目。

2022年，沭阳地区生产总值连续三年保持“苏北第一”，工业用电量51.2亿千瓦时、工业增值税23.5亿元、工业开票销售收入1323.1亿元，总量分别位居苏北第一、第一、第二位，工业用电量首次跃居苏北首位。

立足地方特色　构建现代产业体系

沭阳县域经济跨越式发展，不仅体现在“量”上的高低，更体现在“质”上的差异。沭阳现代工业起步于20世纪90年代，当时以机械制造、轻工纺织、粮油加工、木材加工等产业为主，但产业发展空间有限、集聚度不高、层次较低，产业整体竞争力不足。

近年来，沭阳立足地方特色产业，注重发挥比较优势，聚焦重大项目开展招商引资，不断推动产业转型升级，围绕机电装备、绿色食品、高端纺织、光伏新能源、绿色家居、新材料等六大主导产业，积极培育新一代信息技术、生物医药、数字经济等三个战略性新兴产业和X个先导产业，加快构建"6+3+X"现代制造业体系和16条重点产业链。

发挥比较优势，做大当地支柱产业

沭阳拥有林地面积65万亩，现有活立木总蓄积量400多万立方米，森林覆盖率近46.5%。凭借丰富的林木资源，无论是曾经的木材加工业，还是如今的绿色家居，都是沭阳规模最大的"第一产业"。多年来，沭阳大力推动该产业从小作坊式生产逐步转向产业配套齐全、环保设施完善、高端产品集聚的省级特色产业集群。目前，全县绿色家居企业1218家，年产值超300亿元，从业人员约30万人。

作为中国包覆纱产业基地，沭阳发展高端纺织具有良好的产业基础优势。该县自2005年引入第一家包覆纱企业——江苏邦源纺织有限公司，此后逐渐聚集了宝娜斯集团、月源纤维、江苏沪江线业等包覆纱及其配套生产企业110多家，纺织产业逐渐壮大。

"除了拥有良好的产业配套，便利的水运条件是我们选择沭阳的重要原因。"桐昆集团沭阳项目负责人范梦丽说。2020年，该项目落户沭阳经开区，成为沭阳历史上单体投资最大项目，总投资150亿元，占地4200亩，建成投产后将形成240万吨长丝（短纤）的生产能力，预计年产值300亿元，纳税10亿元，可直接带动就业近万人。

2023年前三季度，沭阳六大主导产业实现产值878.46亿元，同比增长17.8%，占规模以上工业总产值的88.3%。其中，机电装备业实现产值132.41亿元，增长11.4%；绿色食品业实现产值31.03亿元，下降7.2%；高端纺织业实现产值165.22亿元，增长28.6%；光伏新能源业实现产值26.61亿元，增长379.2%；绿色家居业实现产值308.72亿元，增长3.1%；新材料业实现产值241.47亿元，增长33.9%。

聚焦重大项目，以商引商、链式招商

近年来，沭阳聚焦强链补链的重大项目，采用"以商招商、链式招商"的模式，推动产业链向上下游和中高端延伸。

恒能特色家纺产业园和桐昆恒阳化纤项目是沭阳开展链式招商的典型代表。恒能特色家纺产业园开建于2018年8月，总占地面积1230亩，厂房建筑面积约100万平方米，"链"接了上下游45家企业入驻，基本实现了从"一滴油"到"一块布"，从"一块布"到"一件衣服"的全产业链，目前一期和二期已建成投产。桐昆恒阳化纤项目在建设之初，就有13家企业争先预定入驻沭阳经开区，形成了原丝生产到中下游复材应用的纺织产业完整链条，中下游项目顺利"卡位入链"。

沭阳机电装备产业也是"从无到有""从有到强"。其中的关键事件就是2004年引入了全球知名精密元器件制造商——瑞声科技。

据了解，瑞声科技拥有声学微型元件、触控马达、天线三项全球"单项冠军"。2004年，瑞声科技成立（沭阳）有限公司成立，首个项目投资1亿美元。此后，瑞声科技先后在沭阳投资10.2亿美元，成立瑞声精密电子（沭阳）有限公司、沭阳瑞泰科技有限公司、瑞泰精密科技（沭阳）有限公司等。

目前，瑞声科技（沭阳）有限公司是瑞声集团第二大生产基地，固定资产70多亿元，建筑面积80多万平方米，员工6000余人，生产的射频器件、马达器件、精密结构件、光学器件等产品，主要供给苹果、华为、小米等全球知名手机品牌。

用好板块经济，优化产业发展布局

在沭阳产业发展格局中，沭阳经开区是龙头。作为苏北唯一落户县城的国家级经济技术开发区，沭阳经开区集聚实绩工业企业733家，占全县的19.43%；2023年1—9月实现开票销售523.18亿元，实现工业增值税4.48亿元，分别占全县的47.22%和16.76%。

昆沭高新园是沭阳与昆山南北合作共建的特色园区，致力打造沭阳产业集聚发展的新增长极。近年来，该园区瞄准生物医药项目，先后引进康诺医疗器械、伟康洁婧医疗器械、精至医用新材料、索啦咪医疗科技等多家企业入驻，生物医药产业链已初具规模。

乡镇板块同样具有举足轻重的地位。2023年1月—9月，沭阳30个乡镇（街道）累计实绩工业企业3016家，占全县总量的79.93%；实现工业开票销售576.25亿元，同比增长27.24%，占全县总量的52.01%；实现工业增值税21.95亿元，同比增长139.99%，占全县总量的82.02%。

工业开票销售总量超过10亿元的乡镇（街道）有11家，其中，桑墟镇工业开票销售总量达到107.3亿元，贤官、李恒、青伊湖3个镇超过50亿元；刘集、扎下、十字3个镇超过20亿元。工业增值税总量超过2000万元的乡镇（街道）共21家。其中，桑墟、李恒、贤官、青伊湖、刘集和扎下6个镇工业增值税超过

1亿元。

近年来，沭阳提出构建沭阳经开区、昆沭高新园，3个市级“一区多园”特色园、4个道口乡镇工业集聚区的“234”园区发展体系、“234”园区经济体系支持潼阳、扎下、十字、胡集4个道口乡镇工业集聚区利用自身交通区位优势，吸引更多优质项目落户发展，加快培育和催生新的经济增长点。

激发全民创业热情，培育本土富民产业

沭阳是人口大县，也是劳务输出大县。高峰时，全县曾有40万人外出打工，也因此有了“打工沭阳”的称号。近年来，沭阳抢抓农村电商快速发展和国家鼓励“双创”机遇，大力培育花木、图书等富民产业，吸引28.2万人返乡创业就业，“打工沭阳”正逐步向“创业沭阳”转变。

花木是沭阳重点培育的一大富民产业。沭阳花木种植历史悠久，是全国闻名的花木之乡。沭阳立足花木特色，积极打造全国花木电商连接点，创建全国唯一以花木为主导产业的国家现代农业产业园，获评“全国返乡创业试点电商合作示范县”。

如今在沭阳，手机是新农具、直播是新农活。目前，全县共有16个“中国淘宝镇”，104个“中国淘宝村”，各类活跃电商4.5万家，平均每秒有15.8件快递从这里发往全国各地。2023年1—9月，全县网络销售零售额预计为242亿元，同比上涨38%，花卉直播销售额占全国的三分之一，拉动了32万本地人创业就业。

图书是沭阳重点培育的另一大富民产业。该产业肇始于20世纪90年代，当时部分下岗职工和农民租用了一处废弃的养鸡场，开了几家以推销出版社库存书为主的“小作坊”。此后，随着“宗达淮海书刊部”等数家店铺的出现，沭阳的图书经营规模不断扩大：上端与国内260多家出版社建立推销业务关系，下端发展数万名图书直销员。最兴盛时约有10万人活跃于全国各地。

历经三十多年的发展，沭阳已成为全国规模最大的图书集散地之一，建成苏北最大的图书城——中国沭阳国际图书城。该图书城总投资5.2亿元，项目占地120亩，建筑面积约18万平方米。已成为集实体交易、网络销售、物流运输于一体的线上线下图书交易中心和集散中心。目前，全县共有注册书店8000余户，年销售额约20亿元，直接从事图书出版行业2万余人。

跳出苏北　跳出县域

沭阳县委书记彭伟表示，随着区域竞争形成新态势，沭阳不能满足于当“宿迁领头羊”，也不能止步于“苏北争第一”，要跳出一时一地的局限，摒弃“苏北意识”、跨过“长江天堑”，在全省、全国更大范围内确定发展标杆，在更大格局中找到特色定位。

沭阳“跳出苏北、跳出县域、在更大格局中定位”的思路，也得到上级的肯定和支持。国家级层面，沭阳成功入选全国县城新型城镇化建设示范县；省级层面，成为省国土空间总体规划中苏北唯一纳入Ⅱ型大城市培育的县份；市级层面，明确了“区域副中心城市”的发展定位。

沭阳县2023年政府工作报告提出，锚定苏北全面领先，突出扩投资、促销费两大工作主线，坚定不移抓好投资拉动、项目带动、创业推动、环境驱动，以新发展理念引领高质量发展，以“四化同步”助推现代化建设，千方百计打造新的增长点、培育新的增长极，加快建设区域副中心城市，扎实推进中国式现代化沭阳新实践开好局起好步。

道路在前，第一步如何走出去？沭阳的答案是抓营商环境。走在沭阳城区中心的迎宾大道上，一块公示着沭阳县2023年1—9月全县企业纳税50强的巨大“荣誉榜”异常醒目。

“这份榜单不仅是对当地龙头企业的荣誉激励，也是沭阳对外宣传展示良好营商环境的重要窗口。”沭阳县委副书记、县长王瑞说，招商引资，过去是拼政策、现在是拼环境，一流的营商环境才能提升城市竞争力，才能赢得更好未来。

近年来，沭阳县以国家、省、市政策精神为导向，锚定“营商环境最优县”目标，坚持以“五心”（投资顺心、服务贴心、创业安心、发展放心、生活舒心）为引领，不断强化改革创新，优化服务效能。

2022年，沭阳制定“营商环境提升年”100项具体任务，创新设立营商环境建设监督中心，组建营商环境“监督员”队伍，开展人大专题质询营商环境工作，进一步畅通问题投诉渠道，积极整合人大监督、民主监督、审计监督、社会监督等，增强监督合力和实效。2023年，出台《关于加快培育壮大市场主体推动先进制造业高质量发展的实施意见》等文件，持续强化政策扶持力度，助力企业做大做强。

同时，该县深入开展助企纾困走访调研活动，成立帮办服务组，走遍全县规上工业企业，主动靠前服务，积极落实经济运行率先整体好转“省42条”“市30条”等文件要求，为企业排忧解难。今年1—9月份，全县累计减税降费20.94亿元、补贴资金1.4亿元，不断增强企业发展信心和决心，提升企业满意度和获得感。

“我们到这里投资，最开始看中的是这里的较低的生产成本、良好的产业基础和优质的政务服务。来

了以后才惊喜地发现，沭阳的教育、医疗等公共服务也非常好，更加坚定了企业的投资决心和发展信心。”恒能家纺相关负责人熊玲芳说，如今，恒能家纺产业园内的很多老板都把沭阳当作第二故乡，他们的家人也来到沭阳生活。

2022年，沭阳县商事制度改革工作获省政府督查激励，“云踏勘”纳税信用预警等工作获省级以上复制推广，在全省营商环境考核中，沭阳进位39个位次，成功进入全省“第一方阵”，连续三年上榜全国营商环境百强县。

（朱成林）

（载于2023年11月29日《新华社·智库》）

“美丽经济”描绘乡村建设新画卷

——江苏省宿迁市探索乡村产业转型新路

冬日，记者走进江苏省宿迁市沭阳县的花木大棚，看到的是一番热火朝天的景象：搬运、选苗、直播……每个人都忙得不亦乐乎。岁末，这里的人们期盼着自家的花木产品再迎销售“小高峰”，给这一年的努力来一个圆满的收尾。

党的二十大报告指出，要“发展乡村特色产业，拓宽农民增收致富渠道”。如何在乡村振兴过程中探索产业转型之路，助力农民增收致富？近年来，宿迁市结合发展阶段和资源禀赋找准定位、分类推进，以特色产业转型发展作为乡村振兴重要抓手，推动园艺型花木等产业集群发展，通过发展电商经济、培育乡土人才等举措，推动花木产业全链条增值，走出了一条乡村振兴产业转型发展的新路子。

聚焦产业转型，找准乡村“成长坐标”

宿迁市沭阳县地处我国南北气候过渡地带，适合多种花木生长，是南花北移、北木南迁的理想中转站，也是全国最大的花木集散中心之一。

当前，沭阳正推动从苗木向鲜花、种植向园艺、绿色向彩色、地栽向盆栽、线下向线上、卖产品向卖风景的“六个转型”。沭阳县农业农村局花木研究所主任丁雪山介绍，一方面以黄杨、地柏等常规绿化苗木为基础，大力发展盆景加工产品，提高附加值；另一方面瞄准花卉精深加工、配套产品加工、造型造景加工等方向，推动花木产业集群化、精细化发展。

“您看一下10号链接这棵盆景，它的弯度非常别致，显得苍劲有力。11月29日上午，沭阳县周圈村村民姜爱花正在自家花房里直播。她拿起盆长寿梅向记者介绍，素材苗只能卖几十元，但栽种到精致的盆里，经过修枝、打叶等工序后，一盆巴掌大的盆景能卖到四五百元。

随着生活水平的提高，人们对花木的审美水平也不断提升，盆景成为花木市场的“新宠儿”。在沭阳县耿圩镇引进打造的苏台花木产业园展厅里，上千种多肉植物让人大开眼界。园区负责人李明告诉记者，2014年投产后，园区已发展成为国内最大的设施多肉生产基地之一，为周边村民每人每年增加工资性收入4万余元。

苏台花木产业园在技术和市场上进行辐射带动，一批在园区学了技术的当地农户，自己出去承包大棚，种植多肉，年收入也能达到几十万元到上百万元。耿圩也因此从无到有打造出了一个全新的花木产业门类。

如今，花木产业已经从沭阳扩散到周边地区。和沭阳相距五十公里的宿迁市宿城区耿车镇，也在转型升级中找到了自身的合适定位。

冬日午后，宿城区耿车镇现代农业产业园的多肉大棚里温暖如春。多肉培育、经销户蔡森正打包当天售出的多肉植物“2019年起，我和几个兄弟承包了6000平方米大棚，专做精品多肉的培育和销售，单是我家这一个直播间的年销售额就达一百多万元，利润率超过60%！”蔡森的眉眼间挂着笑意。

十年前，蔡森可不是像今天这样做着“美丽”的生意，那时他靠回收加工塑料废品赚钱。“耿车镇产业转型并不容易。”蔡森和很多当地人都能感受到这一点。

“20世纪80年代，耿车镇是华东地区最大的废塑加工基地之一。那时候的耿车，家家户户门口堆满了废弃塑料，味道难闻，污水横流。”耿车镇村民苗宗仁回忆道。2015年，在宿迁市委市政府主导下，耿车镇打响了“塑料垃圾歼灭战”。大学毕业回村的苗宗仁说服父亲苗春，放弃塑料颗粒加工这样的高污染产业，向新材料花盆方向转型。“我们和高校科研团队合作，进行新材料研发应用探索，产品出口欧美市场后获得了良好反响。”苗宗仁介绍，预计今年公司的销售额将超过5000万元。

如今，绿色发展理念在耿车镇深入人心。全镇近5000人从事电商行业，电子商务年销售额突破80亿元。

“要遵循乡村发展规律，统筹考虑产业发展、土地容量、资源承载等因素，精心绘就全市乡村‘成长坐标’。”宿迁市副市长武情说，宿迁正深入实施农民收入十年倍增计划，布局一批区域性乡村振兴产业园，打造一批农业产业化联合体，让小农户融入大发展，带动村集体经营性收入年均增速保持10%左右，加速建设农业强、农村美、农民富的新时代鱼米之乡。

聚焦发展要素，激活乡村业兴人旺新动能

驱车行驶在沭阳乡村道路上，两旁是经营着各类园艺用品的小店：塑料花盆、营养液、椰砖、包装板材……一条道路上，能看到花木产业全业链的要素。一系列创新举措，激活了乡村业兴人旺的新动能。

精心培育乡土人才——

走进江苏省乡土人才“三带”新秀李安的工作室，李安正手把手教两个徒弟盆景“打弯”技艺。“村里每家每户都种地柏、瓜子黄杨等种苗。我们收苗之后，赋予其艺术造型，逐渐从‘卖盆景’走向‘卖风景’。”2018年至今，李安已经带出了50多位徒弟。

近年来，沭阳县实施乡土人才“百千万”培养计划，出台《沭阳县乡土人才培养评价三年（2022—2024年）行动实施方案》，构建乡土人才“发现、培育、评价、使用”机制，让他们实现技能、收入双提升。截至目前，沭阳共有县级乡土人才27890人，其中领军型人才135人、中坚型乡土人才846人。

“不唯论文、不唯学历，只凭实绩论英雄”，2021年，宿迁市在江苏省率先实施乡土人才培育评价改革，打通乡土人才成长成才通道。沭阳累计有7人取得高级乡村振兴技艺师职称、2978人取得高级职业技能等级证书。因为盆景专业技术人才的成熟培育体系，沭阳被列为“中国盆景艺术大师”的永久考试基地。

大力推广电商直播——

早在2014年，宿迁市委、市政府出台《关于加快推进网络创业的实施意见》，将电商产业作为推进振兴发展的重要抓手，在开展网络创业培训、全民创业发展基金等方面给予资金支持。

借此“东风”，2017年，沭阳县委、县政府建立起县乡村三级培训体系，以政府购买服务，引进高校及社会培训资源、建立县级直播人才库等方式，开展多层次电商培训活动，截至目前已培训3000余人次。

“1500元1次！　1500元2次！　1500元3次！好，成交！”艺森园矩阵直播中心内，伴随着拍卖师的落槌声，刚上架的盆景不到一分钟就被售出。直播台下，几十名农民主播将镜头对准盆景，同时操作四五个账号，一边与粉丝互动，一边帮忙喊价。

沭阳县商务局电商科科员高小利介绍，这种通过搭建集中竞拍场景构建的“矩阵直播”，一场直播下来能聚合超过40万名粉丝竞拍，成交额达130余万元。

“通过工匠大师‘技术加持’，花木电商‘数字赋能’，盆景的销售量、附加值均大幅提高。”沭阳县颜集镇党委书记陆雷雷介绍。手机变作“新农具”、直播变成“新农活”，越来越多的农民享受到数字化红利。2022年，沭阳的花卉直播销售额占全国三分之一，盆景成交额达40亿元。

创新金融支持方式——

“没想到我们的好花，好景不仅换到了‘真金白银’，价值还这么高！”近日，沭阳一家盆景造型基地负责人拿到了“特定地域单元生态产品价值（以下简称为VEP）”花木生态价值贷，合计500万元。据悉，这笔贷款系沭阳县发放的全国首笔VEP花木生态价值贷。

沭阳县积极探索“绿水青山”向“金山银山”转化的新路径。“VEP花木生态价值贷，要通过测算花木企业生态产品的供给服务、生态调节服务、人居文化服务等方面价值指标，形成VEP核算报告，金融机构以VEP核算报告作为依据，向企业发放信用贷款。”宿迁市沭阳县发展和改革局副局长王国卿告诉记者，VEP花木生态价值贷发放机制的建立，全面打通了花木产业价值转化与绿色金融创新的渠道，有效解决了构建生态产品价值实现机制工作中普遍存在的“难度量、难抵押、难交易、难变现”等问题，为全市、全省乃至全国提供了可复制可推广的生态产品金融保障新样板。

聚焦行业诚信，夯实产业振兴基石

漫步于新河大营种子一条街，可以看到，每家每户店面门口的快递包装上都贴着一个蓝绿色的标签。上面印刷着来自沭阳县市场监督局的花木电商监督电话，扫描二维码即可进入投诉平台。

“这是电商‘诚信标签’，从沭阳发出的花木快递都要贴。”正在种业店里盘货的老板胡迎龙快步走过来向记者介绍，“别小瞧这小贴纸，它可派上了大用场！以前顾客都要先验货再付款，甚至希望开了花再付款，现在只需要一个电话就立即下单付款。”胡迎龙从事种子行业13年，明显感到市场越来越规范，客户对商户的信任感越来越强。

在花木产业的发展过程中，宿迁也曾遇到阶段性的困境，以次充好、以假充真等情况时有发生。对此，宿迁沭阳在全国首创花木电商诚信标签制度，从源头上遏制销售假冒伪劣花木种苗的行为。目前，全县发放“诚信标签”5.8亿余张，网民满意度达95%以上。同时对花木种苗市场主体进行常态化信用分级分类，开展花木种苗领域专项整治行动，用刚性制度规范市场诚信经营。

“只有诚信经营，才能行稳致远。将诚信‘基因’融入花木电商‘血脉’，既是对消费者利益的保护，又能引领花木电商产业持续稳定健康发展。”沭阳县委常委、宣传部部长姜若鸣说。

良好的产业生态，推动花木产业高质量发展。2022年，沭阳花木产业销售额达300亿元，拥有以花木为主业的企业4626家，产业园农户26633户，吸纳9.1万名农民就业。

沭阳县是江苏人口最多的县之一，曾经一度是劳务输出大县，高峰时期外出务工人员超40万人次。随着近年来花木产业的蓬勃发展，一批批乡土人才扎根家乡，越来越多的沭阳人在家门口就业创业。

在沭阳县新河镇维新村创业园，入夜后的大棚里依然灯火通明，90后电商创业者乔江正和合伙人一起忙活着琉璃花瓶的大量订单。

乔江的父母做了几十年苗木生意。2017年大学毕业后不久，乔江回家创业。然而，创业之初，他即决定不做传统的苗木生意。在尝试其他衍生产品销售后，2023年年初，他开始通过电商直播销售以琉璃艺术花瓶为主的花木衍生产品，目前销售额已突破2000万元。

“实践证明，电商产业诚信才能走得更远。我们的创业环境越来越好，配套设施完备，供应链完整，创业启动成本低，所以能够吸引人才回流。”乔江说。

乔江所在的新河镇创业活力涌现，现有户籍人口4.5万人，常住人口5.5万人左右，这在苏北是不多见的现象。从外出“打工大县”到“创业热土”，乡村产业振兴的路子在这块土地上奏效了。

（苏　雁　杜　倩　姬尊雨）

（载于2023年12月25日《光明日报》5版）

为产业增底色　为品牌添成色

——江苏沭阳创新开展花木电商诚信体系建设纪实

如今，小到生鲜、绿植，大到汽车、家电，都能够通过互联网便捷购得。作为联通线上线下、衔接供需两端、对接国内国外市场的重要纽带，电商正悄然改变着人们的消费方式。

江苏省沭阳县是全国闻名的花木电商大县，花木种植面积60万亩，花木电商4万余家，集聚了淘宝、京东60%的花木类卖家，花卉直播销售额占全国1/3。2022年，全县花木电商销售额超240亿元。

电商的异军突起点燃了沭阳花木经济增长的新“引擎”，但如何让二者联动共赢的良好态势更加稳固和可持续，更好地赋能县域经济高质量发展，沭阳县委书记彭伟认为，创新并持之以恒地推动电商诚信体系建设至关重要。

人无信不立，业无信不兴。为严防和整肃制假售假、不实宣传等各类电商诚信缺失行为，助推花木产业底色更亮、“花乡”品牌成色更足，沭阳坚持从源头抓起，法治、自治、德治相结合，走出了一条成效显著的电商诚信体系建设之路。

常态化整治优化花木电商生态圈

“想不到我躲到外地还是没逃过法律的制裁！”沭阳花木电商魏某在县里开展“猎鼠行动”时，悄悄转移至邻市违法销售花木，县执法部门监测到相关信息后，县委常委、宣传部部长姜若鸣带领资规、市监、公安等部门，立即赶赴现场，与当地密切配合，一举查获涉案包裹3000余件，涉案人员被移送司法机关。

在沭阳，因为失信经营而受到法律制裁的花木电商，魏某不是个例。近两年来，沭阳已累计查处花木电商违法违规销售案件124起，20人被采取刑事强制措施。

从“春雷行动”到“冬季攻势”再到“猎鼠行动”，从规范花木种苗电商销售服务到综合查处花木产品全品类、全产业链货不对版、以次充好、无证经营、虚假广告，沭阳对花木电商失信经营行为的整治力度不断加强。

沭阳县县长王瑞说，县委、县政府通过强化执法监管和制度设计，让诚信“基因”融入花木电商“血脉”，这既是对消费者利益的保护，也是引领全县电商产业健康前行、增强县域经济内生发展动力的重要之举。

沭阳执法部门发现，法律意识淡薄、违法成本不高、逃避监管容易是花木电商失信行为出现的主要原因。

为引导花木电商树立诚信经营意识，沭阳创新构建“一处失信、处处受限”的信用监督、警示和惩戒体系，凡被依法认定为失信的花木电商，将面临限制获取政府财政性资金、补贴，限制评优评先，限制绿色通道办理等各类联动惩戒措施。

无证经营在失信电商中普遍存在，他们在各大平台拥有不同“马甲”容易游离于监管之外。对此，沭阳集中力量，线上搜网店、查网页，线下摸主体建台账，对花木电商加强管理，免费上门办证，并督促签订诚信经营承诺书。

沭阳县自然资源和规划局副局长李寒梅介绍，该局在坚持以“打”开路、有案必查的同时，积极做好花木电商服务工作，通过专题培训、警示教育等方式，不断提升经营户的业务能力和诚信经营意识。

针对部分花木电商规避监管经验丰富、流动性快、隐蔽性强，偷赴周边城市失信网售花木时有发生的现象，沭阳专门申请获得省林业部门指定管辖权，解决了异地办案程序问题。同时对县内快递网点跨区揽件行为依法严厉打击，严堵寄递环节漏洞，已有8个网点受到了处罚。

为每件网售花木产品贴上“诚信标签”

推进花木电商诚信体系建设，沭阳“内外兼修”，对内持续加强监管，对外则广泛吸纳社会力量，让广大消费者成为行业监督者，倒逼花木电商在提升商品和服务质量上持续发力。

现在，从沭阳网销各地的每一件花木产品，快递包裹上都会加贴一张标签，标注着监督电话和曝光平台二维码，这是沭阳创新推出的花木电商“诚信标签”。消费者如发现商品货不对版、以次充好等问题，可随时随地向沭阳相关部门反映，维护合法权益。

因为“诚信标签”的推行，沭阳境内的快递企业也多了一项职责，快递员在揽收包裹时，须督促电商经营户将“诚信标签”张贴到位，并查验真伪。

新河镇电子商务快递园内一快递企业负责人告诉记者，县内各家快递公司均与县邮政管理部门签订了承诺书，对未张贴“诚信标签”的花木产品包裹不予揽收。

在快递员把关的同时，沭阳要求所有涉及花木电商产业的村居，“两委”成员每天要分工到快递网点随机抽查包裹，一旦发现有花木快件未张贴“诚信标签”须第一时间查明原因，对故意逃避监管的经营户立即上报，由县执法部门对相关责任人和快递企业作出处罚。

“原以为‘诚信标签’推广后，消费者的投诉量会大幅上涨，恰恰相反的是急剧下降。”沭阳县委网信办副主任章彦艳说：“诚信标签”强化了对花木电商经营行为的监督，更让其对“诚信也是核心竞争力”有了深刻的认知和理解。“现在大家都以诚信为荣、失信为耻，卖出的产品货真价实，客户回购率在提升，退货率在减少，我家网店营业额比去年同期增加了20%。”颜集镇堰下村花木电商徐瑞说。

对于诚信的崇尚和坚守，沭阳的花木电商们已内化为自觉行动，且精益求精。扎下镇顺河村花木电商史长坚说，哪怕是介绍产品的文字和图片，大家都会认真地推敲，生怕出现夸大宣传现象，影响诚信经营。

近年来，沭阳县财政每年拿出专项资金，表彰诚信典型。2022年，全县评选出县级“花木诚信电商”40家、“花木诚信企业”20家，花木电商重点乡镇也定期评奖评优。

诚信经营写入村规民约

沭阳拥有16个“中国淘宝镇”、104个“中国淘宝村”，是全国最大的农村淘宝村集群之一，全县90%以上的花木电商发源于乡村，也植根于乡村。

“乡村是熟人社会，蕴含着巨大的道德能量，推动花木电商诚信体系建设，离不开乡村德治、自治的规范和调节。”姜若鸣说，村规民约是实现乡村德治、自治的有效载体，是凝聚基层力量参与电商诚信体系建设的重要引领。

2021年8月31日，颜集镇堰下村召开党群议事会，表决通过“网络电商诚信经营村规民约”，这是沭阳首次以村规民约形式对电商经营行为作出规定。

“自觉申领电商营业执照和花木种苗经营许可证”“自觉抵制虚假或使人误解的商业宣传”“自觉提供真实、准确的商品信息”……堰下村的“网络电商诚信经营村规民约”每一条都直戳问题，警醒花木电商诚信自律经营。

道德的力量是直击人心的。“村里有花木电商失信，大喇叭里都会广而告之，大家乡里乡亲的，被点名道姓，哪个脸上能挂得住？”堰下村党总支书记、村委会主任李彦春说。

堰下村村民周小卫是镇里的“十佳电商诚信经营户”，主要从事花木盆景直播销售。他告诉记者，自己在直播间经常主动提示客户核对购买的商品截图，以便与实物比对。“一旦失信，就要面临村民们的批评，同行们的低看，连带家人都抬不起头，这种代价比法律法规的处罚代价更大！”周小卫说。

通过村规民约，用道德的“软约束力”厚植诚信经营沃土，沭阳的村民自治外延在拓展、内涵在升华。目前，全县所有花木电商经营村居都已制定了“诚信经营村规民约”，推动花木电商诚信体系建设不断走深走实。

“党的二十大报告提出要‘加快建设农业强国’。沭阳是农业大县，在迈向农业强县的征程上，花木电商产业发挥着举足轻重的作用。”沭阳县委书记彭伟说，全县立足实际、着眼长远，大力开展花木电商诚信体系建设，净化了花木经营市场，擦亮了“花乡”诚信品牌，增强了花木产业发展后劲。在乡村振兴的滚滚浪潮中，沭阳将继续走好诚信建设之路，让更多的产业以信而立、凭信而强、因信而荣。

（陈 兵 李晓晨）

（载于2023年2月3日《农民日报》头版头条）

沭阳，铸强“铁脊梁”

连续8年入选“全国工业百强县”；2022年，工业用电量、工业增值税、工业销售收入分别位居苏北第一、第一、第二位，在工业经济的有力支撑下，实现地区生产总值1308.45亿元，连续3年跻身“千亿俱乐部”……一张张亮丽的城市名片，折射出江苏省沭阳县经济高质量发展的奋进足迹。

“沭阳靠工业起步，更要靠工业走向未来。”沭阳县委书记、沭阳经开区党工委书记彭伟说。作为苏北工业大县，沭阳县坚持工业强县、产业兴县定位，紧抓工业突破、项目攻坚、营商环境提升三个要点，全力铸强跨越赶超的工业“铁脊梁”主引擎，全县经济实力明显提升。

“高质量”产业集聚　打造园区产业集聚高地

产业要发展，园区是关键。沭阳县积极构建沭阳经开区、昆沭高新园，3个市级小城市工业园，4个道口乡镇工业集聚区的“234”园区发展体系，探索在要素保障、对外开放、科技创新、营商环境等方面加大政策支持和赋权力度，激发园区核心竞争力，形成了工业经济从“双引擎”驱动向“多动力”支撑的发展局面，园区建设取得了阶段性成效。

规模巨大的厂房、先进的生产设备、精致的产品……走进位于沭阳县贤官乡村振兴产业园的江苏狄米特尔装饰材料有限公司，现代化的生产场景十分壮观。

“我们这个7万平方米的厂房是园区租给我们的，公司全套引进美格华翔等行业龙头企业制造设备，并在板材行业率先试点智能仓储系统，成为全流程管理、一体化作业的‘智能工厂’。”江苏狄米特尔装饰材料有限公司相关负责人说。

在贤官乡村振兴产业园，像江苏狄米特尔装饰材料有限公司这样的优质企业已有3家，年总产值13亿元。贤官乡村振兴产业园是贤官镇致力乡村特色产业高质量发展打造的工农融合、联农共富型项目。项目统筹了沭阳县扶持壮大村集体经济等各类帮扶资金1亿余元，盘活贤官镇低效用地220亩，建设标准化厂房9万平方米，为木材加工等各类工业企业提供“拎包入住”服务。

彭伟表示，“沭阳县要坚持‘工业强县、产业兴县’不动摇，对照实现高质量发展目标任务，坚定不移把工业作为沭阳加速奔跑的‘硬实力’‘强引擎’，以工业强县扛起使命担当。”

“高效率”招商引资　壮大园区发展合力

开局就是决战，起步就是冲刺。招商引资既是推动经济发展的硬核支撑，更是加快现代化建设的关键一招。

首季“开门红”、奋战“上半年”、冲刺“一百天”、决胜“四季度”……今年以来，沭阳县聚焦制造业大招商，围绕全县“6+3+X”制造业产业体系和16条重点产业链，计划组织招商引资四大行动。沭阳县把招商引资作为主责主业，攻坚突破抓建设、亲商爱商抓服务，力争实现“大项目顶天立地、小项目铺天盖地”。

走进占地6万平方米的江苏桐昆恒阳化纤有限公司织造车间，1760台全自动织布机正在飞速运转。公司总经理沈建伦表示，项目从签约到开工仅用时4个月，超额完成年度投资任务之后，又比原计划提前了3个多月投产。“让人真正见识了沭阳服务的高效率！”

沭阳经开区是沭阳招商引资、项目建设的主战场。今年以来，出台了《工业项目落户许可“全程速办”创新机制工作方案》，自项目签约起，建立投资人、招引人、审批人三方多部门参加的“全程速办”小组，负责项目落户过程中的手续具体办理、疑难问题提交会办等事宜，3个月内办理完毕登记注册开户、立项、安评、环评、规划建设、施工许可等开工前相关手续，为项目推进、落户、开工、投产提供全程保障，着力打造一流营商环境。

“要始终把发展先进制造业作为主攻方向，把项目建设作为关键抓手推动更多意向签约项目尽快落实落地，为沭阳经济高质量发展蓄势赋能。”沭阳县委副书记、县长王瑞说。

2023年一季度，沭阳县项目引建成效明显。签约亿元以上项目86个，协议投资总额526.6亿元，其中10亿元以上项目13个，50亿元以上项目3个；落户经开区项目34个，特色园区项目14个，协议投资额448.3亿元；落户乡镇亿元项目38个，协议投资额78.3亿元。

长期以来，沭阳县一直秉持打造“政策最优、成本最低、办事最快、服务最好”“四最”营商环境，全面完善“签约即落地、拿地即开工、建设即入库、竣工即投产”机制，千方百计帮助企业降成本增效益。

目前，沭阳县各招商团队已深入全国各个重点地区，对接意向企业，力争洽谈一批项目、签约一批项目、落地一批项目，为中国式现代化沭阳新实践开好局、起好步。

“高科技”要素保障　优化园区产业链发展

近年来，沭阳县将具有较强产业支撑力、创新驱动力和开放竞争力的现代化产业打造摆在经济发展首要位置，狠抓木材加工业产业转型和优质企业培育，助推产业做优做特、做精做新，在高质量发展赛道上跑出“沭阳”速度。

筛选，干燥，热压，砂光……走进沭阳亚森同汇实业有限公司生产车间一幅人闲机忙的中高密度纤维板生产流程图跃然眼前。“这套设备是德国进口，这套是瑞士进口，这套是奥地利进口，所有设备电脑控制，从原料到成品只要半个小时。”沭阳亚森同汇实业有限公司负责人孙强介绍。

沭阳亚森同汇实业有限公司落户沭阳县贤官镇生态木业园。园内，同沭阳亚森同汇一样拥有高标准厂房、高科技设备、高要求管理的木材家具企业遍地开花。

产业聚集发展，合理布局是关键。沭阳县通过“一核五点”积极谋划产业发展思路，制定产业发展规划，集聚产业发展合力，形成扎下镇主要集中细木工板、防水模板等企业，贤官镇主要集中生态板、建筑模板和贴面板、胶合板、包装板等企业，桑墟镇主要集中实木地板和生态板等企业，龙庙镇主要集中阻燃板和防水模板等企业，华冲镇主要集中工艺板和家具板等企业的发展格局。

生产换线、机器换人、设备换芯是不断增强企业创新能力和提高企业核心竞争力的关键。沭阳县以“技术化、智能化、绿色化”为方向，加快推进木材加工和家具制造产业技术升级、设备更新、产品迭代，推广使用先进制造系统、大型成套技术设备，促进企业生产由低端、简单向高级转变。越来越多的木材加工和家具制造企业在沭阳通过实施产业转型升级搞出了“新名堂”，拓展了发展新空间，既为企业赚来了名气，也为沭阳打响区域知名度增加了筹码。

如今，沭阳县木材加工和家具制造产业转型升级步伐稳健，走出了成熟路径。通过持续转型升级，当地一大批企业安全环保水平得到本质提升，职业健康得到有效保障，机器设备能效得到较大改善。沭阳县木材加工和家具制造业基本实现了产业发展逐步规范、质态不断提升、产业链日趋强化、创新能力不断增强的发展态势。

2023年，沭阳县继续坚持工业经济高质量发展工作任务，树立“大抓工业、抓大工业”的鲜明导向，进一步聚焦工业、突出工业，务实苦干、奋发进取，把“工业强县”旗帜举得更高，把“产业强县”战鼓擂得更响，奋力书写“苏北工业强县”新篇章。

（徐家昕　张伟伟）

（载于2023年7月13日《中国县域经济报》头版头条）

全国首笔！解析江苏沭阳“VEP花木生态价值贷”

近日，江苏沭阳县艺森园花木基地收到一笔500万元贷款，这是我国首笔“VEP（特定地域单元生态产品价值）花木生态价值贷”。“我们正准备加大生产和研发投入，急需发展资金。”该基地负责人胡道中说。与常见的信用贷款、抵押贷款不同，这一贷款方式将花木产品蕴含的生态价值作为资信从银行获得贷款，也意味着江苏对花木产品生态价值实现机制的新探索有了实践案例。

花木之乡的绿色金融探索

据了解，沭阳县艺森园花木基地是一家创建于2019年的花木生产企业，占地1100余亩，拥有苗木栽植基地、盆景制作中心、展示中心、直播中心和工匠孵化中心等5个板块。

“这是一种全新的融资方式，利息既低，还无须抵押。”胡道中介绍，全产业链式的发展让他们对资金的需求颇为强烈，过去，主要靠他个人的信用和房产抵押等从银行贷款，利息动辄年化5%以上；这一次，他只需敞开基地大门，由专业人士对基地内花木产品的生态价值进行综合测算，并出具一份VEP报告，银行据此发放贷款，年化利率3.6%。

作为“中国花木之乡”，沭阳县花木种植面积已达60万亩，聚集各类花木企业4600多家。今年前10个月，当地实现花木交易额269亿元。不过，一直以来，由于花木生产周期长，投入大，缺少相应的抵押物，花木企业申请贷款并不容易，像胡道中这样只能靠企业负责人个人信用或资产抵押取得贷款的情况并不鲜见。

“一方面沭阳县拥有丰富的花木生态资源，另一方面花木企业融资需求旺盛。”沭阳县发改局党组书记局长纪文龙介绍，今年11月，沭阳县被列为首批省级绿色金融创新改革试验区，这为“VEP花木生态价值贷”的探索创造了有利条件。

人民网注意到，2022年初，江苏省委办公厅、省政府办公厅印发《江苏省建立健全生态产品价值实现机制实施方案》，提出要积极稳妥推进先行先试，围绕“度量难、抵押难、交易难、变现难”等重难点问题有效解决，更大力度创新探索、取得突破，推动各项机制得到有效落地试验，引领带动生态产品价值实现，形成可复制可推广的经验做法。该方案还明确，到2025年，生态产品价值实现的制度框架初步形成；到2035年，全面建立完善的生态产品价值实现机制。

三个维度进行估值

就“VEP花木生态价值贷”而言，如何科学量化生态产品的经济价值，既是关键，也是难点。

“我们从生态物质产品价值、生态调节服务价值和人居文化服务价值三个维度，对调查对象的综合生态价值进行综合测算。”受沭阳县发改局委托，扬州市职业大学资源与环境工程学院负责出具艺森园花木基地的VEP报告，该院副院长刘学方介绍，从对基地进行实地考察到报告完成，前后历时月余。

刘学方表示，这其中，生态物质产品价值相对容易理解，主要是基地内的花木等物质产品，采用市场价值法核算即可。生态调节服务价值和人居文化服务价值测算较为复杂，既包括对土壤保持、固碳释氧、净化大气、调节气候的替代成本测算，又包括对生态文化的文旅费用测算、水环境和绿地环境的维持保护费用测算等。“最后加权出一个生态系统生产总值，出具一份完整的VEP报告。”他说。

“VEP报告是我们对企业进行授信的依据。”作为发放“VEP花木生态价值贷”的金融机构，沭阳农商银行授信评审部总经理周岩表示，单户授信额度根据VEP核算结果进行计算，最高不超过1000万元，利率则低于银行同类型的信用贷款利率，让花木企业多一个融资方式的同时，也降低了企业的融资成本。

在发放首笔贷款的基础上，沭阳县继续对全县花木企业进行梳理，从经营状况、种植面积、融资需求等方面筛选，建立对应的花木生态价值贷发放项目库，将符合条件的企业及时纳入项目库，目前已入库企业35家。

“该绿色金融产品具有重要的理论意义和实践意义。”在南京财经大学经济学院副院长崔向阳看来，如何科学估算生态产品的市场价值是世界性难题，目前还没有社会公认成熟可靠的估值模型和方法，只能在探索中积累经验，在实践中逐渐完善。

（黄启源）

（载于2023年12月24日人民网）

沭阳：“数字党建”为基层治理提质赋能

“‘数字党建’工程的实施，让数据‘动’了起来，既为我们基层工作提供展示窗口，又减轻了我们基层工作者的负担。”沭阳县桑墟镇党委书记徐旭感慨道。为进一步探索基层党建信息化、数字化、智能化建设新路径，近日沭阳县创新实施“数字党建”工程，提升党建统领基层治理工作水平。

探索实施“数字党建”工程，是沭阳县推动数字信息化技术与基层党建工作深度融合的创新之举，有效提升全县基层党建的工作水平和品牌力度。在实施过程中，坚持以问题为导向，着力破解各领域基层党组织在队伍、活动、阵地、治理、服务等方面存在的问题。目前，沭阳县已面向全县30个乡镇（街道）和新型农村社区、城市社区、小区、机关、国有企业、学校、医院、非公企业、离退休干部等10个领域，排定了52个试点项目，兼顾基本面与创新点，有效实现“全领域”“全覆盖”。

数字赋能，要让云端平台更接地气。为了避免出现同质化现象，该县组织“数字党建”各试点单位以“基本+特色”的模式进行建设，在村（社区）党组织基本信息、基础活动数字化的基础上，围绕“一村一主题”打造亮点特色。目前，首批上线的“一镇五村”分别以“数字颜集”“善治银山”“先锋双荡”“文明聚贤”“红色小元”“富民新桥”为主题，特色鲜明、亮点突出，相关工作初见成效。

致力基层减负，数字建设推动服务高效。在“数字党建”项目实施过程中，力求通过线上平台提高便民服务效率，为基层工作者“松绑减负”。在数据支撑下，城市小区党支部通过“二维码”更快收集、梳理、解决广大居民的“急难愁盼”，让小区治理更加高效，村级党组织依托网上平台召开“网上主题党日”让流动党员管理工作更加便捷。同时在全县面上，建设运营了“沭阳暖心通”小程序，在社区治理、综合执法、物业服务等方面提供了线上服务渠道，提高了居民群众的参与程度，减轻了基层工作负担。

“‘数字党建’为基层治理提质赋能，关键是要做好‘加减法’。以平台为媒介，‘加’上属地工作的特色亮点；让数据多跑腿，‘减’去基层工作的繁重负担。”沭阳县委组织部部长王昭文说。

下一步，沭阳县将加强统筹调度，重点攻坚学校、企业等领域项目，并在运用中根据各领域特点，总结经验成效，努力形成可复制、可推广的模式。同时，将强化党建业务指导、加大资金投入力度，整合各类服务资源，推动“数字党建”项目长期发挥作用，真正实现基层党建“数字赋能”。

（王　鑫　仲　威）

（载于2023年07月14日《新华日报》10版）

总量上规模　结构上档次　质态上台阶
“园区经济”成为沭阳“主动力”

日前，沭阳县举行为期两天的重大项目集中观摩活动。一个个布局于“234”园区的工业项目发展势头迅猛，沭阳工业经济从“双引擎”驱动向“多动力”支撑的发展格局越发清晰。

着眼“经济园区化”，沭阳县近年构建“234”园区发展体系，包括沭阳经开区、昆沭高新园，以及3个市级“一区多园”特色园、4个道口乡镇工业集聚区。沭阳县委书记、沭阳经开区党工委书记彭伟说，全县将以“四化”同步集成改革示范区建设为抓手，坚持创新驱动，强化强链补链延链、推动产业集聚，实现工业经济总量上规模、结构上档次、质态上台阶。

统筹推进，园区创新奔涌新高地

省政府日前发布《关于2022年度江苏省科学技术奖励的决定》，位于沭阳经开区的宋和宋智能科技有限公司主持完成项目列于江苏省科学技术奖获奖名单中。这也是近年来沭阳园区企业第四次获得此奖。

沭阳县把科技创新作为推动园区高质量发展的重要举措。立足“3+3+X”主导产业和16条重点产业链，统筹推进“小升高”“规转高”和“高培强”，建设以科技型中小企业为基础、高新技术企业为骨干、创新龙头企业为引领的创新企业梯队。目前“234”园区集聚了高端纺织、机电装备、绿色家居三大主导产业以及其他产业类“头部企业”159家，占全县的60.5%，实现国家级制造业单项冠军产品、省级智能示范工厂等方面多项突破。

用时3秒就把一块完整金属板“折叠”成复杂的定制模块，70多套高精度、自动化设备仅由一名工程师远程控制……在江苏通强自动化装备集团有限公司生产车间里，公司执行董事葛志伟自豪地说：“针对超过10次以上的重复动作，实现了生产换线、机器换人。

锚定建设创新高地目标，以“技术化、智能化、绿色化”为方向，沭阳县目前拥有省、市级工程技术研究中心566个，位于“234”园区的占九成以上。园区现有高新技术企业、高新技术产业企业160个，在全县占比达87%。

精准培育，园区产业“链”出新高度

落户十字街道道口工业集聚区的沭阳鑫金源新材料有限公司，由返乡创业青年周乐投资兴建。该街道党工委书记张捷介绍，集聚区今年新引进亿元以上工业项目10个，基本上是产业链项目。

按照“特色定位、错位竞争、联动发展”原则，沭阳各园区明确主导产业和主攻方向，形成“2+3+8+10”发展格局，涵盖机电装备、高端纺织两大传统产业，电子信息、健康医疗、新能源材料三大新兴产业，电子元器件、动力电池、膜材料等8条重点产业链，半固态精密成型、电子信息、（高墟）临港等十大特色产业园。同时围绕强链补链延链建链，招引龙头企业和关联配套项目，加快扣环成链、聚链建群。

位于贤官镇的宿迁生态板材产业园是市级“一区多园”特色园，近年精准招引科技型、旗舰型项目，今年已签约亿元以上项目15个，其中“链主”型项目3个、强链补链延链项目12个。镇党委书记王博介绍说，目前生态板材产业园已形成上中下游全产业门类，去年全镇工业开票首次突破百亿元。

项目固链、龙头引链、人才兴链……一系列精准举措，“链”出产业发展新高度。今年上半年，沭阳县三大主导产业实现开票销售447亿元、同比增长近19.4%，其中“234”园区贡献了60.52%。

三年攻坚，“园区经济”要有大提升

“通过三年努力，沭阳经开区进入全国100强，规

上工业总产值超1100亿元；昆沭高新技术产业园排名全市南北共建园区前列；贤官工业园在市小城市特色园区考核中保持前两名……”今年4月，沭阳县印发《全县“234”园区创新提升更好发挥主力军作用三年攻坚行动方案》，推动园区更好担起“走在前、挑大梁、多作贡献”的重大责任。

沭阳县启动实施增量存量总量“三量”提升、规划优化、扩大开放、创新驱动、绿色发展、改革赋权六大专项行动，强化政策支持、要素保障、奖惩激励和督查考核。“瞄准目标、找准定位，以最好的资源保障园区、最优的政策赋能园区、最佳的环境护航园区，确保‘234’园区三年攻坚目标顺利完成。”沭阳县委副书记、县长王瑞说。

随着“234”园区建设强势推进，沭阳工业经济发展的支撑力愈加强劲。今年，80个省市重大产业项目中落户“234”园区项目66个，产业契合度达90%以上。上半年，“234”园区实现工业增值税、工业开票销售、规上工业总产值、规上工业企业用电量全县占比分别达50.28%、65.69%、67.66%、88.55%，全县工业纳税前50强企业中，“234”园区企业占了近80%。

（孙旭晖　徐明泽　相　哲）

（载于2023年8月13日《新华日报》头版）

在“教育洼地”育出满园春色

——记江苏“时代楷模”沭阳如东中学党委书记、校长周桂官（上）

一位年逾七旬的老者，每天穿梭在江苏省沭阳如东中学的走廊上，只见他一手攥着纸笔，一手贴着玻璃朝教室里张望，时而蹙起眉头，时而欣然点头，随后走向下一个教室。他就是周桂官，现任江苏省沭阳如东中学党委书记、校长。

风霜雨雪十几年，他的到来改变了一批又一批学生的命运。把如东优质教育资源“嫁接”到花木之乡沭阳，在他带领下，学校的“成绩单”不断刷新沭阳如东中学的规模。从2010年的879名学生、16个班、80名教师，发展到如今5000余名学生、90个班、450名教师，学校从二星级晋升为四星级，成为“江苏省担当教育实践课程基地”，是南京大学、东南大学等30多所高校优质生源基地。

勇挑支教扶贫重担，他年逾花甲仍“挂帅出征”

“这是最最遥远的路程，来到最接近你的地方，这是最最复杂的训练，引向曲调绝对的单纯，你我需要遍扣每扇远方的门，才能找到自己的门自己的人……”2017年沭阳如东中学新学期第一次教职工大会上，周桂官深情地读出这句泰戈尔的诗作。时任沭阳如东中学支教教师吴明霞回忆说：灯光照在他的白发上，但一点不妨碍他对教育迸发的热情。刹那间，我仿佛读了这位老人的教育情怀。

2009年12月底，时任如东县政协督导员、县教育局党工委书记的周桂官刚刚办理退休手续，县里的一个决定打破他已经规划好的退休生活。组织上委派他担任沭阳如东中学首任校长，带领支教教师团队去苏北沭阳县办学扶贫。尽管爱人反对、子女担心、好友劝阻，他还是毅然决定走上支教扶贫的艰辛之路。

61岁走马上任校长，到底图啥？许多人不解。对此，他总是笑而不答。直到2010年11月，曾任省教科院副院长的杨九俊的一番话让大家豁然开朗：“他缺一个梦，一个延续教育生命、续写教育辉煌的梦。而这个梦，则缘自他对教育事业的无限热爱。”

当年的沭阳，还是一片“教育洼地”

办学校，教学楼建设是头等大事。2010年，当时他刚到沭阳，每天马不停蹄在学校建筑工地上忙碌。当时学校的几座教学楼刚刚建好，校园内的道路还没来得及铺，到处都是施工机械压出来的坑坑洼洼的泥塘，从南到北走一趟，鞋子便沾满了土，“胖”上一圈。最忙的时候，他十天半个月就要跑坏一双鞋。

看着他又焦又瘦的样子，我很心疼。我跟他说，我们这么大岁数了，图什么呀，不干了，我们回家。而老周却说“这边建设才刚刚开始，我不能走”。就这样，他坚持了十几年。妻子樊志瑾说，老周饭量一直不大，每顿最多吃半碗米饭。但是他到沭阳工作两个月后，每顿饭都吃得很多，有一次，一连吃了两大碗肉汤泡饭。有一次，樊志瑾给丈夫打电话，怎么打都没人接。原来周桂官拉肚子，一天拉了十多次，人都虚脱了。即使这样，他都没去医院，吃了点药仍然坚持工作。后来，他的肠胃也因此落下了病根，一直不能吃凉东西，睡觉还得保暖，甚至三伏天还得盖个小被子。

在周桂官眼中，夕阳时分是最美时刻。他指了指远处即将隐没的夕阳说：“落日多壮观啊！你看夕阳即使要退去，也还是不忘用余晖染红整片云海，这就像我们支教人应该有的奉献精神。”

做个热气腾腾的“火车头”他把学校带入快车道

校舍好不容易建好了，学生从哪儿招？教师从哪儿请？一所新创办的学校，百姓会不会担心孩子送来做了“试验品”？这是所有支教老师心中的顾虑。事实也毫不意外，开学在即，计划招生1000人，仅有400多人报名。

为组织一支优秀的教师队伍，周桂官数十次返回如东，在组织的帮助支持下，请来首批18名优秀教师。特级教师于树华说：“当时周校长打电话邀请，大家没有一个人推却，尽管对数百公里外的沭阳一无所知，但大家都知道周校长对教育的热爱，跟着他干不会错！”

为了招来学生，周桂官和各分管校长亲自带队，分赴沭阳40个乡镇（场）街道，做学生及家长的思想工作。一个雨夜，周桂官一行人前往李同学家了解情况。通往她家的几百米土路狭窄泥泞，教师们艰难走几步，皮鞋就深陷在烂泥里拔不出来，无奈之下，只能脱下鞋袜，拎在手上赤脚前行。最终学生家长被周桂官一行的诚意所打动，答应送孩子到沭阳如东中学读书。挨家挨户走访，与学生、家长面对面沟通，在周桂官这个“火车头”的带领下，学校迎来首批879名学生。3年后，李同学成功考取一所985重点大学。

“压力就是动力，开弓没有回头箭。出不了成绩，我们无法向社会交代。沭阳如东中学第一次月考与省如东中学联考，网上同步阅卷，语数外三门均分比省如东中学整整少了33分。看着这样的分数，教师们普遍比较悲观。周桂官带领教师们分析各科情况，制定适当的措施。针对当地学生英语基础薄弱、兴趣不浓等问题，开展英语歌曲大赛、美文背诵班级大奖、国旗下双语展示课本剧表演等。

2013年，沭阳如东中学首届高考成绩一鸣惊人，本一上线率49%，本二上线率84%，位居宿迁市第一，语数外均分只比省如东中学差3分，其中英语追平，孩子们都为自己的成绩感到惊讶。

“功成不身退，退休再‘上岗’”，周桂官将如东的教育“活水”成功引入沭阳，激活沭阳教育。在该校的强势竞争倒逼下，全县教育整体焕发出勃勃生机，各校高考成绩大幅提升，清华、北大录取人数一直位居全省第一方阵。十多年来，学校本一达线率始终位于宿迁市第一，培养本二以上大学生万余人，无数普通家庭的孩子由此改变了命运。

日行两万步，他用脚步践行“立德树人”使命

巡课，是周桂官日复一日、年复一年雷打不动的任务，也是校园里最常见的一幕，无论严寒酷暑，无论风霜雨雪，他从未缺席。看老师的上课状态、看学生的听课态度；走进老师办公室、楼梯、过道，甚至男生厕所，看学校管理中遇到的问题。

“要在巡课中发现问题、解决问题。”3个年级90间教室、5栋教学楼1300多个台阶，74岁的他每天至少走四五遍，两万多步，且说话声如洪钟、精气神十足。一天下来，身上的衣服都要湿好几次。特别是夏天，一趟下来衣服都湿透了，再进入空调室就会受凉。妻子每天都要为他准备3件背心。周桂官怕妻子洗衣服麻烦，就自己随身带了吸水的面巾纸，垫在脖子下面，湿透了就取下来换新的。

“要让校长看见师生，让师生看见校长。”周桂官经常说，通过“行走式管理”不仅可以看到教学现场，而且很多时候可以第一时间帮助大家解决问题。以前，学校里的老师都害怕被老周听课，见面时都会相互调侃，今天你“中奖”没有?现在，大家也都适应了，不管哪一节课，随时听课都没有问题这也说明老师们对自己的教学充满了自信。

课堂教学改革，让沭阳如东中学“凤凰涅槃”。13年来，周桂官始终坚持“课比天大”的教学理念，探索形式多样、行之有效的教学方式方法，实现课堂改革从“1.0到3.0”的迭代。

“早期的课堂教学，老师比较习惯于‘满堂灌’，不利于发挥学生学习的主动性和创新精神。”针对这种状况，周桂官2010年从“限时讲课”入手，提出课改1.0版，即“301515”课堂教学模式，严格规定任何课堂讲授时间不超过30分钟，学生训练不少于15分钟，提问不少于15人，打破课堂“沉闷”状态，加强师生教学互动。

记者翻开周桂官当年听课的记录本，上面密密麻麻地记录着每节课的听课感受。在一旁，一些“正”字十分醒目。这是他用来统计每堂课教师提问次数的独特方法。一个月后，他总结教学工作，以数据说话，对每一位老师在课堂中的改进娓娓道来，如数家珍，让每一位老师都深受启发，心服口服。

后来，他发现，课堂仅仅教授书本知识还不够，必须要提高学生发现问题、解决问题的能力。于是，周桂官在2013年提出课改2.0版，即基于问题解决的课堂教学模式，让课堂成为思维奔跑的地方。

2017年，国家实施新一轮课程改革，提出“立德树人”的根本任务。他坚持“立德树人、服务选才、引导教学”三个导向，提出“校本化”实施方案，课改3.0版，即24字新教学指导思想——“创设情境，牵引问题，夯实基础，凸显能力，涵育素养，导向价值”，打造有根、有思、有智、有力、有品、有光的课堂，让课堂成为学生成长的舞台。

“教育是一项充满激情的事业，激情总是与信仰、理想、信念、理念、青春、活力、责任、梦想、道德、创造、创新、才华等紧密联系在一起。教师的幸福来自出色履岗尽责的不懈奋斗之中。”周桂官说。

（程晓琳）

（载于2023年9月11日《新华日报》2版）

在“教育洼地”育出满园春色

——记江苏“时代楷模”沭阳如东中学党委书记、校长周桂官（下）

“对每一个学生负责，不让一个学生掉队”，这是江苏省沭阳如东中学党委书记、校长周桂官经常挂在嘴边的一句话。在多年的教育工作中，他遇到无数难题，但他始终认为压力就是动力，开弓没有回头箭，出不了成绩，就无法向社会交代。“我一个70多岁的老人都能吃得了这个苦，我能做到的，相信你们也能做到。越是艰难，越要向前！如果把困难比作一座大山，翻越它的秘籍就是担当。”周桂官说。

多年来，变动的是岗位，不变的是他爱岗敬业、恪尽职守的精神。周桂官还拿出个人积蓄和奖金专门设立奖学金和爱心助学基金，激励家境困难的学子积极上进、自立自强，13年来，该校没有一个学生因家庭困难而辍学。

敢于第一个“吃螃蟹”

江苏省南通未成年人社会实践基地，是周桂官担任如东县教育局局长时建设的一个重大项目。基地2006年始建于如东县沿海的一片围垦区域，近100亩寸草不长的盐碱地，愣是被他变成一个高质量社会实践基地。在筹备活动项目的过程中，他因陋就简，厉行节约，筹建组的同志自己搭建工棚省下租金；自己植树绿化，省下工钱；自己制作活动器材，省下器材款；他还亲自培训教师，省下培训费。能省则省，决不浪费。

就这样，经过一年多的努力，在资金有限的情况下，一期工程圆满竣工。2007年暑假迎来第一批近1000名实践学生。如今的社会实践基地，已是南通家喻户晓的全国科普教育基地、国家生态环境科普基地、省文明单位，累计接待青少年学生近百万人次。

“白鸽子往亮处飞”，这是周桂官一以贯之的观点。他认为，一流人才就要有一流待遇。在他的推动下，2002年，如东县委、县政府破冰启动实施人才津贴制度，从特级教师到教坛新秀均进行奖励，成为一项人才激励制度，而且持续健全、完善，一直执行到今天。同时，他还重视人才资源的优化配置，加大区域之间优秀管理干部的交流，先进地区的优秀人才到相对落后地区异地任职，快速补齐区域发展短板，有效推进了如东教育整体高位运行。

“我们要深入研究，学习并借鉴一些地区好经验，为教育所用，以新课改为抓手，让素质教育在本地开更大的花、结更大的果。”在周桂官看来，城里的学校和城里的教师、学生、家长有特有的资源和优势，乡村教育的基础条件与城市有很大差异。而无论是城市还是乡村都是基于各自不同的实际在办教育，他并不主张一定要比出个谁优谁劣，更不认同所谓“县中模式”就是应试教育的论调，城乡之间应该互鉴共进。

敢于做第一个“吃螃蟹”的人，周桂官一直将这股敢想敢闯的猛劲带到教学工作中。2001年，如东县小学英语教学教研还处于零基础起步阶段。时任如东县教育局教研室英语教研员顾秀岚回忆，2001年，周桂官找到她说：“顾老师，我知道你有能力，经局领导研究，我们想请你担任全县小学英语教研员。”每逢顾秀岚他们做培训、搞教研，周桂官就挤出时间到现场指导，一年下来，全县各小学的《剑桥英语》第二课堂搞得风生水起。两年后，教育部要求小学全面开设英语课程，如东县顺势开设国家英语课程，并形成如东小学英语教学持续领先的态势。

“雏凤清于老凤声”

对学生，他爱生如子；对教师，他正衣冠、赋担当。

“我从沭阳如东中学走出去，在后来的任教过程中，一直感激周桂官校长给我系的两粒‘纽扣’。”曾任沭阳如东中学保卫处副主任的李兰权如是说。一粒“纽扣”是他刚入职沭阳如东中学参加新教师培训时，周桂官看见他衬衫最上面的一颗纽扣没系好，微笑着走到他面前，帮他整整衣领并系上。周桂官说：“青年教师讲外表，首先要衣着整齐，系好纽扣。”而另一粒“纽扣”是李兰权去其他学校履职前，周桂官在他心里系上的。周桂官告诫他，从一名中层干部到一名校长，角色转变大、担子重、压力大，要重学习、精管理、抓队伍、抓课堂，做事能吃苦，难事敢担当，做个清正廉洁、忠诚干事的好校长。“两粒‘纽扣’，一系于身，一系于心，最终都系在自己的信念里，代表着周校长的殷切期盼，促我前行。”李兰权说。

“这盆景是喜阳的，要把它们搬出去晒太阳；这盆景是喜阴的，得挪到阴凉的地方。绿萝又该浇水了，让它们沐浴甘露；那几盆盆景该修剪枝叶了，给它们换个‘发型’吧。”闲暇时，周桂官总爱给花草浇水、修剪，他认为花匠功夫、花匠精神和教书育人是相通的，“与花木交流，不用言语，用心就够了。我们与老师、学生交流，也要用心——教育和养花都是‘细心活’。”

周桂官的教育之道对许多共事过的教师教学模式产生极大影响。沭阳如东实验学校校长康承满告诉记者，周桂官曾这样告诉他：“小康啊，要把学生教活了，你们要讲究教学方法的灵活，重点培养学生的能力，使学生的能力能够得到充分发挥和提升。”沭阳如东实验学校提出“智慧课堂”教学模式，助力学生在学习过程中能力得到进一步发展。

如今，周桂官用心育出的“花朵”接续播撒花种，收获满园春色。沭阳如东中学教师严瑶瑶当年在沭阳如东中学就读时，曾因文理分科焦虑不已。周桂官告诉她：“文科理科都好，主要看自己的兴趣。学习啊，兴趣才是最好的老师。”

“周校长的话语如一束光，驱散我因选科所产生的苦闷；又如一阵春风坚定了我依兴趣选定理科的方向。”严瑶瑶说，高二、高三两年时光飞逝，而周校长的身影一次次出现在走廊前、操场边、食堂里……我们学生与校长关系越来越亲近。大学期间，我就读了师范专业，并在毕业后回到母校任教。再见时，周校长那熟悉的声音似乎把她唤回高中的时光，“瑶瑶，回来好啊！回来好啊！”

“有困难找周校长”

周桂官的从教之路，改变了众多学子的命运。

“周校长告诉我，你要好好读书，立大志、成大事，为自己闯出一片天地！”沭阳如东中学2019届学子马志榕是一个孤儿，从小跟爷爷奶奶长大。据他回忆，第一次接触周桂官是在高一时，他拿着乡里开的证明材料找到校长，校长仔细看了材料，了解他家里的实际情况，让他放心来上学。在周校长的帮助下，后来的高中阶段，他的学费和伙食费全部免除。

“有困难要跟我讲”周校长每次都会对我说。高考前的几个月，周校长经常找马志榕聊天谈话，了解他的学习情况、心理状况，包括生活上还有没有什么困难。今年，马志榕考上中山大学研究生。

去年10月8日，对于沭阳县胡集镇胡东村村民魏孝利来说，是一个黑暗的日子——她在沭阳如东中学读书的儿子梁康乐被确诊为急性淋巴细胞白血病。“在拿到儿子诊断书时，医生告诉我需要几十万元的医疗费用，我感觉天都要塌下来了，不知道该怎么办，根本无力承担。”

“只要有一线希望，就要尽全力救治，有什么困难尽管跟校长说、跟学校说。”在她和儿子最无助的时候，周桂官带领沭阳如东中学师生及时伸出援助之手，给这个风雨飘摇的家庭带来希望。他第一时间发动全校师生捐款共筹集223636元。梁康乐在苏州大学附属儿童医院经过8个多月的治疗，病情明显好转，各项指标基本恢复正常，目前已经出院休养。

“周校长，我考了559分，超出一本线32分！”今年7月，沭阳如东中学2023届毕业生孙月查到成绩后，立刻向周桂官报喜。而周校长在电话里用他一贯充满激情的、高昂的语调对她说：“你真棒！”孙月出生4个月时确诊脑瘫，初中时丧失了行走能力，但她一直坚持读书。去食堂就餐不便，周校长得知后，对她母亲说：“孩子吃饭是大事，必须要吃饱吃好。”为此，学校还专门协调一间一楼的校舍，方便她生活学习。孙月读高三时，教室所在的三楼没有女厕所。没想到，开学前，周校长提前安排年级组把孙月所在班级调整到二楼，方便她坐轮椅到卫生间。如今，孙月顺利进入南通大学读书。

“我们要办有良心的教育、负责任的教育、老百姓满意的教育，我们要对全体学生负责。家长给我们一个信任，我们就要还他们一个惊喜。”周桂官说。

（程晓琳）

（载于2023年9月12日《新华日报》3版）

沭阳：发展生态经济　打造宜居环境

作为全国闻名的“花木之乡”，沭阳县积极探索乡村振兴发展道路，始终坚持生态优先，把生态宜居和产业振兴深度融合，做到以生态旺乡村，以振兴强生态，充分将乡村的生态资源优势挖掘并发挥出来，打造“生态经济、美丽乡村”，实现乡村生态与经济效益“双赢”良好局面。

以生态旺乡村，为乡村振兴注入新活力。沭阳县认识到良好的生态环境蕴含着无穷的经济价值，抢抓“美丽经济”“生态经济”发展机遇，为乡村源源不断地创造综合效益，实现经济社会可持续发展；持续推进乡村生态产业化、产业生态化，发展乡村特色花木产业，进一步纵深发展乡村生态农业、生态工业、生态旅游业等乡村经济，形成节约资源、保护环境的产业结构以及高效率、集约化的生产方式，将美丽乡村的绿色资源变成生态产品。目前全县已获批“沭阳月季”“沭阳地柏”“桑墟榆叶梅”等国家地理标志商标（产品），培育多肉、蝴蝶兰、盆景等优势品种，全力打造“中国花谷”，将生态优势转化为产业优势、经济优势。截至目前，沭阳已发展各类盆景1000余万盆，年成交额达40亿元；拥有花木匠师5000余人，集聚淘宝、京东60%的花木类卖家。2023年1—8月份，网络销售零售额预计为225亿元，花卉直播销售额占全国三分之一，生态经济已悄然迈向数字发展之路，生态产业为乡村振兴注入不竭动力。

以振兴强生态，为宜居环境绘就新色彩。沭阳县按照绿色、循环、低碳发展要求，以节能减排、提质增效为主要目标，对产业的生产方式、产业结构流通和消费方式进行生态化改造。从“大喇叭叫卖”到“大数据跑腿”，让生态经济迈入智能化；从“单打独斗”到“群策群力”让生态经济步入专业化；从种花”到“种风景”让生态经济跨向规模化。进而积极打造高标准农田，构建郊野公园、主题公园、社区公园、口袋公园等从大到小、梯次完备的城市花园体系，为市民提供更多亲近自然的空间和机会；增加美食节、花乡游等配套体验活动，实现经济效益、生态效益和社会效益互补共赢。同时，着力推动花木产业项目与生态造林、河道治理等项目深度融合，形成纵向贯通、横向协同的项目联动格局，走出一条“以产业改善乡村生态、以生态承载乡村旅游、以旅游引领乡村发展”的乡村振兴之路。

下一步，沭阳县将在打造苏北最美乡村、迈向生态强县的新征程上，以更高站位、更大决心、更实举措，持续擦亮沭阳花木品牌底色，打造生态经济新标杆，争当生态发展示范区，以高水平生态环境保护持续扮靓宜居环境，以生态文明建设引领乡村振兴发展，让产业更加兴旺、生态更加美好、群众更加幸福。

（孙　林　刘　雨　肖秋月　姜　峰）

（载于2023年10月18日《新华日报》14版）

沭阳构建医保基金“全链条”监管体系

医疗保障基金是人民群众的“救命钱”。沭阳县始终将维护医保基金安全作为首要任务，构建医保基金“全链条”监管体系，确保医保基金稳健运行。该县共有非公立医药机构543家，占医药机构总数的50.37%，其中60家定点医院仅有3家公立医院，非公立医院占比居全省第一。由于少数民营医药机构片面追求利益最大化，违法违规使用医保基金行为时有发生，给医保基金监管工作带来很大困难。为此，该县积极探索非公立医药机构医保基金监管新举措，精准发力、重拳出击，有效遏制医保基金“跑冒滴漏”乱象。

强化队伍建设，织密监管网络。推进干部队伍建设，围绕法律、医学、计算机等重点专业人才需求，整合医保局基金监督科与医保中心稽核科，有效解决机关及经办机构力量不足、监管职能交叉分散等问题。选聘公务员2名、事业编制人员3名，配齐配强一支专业性强、纪律性高的综合执法队伍。推进第三方监管，在全省率先实行政府购买服务，常态化参与监管。推进社会监督，选聘1477名网格员、38名人大代表、政协委员、新闻媒体及群众代表为社会监督员，积极参与政策培训宣传、基金监督活动。

强化协作联动，汇聚监管合力。建立部门联动机制，成立由医保牵头，卫生健康、市场监管、纪检监察、公安、财政等部门共同参与的联席会议，对基金监管重大问题、重大行动、重大案件共商共管。2023年以来，共召开联席会议5次，医保、卫生健康、公安等相关成员单位开展联动执法4次，移交成员单位问题线索7条。建立信息共享机制，对查处的各类违法违规行为及时移送和通报，综合运用司法、纪检等手段联合惩戒，形成综合监管合力，最大限度挽回国家医保基金损失。

强化源头惩戒，提高监管质效。突出精细化管理，进一步细化协议内容、量化协议指标、深化管理措施、明确违约行为及处理办法。突出智能化监控，累计线上智能审核规则112类共12.3万余条，实现审核场景、人群和支付方式“全覆盖”，联网直接结算医疗费100%全覆盖审核。突出常态化督查，采取监管检查、日常检查、专项检查、飞行检查等方式，发现骗保行为盯住不放，全面起底、深挖彻查、严肃处理，确保其骗保问题见底清零。

2023年以来，该县已开展突击夜查5次，现场检查924家，约谈171家，责令改正221家，暂停医保服务221家，解除医保协议13家，追回违规医保基金1245.72万元，追回医疗救助资金118.57万元，收缴违约金157.09万元，移送公安机关8起。2022年度荣获宿迁市“医保基金监督管理先进集体称号。“学习强国”和《江苏省医疗保障简报》《宿迁日报》等媒体对沭阳县典型做法予以宣传推介。

（杨福彦　尤红梅）

（载于2023年12月12日《新华日报》17版）

沭阳县县级领导班子成员名录

（2023年1—12月）

中共沭阳县委

书　　记　彭　伟
副 书 记　王　瑞
　　　　　张莉萍（女，5月止）
　　　　　朱　熹（挂职）
　　　　　徐殿春（挂职，7月止）
常　　委　石敬峰（10月止）
　　　　　冯　刚（4月止）
　　　　　寇建东（10月止）
　　　　　王昭文
　　　　　姜若鸣
　　　　　李东阳
　　　　　段全猛
　　　　　王明新
　　　　　朱启松（挂职）
　　　　　冯中恒（4月任，8月止）
　　　　　陈彦东（8月任）
　　　　　朱静波（女，10月任）
　　　　　胡　捷（10月任）
　　　　　高锦荣（12月任）

沭阳县人大常委会

主　　任　丁晓平（女，12月止）
党组书记　侯志娟（女，12月任）
副 主 任　孙其泉
　　　　　季如干
　　　　　朱少建
　　　　　徐　静（女）

沭阳县人民政府

县　　长　王　瑞
副 县 长　石敬峰（常务，10月止）
　　　　　段全猛
　　　　　范以环（4月止）
　　　　　胡　捷（10月止）
　　　　　张　岩
　　　　　徐光良（10月止）
　　　　　原宪萍（女）
　　　　　刘　程
　　　　　朱晓翔（挂职，10月止）
　　　　　徐殿春（挂职，7月止）

蔡同金（4月任）
王明新（常务，10月任）
张艳阳（12月任）
张　峰
王少东
冯海潮（女，12月任）

政协沭阳县委员会

主　　席　张莉萍（女，5月止）
党组书记　寇建东（12月任）
党组副书记　寇建东（12月止）
　　　　　朱静波（女，11月任）
副 主 席　王雪梅（女）
　　　　　戚昌青（8月止）

沭阳县人民法院

院　　长　崔永峰（10月止）

沭阳县人民检察院

检 察 长　张海涛

文　献

负重拼搏践行强市使命　全面争先扛起大县担当
奋力谱写“强富美高”新沭阳现代化建设新篇章

——彭伟同志在县委十三届六次全体会议上的讲话

（2024年1月7日）

根据县委常委会会议讨论的精神，我就深入学习贯彻习近平总书记对江苏工作重要讲话重要指示精神，认真落实省委、市委全会及经济工作会议精神，全面推进中国式现代化沭阳新实践，奋力谱写“强富美高”新沭阳现代化建设新篇章，讲三个方面意见。

一、学深悟透、笃行实干，深入学习贯彻习近平总书记重要讲话重要指示精神，坚定不移沿着总书记指引的方向奋勇前进

习近平总书记对江苏发展高度重视、寄予厚望，党的十八大以来，多次对江苏工作作出重要指示、提出明确要求。去年3月全国两会期间，总书记参加江苏代表团审议并发表重要讲话，赋予江苏“四个走在前”重大任务。7月，总书记亲临江苏考察，又明确提出“四个新”重大任务。12月，总书记到盐城考察并作出重要指示，强调“教育引导党员、干部传承发扬不怕困难、不畏艰险，勇于斗争、敢于胜利的精神”。总书记对江苏的三次重要讲话重要指示是一脉相承的有机整体，是习近平新时代中国特色社会主义思想的“江苏篇”，是党的二十大精神在江苏的具体化，为推进中国式现代化江苏新实践作出战略指引、注入强劲动力。我们要满怀忠诚感恩之心，深入学习领会总书记对江苏工作重要讲话重要指示精神，牢牢把握推进中国式现代化这一最大的政治，牢牢把握坚持高质量发展这一新时代的硬道理，牢牢把握“江山就是人民、人民就是江山”这一根本立场，主动对标对表，紧跟总书记奋进新征程、建功新时代。

*一要深刻领会习近平总书记对江苏工作重要讲话重要指示的重大意义，坚决扛起使命担当。*总书记着眼第二个百年奋斗目标，提出了一系列重要论述，进一步深化了我们对中国式现代化的认识，赋予了江苏新的重大使命，为全面推进中国式现代化江苏新实践指明了前进方向、提供了根本遵循。我们要自觉从坚定拥护“两个确立”、坚决做到“两个维护”的高度，更加全面、更加系统、更加深入地学习领会，深刻把握蕴含其中的重大政治意义、理论意义和实践意义，胸怀“两个大局”，牢记“国之大者”，不断丰富“二次创业”的实质内涵，更加坚定地牢记嘱托、感恩奋进、走在前列，以沭阳的实践成效充分展示中国式现代化的光明前景。

*二要深刻领会习近平总书记对江苏工作重要讲话重要指示的丰富内涵，切实做到学深悟透。*总书记对江苏工作的一系列重要讲话重要指示，既一以贯之、又与时俱进，是强国建设、民族复兴蓝图在江苏的具体化，涵盖了科技创新、产业发展、乡村振兴、民生保障等方方面面，饱含着对江苏人民的深情厚爱和巨大关怀、对江苏发展的殷切期望和信任重托。我们要坚持一体学习领悟、融会贯通理解，把自己摆进去、把职责摆进去、把工作摆进去，反复体悟其中的坚定理想信念、强烈历史担当、真挚人民情怀、科学思想方法，进一步找准学用结合的切入点、结合点，推动学习贯彻工作不断往深里走、往心里走、往实里走，真正学出坚定信仰、学出绝对忠诚、学出使命担当。

*三要深刻领会习近平总书记对江苏工作重要讲话重要指示的实践要求，不折不扣抓好落实。*总书记对江苏提出“走在前、做示范”的重大要求，赋予江苏“四个走在前”“四个新”的重大任务，既着眼中国式现代化战略全局，又体现江苏的基础、优势和地位，是对江苏工作要求的再明确、再拓展、再深化。经过多年接续奋斗，沭阳经济社会发展各项事业高歌猛进，具备了在更多领域“走在前、做示范”的条件和能力。

我们要始终把学习贯彻习近平总书记对江苏工作重要讲话重要指示精神作为各项工作的主题主线，健全完善总书记重要讲话和重要指示批示全链条贯彻落实机制，把为民造福作为最大政绩，完整准确全面贯彻新发展理念，以创新、协调、绿色、开放、共享的内在统一来把握发展、衡量发展、推动发展，开创县域经济提速、质态提优、发展提档的新局面。

二、抢抓机遇、接续奋斗，全力推动高质量发展再上新台阶，为省市发展大局勇挑大梁、多作贡献

今年是中华人民共和国成立75周年，是全面完成"十四五"规划目标任务的关键一年。做好今年各项工作，必须把高质量发展作为新时代的硬道理，主动跳出县级思维，放大格局、登高望远，正确认识沭阳所处的发展阶段、面临的形势任务，科学谋划发展路径，更好把握各项工作主动权。

*要破解"危"与"机"并存的复杂性，在负重拼搏中挑大梁、担重任。*当今世界变乱交织，百年变局加速演进，外部环境的复杂性、严峻性、不确定性上升。面对多重超预期不利因素的冲击，国内经济尽管面临有效需求不足、社会预期偏弱等困难和挑战，但总体上看，经济回升向好、长期向好的基本趋势没有改变，支撑高质量发展的要素条件不断集聚增多。具体到沭阳，我们正处于二次创业、跨越赶超的关键期，也是抢抓江淮生态经济区重要支点城市发展定位、实现更大突破的机遇期，必须顶住压力、保持定力，对照省委赋予宿迁"彰显特色优势""为全省高质量发展走在前列作出更大贡献""在全国排名再往前赶"的重大任务，坚定不移扛起"强市使命、大县担当"，在"苏北全面领先"的基础上，盯着苏中看、朝着苏南赶，积极推进省"1+3"重点功能区战略落地落实，加速融入长三角区域一体化新格局，以更宽视野学先进、找差距，以更高追求担重任、促发展，推动城市能级提升，释放辐射带动效应，加快实现更充分、更均衡的高质量发展，为全市"省内作出更大贡献、全国奋力争先进位"彰显沭阳作为、贡献沭阳力量。

*要抢抓"时"与"势"交织的机遇期，在加压提标中当先进、做示范。*县第十三次党代会以来，县委锚定"苏北全面领先"奋斗目标，以奔跑姿态开启二次创业新征程，从全国、全省、苏北和全市"四个维度"高点定位、谋划发展，以更高目标牵引、更大力度推进苏北工业强县、教育强县、最美县城、最美乡村"两强两最"建设，推动经济社会高质量发展迈上新台阶，GDP基本实现"三分总量有其一"、"十四五"规划任务"两年基本完成、三年超额完成"，成为沭阳高质量发展新的里程碑。要进一步巩固和扩大"苏北全面领先"优势，必须加压加压再加压，拼搏拼搏再拼搏，坚定不移沿着"两强两最"目标定位，充分彰显沭阳发展的特色优势，以国家级经开区转型升级为抓手打造千亿园区，以建设苏北教育强县为抓手打造服务高地，以放大中国花木之乡资源优势为抓手打造花园中的城市，以实施"千万工程"示范项目为抓手打造和美乡村，全面拓展苏北工业强县、教育强县、最美县城、最美乡村的丰富内涵，加快开启县域高质量发展崭新篇章。

*要把准"竞"与"进"共振的严态势，在争先创优中增优势、立潮头。*当前，区域竞争日趋激烈，小步慢跑、亦步亦趋只会落伍掉队，先人一步、快人一拍才能抢占制高点、站到最前沿。站在新的发展起点上，我们必须增强"不进则退、慢进亦退"的紧迫感和危机感，树立全局思维和系统观念，在巩固规模与质量效益、发展与生态、发展与安全、城乡发展"四个统筹"的基础上，突出"四个优化"，即，优化产业体系，巩固一产、扩量二产、突破三产，坚持制造业、服务业同向发力，加快培育以先进制造业为支柱、现代服务业为支撑的现代化产业体系；优化内需结构，推动经济由过去主要靠投资拉动、转变为投资和消费两侧发力，以有效益的投资带动就业增收来扩大消费，以有潜能的消费调动扩大投资的积极性，形成投资和消费相互促进的良性循环，实现投资与消费"1+1>2"的良性互动；优化城乡融合，把以人为本的发展理念贯穿工作始终，统筹推进新型城镇化与乡村全面振兴，积极推动城乡基础设施一体化和基本公共服务均等化，加快构筑功能互补、协调联动、共同繁荣的新型城乡发展局面；优化政治生态，坚持"规范、规矩、程序、标准"，驰而不息纠"四风"、树新风，扎实推进省委巡视整改，以优良的党风政风带动社风民风，全力营造风清气正的政治生态和干事创业的良好环境，推动沭阳在新一轮区域竞争中保持绝对优势、始终处于前列。

根据党中央决策部署和省委、市委工作要求，结合我县实际，今年工作的总体思路是，坚持以习近平新时代中国特色社会主义思想为指导，全面学习贯彻党的二十大精神和习近平总书记对江苏工作重要讲话重要指示精神，深入落实中央经济工作会议部署，坚持稳中求进、以进促稳、先立后破，扛起"挑大梁、担重任"这一使命担当，坚持制造业与服务业同向发力、投资与消费双轮驱动，深入实施制造业扩量提质、服务业重点突破、营商环境持续增效"三个年"活动，突出产业体系、内需结构、城乡融合、政治生态"四个优化"，负重拼搏践行强市使命、全面争先扛起大县担当，以自身奋进的确定性应对形势变化的不确定性，推动经济稳健增长、社会安全稳定、人民幸福安康，奋力谱写"强富美高"新沭阳现代化建设新篇章。

今年的预期目标是：经济总量全国排名争先进位，传统优势指标继续保持全省领先，主要经济指标在江淮生态经济区全面领先、全市占比不断提升。具体到指标：GDP增长7.6%以上，一般公共预算收入增长6%，固定资产投资增长9.5%，规上工业增加值增长12%以上，全体居民人均可支配收入与经济增长同步。

关于今年工作，要重点抓好六个方面：

（一）坚持做强实体、做大产业，夯实高质量发展的“四梁八柱”。练好实体经济“看家本领”，推动产业发展“强筋壮骨”，加快建设富有沭阳特色的现代化产业体系，为经济高质量发展提供更加坚实支撑。

推动工业经济扩量提质。坚定“工业强县、产业兴县”不动摇，深入推进千企培育、百亿招引，积极打造千亿园区、百亿乡镇，增创“工业强县”的特色优势和竞争优势，年内工业产值突破2000亿元，力争更多工业经济指标跃居“苏北第一”。要以增量思维攻坚项目引建。深入开展“沭商回归”、接续办好“沭商大会”，统筹推进重点区域“驻点招商”、产业链条“专业招商”、目标企业“协作招商”，加快突破一批“大而强”的产业链领军项目和“小而精”的关联配套项目，锚定“252”目标不动摇，全年招引超亿元项目200个以上，其中10亿元以上项目50个、百亿级项目2个。坚持要素跟着项目走、服务围绕项目转，优化“两挂四查五率”项目推进机制，形成“签约一批、开工一批、投产一批、列统一批”“四个一批”的良性循环，扎实开展签约项目“回头看”，提高项目产出与投资匹配度，加快推进浪潮云沭等百亿级项目建设进度，重点打造渭西威尔、帕科智能环保、纳斯德、汇纳新材、洲际家居、弘瑞力丰、三良科技二期等示范项目，真正把一个个项目转化为实实在在的生产力，力争签约项目当年开工率不低于50%，全年工业投资增长16%、超过360亿元。要以链式思维强化企业培育。健全“四上”企业入规培育库，做大做强产业链“链主”企业，大力发展“总部型企业”，推动企业挂牌上市，持续提升产业链整体价值，培育更多单项冠军企业、隐形冠军和小巨人企业、科技型企业、上市企业等“四型企业”，年内“四上”企业总数突破2450家，推动苏讯新材上市、实现我县工业企业主板上市“零突破”，桐昆、天能等“链主”企业新增开票销售收入分别突破50亿元、25亿元。支持企业加快关键技术突破、优化产品结构，提高产品附加值和市场竞争力，全年1000家以上企业实施“智改数转网联”，新认定国家高新技术企业50家以上，新增省级以上“专精特新”企业8家、省星级上云企业80家以上。要以集群思维壮大产业规模。大力实施“3+3”产业集群培育三年行动计划，精准实施“强链、补链、延链”措施，积极搭建产业链供需对接交流平台，依托“产业联盟”强化园内配套、县内配套、地产品配套，打通产业链痛点堵点、畅通内循环，促进上下游企业优势互补、强强联合。顺应产品从生产端符合型向消费端适配型转变的趋势，积极推动传统产业优势再造、焕新升级，木材产业要实现由“模板加工”向定制家具、乐器制造、木质画材、工艺品、木质文创产品等精深加工产品转型，纺织产业要加快从纺丝、织布向家居装饰、品牌成衣、个性化定制等转变，不断扩大市场占有份额，加快将纺织服装产业建成苏北首个县级千亿产业集群。要以系统思维提升载体能级。深入开展“234”园区创新提升三年攻坚行动，加快推进“筑巢引凤”“腾笼换鸟”，年内再建设180万平方米标准化厂房、再盘活低效用地1万亩，不断提升园区承载力和吸引力，把园区打造成为拉动县域经济发展的“火车头”、工业经济指标全县占比达到80%以上。经开区要扎实推进去行政化改革，提高运营管理水平，年内创成国家级知识产权强国建设试点示范园区、国家级专精特新企业优质培育服务园区，全年产值突破千亿、全国排名再有进位；昆沭高新园要积极打造南北共建新典范、争创特色共建园区；3个市级“一区多园”特色园要发挥项目聚合联动作用，提升产业布局协同效应，贤官镇要加快省经济发达镇创建；4个道口乡镇工业集聚区要强化基础设施配套建设，加快各类优质要素资源向园区集聚，打造县域经济重要增长点；其他乡镇要立足产业基础，坚持“一园一特色”，把优势做大、把长板锻强，今年将积极开展乡镇板块“分档竞赛”，推动各板块对标对表、比学赶超、争先进位，确保5个乡镇工业开票销售突破百亿，加快形成“千亿开发区领飞、8个百亿级乡镇板块高飞、其他乡镇板块竞飞”具有鲜明沭阳特色的工业经济发展“雁阵”。

推动现代服务业重点突破。找准发力点、做强支撑点、打造闪光点，推动现代服务业向结构更优、特色更强、能级更高的方向迭代升级，不断提升服务业综合竞争力和经济贡献度，争取年内规上服务业营业收入增长30%以上，新增规上服务业企业30家以上。生产性服务业要发挥“区位”和“产业”两个优势。充分发挥江淮生态经济区重要支点城市的区位优势，立足全国知名花木交易集散地、全国图书交易中心、区域性快递物流枢纽、苏北工业强县等产业基础，重点发展物流、电商、文创、会展等四大生产性服务业，加快推进2.1万平方米沭阳电商大厦建设、上半年要全面竣工，积极举办电商发展大会和网络购物节等活动，支持电商“个转企”“小升规”，持续放大电商品牌效益，助力电商企业集群化、规模化、专业化发展，推动软件产业园争创国家级电子商务示范基地；依托京沪高速、宿连高速、宿连航道等交通优势，进一步完善“公、铁、水”立体物流通道网络，加快苏北数字物流园区、邮政快递分拣中心建设，构建以区域物流为中心、县域物流为基础、产业物流为特色的现代物流体系，全面打造江淮生态经济区多式联运物流枢纽。生活性服务业要把握“品牌”和“品质”两个提升。紧扣“吃住行游购娱”全链条，顺应消费理念、消费方式、消费习惯升级趋势，积极打造区域消费高地，拓展消费新模式新业态新场景，不断提升传统消费能级、刺激大宗消费需求、培育消费新增长点，加快推动现代商贸、文化旅游、健康养老等生活性服务业向精细化和高品质升级，全年社会消费品零售总额增长8%、突破420亿元。围绕打响“购在沭阳”品牌，依托春节、端午、中秋等假期节点，深入开展年宵花大集、四月十二传统庙会等“嗨购沭阳·消费天堂”系列促消费活动，积极推进城中、城南、城东三大商圈提档升级和传统市场焕新，培育一批集“夜游、夜赏、夜购、夜品、夜娱”为一体的夜间文旅消费集聚区，打造“沭阳八点半·繁华花乡夜”升级版。围绕打响“吃在沭阳”品牌，以美食为名、以文化为引，深挖沭阳地方菜资源和内涵，打造沭阳“十大碗”美食名片，培育一批具有沭阳特色的餐饮美食街、美食集聚区和美食体验店，积极举办“沭有百味”美食节、“沭阳地方特色菜巡礼”等活动，释放“寻味沭阳·醉美花乡”美食效应。围绕打响“游在沭阳”品牌，立足深厚的历史文化底蕴和独特的花木旅游资源禀赋，依托“中国·沭阳花木节”平台，加快花乡片区全域旅游规划编制实施，深耕微度假、近郊游、乡村行等细分市场，办好“春夏秋冬”四季主题文旅活动，进一步提升花乡文旅美誉度。围绕打响“乐在沭阳”品牌，充分利用智慧体育公园、韩山风景区等民生园林，积极举办帐篷露营节、户外音乐节、全民体育健身等主题文娱活动，创新服务业态、丰富服务种类，加快促进文娱消费扩容提质。围绕打响“住在沭阳”品牌，结合人口基数大、城镇化率低这一特殊县情，策应改善性住房需求，加大力度调整产品结构，满足差异化住房需求，推动本地房地产市场平稳健康发展。以省生态园林城市提质提标为抓手，不断优化城市居住环境，丰富优质服务供给，加快建设“沭适养老”幸福之城。

推动现代农业巩固提升。依托国家级现代农业产业园，加快推进现代农业规模化、品牌化、品质化发展，争创省级农业现代化先行区，加快打造新时代鱼米之乡“沭阳样板”。要筑牢粮食安全根基。深入实施“藏粮于地、藏粮于技”战略，坚决扛起粮食安全政治责任，严守耕地保护红线，执行最严格的耕地保护制度，深入开展新一轮粮食产能提升行动，坚持稳面积、增单产两手发力，加快推进7万亩高标准农田建设，确保粮食种植面积稳定在278万亩以上、总产量增长至130万吨，继续稳居全省“双第一”，进一步放大全国超级产粮大县的示范效应。要做大做强花木产业。建设“中国花谷·农创空间”，打造集花木产学研、品种展示、创业孵化于一体的花木产业高地。紧跟市场需求，以多肉、干花、鲜切花、盆景为切入口，加快推进花木产业“三个升级”，实现花木生产从工程用苗向家庭园艺消费用苗升级，花木加工由单一花卉苗木向产业配套产品和高附加值产品升级，花木销售从“卖产品”向“卖服务”“卖场景”升级，大力促进花旅融合、拓展“美丽经济”增值增效空间，加快推进华东花木大世界全面投入实体化运营、高标准办好沭阳花木节，加快将花木产业发展成为国家级优势特色产业集群。要延伸农业产业链条。推动优质稻米、果蔬制品、肉禽制品、生猪食品等优势产业，从种养向加工、流通等二三产业延伸发展，加大农业重大项目招引、龙头企业培育和农产品品牌打造力度，做优做强“土特产”文章，丰富“乡产”“乡游”“乡食”“乡宿”等新业态，持续延伸产业链、提升价值链，年内“一群四链”产值突破400亿元。

（二）坚持城乡融合、彰显特色，塑造高质量发展的美丽标识。统筹推进城市更新与和美乡村建设，持续优化生态环境，全力描绘自然生态之美、人居环境之美交相辉映、美美与共的生动画卷。

让“城市之美”成为鲜明特质。深刻领悟“人民城市人民建，人民城市为人民”的内涵逻辑，以“人本理念”推动城市功能品质提升，加快建设“苏北最美县城”。要精塑城市肌理。坚持“见缝插绿、闲地种花、找地建园”，注重培植观花乔木、建设城市绿廊，把花乡特色融入城市建设中，统筹推进城区彩化提升、徐冲河西岸绿地等项目，加快花木产业大展厅向“花园中的城市”转变。要丰富空间价值。优化提升主题公园功能定位，做到“一园一主题、一园一特色”，积极打造街头游园、健身绿地、野趣营地等特色主题空间，大力推进城区活水自流、路网加密、快速路二期等项目，努力实现建一项工程、成一道景观、留一处记忆，塑造路园相连、水城相依、城景相融的城市风貌。要深耕精细治理。强化“城市免打扰”理念、完善“大城管”格局，对主次干道、背街小巷、大型商超、农贸市场、居民小区等重要点位进行立体化、全方位整治提升，注重标本兼治和常态长效，持续在环卫保洁、扬尘管理、垃圾分类等方面攻坚发力，不漏死角治“脏”、靶向发力治“乱”，实现“面子”光鲜亮丽、“里子”干净有序，打造形态、业态、质态俱佳的精致城市，争创省级城市管理示范县。

让“乡村之美”成为亮丽名片。深入学习运用“千万工程”经验，立足资源禀赋因地制宜、突出特色、打造亮点，逐步串点成线、连线成面，步步深入、不断拓展，绘就“苏北最美乡村”新图景。要强化典型引领。充分发挥“两区三带”牵引作用，持续优化“五朵金花”“十颗明珠”“花乡八景”，巩固提升“百村示范、千庄整治”成效，坚持“一镇一品”“一村一特色”，提高标准、浓墨重彩打造三条示范带沿线乡镇，建设千万工程示范项目，以产业塑造大地景观、以节点提升视觉效果，用乡村手法打造一批富有地域风貌、深耕历史文化、承载田园乡愁的特色镇村。要强化全域改善。围绕改善居住条件，探索实施村集体经济范围内异地统规自建，打造功能现代、风貌乡土、成本经济、结构安全、绿色环保的高质量农房，统筹推进农村垃圾处理、生活污水治理、农村户厕改造等工作，突出特色风貌塑造、特色产业培育、特色文化传承，把更多特色田园乡村建设成为既富文化底蕴、乡土气息，又具现代生活条件、生态文明理念的田园综合体，形成“点上突破、面上开花”环境整治新样板，年内新增“五美庭院”2万户。要强化常态长效。健全完善人居环境常态提升、长效管护、全民参与机制，坚持“先立规矩，再提文明”“多做减法、少做加法”“三分建设、七分管理”，充分发挥自治、法治、德治、智治“四治融合”治理优势，全面推广“数字堰下”经验做法，推动村庄高水平规划、高品质建设、精细化管理，不断巩固共谋、共建、共管、共享的良好局面。

让“生态之美”成为发展底色。坚持生态优先、绿色低碳发展，统筹推进减污降碳协同增效，打造江淮生态经济区绿色发展标杆，加快创成省级生态文明建设示范县。要精准发力提升环境质量。持续深入打好污染防治攻坚战，巩固拓展中央环保督察反馈问题整改成果，精准治理重点区域大气污染，确保空气质量显著改善，$PM_{2.5}$平均浓度达到省市考核目标。完善“一断面一策”达标方案，强化水资源、水环境、水生态协同治理，确保国省考断面水质稳定达标。强化土壤污染管控和修复，推动工业固废贮存、处置规范化，争创省级“无废城市”。要坚定不移推进生态修复。严守生态保护红线、永久基本农田、城镇开发边界三条控制线，统筹推进河道整治、水系连通、雨污分流、生态廊道建设等重点工作，全域建设幸福河湖，充分发挥生态禀赋优势，打造更多集景观、生态和经济于一体的绿色走廊，年内新建农村生态河道216公里。要多措并举加快绿色转型。大力培育绿色低碳循环产业，加快推动企业节能降碳技术应用和园区循环化改造，打造一批省“绿色工厂”、省“绿色发展领军企业”，实现单位GDP能耗、单位GDP用水量持续下降。深入推进绿色低碳全民行动，鼓励引导绿色出行、绿色消费，推行垃圾分类和资源化利用，让绿色低碳生活方式成为社会新风尚。

（三）坚持深化改革、扩大开放，激活高质量发展的强劲动力。坚持以改革创新为驱动，积极融入“一带一路”、长三角一体化等区域发展战略，不断释放体制机制活力，为现代化建设注入新活力、开拓新空间、增创新优势。

探索更具引领性的改革成果。准确把握全面深化改革新阶段新特征，纵深推进“四化”同步集成改革，不断增强发展活力、厚植发展优势。要以改革为牵引，积极发扬首创精神，针对项目转化慢的难题、影响群众幸福感的短板、制约发展高质量的因素，以改革增动力、以改革破难题，有力有效推进年度重点改革项目，形成一批富有影响力的“沭阳经验”“沭阳案例”。要以同步为要求，从区域协同、产业发展、服务辐射和宜居品质等维度系统谋划，以“同步”激活“四化”的“并联效应”“乘数效应”，深入推进国家级红色美丽村庄试点，加大省婚俗改革实验区和省级智慧社区建设试点，持续深化民营经济高质量发展示范培育等改革事项，不断打造亮点、塑造特色，形成更多标志性、引领性成果，释放更多改革红利。要以集成为路径，强化方案集成、政策集成、项目集成、试点集成“四个集成”，打造一批显示度高、集成性强的改革平台载体，加快推进各类改革效能持续释放，全面激发改革活力、提升改革成效。

构建更具开放性的发展生态。把开放作为推动发展的重要动力，以国际化视野促进项目投资、推动产业升级、深化交流合作，打造新时代对外开放新高地。要抢抓发展机遇。结合省“1+3”重点功能区战略实施，用好南北共建合作、科技镇长团等机制载体，积极融入长三角区域分工协作，推动理念、服务、环境与发达地区深度接轨，主动参与省域内产业链配套协作，实现产业互嵌、协同发展。要稳住外资外贸。抢抓国内国际双循环发展机遇，依托江苏自贸试验区联动创新发展区平台优势，大力发展开放型经济，持续提升省级跨境电商产业园载体能级，加大外资项目招引力度，引导外资企业增资扩股，组织企业参加广交会、跨交会等境内外展会，助力企业抢市场、抓订单，拓展国际市场份额，全年外贸进出口总额突破16亿美元、实际利用外资超1.6亿美元。要打开融通格局。认真开展新沂河国家提标改造工程地方配套工作研究，全力保障宿连高速二期、宿连航道等重大交通工程建设，协调推动淮沭新高铁建设、新长铁路电气化改造，加快“融入东陇海、接轨长三角”，形成“纵贯南北、大进大出、内联外接、通江达海”的综合交通网络，推动产业、人才、资源的互联互通。

优化更具包容性的营商环境。抢抓国家战略叠加、宏观政策加力的机遇，持续优化政策最优、成本最低、办事最快、服务最好“四最”营商环境，全力打造具有较强吸引力和竞争力的投资目的地。要提高政务服务效能。灵活运用超前审查、容缺受理、并联审批，完善“一件事”集成办理、优化“不见面”审批服务，年内建成全省首个县级“政务中台”，进一步整合审批事项、简化审批程序，打响“沭事速办、区事区办、特事特办”品牌。要推动惠企政策落地。常态化开展“政、银、企”对接洽谈活动，推动减税降费、金融支持等各项惠企政策精准推送、“免申即享”，确保直达快享、应享尽享，把县权之内可以免的免到位、可以减的减到位、可以返的返到位。要倾心倾力助企纾困。紧盯企业发展面临的困难问题，逐家逐户上门分析研判、精准调度，找准症结堵点，“一企一策”做好重点企业用能用工、稳产稳供工作，更加有效提振市场信心，全年新增个体工商户2万户以上、私营企业1万家以上，努力把更多未释放的产能转化为增长的动能。

（四）坚持尽力而为、量力而行，提升高质量发展的民生温度。始终把为民造福作为最大政绩，把增进民生福祉作为“最大公约数”，用心用情为群众办好事、办实事，切实把发展成果转化为生活品质。

富民渠道要更宽更广。强化“产业+创业+就业”“三业联动”，深入推进“沭才回归”，依托县创业就业服务中心，常态化开展“乐业沭阳”春风行动，加大就业培训、技能提升、创业扶持力度，积极打造15分钟创业就业服务圈，鼓励全社会依托花木等特色优势产业开展创新创业，持续擦亮“花漾沭阳·创业天堂”品牌，形成“人人想创业、敢创业、创大业”的浓厚氛围，年内新增就业8200人以上、扶持创业不低于3200人。更有针对性地实施富民强村帮促行动，壮大“新农人”队伍，引导“农创客”下乡，放大《盆景工国家职业技能标准》制定地优势，探索更多富民增收新路径，“一村一策”提升村集体经济“造血”功能，年内经济薄弱村集体经营性年收入超过30万元并实现稳步增长。

公共服务要提标扩面。深入推进城乡公共服务一体化，加大民生“七有”领域财政投入力度，让群众享有更优质的服务。致力于更响的教育品牌，强化“全力建设苏北教育强县，努力打造人民满意教育”定位，纵深推进名校、名师、名学科“三名”工程，年内改扩建学校3所、新增学位3000个，推动沭中、如东“双龙头带动”向沭中、如东、建陵“三足鼎立”转变，打响“学在沭阳”品牌。致力于更优的医疗资源，完善县乡村三级医疗卫生服务体系，支持县妇幼保健院争创三级妇幼保健院，推动马厂、韩山人民医院标准化运行，提高省示范化村卫生室覆盖率，顺利通过国家卫生县复评审。致力于更暖的养老服务，进一步优化县乡村三级养老服务体系，加快形成居家、社区、机构相协调，医养、康养相结合的“沭适养老”服务品牌。

民生底线要兜牢兜实。加强基础性、普惠性、兜底性民生保障建设，以全民参保计划为基础，全面推进社保待遇落实工作，推动社会保险覆盖范围持续扩大，积极稳妥开展长期护理保险试点，解决重度失能人员照护服务后顾之忧。严格落实“四个不摘”要求，健全防止返贫动态监测和帮扶机制，牢牢守住不发生规模性返贫的底线。完善扶老、助残、救孤、济困等社会救助和社会福利体系，重点关注特殊困难群体，有效发挥临时救助、优抚济困等兜底作用，实现群众求助无障碍、受助无遗漏，坚决防止冲击道德底线事件发生。

（五）坚持以文润城、以文兴业，展现高质量发展的文化魅力。坚持以习近平文化思想为引领，以高度的文化自觉、鲜明的文化立场，倡文明、树新风、展形象，不断提高沭阳的文化软实力、影响力。

培育文明新风。紧扣“社会需要正能量、沭阳需要好形象”，突出以文化人，壮大主流价值、主流舆论、主流文化，广泛践行社会主义核心价值观，接续开展文明培育、文明实践、文明创建三大工程，扎实推动“宿迁文明20条”、人情新风“宿9条”“沭阳人情减负365”成风化俗，进一步深化移风易俗、破除陈规陋习、倡导文明新风，大力推进城乡精神文明建设融合发展，扎实开展花木种苗领域专项整治，持续发扬新时代讲文明、会创业、懂规矩、守诚信的“新沭阳人”精神特质，推动市民素质与城市发展同步提升、共同进步。

做好文化传承。坚持保护与利用并举、传承与弘扬并重，深入挖掘沭阳丰富的地域文化内涵，有序实施镇村志编纂文化工程，充分激发本土文化精神特质，加强淮海戏、工鼓锣、苏北琴书等非遗文化传承，推动优秀非遗文化传承进校园、进课堂、进教材，放大中国淮海戏之乡和中国书法之乡影响力，创作更多富有时代内涵、沭阳特色的文化精品，擦亮沭阳文化名片，争创“中国曲艺之乡”。

丰富文化供给。加快推进城乡公共文化服务体系建设，常态化组织“沭BA”“花乡歌会”“淮海戏展演月”“广场舞大赛”等大型群众性文体活动，不断完善农家书屋、乡镇小剧场、“乡村书场”等文化基础设施建设，落实文化惠民进基层、扶持民间演艺团体等各类文化惠民举措，持续推进城乡公共文化服务标准化、均等化，不断满足人民群众日益增长的精神文化需求，打造省“最美公共文化空间”2个以上，年底实现“乡村书场”全覆盖，加快创建省书香城市示范县。

繁荣文化产业。深入学习领会总书记提出的“人文经济学”，以打造特色优势文化产业为导向，优化国际图书城经营业态，推动文化创意产业园争创省级重点文化产业园区，加快文化企业集聚发展、融合发展，年内机器时代创成省级文化产业示范基地，争创省县域文化产业高质量发展先行县。依托县图书馆、文化馆、博物馆、美术馆“四馆”和县文化艺术中心、华东花木大世界等场所，积极打造会展矩阵、筹办各类展会活动，大力培育展会经济、打响沭阳会展品牌。

（六）坚持底线思维、问题导向，筑牢高质量发展的安全屏障。深入贯彻落实总体国家安全观，把防风险、守底线摆在更加重要位置，以“时时放心不下”的责任感，营造更加安全稳定的社会环境。

高站位坚决维护政治安全。压紧压实意识形态工作责任制，抓好意识形态重点领域阵地管理，牢牢把握意识形态主动权领导权。依法打击治理境外宗教渗透和境内非法宗教活动，加强教育、妇女儿童权益保护等领域风险预警预防，严防各类风险挑战内外联动、叠加共振、向政治安全领域传导。

多领域防范化解风险隐患。完善金融风险预警处置、源头管控等机制，严厉打击各类非法金融活动，坚决守住不发生区域性、系统性风险的底线。坚持化解存量、遏制增量齐发力，严格控制融资成本，加强国有企业监管，高度重视融资平台公司资金链安全，坚决杜绝经营性债务风险转移为隐性债务风险，确保政府债务率继续处于绿色区间。创新医保基金监管方式，打击各类欺诈骗保活动，保障医保基金运行安全。

全方位筑牢安全发展基础。聚焦建筑施工、城镇燃气、危化品、消防安全等重点行业领域，扎实开展安全生产治本攻坚行动，探索建立“滚动式排查+闭环式整改”工作机制，推动各类安全隐患真查真改、清仓见底，确保安全事故起数和死亡人数继续保持“双下降”。健全完善应急协调机制，加强应急预案和应急力量体系建设，提升突发安全生产事件防范、应对和处置水平。

深层次维护社会和谐稳定。优化信访“421”工作机制，“一案一策”推动矛盾纠纷多元化解、初信初访日清月结、信访积案清淤见底。积极推进法治沭阳、平安沭阳建设，提升社会面重点部位见警率和管事率，严厉打击各类违法犯罪行为，持续巩固“省法治政府建设示范县”创建成果，全力争创省法治县。

三、党建统领、凝心聚力，为全面推进中国式现代化沭阳新实践提供坚强政治保证

实现新的奋斗目标，关键在党，关键在各级党组织，关键在各级领导干部。越是在爬坡过坎的关键时刻，越要把坚持和加强党的全面领导摆在首位，坚定不移推进全面从严治党，以高质量党建团结人心、凝聚力量。

一要强化思想政治引领，广泛汇聚发展合力。坚持不懈用习近平新时代中国特色社会主义思想凝心铸魂，教育引导党员干部深刻领悟“两个确立”的决定性意义、坚决做到“两个维护”，坚定有效捍卫党的团结统一。要巩固深化主题教育成果，把学思想作为首要任务常抓不懈，突出各级党委（党组）理论学习中心组带动作用，常态化开展学习贯彻新思想和党的二十大精神主题宣讲活动，推动学深悟透、入脑入心、笃信笃行。要加强党对人大、政协、统战、群团等工作的领导，全面落实党管干部人才、党管政法、党管经济工作、党管意识形态等各项机制，健全对金融、科技、社会工作等领域领导的体制机制，把党的领导全面、系统、整体地落到实处。

二要树牢大抓基层导向，全力筑牢战斗堡垒。扎实推进省委“五聚焦五落实”深化提升行动、市委“紫薇花开”强基固本工程，接续实施全县基层党建三年行动计划“创新创优年”专项行动，加快党支部“标准+示范”建设、充分释放党群服务中心“红磁场”“聚能环”效应，推动城乡、机关、“两新”等领域党建全面进步、全面过硬。深化党建统领基层社会治理，对照基层党组织体系架构优化网格设置，实行“基层吹哨、部门报到”，推动重心下移、力量下沉，持续提升基层服务能力，将党的工作触角延伸到户、惠及到民，切实把党的政治优势、组织优势转化为基层治理效能，不断提升“善治沭阳”建设成效。

三要加强干部队伍建设，全面提升履职能力。积极稳妥推进机构改革，落实新时代好干部标准，加大“5810”干部交流力度、丰富年轻干部“三基两好”行动内涵，选派干部到关键吃劲岗位接受递进式培养、多岗位历练，建设一支能担重任、可堪大用的高素质专业化干部队伍。树牢“凭实绩用干部”的鲜明导向，在招商引资、项目建设、社会稳定等“急难险重”一线发现、培养、使用优秀干部，完善鼓励激励机制，让埋头苦干的干部挺直腰杆，让担当作为的干部脱颖而出。

四要提振干群精神面貌，充分焕发干事激情。全县上下要自觉弘扬不怕困难、不畏艰险，勇于斗争、敢于胜利的精神，坚决摒弃“躺平、躺赢”心态，做到责任在心、扛责在肩，闻令而动、雷厉风行，少说不能办、多想怎么办、顶着压力干，真正把心思花在谋发展上、把精力用在抓落实上。要紧盯目标定位，对照走在前、做示范的重大要求，跟强的比、向高处攀、与一流争，以敢为人先的胆识干劲和敢闯敢干的果敢担当，争当区域发展的领头羊、排头兵。要坚持干字当头、实字为先，以实效为标准、用实绩来考量，将实干精神转化为实实在在的行动，在实干中创造出一个又一个优势指标、领先工作。

五要从严正风肃纪反腐，持续优化政治生态。坚持党性党风党纪一起抓，严格落实中央"八项规定"及实施细则精神，把"规范、规矩、程序、标准"贯穿工作始终，深化家风课堂教育，重拳纠治"四风"顽疾，以党风政风带动民风社风持续向好。要扎实推进省委巡视整改，对照整改方案排出"时间表"、挂出"作战图"，确保问题清仓见底、形成闭环，健全长效机制、促进标本兼治，做好巡视"后半篇文章"。要用好审计、巡察、纪检"三件套"，实现无缝监督、合力监督，不断提升监督效能。要持续发力、纵深推进反腐败斗争，紧盯关键少数、重点领域、重点岗位，一体推进"三不腐"，严肃查处群众身边的"蝇贪蚁腐"，深化源头治理，加强新时代廉洁文化建设，持续巩固风清气正的政治生态。

同志们，蓝图恢宏当扬帆，号角激越须奋进。让我们更加紧密地团结在以习近平同志为核心的党中央周围，坚持以习近平新时代中国特色社会主义思想为指导，全面学习贯彻党的二十大精神，以"分秒必争、事事冲先"的奋进姿态，以"火力全开、火速前行"的干事激情，在奋力推进中国式现代化新征程上勇当先行者、谱写新篇章！

政府工作报告

——2024年1月9日在沭阳县第十八届人民代表大会

第三次会议第一次全体会议上

县长　王　瑞

一、2023年政府工作回顾

过去的一年，是全面贯彻落实党的二十大精神的开局之年，是三年新冠疫情防控转段后经济恢复发展的一年，也是沭阳牢记嘱托、感恩奋进，扛起大县担当、致力多作贡献、取得丰硕成果的一年。一年来，我们坚持以习近平新时代中国特色社会主义思想为指导，以党的二十大精神和习近平总书记对江苏工作重要讲话重要指示精神为遵循，在省市和县委的坚强领导下，完整准确全面贯彻新发展理念，全面落实"四个走在前""四个新"重大任务，锚定"苏北全面领先"目标，牢牢把握"经济稳健增长、社会安全稳定、人民幸福安康"发展追求，坚定不移推进高质量发展，圆满完成了主要预期目标，为全市经济社会发展挑起了大梁、担负了重任，"强富美高"新沭阳现代化建设实现了良好开局。

这一年，我们知难而进、迎难而上，打赢了一场场急难险重的"攻坚战"。面对需求收缩、供给冲击、预期转弱的持续影响，我们迎着困难上、顶着压力冲，以超常规努力应对超预期挑战，实现了经济逆势增长、量质齐升。面对暴雨灾害、安全生产、生态环保等风险挑战，我们沉着应对、统筹施策、万众一心，保障了企业安心发展、维护了社会大局稳定。面对财政增收放缓、刚性支出增加的收支矛盾，我们坚定民心、办好实事，把近九成的财政支出用于民生领域，持续提升群众获得感、幸福感。

这一年，我们承压奋进、破浪前行，跑出了一条条逆势增长的"上扬线"。聚焦重点经济领域，我们精准研判、精准施策、精准发力，经济运行呈现了"承压开局、稳步攀升、持续领先"的发展态势。地区生产总值预计增长8.3%左右，提前两年超额完成"十四五"目标任务，有望苏北"四连冠"，完成一般公共预算收入67.1亿元，连续三年苏北第一。16项列统指标中，预计农村居民人均可支配收入等7项增速全市领先、进出口总额等8项全市占比实现新提升。规上工业增加值、规模工业企业数等6项工业经济指标位居苏北第一。

这一年，我们变革攻坚、抢抓机遇，创造了一项项成色十足的"好经验"。花木产业"六个转型"深入推进，销售额突破300亿元，抢抓美丽经济助推富民增收经验做法得到省委信长星书记、省政府许昆林省长的高度评价，在全省大会上被省委沈莹副书记要求全省学习借鉴。聚力抓招商、攻项目、强保障，重大项目引培成效受到市委陈忠伟书记、市政府刘浩市长多次肯定。发放全国首笔“VEP”花木生态价值贷，在全国经验交流会上被肯定推广。

这一年，我们实干惠民、争先创优，交出了一份份鲜明耀眼的“成绩单”。十大类50项民生实事圆满收官。新增城镇就业9000人、扶持返乡就业创业1.7万人。中考各高分段人数占据全市“半壁江山”，高考成绩连续12年位居全省第一方阵，16名学生考取清华北大。荣获国家级县域节水型社会达标县、省金融生态优秀县等13项国省荣誉，财政管理、政府督查、养老保险规范执行等工作获省政府督查激励，新入榜综合实力等8个全国百强县。

回顾过去的一年，我们事不避难、砥砺前行，既经历了风雨洗礼，也看到了美丽风景，主要做了以下五个方面工作：

一是坚持高位统筹、精准调度，经济运行势头强劲。锚定高质量发展主线，满弓发力拼经济、稳增长，全力推动经济运行率先整体好转。着力抓纾困、提信心。全面落实“国家28条”“省42条”“市30条”等稳经济一揽子政策，出台加快培育壮大市场主体推动先进制造业高质量发展实施意见，多措并举为企业减负纾困，累计减税降费退税缓费16.6亿元，兑现奖补资金2.2亿元，支持小微企业融资64.8亿元，入选全省首批民营经济高质量发展示范县培育名单。着力抓挖潜、添后劲。新增限上（规上）服务业企业289家、较上年度多118家，其中限上批零住餐企业243家、全市最多。新增规模工业企业175家、累计达1114家，苏北县级率先突破千家。新增注册企业1.1万家、个体工商户2.5万户。着力抓招商、增动能。连续开展“首季开门红”“奋战上半年”“冲刺100天”“决胜四季度”招商竞赛，成功举办首届沭商大会，全年签约亿元项目241个，其中超10亿元项目45个、超50亿元项目7个，浪潮科技、华沭巧能2个百亿元项目成功落户，招商引资考核全市第一。着力抓项目、强支撑。建立重大项目全生命周期管理和月度推进机制，实现固定资产投资450亿元，工业投资突破300亿元。80个列省列市重大产业项目完成年度投资的120%，常沭新材料等58个项目提前竣工投产，10亿元以上项目开工、竣工数量全市最多，“四新”项目考核全市领先。

二是坚持三产并进、量质齐抓，产业质效快速提升。全力做大总量、做优质量，加快建设现代化产业体系。工业势头迅猛。制定“3+3”产业集群培育三年行动计划，全县实现工业开票1580亿元、增长21.5%，绿色家居、高端纺织、机电装备三大主导产业开票达到1024亿元。纺织纤维新材料获评省级中小企业特色产业集群。新增开票超亿元工业企业35家，桐昆恒阳化纤实现产值58亿元，天能集团入选省民营制造企业百强，鑫亿鼎石英获批国家级专精特新“小巨人”企业、累计达6家。新增省星级“上云”企业141家，伍佳纺织获批省五星级上云企业，虞美人纺织创成工信部5G工厂。“234”园区工业开票首超千亿、达1055亿元，其中经开区实现工业开票798亿元、苏北县级园区第一，在全国排名提升13位。桑墟镇、贤官镇工业开票销售双双超过130亿元，李恒镇、青伊湖镇、刘集镇均超60亿元，全县工业经济从“双引擎”驱动加速向“多动力”支撑转变。服务业提档升级。深入实施服务业“提速、登高、倍增”三大计划，软件产业园等7个集聚区（企业）入选省级现代服务业高质量发展“331”工程，规上服务业核算行业营业收入增长20%。“e路花乡·嗨购沭阳”消费品牌持续打响，举办新春年货大集、四月十二物资交流大会、汽车展销会等特色促消费活动，限上批发、零售、住宿业销售额分别增长30%、25%、150%。新培育网络零售额超500万元主体48个，网络零售额突破300亿元、增长30%。快递业务量突破6亿件，平均每秒超19件快递从沭阳发往世界各地。获评省“农村物流达标县”。农业稳产增效。积极应对“7·11特大暴雨”等自然灾害，全县粮食总产量达129.6万吨、连续六年全省第一，实现“二十连丰”。新改建高标准农田12万亩，引建列省农业农村重大项目32个，农业综合产值突破400亿元。“沭优1号”以平均亩产1101.6公斤创江淮地区麦茬杂交水稻最高纪录，“益扬1号”肉鸭配套系填补全市畜禽种业空白。获评省“平安农机”示范县。新培育“两品一标”农产品9个、总数达100个。潼阳花生入选省“百优乡产”，新河镇获评国家农业产业强镇。

三是坚持改革创新、优化环境，内生动力持续释放。始终向改革要动力、向创新要活力、向环境要效益，着力蓄积发展动能。改革开放不断深化。30个改革创新项目获省级以上推广，新增国家级创新试点项目5个、省级36个。入选省首批“绿色金融创新改革试验区”。贤官等三个小城市完成赋权改革。组织62家企业参加境内外展会，福庆木业等3家企业被确定为省内外贸一体化试点企业，全县实现外贸进出口16.6亿美元。南北共建由产业合作向科教文卫等各领域深化拓展，“昆沭共建案例”获省推广。科技创新稳步推进。全社会研发投入占GDP比重预计提升至1.95%。“两争两引”工程深入实施，新认定高新技术企业48家，新引进高层次人才84名。新增有效发明专利260项，完成高科技成果转化69项，技术合同成交额超21亿元。新获批省级“三个中心”11家，苏讯新材料建成全市唯一国家级博士后科研工作站，宋和宋智能科技获评国家知识产权优势企业和市长质量奖，获批国家知识产权强县建设试点县。营商环境持续优化。常态化开展企业“家家到、户户访”活动，及时解决资金、用工等诉求。全年组织银企对接活动10场，签订贷款协议14.5亿元。推行信用承诺替代投标保证金，释放企业流动资金超2亿元。贤官镇探索“隔墙配套”供需活动，协助园区50家企业达成供需合作18亿元。

四是坚持城乡一体、协同推进，美丽家园展现新姿。统筹新型城镇化和乡村全面振兴，努力让城市更宜居、乡村更美好。城市更新扎实推进。全国首批获批县级国土空间总体规划，创成省生态园林城市，入选省首批城市管理示范县创建名单。建成棚改安置房2628套、保障性租赁房810套，10个历史遗留问题小区顺利办证，2个“保交楼”项目成功交付。智慧体育公园和3个口袋公园建成开园，虞姬公园等5处绿地共享开放，新增绿地面积13.8万平方米。文华路北延等5条市政道路完工通车，荣昌路等24条道路加快建设。完成12个小区供水管网改造和90处城区易涝积水点治理，19条道路路灯实现智能升级。镇村面貌有效改善。农村人居环境整治“个十百千”工程深入推进，提档升级农村公路115公里，改善农民住房条件5760户。完成户厕改造3.5万户，受到省乡村振兴局来信表扬。新建村级污水处理设施30个、管网39.5公里，整治农村黑臭水体45条，建成农村生态河道564公里，创成省级幸福河湖3条。争取中央专项彩票公益金4000万元，落实帮促资金8095万元，143个乡村振兴项目有序实施。陇集镇、刘集镇获评省级生态文明建设示范镇，西圩乡、胡集镇上榜江苏“味稻小镇”，青伊湖镇等一镇六村入选省乡村振兴示范创建名单。基础设施加快完善。74个重点基础设施项目有序推进，京沪高速沭阳段扩建、宿连高速一期等8项重点交通工程建成通车。苏北县级首条快速路部分建成投用，淮沭新高铁预可研通过专家审查，苏州路跨淮沭新河大桥、胡集高速连接线即将建成通车。实施生命安防工程489公里，更新城市公交140辆，创成省城乡公交一体化达标县。庙头水厂四期、城南污水处理厂扩建、岔流新开河整治等工程进展顺利，110千伏青伊湖变、新沭城变建成投用。生态环境稳步提升。经开区区域规划环评获生态环境部批准、尾水导流生态湿地公园建成开放，城区自流活水工程扩围升级。圩东河等7个片区雨污分流工程顺利完成，13个国省考断面优Ⅲ水体比例达100%、刷新最好水平。完成大气污染防治项目797个，空气质量持续改善。新增垃圾分类小区50个。新增市级以上绿色工厂12家，亚森同汇入选全国民营企业绿色低碳发展案例。

五是坚持人民至上、民生优先，幸福答卷温暖厚实。把实现人民对美好生活的向往作为出发点和落脚点，“稳稳的幸福”更加可感可及。社会事业繁荣发展。南湖高中等4所学校建成投用、新增学位9300个，新增正高级教师11人、累计达28人，新招聘教师686人，沭阳第一技工学校挂牌成立。县疾控中心荣获国家级表现突出先进集体，县妇幼保健院绩效考核位列全省第二，韩山人民医院通过“江苏省社区医院”验收，苏沭携手共建区域儿童医疗中心，新增国家、省卫生乡镇和健康乡镇10个，创成省15分钟医保服务圈示范县。人文内涵持续彰显。举办文化惠民活动650余场、体育赛事20场次。沭阳健儿朱江、胡道亮、仲赛春在亚运会、亚残运会上斩获3金3铜。第三届吴印咸摄影艺术双年展暨全国“乡村振兴”主题摄影展隆重举行，新增省“最美公共文化空间”2家、省级非遗项目3个，城内大街入选省级地名文化遗产。县图书馆新馆开馆并获评国家一级图书馆，新工人文化宫建成开放。沭阳如东中学周桂官校长在全市唯一获评江苏“时代楷模”，新增“江苏好人”3人。民生保障日益完善。出台稳岗留工六条政策，发放稳岗补贴1519.7万元，惠及企业2616家。全民参保“幸福行动”深入实施，新增社保缴费2.8万人、医疗保险参保2.4万人。创新构建“分层分类”社会救助体系，发放救助金5.8亿元，惠及13万困难群众。县养老服务发展中心建成投用，未成年人保护“1+3”责任体系持续深化落实。社会治理更加稳固。扎实推进安全生产“两个年”活动，持续开展系列排查整治行动，创新制定商城市场安全标准化管理导则，6个商城市场安全整治、22家瓶装液化气企业整合高标准完成，县安全文化体验馆建成开放，安全生产事故起数和死亡人数连续四年双下降。“平安沭阳”“法治沭阳”深入推进，公众安全感和群众满意度位居全省前列。社会治理服务中心全市率先建成投用，万人信访量和全市占比持续下降。“移风易俗”经验做法获得省委常委、宣传部部长张爱军同志批示肯定，青伊湖镇后乡村获评全国乡村治理示范村。花木种苗“雷霆行动”成效显著。

过去一年，全县老龄、妇女儿童、青少年、残疾人、工会、红十字、慈善、志愿服务等工作取得新成效，民族宗教、审计、统计、气象、档案、供销、邮政、地方志、外事、侨务、对台等事业实现新进展，国防动员、双拥共建、后备力量建设、退役军人事务等工作迈出新步伐。

在推动经济社会发展的同时，我们扎实开展学习贯彻习近平新时代中国特色社会主义思想主题教育，在坚定信仰中铸魂，在深学细悟中增智，在检视整改中正风，在知行合一中促干，树立和践行正确政绩观，以实际行动坚定拥护“两个确立”、坚决做到“两个维护”。我们大力推进依法行政，自觉接受人大法律监督、政协民主监督、社会和舆论监督，办复建议提案505件。我们严格落实党风廉政建设和意识形态工作责任制，持续加强政府系统作风效能建设，全面落实省委巡视反馈意见，进一步树立廉洁高效、风清气正的政府形象。

各位代表！回顾过去一年的发展历程，全县上下顶住外部压力，克服内部困难，取得了令人振奋的成绩，这些成绩的取得，根本在于习近平总书记的掌舵领航，在于习近平新时代中国特色社会主义思想的科学指引，是省市和县委坚强领导的结果，是县人大、政协监督支持的结果，是全县上下勠力同心、奋力拼搏的结果！在此，我代表县人民政府，向奋战在各行各业的全县人民，向各位人大代表、政协委员，向各民主党派、工商联、无党派人士，向各人民团体、各界人士、离退休老同志，向武警官兵、人民警察、消防救援队伍、民兵预备役人员，向省委驻沭帮促工作队、科技镇长团，向所有关心支持参与沭阳发展的县内外朋友，致以崇高的敬意和衷心的感谢！

总结成绩的同时，我们也清醒地看到存在的不足和问题：经济总量还不够大，创新动能还不够强，企业转型升级还不够快；农业大而不强、服务业大而不优，城乡发展不均衡，教育、医疗等领域还有不少短板；安全生产、生态环保等领域任务艰巨，基层治理体系和治理能力现代化水平还需提升；一些工作人员的服务效能有待增强，营商环境还需持续优化；等等。对此，我们一定高度重视、认真加以解决。

二、2024年主要目标和任务

今年是中华人民共和国成立75周年，是全面完成"十四五"规划目标任务的关键一年。政府工作总体要求是：坚持以习近平新时代中国特色社会主义思想为指导，全面学习贯彻党的二十大精神和习近平总书记对江苏工作重要讲话重要指示精神，深入贯彻中央经济工作会议部署，认真落实省委、市委、县委全会及经济工作会议要求，坚持稳中求进、以进促稳、先立后破，扛起"挑大梁、担重任"这一使命担当，坚持制造业与服务业同向发力、投资与消费双轮驱动，深入实施制造业扩量提质、服务业重点突破、营商环境持续增效"三个年"活动，负重拼搏勇担强市使命、全面争先扛起大县担当，以自身奋进的确定性应对形势变化的不确定性，推动经济稳健增长、社会安全稳定、人民幸福安康，奋力谱写"强富美高"新沭阳现代化建设新篇章。

今年经济社会发展主要预期目标是：GDP增长7%，一般公共预算收入增长5%，固定资产投资增长8.5%，全体居民人均可支配收入与经济发展同步增长，节能减排、大气与水环境质量、耕地保护和粮食安全完成省市下达任务。经济总量全国排名争先进位，传统优势指标继续保持全省领先，主要经济指标在江淮生态经济区全面领先、全市占比不断提升。

贯彻总体要求、实现预期目标，我们要正确认识沭阳所处的发展阶段、面临的形势任务，因时而动、顺势而为，更好把握各项工作主动权。一要坚持人民至上，习近平总书记强调"我们的目标很宏伟，也很朴素，归根到底就是让老百姓过上更好的日子"。我们要始终坚持以人民为中心的发展思想，把为民造福作为最大政绩，扎扎实实办好一件件民生实事，踏踏实实解决好一个个"急难愁盼"，尽心尽力做大"收入"蛋糕，让老百姓的生活一年更比一年好。二要体现大县担当，沭阳作为全市最大板块、最强单元，在推进苏北全面领先、打造区域副中心城市的征程中，我们要更加坚定"为全市经济稳健增长挑大梁担重任"的信心决心，拿出拼搏状态、奋进作为，进一步抬高目标定位，盯着苏中看、朝着苏南赶，以更快的沭阳速度、更多的沭阳样本，为全市发展大局彰显沭阳作为、贡献沭阳力量。三要持续解放思想，更加树牢沭阳"以改革而兴、因创新而名"的实践认知，认真盘点梳理过往的经验教训，多一些大胆设想，多一些新鲜举措，切实激发和增强社会活力、企业和基层活性，以理念之破、机制之破、方法之破，推动各项事业发展不断取得新进步。四要强化工作统筹，当前机遇挑战并存，有利条件强于不利因素，在复杂严峻的宏观形势下，我们要强化系统观念，更好把握速度与质量、宏观数据与微观感受、发展经济与改善民生、发展与安全的关系，时刻保持警惕，始终保持清醒，把县委谋划的"规划图""路线图"变为"施工图"，转化为群众可观可感的"实景图"。

新的一年，重点做好九个方面工作：

一、大力推进新型工业化，厚植实体经济新优势。深入开展"制造业扩量提质年"活动，实施千企升级，做大千亿产业，打造千亿级乡镇板块，建成千亿级开发区，年内工业开票销售突破2000亿元。

*壮大产业集群。*深入实施"3+3"产业集群培育三年行动计划，大力推进企业高端化智能化绿色化转型，全力加快产业强链补链延链，积极推动名品名牌名企培育，年内主导产业产值各上一个百亿台阶。绿色家居产业重点建设三只小树、新概念科技等17个新兴板材项目，年内产值突破500亿元；机电装备产业重点推进天能集团年产7500套氢燃料电池系统、新界泵业年产300万台（套）智能泵等25个强链项目建设，年内产值突破400亿元；高端纺织产业加快推进

桐昆恒阳化纤、红柳高端家纺等投资超30亿元项目建设，年内产值突破300亿元。聚焦新能源、新材料、电子信息等新兴产业，推动特色化集群化发展，重点加快浪潮科技、华沭巧能等百亿级项目建设，年内电子信息产业产值突破100亿元，战略性新兴产业占比提升5个百分点以上。谋划布局氢能、储能、前沿新材料等一批未来产业，加快形成新质生产力。

突出企业支撑。大力推动链主企业培育，持续完善“链主”培育库，鼓励支持龙头企业冲刺各类“500强”“100强”，推动天能集团成长为沭阳首家工业开票突破200亿元企业、桐昆集团成长为第二家突破百亿元企业。精心培育“专精特新”方阵，“一企一策”引导企业深耕行业细分领域，培育一批“领军企业”和“单项冠军”，年内新增国家级专精特新“小巨人”企业2家以上、省级专精特新中小企业10家以上。全链条服务支持企业上市，完善后备企业资源库，力争工业企业主板上市实现突破。大力实施“个转企、小升规、下转上”梯次培育计划，全力支持小微企业提档升级，全年新增规上工业企业100家、销售超亿元企业50家。

强化科技引领。坚持以科技创新引领产业发展，完善科技创新各环节政策体系，着力打造全要素全链条全周期的创新生态，年内新建市级以上研发机构50家，新认定国家高新技术企业50家，引进高层次人才40人以上。以提高技术、能耗、排放等标准为牵引，完成超千万元技改项目30个以上。实施1000家以上企业“智改数转网联”，推进智能改造进园区、进企业、进车间，引导重点企业“上云用数赋智”，培育省星级上云企业80家以上、两化融合贯标企业8家以上，创建市级以上智能车间（工厂）18个以上。深入推进数字经济发展，持续壮大电子元器件、“大数据+”等数字产业链，实施“5G+工业互联网”项目2个，新建5G基站200座，年内数字经济核心产业增加值占GDP比重提升至8.5%以上。

做优载体平台。深入推进“234”园区创新提升，经开区加快创建国家级知识产权强国建设试点示范园区、国家级专精特新企业优质培育服务园区，建成苏北县级首家工业开票突破千亿元的工业园区、全国排名上升10个位次以上。昆沭高新园突出项目招引和建设，实质性启动省高新区创建。3个市级“一区多园”突出主业、做大规模，贤官镇创成省经济发达镇。4个道口乡镇工业集聚区强化基础配套和要素保障，努力成为县域经济新的增长点。青伊湖、刘集、李恒、高墟等乡镇力争工业开票超百亿元，全县百亿级乡镇提升到6家以上，加快形成“千亿开发区领飞、百亿级乡镇高飞、其他板块竞飞”的沭阳特色工业经济发展“雁阵”。

二、加快发展现代服务业，激活经济增长新引擎。坚持把服务业放到与制造业同等重要位置，深入开展“服务业重点突破年”活动，加快构建现代服务业产业体系，全年规上服务业核算行业营业收入增长30%以上。

建设区域消费中心。围绕打造“购在沭阳”“吃在沭阳”“游在沭阳”“乐在沭阳”“住在沭阳”品牌，深化拓展“嗨购沭阳·消费天堂”主题，组织策划促消费活动300场次以上，促进汽车、家电消费品以旧换新，力争全年社零总额达420亿元。提升传统消费，促进城中、城南、城东“三大商圈”城市综合体业态升级，启动城西商圈规划研究，培育一批特色商业街、美食打卡地和休闲集聚区，做好“周末经济”“夜间经济”文章，让城市商气更旺、人气更足、烟火气更浓。扩大服务消费，聚焦养老托育、家政服务、医疗健康等消费热点，鼓励商业与物业、消费与生活、居家与社区等场景融合，布局小而美、小而精的社区商业形态。培育新型消费，积极引进高端商贸、特许经营、进口商品直销、国货“潮品”等新业态，谋划组织马拉松、沭BA、花乡歌会等系列文体赛事活动，拓展“线上+线下”“销售+体验”“展示+交易”消费新场景，新引进县级首店和旗舰门店20家以上，打造苏北消费“潮地标”。

打造服务业发展高地。启动“1+N”电商集聚区建设，举办沭阳电商发展大会，组织网购节、直播季等系列活动，年内集聚区新增电商及配套企业450家以上，电商销售额突破330亿元，全力打造全国知名的电商中心。以苏北数字物流园为主体，加快沭阳邮件处理中心、苏诚礼品物流园建设，引进“四通一达一顺”等快递品牌来沭设立分拨中心，全力打造江淮生态经济区多式联运物流枢纽。推动文化创意产业园引进企业50家以上、争创省级重点文化产业园区，加快推进若态文化创意产业园、华瑞文化创意物流园建设，深入实施文化产业百企升级工程，全力打造全省文化创意产业高地。主动策应工业主导产业发展，加快培育研发设计、检验检测、信息服务等服务型制造，争创省级高质量发展现代服务业集聚示范区。研究加快建筑业高质量发展政策措施，招引培育资质企业40家以上。

健全服务业培育体系。出台促进服务业高质量发展一揽子政策措施，建立高位协调的服务业发展推进机制，力争到2025年，服务业占据全县经济发展“半壁江山”，税收收入、从业人员、服务业增加值占比超过50%。实施服务业领军企业引培计划，研究编制服务业目标企业名录，聚焦平台型、总部型、支撑型三类项目，全年招引亿元以上服务业项目10个以上，建设重点服务业项目15个以上，新增限上电商企业100家、限上（规上）服务业企业200家以上，培育营业收入超亿元企业10家以上、超5亿元企业3家，力争突破交易额超50亿元平台企业。完善服务业发展年度绩效评价和考核机制，构建跨部门协调和县乡协同机制，形成比学赶超的服务业发展浓厚氛围。高质量完成第五次全国经济普查。

三、持续攻坚重大项目，积蓄跨越赶超新动能。把扩大有效投资作为稳增长、增动能的“牛鼻子”，以增量思维攻坚项目引建，以项目大突破带动发展大提升。

更大力度开展招商选资。围绕“3+3+X”制造业体系强链补链延链，深入开展招商引资季度竞赛，继续办好沭商大会、经贸洽谈会等活动，统筹推进协作招商、驻点招商、以商招商、沭商回归，攻坚一批“大而强”的头部企业和“小而优”的成长项目，全年招引超亿元项目200个以上、超10亿元项目50个以上、超50亿元项目8个以上、百亿级项目2个以上，协议投资1200亿元以上。严格实施重大项目高质量引建工作规程，优化招商引资考核办法，构建“六度”评审机制，切实提升项目落地质效。

更大力度推进项目建设。聚焦提升项目“五率”，严格全链条全周期管理机制，深化每月过堂、季度观摩、领导挂钩、专班服务等措施，大力推进90个列省列市重大产业项目建设，推动苏讯特种钢丝、富银新材料等项目尽快开工，浪潮科技、帕科智能等项目投产达效。年内新开工亿元以上项目100个、新竣工80个，力争形成更多实物投资量和经济增量。新签约项目年内开工率、新开工项目一年内竣工率、新投产项目一年内入规率不低于60%，新竣工项目一年内投产率不低于90%，年内完成投资550亿元以上。

更大力度做好要素保障。跟踪研究产业政策和发展趋势，建立重大项目资源要素优先配置机制，保证签约项目环保、能耗、用地等手续“落地即保障”。加快完善乡镇工业集中区规划、环评手续，做好土地保障。深入推进工业园区“腾笼换鸟”和农村土地增减挂钩，年内建设标准化厂房180万平方米，盘活低效用地1万亩以上，新增挂钩指标5000亩以上。鼓励金融机构探索订单融资、供应链融资等新模式，开展政银企对接活动8场以上，新增制造业贷款40亿元、普惠小微贷款70亿元。认真谋划储备重大项目，运用好国家财政金融等政策工具，争取更多资金项目落地沭阳。

四、深入推进城市更新，彰显花园城市新风貌。突出“大县大城”战略，制定实施城市更新规划，向存量要功能、向集约要空间、向更新要效益，提高内涵式发展水平，更富成效塑造“城市之美”。

实施城市功能提升行动。统筹推动棚户区、老旧小区、老旧建筑更新改造，加快8个保障性安居工程建设，更好支持刚性住房需求，有效引导改善性住房保障，完善设计标准规范，提升居住品质和环境。持续排查化解小区遗留问题。开展市政基础设施补短、便民服务功能优化等系列行动，建成运营城南农贸市场、城北农副产品市场，实施16个小区二次供水改造，常态开展破损路面、缺失绿化、损坏设施“微修复”，扎实推动易涝积水点位滚动整治，打造更具韧性城市。

实施城市交通提级行动。加快拓展外联“大通道”，全力保障宿连高速二期、宿连航道二期、潼阳高速连接线等国省工程建设，加快推进淮沭新高铁前期工作，积极推动新长铁路电气化改造、新沂河提标建设，启动沭阳中心港规划建设，加强进出城通道研究。持续改善内畅“微循环”，加快推进城区快速路二期等13条重点市政道路建设，新建小区配套道路19条，有序打通城市断头路、梗阻路。优化公交站点、线路布局，再更新100辆公交车，建设“智慧停车”系统，合理增设公共停车泊位、汽车充电桩，切实增强城区交通便捷度。

实施城市品质提优行动。将花木、民俗、历史、非遗等文化元素融入城市建设根脉，放大“四馆”效应，强化“名胜、名人、名著、名食”挖掘开发，做好老旧建筑、重要遗存研究利用，争创中国曲艺之乡、省书香城市，打造“文润沭阳”品牌。科学编制城市“彩化、绿化、亮化、美化”方案，推动实施徐冲河西岸绿地等一批绿化彩化提升项目，圈层式、组团化打造一批“花园廊道”“城市客厅”景观节点。持续推进城区活水自流，加强淮沭河、新沂河水利风景区规划研究，努力展现“活水绕城、水城一体”的特色空间格局。

实施城市管理提效行动。持续完善县城管委运行机制，深入实施城市建设管理三年行动，创成全国文明城市和省城市管理示范县。持续开展城市公共空间治理，“常态化+数字化”推进市容市貌、交通秩序、背街小巷、农贸市场等整治管理，分步实施城区路灯节能改造，推动60个小区垃圾分类达标创建。完善“四位一体”物业管理议事协调机制，建立物业服务企业准入淘汰机制，推进综合执法进小区，持续提升业主满意度。

五、学习运用“千万工程”经验，打造“鱼米之乡”新样板。更加有力抓好“三农”工作，深化拓展“两区三带”“个十百千”内涵，因地制宜、突出特色、打造亮点，加快建设新时代“鱼米之乡”。

巩固提升现代农业。严守耕地保护红线，强化高标准农田建设管护，实施沂北灌区现代化改造，粮食播种面积稳定在278万亩以上、产量130万吨以上，蔬菜产量210万吨以上，生猪饲养量突破110万头。坚持以工业化理念抓农村产业发展，聚焦“一群四链”

加大农业招商力度，引建农业重大项目30个以上，新增市级以上农业龙头企业4家，农业综合产值达450亿元。做好农业“土特产”文章，新认证“两品一标”农产品10个以上，打造“叫得响”的区域性农产品品牌2个以上。依托花木种源基地、欢腾农业、益客食品，加强产业化商业化育种创新，争创国家级制种大县。

*全面打造“中国花谷”。*充分发挥国家级现代农业产业园载体功能，加快推进花木产业“三个升级”，以“接二连三”融合发展模式，打造店铺集成、场景集成、产品集成的一站式选购“绿美”超市，建设产学研、产供销、创业孵化于一体的“农创空间”，高标准办好沭阳花木节，争创国家级花木优势特色产业集群，花木产业年产值突破340亿元。编制“中国花谷”建设规划，启动花木片区农文旅开发，采取“政府+市场”模式，打造森林花海、历史人文、农旅体验、田园康养、研学科普等一批体现花乡特色的农文旅项目，持续优化“五朵金花”“十颗明珠”“花乡八景”，进一步放大“美丽经济”和“赏花经济”效应，努力建设休闲旅游康养新的目的地。

*建设宜居宜业乡村。*深入学习运用“千万工程”经验，高标准编制实施村庄规划，持续推进乡村建设行动和人居环境整治提升，穿珠成链、连线成面，打造和美乡村“沭阳样板”。重点推动花木片区乡镇和其他有条件乡镇建设“大美田园、和美家园、富美农园”，创建省级宜居宜业和美乡村示范镇1个、示范村10个，新增省级特色田园乡村2个，评选“五美庭院”2万户。统筹乡村基础设施和公共服务体系建设，改造镇村道路300公里，改善2000户农户住房条件。深化乡村治理，注重传统村落和特色民居保护，留住乡风乡韵、乡景乡愁。

*加快推进富民增收。*深入实施农民增收促进行动，围绕花木、畜禽、电商等特色产业，加强农民职业技能培训，引导在外人员返乡创业，培育新型职业农民3600人以上，扶持农民自主创业1600人以上。深化农业“+深加工”“+电商”“+旅游”，持续培育壮大新型农业经营主体，新增市级以上示范家庭农场10家。深化乡村公共空间治理，规范农村集体资产管理，探索融合经济、服务经济、“飞地”经济等新路径，不断提高村集体经营性收入和村民分红收益。持续推进经济薄弱村提升行动，合力做好涟沭接合部片区帮促工作，年内经济薄弱村全部清零。

六、全面深化改革开放，释放市场主体新活力。主动顺应发展新形势新要求，全力推动思想再解放、改革再深化、开放再扩大、环境再优化，努力为经济社会高质量发展注入新的活力。

*深化重点领域改革。*聚焦重点领域和关键问题，纵深推进“四化”同步集成改革。优化完善“多规合一”“项目全生命周期建设”“政府投资项目经济性审查”等机制，提升招投标质效，规范第三方机构管理，更高效率服务保障项目建设。探索创新农村宅基地批建、农业设施权证化管理机制等改革，激发农业农村发展活力。持续扩大生态产品价值实现机制，打造更多转化样板。加快国有融资平台公司整合撤并及市场化转型，建立现代企业管理制度，充分发挥国有企业促发展的动力、活力和潜力。

*持续提升开放水平。*抢抓国家和省重大战略机遇，大力招引贸促机构、会展企业，加快经开区自贸联动创新发展区建设，探索开展外汇套保业务，支持制造业企业工贸一体化发展，争取设立保税监管仓库，促进外贸存量做优、增量做大、外流回归，新增进出口企业50家以上，实现进出口总额16亿美元以上。建设沭阳跨境电商产业园，新入孵跨境电商30家以上，实现跨境电商交易额5000万美元以上。加力推动外资企业招引和现有企业利润再投资，实际使用外资1.6亿美元。

*大力优化营商环境。*深入开展“营商环境持续增效年”活动，进一步优化“四最”营商环境，新增个体工商户2万户、私营企业1万家以上。拓展“省内通办”“跨省通办”“一网通办”等惠企便民措施，大力推行“信用+监管”新模式，建成全省首个县级“政务中台”。健全常态化政企沟通渠道，用好用足各级各类惠企纾困政策，拿出更多“能感知、有温度、见效果”的举措，真正让企业“无事不受扰、办事不求人”，让企业家放心投资、舒心经营、专心发展。

七、始终坚持绿色发展，绘就美丽沭阳新画卷。深入践行“两山发展理念”，坚持降碳、减污、扩绿，积极探索生态优势转化新路径，让美丽沭阳更加可触可感可享。

*强化系统治理，塑造“环境美”。*深入打好蓝天保卫战，按季攻坚、分类管控、全程调度，统筹开展大户减排、清洁城市、木材加工和家具制造产业转型升级等专项行动，推动空气质量显著改善。压实“河长制”，完成城南污水处理厂扩建、三中沟片区流域性整治等工程，创新优化镇村污水处理设施运行管理机制，确保国省考断面水质稳定达标。扎实做好环保督察问题整改，争创省“无废城市”。

*顺应生态肌理，守护“自然美”。*严守“三条控制线”，严格落实生态环境保护责任清单。全面推进“林长制”，深入实施国土绿化提升行动，新增绿化造林4000亩，创成省级绿美村庄5个。深化“幸福河湖和生态河道”建设行动，建设农村生态河道216公里，创成省级幸福河湖4条。实施生态环境安全与应急管理

“强基提能”三年行动计划。

加快绿色转型，共创“家园美”。全面落实碳达峰碳中和政策，严格项目准入负面清单。大力发展节能环保、循环利用等绿色低碳产业，实施绿色化改造项目6个以上，建成脲醛胶绿岛、印染绿岛一期工程，创成省级以上绿色工厂2家、绿色标杆企业5家。倡导绿色低碳生活方式，推广应用新能源汽车、绿色建材等绿色低碳产品。

八、更加突出共建共享，顺应群众幸福新追求。聚焦民生“七有”目标，尽力而为、量力而行办好七大类63项民生实事，让改革发展成果更多更公平地惠及全县人民。

实现更加充分的就业创业。深入推进“归雁工程”，常态化开展“乐业沭阳”招聘活动，强化“产业+创业+就业”“三业联动”，新增城镇就业8200人以上、扶持创业3200人以上。加快省级青年发展型县域建设，引进高校毕业生4000人以上。深入实施中等收入群体壮大行动，打造5个“家门口”创业就业服务站，实现“15分钟创业就业服务圈”全覆盖。积极开展“新业态、新技能、新人才”专业技能培训提升行动，创建省级创业孵化基地2个以上。

提供更加优质的公共服务。深入推进“三名”工程，新改扩建学校3所、新增学位3000个，培育省级名师2人以上，支持省沭中、沭阳如东中学、建陵高中提质创优，争创省义务教育发展优质均衡县。完善县乡村三级医疗卫生服务体系，支持县第一人民医院、妇幼保健院升级创建，柔性引进省级医学专家100人以上，培育省级基层卫生骨干人才30人以上，通过国家卫生县复审。开展文化惠民活动700场以上，打造省“最美公共文化空间”2个以上。完成《沭阳县扶贫志》编纂。

构建更高质量的保障体系。深入实施社保“幸福行动”，新增企业职工养老、工伤和失业保险参保4.9万人以上，实现村（社区）医保公共服务全覆盖。加强慈善与社会救助、社会福利等有效衔接，实现特殊困难群体精准救助全覆盖。高效运营县养老服务发展中心，完成550户困难老人家庭适老化改造，新建17个互助养老睦邻点、5个社区助餐点，打造“沭适养老”服务品牌。加快推进“让爱童行”儿童友好城市建设，新增市级以上普惠托育机构2家。全面落实生育支持政策。

九、坚持统筹发展安全，铸就和谐稳定新屏障。着力探索符合城市特点和规律的社会治理创新路径，努力实现高质量发展与高水平安全良性互动。

提升本质安全水平。聚焦建筑施工、城镇燃气、道路交通、消防安全等重点行业领域，扎实开展安全生产治本攻坚行动，常态化排查整治安全风险隐患，认真做好省安全生产巡查反馈问题整改，继续实现“三个确保”目标。探索建立“滚动式排查+闭环式整改”工作机制，推动安全生产治理模式向事前预防转型。完善消防救援、应急避难、防洪排涝等基础设施，加快县级应急指挥中心标准化建设。突出“人人讲安全、个个会应急”安全教育，常态化组织开展应急演练，全面提升全社会防灾减灾救灾能力。

提升风险防范水平。健全完善经济运行监测、风险防控等机制，严厉打击非法金融活动，全力防范政府债务风险。加强预期引导和风险监测预警，满足房地产企业合理融资需求，持续推进“保交楼、稳民生”，积极稳妥化解房地产风险。强化食品药品全链条闭环监管。持续防范化解政治安全、意识形态安全、粮食能源安全等重大风险，确保社会大局安全稳定。

提升基层治理水平。坚持和发展新时代“枫桥经验”，扎实开展信访问题源头治理三年攻坚行动，推进矛盾纠纷多元化解。纵深推进常态化扫黑除恶斗争，严厉打击电信网络、养老诈骗等违法犯罪行为。拓展强化“精网微格”功能，打造“一分钟”网格服务圈，争创省法治县。持续推进花木种苗、图书市场等领域专项整治。深化军地共建，提高双拥工作水平。

三、着力建设人民满意政府

各位代表，面对新形势新任务新要求，我们将把政府自身建设作为永恒的课题，与时俱进、守正创新、不负使命，努力打造公正公平、充满活力、务实高效、勤政廉洁的人民满意政府。

致力打造忠诚型政府。巩固拓展主题教育成果，坚持不懈用习近平新时代中国特色社会主义思想凝心铸魂，更加坚定拥护“两个确立”、坚决做到“两个维护”。把讲政治贯穿政府工作全过程，当好贯彻落实党中央和省市县委决策部署的执行者、行动派、实干家。

致力打造效能型政府。进一步匡正干的导向、增强干的动力，坚决整治拈轻怕重、敷衍塞责、躺平甩锅等现象，做到该办的事“事不过夜”、能办的事“马上就办”、难办的事“想法办成”，让“真干、快干，干到最好”“争先、领先，先人一步”成为政府鲜明特质。

致力打造法治型政府。坚持“法无授权不可为、法定职责必须为”，自觉运用法治思维和法治方式履行职责、推动发展。严格规范重大行政决策程序，提高政府科学决策、民主决策水平。自觉主动接受各方监督，让人民赋予的权力始终在阳光下运行。

致力打造服务型政府。始终站稳人民立场，把群众“表情包”当作工作“风向标”，用公务人员的“辛苦指数”换人民群众的“幸福指数”。弘扬“四下基层”优良作风，变“会场”为“现场”，用“诚心”换“民心”，以“实干”求“实绩”，推动政府服务水平迈上新台阶。

致力打造廉洁型政府。坚决扛起政府全面从严治党主体责任，一体推进“三不腐”，驰而不息纠治“四风”。巩固省委巡视整改成果，加强重点领域、重要岗位、关键环节廉政风险防控和治理，营造风清气正的政治生态。厉行勤俭节约，让“过紧日子”成为习惯。

各位代表！使命在身，自当奋勇向前；重任在肩，更须策马扬鞭。让我们更加紧密地团结在以习近平同志为核心的党中央周围，在市委、市政府和县委的坚强领导下，坚决扛起挑大梁、担重任的使命担当，以更加坚定的政治自觉、只争朝夕的奋进姿态、舍我其谁的坚定决心，踔厉奋发、勠力争先，开拓进取、勇毅前行，奋力谱写“强富美高”新沭阳现代化建设崭新篇章！

报告缩略语及名词解释

1.“四个走在前”：2023年3月5日，习近平总书记参加十四届全国人大一次会议江苏代表团审议并发表重要讲话，希望江苏在高质量发展上继续走在前列，明确要在科技自立自强上走在前、在构建新发展格局上走在前、在推进农业现代化上走在前、在强化基层治理和民生保障上走在前。

2.“四个新”：2023年7月5日至7日，习近平总书记在江苏考察，对江苏各项工作取得的成绩给予肯定，希望江苏在科技创新上取得新突破，在强链补链延链上展现新作为，在建设中华民族现代文明上探索新经验，在推进社会治理现代化上实现新提升。

3.7项增速全市领先：地区生产总值、工业用电量、规上工业增加值、工业投资、金融机构本外币存款余额、实际使用外资、农村居民人均可支配收入。

4.8项全市占比实现新提升：地区生产总值、一般公共预算收入、工业用电量、社会消费品零售总额、规上工业增加值、金融机构本外币存款余额、全体居民人均可支配收入、城镇居民人均可支配收入。

5.6项工业经济指标总量位居苏北第一：工业增值税、工业用电量、规模以上工业增加值、规模以上工业总产值、规模工业企业数、经开区工业开票。

6.花木产业“六个转型”：即由苗木向鲜花、种植向园艺、绿色向彩色、地栽向盆栽、线下向线上、卖产品向卖风景转型。

7.“VEP”花木生态价值贷：通过测算花木企业生态产品的供给服务、生态调节服务、人居文化服务等方面价值指标，形成VEP核算报告，金融机构以VEP核算报告作为依据向企业发放的信用贷款。

8.8个“全国百强县”：全国综合实力百强县、全国绿色发展百强县、全国科技创新百强县、全国新型城镇化质量百强县、中国县域高质量发展百强县、中国县域投资竞争力百强县、中国创新百强县、中国工业百强县。

9.“234”园区：沭阳经开区、昆沭高新技术产业园，贤官生态板材产业园、高墟临港工业园、马厂装备制造产业园等3个市级“一区多园”特色园，胡集、十字、扎下、潼阳等4个道口乡镇工业集聚区。

10.“两品一标”农产品：绿色食品、有机农产品和农产品地理标志。

11.“两争两引”工程：“两争”即争取创建省级高新区、争取创建省创新型示范县，“两引”即招引培育科技型企业、引进高层次创新创业人才（团队）。

12.省级“三个中心”：省工程技术研究中心、省工程研究中心、省企业技术中心。

13.“个十百千”工程：近年来，我县准确把握乡村振兴内涵，立足沭阳实际，提出了“以‘两区三带’为统领，以‘个十百千’工程为抓手，建设苏北最美乡村”的发展思路，其中“两区”即乡村振兴示范区、重点帮促片区；“三带”即以穿越县域的324、245、326省道为发展轴，规划设计“花乡绿道”“振兴大道”“五彩美道”；“个十百千”工程即深入实施“五朵金花、十颗明珠、百村示范、千村整治”。

14.“幸福行动”：推动未参加基本养老保险人群应保尽保，“十四五”末基本实现全覆盖。

15.安全生产“两个年”活动：重点行业领域安全生产风险专项整治巩固提升年行动和基础建设强化推进年行动。

16.“专精特新”：是专业化、精细化、特色化、新颖化的缩写。其中，“专”指专业化与专项技术，企业专注并深耕于产业链中某个环节或某个产品；“精”指精细化，企业精细化生产、管理和服务；“特”指产品或服务的独特性与特色化，产品或服务具有行业或区域的独特性、独有性、独家生产的特点；“新”指自主创新与模式创新。

17.“个转企、小升规、下转上”：“个转企”是指鼓励和引导达到一定经营规模的个体经营户注册转制为企业；“小升规”是指规模以下小微企业转型升级为规模以上企业；“下转上”指规模以下、限额以下企业转为规模以上、限额以上企业。

18.“智改数转网联”：智能化改造、数字化转型、网络化联接。

19.“上云用数赋智”：“上云”重点是推行普惠性

云服务支持政策，“用数”重点是更深层次推进大数据融合应用，“赋智”重点是支持企业智能化改造。

20.“1+N”电商集聚区：即在县级打造1个电商产业园“核心区”，在乡镇打造耿圩、庙头、新河、颜集、扎下等花木电商集聚区。

21.“四通一达一顺”等快递品牌：申通快递、圆通速递、中通快递、百世汇通、韵达快递、顺丰快递。

22.“3+3+X”制造业体系：高端纺织、机电装备、绿色家居三大主导产业，电子信息、新能源新材料、生物医药三大战略性新兴产业，X个先导产业。

23.“六度”：投资强度、税收额度、科技高度、安全环保程度、能耗限度、链条契合度。

24.“五率”：签约率、开工率、竣工率、投产率、入库率。

25.“四馆”：美术馆、文化馆、图书馆、博物馆。

26.“四位一体”物业管理议事协调机制：即社区党组织领导下的社区居委会、业主委员会、物业服务企业，以联席会议、调解委员会和恳谈会议为纽带，以服务所辖社区内的小区居民、完善社区管理为目标，共商事务、协调互通的“四位一体”管理模式。

27.“千万工程”：指“千村示范、万村整治”工程，这是习近平总书记在浙江工作时亲自谋划、亲自部署、亲自推动的一项重大决策。实施20年来，“千万工程”在推进农村人居环境治理、建设宜居宜业和美乡村、促进社会共同富裕、满足群众美好生活需要等方面成效显著，影响非凡。“千万工程”历久弥新，其中蕴含的战略思维、创新理念、科学方法、务实作风与原则立场，正发展成为新时代加强农业强国建设、全面推进乡村振兴的科学指引与重要遵循。

28.“一群四链”：“一群”即花木产业集群，“四链”即优质稻米、果蔬制品、肉禽制品、生猪食品四条加工产业链。

29.花木产业“三个升级”：花木生产从工程用苗向家庭园艺消费用苗升级、花木加工由单一花卉苗木向产业配套产品和高附加值产品升级、花木销售从“卖产品”向“卖服务”“卖场景”升级。

30.“花乡八景”：刘集智慧农场、耿圩中央厨房、耿圩西郊农创空间、扎下盆景私藏园、贤官文体中心、桑墟梅美条河、青伊湖红色晓园、高墟碱米农园。

31.“五美庭院”：即庭院美、室内美、厨厕美、生活美、邻里美。

32.“三条控制线”：指生态保护红线、永久基本农田、城镇开发边界三条控制线。

33.“归雁工程”：即推动和引导县外能人回乡创新创业，带动更多先进生产要素向县内集聚。

34.“三名”工程：即名校、名师、名学科。

35.“三个确保”：即确保不发生较大及以上生产安全事故，确保不发生有较大社会影响的生产安全事故，确保生产安全事故起数和死亡人数继续实现“双下降”。

36.“精网微格”：在原有网格化管理机制基础上，进一步深化细化网格化管理体系，充实工作人员队伍，通过将公共区域及社区网格细化，重塑基层组织动员体系，以多元力量继承提升基层效能的治理方式。

37.“四下基层”：即宣传党的路线、方针、政策下基层，调查研究下基层，信访接待下基层，现场办公下基层。

38.“三不腐”：即“不敢腐、不能腐、不想腐”。

调查研究

立足乡村特色资源　走稳走好乡村振兴之路

——沭阳县乡村振兴样板区建设探索与思考

在中央农村工作会议上，习近平总书记指出，全面推进乡村振兴是新时代建设农业强国的重要任务，人力投入、物力配置、财力保障都要转移到乡村振兴上来。市委陈忠伟书记今年参加全国两会接受光明日报采访时提出，要全力推动乡村振兴，加快建设新时代“鱼米之乡”。近年来，沭阳县按照“产业兴旺、生态宜居、乡风文明、治理有效、生活富裕”的总要求，全力推动乡村振兴，各项工作取得了明显成效，新河镇双荡村获评全国美丽休闲乡村，陇集镇墩前村上榜全国“文明乡风建设”典型，青伊湖镇滥洪村名列第九批“全国民主法治示范村（社区）”名单。先后获全国农村产业融合发展示范县、国家级公共基础设施城乡一体化管护体制改革试点县、全国农村承包地确权登记颁证工作典型地区，入选省农业现代化先行区建设名单、接续推进乡村全面振兴被省政府督查激励表彰、土地管理创新获得国务院大督查表彰。近日，县委研究室围绕现代农业、科技装备、农民保障、美丽乡村建设，对立足乡村特色资源走稳走好乡村振兴之路进行调研，形成如下调研报告。

沭阳县地处徐州、连云港、淮安、宿迁四市结合部，县域经济与县域基本竞争力连续跻身“全国百强县”行列，连续入选全国工业百强县。2022年，全县实现地区生产总值1308.45亿元、一般公共预算收入60.7亿元，全体居民人均可支配收入为30353元。沭阳坚持以习近平新时代中国特色社会主义思想为指导，全面贯彻落实党的二十大精神和中央、省、市农村工作会议精神，坚持稳中求进工作总基调，按照乡村振兴战略总要求，围绕建设“苏北最美乡村”目标定位，坚持以“两区三带”为引领，大力实施“个十百千”工程，不断提升“一群四链”能级，打造新时代乡村振兴样板区。

一、沭阳县乡村振兴主要做法

（一）现代农业全产业链数字化。一是汇聚力量共建现代农业产业链。依托国家级现代农业产业园，按照“政府构架产业链，龙头企业建设产业链，花木电商补强产业链，农民全面融入产业链”工作思路，加大产业链共建力度。围绕“六个转型”着力建设园林造型造景、盆景和造型苗木、多肉、容器苗木、盆栽鲜切花、盆栽草本花、干花等七类加工类农产品生产基地。目前，建成沭阳国际花木城、花木大世界等2个超10亿元的大型实体市场。获评淘宝镇16个、淘宝村104个，花木电商4万余家，年花木快递3.47亿单。二是打造农业科技创新融合平台。支持农业领域重大创新平台建设，健全农业科技服务体系，围绕花木、蔬果、畜禽等产业特色，依托苏北花卉、立华牧业等龙头企业、专业合作社和大户建设科技服务超市，组建科技服务专家团队和信息服务网络，开展科技咨询、技术培训、信息查询、信息发布及新成果、新技术、新产品应用示范服务。目前，已经建设江苏省农村科技服务超市花卉苗木产业分店1家，服务花木种植户10万户，辐射花卉种植面积达24.5万亩。三是深入推进现代种业创新发展。2023年中央一号文件指出，要加快推进农业关键核心技术攻关、深入实施种业振兴行动。沭阳县深入贯彻“中国种子战略”，鼓励种业企业与国内科研院所、高等院校合作，建设农业技术研究中心、企业重点实验室、企业院士工作站等产研机构。支持种业头部企业欢腾农业与中国科学院李家洋院士团队开展合作，培育的“沭优9号”优质杂交粳稻新品种取得巨大成功。目前，对江苏欢腾农业有限公司、天盛种业补贴资金和农资共计500万元，年粮食产量达128万吨，连续四年位居江苏省产粮第一大县。

（二）农业科技装备支撑信息化。一是推动农业科技创新与成果应用。大力实施农业科技创新，联合涉农高校和科研院所，着力推进产学研协同创新，建立花木产业技术创新战略联盟，以花木产业核心区和龙头企业为科技项目实施重点，通过引进新品种新技术、先进适用技术集成、种苗产业化生产、景观绿化工程应用示范及产业链相关配套建设，全面提升沭阳花木产业的科技竞争力。两年来，共实施农业科技项目12项，投入资金1000多万元，辐射带动新品种、新技术示范应用500余亩，引进花木新品种、新技术10项。二是加快推进农业农村机械化进程。以创建粮食生产全程机械化整体推进示范县为契机，出台推进省粮食生产全程机械化示范县创建工作实施意见，把加快推进粮食生产全程机械化纳入农业现代化建设考核内容，做好农机科技推广、技术培训、农机生产作业管理等工作，加大农机合作社发展扶持，发展规模适度经营；帮助农民选择良种，加强育秧技术和田间管理等关键环节的技术指导。2022年，全县拖拉机保有量67976台、大中型拖拉机6465台、秸秆处理机械3385台、稻麦联合收割机12126台，三大主要农作物的耕作机械化达99%以上，成功创成全国率先基本实现主要农作物生产全程机械化示范县。三是大力发展农村现代设施农业。围绕“一群四链”，以产业前延后伸为突破口，构建花木产业、优质稻米、果蔬制品、肉禽制品、生猪食品等群链。主攻“头部企业”招引，瞄准亿元项目、产业链补链强链项目，农产品精深加工、新形态乡村产业、高技术农业项目，全力招引一批规模大、业态好、引领产业发展的农业重大项目。2022年，建成农业重大项目31个，投资30.89亿元。

（三）农民收益社会保障制度化。一是构建种粮农民收益保障体系。出台做好夏粮、秋粮收购工作通知，夏粮、秋粮收购监督检查工作通知，指导各涉粮企业有序入市开展粮食收购工作，将未执行备案要求按时报送收购进度以及诚信评价等级较低的企业将纳入重点监管对象，引导市场主体有序入市收购，县粮食集团启动国有库点，做到“仓等粮”。引导国内大型骨干企业扩大市场化购销，对收购主体在政策执行、收购业务流程、岗位职责、安全储粮、安全生产等方面进行培训，优化收购流程，做到“人等粮”。严格执行国家质量标准，做到收购价格上墙、样品上柜，让农民出售“明白粮”。国有粮食收储企业提前筹措资金，获农发行年度授信12.2亿元，做到“钱等粮”。二是完善失地农民利益保障机制。出台征地补偿和被征地农民社会保障暂行办法、农村土地征收保障对象资格界定办法（试行）等系列文件，在土地征用过程中，最大限度地提高补偿标准。探索经营土地补偿路径，让“死”钱变“活”，“小”钱变“大”，切实维护失地农民利益。建立基本养老保险制度，将失地农民逐步纳入社会养老保险体系。积极引导失地农民参加医保，防止失地农民因病致贫、因病返贫。建立健全就业扶持机制，加快失地农民转移步伐，鼓励用人单位吸纳农村失地人员，保证农民“失地不失业”。强化失地农民就业培训，增强了失地农民就业能力。不断改善失地农民居住条件，切实提高生活质量。截至2022年年底，共计保障失地农民28031人。三是建立农村普惠金融保险机制。以获得省级水稻收入保险试点县为契机，出台加快农业保险高质量发展的实施意见、推进农业保险高质量发展工作方案等系列文件。统筹发展农村普惠金融保险，解决农村地区金融服务不充分、发展不平衡问题。实施金融支持脱贫成效巩固，建立完善的农村地区金融服务市场、组织、产品体系，促进农村金融资金回流，实现行政村基础金融服务全覆盖，提高金融服务可得性。设立脱贫人口小额信贷风险补偿金、富民创业担保基金，落实农业保险保费补贴政策。2022年，全县水稻、小麦、玉米投保面积达248万亩，农业保险总规模超1亿元、为农户提供风险保障金超30亿元。

（四）美丽乡村建设行动标准化。一是加强农业农村基础设施建设。出台农村公共基础设施管护体制改革方案，倡导政府主导、多方参与、市场运作的农村公共基础设施管护体制机制，保障农村公共基础设施有序良好运营。深入推进省级美丽宜居示范镇和示范村建设，创建省级特色田园乡村4个。实施新一轮高标准农田建设行动，共建设高标准农田17.5万亩。大力实施农村住房改善工程。目前，竣工8个农房改善项目、改善农户住房条件5411户，其中1980年及以前建的老旧农房改造改善5101户。二是加强基本公共服务能力建设。实施农村道路提升工程，硬化村级道路209.13公里。推进分布式光伏新能源建设，年发电量约14011万千瓦时，新投运110kV变电站1座，新增10kV线路23条。加大5G通信网络建设，新建基站420个。全县480个村（居）已实现村级综合服务设施全覆盖，公共数字文化服务乡村覆盖率达100%。织密扎牢公共卫生防护网络，完善乡村医疗卫生健康体系，推动爱国卫生运动深入开展，进一步巩固国家卫生县城、卫生乡镇创建成果。目前，已成功创建国家级卫生乡镇4个，省级卫生乡镇9个，省级卫生村170个，8个甲级村卫生室和140个达到基本标准。三是推进农村人居环境整治提升。出台农村人居环境整治提升“个十百千”工程实施方案，围绕“镇、村、户，水、田、路”6个重点，开展“百村示范、千庄整治”，实现农村颜值内涵双提升。目前，厕所革命初见成效，完成新建5496户、改造2613户、新改扩建农村三类标准公共厕所28座，建成乡村旅游厕所8座；水体环境大幅改善，建成农村生态河道152条608公里，完成27条农村黑臭水体治理；垃圾收运体系建立，3006个自然村实现垃圾收运体系全覆盖，9个乡镇完成农村生活垃圾全域分类，新建行政村垃圾分类收集点215个，累计创成省美丽宜居乡村201个、省级特色田园乡村7个、省传统村落1个。

二、乡村振兴工作存在的短板弱项

一是农业现代化程度低，产业大而不强。农业生产综合效益不高，具有较大影响力的农业龙头企业较少，缺乏有带动能力的新型经营主体，对产业融合的带动能力不强、创新能力不高；土地规模化经营程度较低，耕地面积208万亩，亩均产出仅5170元，略低于全市平均（5180元），高标准农田占比61.8%，低于全市、全省平均水平；农业品牌影响力不强，农村产业发展不均衡，花木种植面积全省最大，品种全而不精，同质化程度较高，没有产值超过10亿元品种。农业品牌影响力不强，除"沭阳花木"知名度较高外，稻米、蔬菜、生猪、禽类的品牌影响力小、美誉度不高，品牌溢价增值效应不明显，生猪与禽类、蔬菜、食用菌等产业发展质态不高。

二是农村现代化程度低，城乡发展失衡。农业生产配套设施建设滞后，产地批发市场、产销对接、鲜活农产品直销网点等设施相对落后；农村公共服务供给不足，文化、体育等公共服务设施落后，劳动就业、文化教育、医疗卫生、社会保障等方面的短板明显。城乡收入差距较大，2022年沭阳县农村居民可支配收入23319元，低于城镇居民人均可支配收入（36230元），也低于全省平均（28486元）。农民生活质量水平有待进一步提升，乡村人口"空心化"与乡村产业"空心化"现象一定程度存在。

三是农民内生增长力低，增收难度较大。生产成本上升，农业资金缺口较大。生活成本、农资价格上涨明显，农民创业成本增高，但自身拥有资金较为欠缺。农民工资性收入和经营性收入增长幅度不大。巩固拓展脱贫致富奔小康成果接续推进乡村全面振兴难度较大，"十三五"时期，沭阳县建档立卡低收入人口23万，约占全省的1/11，全县低收入人口总量和占比均为全省最多，消除绝对贫困后，仍然面临防止低收入人口返贫任务，低收入农户自身技能有限，内生增长能力不足。

三、对乡村振兴工作的意见建议

一是加大新型农业经营主体培育。招引规模农业企业、培育龙头企业，鼓励企业在构建农业产业链中支撑产业链，领跑产业、发展壮大现代农业，落实龙头企业鼓励政策，鼓励企业采取兼并、股份合作、并购等方式，实现规模经营、做大做强。通过"公司+农户""龙头企业+农户""专业合作社+农户"等方式，引导、带动农民搞规模化农业，形成小农户大基地、小规模大群体的生产经营格局，提高农业现代化水平。

二是大力拓展农产品附加值。构建"绿色种植+精深加工品牌营销"优质稻米全产业链，在沂河北片建成优质粳米产业片区，在西南岗片区建成优质杂交籼米产业片区，创建区域优质杂交籼米品牌。构建"种禽+孵化+饲料+养殖十屠宰+肉品加工+熟食加工十冷链配送"精深加工型肉禽全产业链。通过农业科技应用，发展新型循环农业，加大对绿色农业发展的扶持力度，力争建成更多的国家级、省级绿色农业生产基地及示范园区。参照花卉盆景方面已有的经验积累，培训更多的农民从事高附加值种植业。

三是探索提升产业链价值链新路径。努力引进农业种子公司和农业科研机构，做标准研发、种子研发和技术集成创新，加快由传统生产基地向综合服务基地转型，全方位提升核心竞争力。通过完善联农带农机制，把贫困户"嵌"到产业链上，把企业"连"到扶贫线上，带动农户构建"绿色种植+精深加工品牌营销"农业全产业链。抓住"互联网+"试点县机遇，加快推进数字技术在农业生产经营中的广泛应用，充分发挥"互联网+"在推进农产品生产、加工、储运、销售各环节高效协同和产业化运营中的作用，建立完善的农产品网络销售供应体系、运营服务体系和支撑保障体系，促进供应链基础设施完善升级。

四是大力培养新型职业农民。加强年轻农业人才培养，将年轻农业人才纳入高素质农民培训。支持新型职业农民、通过弹性学制参加中高等农业职业教育，培养有文化、懂技术、善经营、会管理的高素质农民和农村实用人才、创新创业带头人等各类新型经营主体。探索建立"技能银行"，建立个人终身职业技能培训档案，加快"沭阳县创业就业中心建设"。围绕产业链、价值链、创新链布局人才链，定期举办传统技艺技能大赛，增强乡土人才创新创造创业能力，切实发挥其在技艺传承、产业发展等方面的带动作用，全力打造区域副中心城市建设创新创业高地。

（执笔：县委研究室　杜建军）

“一花一河一城”讲述的乡村振兴故事

——锦绣沭阳走出“花样”乡村振兴路

近年来，沭阳县深入贯彻习近平总书记关于“三农”工作的重要论述，坚持规划引领、示范带动，紧扣乡村振兴20字总要求，以花为引、以“河”为贵、以“城”为家，开展“个十百千”工程，全面实施乡村振兴战略，奋力描绘新时代“鱼米之乡”“沭阳新篇章”。

花，描绘产业振兴大蓝图

“春来无处不花香，风光最美数沭阳。”沭阳县地处中国南北地理分界线，独特的气候条件让这里成为“南花北移之地、北木南迁之所”，并逐步发展成为闻名全国的花木之乡。

以花为引，育植返乡创业热土。乡村振兴，重点是产业，关键在人才，沭阳县以深入推进人才振兴为契机，持续扩大花木经济影响力和辐射力。强化载体支撑，筑巢引得“雁”归来。为激发返乡人员扎根家乡创业活力，县财政每年安排就业创业扶持资金3300万元，用于扶持劳动者就业创业、技能提升培训、服务平台和创业载体建设等。全力打造淘宝·沭阳直播基地、创业产业园等平台载体，提供配套服务，降低初创成本，为返乡创业主体提供有力支撑。一方面是完善创业指导服务网络，在县级层面成立1个县创业指导服务中心，在乡镇层面成立为30个创业指导服务所，在村级层面成立480个创业指导服务站，形成覆盖县、乡（镇）、村三级的创业指导服务网络，为创业者提供创业政策咨询、创业培训报名、创业帮办扶持等服务。另一方面是加快创业孵化基地建设。依托沭阳软件产业园、苏奥电商产业园等载体，加快创业孵化基地建设，为创业者和企业提供生产、经营场地支持以及信息咨询、创业指导等服务。强化培训服务，为返乡创业聚“能”添“技”。实施培训、孵化、服务“一条龙”帮扶，依托各类技术院校教学平台，定向培养返乡创业人才，帮助返乡人员提升创业技能。坚持“三化”为导向，即“培训基地专业化”“培训对象普惠化”“培训需求市场化”，围绕花木产业提档升级，实施花匠千人培训计划，开展多种形式的技能竞赛，重点培养盆景制作及养护，盆景造型培育、插花艺术、编艺等方面的专业技术人才，助推全县花木产业高质量发展，成为乡村振兴的又一强力引擎。

以花为信，推动“花乡”品牌建设。加强区域公共品牌的建设与管理，整合相关部门资源，增强协同能力，以品牌经营赢得市场。擦亮沭阳花木品牌。建立品牌发展战略体系，通过花木企业与科研院校开展产学研合作，建成耿圩多肉基地，华东地区最大的蝴蝶兰研发和生产基地，已研发300余种多肉植物、120余种蝴蝶兰新品。“沭阳月季”“沭阳地柏”顺利通过国家地理标志商标认定，“桑墟榆叶梅”获国家地理标志农产品，新增“两品一标”认证农产品63个，注册商标3200余个。依托中国盆景培训基地和盆景“科普教育基地”，通过每年在沭举办中盆会盆景制作技师培训等活动，精心打造红枫、黄杨小盆景等特色品种，并与知名媒体合作宣传，扩大“沭派盆景”影响力，提高“沭派盆景”知名度。目前“沭派盆景”已经成为沭阳花木特色品种之一，中国风景园林学会花卉盆景赏石分会将沭阳作为晋升“中国盆景艺术大师”的永久考试基地。树立诚信经营口碑。沭阳县将自治、德治和法治相结合，创新数字治理手段，从快递源头、市场流通等环节入手，构建跨部门、跨行业的诚信电商监管体系。通过制定《诚信经营村规民约》，快递包裹张贴“诚信标签”，办理花木种苗经营许可证，开展“春风”行动、“猎鼠”行动等专项行动，努力营造“买好花，信沭阳”的大众口碑，“花木电商‘诚信标签’”相关做法获得央视点赞。自“2022猎鼠行动”开展以来，全县共查办花木种苗领域各类违法案件137起，接收移送10起，采取刑事强制措施20人。

以花为媒，赋能产业融合发展。坚持培育乡村新产业新业态，以优势特色产业集群，融合互联网等新时代元素，探索发展新路子。与互联网深度融合，走出特色富民路。全面推进“互联网+花木”产业模式，以省数字乡村试点县为契机，在颜集镇试点建设“数字堰下”。指挥中心通过视频监控、传感监测等终端设备，将空气温度湿度、二氧化碳浓度、光照强度等数据，汇集到“数字堰下”指挥中心大屏幕，花农可通过手机端、电视端精准控温、控湿、用肥、用药，并实时抓取全口径市场行情，及时了解村内生产与全国市场的实时对接。实现了从喇叭一响、黄金万两1.0向网店销售2.0、网络直播3.0、数字经济4.0的迭代升级。与旅游业深度融合，走出文化生态路。立足县域独特的花木产业，深挖旅游资源和花木文化的结合点和延伸链，因势利导推动花旅融合发展，打响“花木之乡精品游”品牌。“文化”塑魂，持续20年打造“沭阳花木节”，不断提高花木节规模、档次和效益，扩大品牌影响力，让沭阳逐步成为长三角乃至全国交流探讨产业发展热点和趋势、进行交流合作的重要平台，其在推进沭阳花木产业特别是提升城市特色品牌方面发挥了重要作用。

河，见证生态振兴全历程

沭阳县因位于沭水之阳而得名，县域河流纵横，有发源于马陵山流经沭阳的蔷薇河，有源自新沂流经沭阳的古泊河，有肩负沭阳航运的淮沭河，也有为人熟悉的有着革命色彩的柴米河，还有承载沭阳人记忆的新沂河。沭阳的河流不仅承载着沭阳的文明，也养育着勤劳勇敢的沭阳人。

*环境整治推动生态振兴。*乡村振兴，生态先行，沭阳县切实践行“绿水青山就是金山银山”理念，秉持“生态优先，绿色发展”原则，深入打好污染防治攻坚战。以全的制度保障治理效能。通过健全责任体系，强化常态督查，让“河长制”引领水环境治理的生态蝶变。切实加快幸福河湖治理，对幸福河湖建设、“两违三乱”“四乱”、碍洪突出问题清理整治等工作开展督查。不断强化各级河长履职。2022年以来，县级河长共召开会议9次，开展巡河71次，交办各类问题80个，办结率达100%；乡级河长共开展巡河3360余次，交办各类问题124个，办结率达99%；村级河长共开展巡河15100余次。以严的措施强化整治力度。坚定不移走生态优先、绿色发展新道路，统筹推进山水林田湖草系统治理，坚决打好“水土气”三大环境质量“保卫战”。截至目前完成886项大气污染治理工程，$PM_{2.5}$浓度、空气质量不断改善。乡镇污水“十必接”项目全面完成，31条农村黑臭水体得到治理，13个国省考断面水质优Ⅲ比例突破90%，创历史最好水平。完成10个地块土壤污染状况调查，247家涉固废单位实现全生命周期监控。新增省级绿色工厂2家、市级8家。中央生态环保督察问题整改基本完成。

*水系建设贯穿城乡发展。*我县大力开展水系建设工程，努力打造水清景美、生态和谐的水美乡村和城市空间。完善城乡水系互联互通，打造海绵城市。推进水利基础设施建设，加强农村供水工程与城市管网互联互通，完善灌排体系，打通防洪排涝“最后一公里”。新建农村生态河道762公里，推进庙头水厂四期等供水基础设施建设，加快雨污分流制改造，提高污水处理率，改善水环境质量。实施河道“流域性”整治工程，以河道汇水区域为片区单位，对王洼大沟、城后河等9个片区实施流域性整治，对流域范围内老旧小区、学校、医院、商业综合体等所有排水单位进行雨污分流、截污纳管改造。启动城区河道活水工程，“润”城细无声。全县启动河道全面自流活水工程，从沭河船闸引淮沭河水，沿内外沭河、老沭河，向三中沟、虞姬河、圩东河等河道进行活水。循环后的尾水部分退入柴沂干渠作为灌溉水源，部分退入沂南河，带动沂南河水体流动性。活水试运行后，河道水质明显改善。经环保部门多次水质检测，17个采样点中，有16个达到Ⅲ类地表水标准、1个接近Ⅲ类。通过科学控制河道流量分配比，内外沭河、老沭河等活水区域河道持续较高水位运行，正式告别枯水状况，河道面貌持续改善。

*水岸河畔精绘花园城市。*近年来，沭阳县通过科学规划、提升内涵，注重细节、追求品位，以重点项目建设构筑花园城市“四梁八柱”，增强要素集聚和承载能力，不断满足群众高质量生活需求，让城市颜值与内涵齐飞。扮靓道路交通景观，坚持“一路一景”，系统性考虑每条道路、每个景观中的路灯亮化、标识标线、树种选择、景观搭配等要素，科学规划，精心做好道路街景提升工作。通过丰富的绿色景观组合，彰显出各条道路的特色，构建林路相连、城在绿中、人在景中的生态园林新格局，不断提升群众的幸福感和满意度。2022年，沭阳新增公园绿地53.4万平方米，万安路、台州路等道路实现“一路一景”。优化绿化空间体系，通过拆迁地块复绿、破硬复绿、见缝插绿、拆墙透绿、拆墙增绿行动，因地制宜织补扩展口袋公园、便民绿地、民生游园，构建完整连贯的绿地系统，持续推进“片区、街区、小区”绿色空间开放共享。近年来，我县相继启动沭阳植物园、沭河30千米无障碍环形步道提升、城北公园改造、15分钟生活圈“口袋公园”等一批民生园林工程建设，打造高品质城市绿色生态空间体系，形成人与自然和谐共生的发展新格局。

城，擘画乡村振兴新征程

沭阳县以“五朵金花、十颗明珠、百村示范、千庄整治”工程为牵引，全方位打造区域副中心城市，实现城乡产业要素自由流动，积极抓好贤官等乡镇建设，用“高峰”拉起一片“高原”，扎实做好乡村振兴的“后半篇文章”。

*“县”当“市”看。*沭阳县跳出县城思维，瞄准区域副中心城市发展定位，优选路径，以城乡融合发展的理念推进城乡建设。2022年，沭阳GDP达1308.45亿元，是2012年的2.73倍，历史性实现苏北“三连

冠”，一般公共预算收入达60.7亿元，是2012年的1.24倍，总量连续两年领跑苏北20县（市）。量变引起质变，全县经济发展取得新突破，再上新台阶，将进一步增强对乡村的辐射带动能力，以城市的资本、人才和技术优势与农村的资源和生态优势有机结合，促进县城基础设施和公共服务向乡村延伸覆盖，强化县城与邻近城市发展的衔接配合。

“镇”当“城”建。聚焦宿迁市“1129+N”城镇体系格局，结合“四化”同步集成改革的总体要求，将3个“小城市”建设成为全市最美乡镇，打造乡镇规划样板间，其中贤官被列为全省经济发达镇培育对象。坚持“无规划不建设，无设计不建设”原则，聘请专家成立咨询小组，以便民性和设计感为出发点，统筹地上和地下、节点和全域及施工先后，编制并实施雨污管网建设交通要道沿线环境提升、口袋公园建设、工业园区提升等精品工程，实现由“镇”向“城”转变。提高基础设施新标准。全面实施“点线面”工程，高标准实施绿化、亮化、硬化、美化和文化提升，适度超前做好交通路网、雨污管网、燃气和热力管网等基础配套工程。2022年全县新改建农村公路97.5公里，实施农村公路生命安防工程300公里，完成农村供水管网改造126公里，乡镇5G信号覆盖率超过95%。

“村”当“乡”扮。坚定打造宜居宜业和美乡村，全县以“两区三带”为统领，抓两头、带中间，强化典型引路、坚持内外兼修，重点打造“五朵金花”等特色乡村，突出花乡特色风貌塑造，创新保护其历史文化资源、传统肌理和自然景观。创成省级特色田园乡村4个、绿美村庄8个、美丽宜居乡村59个。实施农村公共空间治理项目1971个，完成农村改厕超万户，新改善农民住房条件5500户。越来越多的村庄脱胎换骨、容光焕发，村强、景美、民富、人和的“新时代鱼米之乡”画卷正缓缓铺开。

（县委研究室）

探索中国式现代化的县域实践路径

——沭阳县高质量发展探索与实践

2022年，沭阳县地区生产总值1308.45亿元，全国排名第28位；一般预算收入60.71亿元、工业增值税23.48亿元、工业用电量51.20亿千瓦时，均居苏北首位；实现货物进出口总额15.18亿美元，同比增长11.37%；促进制造业创新转型、财政管理等23项工作受到国务院和省政府大督查表彰，荣获综合实力、工业经济等24个“全国百强县”荣誉，拥有国家级开发区和国家级现代农业产业园2个“国字”号园区；全县集聚了5263家工业企业，形成了覆盖35个工业大类、151个中类和362个小类的较为完备的工业体系，规上工业企业982户，数量占全市的36.5%；累计获批省星级上云企业452家、通过两化融合管理体系贯标企业57家，全市最多。党的十九大以来，获国家级试点项目22个、省级试点项目55个，改革工作获省级以上领导批示18次；入选苏北县级唯一Ⅱ型大城市，获评“中国纺织服装名城”、国家级县城新型城镇化示范县、全国首批电子商务进农村综合示范县、全国县域数字农业农村发展先进县等多个国字号称号。一张张亮丽的成绩单，展现了沭阳推动高质量发展和现代化建设取得的重要成就，彰显了沭阳经济发展的强大韧性和蓬勃活力。

2023年全国两会期间，习近平总书记参加江苏代表团审议时强调，高质量发展是全面建设社会主义现代化国家的首要任务，对江苏发展提出了“四个必须”“四个走在前”的最新要求。党的十八大以来，习近平总书记多次亲临江苏考察调研，对江苏发展作出重要指示，赋予江苏“争当表率、争做示范、走在前列”的光荣使命，为江苏擘画了“经济强、百姓富、环境美、社会文明程度高”的宏伟蓝图。今年是贯彻党的二十大精神的开局之年，沭阳县委县政府牢记总书记嘱托、感恩奋进，锚定高质量发展首要任务，在推动高质量发展上聚焦用力，发挥示范引领作用，积极推进中国式现代化的县域实践。近期，笔者对我县高质量发展情况进行调研，总结梳理亮点特色，分析存在问题与不足，并提出对策建议。

一、强化创新第一动力，培育发展新动能。创新是引领发展的第一动力，沭阳县始终把创新作为制胜因素放在心上、抓在手中。积极推动企业研发机构建设。引导企业自建或与高校院所共建研发中心，以平台促创新、以平台引人才、以平台带产业。截至目前，全县累计拥有国家级企业技术中心1个、省级工程技术研究中心23个、省级企业技术中心58个、省级工程研究中心15个、省研究生工作站71个。强化科技成果转化，不断深化校企产学研合作，将合作项目的专家引进到企业兼任科技副总经理、副总工程师等职务，并持续开展科技创新活动。目前，累计引进省“科技副总”171名、省“三区人才”72名到142家企业任职。深入实施创新驱动发展战略。坚持创新在现代化建设全局中的核心地位，谋划构建全过程创新生态链，高水平推进科技创新强县建设。出台科技创新实施方案，对创新型企业培育、研发机构建设、科技公共服务平台建设、产学研合作等方面进行奖补。通过开展科技创新“一走进三精准”科技服务，为企业创新需求定制“一企一策”服务清单，精准推动企业创新转型。近三年来，平均年奖补企业300家以上，累计奖补资金1.2亿元。实施“沭水优才”计划。致力于制造业产业体系人才引进，持续举办“才聚沭水·圆梦花乡”高层次人才创新创业大赛，精准引进行业领军人才及项目，打造政策“高地”、人才“洼地”，进一步完善人才评价与激励体系，扶持高层次人才创新创业项目，使科技人才居有定所、业有所得，引得进、留得住。截至目前，全县累计引进各类科技人才2万余人，其中院士1名、国家“千人计划”专家28名、省“双创团队”3个、省“双创人才”52名。

二、推动城乡协调发展，形成互补新格局。只有坚定不移推动城乡区域协调发展，才能最终实现全体人民的共同富裕。全面实施县域经济发展新战略。着力促进区域产业融合、协同发展，加快构建主体功能明显、优势互补、高质量发展的区域经济布局。探索“234”园区建设体系，激发园区核心竞争力，形成了工业经济从“双引擎”驱动向“多动力”支撑发展局面。目前，沭阳经开区产业转型升级创建项目已获中央财政支持资金1000万元，创建成效在全国20家创建单位中位列第4位。桑墟镇、贤官镇工业开票双双进入百亿元行列，新河双荡村获评中国美丽休闲乡村，陇集镇墩前村成为全国文明乡风建设典型，青伊湖镇滥洪社区被司法部命名为全国民主法治示范村，老沭河健身步道获评“2021江苏省最美跑步线路”，颜集镇、新河镇、庙头镇成为全国乡村特色产业超十亿元镇。推动高墟镇、贤官镇、马厂镇三个小城市建设。按照“一区多园”布局，高墟镇实施“港产城”融合发展，重点发展纺织产业、新型建材和现代物流等临港产业，打造“石化（PTA）—聚酯—纺丝—加弹”化纤全产业链；贤官镇以板材家具产业为基础，依托沭阳亚森同汇等龙头企业为带动，向综合型、生态型板材方向发展，着力发展绿色家具、绿色板材等类别；马厂镇以机械加工产业为基础，积极发展水泵外壳、汽车配件、变速箱体、旋耕机外壳等机械加工业，做大做强做优主导产业和特色产业。每个小城市年内计划引进规模以上工业企业3家以上，培育特色产业3家以上。加强花木产业核心区建设。启动建设华东花木大世界，计划总投资约30亿元，一期占地1500余亩，包括5个特色展馆和25万平方米标准玻璃温室大棚。项目建成后，将成为江苏乃至华东地区最大的花木交易市场，可入驻商户3000余家，年交易总额超百亿元，为周边群众提供更多就业、创业机会，带动全县花木产业向多元化、精品化、高端化方向发展。巩固拓展脱贫攻坚成果。围绕“两带三联”工作思路，创新“输血+活血+造血”帮促机制，不断增强涟沭片区造血功能和自我发展能力，努力把片区打造成乡村振兴示范田，成功实现了形象从“基础薄弱”向“升级改善”转变、乡镇实力从“贫困生”向“生力军”转变、农民面貌从“打工者”向“创业者”转变。曾经的省定贫困村已悄然发生“蝶变”。一批批美丽乡村示范村、一条条乡村振兴示范带快速涌现，吸引大批游客前来游览打卡。2022年，城乡居民人均可支配收入比缩小至1.55，发展平衡性协调性明显增强。

三、推进生态文明建设，扮靓富民强村底色。生态文明建设是关系中华民族永续发展的根本大计，也是高质量发展的内在要求。践行绿水青山就是金山银山理念。把生态文明建设作为重大政治和民生任务抓紧抓实，全力打好污染防治攻坚战，实现乡镇生活污水处理设施全覆盖。2022年，优良天数比例为79.5%，13个国省考断面水质达标率为100%。对394家木材加工和家具制造企业涉VOCs清洁原料进行替代、淘汰单一光氧等废气收集处理设施企业141家。投资2.5亿元实施城区尾水导流工程，将城东、城南两个污水处理厂尾水收集后导入生态湿地，基本消除城市建成区黑臭水体和劣Ⅴ类国考断面，地表水国考断面创近年来最好水平。建成全省首个大型活动碳中和林，为“双碳”目标贡献沭阳力量。目前建成区绿化覆盖率、绿地率分别达到43.97%、41.16%以上，人均公园绿地面积达13.24平方米，绿色日益成为沭阳高质量发展的鲜明底色。深入推进生态文明建设。以生态产品价值实现机制试点为契机，出台建立健全生态产品价值实现机制试点工作方案，探索建立“保护者受益、使用者付费、破坏者赔偿”的利益导向机制，坚持生态优先、绿色发展，打造“处处皆景、人人可享”的生态空间。围绕“线上+线下”全场景交易模式，加强基础建设，拓宽生态产品价值实现渠道。深化交易机制改革，创新生态价值转化通道，开展了全省首例跨区域水权交易，解决了悦来镇4万亩农田用水问题。厚植花香底蕴，依托“农旅+”，大力发展乡村生态旅游。其中“沭阳春季花乡赏景亲林一日游”“沭阳四季花开十里林木科普休闲二日游”入选全省50条休闲旅游农业精品线路。启动实施农村人居环境整治提升工程。聚焦公共空间治理、村容村貌提升、农村厕所革命等重点任务，在镇一级探索形成“镇活、村净、户美、水秀、田方、路畅”和“特色文化、人文景观、乡村意境”的“6+3”全域改善模式，在村一级探索形成“生活数字化、生产数字化、社会治理数字化”的“数字乡村”模式，在户一级探索“整洁有序庭院美、温馨洁净室内美、干净清爽厨厕美、身心健康生活美、和谐互助邻里美”的“五美庭院”新模式，打造生态美、环境美、人文美，管护水平高的生态宜居美丽乡村。对照“村里村外不见垃圾、房前屋后见缝插绿、厕所污水一并治理”标准，扎实开展治水、治厕、治废、治垃圾“四治”工作，全面改善人居环境。目前，共建成三类标准农村公共厕所318座，累计建成农村生态河道1093公里（覆盖率45.5%），农村生活污水治理率达41.15%，全县已新（改）建卫生户厕约2万户。

四、推进共享发展，不断增进民生福祉。坚持“小切口大变化”，着力破解民生难题，不断把人民对美好生活的向往变为现实。坚持把富民作为重要价值取向。聚焦高校毕业生、退役军人、农民工等重点群体，实施多渠道灵活就业，加强高素质技能人才培训，着力提高就业质量，积极构建居民持续普遍增收机制，全力打造“花漾沭阳·创业天堂”返乡创业就业服务品牌。今年以来，新增城镇就业4010人、引进高校毕业生2200人，共开展创业政策宣传6200余人次，为806名创业人员发放创业补贴，为407名创业人员发放富民创业担保贷款，为26户企业发放“苏岗贷”1.58亿元，全面提升群众工资性、经营性、财产性等收入，让共同富裕的道路越走越宽广。聚焦“民生七有”目标。认真办好10大类50件民生实事，着力解决好“大班额”“看病贵”“养老难”等急难愁盼问题。围绕打造“苏北教育强县”目标，实施职业教育“扩容提档升级”工程，推动各类教育优质均衡发展。医疗方面，强化医疗服务“扩容下沉、均衡布局”，不断健全完善县乡村三级医疗卫生服务体系建设，加快县第一人民医院建设进度，加强卫技人才培养，全面提升医疗卫生服务保障能力。完善“县乡村”三级服务布局，建设县级公办养老服务发展中心、乡镇区域性养老服务中心、村（社区）养老服务站，全力提升“县乡村”三级养老服务水平。目前，线上服务26万余名老人，线下为4.6万名经济困难失能、高龄老人提供居家养老上门服务，为5.28万名空巢留守老人提供亲情关爱服务。让更高水平的就业、教育、医疗等基本公共服务直通老百姓身边，“小切口”带来民生“大变化”。坚定践行以人民为中心的发展思想。近年来，我县将九成以上财力用于保障和改善民生，用心用情用力解决好群众“急难愁盼”问题，就业、教育、医疗卫生、社会保障等民生事业蓬勃发展。出台《“技能沭阳”行动（2022–2024年）实施方案》，通过实施“技能沭阳”行动，不断完善技能人才培养体系，技能人才结构与产业需求更加匹配，技能人才评价体系更加科学，高技能人才激励机制更加完善，技工教育与产业发展更加融合，着力打造一支规模宏大、结构合理、技能精湛、素质优良，基本满足我县经济社会高质量发展需要的技能人才队伍。2022年完成各类补贴性职业技能培训8651人、城乡劳动者就业技能培训4656人、新生代农民工职业技能培训2248人、电子商务（直播）培训4630人，组织桐昆集团、伍佳纺织、天能集团等企业开展岗前培训3200人，涵盖聚焦高校毕业生、“两后生”、新生代农民工、失业人员和转岗职工、退役军人、残疾人等重点群体，人民群众获得感幸福感逐年提升。

沭阳县处在爬坡过坎的关键期，推动高质量发展仍面临不少问题挑战

沭阳在推动高质量发展上先行一步，并取得重要成就，对标习近平总书记和党中央的要求，对照人民群众的期盼和诉求，仍存在一定差距。在深入调研基础上，笔者查找分析了沭阳在推动高质量发展方面存在的问题与不足：

*一是产业发展不平衡问题依然突出。*目前沭阳虽然工业经济总量超千亿，但产值超百亿、超50亿的大项目还不多，龙头企业带动不明显，主导产业还未形成500亿级、千亿级规模，新兴产业也没有迈上百亿级台阶。主导产业仍以传统产业为主，电子信息、新能源材料、健康医疗等新兴产业发展还不够快，受限于技术、资金、管理、人才等多方面的短板，转型升级缓慢、动力不足。单体开票销售收入超百亿企业仅有天能一家，同时还没有一家工业上市企业，难以形成完善的上下游配套产业链；二产占比始终在41%到46%之间徘徊，沂河北产业发展普遍好于沂河南。

*二是企业自主科技创新能力不足。*原始创新、关键核心技术、科技成果转化等方面仍存在薄弱环节。高新技术企业储备不足，我县木材、纺织等传统产业较多，科技含量不高，可培育申报的企业不多，高新技术企业目标任务在逐年递增，符合申报条件的较少，缺口较大，研发机构层次不高，大部分企业研发机构为产品检测室，产业核心技术竞争力较弱，缺乏高端技术研发平台，企业研发投入少，成果产出低，科技人才少，自主创新不突出，没有省级以上企业重点实验室、院士工作站和技术创新中心，外国高端人才和专业人才来沭工作低于省、市平均水平。

三是高素质人才供给不足。高质量发展离不开高素质人才支撑，人才“请不起”与“留不住”并存，“副中心”吸附力还有待进一步提升，基础设施建设、公共服务供给、创新创业环境与人才期望还有差距，人才落户沭阳的意愿还不够强烈；人才政策竞争力不强，与周边地区相比竞争优势不明显，一些人才项目因为政策支持力度不达预期，没能成功落地；高层次人才紧缺，引领未来发展的战略性新兴产业仍处于培育期，承载高层次领军型、拔尖型人才的科技型企业还不多，成长空间受限；企业在职技术培训发展缓慢、懂技术产业工人短缺，企业缺乏有效的培训激励制度，员工在职培训后获得的技术、技能与员工薪酬待遇与技能人才期盼有差距；职业技术教育发展不能适应县域经济社会发展需求、职业资格认证体系还不健全。

四是共享发展仍存在薄弱环节。民生领域还有不少短板弱项，就业、教育、医疗、托育、养老、住房等公共服务与群众期盼还有差距。基本公共服务供给规模、质量与人民群众日益增长的美好生活需要不相匹配；城乡、区域、群体间公共服务资源配置不均衡，农村和困难群体的基本公共服务有待强化；基层公共服务人才短缺，服务设施不足和利用率不高并存；法制化建设和制度间衔接需要加强；公共服务供给手段和方式较为单一，社会力量和市场机制参与不足；群众在教育资源、医疗资源、文化供给等方面获得感不强，乡镇联城带村功能有待提升，农村发展基础仍然比较薄弱。

党的二十大以来，沭阳县相继召开了一系列会议对高质量发展作出重要部署。新征程上，沭阳县正牢记习近平总书记的殷殷嘱托，把新使命新任务作为推动沭阳高质量发展和现代化建设的根本之策、关键之举、成事之要，明确了以比状态拼干劲、比实绩拼位次、比贡献拼占比、比担当拼服务、比效能拼作风的“五比五拼”状态和行动，坚决落实“四敢”精神，以全面深化改革、扩大高水平对外开放激发活力，破解高质量发展难题，把区域副中心城市建设作为深化改革开放的大机遇、大文章抓好做实，努力将沭阳打造成为新发展格局的战略支点、高质量发展的示范地、中国式现代化的样板地。建议：

一要以实体经济为本、建设现代化产业体系。依托“234”园区体系，以“5321”工程和16条重点产业链培育为抓手，大力实施“3+3”产业集群培育计划，引进和培育电子信息、健康医疗和新能源三个特色产业的上下游企业，完善产业链条，形成有一定特色规模和影响力的新的产业集群；全力招引培育龙头骨干企业，重点招引处于产业前沿、拥有核心技术、具备领先优势的龙头骨干企业；建立重点上市企业培育库，为库内企业提供上市指导；为初创企业和高成长性企业提供赋能服务。支持企业瞄准前沿关键技术、战略支撑技术、终端消费革新等开展定向创新、做精做强，梯度培育专精特新产品企业、独角兽企业和瞪羚企业。

二要以创新增强内生动力、强化高质量发展战略支撑。建立财政资金投入稳定增长机制，设立科技计划项目专项资金，鼓励企业加大研发投入力度，组建研发中心，加大人才引进，强化发明专利申请，积极承担各级科技项目，推动科技政策落实，促进企业自主创新，加大高科技项目招引力度，对投资的新兴产业项目在土地政策等方面给予优惠，进一步壮大我县高新技术产业。围绕产业发展需求，继续按照研发机构“四有”标准，指导企业研发机构建设、推动苏讯新材料建设省级工程技术研究中心。

三要以加快新时代人才强县战略、促进区域协同发展。整合人才科技资源，优化升级人才政策，打造区域政策“高地”；建强载体平台，大力招引培育新兴产业，推进“两站三中心”建设，打造人才集聚“强磁场”；推进离岸研发机构、人才飞地、科创飞地、科技综合体建设，不断提升人才承载力；优化服务体系，健全党委联系服务专家人才制度，开展“爱国·奋斗·奉献”精神教育、县情研学、人才节等活动，凝聚人才向心力；推进“沭才智汇港”建设，为人才提供“一站式”“保姆式”服务，提升人才获得感。鼓励企业开展职业技术、技能培训，对企业职业培训提供必要的扶持政策；鼓励职业教育创新发展，实现无缝对接县域经济。

四要以共享促进共同发展、不断提高均衡性可及性。逐步改善乡镇（街道）公共服务设施建筑面积不达标、房屋设施陈旧、文化类基础设施配套少、站房被占用等突出问题；落实用地、税收、审批等扶持政策，降低准入门槛，通过政策引导、资金扶持，鼓励社会力量兴办基本公共服务机构，提供基本公共服务。利用各种机会恳请省级部门加大对我县教育、医疗、文化等各领域方面的资金扶持，补齐基本公共服务短板，全力提升人民群众幸福指数。健全就业公共服务体系，完善创业和灵活就业扶持体系，以稳就业托起群众“稳稳的幸福”。

（执笔：县委研究室　杜建军）

乘“云”触“网”

——关于沭阳农业信息化的调研与思考

强国必先强农，农强方能国强。习近平总书记在参加十四届全国人大一次会议江苏代表团审议时指出，农业强国是社会主义现代化强国的根基，推进农业现代化是实现高质量发展的必然要求，这为推进农业现代化，加快建设农业强国指明了前进方向和根本遵循。省委书记信长星在沭阳调研时强调：“坚持守正创新、用好乡土人才，把传统融入现代，把美丽做成经济，不断拓宽农民增收致富渠道。”近期，沭阳县委研究室成立联合调研组，围绕沭阳农业信息化建设情况开展了专题调研，总结经验、剖析问题并提出对策建议，形成如下调研报告。

（一）

沭阳县以国家级“互联网+”农产品出村进城试点县为契机，扎实推动农业上“网”、数字进“村”、“智”富有招，获“全国电子商务促进乡村振兴十佳县域城市”“中国县域电商竞争力百强榜”“全国农产品电商百强县”等称号。

——新农业：从“会种田”到“慧种田”，信息化赋能让“智慧农场”成为现实图景。沭阳县坚持将物联网、大数据、区块链、人工智能、5G等信息技术与农业重大项目建设深度融合，为全县农业现代化发展注入“数字基因”。一是基建成为新农本，智慧农业从“憧憬”走向“现实”。完善电商快递物流园、电商集聚区、网红直播带货销售展示厅等农业信息化基础设施，健全农业生产供应链、运营服务和支撑服务体系，先后建成规模粮食生产、设施花卉等28个农业物联网技术应用示范基地，规模设施农业物联网技术应用面积占比达25%，均位居全市首位。二是数据成为新农资，传统农业从“泥里”飞入“云端”。目前，沭阳建成县级大数据中心，构建“1+5+N”智慧农业信息体系，推动花木生产管理效率提高15%、效益增加8%。县农业农村局与移动公司联合探索打造的艺森园盆景工匠孵化中心，创新了盆景孵化“指挥部”的“一中心”统揽、盆景托管和盆景直播的“二场景”创新以及盆景商城、匠人课堂、数字展厅的“三平台”赋能，实现盆景产业智能化在线，让数据在产业中“活起来”，迸发出前所未有的“能量”。三是科技开辟新农田，花木产业从“单一”转至“多元”。作为华东地区最大的花木种苗繁育中心之一，扎实推动产品结构由单一花卉苗木向花鸟鱼虫石转变，开发干花配件、花木盆器、园艺资材、快递包装等配套产品，开发涉花化妆品、风味食品、精油花茶等高附加值产品，目前全县拥有各类种质资源6500多种。

——新农人：从“新农民”到“兴农民”，信息化赋能让“线上经济”迭代升级。构建“花木+电商+直播”产业模式，先后建成县电商运营服务中心1个、综合性电商集群10个，花卉直播全国占比1/3，拥有4.5万多家花木盆景电商，从业人员达35万人，2022年全县花木电商销售额超240亿元。一是打造直播电商集聚区，“云上花市”购销两旺。清晨走进扎下镇艺森园盆景直播中心，众多网络主播已拿着“新农具”干起了“新农活”。据中心负责人介绍，该中心占地1100余亩，建成苗木栽种基地、盆景制作中心、展示中心、直播中心和工匠孵化中心5大板块，通过集中竞拍场景方式吸引周边300余户盆景大户、400余名网红在淘宝、抖音等10多个平台同步直播，日均销售额达30万元，年销售额超1亿元。二是精塑花乡沭阳金招牌，“中国花谷”诚待天下。花木盆景种植面积约占全国1/12，每秒有15.8件快递从沭阳发出。调研人员随手拿起一件快递，一张绿色的“诚信标签”特别引人注目，这是沭阳县推进花木电商诚信体系建设的首创性举措，标签上标注着监督电话以及投诉平台小程序，从“失信”源头对商户进行监督。去年以来，累计发放诚信标签超5.2亿张，网民满意度达90%以上。三是开创农民培养新格局，“技能助农”遍地开花。依托淘宝大学等载体，开展花卉园艺师、园林绿化工、盆景工培训；探索花木盆景类专业人才职称改革，制定花卉种植专业人才职称评价标准，开通乡土人才职称评价绿色通道，拓宽花木类乡土人才职业发展通道。目前，累计培养花木产业带头人0.82万名、农业经纪人3.6万名、花木专技人才13.8万名，获批省级乡土人才大师工作室3个、示范工作室1个。

——新农村：从“传统型”到“现代型”，信息化赋能让“数字乡村”呼之欲出。数字乡村是乡村振兴的战略方向。沭阳县通过集聚数据资源、发挥数据作用、运用数据效应，引领“乡村蝶变”，获评全国县域数字农业农村发展先进县，拥有16个“淘宝镇”、104个“淘宝村”，是全国最大的农村淘宝村集群之一。一是“数字”提高生产能力。在堰下村数字化管理中心，屏幕上滚动着最新物流、苗木价格等信息，花农可通过“数字堰下”平台实时查看大棚温度、土壤湿度等状况，并进行控温、控湿、用肥、用药，为“难伺候”的花木提供“精准”服务。2022年全村花木产业生产总值达5.15亿元，同比增长15%。目前，沭阳县413个涉农村居建成“益农信息社”，为农业企业和广大农户提供农业咨询、农产品交易等服务。二是“数字”点亮幸福生活。“现在买菜可以足不出户，中午吃啥在电视上点一点就能实现”，村民张大爷正在电视机前向调研组演示网上买菜服务，这只是数字乡村建设的一隅。沭阳县打造了集生活、生产、惠农政策等功能的数字化“服务台”，让数字乡村建设既接地气、也有人气。目前，农户可通过“一码两端一中心”，及时了解村情村务、发布家政供求信息、参与社会治理，并可享受生活缴费、网上买菜等服务。三是“数字”放大治理效能。堰下村电商范磊指着家门口牌子上的二维码向调研组介绍说：“很多外地来的采购商都对这个二维码赞不绝口。”通过扫码，访客可以“码上”看农户信息、网店信息等，管理员可以“码上”处理农户咨询、申请等，也可对“党员户、电商户、建档立卡低收入农户和一般农户”进行分类管理，初步构建智慧社区、网格化管理、便民服务有效融合、互为补充的“线上+线下”基层治理体系，实现基层“治理”向“智理”转变。

（二）

当前，沭阳县农业信息化建设虽然取得了阶段性成效，但也面临着一些问题与挑战，一定程度上制约着全面推进乡村振兴。主要表现为以下几个方面：

一是农业信息基础不强，“空中楼阁”问题不容忽视。农业信息化基础设施建设不强是沭阳县乃至苏北县市普遍存在的短板弱项。互联网覆盖面有缺口，截至2022年年底，沭阳县互联网宽带接入用户占常住人口比重仅为34.12%，分别低于全市、全省9.35个、18.16个百分点，差距较为明显。此外，沭阳县5G覆盖不平衡现象仍然存在，县城实现了全覆盖，而行政村5G信号覆盖率为98%，尚未实现全覆盖。财政扶持力度不平衡，据了解县域农业信息化建设资金基本上来自省级现代农业专项资金，致农业信息化建设资金投入相对不足，定期维护资金也相对短缺。县级财政无农业信息化专项资金，部分重大农业项目有奖补资金。

二是农业信息人才缺乏，“人才空洞”问题仍然凸显。调研发现，信息人才匮乏是制约农业信息化的重要瓶颈之一。目前，沭阳县在研发、生产、加工、仓储、销售、物流、售后、服务等各环节，融入了大量数字化技术，从传统农业产业向农业数字化发展。从事农业信息化生产的人才不足，农业信息化技术推广、指导方面的专业人才严重不足，年龄结构老龄化严重是苏北普遍存在问题。据统计，沭阳县从事信息传输、计算机服务和软件业的农村居民总人数为2929人，占乡村人口比重为0.2%、仅为全省平均水平的20%。人才引进及激励机制不完善、岗位吸引力差、年轻人积极性差、新鲜血液严重不足等，这些均限制了农业现代化的发展。政府农业服务的人员数量不足，调研发现，无论是县级、乡级农业信息化专业服务人员均缺乏。表现为：县级农业农村部门设有农业信息化机构，但无信息化专业人才；各乡镇农村工作局工作人员低于10人，且未专设农业信息化机构，在岗工作人员为非信息化专业，对农业信息化了解不够，关注不多，服务能力不足。企业及第三方机构农业信息化人才不足，调研组走访了沭阳牧原农牧有限公司、宿迁市立华牧业有限公司，牧原公司在沭阳共3个厂区，平均每个厂区只有2人从事信息化；立华公司在沭阳有4个厂区，无信息化人员，只在总部有2个人负责信息化，相对中小企业，更无法保证信息化人才。究其原因还是农业信息化投入产出比不高，企业追求利益最大化的目标取向成为信息人才长期处于空缺状态的重要因素之一。

三是农业信息服务相对滞后，“最后一公里”问题相对突出。农业信息只有及时传递给农户才会形成有效生产力，但因信息服务层级、时效等特点，“最后一公里”问题尚未完全解决。信息服务针对性不强，农业信息化初期各行业、各部门开发的信息系统平台呈现爆炸式、无序增长，导致信息分割管理、共享难度较大，虽经历无序到有序，有序到整合，农业信息仍缺乏针对性。信息服务宣传推广有待提升，沭阳县与苏北各市县一样，“大县小农”，小农户兼业为主、小规模经营方式等从根本上制约了数字化生产方式；从农户个体看，学历较低、岁数较大者比例较大，接受信息服务的积极性不高、信息获取能力较低。目前，省农业农村厅开发了农技耘APP，集“农技推广专业知识库、专家问诊、视频诊断、信息采集发布”为一体，为广大农户提供“全天候、顾问式”的线上技术服务。但是，从已安装注册农技耘App比重看，沭阳县注册农技耘App用户为13016户，占乡村户数347672户的3.7%、低于全市0.7个百分点。信息服务主动性不足，信息化建设的资金投入不能够满足发展需要，大部分企业由于缺乏资金，或资金投入产生效益较慢，不愿自己投入进行数字化改造。调研组走访了江苏国明农业开发有限公司、江苏鸿丰生物科技有限公司等10余家企业，只有沭阳牧原农牧有限公司投入3000万元，用于建设猪舍环境智能化、养殖云平台等信息化设施，其他企业基本无信息化自主投入。

四是农业信息利用不足，“信息孤岛”问题尚未解决。用活用足用好农业信息资源可以大幅提高农业生产效率和管理、经营、决策水平，由于存在多头建设、分散管理等问题，较难实现农业信息资源利用最大化。农业信息资源服务能力不足，据沭阳县农业农村局工作人员介绍，沭阳国家级现代农业产业园大数据中心前期投入较大，合同约定由中标单位维护运营，农业物联网项目通常质保期为3年，质保期后的运营维护缺少专门资金。调研组还了解到，目前国家和各级政府层面对农业信息化建设的资金投入均不足，且缺少社会力量的共同支持。由于农产品单价低、利润率小，不足以吸引大量资本进入农业信息化领域进行投资，导致农业信息化服务能力不足。农业信息资源统筹机制尚不健全，调研了解到，不同层级部门的农业信息资源，因为建设早、没有统一标准、标准单一等原因，导致信息系统相互之间没有融合。如市场上能被互联网访问的网络摄像头视频直播流地址格式有HLS、M3U8、RTSP、RTMP等，但是省“农业物联网管理服务平台”只有HLS-H264才可以成功对接并播放。调研组走访了沭阳县的9个农业物联网项目现场时，就有3个农业物联网项目视频无法播放。

（三）

习近平总书记强调，“让人民群众在信息化发展中有更多获得感、幸福感、安全感”。如何破解农业信息化基础设施不强、人才资源匮乏、服务水平不高等问题，为全面乡村振兴装上“数字引擎”，已成为沭阳县乃至全市亟待破题的重要课题。为此，我们建议：

一是坚持全方位统筹，发挥基础设施支撑和引领作用。基础设施是农业信息化的前提和基础之一，也需要不断更新，才能更好满足农业生产方式。强化顶层设计，在制定全市信息化发展规划时，适当向农业信息化倾斜，超前谋划5G基站等基础设施布局，有计划补齐信息化基础设施短板。大力推进北斗卫星导航系统和农业遥感技术在农业农村的应用，加大农业农村信息基础设施保护力度。加大资金投入，充分发挥政府资金引导作用，探索出台相关政策鼓励引导农业新型经营主体向智慧农业转型，并对基于5G的数字化、网络化、智能化基础设施改造适当给予补贴、奖励。同时，鼓励社会组织、龙头企业、农村专业合作经济组织等团体参与农业信息化建设，进一步拓宽资金投入渠道。示范推广“数字堰下”，在“1+5”的基础上继续加大数字乡村建设，推动“互联网+党建”发展、村务财务网上公开、农村集体经济和集体资产数字化管理，加强农村生态系统建设、人居环境整治等数字化监管。重点推进数字技术在民生保障、社会管理、安全管理等方面示范应用，强化乡村社会管理能力，加快缩小城乡“数字鸿沟”。

二是坚持一体化培养，推动信息人才“量”“质”齐升。农业信息化的发展离不开农业人才的培养，培养出高素质和高文化的农业人才是农业信息化发展必不可少的因素之一。加强人才队伍建设，围绕农业信息化需求，统筹利用农培站、涉农高校、职业院校、农业科研院所、农技推广机构等教育培训资源和农民合作社、农业企业等市场主体，多渠道多形式推动产学研深度融合，加快构建农业信息人才“蓄水池”。市级建立支持机制，协调科研院所（大学）帮扶支持县（区）在科研、技术、人才方面融合发展，推动农业数字化转型。创新人才评价方式，积极开展乡土人才培养评价行动，落实乡土人才职称考核认定机制，推行“培评一体”模式，实施乡土人才技能等级认定评估备案。贯通乡土高技能人才与专业技术人才发展通道，培育“金蓝领”高技能人才，构建产教训融合、政企社协同、育选用贯通的高技能人才培育体系。鼓励企业开展人才自主评价，培育具有优秀品质、高超技艺和创新精神的技能人才队伍。探索建立“技能银行”，逐步完善岗位需求发布、优质课程链接、技能评价考核、培训补贴政策推送、就业岗位自动推荐等功能，建立个人终身职业技能培训档案，对参加职业技能培训获得的证书等技能进行认定，存储个人信息、技能证书等信息，实行一人一档、终身有效。激活乡村数字化发展潜能，推动数字技术与乡村特色产业深度融合，发展创意农业、认养农业、观光农业、都市农业等新业态，促进游憩休闲、健康养生、创意民宿等新产业发展，规范有序发展乡村共享经济。深入推进“互联网+”农产品出村进城工程，推动数字农业企业打造综合性农业科技成果转化网络平台，强化数字农业关键技术模式集成创新和示范推广，为农业农村现代化发展提供综合技术解决方案。

三是坚持全方位服务，促进信息体系快捷和扁平高效。科学应用现代信息媒介，可以有效解决信息传播层级多、链条长、时效慢问题，更好满足农业生产生活高效、快速、准确、扁平和互动的信息需求。加快现代信息技术与农业深度融合，实施数字农业建设工程，加快物联网、大数据、区块链、人工智能等现代信息技术在农业领域的应用，建设物联网技术应用示范基地，推进设施农业智能化、建设智慧农场，推进生产管理智能化。探索“互联网+小农户”发展模式，加强农产品冷链物流设施信息化建设，利用信息网络平台提供生产性服务。用足用好农业信息服务体系，完善农业科技创新应用信息服务平台和农业科技成果转化网络服务体系，推动信息化与农业装备、农机作业服务和农机管理融合应用。利用市、县、乡、村四级网络，充分释放以市农业农村大数据平台为基础、县农业信息中心统筹、乡镇农村工作局具体实施、村农业服务人员扩效的农业信息服务体系效能。健全完善市场监管信息服务体系，强化农业监测预警，及时发布农产品市场运行信息，为生产经营者提供有效信息服务，为政府部门决策提供数据支撑。持续深化农产品和生产资料市场监测、质量监管、信息服务等机制，并创新提供形式多样、内容丰富的智能咨询服务。建立农产品质量安全追溯体系，发展绿色农业，打造农业知名品牌。探索运用多维农业信息服务方式，在尊重农村、农民需求基础上，进一步提升现有广播电视网络、宽带网络、卫星传输网络、报纸、短信和口头辅导等信息服务的主动性、针对性，探寻一个便捷、经济、适用、实用的信息进村入户途径，有效满足农民获取信息、利用信息的内在需求，真正让农业服务于农户。

四是坚持政府主导，推动农业信息共享和高效利用。农业信息化是农业现代化的重要标志，农业现代化离不开农业信息资源的共建共享共管共用。加强农业农村信息化服务平台建设，强化一体设计、同步实施、协同并进、融合创新，促进生产、生活、生态空间数字化、网络化、智能化发展。推动农业农村信息化服务平台和应用系统整合，推动农业农村政务服务网上办、马上办、少跑快办，建立农业农村市场信息发布系统。建立健全市级涉农业务协同推进机制，推动产学研用一体化发展，建立农业农村数字经济产学研用一体化技术创新体系和战略联盟，集成农业资源配置、农业生产、农业科技、市场需求、价格水平、生态环境、气候条件、政策动态等涉农环节和相关产业信息，全方位推动信息资源统筹使用。健全完善农业信息资源共享机制，实施农业农村数据资源共享开放工程，整合现有农业农村数据资源，打破地区、行业和部门分割，消除“数字孤岛”。根据不同主体的需求，对农业信息数据进行收集、归纳、量化，并通过App或微信小程序等统一平台向受众提供及时、有效信息，最大限度满足用户个性需求。强化提升数据安全保障能力，筑牢可信可控的数字安全屏障，加强政务云、数据中心安全防护产品配备，集成应用防火墙、入侵检测、入侵防御、杀毒等功能，坚持数据公开与隐私保护相结合，增强边界安全控制，切实维护网络安全，增强数据安全保障能力，提升个人信息保护水平。

（沭阳县委研究室：姜亚伟　杜建军　吴　靖
沭阳县农业农村局：殷建珍
沭阳县移动公司：葛阿静）

统计资料

沭阳县2023年国民经济和社会发展情况统计公报

沭阳县统计局 国家统计局沭阳调查队

2023年是全面贯彻落实党的二十大精神的开局之年，是三年新冠疫情防控转段后经济恢复发展的一年。全县上下坚持以习近平新时代中国特色社会主义思想为指导，坚持稳中求进工作总基调，积极应对复杂严峻的内外部压力和困难，着力抢机遇、强优势、挖潜力，全力促进经济回升向好，全县经济实现质的有效提升和量的合理增长。

一、综　合

初步核算，全年实现地区生产总值（GDP）1411.67亿元，比上年增长8.3%，经济总量连续四年位列苏北20个县（市）第一位。分产业看，第一产业增加值123.55亿元，增长5.5%；第二产业增加值618.96亿元，增长10.1%；第三产业增加值669.16亿元，增长7.3%；三次产业结构调整为8.8∶43.8∶47.4，GDP增长贡献率分别为6.6%、50.9%、42.5%。

二、农林牧渔业

全年实现农林牧渔业总产值211.82亿元，较上年增长5.5%；其中农业产值166.42亿元，林业产值6.1亿元，牧业产值24.4亿元，渔业产值6.28亿元，农林牧渔服务业产值8.63亿元。实现农林牧渔业增加值128.17亿元，可比价增长5.6%。粮食播种面积278.18万亩，增长0.12%；粮食总产量129.57万吨，增长0.56%。生猪出栏量72.23万头，增长9.1%；年末生猪存栏44.47万头，下降1.3%；年末家禽出栏1484万只，增长20%；禽蛋产量1.81万吨，增长17.5%。

粮食播种面积和总产量表

表68

名　称	播种面积（万亩）	增长（%）	总产量（万吨）	增长（%）
合　计	278.18	0.12	129.57	0.56
一、夏收粮食	140.94	0.19	54.94	0.12
#小麦	140.94	0.19	54.94	0.12
二、秋收粮食	137.24	0.04	74.63	0.89
#水稻	109.17	0.10	65.29	0.86
玉米	22.14	−1.73	8.22	−0.08

三、工业和建筑业

年末规模以上工业企业988家，规模以上工业增加值比上年增长15.7%。实现规模以上工业总产值1396.85亿元，增长15.5%；实现工业用电量59.66亿千瓦时，增长18.7%，占全社会用电量的68.4%。

分企业规模看：全年实现规模以上工业企业营业收入1351.91亿元，增长14.7%。其中，大中型企业为420.40亿元，增长40.3%；小微型企业为931.51亿元，增长5.9%。营业收入超亿元企业达到275家，比上年增加31家。

分重点行业看：规模以上木材加工业实现产值351.15亿元，增长7.1%；规模以上有色金属冶炼和压延加工业实现产值190.64亿元，增长56.6%；规模以上电气机械和器材制造业实现产值188.26亿元，增长10.4%；规模以上化学纤维制造业实现产值105.13亿元，增长150.7%；规模以上金属制品业实现产值75.91亿元，下降4.2%。

规模以上工业企业主要产品产量表

表69

名　称	单位	总产量	增长（%）
大米	万吨	18.79	11.7
纱	万吨	5.95	−3.0

续表69

名　称	单位	总产量	增长（%）
布	万米	5416.00	8.3
服装	万件	1283.84	−25.6
人造板	万立方米	1133.87	3.1
家具	万件	27.59	−8.1
机制纸及纸板	万吨	76.69	13.5
化学纤维	万吨	75.73	1655.9
塑料制品	万吨	20.14	−1.8
水泥	万吨	89.44	−28.0
商品混凝土	万立方米	26.64	−50.9
钢化玻璃	万平方米	25.76	−32.8
钢材	万吨	59.09	−7.5
铜材	万吨	5.82	226.8
泵	万台	41.36	−8.6
铅酸蓄电池	万千伏安时	1150.14	30.2

年末共有资质等级以上在库建筑企业169家，全年实现建筑业总产值135.84亿元，比上年增长8.6%；全年竣工产值97.92亿元，增长27%。建筑业企业房屋施工面积907.9万平方米，下降9.3%。

四、固定资产投资

全年固定资产投资比上年增长8.4%。从投资结构看，第一产业投资增长13.3%，第二产业投资增长12.1%，第三产业投资下降2.1%。工业投资占全部投资比重69.5%；工业技改投资增长7.8%。

全年房地产开发投资81.8亿元，比上年增长4.7%。全年商品房销售面积218.8万平方米，增长3%。其中，住宅销售面积78.1万平方米，下降18.7%。

五、园区经济

经开区年末承载各类项目1030个，其中亿元以上项目305个。全年完成工业开票销售额820.27亿元；一般公共预算收入12.69亿元；规模以上工业企业320家，实现规上工业总产值780.36亿元。成功获批“十四五”重点支持的县城产业化转型升级示范园区，全国共20家，全省唯一。新增省智能车间2个、智能工厂2个、绿色工厂1个、“两化融合”企业4户、“上云”企业62户，江苏虞美人纺织品有限公司获批国家5G工厂、五星级“上云”企业、省工业互联网标杆工厂。荣获“国家智慧型纺织产业试点园区、省两化融合示范园区、省‘企企通’试点园区、省循环化改造试点示范园区”等称号。

昆沭园年末项目总数43个，均为亿元以上项目。实现工业开票销售额18.11亿元；完成一般公共预算收入6734.52万元。《借鉴苏州“三大法宝”深化昆山沭阳共建合作》、《昆山沭阳“昆沭缘”农产品消费帮扶项目》、“昆山沭阳电商富民合作”等案例均被作为典型向全省推广。

软件产业园年末在孵企业183家，IPO上市企业1家。新增限上批发业企业1个，限上零售业企业2个；新培育国家高新技术企业2家，企业新申报发明专利12项，新获批国科小企业13家。

六、贸易流通

全年实现社会消费品零售总额386.55亿元，同比增长8.5%。其中，限额以上单位社会消费品零售总额58.99亿元，同比增长23.2%。分行业看，五金、家具及室内装饰材料类增长271.9%；家用电器及电子产品类增长163.6%；文化、体育用品及器材增长69.5%；汽车、摩托车、零配件和燃料及其他动力销售类增长12.1%。

全年实际使用外资9233万美元；制造业实际使用外资占比96.43%。新设外资项目7个，完成对外直接投资额1300万美元；新设对外投资项目5个，完成高技术产业实际使用外资5383万美元。年末累存外资企业68家，其中当年新批外资企业7家。全年实现进出口总额16.73亿美元，增长10.4%；其中出口总额15.88亿美元，增长8.1%。

七、交通运输和文化旅游

年末公路总里程3843.55公里。公路客运量72.66万人，增长19.2%；公路货运量10591.88万吨，增长16%。13个列市重点工程项目完成投资12.22亿元；京沪高速沭阳段扩建工程、连宿高速一期工程、连宿高速南互通连接线等重点工程实现提前通车；完成宿连航道一期工程军屯河枢纽、沭新河南船闸主体工程，航道二期先导段古泊河船闸至华冲朱贵桥6公里段已进场施工；农村公路项目完成建设90公里、危桥改造7座、生命安全防护工程300公里。农村公路“青马—老马线”荣获省级“美丽农村路”样板路，沭李线、扎新线荣获省级“平安放心路”样板路；颜扎线、时扎线、十周线荣获市级“美丽农村路”样板路；沭悦线、高张线、茆新线荣获市级“平安放心路”样板路。建成“主干支微”

城乡畅达公共交通网络，优化城乡公交线路7条，延伸城市公交到乡镇运营里程60公里，40台氢能源公交车上线运营；城乡交通运输一体化发展水平连续被省评为5A级。累计办理违法案件874件，查处“黑车”66辆，超限超载货车732辆，污染案件97件，国省干线公路超限率持续保持0.05%低位段。

年末剧场、影剧院数15个，公共图书馆1个，艺术馆、文化馆（站）32个。全年新建贤官、桑墟乡镇文化站2个，“乡村书场”固定点位8个；改建乡镇小剧场6家。扎下镇综合文化站、青伊湖镇文化站入选江苏省2023年“最美公共文化空间”。举办各类文化惠民活动650场，送戏下乡达150场，书法美术展览活动10期，惠及群众达50万余人次。年末共有旅游景区9个，其中2A级旅游景区3个；星级酒店2家。

八、财政和金融

全年完成财政总收入149.43亿元，增长3.6%。其中税务部门135.44亿元；财政部门13.98亿元。完成一般公共预算收入67.1亿元，增长10.5%；其中税收收入50.76亿元，税收收入占一般公共预算收入的比重75.7%。

全年完成财政总支出193.75亿元，增长4.1%。其中一般公共财政预算支出142.85亿元，增长8.1%。一般公共财政预算支出中，一般公共服务支出9.84亿元，增长5.4%；教育支出27.78亿元，增长1.2%；科学技术支出3.59亿元，增长8.1%；文化体育与传媒支出1.99亿元，增长1.9%；社会保障和就业支出27.66亿元，增长20.1%；卫生健康支出17.62亿元，增长6.3%；节能环保支出1.99亿元，增长7.1%；城乡社区支出8.51亿元，增长29.5%；农林水事务支出24.69亿元，增长7.9%；住房保障支出5.5亿元，下降5.3%。全年教育、社会保障和就业、医疗卫生、农林水事务、住房保障等五项民生支出合计103.25亿元，占一般公共财政预算支出的比重为72.3%。

年末金融机构各项存款余额1137.58亿元，增长18.6%；其中住户存款余额797.55亿元，增长15.6%。年末金融机构各项贷款余额1135.07亿元，增长13.1%；其中住户贷款余额759.11亿元，增长8.3%。

九、城市建设和生态环境

年末城市道路面积1315.67万平方米，建成区绿化覆盖面积3432.44公顷，公园绿地面积678.42公顷，城市绿化覆盖率44.01%。年内新增城区绿地面积13.84万平方米，建成民生园林9个、主题公园2个、口袋公园3个，成功入选省生态园林城市。清华路等4条道路“一路一景”实现了“三季有花、四季常青”向“月月有花、季季有景”转变。城市立体绿化工程、文华路北延、智慧体育公园、创智南路、淮河大道南延工程（二标）、城区部分道路绿化提升改造工程等6项工程顺利完工，快速路二期工程、苏州西路跨淮沭新河大桥及引线工程、京沪高速胡集连接线工程等18项工程等正在施工，快速路二期工程（西南区域部分）、园西路、溪月路南延等21项工程正在办理开工前期各项手续。

全年对7个乡镇18.3公里管网供水管网进行改造，对城区4个居民小区供水管网进行改造，新建12座二次增压设施。实施庙头水厂四期扩建工程，新增供水规模6万吨/天。实施城区下穿泵站维修改造工程，缓解城区下穿隧道内涝风险；实施城区河道流域性整治工程，对王洼大沟、台州路、徐沭河等片区内排水户进行雨污分流改造；实施城区雨污水管网设施维护管理，累计排查雨污水管网480余公里，疏通雨污水管网370余公里，清掏雨污水检查井6950余座。

$PM_{2.5}$平均浓度38.7微克/立方米，优良天数比例75.1%。13个国省考断面水质均值达标率100%；3个国省考断面水质达到Ⅱ类水体。农村生活污水治理率42.06%，一般工业固体废物综合利用率达到90%以上，工业危险废物处置率达100%。投入2.58亿元，实施城南污水处理厂扩建工程，新增生活污水处理能力6万吨/天；投资3.4亿元，实施雨污分流工程，对73个居民小区截污纳管；投资6.3亿元，开展9个片区河道“流域性”整治；投入2.3亿元，实施城市生活污水处理厂尾水湿地项目。

十、社会事业和科技创新

强化社会救助，保障城乡低保6.03万人，累计发放低保资金3.54亿元；特困供养4235人，累计发放供养经费3903.98万元。实施困难群体分层分类临时救助，共计临时救助15662人次，发放救助资金1191.07万元。落实困难残疾人保障政策，全县享受困难残疾人“两项补贴”4.8万人次，累计发放补贴1.3亿元，精准发放率达100%。加强流浪乞讨人员救助管理，共救助流浪乞讨人员58人次、未成年11人次、寻亲成功1人、护送返乡40人（省内36人次，省外4人次）。完善养老服务设施布局，打造县级公办养老服务发展中心（大数据中心）、困难重度残疾人照护中心；建成运营公办敬老院32家；建设2000平方米城市花园社区养老服务中心。

职工养老、居民养老、工伤、失业参保达14.12万人、56.87万人、12.3万人、9.28万人。城乡居民基本养老保险基础养老金最低标准提高至208元/月。立案查处投诉263件，涉及农民工1083人、1286.17万元；受理劳动人事争议案件4022件，涉及劳动者4262人，结案金额达8867.39万元，劳动人事争议仲裁案件结案率达100%，调解成功率超88.35%。

举办各类招聘133场次，为500余家推荐岗位3.9万个，实现城镇新增就业8820人、城镇失业人员就业4010人、就业困难人员就业3050人，发放社保补贴6542.08万元。出台稳岗留工六条政策措施，为2616家企业发放稳岗补贴1519.74万元。打造"聚才强链·梦圆花乡"——"四精"人才全链条服务品牌，通过链长链主进校园、产业人才进校园、校园沭阳日、特色专场、"小班化""花乡7:30人才夜市"等渠道，开展特色招聘活动32场次，引进全日制本科以上学历人才3182人，其中博士5人，硕士84人，双一流本科毕业生630人。

全年研发投入（R&D）支出24.61亿元，获批省产学研合作项目10项、省级乡村振兴项目1项、省科技副总项目12个。完成市"5321"工程高科技成果转化68项。全县高新技术企业达138家，国家科技型中小企业入库达223家。新获批省级工程技术研究中心2家、新获批市级工程技术研究中心43家。

十一、人口和人民生活

年末总户数50.71万户，户籍总人口196.63万人。其中，男性102.98万人，女性93.65万人，男女性别比为109.96。户籍人口中，0~17岁人口46.9万人，占23.85%；18~59岁人口112.17万人，占57.05%；60岁及以上人口37.56万人，占19.1%。全年出生人口1.1万人，出生率5.69‰；死亡人口1.3万人，死亡率6.74‰。年末常住人口166.01万人，其中城镇常住人口102.3万人；常住人口城镇化率61.62%，较上年提高0.92个百分点。

全体居民人均可支配收入32208元，增长6.1%。按收入来源分，工资性收入18511元，增长6.1%；经营净收入8220元，增长6.0%；财产净收入1129元，增长4.4%；转移净收入4348元，增长6.9%。按常住地分，城镇居民人均可支配收入38191元，增长5.4%；农村居民人均可支配收入24946元，增长7.0%。

全体居民人均生活消费支出21054元，增长8.9%。其中，食品烟酒6267元，增长7.3%；衣着1534元，增长6.9%；居住3592元，增长7.7%；生活用品及服务1565元，增长8.9%；医疗保健1520元，增长13.6%；交通通信2569元，增长11.7%；教育文化娱乐3572元，增长9.8%；其他用品和服务434元，增长8.8%。按常住地分，城镇居民人均生活消费支出24090元，增长7.6%；农村居民人均生活消费支出17369元，增长10.7%。

注：(1)本公报使用的数据为快报数。

(2)地区生产总值、规模以上工业增加值及其分类项目增长速度按可比价计算。

2023年沭阳县主要经济指标一览表

表70

指　标	单位	2023年	增长（%）
土地面积	平方公里	2299	—
常住人口	万人	166	0.1
年末总人口（户籍）	万人	196.63	
乡（镇）、街道办数	个	30	—
村（居）民委会数	个	480	—
地区生产总值(当年价)	亿元	1411.67	8.3
第一产业增加值	亿元	123.55	5.5
第二产业增加值	亿元	618.96	10.1
#工业增加值	亿元	540.22	10.1
第三产业增加值	亿元	669.16	669.2
农林牧渔业总产值	亿元	211.82	5.5
粮食总产量	万吨	129.57	0.6

续表70

指　　标	单位	2023年	增长（%）
油料产量	万吨	1.94	5.8
规模以上工业总产值	亿元	1396.85	15.5
规模以上工业增加值	亿元	—	15.7
规模以上工业利润总额	亿元	78.74	21.4
全社会用电量	亿千瓦时	87.28	12.6
#工业用电量	亿千瓦时	59.66	18.7
500万元及以上项目固定资产投资	亿元	—	8.4
#工业投资	亿元	—	12.1
房地产开发投资	亿元	81.50	4.1
商品房销售面积	万平方米	218.99	1.8
全社会消费品零售总额	亿元	386.55	8.5
进出口总额	亿美元	16.73	10.4
#出口总额	亿美元	15.88	8.1
财政总收入	亿元	149.43	3.6
#一般公共预算收入	亿元	67.10	10.5
#税收收入	亿元	97.34	14.4
#一般公共预算支出	亿元	142.85	8.1
年末金融机构各项存款余额	亿元	1137.58	18.6
#住户存款	亿元	797.55	15.6
年末金融机构各项贷款余额	亿元	1135.07	13.1
全体居民人均可支配收入	元	32208.00	6.1
城镇常住居民人均可支配收入	元	38191.00	5.4
农村常住居民人均可支配收入	元	24946.00	7.0
城镇化率	%	61.62	0.9
一产占比	%	8.75	0.0
二产占比	%	43.85	-0.5
三产占比	%	47.40	0.5

备注：1.地区生产总值为可比价增速。2.规模以上工业指标为同口径增速。3.常住人口、城镇化率为全国第七次人口普查数据，非当年年末数据

2023年沭阳县主要指标占全市的份额表

表71

指标名称	单位	绝对值		占全市（%）
		沭阳县	宿迁市	
年末人口（户籍人口）	万人	196.63	585.41	33.6
常住人口	万人	166.01	497.75	33.4
地区生产总值	亿元	1411.67	4398.07	32.1

续表71

指标名称	单位	绝对值		占全市（%）
		沭阳县	宿迁市	
第一产业增加值	亿元	123.55	389.50	31.7
第二产业增加值	亿元	618.96	1941.95	31.9
第三产业增加值	亿元	669.16	2066.62	32.4
农林牧渔业总产值	亿元	211.82	673.89	31.4
粮食总产量	万吨	129.57	412.97	31.4
规模以上工业总产值	亿元	1396.85	5025.71	27.8
规模工业增加值	%	15.70	11.40	—
全社会用电量	亿千瓦时	87.28	312.82	27.9
#工业用电量	亿千瓦时	59.66	213.05	28.0
社会消费品零售总额	亿元	386.55	1587.39	24.4
进出口总额	亿美元	16.73	88.12	19.0
出总额	亿美元	15.88	79.31	20.0
一般公共预算收入	亿元	67.10	302.00	22.2
金融机构各项存款余额（本外币）	亿元	1137.58	5932.03	19.2
#住户存款余额（本外币）	亿元	797.50	2765.49	28.8
金融机构各项贷款余额（本外币）	亿元	1135.07	6014.01	18.9

备注：常住人口为全国第七次人口普查数据

2014—2023年沭阳县城乡居民收入比一览表

表72

地区	指标名称	单位	2014年	2015年	2016年	2017年	2018年	2019年	2020年	2021年	2022年	2023年
沭阳	居民人均可支配收入	元	16072	17521	19132	20898	22664	24633	26071	28700	30353	32208
	城镇居民人均可支配收入	元	20310	22098	23933	25871	27993	30269	31631	34604	36230	38191
	农村居民人均可支配收入	元	11828	12940	14107	15484	16877	18389	19743	21828	23319	24946
	城乡居民收入比		1.72	1.71	1.70	1.67	1.66	1.65	1.60	1.59	1.55	2
宿迁	居民人均可支配收入	元	15888	17342	18957	20756	22918	24938	26421	29122	30796	32693
	城镇居民人均可支配收入	元	20396	22233	24086	26118	28281	30614	32015	35056	36756	38756
	农村居民人均可支配收入	元	11677	12772	13929	15268	16639	18121	19466	21577	23058	24679
	城乡居民收入比		1.75	1.74	1.73	1.71	1.70	1.69	1.64	1.62	1.59	2
江苏	居民人均可支配收入	元	27173	29539	32070	35024	38096	41400	43390	47498	49862	52674
	城镇居民人均可支配收入	元	34346	37173	40152	43622	47200	51056	53102	57743	60178	63211
	农村居民人均可支配收入	元	14958	16257	17606	19158	20845	22675	24198	26791	28486	30488
	城乡居民收入比		2.3	2.29	2.28	2.28	2.26	2.25	2.19	2.16	2.11	2

续表72

地区	指标名称	单位	2014年	2015年	2016年	2017年	2018年	2019年	2020年	2021年	2022年	2023年
全国	居民人均可支配收入	元	20167	21996	23821	25974	28228	30733	32189	35128	36883	39218
	城镇居民人均可支配收入	元	28844	31195	33616	36396	39251	42359	43834	47412	49283	51821
	农村居民人均可支配收入	元	10489	11422	12363	13432	13066	16021	17131	18931	20133	21691
	城乡居民收入比		2.75	2.73	2.72	2.71	3.00	2.64	2.56	2.50	2.45	2.39

沭阳的一天（2022—2023年）

表73

指标名称	单位	2023年	2022年
地区生产总值	万元	38676	35848
规模以上工业总产值	万元	38270	31134
农林牧渔业总产值	万元	5803	5467
出生人数	人	31	36
死亡人数	人	36	37
社会消费品零售额	万元	10590	9761
财政收入	万元	4094	3951
#一般公共预算收入	万元	1838	1663
住户存款余额（本外币）	万元	21851	18905
全社会用电量	万千瓦时	2391	2124
其中:工业	万千瓦时	1635	1403

2023年沭阳县工业产销总值及主要产品产量表

表74

主要工业产品产量	计量单位	代码	2023年		2022年同期	
			12月	1—12月	12月	1—12月
甲	乙	丙	1	2	3	4
其中：◇胶合板	立方米	2021010	875572.48	7905693.98	955009.57	7777429.32
大米	吨	1310030	26284	187921.51	22392	168193.6
水泥◇	吨	3011030	85566	894366	85000	1241702
金属切削机床◇	台	3421010	41	222	26	307
其中：◇塑料薄膜△	吨	2921010	9305	112438	9219	104311.39
△醋酸纤维长丝	吨	2812032	150	1400	150	1320
塑料制品◇	吨	2920010	15445	201428	18833	205042.71
平板玻璃	重量箱	3041010	16850	104644	8060	121851
其中：△黏胶短纤维	吨	2812021	300	2800	400	2980
家具◇	件	2100010	26947	275868	24253	300188
◆针织服装	万件	1821710	108.1	1065.9	113.1	1488.2

续表74

主要工业产品产量	计量单位	代码	2023年		2022年同期	
			12月	1—12月	12月	1—12月
初级形态塑料◇	吨	2651010	137.4	1667.22	370	16564
鞋◇	万双	1950010	14	241	4	48
服装◆	万件	1800010	124.2	1283.84	142.79	1726.31
◇纤维板	立方米	2022010	137777.53	1358234.21	120170.35	1198064.07
◇刨花板	立方米	2023010	31518.2	240973.05	20813.73	183482
电力电缆	千米	3831030	131	18847	117	32355
铜材	吨	3251710	4155	58174.97	3553	17799
钢材◆	吨	3130710	47475	590939	46389.5	639028
泵◇	台	3441010	38521	413581	36969	452263
◆其他钢材	吨	3130736	17242	147947	10018	165967
机制纸及纸板（外购原纸加工除外）◇	吨	2221010	74332	766903	58547	675811
◆棉混纺纱	吨	1711030	800	8634	435.5	5956.5
其中：★棉布	万米	1712030	0	388	52	584
人造板◇	立方米	2020010	1220940.03	11338680.02	1294085.23	10997059.16
钢结构	吨	3311020	893.65	9676.04	685.86	6679.36
其中：◇木质家具	件	2110010	26947	275868	24253	300188
◇皮革鞋靴	万双	1952010	5	40	4	48
其中：◇真空泵	台	3441020	38521	413581	36969	452263
其中：◇配合饲料	吨	1321720	839.13	26193.7	2865.67	28764.01
△黏胶纤维长丝	吨	2812022	150	1400	150	1340
铝材◇	吨	3252790	602	5806	352	3943
钢化玻璃	平方米	3049010	24283	257582	29774	383301
◆梭织服装△	万件	1811710	16.1	217.94	29.69	238.11
◆合成纤维△	吨	2820010	124330.47	751714.44	4687.73	32837.12
★化学纤维短纤布	万米	1712050	463	5028	343	4417
电子元件◇	万只	3981710	4215	53463	2070	36190
◇日用塑料制品	吨	2927010	835	8223	895	8774
饲料◇	吨	1320010	839.13	26193.7	2865.67	28764.01
◆棉纱	吨	1711020	3595.38	31031.92	2838.36	37395.4
人造板表面装饰板	平方米	2029710	99655	850172	297752.2	2407278.25
商品混凝土	立方米	3021010	51677.4	266355.4	66181	542503
◇细木工板	立方米	2029020	32124	272203	32313	255513
△涤纶纤维	吨	2822010	124330.47	751714.44	4687.73	32837.12
◆化学纤维纱	吨	1711040	2134	19868	2106	17995
砖	万块	3031010	66.4	469.3	18.6	422.9

续表74

主要工业产品产量	计量单位	代码	2023年		2022年同期	
			12月	1—12月	12月	1—12月
酱油	吨	1462010	1420	12788	1840	18718
布◇★	万米	1712010	463	5416	395	5001
纺织专用设备	台	3551010	500	4888	515	5997
◆中板	吨	3130722	112	1845	121	1899
◆中小型型钢	吨	3130715	2085	24142	2975.5	37372
纱◆	吨	1711010	6529.38	59533.92	5379.86	61346.9
绝缘制品	吨	3834710	1.21	31.2	1.85	38.54
铅酸蓄电池	千伏安时	3849010	1035738.85	11501428.53	861372.45	8831497.2
化学纤维◆	吨	2800020	124930.47	757314.44	5387.73	43128.74
◆冷轧薄板	吨	3130724	28036	417005	33275	433790
◆人造纤维（纤维素纤维）△	吨	2812010	600	5600	700	10291.62
小麦粉	吨	1310010	11269	112634	12188	111396.94
纸制品◇	吨	2230010	1802	21327	1225.12	37744.56
灯具及照明装置	套（台、个）	3872010	5429	27207	6775	34972

说　明

1.本索引按照主题分析法编制，按标引词第一个字汉语拼音字母顺序排列，同音字按声调排列，音调相同按下一个字排列。

2.图片专题、大事记未编入索引。

3.类目标题用5号黑体、分目标题用5号仿宋体标示，条目标题用5号方正书宋体标示。

4.索引标题后的数字表示页码。

5.本索引标引词，采用中心词或简称。

A

B

C

Y

Z